CHRISTIAN JÄNIG

DIGITAL–ÖKONOMIE

WIE UNSER DENKEN UND HANDELN MANIPULIERT WIRD

CHRISTIAN JÄNIG

DIGITAL–ÖKONOMIE

WIE UNSER DENKEN UND HANDELN MANIPULIERT WIRD

CHRISTIAN JÄNIG

DIGITAL–ÖKONOMIE
WIE UNSER DENKEN UND HANDELN MANIPULIERT WIRD

1. Auflage, Düsseldorf 2021

© 2021 Edition Virgines

VERLAG

Edition Virgines e.K. | www.editionvirgines.de | editionvirgines@t-online.de

DRUCK UND BINDUNG
Appel & Klinger

UMSCHLAGGESTALTUNG
Ideee und Entwurf: Ingrid Kroll
Grafische Umsetzung: Simon Barth

ISBN   978-3-948229-28-3

Ein Erklärungsversuch vor dem Hintergrund
der derzeitigen neurologischen, neurobiologischen
und neuropsychologischen Forschungsergebnisse

- State of the art - [*]

[*] Der Stand der Wissenschaft ist immer auch der Stand der Irrtümer.

Inhalt

Vorwort

Die Intention zu dem vorliegenden Buch entstand im Verlauf einiger Lehrveranstaltungen über kybernetische Strukturen sowie ‚Künstliche Intelligenz' (KI) an der Hochschule Bremerhaven. Die intensiven und engagierten Diskussionen mit den KommilitonInnen fokussierten allerdings weniger auf die Programmierung ‚selbstlernender Algorithmen', sondern vor allem auf die sozialen und gesellschaftspolitischen Auswirkungen derartiger Systeme.

Die Digitalisierung selbst als auch ihre Konsequenzen im Rahmen der Digital-Ökonomie haben disruptive ökonomische, soziale und gesellschaftspolitische Prozesse sowie Strukturveränderungen ausgelöst. Neben der Genese narzisstischer ‚Smartphone- Junkies' werden durch die entstandenen sozial- digitalen Netzwerke vor allem auch intrinsisch fokussierte Echoräume, Verschwörungstheorien sowie anonyme Verunglimpfungen Dritter in Gesellschaft und Politik impliziert. Die hierdurch ausgelösten Zentrifugalkräfte lassen postmaterialistische Strukturen implodieren. Diese Tendenz wird zusätzlich durch den Einsatz selbstlernender Algorithmen sowie auf der KI basierender Systeme zur Analyse von Massendaten seitens der monopolistischen ‚Big Five' verstärkt. Dies impliziert sowohl die Manipulation des menschlichen Denkens und Handelns als auch die Genese autoritativer Strukturen. Die damit verbundenen subtilen Bewusstseinsveränderungen gehen weit über das Orwell'sche Szenario der ‚Gedankenpolizei' hinaus.

Um diese Wirkungsweisen verstehen zu können, sind Kenntnisse über die Funktionsweisen des menschlichen Gehirns erforderlich – ‚wie tickt der Mensch'. Die Analyse der Funktionsweise von eingesetzten Elementen und Systemen der KI fokussiert sich daher auf die jeweils angesprochenen Gehirnareale, Neuronenketten sowie Gedächtnisstrukturen und -prozesse.

Abschließend soll aufgezeigt werden, wie die monopolistische Macht der ‚Big Five' durch demokratische legislative Prozesse und Strukturen zumindest reduziert werden kann.

Neben dem Dank an die KommilitonInnen für ihre diskursiven Anregungen gehört ein weiterer Dank an Ingrid Kroll, die einzelne Passagen und Aussagen immer wieder kritisch hinterfragt hat. Des Weiteren stammt von ihr die Idee für das Umschlagbild. Schließlich hat sie sich der leidigen und mühseligen Korrektur der ‚Druckfahnen' unterzogen, so dass das Buch ‚druckreif' werden konnte.

Vorwort

Dank gebührt auch Simon Barth, der das ‚Coverbild' sowie die handschriftliche Skizze der dritten Abbildung in eine verständliche und druckreife Version transformiert hat. Dank gilt letztlich auch dem Verlag, der den Mut aufgebracht hat, eine komplexe, ‚sperrige' und teilweise spezifische Thematik zu veröffentlichen.

Christian Jänig, im Juli 2021

1.   Einführung

> Wissenschaft ist nicht identisch mit Wahrheit.
> In der Wissenschaft geht es darum,
> der Wahrheit näher zu kommen.
>
> *John Ioannidis*

1.1. Der Rationalitätsbegriff in den Wirtschaftswissenschaften

Die traditionell **normative** sowie **analytisch-deduktive** Volks- und Betriebswirt-schaftslehre unterstell(t)en unter anderem, dass sich der Mensch bei eigenstän-digen, individuellen Entscheidungen **rational** verhält sowie den eigenen **Nut-zen optimiert**. Grundlage für diese Auffassung war die **Philosophie der Aufklä-rung** im achtzehnten Jahrhundert. Deren Vertreter, vor allem Montesquieu (1748), Bernard de Mandeville (1714), David Hume (1715) sowie Adam Smith (1776)[1] definierten den Kapitalismus als ‚Gesellschaft der vernünftigen Indivi-duen' mit ‚der Fähigkeit, auf kurzfristige Belohnung im Hinblick auf langfristigen Nutzen zu verzichten'. Dies stand im Gegensatz beispielsweise zu den christli-chen Kirchen, die Belohnungen in das Jenseits (Reich Gottes) verschoben. Die Wahrnehmung partikularer Vorteile wäre somit idealtypisch für den (Markt-)Kapitalismus. Diese eindimensionale Betrachtungsweise des Menschen als Egoisten beziehungsweise Hegoisten[2] in Form des **‚homo oeconomicus'** erlaubt es allerdings, dessen Entscheidungsverhalten zu ‚mathematisieren', das heißt mittels mathematischer Gleichungssysteme als auch entsprechender Modelle auf der Grundlage spezifischer, jedoch unrealistischer oder irrealer Annahmen

---

[1] Obwohl A. Smith in seinen philosophisch- ethischen Schriften die menschliche Rationalität in Frage stellte.
[2] Kombination aus Hedonist und Egoist.

erklärbar und prognostizierbar zu machen.[3] Im Fokus dieses mechanistischen Ansatzes befindet sich die Optimierung einer Nutzenfunktion, basierend auf einem objektiven Rationalitätsverständnis, so dass die subjektive (Ir-)Rationalität in Form einer individuell unterschiedlichen Gewichtung der Ziele, Präferenzen und dergleichen negiert wird. Basis dieser Ansätze ist die normative Beschreibung des ökonomischen Verhaltens des Individuums sowie seiner Zielsetzungen im Sinne eines egoistischen Präferenzoptimierers. Unberücksichtigt bleibt bei dieser ‚individualistischen Analyse‘, inwieweit sich Wechselwirkungen mit der menschlichen ‚Außenwelt‘ im Rahmen der jeweiligen ‚Definition der Situation‘ sowie dem Selbstbild des Menschen bemerkbar machen respektive sein Verhalten sowie seine Zielsetzungen determinieren.[4] Der Mensch trifft vielmehr seine Entscheidungen vor dem Hintergrund komplexer sozialisationsbedingter kultureller sowie sozialer Erfahrungen und den daraus resultierenden Normen und gesellschaftlichen Wertesystemen. Dieser Widerstreit zwischen den beiden Seiten der menschlichen ‚Sozialmedaille‘, nämlich zwischen dem Egoismus auf Grund der Konkurrenzsituation im wirtschaftlichen Leben einerseits sowie dem Mitgefühl als altruistisches Motiv andererseits, bleibt daher unberücksichtigt.[5] Als evolutionsmäßig bedingtes ‚soziales Wesen‘ besitzt der Mensch kulturelle, soziale als auch biologische Verhaltensmuster als Grundlage seines kooperativen Verhaltens.[6] Letzteres ist quasi eine gesellschaftssoziale Versicherungspolice, um widrige Systemzustände (Ernährungsprobleme, Gefahren et cetera) sowie individuelle Risiken auf die Gemeinschaft zu verteilen. Altruismus ist somit ein informales System von Regeln und Regularien.[7] Unstrittig ist allerdings, dass interpersonelle Beziehungen Wechselwirkungen auf das eigene Verhalten durch eine Veränderung der Motivlage sowie Veränderungen der eigenen ‚Defi-

---

[3] Zwar versagen mathematische Modelle sehr häufig – sie liefern jedoch ‚harte‘ Zahlen sowie ‚numerische Sicherheit‘ und ‚beruhigen‘ damit unser explizites System, dem die Unsicherheit verhasst ist (vgl. Abschnitt 2.1); diese Methode der isolierenden Abstraktion bezeichnete Schumpeter als ‚ricardianisches Laster‘.

[4] Vgl. Die entsprechenden Ausführungen in Abschnitt 2.1.2.

[5] Dies ist Forschungsgegenstand der sog. ‚Caring Economics‘.

[6] Das 2014 gegründete ‚Human Generosity Project‘ erforscht die Kooperations- und Hilfsbereitschaft verschiedener sozialer Gesellschaftssysteme.

[7] Dies beweisen auch die Ergebnisse der zahlreichen Durchführungen des sog. ‚Ultimatum-Spieles‘.

nition der Situation' als auch des eigenen Selbstbildes implizieren.[8] Zwangsläufig bleiben in mathematischen Modellen diese psychologischen und soziologischen Sachverhalte und Kontextbedingungen, die nicht eindeutig mathematisch beschrieben werden können, unberücksichtigt.[9] Verstärkt wird dies noch dadurch, dass häufig empirische Daten ‚frisiert' werden, damit diese zu den realitätsfremden mathematischen Modellen ‚passen'. Des Weiteren wird den sogenannten Fachautoritäten häufig aus Karrieregründen ohne Reflektion unkritisch gefolgt, so dass wesentliche wissenschaftliche Determinanten und Kriterien wie Diskurs sowie kritische Reflektion unberücksichtigt bleiben. Schließlich fokussiert die neoklassische respektive neoliberale Volkswirtschaftslehre auf das Idealbild des Marktes sowie dessen Effizienz, da Märkte per se zum größtmöglichen Wohlstand führen.[10] Diese neoliberale Vorstellung reduziert den Freiheitsbegriff auf die ‚Freiheit des Marktes' im Sinne einer wirtschaftlichen Deregulierung, einer Ökonomisierung aller Lebensbereiche sowie einer Diktatur der Finanzmärkte.[11] In dieser ganzheitlichen ‚intakten Gleichgewichtswelt' werden Krisen als ‚Ausnahmesituationen', Anomalien und somit nicht als systemimmanente, strukturbedingte Elemente verstanden.[12] Fast schon axiomatisch wird auf der Marktstabilität bestanden, so dass beispielsweise die Unvollkommenheit des Marktes, real existierende Informations- und Machtasymmetrien sowie Funktionen, Rollen und Einfluss von Institutionen negiert werden.[13] Des Weiteren wird die ‚ökonomische Effizienz' über die gesellschaftspolitische sowie soziale Gerechtigkeit gestellt. Die Ökonomie steht allerdings nicht über der Ökologie und dem Gesellschaftssystem, sondern ist ‚nur' gleichberechtigt. Die mit der Effizienz verbundene Reduktion auf die individuelle, egoistische Ergebnisverantwortung und somit nicht auf moralische, ethische und gesellschafts-

---

[8] Diese Auffassung benötigt sicherlich eine ‚wirtschaftskulturelle Evolution' - vgl. Ricard, M. (2017).

[9] Gemäß der Auffassung von Paul Romer befindet sich die Makroökonomie daher auf dem Niveau der 70er Jahre des letzten Jahrhunderts. Vgl. Romer, P. (2015).

[10] Allerdings gehen kapitalistische Wirtschaftsunternehmen als auch der Wettbewerb keine symbiotische Beziehung ein – erstere verhalten sich häufig konterkarierend, da die Wirtschaftsgeschichte beweist, dass die erfolgreichsten Kapitalisten häufig Monopolisten waren bzw. sind (zB Rockfeller, Carnegie, Mellon, Steve Jobs, Bill Gates, Mark Zuckerberg usw.)

[11] Vgl. Roll, E. (2016), S. 45.

[12] Allerdings besitzt der Kapitalismus gemäß E. Hobsbawn einen eingebauten Mechanismus, der potenziell systemverändernde Krisen erzeugt . Vgl. Hobsbawn, E. (2016)

[13] Im Sinne von Regeln wirtschaftlicher Interaktionen.

politische Verantwortlichkeiten ist die Konsequenz der dominierenden Grund-annahme des vollkommenen Wettbewerbes. In der Realität existierendes anämisches Wachstum[14], die Amoralität[15] und Kurzsichtigkeit der Märkte[16], die nichtlineare Dynamik des Marktgeschehens[17], die begrenzte Rationalität der Marktakteure, bestehende Transaktionskosten, sozio-psychologische Differenzierungen und Unterschiede bei den Marktakteuren, die Kurzsichtigkeit und Kurzfristigkeit des menschlichen Handelns sowie ein archaischer Aberglaube[18] werden somit negiert beziehungsweise kommunikativ verschwiegen, unterschlagen.[19] Auf Grund der hiermit implizierten einseitigen Fokussierung auf den Eigennutz unter Vernachlässigung aller anderer Motive kann die für eine formalisierte, mathematische Theorienbildung notwendige Verallgemeinerung vorgenommen werden. Die Konsequenz ist allerdings die Abstrahierung des Idealtypus zum Realtypus auf der Grundlage eines modellfokussierten, orthodoxen Denkens.[20] Des Weiteren werden die Grundanforderungen an Reliabilität sowie Validität nicht erfüllt.[21] Hierdurch werden sowohl die komplexen Systemstrukturen als auch die inhärente Systemdynamik sowie systemische Risiken auf Teilaspekte reduziert. Die hierbei häufig eingesetzten ‚dynamisch-stochastischen

---

[14] Gem. Schumpeter entsteht Wirtschaftswachstum auf der Grundlage von Innovationen, schöpferischer Zerstörung als auch kultureller Kontextbedingungen und ist daher nicht ‚mathematisierbar'. Vgl. auch Mokyr, J. (2016).

[15] Märkte sind nicht unmoralisch, sondern jenseits von jeder Moral

[16] Ein strategisches Risikomanagementsystem mit einem Frühwarnsystem – wie es das KonTraG für Unternehmen vorschreibt - existiert auf der Ebene des Individuums nicht.

[17] So werden Produktpreise nicht gemäß der Preistheorie durch Angebot und Nachfrage, sondern häufig durch Unternehmensstrategien (zB. Preiswettbewerb im Einzelhandel, Preise bei Google), Machtpolitik (Ölpreis) sowie durch institutionale Beschlüsse (Negativzins) beeinflusst.

[18] Verstanden als scheinbare Kausalität, die aG gesicherter Erkenntnisse eigentlich abwegig ist; archaischer Aberglaube sowie Mystizismus können zu kognitiven Fehlentscheidungen führen: So glauben aG einer Umfrage in Deutschland im Jahr 2013 circa 66% der Befragten an Schutzengel, rd. 60% an den Wahrheitsgehalt von Horoskopen, ca. 64% an Gott. Vgl. Hüther, G. (2014), S. 26; desweiteren glauben 60% der Isländer an Elfen.

[19] Allerdings wies Vernon Smith schon in den 50er Jahren des letzten Jahrhunderts a.G. seiner empirischen Untersuchungen auf die Irrationalitä des menschlichen Entscheidungsverhaltens hin. Vgl. Smith, V. (2007)

[20] P. Romer bezeichnet dies als „Mathiness" (dt. ‚Mathematischkeit'), da durch irrelevante Formeln ideologische Ansätze verschleiert werden. Vgl. Romer, P., a.a.O.

[21] Reliabilität: Dasjenige, was gemessen wird, wird richtig gemessen; Validität: Alle wesentlichen Faktoren werden berücksichtigt.

allgemeinen Gleichgewichtsmodelle' (sogenannte DSGE-Modelle) sind zwar mathematisch hochkomplex, jedoch postreal und realitätsfern, da die Ursachen für marktwirtschaftliche Schwankungen, Konjunkturverläufe und dergleichen mit sogenannten ,Schocks' erklärt werden, ohne deren Ursachen zu kennen respektive zu definieren.[22] Des Weiteren besteht eine Mikrofundierung der makroökonomischen Modelle, da alle makroökonomischen Veränderungen durch rationale Optimierungskalküle der involvierten Haushalte und Unternehmen in einem Gleichgewichtsmodell erklärt werden, bei denen die Faktoren ,Zeit' und ,Geld' keine funktionale Bedeutung besitzen.[23] Zugleich wird der ideologische Gehalt durch die Anhebung des Abstraktionsniveaus wesentlich verschleiert.[24] Wie die empirischen Untersuchungen von Kahneman und Tversky jedoch eindeutig bewiesen, sind Marktteilnehmer vor allem auch emotionale und soziale Wesen mit einem historisch-kulturellen Kontext, so dass die Psyche den menschlichen Entscheidungsprozess wesentlich beeinflusst.[25] Im Rahmen ihrer ,Prospect Theory' zeigten sie, dass Verhaltensanomalien wie beispielsweise die Berücksichtigung der Verlustaversion, die Untergewichtung der Opportunitätskosten sowie die Übergewichtung des Besitzes, idiosynkratische Emotionen, Heuristiken, das Sicherheitsbestreben als auch kognitive Dissonanzen das menschliche Entscheidungsverhalten wesentlich beeinflussen. Neben dem unterstellten Streben nach dem eigenen größtmöglichen Vorteil besitzt der Mensch demnach noch weitere Antriebsfaktoren, beispielsweise Gerechtigkeitssinn, Vertrauen, Moral, Empathie, Streben nach Exzellenz und Anerkennung, die das ökonomischen Handeln und Verhalten beeinflussen und teilweise die vorgegebene Zielsetzung des größtmöglichen individuellen Nutzens konterkarieren. Zusätzlich wird die wirtschaftliche Realität unter anderem durch komplexe Strukturen, Interdependenzen sowie individuelle sozio-psychologische Verhaltensmuster determiniert. Schließlich sind menschliche Entscheidungen

---

[22] Zufällige Schocks werden demnach durch sog. ,Trolle' oder ,Gremlins' ausgelöst, die die gleiche Funktion wie die ,invisible hand' bei A. Smith haben.

[23] Begründer der Gleichgewichtsmodelle war Leon Walras mit dem Modell einer Tauschwirtschaft, bei der die Realität durch eine hypothetische Idealwelt mit rationalen Erwartungen ersetzt wurde. Vgl. Biesinger, M. (2016), S. 39.

[24] Hier sollte das berühmte ,Ockham'sche Rasiermesser' gelten– überflüssige Entitäten sollten vermieden bzw. ,wegrasiert' werden: keine Komplexität, wenn die Singularität zur Erklärung genügt. Vgl. Jänig, Chr. (2010), S. 12.

[25] Vgl. Kahneman, D., Tversky, A. (1979), S. 263 ff sowie die Ausführungen in Abschnitt 3.3

auf Grund der unvollständigen und unsicheren Daten- und Informationslage überwiegend ‚Entscheidungen unter Unsicherheit' und somit vor allem ‚Ermessensentscheidungen'. Diese werden häufig durch die ‚animal spirits' gemäß Keynes sowie Akerlof und Shiller als auch durch ‚Narrative' determiniert.[26] G. Hüther ist daher der Auffassung, dass die Marktwirtschaft eine ‚geordnete Anarchie' ist.[27] Die hierdurch hervorgerufene Instabilität der gesellschaftlichen sowie individuellen Wertesysteme impliziert allerdings Unsicherheit sowie Angst vor dem eigenen Kontrollverlust und intendiert somit Selbstzweifel als auch Orientierungslosigkeit.[28] Unberücksichtigt bleibt schließlich auch, dass Volks- und Betriebswirtschaftslehre zu den Sozialwissenschaften gehören und keine Naturwissenschaft mit mathematisch-physikalisch fundierten Gesetzmäßigkeiten sind. Erforderlich ist daher eine pluralistische Wende in der Wirtschaftstheorie unter Einbeziehung unterschiedlicher Ansätze, Perspektiven, Auffassungen sowie sozialwissenschaftlicher Disziplinen, da dogmatisch-normative Lehrmeinungen per se nicht objektiv und wertfrei sein können, sondern Weltanschauungen widerspiegeln.[29]

Die **empirisch-induktiven** Erkenntnisse von Soziologie, Psychologie sowie Neurowissenschaften beweisen, dass sich der menschliche Entscheidungsträger nicht immer rational[30] verhält, sondern Emotionen[31], subjektive Erfahrungen, (Vor-) Urteile, Anschauungen und individuelle Einstellungen et cetera in den Entscheidungsprozess einfließen lässt, so dass seine Entscheidungen aus der Sichtweise eines Außenstehenden als ‚irrational' erscheinen (können).[32] Dieser empirische Forschungs- und Erkenntnisansatz sieht den Menschen als mehr-

---

[26] Shiller unterstellt allerdings, dass durch das Entschlüsseln dieser Narrative als ‚Geschichten, die in den Zeitgeist passen' zukünftig Prognosen über ökonomische Entwicklungen möglich werden. Vgl. Buchter, H. (2018), S. 30.

[27] Vgl. Hüther, G. (2014), S. 26.

[28] Dies ist ua eine der Ursachen für die Paranoia als subjektivem Verfolgungswahn.

[29] Vgl. Hafele, J. et al (2014), S. 26 sowie die Erkenntnisse der Empirischen Ökonometrik als auch der Verhaltensökonomie.

[30] Vgl. die Ausführungen in Abschnitt 3.

[31] Emotionen sind komplexe Muster neurophysiologischer und -psychologischer Prozesse, die physiologische Erregungen, Gefühle, kognitive Prozesse und Verhaltensweisen intendieren und somit Veränderungen im Menschen bewirken. Vgl. Rüb, F.W. (2015).

[32] So ist beispielsweise gem. neuerer empirischer Untersuchungen die Aussage ‚Rache ist süß' falsch - der Mensch behält trotz erlittenen Unrechtes seitens anderer Personen weiterhin sein Gerechtigkeitsempfinden; s.a. die Ausführungen in Abschnitt 2.1.

dimensionales Wesen und liegt beispielsweise im Fokus der wirtschaftswissen-
schaftlichen Fachrichtungen der **‚Behavioral Finance'**, der **Verhaltensökonomie** sowie der **Empirischen Ökonometrik,** die eine Aggregation der menschlichen Psyche sowie der Volkswirtschaftslehre zum Ziel haben.[33] Hierbei gehen
sie unter anderem vom sogenannten **‚homo sociologicus'** aus, dem durch seine
Sozialisation geprägten Menschen, da unsere Vergangenheit ein wesentliches
Element von uns, unseres ‚Ich' ist.[34] Hierbei wird unter ‚Sozialisation' ein Aus-
tauschverhältnis verstanden, dass auf Kontakten und Beziehungen basiert und
somit über Instrumentalität sowie Kausalität hinausgeht. Ohne Kontakte und
Beziehungsgeflechte als Beziehungsform, die sich der egozentrischen Logik der
Optimierung, Beherrschung und Kontrolle und somit einer kausal-mechanisti-
schen Erklärung entziehen, entsteht keine Sozialisation (Kaspar Hauser ist diesbezüglich ein Sinnbild für diesen Veränderungsprozess). Dieser Prozess wird unter anderem durch die individuelle Erzeugung von Aufmerksamkeit, dem Folgen
anderer sowie der Selbstreflektion (wie man bei anderen ‚ankommt') gekennzeichnet und ist somit ein komplexer sozialer Austauschprozess, der auf Bin-
dungsfähigkeit, Selbständigkeit sowie dem eigenen **‚Bild von der Welt'** beziehungsweise der individuellen, jeweils aktualisierten und somit instabilen **‚Definition der Situation'**[35] basiert. Plakativ gesprochen kann die Sozialisation als
diejenige Zeitspanne gesehen werden, in der sich der Mensch gewissermaßen
‚auskennt', in der er persönliche als auch historische Ereignisse wahrgenommen
und eventuell verstanden sowie richtig interpretiert hat. Es ist somit seine be-
fristete ‚zeitliche Heimat', die ihm vertraut ist mit ihren zeitgenössischen Gedanken, der Lebensart, den Verhaltensweisen, den politischen Strukturen, der
Musik, Kunst und Kultur et cetera. Er repräsentiert somit eine ‚Autopoiesis' -
einen Prozess zur Herstellung der eigenen Identität, in dem alles, was von ‚außen' kommt, entweder als ‚gut' oder ‚schlecht' bewertet wird. Der Mensch ist
auf Grund seiner individuellen Genese sowie stammesgeschichtlichen Evolution ein soziales Wesen, das die Kommunikation mit anderen sowie deren

---

[33] Vgl. Thaler, R.H. (1991).

[34] Sozialisation darf nicht mit einem programmgesteuerten Code verwechselt werden:
Dem Menschen steht vielmehr eine große ‚Bibliothek an Verhaltensweisen' zur Verfügung,
bei der durch subjektive Einflüsse sowie durch die Umwelt quasi die Auswahl der ‚zu le-
senden Bücher' determiniert wird.

[35] Quasi Bilder, die man im Kopf hat; es wird derzeit wesentlich durch den digital-technologischen sowie gesellschaftspolitischen Kontext definiert und determiniert.

Anerkennung benötigt, Anderen etwas neidet sowie diesen nacheifert.[36] Der eigene Besitz wird somit nie absolut gesehen, sondern in Relation zum Besitz Anderer bewertet. Der Mensch unterliegt somit permanent den Beeinflussungen seiner Umwelt, da die jeweilige Situation, das Umfeld, die eigene Sozialisation sowie die eigene subjektive ‚Vernunft' das ökonomische wie auch das soziale Entscheidungsverhalten prägen. Hierzu gehören auch sogenannte **Narrative**[37], kommunizierte Geschichten und Erzählungen zur Erklärung spezifischer Aspekte. Erreichen diese eine ‚kritische Masse' an Menschen, die diese Erzählungen glauben, so determinieren sie das Verhalten dieser Menschen.[38] Sie implizieren sowohl Perspektiven als auch tiefergehendes Wissen sowie das Erkennen von Zusammenhängen - letzteres kann dann wiederum zum Wechsel der Perspektiven führen. Des Weiteren sind menschliche Eigenschaften wie Vertrauen, Geduld, Fairness[39], Risikoneigung, Altruismus et cetera die Basis des menschlichen ökonomischen sowie sozialen Entscheidungsverhaltens.[40] Die eigene Sozialisation sowie die erlebten, unumkehrbaren Ereignisse und Erfahrungen bestimmen daher im Rahmen einer nichtlinearen Dynamik das mensch-

---

[36] In den USA kommunizieren mittlerweile ca. 16% der Bevölkerung mit digitalen Sprachassistenten, um ihrer Einsamkeit zu entgehen.

[37] Dieser Begriff aus der Literaturtheorie wurde Ende der 70er Jahre des letzten Jahrhunderts von Jean- Francois Lyotard in die politische Diskussion eingeführt. Vgl. Lyotard, J.F. (2009); vgl. auch die Ausführungen in Abschnitt 3.5.

[38] Gem. R. Shiller sind diese Geschichten und Erzählungen häufig relevant für Konjunkturen und Krisen. Vgl. Shiller, R. (2014).

[39] Die genetische Einstellung zur Fairness ist früh in der Evolution a.G. von Kooperationsverhalten, Zusammengehörigkeitsgefühl sowie Arbeitsteilung entstanden. P. Blake und K. McAuliffe ermittelten im Rahmen einer umfassenden, länder- sowie kulturenübergreifenden Studie (unfaire Verteilung von Bonbons) mit Kindern zwischen 4 und 15 Jahren , dass der soziale, kulturelle sowie gesellschaftspolitische Kontext die Ausprägungen der Fairness bei diesen Kindern wesentlich beeinflussen. Die Ausprägung der Fairness entwickelt sich zwischen dem 4.und 8. Lebensjahr , da Kinder erst die Regeln und Normen des Umfeldes erlernen müssen – je nach sozialen Umfeld stehen sie bei einem Verstoß entweder unter sozialem Druck oder passen sich den egoistischen Normen ihres Umfeldes an. Vgl. Blake, P., et al. (2015) , S. 258 ff.

[40] Vgl. hierzu auch das sog. ‚Big Five Modell' der Psychologie, auch als ‚Ocean-Modell' bezeichnet: openess (Offenheit), conscientiousness (Gewissenhaftigkeit), extraversion (Aufgeschlossenheit), agreeablenes (Verträglichkeit), neuroticism (Neurotizismus); diese Module , jeweils mit einer Skala zwischen 0 und 100 gemessen, determinieren im Rahmen ihrer jeweils individuell unterschiedlichen Ausprägungen die Persönlichkeit des Menschen sowie seine ‚Sicht und Wahrnehmung der Welt'.

liche Verhalten. Analog hierzu ist die Motivation im Rahmen der Epigenetik[41] quasi ein Wechselspiel zwischen Genetik und Sozialisation. Vor allem drei Motive definieren in der frühen Jugend den Menschen: Bindung[42], das Leistungssowie das Durchsetzungsmotiv (Machtmotiv). Somit determinieren individuelle Präferenzen sowohl das individuelle Wohlergehen als auch letztlich das wirtschaftliche ihrer jeweiligen Länder.[43] Alle Entscheidungen des Menschen werden durch seine subjektiven (Be-)Deutungsrahmen, den sogenannten ‚**Frames‘**, beeinflusst respektive determiniert[44] – quasi ein selbstreferenzielles System.[45] Hierbei steuern metaphorische Kontextbedingungen die subjektiven Wahrnehmungen sowie die Struktur des eigenen Weltbildes. Anzumerken ist allerdings, dass in dieser sozio- psychologischen Definition über die Bedeutung der individuellen ‚Bezugsrahmen‘ eine physiologische Sichtweise im Sinne kontextualer Reiz-Reaktions-Muster vertreten wird.[46]

---

[41] Vgl. die Ausführungen in Abschnitt 2.1.1.

[42] Die Bindungsforschung bestätigt, dass emotionale Missachtung in der Kindheit zu Stress, Traumata sowie physischen Krankheiten führen kann, während das Gefühl der Geborgenheit die kognitive Entwicklung fördert. Vgl. die Ausführungen in Abschnitt 4.4

[43] Vgl. Sundes, U. (2015), S. 189 ff.

[44] Diese Deutungsrahmen werden durch die Erfahrungen im Verlauf des Sozialisationsprozesses generiert und helfen, Fakten zu bewerten und einzuordnen; sie werden durch einzelne Begriffe (Worte) aktiviert. Vgl. Wehling, E. (2016).

[45] Gemäß Karl Marx bestimmt das Sein das Bewusstsein....

[46] Vgl. die Ausführungen in Abschnitt 2.1.3.

1.2. Entwicklungsphasen der Neurologie

Die experimentelle, wissenschaftliche Neurologie (Ge-Hirnforschung) begann vor circa zweihundert Jahren. So entdeckte Franz Joseph Gall (1758-1828)[47] die Faserstruktur des Gehirns und begründete die Lokalisationslehre, der gemäß spezifische physiologische und kognitive Fähigkeiten in unterschiedlichen Hirn-regionen ‚verortet‘ sind. Im Jahre 1860 wies P. Broca (1824- 1880) als Erster die Lokalisation des Sprachvermögens im linken Frontallappen (sog. Broca- Areal) nach. Fast dreißig Jahre später wurde von Santiago Ramon y Cajal (1852- 1934) 1889 die ‚Neuronenlehre‘ definiert, die das Nervensystem aus physisch ge-trennten, jedoch interagierenden Zellen beschrieb.[48] K. Brodman erstellte 1909 den ersten Hirnatlas, bei dem die Großhirnrinde in 52 Areale mit unterschiedli-chen Bereichen unterteilt wurde. Um 1950 entwarfen W. Penfield sowie Th. Rasmussen den sogenannten ‚Homunkulus‘[49], dem gemäß sich die Körperober-fläche im Cortex abbildet. John Eccles (1903- 1997) beschrieb erstmalig Neun-zehnhundertdreiundsechzig die elektrische Reizweiterleitung durch Ionen-ströme zwischen den Neuronen im Gehirn sowie die Funktionsweise der Synap-sen. Ende der Neunziger Jahre des letzten Jahrhunderts entwickelten G. Riz-zolatti sowie V. Gallese schließlich die Theorie der ‚**Spiegelneuronen**‘[50]: Spie-gelneuronen werden immer dann aktiv, wenn der Mensch andere bei deren Handlungen beobachtet - sie bilden dann das gleiche neuronale Aktivitätsmus-ter, als wenn der Mensch diese Handlung selbst durchführen würde. Empiri-sche Untersuchungen bestätigten, dass emotionale Spiegelneuronen im Ante-rior Cingulate Cortex (ACC) auch dann ‚feuern‘, wenn der Mensch diesen Schmerz selbst nicht spürt, aber diesen beobachteten Schmerz aufgrund eige-ner Erfahrung kennt.[51] Spiegelneuronen nehmen somit Empfindungen des an-deren wahr, können diese allerdings semantisch nicht interpretieren. Wissen-

---

[47] Gem. seiner Schädellehre (Phrenologie) sollten Begabungen und Charaktereigenschaf-ten an Schädel- und Gesichtsform erkennbar sein.

[48] Auf Grund seiner mikroskopischen Untersuchungen wies der spanische Neuroanatom Cajal erstmals die temporären Verbindungen zwischen den Neuronen sowie die Funktion der Gliazellen nach und beschrieb sowie zeichnete diese. Vgl. Nissl (1903).

[26] Den in der Retorte entstandenen Menschen.

[50] Bei ihren Experimenten mit Affen wurden allerdings ‚nur‘ emotionslose Greifbewegun-gen untersucht.

[51] Vgl. Keysers, Chr. (2009).

schaftlich ungeklärt ist bislang allerdings, ob hierbei eine emotionale Erinnerung respektive Gedächtnisleistung ohne jede kognitive Interpretation des Verhaltens des anderen oder eine neuronal- kognitive Reaktion vorliegt.[52]

Seit 1970 wurden nicht-invasive bildgebende Verfahren der Magnetresonanztomographie (MRT) im Rahmen der Kernspintomographie entwickelt. Deren technologischer ‚Höhepunkt' ist die seit 1980 in der Forschung eingesetzte ‚funktionelle Magnetresonanztomographie' (fMRT).[53] Auf der physikochemischen Ebene wird hierbei anhand der Sauerstoffsättigung sowie der Energie im Blut ‚gemessen', welche Hirnareale momentan aktiv sind. Deren Visualisierung ist allerdings keine ‚Röntgenaufnahme'. Vielmehr wird das Gehirn in ca. 130.000 Volumeneinheiten (sog. Voxels) eingeteilt. Durch das Scannen der unterschiedlichen Sauerstoffkonzentration erhält man dann grau-weiße, grob verpixelte Bilder. Diese Rohdaten in Verbindung mit den erhobenen, teilweise millionenfachen Messdaten erhalten dann mittels komplexer mathematischer Algorithmen ihren ‚Sinn', indem die grau-weißen Bilder in blaue, gelbe und rote ‚Falschfarben' transformiert werden. Das ‚Kernspingemälde' ist demnach ‚nur' eine mathematische Konstruktion, die nicht mit den beobachteten kognitiven Hirnprozessen identisch ist, so dass deren Ergebnisse selten von Dritten reproduziert oder bestätigt werden können. Ein weiterer Grund für diese mangelnde Effizienz ist unter anderem auch darin zu sehen, dass die verwendete Statistiksoftware häufig zu falschen Erklärungen gelangt, da die zugrundeliegenden mathematischen Rahmenbedingungen methodisch nicht eingehalten werden. Des Weiteren basieren die gemessenen Hirnaktivitäten auf der Konnektivität von Nervenzellen sowie der Gleichgewichte von Neurotransmittern in jeweils spezifischen, einmaligen respektive einzigartigen Untersuchungsbedingungen und sind daher nicht generalisierbar beziehungsweise verallgemeinerbar. Die entstehenden digitalen Abbildungen repräsentieren somit – wenn überhaupt – nur den Phänotyp, nicht jedoch den Genotyp. Geistige Hirnprozesse lassen sich daher grundsätzlich (noch) nicht auf spezifische Hirnregionen, Konnektivitäten sowie neurochemische Prozesse reduzieren. Kognitive Prozesse im Gehirn werden immer im Kontext mit anderen menschlichen Gehirnen, dem eigenen Körper sowie in Relation zur jeweils spezifischen, situativen Umwelt des Menschen realisiert. Die neocartesische Sichtweise, dass der Geist quasi eine Software in der

---

[52] Vgl. ebenda.
[53] Engl.: functional Magnetic Resonance Imaging (fMRI).

‚Hardware Gehirn' ist und daher wie in einem Computer funktioniert, ist auf Grund der Komplexität von Mensch, Körper, Gehirn, individuellem sowie kollektivem Bewusstsein, Gefühlen, emotionalen Verhaltensweisen und Umweltbedingungen mehr als fraglich.[54] Die datenbasierten Neurowissenschaften auf der Grundlage des neurowissenschaftlichen Konnektoms[55], beispielsweise das Human Brain Project sowie Läsionsstudien[56] haben daher bisher auch gezeigt, dass die fMRT- Verfahren schon bei einfachen Systemen scheitern, so dass die Transformation ihrer Erkenntnisse auf komplexe Systeme analog zum ‚Ceteris paribus'-Ansatz der Makroökonomie nicht möglich ist.[57]

Notwendig ist daher die Weiterentwicklung der theoretischen Konzepte als auch der Datenanalysewerkzeuge, um hierarchische Strukturen sowie die neurologischen Prozesse der kognitiven Informationsverarbeitung nachweisen zu können. Ein diesbezüglicher Ansatz könnte die von Niels Birbaumer[58] aufgezeigte Kommunikationsmöglichkeit mit sogenannten ‚completely looked in' - Menschen sein.[59] Hierbei scheint es möglich zu sein, im Rahmen von fMRT — Aufnahmen zumindest ‚Ja/Nein- Aussagen' durch eine Veränderung der Sauerstoffkonzentration in spezifischen Hirnbereichen zu identifizieren.[60] Allerdings können auch hierdurch derzeit noch keine Gedanken gelesen werden, sondern nur die eindimensionalen kognitiven Ja/Nein- Antworten auf spezifische Fragen physikalisch ‚interpretiert' werden. Des Weiteren wird mittlerweile versucht, Aktivierungsimpulse durch eine funktionale Echtzeit-MRT im Gehirn zu analysieren und zu klassifizieren. Hieraus könnten dann spezifische Handlungsabsichten abgeleitet und als Motorbefehle an einen humanoiden Roboter übertragen werden – dieser setzt sie dann im Rahmen eines ‚Gehirn-Maschine-Interface' in körperliche Handlungen um.[61] Schließlich existieren experimentelle Ansätze,

---

[54] Vgl. auch die Ausführungen in Abschnitt 2.1.2.
[55] Modellhafte Darstellung aller Neuronen, deren Interaktivitäten, Kontakte etc.
[56] Entfernung einzelner Neuronen oder Gruppen davon.
[57] Vgl. Jonas, E., Kording, K.P. (2015).
[58] Vgl.Birbaumer, N., Zittlau, J. (2014).
[59] Von der Umwelt isolierte Menschen auf Grund einer vollständigen Lähmung, bspw. als Folge eines Schlaganfalles oder einer ALS- Erkrankung (Amyotrophe Lateralsklerose)
[60] Angemerkt werden muss allerdings, dass die empirischen Untersuchungen von Birbaumer aufgrund ihrer Nichtreproduzierbarkeit sowie statistischer Mängel sehr kontrovers diskutiert bzw. angezweifelt werden.
[61] Sog. ‚Neuroengineering' ; vgl. das EU- Projekt VERE (Virtual Embodiment and Robotic Re- Embodiment) sowie Thome- Souza, S. et al. (2014).

aus der Beobachtung der Gehirnaktivitäten in Echtzeit die zugrundeliegenden Gedanken beziehungsweise Worte abzuleiten und somit mittels kognitiver Prozesse digitale Geräte zu steuern.[62] Um Gedanken ‚maschinell' lesen zu können, ist allerdings die gleichzeitige Realisierung folgender Kontextbedingungen notwendig:

1. Gleichzeitige Messung der Hirnaktivitäten sämtlicher Hirnareale (erfordert die Implantation einer fast unendlichen Zahl von Hirnchips)

2. Kenntnis des individuell- subjektiven Braincode (das spezifische, individuelle neuronale Aktivitätsmuster eines jeden Gedankens)

3. Kenntnis über die Korrelation zwischen Hirnwellen sowie Gedankeninhalten, um zu wissen, was gemessen wurde

4. Wissen über sowie Berücksichtigung der für ein kreatives Gehirn notwendigen Ruhe- und Entspannungsphasen.[63]

Sollten fMRT-Verfahren dennoch zukünftig in der Lage sein, die menschlichen Gedanken ‚öffentlich' zu machen, so würde sich einerseits die zeitliche Diskrepanz zwischen ‚Denken' und ‚Handeln stark verkürzen, da nunmehr ein Feedback respektive eine Rückkopplung möglich wäre. Hierdurch würde die Grenze zwischen Virtualität und Realität somit zu einer Gratwanderung werden. Andererseits würde dies analog zu Orwell letztendlich zu einem Überwachungsstaat mit disziplinarisch- totalitären Merkmalen führen.[64] Derzeit jedoch kann die ‚Persönlichkeit des Menschen' nur sehr eingeschränkt technologisch ‚abgebildet' werden, da das menschliche Gehirn mehr als nur eine Aggregation physiologischer Prozesse ist.[65] Jedes Gehirn ist somit eine individuelle, komplexe Aggregation vieler Module, deren Teilmengen sowohl sozialisationsbedingt als auch geschlechtsspezifisch divergieren. Daher repräsentiert es das komplexeste System unserer bekannten Welt.

Mitte der Neunziger Jahre des letzten Jahrhunderts entwickelten dann W. Denk, A. Konnerth, D. Tank, K. Svoboda sowie St. Hell die Zwei- respektive Multiphotonen-Mikroskopie als Kombination physikalischer und biologischer Verfahren zur Abbildung feinster Strukturen. Mit ihrer Hilfe können Funktion und Signalverarbeitung einzelner Neuronen und letztendlich die Funktionsweise des

---

[62] Vgl. Kong, R. et al (2014).
[63] Vgl. die Ausführungen in Abschnitt 4.4.
[64] Vgl. ebenda.
[65] Vgl. die Ausführungen in Abschnitt 2.1.3.

Gedächtnisses sowie die Veränderungen des Gehirnes bei Lernprozessen im wahrsten Sinn des Wortes ‚gezeigt' werden. Diese ‚Lichtmikroskope' wurden inzwischen im Rahmen der ‚Sted-Mikroskopie'[66] weiter entwickelt – bei ihr werden zur Abbildung von Objekten im Bereich von zwanzig bis dreißig Nanometer das Fluoreszenzlicht von Farbstoffmolekülen genutzt.

Als Teilgebiet der Neurologie sei noch zu guter Letzt die seit dem Beginn unseres Jahrhunderts entstandene **Neuroprothetik** als Kombination aus Neurologie und Bioelektronik angeführt.[67] Hierbei steuern elektrische Signale sowohl motorisch, affektiv als auch kognitiv die jeweiligen Prothesen, indem sie mittels elektronischer Kleinstgeräte respektive Sensoren unregelmäßige Muster in den Nervenbahnen und somit von Störungen erkennen und deren Auswirkungen bedingt korrigieren.[68] Des Weiteren können hierdurch zerstörte Nervenbahnen im Rückenmark überbrückt und somit beispielsweise die Verbindung zwischen Gehirn und Gliedmaßen wieder hergestellt werden.

Zusammenfassend kann festgehalten werden, dass vor allem die Neurologie in Verbindung mit Neurobiologie sowie Neuropsychologie das menschliche Gehirn aus einer jahrhundertelangen philosophischen Deutungstradition von Mythen, Verklärungen sowie sophistischen Verirrungen herausgeholt und dadurch gewissermaßen säkularisiert hat. Drexler sowie Bainbridge und Roco unterstellen zusätzlich, dass der Mensch im Rahmen der Konvergenz von Biowissenschaften, Neurobiologie sowie Künstlicher Intelligenz grundlegend verbessert wird[69]
. Die Richtigkeit dieser Hypothese wird vor allem im vierten Abschnitt dieser Arbeit einer gründlichen Erörterung unterzogen.

---

[66] Stimulated Emission Depletion; eine Weiterentwicklung durch die Kombination der von Betzig entwickelten ‚Palm/ Storm – Technik' mit dem ‚Miniflux-Verfahren' (Minimal Emission Fluxes).

[67] Bspw. das Exoskelett, die Vagusnerv- Stimulation, Retina- Implanate, Hirnschrittmacher im Rahmen der ‚tiefen Hirnstimulation', Cochlea- Implanate, Brain- Computer- Interfaces (BCI) oder Brain-Machine-Interfaces (BMI).

[68] Kognitive Steuerung von Prothesen, Reduzierung der Auswirkungen bei Epilepsie, Diabetes, Asthma, Arthritis etc.; hierbei bestehen Kooperationen zwischen Internet- und Pharmaunternehmen (bspw. Google Alphabet und Glaxo Smith Kline).

[69] Vgl. Drexler, K. E. (1986) sowie Roco, M.C., Bainbridge, W.S. (Hrsg.,2003)

1.3. Wechselwirkungen zwischen den Neurowissenschaften und der ‚Künstlichen Intelligenz' (KI)

Nachfolgend sollen die Wechselwirkungen zwischen den wissenschaftlichen Disziplinen ‚Neurowissenschaften' und ‚Künstliche Intelligenz (KI)' vor dem Hintergrund der Digital- Ökonomie kurz skizziert und diskutiert werden.[70] Im Fokus steht hierbei die inhaltlich ‚schwache Definition' der KI respektive ‚Artificial Intelligence (AI)' mit aufgabenspezifischen ‚Insellösungen' sowie dem Schwerpunkt auf iterative Problem- und Aufgabenstellungen.[71] Demgegenüber strebt die ‚starke Definition' der KI an, im Sinne einer ‚universellen KI' die humane beziehungsweise biologische Intelligenz durch ‚Maschinenintelligenz' zu ersetzen und somit den Status des ‚Cyborg' respektive der ‚Singularität' zu erreichen.[72] Hierbei wird unter ‚Singularity' eine sich selbständig verbessernde sowie optimierende ‚Maschinenintelligenz' verstanden, die dem Menschen geistig zumindest ebenbürtig oder gar überlegen ist. Letztere Ansätze sind allerdings bislang sehr mathematisch-abstrakt geblieben, da beispielsweise die Transformation menschlicher Eigenschaften und Fähigkeiten wie Empathie, Kreativität, Motivation et cetera in Elemente, Prozesse und Strukturen der KI derzeit nicht möglich ist. So ist auch das EU- Projekt ‚Human Brain' mit der artifiziellen Nachbildung des menschlichen Gehirnes aufgrund dessen Komplexität gescheitert.

Versteht man unter KI vor allem das ‚maschinelle Lernen' (deep learning), so ergeben sich aus der Zusammenarbeit von Neurowissenschaften und KI vor allem Vorteile bei der Entwicklung selbstlernender Algorithmen auf der Basis ‚selbstlernender neuronal- semantischer Netzwerke', die neben ihren formalisierten, mathematisch- logischen Strukturen auch neurowissenschaftliche Elemente, Funktionen und Strukturen berücksichtigen. Einschränkend muss allerdings konstatiert werden, dass diese neuronalen Netzwerke nur sehr begrenzte Fähigkeiten für weitergehende Schlussfolgerungen besitzen, da sie für spezifische, exakt definierte Problemstellungen konstruiert und trainiert werden.[73] Daher sind sie unter anderem nicht in der Lage, weitergehende Kausalitäten im

---

[70] Vgl. hierzu auch Hassabis, D. et al. (2017), S. 245 ff sowie Lake, M. et al (2017), S. 1 ff .
[71] Vgl. hierzu die Ausführungen in Abschnitt 4.1.1 .
[72] Vgl. McCarthy,J. (1979), S. 161 ff; McCarthy, J. (1983); McCarthy, J., Hayes, P (1969), S. 463 ff;s.a. Thomason, R.H. (1991), S. 449 ff; Minsky, M.L., Harrison, H. (1997).
[73] Vgl. die Ausführungen in Abschnitt 4.1.1 sowie Zeiler, M. & Fergus, R. (2014), S. ...

Rahmen der Kontextbedingungen zu erkennen.[74] Schließlich benötigen sie im Vergleich mit den humanen neuronalen Netzwerken ein Vielfaches an Daten für ihre jeweiligen Lernprozesse.[75] Daher ermöglicht der interdisziplinäre Erfahrungsaustausch vorerst nur die Validierung und Evaluierung der derzeitigen KI-Techniken, Methoden, Vorgehensweisen und Denkansätze bei Einbeziehung des neurowissenschaftlichen Verständnisses des Gehirnes sowie den diesem zugrundeliegende Funktionen, Architekturen und Repräsentationen.[76] Auf der anderen Seite lassen sich die bei neurowissenschaftlichen Untersuchungen ergebenden (Massen-)Datensätze sowie komplexe biologische Systeme mittels der KI- Techniken wesentlich konsistenter und stringenter analysieren.[77] Nachfolgend sollen die diesbezüglich wesentlichen Effekte einer Kooperation zwischen Neurowissenschaften und KI ohne den Anspruch auf Vollständigkeit kurz skizziert werden. Im Fokus steht fast zwangsläufig die Transformation neurowissenschaftlicher Erkenntnisse über Lern- und Gedächtnisprozesse sowie den Strukturen und Funktionen humaner neuronaler Netzwerke.

---

[74] Vgl. Donahue, J. et al (2013).

[75] Vgl. Geman, S. et al (1992), S. 1 ff; Bloom, P. (2008); Russakovsky, O. et al (2015).

[76] Vgl. Hassabis, D. et al (2017), S. 245.

[77] Vgl. Cukur, T. et al (2013), S. 763 ff; Cichy, R.M. et al (2014), S. 455 ff; Marr, D., Poggio, T. (1967), S. 1 ff.

1.3.1. Einfluss der Neurowissenschaften auf die KI

a)   Analyse der biologischen Intelligenz

Alan Turing entwickelte im Jahr Neunzehnhundertsechsunddreißig erstmals Vorschläge für eine anwendungsorientierte Analyse der biologischen Intelligenz zur Genese neuartiger Algorithmen, Funktionen, Repräsentationen und Architekturen.[78]

Im Fokus stand hierbei auch die Analyse der KI- Techniken. Turing entwickelte etwas später grundlegende Gedanken und Ideen zur ‚maschinellen Intelligenz' . Hierbei unterstellte er jedoch, dass ein vollständiges Verständnis der menschlichen Kognition kaum möglich sein wird.[79] Grundlage für diese Auffassung war die damals dominante Bedeutung der Verhaltenswissenschaften.

b)   Artifizielle neuronale Netzwerke

Basierend auf den Arbeiten von McCulloch und Pitts[80] , die erstmals die Funktionen und Wirkungsweisen künstlicher neuronaler Netze beschrieben, entwickelten Haugeland[81] sowie Rumelhart[82] Verfahren zur Manipulation symbolischer Repräsentationen analog zum menschlichen Gehirn. Die hierbei notwendigen ‚massiv- parallelen Datenverarbeitungsprozesse'(distributed data processing) wurden von Hinton und Rumelhart analysiert.[83] Durch diese Transformation der menschlichen Informationsverarbeitung mit ihren dynamischen, verteilten Strukturen sowie simultan ablaufenden Lernprozesse zur Irrtumsreduzierung wurden die Grundlagen für das sogenannte ‚Deep Learning' (Maschinenlernen) im Rahmen artifizieller neuronaler Netzwerke mit mehreren Ebenen geschaffen.

c)   Gedächtnis

-   Die neuronalen Strukturen, Funktionen und Prozesse des **Gedächtnisses** im Hippocampus sowie dem Neocortex wurden von O'Neill sowie Mnik für maschinelle Systeme umgesetzt.[84]

---

[78] Vgl. Turing, A.M. (1936), S. 230 ff.

[79] Vgl. Turing, A.M. (1950), S. 433 ff.

[80] Vgl. Mc Culloch, W., Pitts, W. (1943), S. 115 ff.

[81] Vgl. Haugeland, J. (1985)

[82] Vgl. Rumelhart, D.E. et al (1986)

[83] Vgl. Hinton, G.E. et al (1986), S. 77 ff.

[84] Vgl. O'Neill, J. et al (2010), S. 220 ff.; Mnik, V. (2015), S. 529 ff.

-       Die Funktionen und Prozesse des **episodischen** Gedächtnisses sowie deren Übertragbarkeit auf das ‚deep learning' wurde von Tulving in den Jahren 1965 bis 2002 erforscht.[85]

-       Die Funktionen und Wirkungsweisen des **Arbeitsgedächtnisses** im Präfrontalen Cortex sowie deren Transformation in sogenannte ‚LSTM- Strukturen (Long Shot- Term Memory)' wurden vor allem von Schmidhuber erfolgreich realisiert.[86]

d)   Lernprozesse

-       Humane Lernprozesse beruhen auf modularen sowie interagierenden neuronalen Subsystemen, die jeweils spezifische Schlüsselfunktionen besitzen. Diese Funktionen und Strukturen wurden von Anderson sowie Marblestone analysiert und auf artifizielle Systeme übertragen.[87]

-       Die Funktionen, Strukturen und Prozesse des **intuitiven Lernens**, vor allem von Kindern, wurden von Gilmore, Battaglia sowie Lake untersucht und in artifizielle Netzwerke transformiert.[88]

-       Strukturen und Funktionen der humanen Neuronen bei **andauernden Lernprozessen** wurden durch Cichon sowie Yang auf der Grundlage des ‚2- Photonen Imaging' analysiert sowie in künstliche Netzwerke implementiert.[89] Die vorzufindende Plastizität des Cortex im Rahmen kontinuierlicher Lernprozesse wurde ebenfalls von Cichon und Yang untersucht und analysiert.

-       Grundzüge und Prozesse des **effizienten Lernens** bei wenigen Daten als auch variabler Konzepte wurden von Lake untersucht und ‚automatisiert'.[90]

-       Wirkungsweisen und Strukturen des humanen **Verstärkungslernens** sowie die zugrundeliegenden Mechanismen der Wahrnehmung und deren Integration in das artifizielle ‚deep learning' wurden von Summerfield, Mnik und Silver vorangetrieben.[91]

---

[85] Vgl. Tulving, E. (1965); Tulving, E. (2002), S. 1 ff.

[86] Vgl. Hochreiter, S., Schmidhuber, J. (1997);Schmidhuber, J. (2011); Schmidhuber, J. (2014), S.

[87] Vgl. Anderson, J.R. et al (2004), S. 1036 ff.; Marblestone, A.H. et al. (2016), S. 94 ff.

[88] Gilmore, C.K. et al (2007), S. 589 ff; Battaglia, P.W. et al. (2016), S. 18327 ff.; Lake, B.M. et al (2015), S. 1332 f.

[89] Vgl. Cichon, J., Gau, W.B. (2015), S. 180 ff; Yang, G. et al .(2009), S. 920 ff.

[90] Vgl. Lake, B.M. et al. (2016), S.

[91] Vgl. Summerfield, A.J. et al (2006), S. 905 ff; Mnik, V. et al. (2015), S. 529 ff; Silver, D. et al. (2016), S. 484 ff.

-     Der Transfer der Lernergebnisse sowie die daraus resultierende Befähigung zum Treffen von konkludenten Schlussfolgerungen wurden von Holyoak, Barnett und Reed für die analogen Prozesse selbstlernender Algorithmen analysiert sowie integriert.[92]

e. Kognitive Planungsprozesse

-     Im Hippocampus, dem orbitofrontalen Cortex sowie dem Striatum werden durch das menschliche Gehirn permanent Vorstellungen über die Zukunft respektive fiktive mentale Szenarien und Repräsentationen über die Umwelt des Menschen entworfen sowie darauf basierende Planungsprozesse realisiert.[93] Die Funktionen und Abläufe aktiver Neuronenketten bei diesem abstrahierten und abstrakten Modelldenken wurden von Hassabis und Maguire sowie Schacter analysiert und in dementsprechende KI- Prozesse transformiert.[94] Die hierbei zugrundeliegenden humanen Planungs- und Prognosefähigkeiten wurden von Daw und Ruby untersucht und in KI- Simulationen implementiert.[95] Das vom Menschen hierbei verwendete, 'interne Abbild der Welt' wurde des weiteren von Dolan und Dayan in artifizielle Simulations- und Kontrollprozesse implementiert.[96]

-     Die menschlichen Vorgehensweisen bei der Verarbeitung konditionierter sowie unkonditionierter Stimuli wurden von Sutton und Barto sowie Hafner und Riedmiller mittels der 'temporal difference methods' als zentrale Elemente der Roboterkontrolle sowie Spieleentwicklung analysiert und implementiert.[97]

-     Die hierarchische Organisationsstruktur des 'Mammalian Cortex System'[98] mit der Befähigung zur Verarbeitung konvergenter und divergenter Informationen wurde von Krizhevsky, Sutskever und Hinton untersucht sowie artifiziell 'nachgebildet'.[99]

---

[92] Vgl. Holyoak, K.J., Thagard, P. (1997), S. 35 ff; Barnett, S.M., Ceci, S.J. (2002), S. 612 ff; Reed, S. et al (2015), S. 1252 ff.

[93] Vgl. die Ausführungen in Abschnitt 2.2.

[94] Vgl. Hassabis, D., Maguire, E:A: (2009), S. 1263 ff; Schacter, D.L. et al (2013), S. 677 ff .

[95] Vgl. Daw, N.D. et al (2005), S. 1704 ff; Raby, C.R. et al (2007), S. 919 ff.

[96] Vgl. Dolan, R.J., Dayan, P. (2013), S. 312 ff.

[97] Vgl. Sutton R., Barto, A. (1998); Hafner , R., Riedmiller, M. (2011).

[98] Im sog. 'Mammalian Neokortex' existiert eine Interdependenz zwischen intrinsisch-genetischen Mechanismen sowie extrinsischen Informationen, die vom Thamalus weitergeleitet werden. Vgl. auch die Ausführungen in Abschnitt 2 sowie O'Leary, D.D.M et al (2007), S. 252 ff.

[99] Vgl. Krizhevsky, A., Sutskever, J., Hintoon, G. (2012), S. 1097 ff.

1.3.2. Anwendungsmöglichkeiten der Verfahren und Techniken der KI bei neurowissenschaftlichen Fragestellungen

Zwangsläufig lassen sich aufgrund der vorgestellten Interdependenzen auch Methoden der KI bei der experimentellen Forschung in den Neurowissenschaften einsetzen.[100] Beispielsweise können die bei neurowissenschaftlichen Untersuchungen und Experimenten anfallenden Datenmengen mit den Modellen und Strukturen des ‚machine learning' konsistent analysiert werden.[101] Dies gilt ebenfalls für Untersuchungen darüber, wie das menschliche Gehirn Algorithmen und Prozesse für die Rückschau auf frühere Ereignisse und Geschehnisse generiert und somit seine eigene ‚Historie' verklärt.[102] Des Weiteren lassen sich teilweise auch die human- kognitiven Prozesse bei der Prognose zukünftiger Ereignisse in Verbindung mit dem sogenannten ‚Hebbian Mechanismus'[103] durch einige Modelle des ‚machine learnings' analysieren und erklären.[104] Schließlich können die Daten aus verhaltenswissenschaftlichen sowie psychologischen (Labor-)Experimenten, beispielsweise in den Bereichen der ‚kognitiven Dissonanz' sowie zur Gewaltausübung[105], im Hinblick auf die inhärenten Verhaltensmuster der jeweiligen Probanden durch selbstlernende Algorithmen auf der Basis neuronal- semantischer Netzwerke analysiert, definiert und erklärt werden. Letztlich können auch die Ausbreitungsmuster biologischer Pandemien vor dem Hintergrund der inhärent zugrundeliegenden menschlichen Verhaltensmuster und -strukturen durch derartige Verfahren und Methoden der KI schneller analysiert und prognostiziert sowie die zugrundeliegenden Sachverhalte, Verhaltensweisen und Strukturen erklärt werden. Zu beachten ist hierbei allerdings, dass die diesbezüglichen Analysen und Prognosen der selbstlernenden Algorithmen

---

[100] Vgl. Hassabis, D. et al. (2017), S. 253 ff.

[101] Vgl. Cukur, T. et al (2013), S. 763 ff; Cichy, R.M. et al. (2014), S. 455 ff.

[102] Vgl. die Ausführungen in Abschnitt 3.4 sowie Werbos, P.J. (1974); Hinton, G.E. et al. (1986), S. 77 ff.

[103] Die ‚hebbsche Lernregel' definiert das Lernen in neuronalen Netzwerken durch die axonale Erregungsweitergabe mit der Folge metabolischer Veränderungen – vgl. Hebb, D. (2002.

[104] Vgl. Bastor, A.M. et al (2012), S. 695 ff; Bengio, Y. et al (2015).

[105] Beispielhaft sei das ‚Milgram- Experiment' angeführt, bei dem die menschliche Bereitschaft, autoritären Anweisungen auch dann Folge zu leisten, wenn diese im direktem Widerspruch zum eigenen Gewissen stehen, experimentell getestet wurde. Vgl. Milgram, St. (1997).

zwangsläufig auf früheren menschlichen Verhaltensweise sowie den hieraus resultierenden Daten beruhen. Ändern sich diese menschlichen Verhaltensmuster aufgrund situativer Kontextbedingungen, beispielsweise bei Pandemien, disruptiven Veränderungen der Ökonomie und Ökologie et cetera, dann führt der Rückgriff auf frühere Verhaltensweisen zwangsläufig zu falschen Prognosen über das zukünftige Verhalten.

2. Menschliches Verhalten als Ergebnis der Reiz-, Signal- und Informationsverarbeitungsprozesse durch das explizite und implizite System des Gehirns – neurophysikalische, neurobiologische und neuropsychologische Grundlagen

Das menschliche Gehirn wiegt circa 1,4 Kilogramm und macht demnach ungefähr zwei Prozent des Körpergewichtes aus. Drei ‚Genmutationen‘ beziehungsweise Gendefekte haben in den letzten fünf Millionen Jahren wesentlich zur Entwicklung des Gehirns des heutigen ‚Homo Sapiens‘[106] beigetragen. Durch einen ‚Reparaturprozess‘ im Gen ‚ARH-GAP11B‘ des Chromosom 15 verdoppelte sich vor circa fünf Millionen Jahren bei einer Zellteilung ein Genabschnitt, so dass sich hierdurch das Wachstum der Großhirnrinde (walnussartige Faltung sowie Größe) von circa 450 Kubikzentimeter respektive Milliliter beim Australopithecus über circa eintausend beim Homo Heidelbergensis auf circa eintausendvierhundert Kubikzentimeter beim heutigen Menschen erhöhte.[107] Allerdings wirkte sich diese Mutation erst vor circa 400.000 Jahren aus, als bei der damaligen Menschenzahl gewissermaßen eine ‚kritische Masse‘ für die Vererbung erreicht worden war. Durch Mutationen[108] in der Gengruppe ‚Notch2nl‘ des Chromosom 1 (mehrfache Vervielfachung) begann vor circa vier Millionen Jahren die wesentlich komplexere Vernetzung sowie größere (Packungs-)Dichte der Nervenzellen sowie die Bildung und Erneuerung neuronaler Stammzellen als Grundlage für die wesentliche Steigerung des kognitiven Leistungs-

---

[106] Derzeit die letzte Stufe der Homoniden nach dem homo habilis (der geschickte Mensch), dem homo erectus, dem homo rhodensis sowie dem Australopithecus aferensis (ca. 3,8 Mio Jahre) als auch dem Ardipithecus ramidos (ca. 4,4 Mio Jahre); nach derzeitigem Wissensstand ist der ‚Geburtsort‘ dieser menschlichen Entwicklungsstufen, die in zeitlicher Sicht teilweise parallel gelebt haben, der Turkana-See resp. das Turkana-Becken in Kenia; vor ca. 40.000 Jahren kam der homo sapiens aus Ostafrika nach Europa und vertrieb den ‚homo neanderthalensis‘ sowie den homo denisovus.

[107] Untersuchungen des ‚homo naledi‘ haben kürzlich nachgewiesen, dass die Größe des Gehirnes nicht direkt mit den kognitiven Fähigkeiten korreliert: bei einem Volumen von 460- 550 Millilitern besaß er die Strukturen für Sprache sowie sozialer und emotionaler Intelligenz.

[108] Neben diesen beiden gattungsspezifischen, quasi epochalen Mutationen des menschlichen Genoms geschehen auch individuelle, permanente Mutationen im Rahmen der Zellteilungen – vgl. auch die Ausführungen in Abschnitt 2.1.2.

vermögens.[109] Vor circa zweihundertzweiundachtzigtausend Jahren ereignete sich auf dem Chromosom 16 eine Vervielfachung (zwischen 4 und 16) des Genes BolA2 als Code für ein wichtiges Eiweiß im Eiweißstoffwechsel. Dieses Eiweiß ist erforderlich, um Eisen aus der Nahrung zu extrahieren und zu speichern und somit als wichtiger Bestandteil des roten Blutfarbstoffes Hämoglobin Muskeln sowie das Gehirn mit Sauerstoff zu versorgen.[110] Hierdurch erst war es möglich, den gestiegenen Energiebedarf des größeren Gehirnes bei einem höheren Verbrauch an Fleisch und Fett zu gewährleisten.[111]

Quasi durch Gendefekte mit den Konsequenzen einer Erhöhung der Menge der ‚Prozessoren‘ sowie einer ‚Verbesserung der Rechnerarchitektur‘ wurde das Gehirn des homo sapiens[112] zu einem ‚biologischen Supercomputer‘[113], dessen Leistungsfähigkeit wie beim artifiziellem Pendant ‚Computer‘ durch die Anzahl der Nervenzellen (Neuronen) sowie ihrer Vernetzung determiniert wird. Der moderne ‚homo sapiens‘ verfügt derzeit über rund achtzig bis einhundert Milliarden **Neuronen** (Prozessoren).[114] Von jedem Neuron gehen circa eintausend bis zehntausend Verbindungen (Synapsen) zu einem anderen Neuron.[115] Die Neuronen sind somit durch circa sechs Millionen Kilometer Nervenbahnen sowie rund Einhundert Billionen bis zu einer Trillion Verbindungen, dem sogenannten ‚**Konnektom**‘, miteinander ‚vernetzt‘.[116]

---

[109] So besitzen Vögel ein größeres kognitives Leistungsvermögen als viele Affenarten, obwohl sie ein wesentlich kleineres Gehirn besitzen, da die Neuronendichte in ihrem Stammhirn um das Vierfache größer ist.

[110] Vgl. Eichler, EE et al (2016), S. 205 ff.

[111] Dies war die ‚Geburt‘ des homo sapiens als Weiterentwicklung des homo rhodensis sowie seiner ‚Vettern‘ Neandertaler und Denisovaner.

[112] Der nächste ‚Fortschritt‘ in der menschlichen Evolution könnte pessimistisch gesehen der „Cyborg" sein- allerdings ohne genetische Mutation, sondern durch die Weiterentwicklung der ‚künstlichen Intelligenz‘. Vgl. Abschnitt 4.

[113] Aus digitaler Sicht ist Leben nichts anderes als die milliardenfache Abfolge und Kombination der vier ‚Buchstaben‘ U, C, A, G (die vier Basen Uracil, Cytosin, Adenin und Guanin der Nucleotidbausteine im Rahmen von ca. 3,5 Milliarden Basenpaaren im Erbgut, die 20000 Gene repräsentieren) – eine digitale Information für die ‚synthetische‘ Biologie.

[114] Peter Ericsson wies 1998 nach, dass sich Neuronen im Hippocampus immer wieder neu bilden- sog. Adulte Neurogenese.

[115] Vgl. Ule, J. (2017), S. 557 ff.

[116] Die Großhirnrinde beinhaltet hierbei 25 Milliarden Neuronen mit einem Stromverbrauch von ca. 20 Watt/h – ein artifizieller Supercomputer mit ähnlicher Leistung würde ca. 1 Million KWh p.a. verbrauchen.

Allerdings sind die Neuronen per se autonom und nur temporär respektive situativ zur Kommunikation miteinander verbunden. Die dynamische Veränderung des Konnektoms durch die Neuvernetzungen von Hirnarealen, die Neubildung von Neuronen[117] und Synapsen als sogenannte **Neurogenese** sowie deren Verstärkungen wird auch als ‚**Neuroplastizität**' bezeichnet.[118] Hierunter subsummiert man unter anderem die dynamische Veränderung der Neuronenverbindungen durch die Neuvernetzung der Hirnareale, die Neubildung von Neuronen und Synapsen sowie deren Verstärkungen. Diese ständige Umwidmung der Nervenzellen ermöglicht die permanente Generierung neuer Zellen, Verbindungen, die Strukturierung neuer Netzwerke sowie die Freisetzung von Botenstoffen. Die damit verbundene Regenerations- sowie Anpassungsfähigkeit als auch das damit häufig verbundene Volumenwachstum des Gehirnes basiert auf Lernprozessen, gedanklichem Training sowie der Anpassungsfähigkeit an Herausforderungen der Umwelt. Die Plastizität des Gehirnes ist somit wesentlich für das kognitive Vermögen des Menschen, sein Denken, Handeln und Verhalten sowie für seine Entscheidungen. Schließlich determiniert diese Neuroplastizität im ‚Gyrus denatur' als Teil des Hippocampus die Gedächtnisbildung.

Die Abläufe und Prozesse im Konnektom werden des Weiteren durch ringförmige RNA- Moleküle (circ RNA) als auch extrachromosomale DNA (ecc DNA) beeinflusst. Allerdings verändert sich im Verlauf des Lebens die chemische Struktur der DNA durch die Anlagerung von Methylgruppen bei spezifischen Sequenzen, so dass eine ‚**epigenetische** Uhr' existiert. Deren Entstehung als auch ihre Wirkungsweisen sind jedoch derzeit noch nicht umfassend erforscht. Des Weiteren befinden sich im Gehirn noch circa achtzig bis einhundert Milliarden **Gliazellen,** die sternförmig wie Seesterne als sogenannte Astrozyten mit den Neuronen interagieren und durch den Austausch von Informationen kommunizieren.[119] Hierbei übernehmen sie im Rahmen des derzeitigen, allerdings noch rudimentären Wissensstandes vor allem zwei Funktionen. Zum einen unterstützen sie die Weiterleitung der elektrischen Signale zwischen den Nervenzellen,

---

[117] Vor allem im Gyrus denatus, einem Abschnitt im Hippocampus- letzterer ist entscheidend bei der Gedächtnisbildung und bei Alzheimerpatienten stark in Mitleidenschaft gezogen.

[118] Allerdings sterben bei älteren Gehirnen alle 5 Jahre ca. 1 % der Neuronen ab. Vgl. Korte, M. (2019).

[119] Glia (griech.): ‚Kleber'; ihre Existenz wurde erstmals 1858 von Rudolf Virchow definiert und beschrieben.

indem sie sich um die Nervenfortsätze quasi ‚wickeln' und dadurch die Kontaktstellen isolieren.[120] Zwischen den hierdurch eingehüllten Segmenten bestehen in regelmäßigen Abständen gewisse ‚Lücken', über die die Signale gewissermaßen ‚springen'. Dieser Transfermechanismus führt zu einer erheblichen Reduzierung des quantitativen Volumens respektive der Stärke der Nervenbahnen. Eine Gliazelle kann gleichzeitig mit mehr als einhunderttausend Neuronen in Kontakt stehen sowie mittels der Übertragung von Botenstoffen die Signalübertragung als biochemisch-elektrischen Prozess durch die Zufuhr von Energie und Sauerstoff regeln. Hierbei funktionieren Enzyme als Katalysatoren in der einzelnen Zelle, um exakt diejenigen Produkte, die die Zelle benötigt, bei hoher Effizienz und somit geringem Abfall herzustellen. Gliazellen besitzen selbst allerdings keine elektrischen Aktivitäten, sondern werden durch die Zufuhr von Kalzium gesteuert. Zum anderen unterstützen sie den Stoffwechsel sowie die Immunabwehr im Gehirn als auch die Reparatur von Läsionen der Nervenzellen, da sie analoge Funktionen wie Stammzellen besitzen. Ihre Genaktivität lässt allerdings früher und stärker nach als jene der Neuronen. Diese genetische Funktion konnte vor allem in denjenigen Hirnregionen nachgewiesen werden, die auf Grund neurodegenerativer Erkrankungen, beispielsweise Parkinson oder Alzheimer, stark geschädigt sind. Gliazellen sind demnach sowohl bei Alterungsprozessen, Demenz als auch degenerativen Erkrankungen involviert.[121]

Plakativ kann daher festgehalten werden, dass das Gehirn das Ergebnis eines dynamischen, selektiven Evolutionsprozesses ist, in dessen Fokus das Überleben und weniger das Lösen komplexer kognitiver Entscheidungsprozesse stand.

Durch die angesprochenen Entwicklungen respektive Mutationen stieg allerdings auch der **Energieverbrauch** des Gehirnes, der zwischen zwanzig und fünfzig Watt schwankt. Er umfasst heute im Ruhezustand rund zwanzig Prozent des gesamten menschlichen Energieverbrauches, wobei durch intensives (Nach-)Denken dieser Anteil auf circa achtzig Prozent ansteigen kann. Selbst im sogenannten ‚Offline-Modus', beispielsweise im Schlaf, bei Koma-Patienten et

---

[120] Circa 120 Meter pro Sekund

[121] Vgl. Ule, J. (2017), a.a.O.; Stress (auch selbst verursachter) fördert zusätzlich die Demenz, da dieser die der Demenz zugrundeliegenden Entzündungsprozesse verstärken. Aufgrund einer Studie von G. Livingstone wird Demenz zu 60% durch Gene sowie zu 40% durch sog. Risikofaktoren wie Kopfverletzungen, übermässiger Alkoholgenuß, Feinstaubbelastungen, Rauchen, Diabetes, Depressionen, Übergweicht etc. hervorgerufen. Vgl. Livingstone, G. et al (2020), S. 413 ff.

cetera, verbraucht das Gehirn noch zwanzig Prozent der gesamten Körperenergie zur Steuerung der grundlegenden Körperfunktionen sowie für die eigene Funktionsfähigkeit. Die benötigte Energie in Höhe von circa zehn bis zwölf Kilokalorien pro Stunde wird mittels von Glukose zugeführt. Bei intensiver kognitiver Leistung steigt dieser Energiebedarf um circa fünf bis zehn Prozent[122]. Zwangsläufig versucht das Gehirn daher aus Effizienzgründen, diesen durch intensives, bewusstes (explizites) Denken implizierten höheren Energieverbrauch zu reduzieren und viele Verarbeitungsprozesse ‚implizit‘ bei geringerem Energieverbrauch ablaufen zu lassen. Das Gehirn als Steuerungszentrum des menschlichen Denkens, Handelns und Wollens sowie der Wahrnehmungen strebt deshalb danach, Prozesse und Abläufe (auch Reiz- und Informationsverarbeitungsprozesse) zu automatisieren, um die beschränkten Informationsverarbeitungskapazitäten sowie Energieressourcen zu optimieren. Dies impliziert, dass der präfrontale Cortex[123] als kognitives Logikzentrum wegen seines hohen Energieverbrauches häufig zu Gunsten des emotional zentrierten limbischen Systems ‚zurückgefahren‘ wird. Routinen, Rituale, Heuristiken[124] und dergleichen sind demnach implizite Verhaltensmuster, die nach einem ursprünglich expliziten Informationsverarbeitungsprozess ‚standardisiert‘ und somit abrufbar für spätere gleichartige oder ähnliche Situationen beziehungsweise Entscheidungsprozesse werden. Das menschliche Gehirn unterscheidet sich somit im Vergleich zum artifiziellen oder dem sogenannten ‚neuromorphen‘ Rechner durch die nachfolgenden vier Kriterien.

Zum einen kann ein Computerschaltkreis in der Regel nur vier Verbindungen zu anderen Schaltkreisen eingehen, während die Neuronen bis zu zehntausend Verbindungen eingehen können. Zum anderen werden die zu verarbeitenden Informationen nur für spezifische Zeit gespeichert, so dass die Zeit eine Dimension der natürlichen Gehirn-(Rechner-)Arbeit ist. Dies impliziert des Weiteren eine höhere Ungenauigkeit im Gegensatz zum artifiziellen Pendant, da Zufallsbedingungen wie die Übertragung oder Nichtübertragung einer Information eine wesentliche Funktion besitzen. Schließlich werden die Verbindungen

---

[122] Mittels ‚Stroop- Tests‘ haben Marcus Raichle sowie Ewan McNay diesen Mehrverbrauch von bis zu 100 Kcal bei achtstündiger intensiver Denkarbeit ermittelt. Vgl. Vashnavi, S.N. et al. (2010), S. 17757 ff sowie McNay, E., Gold, P.E. (2002), B66 ff.
[123] Vgl. die Ausführungen in Abschnitt 2.1 sowie Abschnitt 3.
[124] Im Sinne von mentalen Faustregeln. Vgl. die Ausführungen in Abschnitt 3.

zwischen den Neuronen in Abhängigkeit vom Anforderungsprofil der jeweiligen Aufgabe in Echtzeit auf- und abgebaut, so dass Aktivitätsspitzen als sogenannte ‚Spikes' entstehen.

Physiologisch besteht das Gehirn aus zwei Teilen respektive Hemisphären, die durch Nervenbahnen ‚über Kreuz' miteinander verbunden sind. Hierbei steuert in der Regel die linke Gehirnhälfte die Bewegungen der rechten Körperhälfte und umgekehrt. Des Weiteren soll gemäß neuerer, jedoch noch nicht einvernehmlich akzeptierter Untersuchungen die rechte Gehirnhälfte für die Bewältigung negativer Gefühle wie beispielsweise Wut und Angst zuständig sein, während positive Gefühle wie beispielsweise Freude von der linken Gehirnhälfte verarbeitet werden. Da das Gehirn arbeitsteilig organisiert ist, übernehmen spezifische Hirnareale bestimmte Wahrnehmungs-, Bewusstseins- sowie Signal-(Reiz-)Verarbeitungsfunktionen beziehungsweise -aufgaben. Keines dieser Areale allein ist allerdings in der Lage, die komplexen Integrationsleistungen zu vollbringen, die bei Informationsverarbeitungsprozessen sowohl des expliziten als auch des impliziten Systems erforderlich sind und realisiert werden. Des Weiteren ist diese ‚Arbeitsteilung' nicht nur auf das Großhirn beschränkt, sondern erstreckt sich auch auf Areale des Zwischenhirnes (beispielsweise der Thalamus) sowie der übrigen im Körper hierarchisch strukturierten Regelungssysteme (beispielsweise in der Wirbelsäule). In diesen unterhalb des Großhirnes liegenden Bereichen von Klein-, Mittel- und Zwischenhirn befinden sich als archaische Funktionen in Ergänzung zum Großhirn die Sinnesverarbeitung wie Sehen, Hören, Tasten, Schmecken et cetera, die Bewegungsmuster im dreidimensionalen Raum als das menschliche Navigationssystem[125] sowie die Steuerung des Zeitgefühls respektive Biorhythmus.[126] Wahrnehmungs- beziehungs-

---

[125] Die Funktionsweise dieses ‚inneren Navigationssystems' haben vor allem May-Britt und Edvard Moser erforscht, die hierfür 2014 den Nobelpreis für Medizin erhielten. Eine ständige Benutzung der ‚artifiziellen' Navigationsgeräte (Auto, Smartphone etc.) reduziert allerdings die ‚Funktionsfähigkeit' des ‚natürlichen' Systems mangels Übung - eine Ursache hierfür ist auch darin zu sehen, dass das Design die mechanisch- digitalen Funktionen in den Hintergrund treten ließen, so dass die Technik weder mechanisch noch haptisch zu begreifen resp. zu erfahren ist.

[126] Der Suprachiasmatische Nucleus über der Kreuzung der Sehnerven im Großhirn steuert den ‚circadischen Takt' in einem ungefähren 24-h-Rhythmus auf der Grundlage von Billionen Taktgebern der sog. ‚inneren Uhr'; diese synchronisiert analog zur Atomuhr in Braunschweig die ‚untergeordneten Uhren' (bspw. Hirnaktivität, Leber zur Produktion von Glykose, Herz, Körpertemperatur, Blutdruck, Hormonproduktion, Schmerz- und

weise Signal- sowie Informationsverarbeitungsprozesse repräsentieren daher überwiegend arbeitsteilige Prozesse im Rahmen der **Vernetzung von Neuronenverbänden** unterschiedlicher Areale. Allerdings existieren im archaischen Hirnbereich auch ,monofunktionale' Informationsverarbeitungsprozesse. So haben Neuroforscher der Harvard School of Medicine experimentell festgestellt, dass die punktuelle Aktivierung eines Rezeptors in einem Nervenfaserbündel am unteren Ende des Hirnstammes in der sogenannten Parafacialen Zone offenbar ausreicht, um das gesamte Gehirn in den Schlafmodus zu versetzen. Einzelne Areale übernehmen somit in begrenztem Umfang ursächlich archaische Funktionen.

Menschliches Verhalten als Ergebnis von Reiz-, Signal- und Informationsprozessen wird durch zwei voneinander unabhängige Systeme determiniert: Dem **expliziten** (bewussten) **System**[127] sowie dem **impliziten** (unbewussten, intuitiven) **System**.[128] Beide Systeme verarbeiten sowohl rationale sowie faktische als auch emotionale Informationen beziehungsweise Signale. Das explizite als auch das implizite Wahrnehmungs- beziehungsweise Aufmerksamkeitssystem berücksichtigen die beschränkten Energie- sowie Informationsverarbeitungskapazitäten einerseits als auch die Signalüberladung des Gehirnes andererseits. Hierbei verfügt das explizite System über eine Verarbeitungskapazität von ungefähr vierzig Bit pro Sekunde und fokussiert dabei vor allem auf eindeutige, sprachliche Informationen, die **bewusst** reflektiert werden. Es verfügt des Weiteren nur über einen Wahrnehmungsradius von zwei bis fünf Grad, dem sogenannten ,Tunnelblick'. Das implizite System dagegen besitzt einen Radius von circa einhundertzwanzig Grad und verarbeitet parallel, allerdings **unbewusst** alle Arten von Reizen aus allen Sinneskanälen bei einer Verarbeitungskapazität von circa elf Mbit pro Sekunde:

Hungergefühl, Darmflora,Stoffwechsel). Gene als auch Helligkeit und Dunkelheit im Rahmen des Licht-Dunkel-Rhythmus der Erdrotation sowie die Umgebungstemperatur als auch Essen- und Schlafzyklen sind hierbei die wichtigsten Taktgeber- bei einem fehlerhaften Takt (bspw. bei der Zeitumstellung sowie beim ,Jetlag') entstehen als Folge der Zeitdifferenz zwischen ,innerer Uhr' sowie Außenzeit bspw. Müdigkeit, Unaufmerksamkeit, Herz-Kreislauferkrankungen etc.

[127] Von Kahneman als ,System 2' bezeichnet. Vgl. Kahneman, D. (2012), S. 31 ff.

[128] Von Kahneman als ,System 1' bezeichnet. Vgl. ebenda

Sinnesorgane	Explizites System	Implizites System
Augen	40 bit/sec	10 Mio. bit/sec
Ohren	30 bit/sec	100.000 bit/sec
Haut	5 bit/sec	1 Mio. bit/sec
Summe der 5 Sinne	40-50 bit/sec	>11Mio. bit/sec

Tabelle 1: Signalverarbeitungskapazitäten der Sinnesorgane

Nachfolgend sollen die Funktionsweisen des expliziten und impliziten Systems erläutert werden. Die hierbei jeweils aktivierten Hirnareale können der nachstehenden ,Gehirnkarte' (Abb. Nr. 1) entnommen werden:

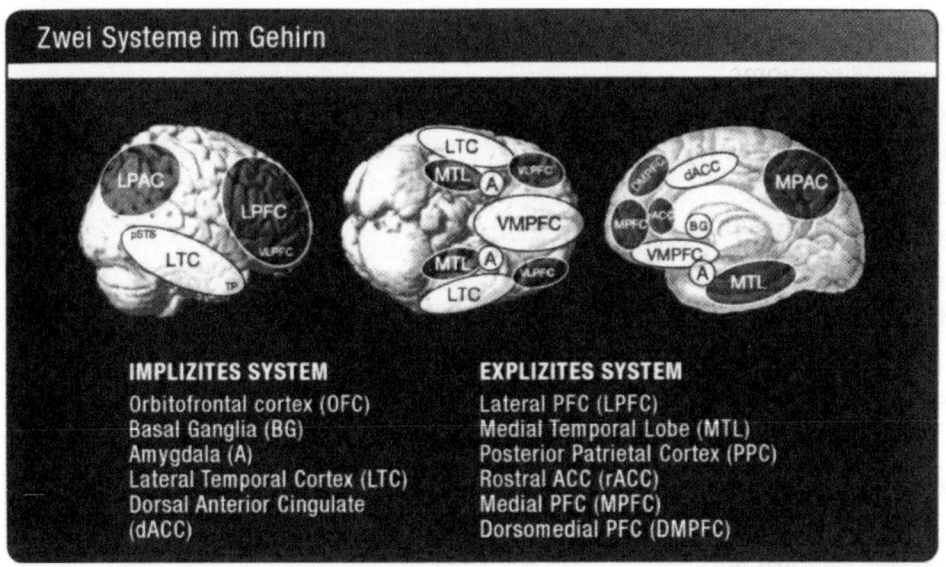

Abb. Nr. 1: Implizites und explizites System.
Entnommen aus: Scheier, Chr./ Held, D. (2009), S. 49

Der Vollständigkeit halber soll an dieser Stelle jedoch noch angeführt werden, dass derzeit in der Wissenschaft auch über die Existenz eines sogenannten ,Bauchhirnes' diskutiert wird.[129] Hiermit wird das enterische Nervensystem zur

---

[129] Vgl. Enck, P. et al. (2017). Dieses sog. ,Bauchhirn' darf allerdings nicht mit dem sog. ,Bauchgefühl' des impliziten Systems verwechselt werden; des Weiteren besitzt es

autonomen Steuerung der Funktionen des Magen-Darm- Traktes bezeichnet. Es besteht aus circa einhundert Millionen Nervenzellen, die analog zum eigentlichen Gehirn ebenfalls durch ein komplexes Konnektom miteinander verbunden sind. Dieses besitzt wie das Pendant des eigentlichen Gehirnes eine ausgeprägte Plastizität. Es ist ebenfalls zu einem impliziten, unbewussten ,Lernen' als verstärkte Antwort auf einen Reiz im Rahmen einer nervalen Sensibilisierung fähig und besitzt daher auch ein ,Quasi- Gedächtnis'. Dieses neigt durch den Verlust von Nervenzellen[130] auch zum ,Vergessen', was sich dann durch Funktionsstörungen des Magen- Darm- Traktes bemerkbar macht. Mit dem eigentlichen Gehirn ist es durch die sogenannte ,Darm-Hirn-Achse', dem Vagusnerv, als auch dem Blutkreislauf verbunden. Allerdings erfolgt die Kommunikation entlang dieses Nervs überwiegend ,bottom up', da keine Anweisungen, Befehle oder ähnliches vom Gehirn an das enterische Nervensystem gegeben werden, so dass es autonom funktioniert. Vom Darmsystem gelangen Botenstoffe, Immunzellen sowie Mikrobiome[131] zum Gehirn, während beispielsweise durch spezifische Gehirnareale ausgelöste Stresshormone in das Darmsystem transportiert werden. Die im Darmsystem produzierten Stoffe wie Tryptophan fungieren als Bestandteile der durch das Gehirn ausgelösten Botenstoffe Serotonin und Dopamin. Veränderungen des Konnektoms respektive der Nervenzellen und somit der Struktur des enterischen Systems ,Bauchhirn' sowie der Darmflora sind daher bei neurologischen Erkrankungen wie Alzheimer, Autismus[132], Demenz, Parkinson oder Multipler Sklerose ebenfalls festzustellen. Allerdings sind die hierbei wirkenden Kausalitäten derzeit noch nicht bekannt respektive erforscht.

Aus evolutionärer Sicht ist dieses autonome System das ältere, da es schon bei einfachen Vielzellern wie dem Süßwasserpolypen (Hydra) existent ist. Aus neurobiologischer sowie neuropsychologischer Sicht ist es jedoch nicht mit dem ,echten' Gehirn vergleichbar, da es beispielsweise weder über ein kognitives (explizites) System noch über ein Bewusstsein verfügt.

---

aufgrund seiner spezifischen Aufgabenstellung als autonomes System nicht die komplexe Funktionalität des Gehirnes.

[130] Ca. 50 % im hohen Alter.

[131] Kleinstlebewesen im Darmtrakt.

[132] Autismus kann als Symptom kognitiver Verzerrungen gesehen werden.

2.1 Das explizite (bewusste) System

Das explizite System dient dazu, Probleme **bewusst-reflektiert**, **systematisch** und **analytisch-linear** im Sinne von ‚rational' zu lösen sowie langfristige Pläne (Lebenspläne, Strategien und dergleichen) zu entwickeln. Arealmäßig ist dieses ‚Entscheidungssystem' im Cortex des Stirnlappens angesiedelt. Als oberstes Kontrollzentrum für Entscheidungen sowie der situativ angemessenen Steuerung von Handlungen ist es unter anderem auf Informationen aus dem Gedächtnis, dem an der Genese orientierten Belohnungssystem [133] sowie dem impliziten (unbewussten) System angewiesen. Nachfolgend sollen die interdependenten, funktionalen Subsysteme des expliziten Systems analytisch strukturiert und diskutiert werden. Die jeweiligen gegenseitigen Abhängigkeiten sowie Beeinflussungen werden dann jeweils aufgezeigt und verdeutlicht werden.

---

[133] Der im Vorderhirn gelegene ‚Nucleus Accumbens'; dieses System wird evolutionsbedingt immer dann aktiviert, wenn der Mensch eine Handlung tätigt, die ihm psychisch sowie physiologisch beim Überleben hilft- hierbei wird z.B. Dopamin ausgestoßen, das glücklicher, euphorischer und weniger ängstlich macht.

2.1.1 Wahrnehmung, Gedächtnis und Erinnerung sowie Denken und Lernen als Wissenstransfer und Wissenstransformation als Grundlagen der menschlichen Problemlösungsheuristik

2.1.1.1 Wahrnehmungsmechanismen

Evolutionsbedingte Schutzmechanismen führen regelmäßig dazu, dass erfahrungsgeleitete, jedoch intuitive (implizite) Entscheidungen quasi ‚aus dem Bauch heraus' getroffen werden. Ein Grund hierfür ist die Struktur und Konzeption unseres Wahrnehmungsvermögens. Unsere Sinnesorgane nehmen spezifische Objekte oder Gegenstände situativ wahr. Diese perzeptierten Eindrücke werden allerdings im Verlauf des cortikalen Verarbeitungsprozesses häufig mit gespeicherten Emotionen ‚vermischt'[134], so dass **Wahrnehmung und Gefühl** beim Menschen cortikal untrennbar miteinander verbunden sind. Semir Zeki wies beispielsweise nach, dass bei als positiv empfundenen ästhetischen Ausblicken und Momenten, beispielsweise Bilder, Landschaften, Klänge, Handlungen und dergleichen, vor allem die Region A1 im Stirnlappen hinter der Augenhöhle aktiv wird, dem sogenannten emotionalem Gehirn.[135] Somit ist Emotionalität ein integraler Bestandteil der sensorischen respektive optischen Wahrnehmung, bei der die aufgenommenen Reize vom Gehirn in Gefühle übersetzt werden.

Die menschliche Wahrnehmung wird somit durch zwei unterschiedliche, individuelle Rahmenbedingungen beeinflusst: Zum einen besitzt jeder Mensch auf Grund seiner unterschiedlichen Synapsendichte, Struktur der Neuronen, Axone, Dendriten et cetera (sogenannte sensorische Adaption) ein spezifisches (einmaliges) Wahrnehmungsvermögen. Zum anderen werden diese Wahrnehmungen einer individuell unterschiedlichen emotionalen, sozialen sowie sensorisch -chronologischen Bewertung unterzogen. Sie werden somit stets verzerrt durch die eigene Sozialisation, der individuellen Biologie sowie dem momentanen, subjektiven ‚Bild von der Welt' beziehungsweise dem subjektiven

---

[134] Die aristotelische Auffassung über die Trennung von Perzeption (Wahrnehmung) sowie Emotion ist demnach falsch.

[135] Vgl. Zeki, S. (2001), S. 51 f.

,Bild von der derzeitigen eigenen Situation'. [136] Das Gehirn generiert permanent ein subjektives, mentales Abbild der ,(Um-)Welt' des Menschen im Sinne einer ,Simulation der Welt'. Die vielen heterogenen, chaotischen sowie teilweise konträren Daten und Informationen der Sinnesorgane werden vom Gehirn verarbeitet, um daraus Prognosen und Hypothesen für zukünftige Ereignisse sowie dem notwendigen Verhalten im Rahmen einer Kombination der extrinsischen sowie intrinsischen Motivation zu erstellen. Parallel dazu erzeugt es ein ,inneres Bild von sich selbst' als Narrativ. Beide ständig ablaufenden Simulationsprozesse werden durch zwei Restriktionen beeinflusst. Zum einen nehmen wir die Umwelt nicht objektiv wahr, sondern immer nur die Relation, in der sie sich zu unserem Körper befindet.[137] Zum anderen nimmt der Mensch im Rahmen des ,wishful seeing' nur das wahr, was er sehen will.[138] Dieser Wahrnehmungsdualismus zwischen dem ,Bild von der Welt' sowie dem ,Bild der eigenen Situation'[139] definiert und determiniert die eigene Identität, da Selbst- und Fremdbild überwiegend nicht deckungsgleich sind. Die sich dabei ergebende Schnittmenge' respektive die jeweilige Polarisierung definieren somit Inhalt und Kontext der eigenen Identität beziehungsweise der Selbstidentifizierung. Die sich hierbei ergebenden intrapersonellen Spannungen intendieren dadurch auch die individuellen, graduellen Abstufungen zwischen Altruismus sowie Egoismus, Verlässlichkeit und Opportunismus als auch die ,moralische Wendigkeit'.[140] Bei einer zu großen Differenz zwischen beiden ,Bildern' kann der Mensch daher seine eigene Identität nicht mit dem erforderlichen Potenzial sowie der notwendigen Selbstgewissheit generieren. Dieser Konflikt ruft letztendlich die Angst vor einem Kontrollverlust hervor, so dass sich der Mensch spezifischen gesellschaftspolitischen Strömungen anschließt, sich mit ihnen ,identifiziert' und somit zur Genese einer neuen ,eigenen Identität' gelangt. Dies ist beispielsweise ein wesentliches Merkmal der sogenannten ,Echoräume'.[141] Diese individuell stark differierenden Wahrnehmungen des ,Außenbildes' sowie des ,Selbst-

---

[136] Dies müsste eigentlich zu einem ständigen Misstrauen uns selbst gegenüber führen; verhindert wird dies durch die Angst unseres Gehirnes vor dem Kontrollverlust und somit der Weigerung, sich selbst in Frage zu stellen.

[137] Vgl. Linkenauger, SA et al (2015), S. 103 ff.

[138] Vgl. Kruger, J., Dunning, D. (1999), S. 1121 ff.

[139] Gem. Goethes Faust: Zwei Seelen schlagen in meiner Brust....

[140] Vgl. Sennett, R. (1998).

[141] Vgl. die Ausführungen in Abschnitt 4.3.3.

bildes' sind beispielsweise auch ein Grund dafür, dass die Kinder eines Elternpaares unterschiedlich im Hinblick auf Geduld, Selbstbeherrschung im Sinne von Selbstdisziplin und Verhalten sind. Sind die Beziehungen zum Kleinkind aus dessen emotional-subjektiver ,Weltbildsicht' nicht verlässlich genug, so wird es ungeduldig und unbeherrscht[142], da es subjektiv das Gefühl einer emotionalen Missachtung vermittelt bekommt, ,zu kurz zu kommen' oder ,vergessen zu werden'.[143] Es wird dann egoistisch, teilt nicht mit anderen. Das ,Zügeln' dieser egoistischen Ungeduld ist allerdings später erlernbar, wenn es gelingt, ,Tricks' zum Erreichen der Selbstbeherrschung in Routinen respektive Heuristiken umzuwandeln, die ständig abrufbar sind. Ein anderer, wesentlicher Grund für differierende Entwicklungen von Kindern während der Adoleszenz[144] wurde in jüngster Vergangenheit durch die Neuropsychologie empirisch ermittelt. So besitzen schon Sechsjährige ungefähr fünfundneunzig Prozent des Hirnvolumens eines Erwachsenen. Dieses Gehirn besitzt allerdings noch ein ungeordnetes, ,chaotisches' Konnektum, das durch die ,Exuberanz', das heißt eine überbordende Bildung von Synapsen charakterisiert ist. Diese Zunahme von Synapsen in der ersten Hälfte der Adoleszenz intendiert ein scheinbar ,chaotisches' Verhalten, das erst durch die in der zweiten Hälfte beginnenden Selektion ,normalisiert' wird. Hierbei wird es quasi spielerisch aufgrund von ,trial and error-Prozessen' und dem damit verbundenen Verstärken profilierter Strukturen im Rahmen des sogenannten ,Synaptic Pruning' auf die normalerweise benötigte Struktur reduziert. In jugendlichen Jahren existiert daher ein Zeitfenster als sogenannte ,windows of oppurtunity', die die Erinnerungen prägen, da das Gehirn in diesem

---

[142] Dies bewies beispielsweise die experimentelle ,Marshmellow'- Testreihe von Mischel zwischen 1968 und 1973: Ein Belohnungsaufschub ist nur dann sinnvoll, wenn man sicher ist, diese Belohnung später auch zu erhalten; ist diese Sicherheit a.G. individueller (subjektiver) Erfahrungen nicht gegeben, so ist ,der Spatz in der Hand besser als die Taube auf dem Dach' und das Kind greift ohne zu Warten auf Süssigkeiten etc. zu; dieser Belohnungsaufschub ist bei heutigen Kindern stärker ausgeprägt als früher- so warteten die Kinder im statistischen Durchschnitt 1968 ca. drei Minuten, während sie im Jahre 2015 acht Minuten realisierten. Vgl. Kahneman, D. (2012, S. 65 sowie ,Marshmellow Test: Mastering Self-Control'. Unsicher ist allerdings, ob dieses beobachtete Verhalten auf Vertrauen , einem ,rationalem Verhalten' oder der Autorität der Experimentatoren beruht.
[143] Vgl. Brisch, K.H., Hellbrügge, Th. (Hrsg., 2015); zu berücksichtigen ist diesbezüglich auch, dass unterschwellige Vorstellungen der Eltern indirekt kindliche Verhaltensweisen verstärken, ohne dass es die Eltern spüren.
[144] Nicht mit der Pubertät zu verwechseln.

Zeitraum noch sehr plastisch ist. Beth Stevens[145] von der Stanford University konnte empirisch nachweisen, dass dieser Rückbau überflüssiger Synapsen durch deren Markierung mittels sogenannter ‚Komplement-Eiweiße' erfolgt, die die Auslöschung initiieren.[146] Diese Restrukturierung findet erst zum Schluss der Adoleszenz in den Hirnregionen für Planung (Strategieentwürfe), Impulsivität sowie soziale Bindungen statt. Diese evolutionsbedingte Gehirnentwicklung hat den unschätzbaren Vorteil, dass Lernprozesse und –erfolge durch ein risiko-affines, einer Offenheit für alles Unbekannte sowie auf dem Unvermögen einer Folgenabschätzung basierendes Verhalten ermöglicht werden. Nur durch die hiermit verbundenen ungezähmten Erwartungen des kindlichen Belohnungs-systems sind lebensprägende Lernprozesse möglich.[147] Die damit verbundenen Glücksgefühle sind vom Dopamin-Ausstoß abhängig – dessen Ausstoß wird bei-spielsweise durch die Eroberung neuer Wissensbereiche sowie dem Überwin-den von Grenzen determiniert. Adoleszenten Kindern gegenüber ausgespro-chene Sanktionen und Verbote konterkarieren dagegen diese Lernprozesse. Er-forderlich ist vielmehr ein ‚Scaffolding' oder ‚Nudging' durch die hilfsbereite Unterstützung sowie dem Auffangen bei Fehlern seitens der Eltern.[148]

Verstärkt werden kann dieser Effekt der **Wissensillusion** noch durch ‚kogni-tive Irrtümer' respektive ‚kognitive Konflikte'. So spürt beispielsweise das Ner-vensystem sensorisch eine Berührung oder einen Schmerz[149] und leitet diese Information an das Großhirn respektive das explizite System weiter. Dieses er-hält gleichzeitig über das Sehnervensystem die Informationen über zwei reale

---

[145] Vgl. Vasek, MJ et al. (2016), S. 538 ff.

[146] Im Rahmen fehlgeleiteter Pruningprozesse kann durch die damit intendierte gestörte Synapsenentwicklung Schizophrenie im adoleszenten Alter ausgelöst werden. Vgl. Sekar, A. et al (2016), S. 117 ff; wissenschaftlich ungeklärt ist jedoch noch das Phänomen der **Synästhetik**, bei dem die Gehirnbereiche der gleichzeitigen Sinneswahrnehmungen, der Gefühle sowie der Erinnerungen durch eine Hyperkonnektivität zu einem Kontext verbun-den werden (sog. ‚Binding'), so dass die Kommunikation zwischen dem expliziten und dem impliziten System verbessert ist – Annahmen unterstellen eine genetische Determinie-rung.

[147] Die hierdurch ausgelöste Zufriedenheit hat altersmäßig den Verlauf einer U- Kurve: Der Zufriedenheitsgrad sinkt nach der Jugend ab und steigt erst ab der Lebensmitte wieder an.

[148] William Chopik wies empirisch nach, dass sich eine glückliche Kindheit und die Erinne-rung daran sowohl psychisch als auch physiologisch langfristig auswirken, so dass diese Menschen später zufriedener als auch körperlich und geistig in einer besseren Verfassung sind. Vgl. Chopik, W. et al. (2018), S. 814 ff.

[149] Nach Überschreiten der Schmerzschwelle des vegetativen Systems.

Gliedmaße sowie einer Nadel in einem virtuellen Körperteil (beispielsweise durch 3D-Brillen) und ‚schlussfolgert' dann, dass der Schmerz in dem dritten (virtuellen) Gliedmaße aufgetreten ist, da es sich (sehnerven-sensorisch) um den gleichen Vorgang handelt und scheinbar keine Widersprüche existieren. Letztlich ist dieser kognitive Irrtum eine Frage des ‚Timing' der verschiedenen sensorischen Informationsübertragungen, so dass die kognitive Synthese verschiedener wahrgenommener Sachverhalte zu irrationalen Schlussfolgerungen führt.[150] Dies trifft auch auf die sogenannte **‚Virtual Reality'**[151] (VR) zu, da die Bewegungen nicht mit der sensorischen Wahrnehmung des Gehirnes übereinstimmen, so dass ein ‚semantisches Chaos' auf Grund der ‚geographischen Entortung', bei der der dreidimensionale Raum an Bedeutung verliert, entsteht.[152] Physikalisch-haptisch werden die jeweiligen Objekte nicht ‚erfahren', so dass im Gehirn auf Grund des Fehlens körperlicher Erlebnisse quasi ein **‚Phantomschmerz'** erzeugt wird. Die Sinnesorgane Augen und Ohren sowie das Gehirn werden überfordert und der Körper ausgeschaltet, da die digitale Welt in spezifischem Sinn ‚unfassbar' geworden ist. Die VR fokussiert somit auf einen audiovisuellen Feedback, der die übrigen Sinnesorgane respektive Sinneseindrücke einschließlich der Haptik als Tastsinn zum fühlbaren Verstehen und Begreifen fast vollständig ausschließt.[153] Hierdurch entstehen sensorische Defizite ‚die

---

[150] Ein analoger Effekt ist häufig auch bei 3D- Filmen festzustellen: ‚aus dem Bild' fliegt ein Ball – der Beobachter reißt ‚instinktiv' die Hände hoch, um diesen abzuwehren, obwohl er ‚rational' weiß, dass der Ball nicht aus dem Display oder der Leinwand herauskommen kann.

[151] Literarisch wurde dieses Konzept erstmals von Stanislaw Lem als ‚Phantomatik' grob skizziert und von Oswald Wiener als ‚Bioadapter' entwickelt. Diesbezüglich existieren zwei Arten: die Erweiterung des derzeit realen Umfeldes durch interaktive Einspiegelung anderer realer Bilder sowie die Erweiterung des momentanen, realen Umfeldes durch virtuelle, interaktive Phantasiebilder. Vgl. Wiener, O. (2013).

[152] Die reale Außenwelt wird vollständig ausgeblendet, so dass sich der Nutzer in einer völlig anderen (virtuellen) Welt befindet - spöttisch auch als ‚Visual Reality' bezeichnet.

[153] Bei der Entwicklung der eigenen Handschrift (Chirografie) führt das haptischen Lernen dazu, die Buchstaben zu ‚be-greifen'; hierdurch erfolgt eine plurimodale Speicherung auf mehreren Ebenen des Gehirnes, so dass mehrere und größere neuronale Netzwerke entstehen resp. aktiviert werden und somit feinmotorische Fähigkeiten ausgebildet werden; letztlich führen handschriftliche Notizen zu einer stärkeren Differenzierung sowie einem intensiveren Erlernen des Wissens, so dass Informationen besser verstanden als auch eindeutiger zugeordnet werden können – dies ist für das jeweilige Verstehen (Verständnis) als auch Erklären zwingend notwendig. Jaron Lanier bezeichnet daher in Anspielung auf Timothy Leary die VR auch als ‚digitale Psychedelik'. Vgl. Lanier, J. (2014).

durch artifizielle ‚Ersatzgefühle'[154] als haptische Prothesen ersetzt werden. Der Einfluss des virtuellen Raumes steigt somit durch Verschränkung und hat eine virtuelle Immigration respektive soziale Emigration zur Folge. Das Gehirn ‚konstruiert' normalerweise sein ‚Bild von der Welt' aus aktuellen und gespeicherten Informationen, den Gedächtnisinhalten sowie seiner Heuristiken. Die hierbei entstehenden neuronalen Muster unterscheiden sich jedoch erheblich von den neuronalen, erratischen Mustern im Bereich der VR – diese Differenzen sowie deren Ursachen sind allerdings bisher ungeklärt. Eine weitere physiologische Konsequenz ist die sogenannte ‚Simulatorkrankheit' als Übelkeit, die immer dann entsteht, wenn die Körperbewegungen nicht exakt mit den visuellen Eindrücken korrespondieren. Ungewissheit respektive Unsicherheit besteht des Weiteren darüber, welche psychischen Langzeitfolgen auf Grund der Differenz zwischen Realität sowie Wahrnehmung[155] durch die Stimulierung einzelner Sinnesorgane hervorgerufen werden, deren Folge häufig robuste soziale Halluzinationen sind. Durch diese Generierung eines ‚virtuellen Stellvertreters' (sogenannter **Avatar**), der sich anfühlt, als gehöre er zu einem selbst, wird das reale Verhalten beeinflusst respektive manipuliert.[156] Die virtuelle Welt verändert somit die moralisch-ethischen Grenzen der realen Welt beziehungsweise führt zu deren Überschreitung. Der diesbezügliche ganzheitliche Forschungsansatz steht allerdings noch aus. Ungeachtet dessen werden derzeit im Rahmen der Expositionstherapie VR- Systeme zur Therapie von Angststörungen sowie ‚Posttraumatischen Belastungsstörungen' (PTSD) experimentell eingesetzt.[157] Hierdurch soll vor allem die Amygdala als Angstzentrum beeinflusst werden.

---

[154] Bspw. der Tastenvibration.

[155] Sog. Immarsion.

[156] Dies ist u.a. auch Gegenstand des EU- Projektes VERE. Vgl. die Ausführungen in Abschnitt 1.2.

[157] Von Skip Rizzo (University of Southern California) erstmals mitte der 90er Jahre des letzten Jahrhunderts angewandt.

2.1.1.2 Gedächtnis und Erfahrung

Hinsichtlich des Gedächtnisses wird neurobiologisch zwischen dem **impliziten** (deklarativen) sowie dem **expliziten** (nicht-deklarativen) **Gedächtnis** differenziert.[158] Das erstere speichert Fakten, Ereignisse et cetera und ist im Bereich des Hippocampus (Schläfenlappen) bei permanenter Vernetzung mit den anderen Hirnbereichen lokalisiert.[159] Das explizite Gedächtnis dagegen speichert prozedurale Erfahrungen im Striatum, emotionale Reaktionen in der Amygdala, Konditionierungen in Kleinhirn und Cerebellum sowie das nicht-assoziative Lernen in den Reflexbahnen. Die Lern- und Speicherungsvorgänge im expliziten Gedächtnis werden hauptsächlich durch den Hippocampus gesteuert beziehungsweise beeinflusst. Erfahrungen im Sinne von durch Gefühle kategorisierte Erinnerungen werden mehrfach abgespeichert. Hierbei nehmen die Synapsen eine jeweils spezifische Struktur ein, die bei einem späteren Erinnern als Verstärkung wieder aktiv werden. Im Rahmen der Konsolidierung, das heißt der nachhaltigen Speicherung, verlagert sich allerdings der Speicherort im Verlaufe von Jahren vom Hippocampus in jene Hirnregionen, die ursprünglich an ihrer Wahrnehmung beteiligt waren, beispielsweise in die jeweiligen Hirnareale der Sinnesorgane. Räumliche und emotionale Daten sowie Informationen werden somit im Gedächtnis des Gehirns zwar an unterschiedlichen Orten, jedoch nicht unabhängig voneinander abgespeichert. Hieraus resultiert auch der unschätzbare Wert von Erfahrungen, da das explizite System ohne im Gedächtnis gespeicherte Erfahrungen keine Prognosen erstellen könnte und somit in kognitive Stresssituationen geraten würde, die konträr zu seinem Planungs- sowie Kontrollanspruch wären. Allerdings werden auf Grund der Voreingenommenheit unseres Erinnerungsvermögens auch kontraintuitive physikalische ‚Erfahrungen' in Kombination mit plausiblen psychischen Fähigkeiten im Gedächtnis verankert, beispielsweise die Psi-Phänomene der Parapsychologie. Der Mensch ist somit ein ‚**Erfahrungswesen**', das allerdings auch zum pathologischen Lernen neigt. Zwar erhöhen negative Anreize die menschliche Aufmerksamkeit und vergrößern Qualität und Tiefe der Informationsverarbeitung. Das menschliche Ego ist jedoch bemüht, aus Gründen der Selbsterhaltung sowie zur Stärkung des

---

[158] Ergänzend hierzu besitzt der Mensch noch ein phylogenetisches Gedächtnis, dem in der DNA verschlüsselten Wissen der Evolution.
[159] Hierauf wird in Abschnitt 2.2 näher eingegangen.

Selbstvertrauens ein negatives Feedback beim ‚Lernen aus Fehlern' möglichst zu verhindern, so dass ein **‚Rationalitätsschleier'** dazwischengeschaltet wird. Verhaltensweisen werden daher häufig erst nach signifikanten, existenziellen Rückschlägen beziehungsweise erfahrungsfokussierten Lernprozessen geändert. Je zukunftsrelevanter eine Entscheidung ist, desto weniger gesammelte Erfahrungen existieren zwangsläufig für eine gute beziehungsweise adäquate Entscheidung. Diese ‚Fehlentscheidungen' beruhen des Weiteren häufig darauf, dass Komplexität, Dynamik, Intransparenz und Interdependenz der den Entscheidungen zugrundeliegenden Systemstrukturen, Informationen sowie Daten fehlinterpretiert werden und es somit zu falschen Annahmen über die entscheidungsrelevanten Kriterien sowie deren aktuellen Status kommt. Diese **‚Wissensillusion'** entsteht häufig dann, wenn geringere kognitive Anstrengungen bei der Analyse komplexer Sachverhalte das Bewusstsein erzeugen, ‚es verstanden zu haben'.[160] Verstärkt wird dieser Effekt zusätzlich, wenn zur Lösung der Komplexität nur wenige Informationen zur Verfügung stehen, die man und somit auch das Problem ‚verstanden' hat.[161] Des Weiteren gibt der Mensch selten zu, dass er irrtümlich eine falsche Entscheidung getroffen, an etwas Falsches geglaubt hat oder etwas nicht wusste. Dieser ‚Rationalitätsschleier' verhindert das Entstehen pathologischer Selbstzweifel.[162] Besonders stringent wirkt sich dieses allerdings überwiegend implizite Verhalten im Rahmen der subjektiv-moralischen Integrität aus. Da der Glaube an die eigene Moralität ein wesentlicher Bestandteil der konstruierten persönlichen Identität ist, muss der Mensch an seine moralische Anständigkeit glauben.[163] Das Reduzieren oder sogar Negieren von Schuldgefühlen und somit die ständige Rekonstruktion des eigenen Weltbildes ist daher aus subjektiver Sicht ein psychologisches Grundbedürfnis, um sowohl die eigene Existenz ertragen als auch überleben zu können.[164] Dieser Sachverhalt ist wesentlich für die

---

[160] Diese als sog. ‚Dunning- Kruger- Effekt' bezeichnete Phänomen wurde erstmals von D. Dunning und J. Kruger empirisch untersucht. Vgl. Kruger, J., Dunning, D. (1999), S. 1121 ff sowie die Ausführungen im vorherigen Abschnitt.

[161] Die schnelle Verfügbarkeit rudimentären Wissens im Internet erhöht diese Illusion zusätzlich. Vgl. Sloman, St., Fernbach, Ph. (2017).

[162] Dies bewiesen eindrucksvoll die empirischen Studien von Brendan Nyhan- vgl. Nyhan, B., Reifler, J. (2015a) sowie Nyhan, B., Reifler, J. (2015b), S. 459 ff.

[163] Vgl. Stanley, M., De Brigard, F. (2019), S. 387 ff.

[164] Vgl. James, W. (1878).

Funktion und Wirkung der sogenannten ‚Echoräume'.[165]

Die Hauptaufgabe des Gedächtnisses ist allerdings nicht die Speicherung von Erfahrungen sowie Erinnerungen[166] analog zur Datenspeicherung auf einer Festplatte, sondern die Bereitstellung zukunftsrelevanter Fähigkeiten und Funktionen für das explizite System. Letzteres entwickelt als Exekutivfunktion permanent Prognosen darüber, welche Informationen sowie Situationen als nächste eintreffen könnten. Hierbei koordiniert es die ein- und ausgehenden Informationen und steuert die Konzentration auf wesentliche Objekte sowie Reize. Dabei kalkuliert es antizipativ potenzielle Erschwernisse[167] und plant die Reaktion hierauf, da ihm der Zufall[168] verhasst ist und dies einen **Kontrollverlust** implizieren könnte. Diese Prognosefähigkeit soll quasi als ‚Chaosvermeidungsstrategie' eine Struktur in das durch Unsicherheit und Risiken determinierte menschliche Leben bringen[169], um sowohl die Prognose- als auch vor allem die Kontrollfähigkeit sowie die Selbstkontrolle zu erhalten.[170] Grundsätzlich kann der Mensch der existenziellen Unsicherheit nicht entgehen, da Verwerfungen

---

[165] Vgl. die Ausführungen in Abschnitt 4.3.3.

[166] Im Gegensatz zum Projekt ‚Recall' respektive ‚Lifelogging', bei dem eine digitale Kamera ständig Aufnahmen sowie Tonaufnahmen macht (zB Google Glass), die durch eine Bewertungssoftware ausgewertet und mit einem Zeitstempel gespeichert werden; diese ‚Erinnerungen' sind somit ständig abrufbar - beim Treffen eines Menschen werden die gespeicherten Daten (Name des Gegenübers, Daten zu seiner Vita, letztes Treffen etc.) durch einen ‚Erinnerungsbrowser' auf die Netzhaut projiziert. Problematisch ist hierbei die Datenfülle, da im Gegensatz zum Gehirn mit seiner Prioritätensetzung kein ‚Vergessen' in diesem System existiert.

[167] Vgl. auch die Ausführungen zur Negativitätsheuristik in Abschnitt 3.6.

[168] Obwohl die Zukunft weder planbar noch vorhersagbar ist, will der Mensch seine ‚Zukunft' prognostizieren können und erlebt ‚Glücksgefühle' seitens des Belohnungssystems, wenn ihm eine Prognose gelingt – beispielsweise das Wiedererkennen von Musikstücken nach dem Hören weniger Akkorde.

[169] Pathologisch kann hieraus eine Form der Zwangsstörung entstehen- OCD (obsessive – compulsive disorder); dieses pathologische Verhalten als vierthäufigste psychische Erkrankung betrifft vor allem Menschen mit hohen moralischen Anforderungen sich selbst gegenüber sowie erheblichen Unsicherheitsgefühlen gegenüber ihrer Umwelt. Mittels der kognitiven Verhaltenstherapie können Zwangsstörungen etwas reduziert werden, nicht jedoch vollständig beseitigt werden.

[170] Unter Selbstkontrolle wird die Fähigkeit verstanden, Impulse zu kontrollieren sowie unbeherrschte, intuitive Handlungen zu unterlassen; gem. einer Untersuchung von M. Friese et al kann diese Befähigung idR nicht oder nur sehr kurzfristig und eingeschränkt ‚antrainiert' werden. Vgl. Friese, M. et al(2017).

als auch Disruptionen zu Evolution sowie Sozialisation gehören. Das Gehirn versucht daher ständig, diese Unsicherheit in ‚Sicherheit' beziehungsweise in ein mathematisch darstellbares ‚Risiko' zu transformieren, um es beherrschbar erscheinen zu lassen.[171] Durch die damit determinierte ‚**Gewissheitsillusion**' wird der wahrscheinlichkeitstheoretische Begriff der Unsicherheit beziehungsweise des Risikos bewusst fehlinterpretiert, um ein Gefühl der ‚Berechenbarkeit' und somit Sicherheit zu generieren. Zusätzlich werden Überzeugungen sowie soziale Normen zur Genese eines Gefühls der Sicherheit herangezogen. Hierbei entscheidet die Ambiguitätstoleranz über das situative Beherrschen der Unsicherheit. Entscheidend hierfür sind somit auch die Fähigkeit zur eigenständigen Akzeptanz, Ehrlichkeit, Vertrauen und Kommunikation der bestehenden Unsicherheit sowie das Eingeständnis sowie die Akzeptanz von ‚trial and error-Lösungen' zur Problembewältigung. Dieser ständige Planungs- und Optimierungsprozess als ‚Überlebensinstinkt' impliziert zwangsläufig, dass viele Entscheidungen schon viel früher ‚getroffen' und im impliziten System abgespeichert wurden. Dies führt häufig zur ‚**Kontrollillusion**', dass ‚man alles im Griff' hat. Letzteres kann als weitere Konsequenz den Sachverhalt hervorrufen, dass sich der Mensch überschätzt, da nicht seine ‚aktive Steuerung', sondern häufig Zufälle zum Ergebnis beigetragen haben. Diese Fähigkeit zur kritischen Selbstreflektion ist allerdings wesentlich für Erfolg und Exzellenz.

---

[171] Vgl. Gigerenzer, G. (2007).

2.1.1.3   Die Funktion von Erinnerungen sowie deren Wahrnehmung

Die aus der Synthese von Perzeption und Emotion resultierenden und gespeicherten **Erfahrungen** werden regelmäßig (fast täglich) auf ihre Relevanz für die Aufgabenstellung des Individuums bewertet. Während der REM[172] -Phasen im Schlaf[173] werden die **Erinnerungen** konsolidiert respektive die Erfahrungen ‚recycelt', indem sie in einem Netzwerk verschiedener kortikaler Hirnareale dezentral abgespeichert werden.[174] Sie sind somit auch schwieriger wieder zu löschen. Die Erinnerung wird sowohl durch das (Vor-)Wissen über Hintergründe als auch durch Interessen, die individuelle Sozialisation, Wahrnehmungen sowie Emotionen beeinflusst, so dass jeder Mensch auch bei einem identischen Vorgang, einem gleichen Objekt unterschiedliche Erinnerungen im Rahmen einer sogenannten ‚Erinnerungskultur' generiert und besitzt.[175] Des Weiteren werden episodisch- emotional wichtige Erlebnisse als Erfahrungen im Hippocampus in Verbindung mit der Amygdala mittels komplexer Neuronenketten gespeichert, so dass Erfahrungen mit Emotionen verknüpft werden. Bei Störungen oder gar Verletzungen dieser verbindenden Ketten entsteht eine Amnesie.

Auf diese gespeicherten Erfahrungen und Erinnerungen als gespeichertes Wissen können sowohl das explizite als auch das implizite System[176] besonders schnell zugreifen, um derzeitige oder zukünftige Problemstellungen einer Lösung zuzuführen. Diese Konsolidierung und Optimierung gespeicherter Erinnerungen, Erfahrungen et cetera wird allerdings durch mehrere Faktoren negativ beeinflusst. Hierbei wirken sich vor allem die **fehlerhafte Erinnerung** (misattribution - Vertauschen von Zeit, Personen, Kontext und dergleichen), die **Beeinflussbarkeit** (suggestibility - Erinnerungen Dritter werden als eigene gespeichert), die **Befangenheit** (bias - Verzerrung der Wirklichkeit beziehungsweise

---

[172] Rapid Eyes Movement. Während dieser Phasen von besonders lebhaften Klarträumen sind die Hirnaktivitäten dem Wachzustand sehr nahe; als ‚Informationsfilter' ist das ‚Default-mode-system' aktiv, um eine Entspannung zu ermöglichen- sein Ausfall kann ua zu Schlaflosigkeit bis hin zu Depressionen führen.

[173] Vor allem während der 2. Schlafphase erfolgt die optimale Verarbeitung und Speicherung.

[174] Analog hierzu kann auch der Traum als eine Meta- Kognition verstanden werden, bei der sich das explizite System selbst reflektiert.

[175] Da Erinnern somit subjektiv und individuell ist, existiert auch kein ‚kollektives Gedächtnis'.

[176] Vgl. die Ausführungen in Abschnitt 2.2.

von Erinnerungen durch Emotionen, Glaube, Ideologien, Mythen) sowie **un-bewusste Vorurteile** (sogenannter ‚unconscious- Bias') störend aus. Erfundenes sowie Erlebtes wird somit durch Ausschmückungen und Allegorisierungen kontextual miteinander verbunden, so dass es nicht mehr zu trennen ist. Verstärkt wird dies noch dadurch, dass die aktuellen, situativen Kontextbedingungen maßgeblich die Erinnerung an vergangene Ereignisse prägen.[177] Somit definiert die momentane psychisch-soziale Verfassung die retrospektive Bewertung der Vergangenheit, um hierdurch die aktuelle Situation erklären zu können. Auf den Wahrheitsgehalt einer Erinnerung als Resultat eines äußerst kreativen Prozesses hat der Mensch subjektiv so gut wie keinen Einfluss, da Simplifizierungen, Verdrehungen, Wunschvorstellungen und von Dritten Gehörtes miteinander vermischt werden.[178] Unbewusste Vorurteile dominieren hierbei Art und Weise der Speicherung von Erinnerungen. Dieser ursprünglich menschliche Schutzmechanismus beziehungsweise ‚Filter' ist notwendig, um bei situativ bedingten Entscheidungen im Rahmen der ‚momentanen Definition der Situation' schnell auf die relevanten Informationen zugreifen zu können.[179] Die sich hieraus ergebende ‚**Befangenheit**' führt unter anderem dazu, dass spezifische Gedächtnisinhalte auch dann nicht, wenn sie durch Fakten widerlegt wurden, gelöscht werden.[180] Dies ist unter anderem auch ein Grund dafür, dass sogenannte ‚Fake News' resistent gegenüber den dagegen vorgebrachten Fakten sind.[181] Ursache hierfür ist unter anderem, dass Erfahrungen, Erinnerungen und Auffassungen im Gedächtnis mehrfach abgespeichert werden. Die damit verbundenen ‚Geschichten' respektive Narrative können nur durch andere Narrative ersetzt werden. Die ‚**fehlerhafte Erinnerung**' andererseits beeinflusst vor allem unser autobiographisches Gedächtnis. Zum einen löscht das Gedächtnis zu keiner Zeit so viele Erinnerungen wie in den ersten Lebensjahren, so dass die frühesten bewussten eigenen Erinnerungen erst vom dritten oder vierten Lebensjahr im Gedächtnis gespeichert werden. Diese Löschung wird primär durch die Sprachentwicklung determiniert, durch die die ersten Eindrücke in einem ‚neuen Format' gespeichert werden, so dass die früheren, in einem anderen

---

[177] Vgl. Nivison, M. et al (2021).
[178] Vgl. Kühnel, S., Markowitsch, HJ. (2009).
[179] Eine Abhilfe hiergegen ist die ‚Entschleunigung' der Entscheidung sowie die vorherige Erstellung einer ‚Checkliste' der entscheidungsrelevanten Kriterien.
[180] Vgl. Ecker et al (2017).
[181] Vgl. die Ausführungen in Abschnitt 4.3.2.

Format gespeicherten Erinnerungen nicht mehr lesbar sind.[182] Des Weiteren werden auf Grund der Sprachentwicklung die Erfahrungen in ‚routinemäßigen Schubladen' abgelegt, so dass hierbei Erinnerungsdetails verlorengehen. Diese Kategorisierung respektive Generalisierung oder Abstraktion ist für die Erinnerung wesentlich, um der Detailüberladung zu entgehen. Zum anderen verändert das Gehirn jedes Mal, wenn es eine Erinnerung abruft, diese unbewusst durch die Verbindung mit Neu- Erlebtem sowie -Gehörtem. Zusätzlich werden die für die momentane Situation irrelevanten Fakten eliminiert als auch spezifische, momentan ‚aktuelle' Fakten integriert. Diese veränderte Erinnerung wird dann in der ‚Schublade' der alten Erinnerung abgelegt. Wir erinnern uns somit jeweils an die letzte gespeicherte Version, nicht jedoch an die ursprüngliche, so dass Erinnerungen somit form- sowie manipulierbar sind. Vor allem das biographische Gedächtnis ist für derartige Verzerrungen, Manipulationen und Beeinflussungen im Sinne eines ‚Memory- Hackens' sehr anfällig. Den sich hierbei ergebenden Veränderungsunterschied kann das Gehirn im Gegensatz zum bewussten Lügen jedoch nicht erkennen.[183] Durch diese **Beeinflussbarkeit** kann des Weiteren auch der Erfahrungskontext verändert werden, da der Mensch als soziales Wesen seine Erinnerungen mit denjenigen anderer abgleicht und dadurch konsequenterweise verändert, so dass das in einem anderen Zusammenhang Gesehene oder Gehörte mit den ursprünglichen Erinnerungen ‚verschmolzen' wird. Zusätzlich werden zufällig gleichzeitig auftretende Ereignisse in einen unzulässigen Kontext gebracht. Letztendlich entstehen hierdurch ‚falsche Erinnerungen', die gespeichert werden. Dies erfolgt vor allem häufig in jenen Momenten und Situationen, bei denen der Mensch während des Speicherungsvorganges unter Stress steht, da Stresshormone (vor allem die Glukokortikoide) die Reizweiterleitung zum Gehirn verändern. Stress sowie Emotionen werden überwiegend im ‚dorsolateralen präfrontalen Kortex' verarbeitet. In Stressmomenten werden Erinnerungen zeitlich länger gespeichert, da das Stresshormon Cortisol den für das Langzeitgedächtnis wichtigen Hippocampus stimuliert. Hierbei verbleiben vor allem diejenigen Aspekte und Informationen im Gedächtnis, die mit dem Stressor zu tun haben und emotional mit der Stresssituation verbunden sind. Parallel hierzu wird durch das Gehirn allerdings auch das Beloh-

---

[182] Analog zu den Kompatibilitätsproblemen bei artifiziellen Betriebssystemen, Speichern etc.

[183] Verstanden als kognitiv bewusste und gewollte Unwahrheit.

nungssystem durch den Ausstoß von Endorphinen aktiviert, so dass nach dem Ende des Stresszustandes Euphorie entsteht.[184]

Diese Speicherungs- und Recyclingprozesse können demnach auch dazu führen, dass der Mensch sich an Erlebnisse erinnert, die er real in dieser Form nicht erlebt hat. Falsche und echte Erinnerungen enthalten daher im Rahmen der ‚**Befangenheit**' häufig komplexe Beschreibungen, Emotionen, Sinneseindrücke und Details, so dass die falschen nicht von den richtigen unterschieden werden können, da beide auf die gleiche Art ‚konstruiert' sind. Verstärkt wird dieser Effekt noch dadurch, dass das menschliche Gehirn keine ‚Filmsequenzen' von Ereignissen abspeichert, sondern im Gedächtnis nur Fragmente enthalten sind, die dann durch das Hinzufügen weiterer Informationen quasi zu einem ‚Bild' konstruiert respektive kognitiv ‚rationalisiert' werden. So werden beispielhaft bei der eigenen Lebensgeschichte zufallsbedingte Ereignisse im Nachhinein zu einer kohärenten Erzählung ‚umstrukturiert', da der Mensch unfähig oder unwillig ist, Zufälle zu akzeptieren. Da Zufälle ‚unsteuerbar' sind und somit seinem Gestaltungs- und Planungsanspruch widersprechen, benötigt er eine kognitive Erklärung für das ‚Schicksal'.[185] Empirische Studien von Aleea Devilt und Daniel Schacter bestätigten, dass auch positive Erwartungen vor einem Erlebnis die späteren Erinnerungen beeinflussen beziehungsweise zu einer retrospektiven Verklärung führen. HaeEnn Helen Chen von der Cornell University bestätigte auf Grund empirischer Untersuchungen diesen Sachverhalt. Sie wies nach, dass positive Erwartungen als auch die Vorfreude auf das spätere Ereignis ‚positive' Neuronenketten im Gedächtnis bilden, die dann bei dem realen Ereignis aktiviert und wie ein Filter die Wahrnehmung sowie die spätere Erinnerung prägen. Hierdurch werden Rückschläge sowie Enttäuschungen schneller ‚vergessen' sowie die positiven Aspekte in der Erinnerung verstärkt.[186]

Neben dieser ‚Dekonstruktion' von Erinnerungen besitzt vor allem auch das ‚**Vergessen**' in seiner ‚gesunden' Form[187] eine wesentliche physiologische als auch psychologische Grundlage für das Gedächtnis, da das Erinnern nur bei einer überschaubaren Menge an Informationen effizient erfolgen kann. In der

---

[184] Vgl. Wolf O.T. et al (2015).

[185] Das Gehirn besitzt quasi eine ‚Schummelsoftware' und vergisst negative Informationen, um den Menschen zu schützen sowie zumindest im Nachhinein als einigermaßen positiv erscheinen zu lassen.

[186] Vgl. Chen, H. H. et al (2016), S. 1303 ff .

[187] Im Gegensatz zur Demenz als pathologischer Form.

physiologischen Dimension setzt Lernen neue Verschaltungsmuster der Neuronen sowie Synapsen im Hippocampus sowie präfrontalen Kortex voraus. Dies impliziert zum einen, dass es ohne das Vergessen keine neuen Verschaltungen geben würde. Ohne diese Reduktion der gespeicherten Informationen würde quasi ein ‚information overload‘ entstehen, so dass das Gedächtnis qualitativ sowie quantitativ sehr schnell überlastet wäre und daher das explizite System bei den Planungs- und Entscheidungsprozessen nicht effizient unterstützen könnte.[188] Zum anderen würden im Rahmen der **Epigenetik**[189] kaum neue Neuronen entstehen. Hierbei verbinden sich aufgrund der während der ‚genetischen Sozialisation‘ gesammelten Informationen spezifische Methylgruppen gezielt mit einzelnen DNA-Bausteinen wie eine Markierung und bewirken, dass definierte Gene aktiviert werden und andere nicht. In gewisser Beziehung werden hierdurch die zum Überleben am besten geeigneten Fähigkeiten molekular aktiviert. Die im Rahmen dieses Prozesses entstehenden neuen Nervenzellen verändern allerdings zwangsläufig auch die bisherigen Verschaltungen, so dass der Zugang zu alten, gespeicherten Informationen erschwert wird – sie werden in der Konsequenz somit ‚vergessen‘. Unser Gehirn respektive Gedächtnis benötigt somit regelmäßig quasi ein ‚Update‘.[190] Im Rahmen der psychologischen Dimension schützt die natürliche Fähigkeit des Vergessens sowie manchmal auch des Verdrängens als Unterform vor psychischen Problemen, da die ständige Erinnerung an negative Erlebnisse[191] zu posttraumatischen Störungen re-

---

[188] Bei Menschen mit dem ‚HSAM‘ (Highly Superior Autobiographical Memory)- Syndrom ist das Kurzzeitgedächtnis leistungsidentisch mit dem Langzeitgedächtnis, da die für die Gedächtnisbildung wichtigen Gehirnstrukturen wesentlich vergrößert sind; da das Vergessen nicht mehr möglich ist, entstehen häufig autistische sowie depressive Belastungen.

[189] Im Gegensatz zur ursprünglichen Lehrmeinung, dass von der Befruchtung an alle Zellen des Menschen eine genetische Identität besitzen, hat die Wissenschaft festgestellt, dass der Mensch über mehrere genetische Identitäten mit einem jeweiligen Eigenleben als Resultat von körperlichen Evolutionen verfügt;diese entstehen durch Mutationen sowie Fehlern bei der Zellteilung, so dass ein **‚Mosaizismus‘**, ein Mosaik unterschiedlicher Zellgruppen entsteht- hierdurch wird u.a. die Anpassungsfähigkeit der menschlichen Immunzellen gewährleistet; physiologisch besitzt der Mensch somit mehrere ‚Identitäten‘ auch im Bereich der Neuronen.

[190] Vgl. Frankland, PW, Bontempi, B. (2005), S. 119 ff; Richards, BA, Frankland, PW (2013), S. 207 ff.

[191] Als hyperthymestisches Syndrom in seiner Steigerung.

spektive Depressionen führen kann.[192] Verstärkt wird dieser Sachverhalt zusätzlich durch sogenannten ‚Side-Effects'.[193] Während positive Ereignisse und Handlungen als selbstverständlich akzeptiert werden, unterstellt der Mensch bei negativen Informationen und Erscheinungen spezifische Absichten anderer handelnder Personen.[194] Diese werden somit kognitiv anders verarbeitet und intendieren andere Fragen, Erklärungen sowie moralische Bewertungsmaßstäbe. Aufgrund der Angst vor dem Kontrollverlust kann der Mensch nicht akzeptieren, dass nicht alle Ereignisse und Geschehnisse von ihm beeinflussbar oder kontrollierbar sind. Negative Geschehnisse werden daher aufgrund der extensiven Konsequenzen gründlicher und intensiver verarbeitet als auch gewichtet.[195] Der Mensch lebt somit wie bei einem zwangshaften Konservieren ständig in der Vergangenheit, immer auf sich selbst fokussiert. Dieses negative Selbstbild als auch das ‚Bild von der Welt' erscheint für Andere häufig als ‚nachtragend' oder ‚Unsicherheit'. Menschliches Sozialverhalten ist somit ohne das Vergessen als natürlichem Erholungsmechanismus kaum möglich, da dieses für den humanen Intellekt ebenso wichtig ist wie die Erinnerung.[196] Niklas Luhmann definierte und charakterisierte diese Funktion folgendermaßen: „Die Hauptfunktion des Gedächtnisses liegt also im Vergessen, im Verhindern der Selbstblockierung des Systems durch ein Gerinnen der Resultate früherer Beobachtungen"[197]. Für die physiologische wie auch psychische Existenz des Menschen als auch für sein ‚Bild von der Welt' ist das janusköpfige Gedächtnis und somit die Synthese von Vergessen und Erinnern entscheidend.[198]

---

[192] Anne-Laura van Harmelen wies empirisch nach, dass eine Erhöhung des Stresshormons Cortisol ein Indiz für ein geringes Selbstwertgefühl ist – die Erinnerung an positive Situationen der Vergangenheit reduziert das Ausmaß der Depression durch die Stärkung der psychischen Widerstandskraft. Vgl. Askelund, A.J. et al. (2018).

[193] Nebeneffekte, die ungeplant durch eine Modifizierung der Variablen außerhalb des eigentlichen Kontextes entstehen- vor allem im medizinischen Bereich, jedoch auch in den Computerwissenschaften.

[194] Vgl. Buechel, E.C. et al (2017), S. 746 ff.

[195] Vgl. Baumeister, R.E. et al (1998), S. 1252 ff.

[196] Vgl. James, W. (1890).

[197] Luhmann, N. (1998).

[198] Auf der Akropolis wurde daher auch ein Altar für Lethe, den Strom des Vergessens, errichtet (einer der fünf Flüsse des Hades – wer daraus trinkt, verliert die Erinnerung an das irdische Dasein). A. Assmann bezeichnet daher das Vergessen als Gegner der Speicherung, jedoch als Komplize der Erinnerung.

2.1.1.4 Denken und Lernen als Wissenstransfer- sowie Wissenstransformations- prozesse

Das Gehirn ist somit ständig mit der Prognose und Analyse zukünftig eintreten- der Situationen beschäftigt, so dass Vorfreude als auch Angst die identischen Hirnbereiche aktivieren. Diese genetisch bedingte ‚**Problemlösungsheuristik**' versucht demnach kognitiv die Lösung zukünftiger Probleme, je unwahrschein- licher auch deren Eintrittswahrscheinlichkeit sein mag.[199] Sie überwacht daher ständig die menschliche Umwelt und erstellt eine mentale Repräsentation des- sen, was es wahrnimmt und trifft auf dieser Basis Vorhersagen über zukünftige Ereignisse durch den Vergleich verschiedener Szenarien. Allerdings ‚spielt' uns das explizite System hierbei häufig eine Kohärenz vor, um die Lebenskomplexi- tät beherrschen zu können. Bei diesen Prognosen ‚konkurrieren' verschiedene neuronale Netzwerke beziehungsweise Neuronenketten miteinander, bis ana- log zur Schwarmintelligenz[200] durch gegenseitiges Erregen und Hemmen eine ‚Mehrheitsmeinung' gebildet wird.[201] Ein ‚Schwachpunkt' dieses kognitiven Sys- tems sind allerdings die Sensoren für die Informationsaufnahme, beispielsweise Ohren, Augen, Nase mit Wahrnehmungsradien zwischen 180 Grad (Augen) bis zu 360 Grad (Ohren).[202] Ändern sich die wahrgenommenen Informationen hin- sichtlich Intensität, Sensitivität und Richtung, so beginnt jedes Mal ein neuer Entscheidungsprozess mit einer Verlängerung der Reaktionszeiten zwischen einhundert und zweihundert Millisekunden. Bei einem ‚Verwerfen' dieser ‚neuen' Informationen erhöht sich diese Verzögerung um weitere ein bis drei Sekunden und somit bis zum Dreiundzwanzigfachen, beispielsweise bei der Nutzung eines Smartphone während des Autofahrens. Da der Mensch mittler- weile ein ‚Smartphone-Junkie'[203] mit einem permanenten unsozialen und nicht-

---

[199] Ca 80- 90 % aller antizipativ analysierten Probleme treten nie ein.
[200] Ein intelligentes, sich selbst justierendes System; der Begriff wurde 1997 von Kevin Kelly geprägt. Vgl. Kelly, K. (1997), (1998 .
[201] Denkprozesse verlaufen analog zu dieser Vorgehensweise.
[202] Der Mensch verfügt über 3 Arten von Lichtsensoren sowie über ca. 400 verschiedene Geruchssensoren, so dass er ca. 1 Billion Gerüche unterscheiden kann; letztere basieren auf einer Vielzahl Riechgene, von denen die meisten allerdings inzwischen nutzlos sind (sog. Erbgutruinen bzw. Pseudogene).
[203] Zynisch gesehen wird der Mensch durch das Smartphone ‚domestiziert' und generiert ein kompulsives Verhalten, das gem. Tristan Harris die Erosion des menschlichen Denkens auslöst.

intuitiven Blick auf sein Gerät   und somit ständig auf der Suche nach neuen Details respektive ‚information nuggets' ist[204], kann er in diesem Fall kaum noch komplexe Entscheidungen zeitgerecht treffen. Durch diese permanente Ablenkung werden die kognitiven Fähigkeiten erheblich beeinträchtigt, die Fehlerquote bei einer Ablenkung von drei Sekunden verdoppelt sowie die Kreativität aufgrund der ständigen Ablenkung reduziert.[205] Der damit verbundene erhöhte Ausstoß von Adrenalin sowie Dopamin initiiert häufig ein Suchtverhalten. Des Weiteren wird gemäß einer Studie der University of Texas in Austin[206] die Hirnkapazität vor allem im Bereich des für das Belohnungssystem wichtigen Nucleus accumbens reduziert.

Verstärkt wird die Entscheidungsbeeinträchtigung bei komplexen Situationen des Weiteren auch durch den genetisch determinierten ‚Fluchtreflex', da bei bevorstehenden Gefahren das Gehirn in den ‚Flucht- oder Angriffsmodus' schaltet. Hierbei wird die Muskulatur besser durchblutet, die Blutgefäße kontrahieren sich, die Pupillen weiten sich, während die Schweißdrüsen aktiver werden. Allerdings werden hierbei auch ‚störende' Details oder Informationen ausgeblendet, so dass die Entscheidung zwar schneller realisiert, jedoch auch inkompetenter wird, so beispielsweise beim Autofahren die Alternativen ‚starkes Bremsen' versus ‚Ausweichen'. Für diese Prognosefunktionen benötigt das explizite System zusätzlich zu den aktuellen Informationen die im Gedächtnis als Informationen gespeicherten Erinnerungen, die allerdings ständig überarbeitet, korrigiert beziehungsweise durch neue ersetzt werden. Lernen und Denken, informationstechnologisch verstanden als Vergleich, Synthese sowie Aggregation von (neuen) Informationen aus dem menschlichen Umfeld mit dem vorhandenen, gespeicherten eigenem Wissen, ist somit ohne die Inhalte des

---

[204] Der Bundesverband digitale Wirtschaft (BVBW) ermittelte empirisch, dass der durchschnittliche Nutzer täglich mehr als 2,5 h und am Wochenende mehr als 3,5 h aktiv mit dem Gerät verbringt.

[205] Eine empirische Untersuchung der Bundesanstalt für Arbeitsschutz und Arbeitsmedizin (BAuA) testierte 2016 zusätzlich eine psychische Belastung sowie einen schnelleren Puls als auch eine schnellere Atmung, wenn das Smartphone nicht in der Nähe ist; jede Sekunde erreichen ca. 400.000 Sinnesreize das Gehirn- dieses kann jedoch nur 120 pro Sekunde verarbeiten, so dass bei Ablenkungen die ‚falschen' Reize erfasst werden.

[206] Die sog. Brain-Drain-Studie. Vgl. Ward, A.F., Duke, K., Gneezy. A., Bos, M.W. (2017), S. 140 ff.

impliziten als auch expliziten Gedächtnisses nicht möglich.[207] Denken und Lernen als Wissenstransfer- sowie Wissenstransformationsprozesse repräsentieren somit aus neurologischer Sicht Wettbewerbsprozesse zwischen verschiedenen neuronalen Netzen zur Bildung einer Mehrheitsmeinung, die dann vom Gehirn präferiert wird.[208] Logisches Denken im expliziten System sowie assoziati-
ves Denken im impliziten System sind somit dual ablaufende Prozesse.[209] Hierbei ist das explizite System relevant für gründliche Analysen sowie abwägende
Zweifel. Zwangsläufig resultieren hieraus Differenzen zwischen den beiden Systemen, die zu Verzerrungen, den sogenannten ‚**bias**‘ führen. Neben dem ‚**over-
confidence bias**‘, der Überschätzung des eigenen Wissens, entsteht vor allem
im impliziten System der ‚**confirmation bias**‘, bei dem diejenigen Informationen
ausgeblendet werden, die nicht in das momentan bestehende ‚eigene Weltbild‘
passen. Somit ist gemäß G. Gigerenzer kein Denkprozess per se rational oder
irrational, sondern muss immer im Kontext der jeweiligen Situation und somit
im Sinne der deontischen (praktischen) Logik gesehen werden - und ist somit
evolutionär bedingt.

Neben der Problemlösungsfunktion durch die Antizipation zukünftiger Ereignisse besteht die Aufgabe des expliziten Systems des Weiteren darin, implizit
ablaufende Vorgänge zu kontrollieren beziehungsweise zu reflektieren und somit quasi als ‚**controlling overlayer**‘ das implizite System zu überwachen und
gegebenenfalls zu ‚übersteuern‘. So erzeugt es bis zu einer Sekunde vor einer
bewussten Entscheidung ein Bereitschaftspotenzial. Hierdurch besteht bis zu
zweihundert Millisekunden vor der Realisierung (Umsetzung) einer eingeleite-
ten, fehlerhaften Entscheidung beziehungsweise Verhaltensweise ein ‚Vetorecht‘, um diesen Fehler zu korrigieren. Des Weiteren versucht es, die ‚Sozia-
lität des Erlernten‘ zu individualisieren beziehungsweise sich von dem Erlernten
(beispielsweise im impliziten System gespeicherte Aussagen, Annahmen, Erzählungen Dritter) zu emanzipieren, dieses Erlernte in Frage zu stellen. Diese Vorgänge beziehungsweise Prozesse benötigen jedoch einen wesentlich höheren
Ressourcenverbrauch (Energie, Sauerstoff), so dass das explizite System nur bei

---

[207] Vgl. hierzu auch John Dewey, der 1909 den Begriff des ‚learning by doing‘ prägte. Dewey, J. (1951); allerdings propagierte der Münchener Reformpädagoge Georg Keschenstei-
ner bereits 1900, dass das Wesen des Menschen Arbeit, Probieren, Erfahren und Erleben
ist, um ohne Unterlass ein Medium der Wirklichkeit zu lernen.
[208] Vgl. Jänig, Chr. (2004), S. 244 ff sowie (2010), S. 172.
[209] Vgl. Wason, P.C., Evans, J. St.B.T. (1974), S. 141.

existenziellen beziehungsweise wesentlichen Aufgaben- oder Problemstellungen aktiv wird. Hierbei versucht es, die kognitiven Grenzen, die beispielsweise durch Erinnerungsvermögen und Auffassungsgabe gegeben sind, sowie die psychologischen Kontextbedingungen, beispielsweise in Form der Vorurteile, zu transzendieren.

Um trotz der begrenzten Energieressourcen sowie der dadurch reduzierten Konzentrationsfähigkeit das explizite (kognitive) System über längere Zeiträume nutzen zu können, werden derzeit pharmakologische ,physikalische als auch neurotechnologische Versuche respektive Ansätze erforscht. So wird von verschiedenen (Interessen-)Gruppen das pharmakologische ,**Neuro Brain-Enhancement**' als sogenanntes Gehirndoping propagiert.[210] Dabei soll mittels häufig verschreibungspflichtiger Medikamente, beispielsweise Psychostimulanzien, Antidepressiva, Antidementiva oder Betablocker, sowohl die kognitive Leistungsfähigkeit als auch das psychische Wohlbefinden verbessert werden. Die ,Bandbreite' erstreckt sich hierbei von Koffeintabletten und Ginkgo-Extrakten über Methylphenidate[211] sowie Demenzmedikamenten bis zum als Mittel gegen spezifische Schlafkrankheiten eingesetzten Modafinil. Hierbei dockt beispielsweise der Wirkstoff Modafinil als sogenannter ,ultimativer Wachmacher' an das Transportmolekül des Nervenbotenstoffes Dopamin an.[212] Letzteres aktiviert das Belohnungssystem im Gehirn ebenso wie die Endorphine sowie Serotonin. Hierdurch wird bei gleichzeitiger Reduzierung der Konzentration des Stresshormons Cortisol das Gefühl einer inneren Ruhe und Gelassenheit hervorgerufen. Gleichzeitig erhöhen sich die Aktivitätsmuster in jenen Hirnregionen, die für Belohnung, Motivation, Emotionen sowie sozialer Interaktion zuständig sind. Bei Arbeitnehmern mit repetitiven Tätigkeiten, die im beruflichen Alltag ihre Emotionen unterdrücken müssen oder an der Grenze ihrer psychischen und physischen Leistungsfähigkeit arbeiten, soll hierdurch das konvergente Denken, das heißt die Zusammenführung von Informationen im Rahmen logischer

---

[210] Mehr als 30% der US-Amerikaner sowie 5-6 % der Arbeitnehmer in der BRD nehmen regelmäßig diese Psychopharmaka. Schon Goethe beschwor die Wirkung des Ginkosamens für die Konzentration in seinem Gedicht ,Ginkobiloba'.
[211] Beispielsweise Ritali.
[212] Andere Wirkstoffe sind beispielsweise Amphetamine, LSD, Cardiazo.

Schlussfolgerungen bei kognitiven Problemlösungen, verbessert werden.[213] Empirisch ist allerdings der Nachweis von Leistungssteigerungen nach Einnahme der Präparate bislang nicht gelungen. Festgestellt wurde vielmehr, dass derartige Cannabinoide[214] langfristig das Dopamin-System des Gehirnes verändern und somit Motivation, Stimmungslagen und emotionale Sensibilität intensiv beeinflussen und letztlich zu einer wesentlichen Verschlechterung der kognitiven Fähigkeiten führen.[215] Ursache hierfür ist unter anderem, dass das Glücksgefühl nur kurzfristig anhält, da beispielsweise das Dopamin schon nach kurzer Zeit abgebaut wird. Die Erinnerung an diesen Zustand generiert den Zwang zur Wiederholung, da dieser Prozess im Gehirn quasi ‚eingebrannt‘ ist. Hierdurch wird neben einer Steigerung der Dosis durch häufigeres Wiederholen in kürzeren Zeitabständen auch eine psychische Abhängigkeit impliziert.[216] Dies führt letztlich zur Sucht sowie zu Persönlichkeitsstörungen, da die ‚Selbstwirksamkeitserfahrung‘ als Auslöser von Glücksgefühlen entfällt.[217] Versteht man **Persönlichkeit** als Aggregation von Verhaltens- , Gedanken- und Gefühlsmuster, so wird ersichtlich, dass sich diese im Laufe des Lebens verändert. Basiert sie in den ersten Lebensjahren auf genetischen Ausprägungen, so wirken sich vor allem im Zeitraum von achtzehn bis vierzig Jahre das soziale Umfeld, die individuelle (Erwerbs-)Biographie sowie die unterschiedlichen Lernprozesse aus. Das divergente Denken, beispielsweise mittels Kreativität das Erkennen von flexiblen Problemlösungen, wird somit zusätzlich noch verschlechtert.[218] Im Gegensatz hierzu verbessert allerdings das ‚normale‘ Jogging in Gestalt körperlicher Bewegung die Hirnleistungen wie Aufmerksamkeit, Verarbeitungsgeschwindigkeit

---

[213] Gem. einer Studie der DAK in 2017 nehmen regelmäßig 5,1 % der hochqualifizierten sowie 8,5 % der Arbeitnehmer mit einfachen Tätigkeiten sowie des Niedriglohnsektors regelmäßig diese Mittel ein.

[214] Bspw. THC im Marihuana.

[215] Absenkung des IQ um bis zu 9 Punkt.

[216] Die Jagd nach dem ‚Kick.

[217] Glück ist überwiegend ein kurzfristiges Gefühl als bio-chemische Kaskade mit einem eingebauten ‚Notausschalter‘ durch die Kooperation mehrerer Gehirnbereiche; bei positiven Gefühlen dominiert die linke Hemisphäre , bei negativen die rechte; da im Alterungsprozess der linke Stirnlappen in der linken Hälfte an Bedeutung gewinnt, überwiegen mit zunehmenden Alter als Folge dieser hemisphärischen Machtverschiebung die positiven Erinnerungen. Dieses biologische System realisiert ein evolutionäres, elementares Signal zur Selbstbestätigung, bei dem spezifische Botenstoffe wie Endorphine sowie Dopamin freigesetzt werden; auch die Epigenetik wird durch Glücksgefühle angeregt.

[218] Das kognitive Verlassen bekannter Denk- Pfade, Strukturen und Muster.

sowie Gedächtnis. Nicht übersehen werden dürfen des Weiteren die mit der Mitteleinnahme verbundenen physiologischen Störungen wie Asthma, Krampfanfälle und Darmblutungen.

Ein anderer, technologischer Ansatz zur Verbesserung und Erweiterung des Gedächtnisses wird derzeit im Rahmen des EU- Projektes 'Recall'[219] empirisch realisiert. Hierbei werden durch eine an der Stirn befestigte 'Lifelogging-Kamera' alle dreißig Sekunden ein Foto aus der Perspektive des Trägers gemacht. Diese werden beispielsweise Alzheimer-Patienten als Probanden in einer entsprechenden Zusammenfassung abends zur Stärkung des Gedächtnisses gezeigt. Der zur Bildauswahl eingesetzte Algorithmus 'entscheidet' letztlich darüber, ob das Gedächtnis gestärkt oder manipuliert wird. Werden beispielsweise nur Bilder mit positiven Inhalten gezeigt, so liegt hier eine suggestive Manipulation der Probanden vor, da die Grenze zwischen Erinnerung und Einbildung fließend ist. Es erfolgt eine 'Gehirnwäsche' mit dem langfristig möglichen Verlust der Lernbefähigung. Gleichzeitig ist die Gefahr eines 'Retrieval Induced Forgettings' groß, da Erinnerungen durch andere, jedoch ähnliche Eindrücke überschrieben werden.

Neben dem pharmakologischen Ansatz des 'Human-Enhancement' wird derzeit auch ein neuro- technologischer im Rahmen der 'Intelligence Applifikation' diskutiert. Einige **Transhumanisten** sehen hierin die Möglichkeit, die biologischen Fähigkeiten des Menschen durch funktionale Prothesen, IT-neurologische Hilfen, gehirnstimulierende Drogen sowie Selbstoptimierungs- Apps zu erweitern und ihn somit 'konkurrenzfähig' gegenüber der 'Artificial Intelligence'[220] durch das Überwinden des Menschlichen in Form von Gebrechlichkeit sowie Sterblichkeit werden zu lassen. Ihrer Auffassung nach ist der Mensch ein unvollkommenes Wesen, das seine Vollkommenheit nur durch die Einbindung von Technologie erreichen kann. Neben der Steigerung der kognitiven Kapazität (Intelligenz), des kognitiven Leistungsvermögens und seiner Effizienz sowie dem Ausschalten physiologischer Krankheiten im Rahmen der Optimierung des physikalischen Gehirnes sollen auch psychologische Eigenschaften wie beispielsweise Konzentrationsfähigkeit, Emotionen und Schönheitsempfinden optimiert respektive negative Eigenschaften (Lese- und Schreibschwäche, ADHS, Drogen- und Spielsucht) abgeschwächt oder eliminiert werden. Diese 'technologischen'

---

[219] Teilnehmer ist ua das Projekt 'Kognit' vom DFK.
[220] Vgl. die Ausführungen in Abschnitt 4.3.

Verfahren beruhen auf der ‚Kontrolltheorie zur Automatisierung vernetzter Systeme' und dienen zur Genese ‚posthumaner Wesen'. Allerdings wird dieser Ansatz eines ‚Gehirnschrittmachers als Autopilot für kognitive Prozesse' vehement von anderen Philosophen abgelehnt.[221]

Eine weitere technologisch implizierte Steigerung der Konzentrations- und Lernfähigkeiten soll durch die ‚transkraniale Gleichstromsimulation'[222] ermöglicht werden. Bei diesem auf einer theoretischen Konzeption des Neurologen Michael Nitsche basierenden Verfahren wird der präfrontale Kortex des Vorderhirnes durch einen Gleichstrom von circa zwei Milliampere oder durch Laserlicht im Infrarotbereich (600 bis 1.000 nm) stimuliert. Dieses invasiven Verfahren[223] wird derzeit neben der Ultraschallmethode sowie der Transkraniellen Magnetstimulation (TMS) auch bei der Erforschung und gegebenenfalls auch Heilung psychatiler Krankheiten wie beispielsweise Alzheimer, Epilepsie, Parkinson[224], MS oder ADHS zur Korrektur der fehlerhaften elektrischen Aktivitäten in den neuronalen Netzwerken eingesetzt. Die bisherigen experimentellen Ergebnisse lassen allerdings noch keine eindeutigen Aussagen auf Grund der geringen Probandenzahl sowie der Kontrollgruppenproblematik zu. Allerdings war die Stimulation bei einigen Anwendungen hilfreich – ohne dass man allerdings wusste, warum dies erfolgte.

---

[221] Vgl. Habermas (2005) sowie Fukuyama (2002).

[222] TDSC (transcronial direct current stimulation).

[223] Im Gegenteil zur Implantation von Elektroden im Gehirn sowie deren elektrischen Reizung; erstmals von R.G. Heath (Tulane University in New Orleans) in den 60er Jahren des letzten Jahrhunderts realisiert.

[224] Bei Parkinson sterben diejenigen Neuronen, die Dopamin produzieren, ab, so dass das Gehirn die Bewegungen nicht mehr koordinieren kann.

2.1.2 Soziale Prozesse beeinflussen die Leistungsfähigkeit des Gehirns

Vor dem Hintergrund der bisherigen Ausführungen soll nachfolgend der Versuch einer Klärung unternommen werden, ob die Leistungsfähigkeit des menschlichen Gehirnes vor allem genetisch bedingt oder vielmehr durch die Sozialisation und somit soziale Prozesse beeinflusst wird.

Das Gesamtschaltbild des Gehirnes, beispielsweise Struktur, großräumige ,Verdrahtung' und dergleichen, wird durch genetische Codes bestimmt, während die ,Feinverdrahtung' durch neuronale Aktivitätsmuster determiniert wird, so dass Stärke und Muster der synaptischen Verbindungen durch Erfahrungen im Rahmen der evolutionären und individuellen Sozialisation modifiziert werden (sogenannte **synaptische Plastizität**). Dies impliziert individuelle, subtile Neuverschaltungen führen. Diese **Neuroplastizität** als ständige Umwidmung der Nervenzellen[225] ermöglicht die permanente Generierung neuer Zellen, Verbindungen (Verstärkung oder Verringerung), Strukturierung neuer Netzwerke sowie die Freisetzung von Botenstoffen. Die Plastizität des Gehirnes ist somit wesentlich für das menschliche Handeln, seine Entscheidungen sowie sein Verhalten, da mit der zunehmenden Sozialisation sowie der Erfahrung des Alters die eigenen Zielfunktionen wie auch deren Kontext immer komplexer werden.[226]

Des Weiteren beinhalten die Körperzellen des Menschen keine identischen Genome, da sich das Genom verändert.[227] Bei jeder Zellteilung entstehen genetische Mutationen, so dass keine Zelle genetisch der anderen gleicht und

---

[225] So erreichen bspw. bei Schwerhörigkeit weniger Signale aus dem Gehör das Gehirn, so dass die entsprechenden Hirnbereiche anderen Sinnesorganen zur Verfügung gestellt werden (zB. der Sehsinn, der Teile des auditiven Cortex als sog. Auditive Deprivation übernimmt). Vgl. Chermak, G.D. et al. (2014), S. 3 ff.

[226] Diese Genese eigener Zielfunktionen etc. kann derzeit von der KI noch nicht realisiert werden. Vgl. die Ausführungen in Abschnitt 4.1.1.

[227] Auch als **Epigenetik** bezeichnet; Untersuchungen wiesen nach, dass bspw. bei rauchenden Schwangeren das ungeborene Kind bei den gleichen Genen wie die Mutter Veränderungen (Schäden) erfährt (zB. Entwicklung der Lunge, des Nervensystems) – es verändern sich die chemischen Markierungen auf der DNA; bis zu 20 verschiedene Aminosäuren definieren den Menschen sowie seine physische Formen. Eine wesentliche Funktion übernehmen hierbei auch die sog. **Hox- Gene** als molekulare Entwicklungsprogramme, die andere Gene regulieren sowie die Schrittfolge des Ablaufes konkreter Anwendungen definieren. Vgl. die Ausführungen in Abschnitt 2.1.

damit die genetisch-biologische Identität eines Individuums während seiner Lebenszeit somit nicht gegeben ist.[228] Vielmehr beeinflussen verschiedene reziproke Regelkreise, die von Kontextbedingungen moderiert werden, die Funktion der Zellen, Organe sowie des Organismus insgesamt.

In der ‚genetischen Blaupause‘ im Erbgut sind beispielsweise die körperlichen Merkmale nicht von Geburt an definiert. Dadurch prägen während der gesamten Lebenszeit soziale Erfahrungen, die Ernährung sowie andere Umweltbedingungen durch Aktivierung, Verstärkung oder Hemmung die Entfaltung des in der DNA codierten Programmes. Analog hierzu ändern sich auch die neurobiologischen Netzwerke aufgrund prägender Erlebnisse während des Sozialisationsprozesses. Schließlich hat Robert Plomin[229] mittels einer genomweiten Assoziationsstudie (GWAS)[230] ungefähr hunderttausend Orte in circa zwanzig Regionen des Erbgutes ermittelt, die für die **Intelligenz** wesentlich sind – hierbei determinieren sie vor allem das Wachstum der Neuronen sowie deren Vernetzungsstruktur. Die Genomforschung unterstellt daher, dass letztlich ungefähr zehntausend bis einhunderttausend derartiger Schaltelemente im Genom, gekoppelt an das Wachstum des Gehirnes, die Intelligenz regeln.[231]

Empirische Studien zeigten daher auch, dass sehr viele Gene die Intelligenz beeinflussen, wobei der Effekt eines einzelnen Genes sehr gering ist - auch bei

---

[228] Die vor einiger Zeit noch vorherrschende Auffassung, dass jedes Gen monokausal mit einer definierten, starren ‚Gebrauchsanleitung‘ für spezifische Ausprägungen bzw. Merkmale des Menschen verantwortlich ist, hat sich nicht bestätigt. So fanden Wissenschaftler um Holger Prokisch (Institut für Humangenetik am Helmholtz Zentrum, München) empirisch heraus, dass der Alterungsprozess durch mindestens 1500 Gene beeinflusst wird; diese Gene besitzen jedoch keine konsistenten Anleitungen, sondern sind flexibel - die Umsetzung ihrer ‚Bauanleitung‘ oder sogar die Abschaltung eines Gens werden durch individuelle Kontextbedingungen wie Alltag, Ernährung, Stress, Bewegung, Stimmung sowie anderen Faktoren beeinflusst: Ca. 1500 Einflüsse verändern das Erbgut und somit die Lebenserwartung und determinieren die Genexpression, d.h. die Aktivität der einzelnen Gene. Genetische Faktoren beeinflussen die Lebenserwartung nur zu 25%, so dass die individuellen Lebensumstände sowie das eigene Verhalten ausschlaggebend sind. Dessen ungeachtet wll die ‚**Nutrigenomik**‘ aufgrund der Genstruktur sowie des Gens ‚FADS‘ eine ‚personalisierte‘ garantieren - Basis hierfür ist die These, dass die Genstruktur individuell den Stoffwechsel beeinflusst; aufgrund der polygenetischen Struktur des Menschen sind jedoch kaum evidente Ansätze möglich.
[229] Vgl. Ashbury, K., Plomin, R. (2014
[230] Gewissermaßen eine Rasterfahndung in den Erbanlage
[231] Manche Wissenschaftler bezeichnen die Intelligenz auch als ‚omnigenes‘ Merkmal, da sich das gesamte Erbgut auf das Gehirn auswirkt.

der Addition aller Geneffekte konnten Unterschiede in der Intelligenz nur zu vier Prozent erklärt werden. Die individuelle Kombination der elterlichen Gene als Erbanlagen führen vielmehr im Verlauf des Sozialisationsprozesses durch vielfältige und komplexe Wechselwirkungen mit der Umwelt zu den individuell- spezifischen Begabungen und damit der Ausformung respektive Ausprägung der Intelligenz.[232]

Des Weiteren verfügen Kinder zu Beginn ihres Lebens über wesentlich mehr neuronale Verknüpfungen als im späteren Leben, so dass sie sich flexibel ihrer Umwelt anpassen können. Durch die Sozialisationsprozesse und dem damit zunehmenden Wissen verringert sich allerdings dieses größere kognitive Potenzial. Widerlegt wird der Genomeinfluss auf die Intelligenz auch durch den sogenannten ‚Flynn- Effekt'.[233] Diesem gemäß stieg der durchschnittliche IQ-Wert im Zeitraum zwischen den Jahren 1909 und 2013 um mehr als neunundzwanzig Punkte.

Letzteres wird daher damit erklärt, dass durch Globalisierung und Digital- Ökonomie aus kognitiver Sicht vor allem Sprachverständnis, das räumliche Vorstellungsvermögen sowie abstraktes Denken gefördert werden - und somit Bereiche, die bei Intelligenztests vorrangig erhoben werden.[234] Die Auswirkungen einer zugrundeliegenden Genmutation wäre in diesem kurzen Zeitraum unmöglich gewesen. Allerdings wurde vor zehn Jahren empirisch ermittelt, dass seit dem Jahr Neunzehnhundertvierundneunzig der Intelligenzquotient jährlich um 0,25 bis 0,5 Punkte sinkt und somit ein negativer ‚Flynn- Effekt' entstanden ist.[235] Zu berücksichtigen ist des Weiteren, dass populationsgenetische Studien nur erklären können, wie stark der IQ-Wert[236] eines Individuums um den Mittelwert der Gruppe

---

[232] Vgl. Fischbach, K.-F., Niggeschmidt, M. (20.16).

[233] Vgl. Flynn, J. (1987), S. 171 ff.

[234] Durch die Digital- Ökonomie werden allerdings sozialisationsbedingte Kulturtechniken wie Konzentrationsvermögen sowie die Befähigung zur zeitraubenden Analyse komplexer Sachverhalte reduziert.

[235] Vgl. Teasdale, T.W., Owen, D.R. (2005), S. 837 ff.

[236] Kognitive Fähigkeiten werden im Rahmen der ‚Psychometrie' durch den sog. ‚Intelligenzquotienten' (IQ) ‚gemessen', der nicht identisch mit der Intelligenz einer Person ist, diese jedoch indirekt repräsentiert. 1905 wurde von Alfred Binet und Theorore Simon ein Verfahren zur bestimmung des Intelligenzalters von Jugendlichen entwickelt; dieses setzte William Stern in Relation zum Lebensalter als sog. Intelligenzquotienten, so dass das intellektuelle Leistungsvermögen (Sprachverständnis, logisches Denken, räumliche Vorstellungskraft, Gedächtnis, Verarbeitungsgeschwindigkeit etc.) gemessen werden soll – wissenschaftlich wird jedoch häufig bezweifelt, dass die Intelligenz an sich gemessen wird, sondern vielmehr nur die Bearbeitungsfähigkeit definierter Aufgabentypen.

streut.

Empirisch bestätigt wurde, dass durch Sozialisationsprozesse während der Kindheit spezifische Gene aktiviert oder stillgelegt werden. Letztlich definiert somit nicht das von den Eltern übernommene Genom[237] die Intelligenz, sondern die Sozialisationsprozesse seitens des Elternhauses, deren Erziehung sowie das soziale Umfeldes. Diese wird somit vor allem durch Kultur, Erziehung und Bildung als sozialisationsbedingte Umweltbedingungen geprägt. Das Genom ist somit für die Intelligenz eine notwendige, nicht jedoch hinreichende Bedingung. Der genetisch bedingte Anteil an der Intelligenz determiniert vor allem die Grundkapazität für kognitive Basisleistungen, beispielsweise abstraktes, logisches Denkvermögen, Arbeitsgedächtnis, räumliche Vorstellungskraft (räumliches Denken) sowie verbale Begabung respektive Befähigung.

Genetische Strukturen enthalten Informationen darüber, welche ihrer Gene die Zellen des Organismus besonders gut nutzen können und welche nicht oder weniger gut. Individuelle, nicht-genetische Erfahrungen wie traumatische Erlebnisse, Fehlernährungen, Vergiftungen oder Anpassungen an Hitzeperioden werden hierdurch auf außergenetischen Wege durch zellulare, metabolische sowie physiologische Effekte weiter vererbt und beeinflussen somit ebenfalls die Intelligenz. In letzter Konsequenz impliziert dieser Sachverhalt, dass auch derartige Effekte kurz vor der Zeugung die Intelligenz und Entwicklung sowie Gesundheit des zukünftigen Lebewesens determinieren.[238] Beispielhaft sei hier nur die Kurzsichtigkeit (Myopsie) angeführt: Zu wenig Tageslicht als auch das ständige Lesen von Bildschirminhalten auf Smartphone, Tablet et cetera führt zu epigenetischen Veränderungen, so dass gemäß vorsichtiger Schätzungen die Zahl der Kurzsichtigen von zwei Milliarden im Jahr 2020 auf circa fünf Milliarden weltweit ansteigen wird. Derartige Mutationen, Veränderungen sowie physiologische Beeinflussungen definieren oder determinieren zwangsläufig auch die Neuronen, so dass das Gehirn ein genetischer Flickenteppich ist, ein vom Zufall erzeugtes genetisches Mosaik vieler Neuronen.[239] Ihre epigenetische

---

[237] Die Abfolge der organischen Basen Adenin, Thymin, Guanin und Cytosin.

[238] Im Sinne einer präkonzeptionellen Gesundheit.

[239] Dies gilt analog auch für das Genom des Menschen, das aus ca. 20.000 verschiedenen Genen besteht- viele Funktionen benötigen das Zusammenwirken mehrerer Gene (sog. Redundanzen); von jedem dritten Gen kennt die Wissenschaft derzeit nicht die exakte Funktion. In den menschlichen Zellen befinden sich viele Erbanlagen, die keine ‚Funktion' mehr haben – dieser ‚Ballast' hat sich im Laufe der Evolution angesammelt, da einzelne ‚

Ausprägung respektive die Veränderung der genetischen Veranlagung wird durch den Sozialisationsprozess vor allem in den ersten Lebensjahren determiniert. Allerdings werden diese ‚Lernerfolge' auch durch biologische Persönlichkeitsmerkmale, wie Zuverlässigkeit, Konzentrationsfähigkeit, Lernintensität und –ausdauer, geistiges Aktivitätspotenzial und dergleichen, mit beeinflusst. Letztere unterliegen einer gegenseitigen Interdependenz, jedoch bedingt auch einem genetischen Einfluss hinsichtlich ihrer Ausprägung. Rund vierzig Prozent der Nervenzellen in einem gesunden Großhirn sind somit ‚abnormal', da jedes einzelne Neuron bis zu 1.500 unterschiedliche Mutationen besitzt.[240] Hieraus kann gefolgert werden, dass die Grundstruktur der Intelligenz zu weniger als fünfzig Prozent durch das Genom bei der Zeugung determiniert wird, da ihre Ausprägung biologisch sowie epigenetisch, beispielweise durch die evolutionäre und individuelle Sozialisation, Umwelteinflüsse et cetera, bestimmt wird. Verhaltensgenetiker unterstellen daher mittlerweile, dass sich Gene und Umwelt gegenseitig derart komplex beeinflussen, so dass die alte Frage ‚nature or nurture' neu definiert werden muss im Sinne eines ‚nature via nurture'.[241] Empirische Untersuchungen der Forschergruppe um Matthew[242] zeigten, dass soziales Verhalten überwiegend durch die Summe an Erfahrungen, Kontextbedingungen, Moralvorstellungen sowie den Wechselwirkungen der individuellen Sozialisation mit dem Umfeld gesteuert wird. I. Dar-Nimrod und S.J. Heine bezeichnen daher auch die genetische Fokussierung als ‚genetischen Essentialismus'.[243] Andre Reis ist daher davon überzeugt, dass Gentests zur Ermittlung der Intelligenz die Qualität eines Horoskops besitzen.[244]

Der Mensch unterscheidet sich von anderen Gattungen beziehungsweise den Primaten vor allem einerseits durch die Sprachfähigkeit sowie andererseits durch die Fähigkeit, in sozialen Gruppen ohne egoistische Zielsetzungen auf der

---

früher wichtige Funktionen durch Mutation unbrauchbar oder durch die veränderten Lebensbedingungen nutzlos geworden sind.

[240] Vgl. Lodato, M.A. et al (2015), S. 94 ff ; diese genetischen Mosaike im Gehirn determinieren quasi den Unterschied zwischen ‚krank' und ‚gesund', da sie sich im reifenden Hirn erst nach der Zeugung bilden.

[241] Vgl. Stern, E., Neubauer, A. (2013).

[242] Vgl. Lebowitz, M. S., Ahn, W. (2018), S. 204 ff.

[243] Vgl. Dar-Nimrod, I., Heine, S.J. (2011), S. 800 ff.

[244] Vgl. Eberlein, K. (2016).

Basis von Gleichheit und Gerechtigkeit[245] zu kooperieren, die Absichten anderer zu erkennen, diese miteinander zu teilen und aufeinander abzustimmen.[246] Empirische Untersuchungen von Robin Dunbar haben allerdings ergeben, dass der Neokortex Grenzen für die Anzahl derjenigen setzt, mit denen ein Individuum soziale Kontakte pflegen kann.[247]

Diese Motivation zur **sozialen Kooperation** als einer wesentlichen Grundlage des ‚homo sapiens‘ basiert auf dem Willen hierzu, auf der Fähigkeit zur Konzentration auf ein gemeinsames Ziel sowie dem Erreichen dieses Zieles durch Arbeitsteilung. Eine wesentliche Grundlage hierfür ist das **Vertrauen.** Dieses ‚Schmiermittel sozialer Systeme‘[248] respektive ‚soziale Kapital‘[249] beruht auf dem Glauben an die Lauterkeit sowie der Wohlgesonnenheit des Gegenüber[250] und repräsentiert dadurch eine ‚Hypothese des zukünftigen Verhaltens, die sicher genug ist, um praktisches Handeln darauf zu gründen‘.[251] Es ist somit die Grundlage für jede soziale Beziehung und Kooperation, die der Mensch gemäß Aristoteles als ‚zoon politikon‘ und somit als gemeinschaftsbildendes und Gemeinschaft suchendes Wesen benötigt. Vertrauen reduziert des Weiteren die Komplexität des normalen Lebens und somit auch die Angst vor dem Kontrollverlust. Persönliche Entscheidungen basieren bekanntlich auf einem komplexen System intrapersoneller Erwartungen, Vorstellungen sowie den sozialisationsbedingten und somit individuellen Bezugsrahmen. Wird das per se fragile Vertrauen zerstört, kann durch das dadurch entstehende Misstrauen bald alles in Frage gestellt werden. Des Weiteren benötigt auch eine Kontrollfunktion Vertrauen in Verbindung mit Wissen. Eine Reduzierung dieser Funktion kann zur Entstehung von Psychosen führen. Vertrauen steht hierdurch im Spannungsfeld von Nützlichkeit sowie Liebe und fokussiert gemäß Kant nicht auf den wechselseitigen Vorteil. Trotz negativer Erfahrungen besitzt das Vertrauen eine relativ hohe Resilienz. Es lässt sich daher auch nicht ‚ökonomisieren‘

---

[245] Auch als soziale Intelligenz bezeichne

[246] Vgl. Tomasello, M. (2009

[247] Die sog. ‚Dunbar-Zahl‘ von 150 sozialen Kontakten gilt auch für soziale Netzwerke. Vgl. Dunbar, R. (1998), S. 178 ff.

[248] Vgl. Fehr, E., Schmidt, M. (1999), S. 817 ff sowie Arrow, K. (1963).

[249] Pierre Bourdieu bezeichnete Vertrauen als soziales Kapital, für das man Aufwand betreiben müsse. Vgl. Bourdieu, P. et al. (Hrsg., 1997.)

[250] Vgl. Luhmann, N. (1968).

[251] Vgl. Simmel, G. (1908).

respektive auf mathematischen ,Kosten-Nutzen–Relationen' reduzieren. Im Gegensatz hierzu erfordert das Misstrauen auf Grund der notwendigen Kontrollfunktion einen höheren Ressourcenverbrauch an Energie, Zeit und Geld. Echtes Vertrauen ist somit quasi eine riskante Vorleistung vor dem Hintergrund der potenziellen Enttäuschung. Letztere beinhaltet zwei Facetten: Die Enttäuschung über sich selbst auf Grund der ,Fehlentscheidung', vertraut zu haben, als auch die Enttäuschung über das ,Fehlverhalten' des Anderen. Der Wahlakt zwischen Vertrauen und Nichtvertrauen setzt allerdings auch Vertrauen voraus. Gemäß Aristoteles und Cicero generiert Vertrauen daher Zufriedenheit, da es nicht aus Schwäche und Vorteilsbedürftigkeit heraus entsteht, sondern vielmehr auf Selbstbewusstsein und innerer Stärke basiert. Bei gegenseitigem Vertrauen wird offener, ehrlicher und konstruktiver argumentiert und somit eine höhere Kooperationsfähigkeit innerhalb einer bilateralen oder multilateralen Gruppe ermöglicht. Gleichzeitig verstärkt diese vertrauensvolle Kooperation jedoch auch die Aggression gegenüber konkurrierenden Gruppen und verschärft somit die Konkurrenzsituation. Eine wesentliche Rolle beim Vertrauen soll angeblich aufgrund der Studie von Fehr[252] das Neuropeptid ,Oxytocin' besitzen[253], das bei positiv empfundenen menschlichen Kontakten ausgeschüttet wird. Es dockt in der Amygdala als Teil des limbischen Systems an. Dieses ,Bindungshormon' wirkt auf das ,emotionale Gehirn' im limbischen System, indem es beispielsweise Stress durch die Dämpfung der Aktivitäten der Amygdala reduziert, das Belohnungssystem aktiviert und dadurch die Aufmerksamkeit für soziale Reize verstärkt. Somit dient es hierdurch auch zum besseren Verstehen der Gesichtsmimik des anderen und steuert somit soziales Erleben. Als Korrektiv für emotionale Reaktionen aus Wut oder Angst verstärkt es das rationale Handeln und sanktioniert somit unfaires Verhalten auf der Grundlage eines abgewogenen kognitiven Urteils. Hierdurch werden übergeordnete Gruppeninteressen wie beispielsweise Fairness verstärkt. Diese Fokussierung auf soziale Gruppeninteressen erhöht allerdings auch die Aggressionsbereitschaft gegenüber dem Fremden, so beispielsweise in Echoräumen[254]. Allerdings hat die von Fehr

---

[252] Vgl. Glimcher, P.W. et al (Hrsg., 2008).

[253] Griechisch: okys tokos (schnelle Geburt); chemisch: $C_{43}H_{66}N_{12}O_{12}S_2$. Derzeit wird es bei psychischen Kontaktstörungen (Legasthenie, Sozialphobiker) im Rahmen der sozialen Psychopharmakologie eingesetzt.

[254] Vgl. die Ausführungen in Abschnitt 4.3.3.

kürzlich vorgenommene Replikationsstudie gezeigt, dass es kein ‚Vertrauens-
hormon' gibt. Entscheidend für kooperatives Verhalten ist vielmehr die sogenannte ‚**Vertrauensdisposition**' des Menschen. Bei einem höheren Misstrauen
und somit geringerem Vertrauen wirkt das Oxytocin, nicht jedoch bei Menschen
mit einem ausgeprägten Vertrauen. Das Oxytocin generiert demnach aufgrund
der Komplexität des menschlichen Verhaltens nicht per se schon Vertrauen. Die
Vertrauensdisposition des Individuums wird vielmehr vor allem vom sozialen
Kontext, der subjektiven Sozialisation sowie der genetischen Sensitivität bestimmt. Des Weiteren entwickelt sich der für die Aufrechterhaltung von Beziehungen und Bindungen sowie Kooperationen relevante Gerechtigkeitssinn ungefähr seit dem sechsten Lebensjahr und wird somit neben den evolutionspsy-
chologischen Erfahrungen vor allem durch den individuellen Sozialisationsprozess geprägt. Gerechtigkeit wird somit im situativen Kontext von Zeit und Kultur
unterschiedlich empfunden und interpretiert. Zum Empfinden von Gerechtigkeit gehört unzweifelhaft auch ein maßvolles Rachegefühl. Letzteres hilft beispielsweise bei unfairen Verhaltensweisen des sozialen Partners, um die Gemeinschaft respektive das komplexe Sozialgefüge durch Freundschaften sowie
variable, strategische Allianzen zu erhalten.[255] Rache ist nur manchmal süß, da
eine als gerecht empfundene Bestrafung das Belohnungssystem im Gegensatz
zur atavistischen Lust an der Bestrafung anderer aktiviert[256].

Die Motivation zur sozialen Kooperation beruht des Weiteren auf **Empathie**, das heißt auf dem Empfinden für oder mit anderen:[257] Ich fühle das, was
ein anderer fühlt, erlebt, erleidet.[258] Vereinfacht ausgedrückt ist die Empathie
der höchste Wert der Kooperationstriade, beginnend mit Toleranz und Mitleid.
Empathie wird vor allem durch das implizite System ausgelöst und steht daher
häufig im Widerspruch zur Rationalität des expliziten, kognitiven Systems, da
letzteres vorwiegend auf Fakten, Daten, komplexen Details sowie ideologie-
freien Feststellungen basiert. Die Intensität von Gefühlen und somit auch der
Empathie wird im Verlauf des Sozialisationsprozesses durch Neuronenketten
generiert und somit im Gehirn wie Sprache, Denken oder Wahrnehmung

---

[255] Vgl. Mendes, N. et al (2018), S 45 ff.
[256] Vgl. Sapolsky, R. M. (2017).
[257] Vgl. die Ausführungen über Spiegelneuronen in Abschnitt 1.2.
[258] Von Erich Fromm sowie E.O: Wilson als Biophilie, als angeborenen emotionale Bindung
des Menschen zu anderen (lebenden) Organismen bezeichnet.

strukturell in verschiedenen Arealen des vorderen und seitlichen Kortex angelegt. Je stärker die Ausprägung dieser neuronalen Netzwerke sind, desto größer
ist das Mitgefühl mit anderen sowie das Vertrauen zu anderen auf der Grundlage eines entwickelten Sozialverhaltens – der Mensch wird ‚prosozialer'.[259]
Die Untersuchungen von K. Erikson im Rahmen der Auswertung diesbezüglicher
Langzeitstudien ergaben korrelativ, dass beispielsweise Egoisten langfristig weniger Geld verdienen und weniger Kinder haben als sozial orientierte Menschen.[260] Analytisch lassen diese Korrelationen einerseits den Schluss zu, dass
empathische Menschen bessere Beziehungen führen als Egoisten und somit
eine höhere Fertilitätsquote intendieren. Zum anderen ist unsere Gesellschaft
in hohem Maße arbeitsteilig und somit teamorientiert. Da Egoisten diese Team-
befähigung nicht besitzen, werden sie von den anderen Gruppenmitgliedern
ausgeschlossen, so dass sie zwangsläufig auch weniger Geld verdienen würden.
Empathie repräsentiert somit einen evolutionären Vorteil. Diesem Grundver-
ständnis von Empathie liegt die Auffassung zugrunde, dass Empathie per se
nicht erfolgsorientiert ist, im Zweifelsfall sogar zur Ausbeutung des empathischen Menschen führen kann. Demnach motiviert sie dazu, dem anderen Menschen uneigennützig zu helfen - allerdings nur demjenigen, der mir ähnlich ist,
der identische Erfahrungen gemacht hat. Jennifer Lerner und Christine Ma-Kellaner zeigten diesbezüglich in empirischen Untersuchungen, dass der Grad der
Empathie, das heißt das Ausmaß des Einfühlungsvermögens gegenüber Dritten,
dann gesteigert wird, wenn der Mensch sich gründliche Gedanken über diesen
Dritten macht[261] und nicht ausschließlich intuitiv handelt und somit das explizite
System im Rahmen einer systematischen sowie analytischen Vorgehensweise
einsetzt.[262] Empathie als der soziale Kitt, der eine Gemeinschaft zusammenhält,
macht allerdings wie die vertrauensvolle Kooperation auch parteiisch, im

---

[259] Empirische Untersuchungen bestätigen, dass dieses Sozialverhalten trainiert werden
kann, bspw. auch durch Mediation. Vgl. Böckler, A. et al. (2016), S. 530 ff.
[260] Vgl. Erikson, K. (2017), S. 267 ff.
[261] Dieses ‚Hineinversetzen in den anderen' steht im Fokus der ‚Theory of mind'.
[262] Vgl. Lerner, J., Ma-Kellaner, C. (2016); allerdings ist dies auch von der realen Situation
abhängig: Sind die Risiken bekannt und können (fast) alle Wahrscheinlichkeiten kalkuliert
werden, so ist rationales, kognitives Abwägen besser- bei Unsicherheit und Ungewissheit
hinsichtlich der Risiken ist Intuition besser (vgl. hierzu auch Gigerenzer, G. (2007).

Gegensatz zum Mitgefühl.[263]

Empathie, verstanden als ‚Verstehen ohne sofort zu bewerten', kann allerdings nur derjenige empfinden, der selber Schmerzen, Freude et cetera empfinden kann. Dieses ‚Verständnis für andere' impliziert jedoch nicht per se ein ‚besseres Verhalten' gegenüber den Mitmenschen, sondern führt häufig zu deren Manipulation, um egoistisch auf Grund einer Selbstbestätigung ‚mit ihnen mitfühlen', sich mit ‚Heldentaten' identifizieren zu können, beispielsweise bei Flüchtlingshelfern oder Helikoptereltern.[264] Letztere kontrollieren beispielsweise umfassend ihre Kinder und greifen bei jedem kleinen, scheinbaren Problem sofort und direkt mit Anweisungen oder Vorgaben ein. Eine empirische Langzeituntersuchung von Nicole Perry zeigte, dass deren Kinder durch diese überbordende Fürsorglichkeit verminderte Fähigkeiten zur Selbstregulierung von Emotionen sowie Impulsen als auch autonomen Handeln besitzen.[265] Des Weiteren resignieren sie sehr schnell bei der Lösung von Problemsituationen sowie Erfolglosigkeit, da sie keine eigenen Bewältigungsstrategien entwickeln können. Diese Strategieunfähigkeit gilt analog auch für den Umgang mit Frust, Neid und Furcht sowie das Teilen von Dingen mit anderen. Hieraus resultieren dann letztlich auffälliges Verhalten, die Unfähigkeit zum Eingehen von sozialen Beziehungen sowie eine schlechtere Integrationsfähigkeit und somit generell eine geringere physiologische und psychologische Gesundheit. Im Umkehrschluss könnten diese empirischen Ergebnisse allerdings implizieren, dass Empathie nur ein zielorientiertes, individuelles Kalkül zur Erreichung eigentlich egoistischer Ziele wäre. Empathie gegenüber Dritten oder für etwas wäre demnach nur ein kurzfristiges Phänomen, das langfristig oder auf Dauer zu einer Belastung werden würde. Im Extrem sind demnach Empathie sowie das dahinterstehende Kalkül des zielorientierten Gebens asymmetrisch[266], während beispielsweise Solidarität oder Mitgefühl symmetrisch sind, da diese auf einem anderen Selbstverständnis der wechselseitigen Hilfe auf der Grundlage eines kollektiven Denkens in Kombination mit einem Anrecht auf Unterstützung

---

[263] Mitgefühl bedeutet, ich kümmere mich um den anderen, sorge für ihn (Altruismus); es ist allerdings ein ‚rationaler' Vorgang, da der Mensch emotional einen spezifischen Abstand einnimmt, einen kognitiven ‚Zwischenschritt' einlegt.

[264] Vgl. Breithaupt, F. (2017).

[265] Vgl. Perry, N.B. et al (2018).

[266] Vgl. Bude, H. (2019).

basieren.[267] Demnach impliziert Empathie nicht per se Solidarität, da sie gemäß Heinz Bude ‚dialogisch' ist. Diese zum Bereich der Emotionsforschung zählende soziale Fähigkeit zur Empathie wird daher derzeit kontrovers zwischen den involvierten Neurobiologen, Psychologen und Sozialforschern diskutiert, thematisiert sowie problematisiert. Im Fokus steht hierbei unter anderem die Frage, ob jeder Mensch über genetisch bedingte Basisemotionen, beispielsweise Angst, Wut, Ekel, Freude, Kummer, verfügt – oder ob diese durch Sozialisation, Kultur sowie Sprache determiniert werden. Bestimmt somit das explizite System unsere Emotionen oder werden diese Verhaltensentscheidungen vom limbischen System beziehungsweise dem impliziten System getroffen? Im letzteren Fall hätten Verstand beziehungsweise Vernunft nur eine beratende Funktion, indem sie aufzeigen, welche Konsequenzen eine ähnlich gelagerte Handlung oder Entscheidung ausgelöst hat.[268] Letztendlich fokussiert diese Diskussion auf die ‚Henne-Ei-Frage': Helfen wir anderen, weil dies genetisch bedingt ist – oder helfen wir anderen, weil es uns ein ‚gutes Gefühl' gibt, unserem eigenem Ego schmeichelt. Allerdings haben Neurowissenschaftler um Claus Hamm empirisch aufgezeigt, dass als Placebo verabreichte Schmerzmittel einen geringeren Schmerz empfinden lassen, jedoch auch zu weniger Mitgefühl führen. Je unempfindlicher ein Mensch gegen Schmerz ist, desto geringer ist auch das Mitgefühl mit anderen. Demnach basiert das Mitgefühl auf den gleichen neuronalen Erregungsmustern sowie der Aktivierung derselben Neurotransmitter, auf denen auch die Erfahrung von Schmerz beziehungsweise Freude beruht. Nahezu identische Nervenbahnen im Insellappen (Cobus impularis) sowie dem Mandelkern des limbischen Systems sind sowohl an der eigenen physischen als auch der psychischen Schmerzwahrnehmung und somit auch am Mitgefühl für andere beteiligt. Demnach teilen sich körperlicher wie auch sozialer Schmerz gemeinsame Nervenbahnen und Signalwege.[269] Da konventionelle Analgetika wie beispielsweise Ibuprofen oder Paracetamol die jeweiligen neuronalen Aktivitäten sowie die Schmerzsignale bei physischen Schmerzen unterdrücken, dämpfen sie gleichzeitig auf Grund dieser neuronalen Nachbarschaft auch die

---

[267] Vgl. Rawls, J. (2006).

[268] Vgl. das sog. ‚Resonanzkonzept' von Hartmut Rosa- die Wahrnehmung der Beziehungen zum Kontext sowie die Antwort hierauf als auch die Einlassung auf die Spielregeln anderer erfolgt durch eine Verbindung von Emotion und Kognition. Vgl. Rosa, H. (2016).

[269] Vgl. Ratner, K. G. et al. (2018), S. 82 ff.

Gefühlsverarbeitung und somit das Mitgefühl für andere. Diese Reduzierung der Impulskontrolle impliziert zwangsläufig, dass der Mensch gleichgültiger, sozial unempfindlicher wird.

Diese vorstehenden Erkenntnisse auf Grund empirischer Befunde der Neurologie sowie Neuropsychologie sind relevant, um die Wirkungsweisen sowie Manipulationsmöglichkeiten sozialer Medien und Netzwerke beschreiben, analysieren und erklären zu können.

2.2 Das implizite (unbewusste) System

2.2.1 Interdependenzen zwischen dem expliziten sowie dem impliziten System

Grundsätzlich ‚denkt', respektive arbeitet das Gehirn ganzheitlich, das heißt in Kooperation des kognitiven (expliziten) mit dem intuitiven (impliziten) System. Aus Ressourcengründen delegiert das Gehirn allerdings sehr viele Informationsverarbeitungs- sowie Entscheidungsprozesse vom expliziten System (= Nachdenken) auf das implizite System (= Intuition). Analog zum artifiziellen Computer laufen beim intuitiven System ‚im Hintergrund', gewissermaßen ‚unter der Oberfläche' sehr viele nicht wahrnehmbare Prozesse und Mechanismen ab, die zum einen direkt die physiologischen Prozesse steuern und zum anderen indirekt unser Denken und Verhalten beeinflussen. Während das explizite (kognitive) System in der linken Gehirnhälfte verortet ist, befindet sich das implizite System im rechten Gehirnbereich. Sein Funktionieren ist komplex, integrativ, ganzheitlich sowie gefühlsbetont, da es auf Erfahrungen sowie konditionierten Verhaltensweisen basiert. Routinen oder Heuristiken sind somit implizite Verhaltensmuster, bei denen weniger das ‚Was' als vielmehr das ‚Warum' im Rahmen des jeweiligen Kontextes relevant wird. Heuristiken repräsentieren somit sozialisierte, teilweise ‚instinktive' Verhaltensweisen, die beim Auftreten spezifischer Kriterien und Kontextbedingungen das implizite System gewissermaßen in einen ‚Alarmmodus' versetzen.[270] Das menschliche Verhalten ist somit hochgradig habituiert, durch Gewohnheiten bestimmt.[271] Gewohnheiten sparen Ressourcen, Zeit und Planungsaufwand, so dass gewohnheitsmäßiges Handeln dadurch dem rational-logischen, kognitiven Verhalten in vielen Situationen überlegen ist. Da das implizite System schon nach wenigen Informationen Schlussfolgerungen über den gesamten Kontext trifft, besteht allerdings eine große Neigung respektive Tendenz zu Fehlurteilen, vor allem im Bereich der Selbsterkenntnis. Hierbei ist häufig auch der sogenannte ‚backlash-Effekt'

---

[270] Im Angelsächsischen auch als ‚bias' (kognitive Täuschung) bezeichnet. Vgl. die Ausführungen in Abschnitt 3.
[271] G.W. v. Leibniz stellte schon vor mehr als 300 Jahren fest, dass 75% der Menschen auf Grund des eigenen Erlebens (implizites System) ‚wie Tiere' entscheiden – nur 25% handeln a.G. der eigenen Vernunft.

festzustellen, das heißt die Rückbesinnung auf frühere Gewohnheiten und Zielsetzungen. Dies gilt analog auch für Rituale beziehungsweise ritualisierte Verhaltensweisen. Sie sind stereotype, hochrepetitive Aktivitäten respektive ‚Vor-
sichts- beziehungsweise Schutzmaßnahmen', die auf Grund des limbischen Systems mit Vorstellungen wie ‚Gefahr', ‚Schutz' und dergleichen verbunden sind.
Sind diese neuronalen Aktivitätsmuster jedoch aus neuro-genetischer Sicht
hoch sensitiv, so können sie pathologische Zwangsneurosen auslösen.

Wie deutlich wurde, ist das auf Gedächtnis, Erfahrungslernen sowie Interaktionen von Neuronen basierende komplexe System namens ‚Gehirn' bestrebt,
Prozesse und Abläufe (Informationsverarbeitungs- und Entscheidungsprozesse,
Verhaltensweisen et cetera) zu automatisieren, um die beschränkten Informationsverarbeitungskapazitäten sowie Energieressourcen durch das explizite
System so wenig wie möglich zu belasten. Diese Interdependenz zwischen dem
kognitiv- rationalen (expliziten) sowie dem intuitiven (impliziten) System kann
beispielhaft an der Indifferenz von Schmerz- und Lustgefühlen verdeutlicht werden. Die klassische Vorstellung des Schmerzempfindens beruhte lange auf den
mechanistischen Vorstellungen von Descartes: Wird irgendwo im Körper eine
Nervenfaser gereizt, so gelangt das Signal über eine Nervenbahn in das Gehirn,
wo der Schmerz ‚wie das Läuten einer Glocke' wahrgenommen wird (Klingel-
zugprinzip). In der neurobiologischen Realität ist die Wahrnehmung von
Schmerz wie auch Lust jedoch das Resultat eines komplexen Signalbewertungs-
prozesses durch das gesamte Gehirn (explizites **und** implizites System). Hierbei
senden die jeweiligen Schmerzrezeptoren unterschiedliche Signale im Rahmen
einer funktionellen Selektivität über differierende Übertragungswege zum Gehirn.[272] In deren Analyse gehen neben der Stärke und Lokalisation des Reizes
auch Emotionen, Erfahrungen (Schmerzgedächtnis), bewusste sowie unbewusste Gedanken, bewusste Reizinterpretationen (schmerzhaft, glücklich) als
auch sozio-kulturelle respektive gesellschaftliche Kontextbedingungen ein.
Lust- als auch Schmerzempfindungen sind somit das Resultat einer individuell-
mentalen Analyse sowie Bewertung und daher extrem subjektiv. Schmerz- als
auch Lustgenuss liegen somit gefühlsmäßig eng beieinander, da die individuell-
subjektive Bewertung darüber entscheidet, ob Endorphine oder Adrenalin ausgeschüttet werden. Entscheidend hierbei ist letztlich die negative oder positive

---

[272] Durch die Kenntnis dieser spezifischen Signalwege ist es zukünftig möglich, die Nebenwirkungen (z.B. Abhängigkeit, Depression) von Schmerzmitteln zu reduzieren.

Gesamtbilanz der involvierten Emotionen. Entscheidend für die Schmerzwahrnehmung sind demnach sowohl die Signalweiterleitung durch die Nervenbahnen als auch die Verarbeitung dieser Signale durch die neuronalen Netzwerke in den Schmerzzentren im vorderen frontalen Cortex (vorderer Stirnlappen). Wie bereits ausgeführt wurde, entwickelt das explizite System ständig Prognosen über die zukünftig eintreffenden Signale aus der Umwelt sowie aus dem eigenen Körper. Bei Schmerzsignalen werden diese Prognosen sowohl von Art und Intensität der Signale als auch von den damit verbundenen Erwartungen und Überzeugungen des Gehirns determiniert, so dass die Schmerzerwartung zwangsläufig auch die Schmerzwahrnehmung direkt beeinflusst.[273] Demnach kann ein von Lokalisation und Intensität identischer Reiz in Abhängigkeit von der subjektiven, individuellen Bewertung durch den Ausstoß der jeweiligen Botenstoffe[274] sowohl als Schmerz- wie auch als Lustgefühl definiert werden (beispielsweise der Gang über glühende Kohlen oder das Nagelbrett der Fakire et cetera). Lust- als auch Schmerzempfindungen[275] sind somit das Resultat einer individuellen mental-kognitiven Analyse sowie Bewertung durch neuronale Netzwerke im Präfrontalen Kortex und daher extrem subjektiv.

Grundlage für diese ‚neurobiologische' Sichtweise des Schmerz-/Lustgefühls waren die Untersuchungen von R. Melzack sowie P. Well[276], die 1965 ein ‚biopsychosoziales' Modell vorstellten, das populär als ‚Neuromatrix' bezeichnet wird. Demgemäß werden die Signalreize physiologisch vom ‚Hinterhorn' im Rückenmark zum Thalamus weitergeleitet. Von dort erreicht das Signal den sensorischen Cortex S1, der Ort und Intensität des Reizes registriert (sog. Novizeption).[277] Parallel dazu erhalten der Insuläre sowie der Anteriore cinguläre Cortex (ACC) diese Informationen und vergleichen diese mit Daten aus dem (Schmerz-

---

[273] Vgl. Tetreault et al (2016).

[274] Hierbei erhöht der Ausstoß der Signal- bzw. Botenstoffe Dopamin und Noradrenalin das Lustgefühl, während Serotonin Unlust bzw. Schmerzgefühle erzeugt.

[275] Allerdings verändert ein chronischer Schmerz im Gehirn die Fähigkeit, Glück zu empfinden und führt zur Erkrankung des Belohnungssystems. Vgl. Esch, T., von Hirschhausen, E. (2018).

[276] Vgl. Melzack, R., Well, P. (1965), S. 971 ff.

[277] Kommen allerdings keine oder zu wenige Informationen über die Nervenbahnen an, so ‚produziert' das Gehirn entweder durch eine Erhöhung der sensorischen Intensitätsschwelle oder aus seinem Gedächtnis heraus diese fehlenden Daten; im ersteren Fall führt dies häufig zu einer Überaktivität der relevanten Nervenzellen in den jeweils zuständigen Hirnbereichen (zB. bei Phantomschmerzen, Tinnitus etc.).

)Gedächtnis. Anschließend werden die Signal-/Reizinformationen zusammen mit den (Vor-)Bewertungen zum Präfrontalen Cortex (PFC) weitergeleitet und gelangen somit in das Bewusstsein. Dieses entscheidet über die Einstufung (gering bis sehr stark) und Kategorisierung (Lust, Lustschmerz, Schmerz) sowie über die zu ergreifende Reaktion. Hierbei wird das Aversionszentrum in der Insula aktiviert und löst beispielsweise evolutionäre Reaktionen wie Kampf oder Flucht aus. Bei existenziellem Schmerz schüttet die Nebennierenrinde im erhöhten Maß Cortisol aus. Dieser Cortisolschock impliziert häufig nicht- rationales Verhalten, da der Mensch durch die Ausschaltung der Kognition in Panik verfällt. Auf Grund der epigenetischen Struktur des Gehirnes kann sich dieses System der Relativierung von Kognition und Emotion im Lebensverlauf jedoch verändern.

2.2.2 Das implizite System als ‚Autopilot'

Aus den bisherigen Ausführungen wurde ersichtlich, dass das implizite System die im Laufe des **menschlichen Sozialisationsprozesses** gesammelten Erfahrungen, Wert-Urteile, Normen, Einstellungen sowie Annahmen berücksichtigt, die das Individuum ‚verinnerlicht' und somit gelernt hat. Es ist der Sitz der Matrix unserer individuellen, subjektiven (Vor-)Urteile, die als ‚Filter' unserer persönlichen Wahrnehmung bei der Beurteilung von Informationen und Daten im Hinblick auf unsere ‚Definition der Situation' respektive Auffassung wirken. Der anthropologische Hintergrund für dieses Verhalten ist das Verlangen nach der eigenen Bestätigung sowie die Verteidigung unserer ‚Gewissheiten', um nicht wahrnehmen und wahrhaben zu wollen, was nicht mit unserem ‚Weltbild' übereinstimmt. Das implizite System determiniert somit unsere Weltsicht und somit letztlich auch das, was wir wahrnehmen. Jene Überzeugungen, die unbewusst unser Verhalten determinieren, werden auch als **‚Mindless-Automaten'** bezeichnet. Hierbei handelt es sich um eine auch generationsübergreifende Weitergabe symbolisch gespeicherten Wissens (Informationen, soziale Regeln, Mythen und dergleichen), das im Rahmen individueller Erfahrungen und Lernprozesse revidiert beziehungsweise erweitert wird. Allerdings bestehen diesbezüglich in ethisch-moralischer Sicht ‚blinde Flecken', da beispielsweise moralische Typisierungen aufgrund von Gefühlen und Stereotypen eine wesentliche Rolle bei ‚Opfer-Täter-Einteilungen' trotz des vorhandenen Faktenwissens wirksam werden.[278]

Eine weitere wesentliche Funktion übernehmen hierbei verschiedene Effekte. So determiniert der **Priming-Effekt** das Verhalten, indem Worte und/oder Bilder spezifische Assoziationen an verinnerlichte frühere Erfahrungen hervorrufen.[279] Diese werden mit einem von Antonio Damasio so bezeichneten ‚somatischen Marker' versehen, die in ähnlichen Situationen abgerufen werden. Empirische Untersuchungen zeigten in diesem Zusammenhang, dass durch konservatives Denken die Amygdala, die als Epizentrum der menschlichen Empfindungen das Angstzentrum prägt, gestärkt wird. Liberales Denken dagegen prägt den Gyrus cinguli, da dieser Bereich für kognitive Entscheidungen sowie Beloh-

---

[278] Vgl. Reynolds, T. et al (2020) , S. 141 ff.
[279] Die dahinterstehende Grundidee ist, dass winzige, unterschwellige Reize das Verhalten beeinflussen.

nungen zuständig ist. Der **Mindfullness-Effekt** andererseits impliziert, sensibler gegenüber dem eigenen ,Bild von der Welt' zu werden, um das eigene ,Denken' realitätsnäher werden zu lassen. Dieses individualistische, subjektive Weltbild prägt unser Verhalten quasi wie ein Spiegel, da unsere Einstellung zum eigenen ,Ich' durch das Beobachten und Wahrnehmen der Reaktionen Dritter gespiegelt wird. Hierdurch werden sowohl unser eigenes Verhalten als auch die diesem zugrundeliegenden Auffassungen positiv reflektiert oder negiert. Bei eigener Unsicherheit wird unser Verhalten durch die Körpersprache sowie Mimik ,gespiegelt', so dass Dritte diese Unsicherheit wahrnehmen und reflektieren – dieses bestätigt dann wiederum die eigene Annahme der Unsicherheit. Beim **Reframing-Effekt** schließlich bemüht sich der Mensch, die Realität nicht durch die ,eigene Brille' zu sehen, sondern aus einem anderen Blickwinkel zu betrachten, um durch diesen kognitiven Vorgang zu alternativen Handlungsmöglichkeiten auf Grund dieser ,neuen Sicht' zu gelangen. Allerdings folgt der Mensch häufig aus Bequemlichkeitsgründen dem allgemeinen Komment seiner Umwelt und kopiert das Verhalten seines Umfeldes auf Grund der ,**sozialen Bewährtheit**'.[280] Überdies will er sich gegenüber seinem Umfeld positiv präsentieren (Statusgefühl, Angabe, Image) und adaptiert daher dessen momentanen Werte im Sinne einer Wertorientierung. Um Verhaltensveränderungen herbeizuführen, benötigt der Mensch daher spezifische Anstöße[281] beziehungsweise ,neue' Normen, Werte und Ansichten seines Umfeldes im Sinne ,neuer' Erkenntnisse.[282] Diese Anstöße können auch durch als glaubwürdig gesehene Institutionen oder Personen ausgelöst werden, so dass aus zynischer Sicht das ,**Nudging**' als liberaler Paternalismus und somit als schwächere Variante der ,Gehirnwäsche' gesehen werden kann. Unterschieden werden müssen hierbei zwei Formen im Rahmen der ausgeübten Beeinflussung der jeweiligen Entscheidungsfreiheit. Zum einen

---

[280] Diese Verhaltensweise hat ua bei Heuristiken einen erheblichen Einfluss. Vgl. die Ausführungen in Abschnitt 3.

[281] Vgl. Metzinger,Th. (2009); eine Variante hiervon ist der von R. Thaler sowie C. Sunstein entwickelte verhaltenswissenschaftliche ,Nudge-Ansatz' (,Stups' oder ,Schubs'), um das menschliche Verhalten auf vorhersagbare Weise ohne Ver- und Gebote sowie veränderte ökonomische Anreize indirekt zu beeinflussen. Vgl. Thaler, R.H., Sunstein, C.R. (2009), S. 420.

[282] Allerdings besitzt die postmoderne Gesellschaft kein relativ stabiles Kontinuum an Meinungen, Ansichten, Wertvorstellungen etc. mehr- letztere wechseln vielmehr häufig sprunghaft.

wird eine Verhaltensweise ohne Zwangsausübung nur nahegelegt.[283] In ande-ren Fällen wird eine Zwangssituation mit nur einer Handlungsalternative gene-riert, so dass die Entscheidungsfreiheit nicht gegeben ist.[284] Neuere empirische Untersuchungen zeigen allerdings, dass das Nudging als Folge einer Reaktanz zu überkompensierenden Gegenmaßnahmen seitens der Betroffenen als Retor-sionseffekt führt. Grundlage hierfür ist zum einen der sogenannte ‚Tom-Sawyer-Effekt', bei dem durch eine Umkehrung der Anreize das gegenteilige Verhalten impliziert wird.[285] Zum anderen bewirken im Rahmen des Sozialisati-onsprozesses verinnerlichte gesellschaftliche und soziale Normen, Regeln sowie Anschauungen und Überzeugungen die Genese definierter sowie fester Präfe-renzen. Da der Mensch ein sozial lernendes Wesen ist, hat er die Erfahrung ge-macht, dass ein Leben gegen soziale Normen anstrengend und belastend ist. Am Beispiel der ökologischen Bewegung sowie der Klimaproblematik zeigt sich allerdings auch, dass derartige Werteveränderungen häufig erratisch sind, da sie kaum wahrnehmbar beginnen und dann unerwartet exponentiell, nicht li-near beschleunigen.

So, wie sich im Rahmen der stammesgeschichtlichen Evolution der Mensch durch den Kontakt mit der Umwelt Körperbau, geistige Fähigkeiten sowie eine Kultur entwickelt hat, so verändert das Individuum durch den Kontakt mit seiner spezifischen, subjektiven Umwelt im Verlaufe eines kognitiven Prozesses seine Anschauungen, Zielsetzungen, Werte und damit sein Verhalten.

Die aus dem Sozialisationsprozess resultierenden Erfahrungen, Werte, Nor-men und Anschauungen determinieren demzufolge ‚implizite' (abgeleitete) Ent-scheidungsprozesse, die sich mittels ‚routinehafter' Verhaltensweisen definie-ren. Hierbei decodiert beziehungsweise bewertet das implizite System auf der Basis von ‚Mustererkennungen'[286] ‚intuitiv' innerhalb von Sekundenbruchtei-len die aufgenommenen Signale, Reize respektive Informationen vor dem Hin-tergrund des ihm vorliegenden individuellen Referenzrahmens und trifft eine Entscheidung über deren Inhalt und Gehalt. So vergleicht es beispielsweise beim Lesen einer Aussage (circa vier Sekunden) schon nach einer Sekunde im

---

[283] Bspw. Empfehlungen über gesündere Ernährung.
[284] Z.B. das ausschließliche Angebot vegetarischer Speisen in Kantinen.
[285] Vgl. Ariely, D. et al (2006), S. 1 ff.
[286] Vgl. die analoge Vorgehensweise im Bereich des ‚maschinellen Lernens' der Künstlichen Intelligenz – Abschnitt 4.1.1.1.

Rahmen des Inferenzmechanismus den Inhalt der Aussage intuitiv mit dem gespeicherten Wissen und akzeptiert oder verwirft respektive negiert diese Aussage – bevor letztere vollständig ‚gelesen‘ beziehungsweise erfasst wurde. Hierbei erfolgt das Lesen von Wörtern sowie deren semantische Interpretation
‚bildhaft‘, indem neuronale Netze in der linken Seite des visuellen Kortex im Gehirn analog zur ‚Schwarmintelligenz‘ intuitiv die Bedeutung eines Wortes wesentlich schneller ‚erkennen‘, als es das explizite Gehirn kognitiv vermag - quasi
wie bei einem visuellen Wörterbuch. Im Gehirn existiert daher grundsätzlich
ein sogenanntes ‚Bereitschaftspotenzial‘ (hot-stand by). Ansonsten wären die
sehr kurzen Zeitspannen für die Signalaufnahme und -verarbeitung mit an-
schließender Bedeutungsinterpretation sowie der hieraus abgeleiteten Reaktion nicht möglich.

Physiologisch läuft der biochemisch- elektrische Signalverarbeitungsprozess
im Rahmen einer dreistufigen hierarchischen Struktur ab: Von der sensorischen
Peripherie gelangen Signale, Reize et cetera in das ‚**Ultrazeitgedächtnis**‘, dem
sensorischen Gedächtnis mit einer Verarbeitungszeit von wenigen Millisekunden sowie einer Speicherungszeit von vier bis zehn Sekunden. Auf dieser Stufe
werden circa siebenundneunzig Prozent der aufgenommenen Signale respektive Informationen als momentan respektive situativ irrelevant ausgesondert.[287] Die verbliebenen drei Prozent werden dann an das **Kurzzeitgedächtnis**,
dem Arbeitsspeicher, weitergeleitet.

Dieser sogenannte ‚Informationsmanager‘ verarbeitet diese Impulse und
speichert sie bis zu zwanzig Minuten.[288] Nur die wichtigsten Informationen werden anschließend von dem Kurzzeitgedächtnis an das **Langzeitgedächtnis** weitergeleitet und dort gespeichert.[289] Durch die bereits erwähnte Konsolidierung
des Langzeitgedächtnisses, das heißt der nachhaltigen Speicherung von Erfahrungen ‚Werten et cetera, verlagert sich allerdings im Laufe von mehreren Jahren der ‚Speicherort‘ vom Hippocampus in jene Hirnregionen, die ursprünglich

---

[287] Die diskutierte Funktion des ‚Vergessens‘ (s. Abschnitt 2.1) zeigt sich somit indirekt
auch im Ultrakurzzeitgedächtnis: Visuelle Eindrücke speichert es nur für Sekundenbruch-
teile, akustische für wenige Sekunden.

[288] Das Kurzzeitgedächtnis entwickelt sich bereits im Mutterleib- so können sich 30 Wochen alte Ungeborene (Föten) bereits spezifische Sinneseindrücke bzw. Ereignisse minu-
tenlang merken.

[289] Die Speicherung im Langzeitgedächtnis bewirken spezifische Eiweiße, sog. Gedächt-
nisproteine.

an ihrer Wahrnehmung beteiligt waren, beispielsweise denen der Sinnesorgane.[290]

Beachtet werden muss hierbei allerdings, dass im Langzeitgedächtnis nicht analog zur Festplatte eines Computers ausschließlich Fakten beziehungsweise Daten gespeichert werden, sondern immer **Fakten in Verbindung mit ‚Geschichten'** beziehungsweise **Schlüsselreizen**. Das ‚Aufrufen' dieser assoziierten Narrative oder Schlüsselreize führt zur Erinnerung [291] an die damit verbundenen Fakten beziehungsweise Daten[292] und ruft somit die gespeicherten Informationen wieder ab.[293] Wesentlich ist die emotionale Bedeutung der Information, da die damit verbundenen **Narrative** bedeutungs- und wirkungsvoller als Daten, Statistiken oder wissenschaftliche Studien sind.[294] Der emotionale Kontext wie beispielsweise Angst, Unsicherheit und Stress dominiert somit über das Faktische. Umgekehrt überwiegen rationale Kriterien bei emotionslosen Entscheidungen sowie bei der Beurteilung der Entscheidungen Dritter. Bekanntlich sind daher auch Diagramme und Bilder einer numerischen Informationsaufnahme und -speicherung wesentlich überlegen, da Bilder Geschichten transportieren, Zahlen nicht. Faktische Informationen ohne die Assoziation mit Geschichten werden vom Gehirn relativ häufig schon im Kurzzeitgedächtnis wieder gelöscht, jedoch spätestens im Langzeitgedächtnis dann, wenn keine ‚passende Geschichte', die wiederholt (erzählt) werden kann, das neuronale Muster prägt. Das tradierte Lernen im Sinne des ‚Pauken von Daten beziehungsweise Begriffen' kommt daher häufig über die Speicherung im Kurzzeitgedächtnis nicht hinaus. Des Weiteren erzählen ältere, demenzkranke Menschen daher immer

---

[290] Kinder sind bereits von Geburt an mit Wissen über Naturgesetze (sog. core knowledge) ausgestattet und besitzen einen natürlichen Wissensdrang, der Lernen erst ermöglicht - sie sind im Gegensatz zur empiristischen Weltsicht von John Locke kein ‚unbeschriebenes Blatt Papier'.

[291] Erinnerung ist immer aggregiert mit Unsicherheit und Obskurität- ein Konstrukt, das vom gesellschaftlichen Umfeld sowie persönlichen Befindlichkeiten geprägt wird – quasi ein ‚Auftragswerk', das unser Gehirn nach unseren Wünschen, Sehnsüchten und Traumata gestaltet; die ‚hässliche' Schwester der Erinnerung ist die Vergesslichkeit.

[292] Vgl. Schank, R.C., Abelson,R.P. (1977); Thaler, R.H., Sunstein, C.R. (2009); viele Menschen hören die Musik ihrer Jugendzeit am liebsten, da sie diese Musik mit inneren Bildern und Gefühlen, den Emotionen dieser Zeit (Liebe, Trauer etc.) verbinden.

[293] Beispielsweise die PIN im Anblick des Geldautomaten oder der Geruch in Verbindung mit einer spezifischen Mahlzeit.

[294] Vgl. die Metastudie von Freling, T. et al. (2020), S. 51 ff.

wieder die gleichen Geschichten aus ihrer Vergangenheit. Die neuen Erinnerungen gelangen gar nicht erst in das Langzeitgedächtnis oder werden vom Gehirn gelöscht, da ‚ihre Geschichten' nicht häufig genug wiederholt werden. Empirische Untersuchungen in jüngster Zeit zeigten des Weiteren, dass der Speicherungsvorgang auch durch den Spiegel des Körperhormons Östrogen beeinflusst wird, da ein niedriger Östrogenspiegel die Ausgewogenheit der Botenstoffe Dopamin, Serotonin und GABA beeinflusst.[295] Eine Unausgewogenheit kann zu Gemütsschwankungen und somit zu einer Beeinträchtigung der kognitiven Gedächtnisfunktionen führen.[296]

Das ‚Langzeitgedächtnis' ist des Weiteren keine einheitlich strukturierte und lokalisierte ‚Festplatte', da die interpretierten Signale sowie die jeweiligen Reaktionen vielmehr dreifach codiert und an verschiedenen Orten in Form neuronaler Aktivitätsmuster abgespeichert werden. Die Hirnforschung differenziert hierbei zwischen dem **sensorischen**, dem semantischen und dem episodenhaften Gedächtnis. Im ersteren Bereich werden die mit dem Signal assoziierten Farben, Formen und Geräusche[297] gespeichert. Im **semantischen Gedächtnis** werden assoziierte Gesichter, Protagonisten sowie Markensymbole abgelegt, während im **episodenhaften Gedächtnis[298]** damit verbundene Geschichten, Narrative, Archetypen, Episoden und dergleichen gespeichert werden. Milch wird beispielsweise in der abendländischen Kultur demnach mit der Farbe „weiß"

---

[295] Dopamin- Zellen reagieren häufig dann mit der Ausschüttung von Dopamin, wenn Belohnungen erwartet werden oder eingetreten sind; hierdurch werden zwangsläufig Lernprozesse beeinflusst – allerdings auch die Drogensucht.

[296] Frauen verfügen daher bis zur Menopause über ein besseres Gedächtnis, da bei ihnen der Östrogenspiegel aus biologischen Gründen höher ist.

[297] Das Gehirn verarbeitet Töne, Klänge und Geräusche unterschiedlich. Töne resp. ‚Tongemische' werden von der Ohrmuschel über Trommelfell, Gehörschnecke etc. in die Hörschnecke (Cochlea) transportiert. Diese verarbeitet am Eingang die Schallwellen mit hohen Frequenzen in kleinen ‚Paketen' von jeweils 20- 50 Millisekunden, niedrige Frequenzen werden weitergeleitet. Die Haarzellen wandeln anschließend diese Frequenzen in elektrische Signale um, die über die Hörnerven zum auditiven Cortex (im Temporallappen) weitergeleitet werden. Hierbei implizieren neuronale Oszillationen (der Rhythmus, in dem sich die elektrische Spannung bei den Nervenzellen verändert), dass verschiedene Gruppen von Nervenzellen mit gleicher Periodizität in verschiedenen Gehirnarealen ‚gleich schwingen',so dass das Gehirn erkennt, welche Signale (Informationen) zu einem Kontext gehören.

[298] Durch Linda Buck sowie Richard Axel 1991 erstmals wissenschaftlich nachgewiesen. Vgl. Buck, L., Axel, R. (1991), S. 175 ff.

(sensorisches Gedächtnis), dem Gesicht „Mutter" (semantisches Gedächtnis) sowie dem Gefühl der „Sättigung, Befriedigung" (episodisches Gedächtnis) gespeichert. Die aus der Musik her bekannten sogenannten ‚Ohrwürmer' besitzen demnach häufig eine von den Kinderliedern (sensorisches Gedächtnis) vertraute melodische Struktur respektive ‚neuronale Oszillation' (semantisches Gedächtnis) und werden häufig wiederholt (episodisches Gedächtnis).[299] Hierbei macht sich zusätzlich der sogenannte ‚reminiscence bump' als ‚Erinnerungshügel' bemerkbar, der dazu führt, dass die Musik der Jugendzeit am längsten im Gedächtnis verbleibt. Dieses im prä/supplementär–motorischen Areal lokalisierte Gedächtnis verknüpft Emotionen mit Erinnerungen. Eine der Ursachen hierfür begründet sich darin, dass in der Jugend aufgrund der pubertär bedingten erheblichen Veränderung der Synapsenzahl in Verbindung mit hormonellen Veränderungen erstmalig eine bewusste Wahrnehmung von Informationen sowie deren Speicherung erfolgt. Auf diesen gespeicherten Erinnerungen und Erfahrungen basiert letztlich auch die in späteren Jahren erfolgende Ausbildung der eigenen Identität sowie Biographie.

Da das Gehirn ein dynamisches, komplexes soziales System ist, funktioniert das menschliche Langzeitgedächtnis somit nicht ‚mathematisch-methodengesteuert' wie sein artifizielles Pendant, die Festplatte in einem Computer. Auch der Informationsverarbeitungs- und -rückgewinnungsprozess des menschlichen Gedächtnisses wird durch Imprints[300], dem Motiv-Determinismus sowie genetischen Strukturen gesteuert beziehungsweise beeinflusst. Hierbei spielt auch die ‚Langeweile' als ‚Default Mode Network' eine relevante Rolle: Verstärkt durch das exekutive Kontrollnetzwerk produziert es bei Langeweile spontan abschweifende Gedanken als reaktivierte Gedächtnisinhalte. Diese im Verlaufe der Evolution entwickelten Mechanismen haben auch eine Schutzfunktion, damit der Mensch nicht zu häufig intensiven **kognitiven Dissonanzen** ausgesetzt wird,

---

[299] Sie entstehen durch kreisende Bewegungen mehrerer Neuronenketten im Großhirn, zwischen dem Hörzentrum im Schläfenlappen sowie dem Singzentrum im Stirnhirnlappen; diese Erregungen schaukeln sich gegenseitig hoch, quasi eine Eskalationsspirale. Die Erinnerung an derartige Musikstücke ist vor allem bei repetitiven, körperlichen Anstrengungen wesentlich wahrscheinlicher. Vgl. Jakubowski, K. et al. (2016).

[300] Neuronale Aktivitätsmuster a.G. gelernter und gespeicherter Informationen - beispielsweise 'Verhaltensweisen, Normen, Werte' etc., die das menschliche Verhalten implizit determinieren.

quasi an sich selbst (ver-)zweifelt. Diese kognitiven Dissonanzen[301] nehmen
heutzutage allerdings auf Grund des Informationsüberangebotes (sogenanntes
,information overloading') in einer immer komplexeren, widersprüchlichen und
unübersichtlichen Welt zu, da der Mensch bei seiner Entscheidungsfindung auf
Grund der damit verbundenen Unsicherheit stärker als früher Emotionen, individuelle Ansichten sowie Auffassungen berücksichtigt. Traditionelle Gewissheiten sowie universalistische Kriterien verlieren an Glaubwürdigkeit, während
partikularistische Ideen an Bedeutung gewinnen, um den derzeitigen Unsicherheiten auf Grund von Digital-Ökonomie und Globalisierung sowie den zugrundeliegenden Verfahren der Automatisierung, Digitalisierung und Roboterisierung sowie dem daraus resultierenden Wertewandel zu begegnen. Die gewohnten, tradierten und akzeptierten Konstanten des gesellschaftlich-politi-
schen Systems haben somit ihren Einfluss verloren. Dies führt zwangsläufig zu
großen Varianzen sowie Paradoxien im Rahmen des individuellen Entscheidungsverhaltens.[302] Dieses Paradoxon ist identisch mit dem von Robert K. Merton beschriebenen Phänomen, dass Menschen bewusst die Kollateralschäden
ihrer Handlungen in Kauf nehmen, wenn sie ein sehr starkes Interesse daran
haben, sich diesbezüglich ,blind' zu stellen.[303] Es fehlt demnach nicht am Wissen, sondern häufig an einem persönlich erlebten Narrativ, um ein abstraktes
Problem zu emotionalisieren. Die irrationale Diskrepanz zwischen Auffassung
respektiv angekündigter Verhaltensweise sowie dem realen Verhalten[304] beziehungsweise die Diskrepanz zwischen Gefühl und Logik werden anschließend
durch pseudo- rationale Begründungen legitimiert, beispielsweise ,es gibt nicht
genügend regenerative Energie', ,das Kaufen von Fleisch auf dem Bauernhof ist
zu zeitaufwändig', ,es gibt keinen Bauernhof in meiner Nachbarschaft'.[305] Die
Ursache für diese kognitive Dissonanz zwischen dem Selbstbildnis einerseits sowie der Realität andererseits ist zum einen in einem Selbstbetrug zu sehen, der

---

[301] Vgl. die Ausführungen in Abschnitt 3.4.

[302] Beispielhaft seien die überwältigende Zustimmung für die regenerativen Energien, jedoch die Verwendung der (preiswerteren) fossilen Energie sowie die Forderung nach einer
artgerechten Tierhaltung, jedoch der Kauf von Billigfleisch angeführt.

[303] Vgl. Merton, R.K. (1949).

[304] In der Psychologie als ,Attitude-Behavior-Gap' bezeichnet.

[305] Vgl. hierzu Rheingold Salon (2015); Martin Kocher wies im Rahmen einer umfangreichen empirischen Untersuchung diese kognitive Diskrepanz nach. Vgl. Markussen, Th., Tyran, J.-R. (2017), S. 204 ff.

subjektiv nicht bewusst ist.[306] Zum anderen besteht das klassische Kooperationsdilemma, da für den Einzelnen sofort wahrnehm- und spürbare Kosten entstehen, während externe Effekte wie beispielsweise die Klimaverbesserung nicht wahrnehmbar sind oder erst in der Zukunft entstehen werden. Daher ‚konstruiert' der Mensch Narrative, um sein eigennütziges Verhalten zu kaschieren. Die Bereitschaft zugunsten des Gemeinwohls kann somit nur durch gesetzliche sowie sozial- moralische Normen intendiert werden.

Im Gegensatz zu allen anderen Primaten nimmt das menschliche Gehirn nicht nur die Signale als Reize oder Informationen auf, um daraufhin mit einer Verhaltensweise, einem Impuls oder einer Handlung zu reagieren. Durch Interpretation ordnet es vielmehr dem Signal unter Berücksichtigung des jeweiligen Kontextes der Signalaufnahme auch eine Bedeutung als sogenannte **symbolische Aufladung** zu, die Art und Ausmaß der Reaktion bestimmt. Die jeweilige Umwelt sowie die hieraus resultierenden Wechselbeziehungen mit und zu ihr definieren somit auch den subjektiv wahrgenommenen Inhalt der Signale. Signale besitzen daher neben der physikalisch-expliziten Bedeutung auch eine inhärente, die durch die sozialisierten Normen, Werte und Informationen determiniert wird.[307] Die im Verlauf der Sozialisation ‚erlernten' und gespeicherten Informationen sowie Beurteilungen sind daher hocheffiziente Decodierungsregeln für das implizite System, das für diese Bedeutungszuordnung eines Signals respektive eines Reizes oder einer Information circa ein bis zwei Sekunden benötigt.[308] Das implizite System bewertet beziehungsweise decodiert somit innerhalb kürzester Zeit die vorliegenden Signale, Reize und Informationen auf der Grundlage des ihm vorliegenden individuell-subjektiven Referenzrahmens und trifft eine Entscheidung über Inhalt und Gehalt. Diese erste Einschätzung als sogenannter ‚**erster Eindruck**' überlagert dann den folgenden Entscheidungsprozess respektive determiniert diesen und demzufolge auch das menschliche Verhalten, so dass häufig keine vorurteilsfreie und ehrliche Kommunikation mehr möglich ist.[309] Beispielsweise genügt eine Zeitspanne von weniger als einhundert Millisekunden, um jemandem vom Gesichtseindruck her

---

[306] Vgl. die Ausführungen in Abschnitt 3.2.
[307] Vgl. hierzu die Ausführungen in Abschnitt 2.1.2.
[308] Häufig Vorurteile.
[309] Hierbei wird bei Personen bereits nach 39 Millisekunden das Gegenüber kategorisiert, d.h. in eine ‚Schublade' gesteckt.

hinsichtlich seines Charakters zu ‚klassifizieren'. Allerdings fällt dem Menschen die Wiedererkennung von Gesichtern vor allem dann sehr schwer, wenn diese aus unterschiedlichen Perspektiven sowie Blickwinkeln betrachtet werden. Der Grund hierfür ist darin zu sehen, dass der Mensch das Gesicht als Gesamtkonfiguration wahrnimmt und sich an spezifischen äußeren Merkmalen, wie beispielsweise Nase, Mund, Augenbrauen und Ohren orientiert. Werden diese später real oder bildlich verändert, so entsteht ein neuer ‚Gesamteindruck', der nicht mit dem gespeicherten Bild übereinstimmt. Empirische Untersuchungen ergaben des Weiteren, dass neben der Mimik bei einer erstmaligen Begrüßung auch Sprachklang, Sprachrhythmus sowie die Tonfolge den ‚ersten Eindruck' zur Klassifizierung des Gegenübers ebenfalls beeinflussen.[310] Des Weiteren erfolgt diese Bewertung stets im Vergleich mit bekannten, identitätsstiftenden Kriterien sowie der Betonung der Unterschiede als negativen Aspekt.[311] Dementsprechend treten Konflikte auf der subtilen Ebene zwischen Wahrnehmung und Kognition auf, da identische Eigenschaften per se positiv besetzt sind, während abweichende, charakteristische Eigenschaften negative Eindrücke hervorrufen. Der ‚erste Eindruck' wird allerdings auch bei neuen, widersprechenden Informationen nicht mehr revidiert, obwohl er meistens trügt.[312] Dies gilt zwangsläufig auch für die Akzeptanz oder Ablehnung eines Menschen, dem man zum ersten Mal begegnet — ironisch betrachtet heißt dies, sie (er) entspricht (beziehungsweise nicht) meinem zur Beurteilung herangezogenen neuronalen Aktivitätsmuster. Im Falle einer negativen Einschätzung leitet das implizite System das dadurch entstandene Problem an das explizite System weiter. Dieses analysiert und beurteilt das Ursprungssignal (= Information) zeit- und energieaufwändig, um zu einem kognitiven Urteil (= Entscheidung) zu gelangen.

Die aufgenommenen, mit Bedeutung versehenen interpretierten Signale sowie die daraus abgeleiteten Handlungsroutinen, Verhaltensweisen et cetera werden dann im ‚Langzeitgedächtnis' gespeichert, um als Routinen, Handlungsanweisungen beziehungsweise **Heuristiken** für ähnliche oder gleichgelagerte

---

[310] So verfügt ‚Alexa' von Google bereits über eine Software, mittels derer individuelle Sprachprofile angelegt werden, so dass verschiedene Personen im Umfeld von Alexa identifiziert werden können; Rob Jenkins wies experimentell nach, dass ein Mensch ca. 5000 Gesichter kennt. Vgl. Jenkins, R. (2018).
[311] Vgl. Alves, H. et al. (2016), S. 103 ff.
[312] Vgl. Todorov, A. et al. (2015), S. 519 ff.

Entscheidungssituationen zukünftig zur Verfügung zu stehen.[313] Diese impliziten, intuitiven Entscheidungen werden somit überwiegend unreflektiert getroffen und implizieren häufig das Phänomen der ‚Wissensillusion'.[314] Sie sind somit vereinfachte, automatisierte Entscheidungen, bei denen einerseits die Erfassung der Komplexität zu schwierig und zu langwierig ist sowie andererseits die analytische Reflektion kognitiv zu ressourcenintensiv ist. Aus Ressourcengründen wird somit eine schnelle Entscheidung ohne die Kenntnis des Gesamtzusammenhanges, der Kontextbedingungen sowie dem Verständnis für die reale Komplexität getroffen.

Anzumerken ist allerdings, dass der Mensch evolutionsbiologisch bedingt fast ausschließlich über lineare Heuristiken verfügt und sich bei deren Anwendung häufig an dem Wert der ‚ersten' Zahl als sogenannten **‚kognitiver Anker'** orientiert. So wird beispielsweise der Wert von 8^2 meistens als höher eingeschätzt als derjenige von 2^8. Aus diesem Grund hat der Mensch Beurteilungsprobleme bei exponentiellen Problemstellungen, beispielsweise bei der Zinseszinsrechnung – bestes Beispiel hierfür ist der gewünschte Lohn des ‚Vaters des Schachspieles', Sissa ibn Dahir, der als Dank für diese Erfindung von seinem Sultan Reiskörner haben wollte und anfangs auch zugestanden bekam: Eines auf dem ersten Feld, zwei auf dem zweiten, vier auf dem dritten Feld, acht auf dem vierten Feld und so weiter, so dass circa 18,45 Trillionen Reiskörner auf dem vierundsechzigsten Feld liegen würden. Der ‚Lohn' hätte dann circa 553 Milliarden Tonnen Reis ausgemacht. Unsere überwiegend linearen Heuristiken dienen vor allem zur Abstrahierung und Modellierung der komplexen menschlichen Außenwelt und generieren somit eine imaginäre, abstrahierte und eigentlich virtuelle Welt, die jedoch besser zu verstehen und leichter ‚zu handhaben' ist. Beispielhaft sei das circa fünfzig Jahre alte Moore'sche Gesetz der Dichte, demzufolge sich die Anzahl der Schaltkreise auf einem Prozessor alle achtzehn Monate verdoppelt, während sich der Preis halbiert, angeführt. Gleiches gilt auch für das Potenzgesetz von R. Dennard, demzufolge die Leistung eines Rechners pro Watt Energieverbrauch ebenso wie die Verdichtung gemäß des ‚Dichte- Gesetzes' steigt – dies impliziert eine exponentielle Steigerung der Geschwindigkeit der Prozessoren. Diese scheinbar linearen Entwicklungen verlaufen in Wirklichkeit exponentiell, so dass die Konsequenzen dieser Gesetze häufig nur bedingt

---

[313] Vgl. die Ausführungen in Abschnitt 3.
[314] Vgl. die Ausführungen in Abschnitt 2.1.1.

reflektiert und verstanden werden. Weitere Beispiele hierfür sind unter anderem auch ‚volkstümliche Redensarten' beziehungsweise sogenannte ‚Oma-
Weisheiten':

- der Spatz in der Hand ist besser als die Taube auf dem Dach
- man soll nicht alle Eier in einen Korb legen
- alles, was einen höheren Zinssatz beinhaltet, besitzt auch ein höheres
  Risiko.[315]

Diese ‚logischen' Weisheiten als Heuristiken werden allerdings häufig dann
ignoriert, wenn beispielsweise bei Finanzprospektformulierungen die Gier sowie die schnelle Bedürfnisbefriedigung angesprochen werden. Eine Verstärkung
dieser Ansprache erfolgt häufig noch durch den Appell an spezifische Emotionen, Auffassungen sowie ‚objektiver' Meinungen, wie beispielsweise Windener-
gie ist gut, Atomenergie ist schlecht, so dass das ‚gute Empfinden' im Unterbe-
wusstsein angesprochen wird. Derartige ‚pseudo-rationale Argumente' führen
dann im Verlauf des menschlichen Entscheidungsverhalten dazu, dass die bestehenden Heuristiken sowie die darauf basierenden psychologischen und neurobiologischen Prozesse überkompensiert respektive ‚ausgeblendet' werden,
wie dies beispielsweise bei den Kapitalanlegern der später insolventen Unternehmen ‚Prokon' sowie ‚German Pellet' geschehen ist.

---

[315] Entspricht dem in der Investitionsrechnung bekanntem Grundsatz, dass eine höhere
Rendite ein exponentiell höheres Risiko impliziert- Sicherheit kostet Rendite, bringt jedoch
emotionale Ruhe.

2.2.3   Das Gehirn sucht keine objektive Wahrheit

Aus den bisherigen Ausführungen wurde deutlich, dass die menschlichen Reiz-, Signal- und Informationsverarbeitungs- sowie Entscheidungsprozesse einerseits neben der biologisch-genetischen Veranlagung auch durch den evolutionären sowie den individuellen Sozialisationsprozess auf Grund der sozial-kulturellen Interaktionen mit der Umwelt, vor allem in der Kindheit und Jugend, geprägt werden. Ironisierend kann angemerkt werden, dass beispielsweise die im Rahmen der Sozialisationsprozesse 'erlernten' Überzeugungen häufig nur 'Meisterleistungen der (unreflektierten) Adaption' kulturell-gesellschaftlicher Normen und Werte sind.

Das menschliche Gehirn ist somit ein soziales Organ, das lebenslang durch die Kommunikation mit sowie durch Signale als auch Reize aus der Umwelt geprägt wird. Erziehung und Kultur prägen unsere Art zu denken, so dass der Mensch somit das Produkt genetischer und sozio-kultureller Einflüsse ist. Allerdings ist das menschliche Gehirn kein 'Supercomputer', ein hocheffizienter, optimierter Problemlösungsautomat, sondern repräsentiert 'nur' eine voluminöse Ansammlung von Ad-hoc-Lösungsansätzen, die sich der Mensch während der evolutionären und individuellen Sozialisation angeeignet hat. Menschliche Aktivitäten, Handlungen als auch kognitive Entscheidungen werden somit durch komplexe neuronale Netzwerke generiert, die das gesamte Hirn umfassen. Diese Netzstrukturen können nicht auf lokale Bereiche, beispielsweise die Amygdala als Auslöser von Lust, Trauer und Schmerz, 'reduziert' werden, da dies nicht den realen Systemstrukturen, -prozessen sowie Aktivitäten des menschlichen Gehirns entspricht.[316]

Des Weiteren will das Gehirn nicht die **objektive Wahrheit**[317] erkennen, sondern es dem Menschen 'nur' ermöglichen, sich halbwegs in der realen Welt zurechtzufinden und erfolgreich durchzumanövrieren (muddling through).[318] An und für sich ist Wahrheit hochkomplex sowie mehrfach codiert und somit multidimensional, so dass keine einfachen Kausalitäten oder 'wenn-dann-Bezie-

---

[316] Anzunehmen ist vielmehr, dass unser auf Vereinfachung und Modellbildung fokussiertes Hirn niemals das reale menschliche Gehirn verstehen wird.

[317] Gem. G.W. Leibniz existiert sowohl eine Vernunftwahrheit (bspw. in Mathematik und Physik) als auch eine subjektive, emotionale Tatsachenwahrheit.

[318] Vgl. die Ausführungen in Abschnitt 3.7.

hungen' zugrunde liegen. Des Weiteren ist die menschliche Wahrheit immer relativ und subjektiv sowohl aufgrund der menschlich begrenzten Kognition als auch der Manipulierbarkeit menschlicher Erkenntnisse.[319] Da das menschliche Gehirn aus Ressourcengründen nur bedingt für die Lösung komplexer Probleme geschaffen ist, sucht es lieber einfache Lösungen mit einer gewissen Eintrittswahrscheinlichkeit, um sowohl dem Unsicherheits- sowie Kontrollverlustgefühl als auch einer Dilemma- Situation durch eine Entscheidung ohne befriedigende Lösung zu entkommen.[320] Hierbei generiert das Gehirn im Rahmen ‚phänomenaler Repräsentationen'[321] durch die Verschmelzung taktiler und visueller rezeptiver Felder mittels der Aktivierung von Nervenzellen im prämotorischen Kortex quasi eine ‚innere Vorstellung' der aufgenommenen Informationen, Reize sowie Wahrnehmungen – gewissermaßen eine ,**augmented reality**‘ als individuelle sowie aktuelle ‚Definition der Situation‘ , bei der zusätzlich zur realen Wirklichkeit zusätzliche Informationen eingeblendet werden - die Wirklichkeit wird erweitert.[322] Diese Repräsentationen werden ständig durch das Gehirn synchronisiert, damit es sich auf die handlungsrelevante Gegenwart fokussieren kann. Das hierdurch bewusst entstehende ‚Wirklichkeitsmodell' repräsentiert eine niedrig-dimensionale Abstraktion der realen Wirklichkeit, um Ordnung in das reale Reiz- und Informationschaos zu bringen und zu stabilen (System-)Zuständen zu gelangen.[323] Aus pragmatischen Gründen verhindert das Gehirn dadurch, dass der Mensch in die ‚Falle' von zwei Illusionen gerät: Zum einen der **Wissens-Illusion** und zum anderen der **Kontroll-Illusion**.[324] Diese Reorganisations- beziehungsweise Synchronisationsprozesse generieren und

---

[319] Vgl. das Höhlengleichnis von Platon.

[320] Computergestützt Prognosetechniken (bspw. die Chartanalyse) können analog dazu in riesigen Datenmengen Muster erkennen – verbunden mit der Hoffnung, dass diese Muster in der Realität ebenfalls vorhanden sind. Vgl. die Ausführungen in Abschnitt 4.1.

[321] Vgl. die Ausführungen in Abschnitt 2.1.3.

[322] Durch virtuelle Inhalte eine **erweiterte Realität**, z.B. im Spiel ‚Pokemon Go‘; bspw. durch die Einblendung relevanter Informationen als Assistenzfunktion auf dem Brillenglas mittels Fresnel- Linsen (sog. Smart Glasses); in Verbindung mit der VR (Virtuelle Realität) auch als XR (Extended Reality) bezeichnet.

[323] Kybernetisch als ‚Ultrastabilität' bezeichnet.

[324] So suchen beispielsweise viele Kapitalanleger sehr viele Informationen über ihre jeweilige Anlagemöglichkeit- und geben sich dann der Illusion hin, sie wüssten ‚genug‘, obwohl sie nur über ‚die Spitze des Eisberges' an Informationen verfügen; verstärkt wird dies noch dadurch, dass die Prüfkriterien häufig im Nachhinein subjektiv definiert werden. Vgl. auch Abschnitt 2.1.1.

definieren unser Bewusstsein, das dem Organismus erst ermöglicht, sein physisches, soziales und kulturelles Verhalten zu optimieren. Das Gehirn blendet quasi die Komplexität, das Unberechenbare, aus, da das zur Bewältigung der Komplexität notwendige Wissen auf Grund des erforderlichen Zeitaufwandes sowie der damit verbundenen Informationsüberladung eine gewisse Handlungsunfähigkeit nach sich ziehen würde. Komplexität erzeugt Unsicherheit und Unsicherheit generiert Angstzustände.[325] Diese Komplexitätsreduzierung auf Grund einer fatalistischen Selbstentschuldigung ist daher auch häufig die Ursache für Fehlentscheidungen. Empirische Untersuchungen zeigten des Weiteren, dass Unsicherheit den Stresspegel durch das Ausschütten von Testosteron verändert.[326] Bei einem hohen Stresspegel ist das Gehirn allerdings in der Lage, Muster zur Reduzierung der Unsicherheit respektive Ungewissheit zu erkennen und somit eine bessere Risikoabschätzung vornehmen zu können. Evolutionär bieten daher Unsicherheit und Stress einen Überlebensvorteil, da spezifische Körperfunktionen, beispielsweise die vegetativen sowie das Immunsystem, ‚heruntergefahren' werden und somit auf Grund der Ressourcenoptimierung Gefahren besser eingeschätzt werden können.[327] Während das explizite System Angstzustände rational verarbeitet, erfolgt dies emotional durch das implizite System.[328] Da das Lernen aus eigenen Fehlern, das heißt auf Grund von Erfahrungen, häufig mit persönlichen Gefahren, Risiken und potenziellen Verlusten verbunden ist, verzichten viele Menschen auf diese Lernprozesse und somit auf eine individuell-spezifische Selbstreflektion und folgen daher lieber dem ‚Angst-Mainstream'. Der Mensch prüft bei Planungsprozessen nicht

---

[325] Angst ist evolutionsgeschichtlich ein intuitiver Schutzmechanismus. Die ‚Risiko-Abstinenz' als Angst des Gehirns vor dem Zufall intendiert häufig eine ‚Vollkasko-Mentalität': Eine diesbezügliche Reaktion ist z.B. der ständige Blick auf Smartphone- Apps (bspw. Navigation, Restaurantführer), um Unerwartetes, Ungeplantes, Überraschendes zu vermeiden – die Angst vor einem unbekannten Menü im Restaurant ist größer als die Gewissheit, wieder etwas ‚Normiertes', Gewohntes zu essen-, so dass die Neugier überkompensiert wird.

[326] Bei einer Unsicherheit von 0% sowie 100% ist der Stresspegel am Niedrigsten, dazwischen steigt er exponentiell an.

[327] Dies zeigten die Untersuchungen des Teams um Archy de Berker vom University College London.

[328] Weitere Bedingungen für die Angstverarbeitung sind die genetische Struktur (ca. 30-100 Gene determinieren, wie rational und wie lange sich der Mensch mit Angstzuständen beschäftigt) sowie der individuelle Sozialisationsprozess.

rational die verfügbaren Informationen und bewertet diese, bevor er eine Entscheidung trifft, sondern selektiert diese vorher dahingehend, in wie weit sie in
sein momentanes Denkschema sowie in seine ‚aktuelle Definition der Situation‘
passen – um die Komplexität der Umwelt dadurch auf ein erträgliches, hand-
habbares Maß zu reduzieren und somit seine Illusion des ‚Beherrschens der
Situation‘ aufrecht erhalten zu können und die Angst vor dem Kontrollverlust
sowie dem Selbstzweifel zu vermeiden.[329]

Zusammengefasst bestimmen demnach fünf Elemente sowohl die Persönlichkeit als auch das menschliche Entscheidungsverhalten:

1. Die genetische Prädisposition als Ergebnis des Evolutionsprozesses
2. Die Spezifika der individuellen Hirnentwicklung
3. Frühe psychologische Prägungen (Bindungserfahrungen, Präferenzen)
4. Psycho-soziale Erfahrungen im Rahmen der kindlichen/jugendlichen Sozialisation (Einstellungen, Ansichten)
5. Die sogenannten ‚Frames‘ (das individuelle ‚Bild von der Welt‘ respektive
   die damit verbundenen Vorstellungen über die eigene Umwelt).[330]

Aus den bisherigen Ausführungen wurde ersichtlich, dass das menschliche
Gehirn von Struktur, Aufbau und Funktionsweise her ein sehr komplexes Organ
ist – manche bezeichnen es sogar als das komplizierteste im Universum. Seit
einigen Jahren wird dennoch oder sogar deswegen versucht, es auch außerhalb
des menschlichen Körpers quasi ‚herzustellen‘. Namhafte Wissenschaftler[331]
züchten beispielsweise aus humanen Stammzellen sogenannte ‚Zerebrale Organoide‘, auch als ‚Minibrains‘ bezeichnet.[332] Diese autonomen Zellhaufen entwickeln schon nach wenigen Wochen ungeordnete Hirnaktivitäten in Form einer elektrisch-polylateralen Kommunikation. Dieses sich hierbei ergebende
‚Feuerwerk aus Neuronenimpulsen‘ entspricht evolutionsmäßig der neuronalen
Zellenaktivität im Großhirngewebe Neugeborener als quasi geklonte Neuro-

---

[329] Die griechische Philosphenschule (300 v.Chr. von Zeno in Athen gegründet) der ‚Stoiker‘
definiert daher, sich nur auf das zu konzentrieren, was man selbst beeinflussen kann. Vgl.
die Ausführungen in Abschnitt 3.7.

[330] Vgl. hierzu die Ausführungen in Abschnitt 1.1.

[331] Bspw. und ohne Anspruch auf Vollständigkeit beschäftigen sich hiermit Paola Arlotta
(Harvard), Isaac Chen (University of Pennsylvania), Fred Gage (Salk Institute in La Jotta),
Wieland Huttner (Dresden), Jürgen Knoblich (Wien), Svante Pääbo (Leipzig) sowie Daniel
Reumann (Wien).

[332] Induzierte pluripotente Stammzellen (iPS).

nenketten des Stammzellenspenders. Die Zielsetzung hierbei ist einerseits die Rekonstruktion der Gehirnevolution vom Affen zum Menschen. Andererseits ergibt sich auch die Möglichkeit einer Rückentwicklung des Gehirnes des homo sapiens auf seine Vorläufer wie dem Neandertaler oder dem homo erectus im Sinne einer ‚neokortikalen Auferstehung'. Des Weiteren lassen sich hierdurch auch psychische Krankheiten in ihrer Entwicklung rekonstruieren und analysieren. Aus ethischer Sicht bedenklich ist allerdings auch die Möglichkeit der prinzipiell denkbaren Genese von ‚Frankenstein- Monstern', da durch die Kombination dieser zerebralen Organoide mit den Verfahren der Optogenetik auch die Verknüpfung mit Künstlicher Intelligenz möglich ist.[333] Allerdings scheitern diese Forschungsentwicklungen derzeit noch an der sehr geringen Neuronenzahl in diesen neuronalen Zellhaufen im Vergleich zum komplexen, ausgewachsenen Gehirn.

---

[333] Vgl. die Ausführungen in Abschnitt 4.1.1.2.

2.3 Das menschliche Bewusstsein – zufallsbedingte ‚Datenkorrelationen' oder ‚freier Wille'?

Neuropsychologisch repräsentiert das explizite System den sogenannten ‚**freien Willen'**, der nicht auf kausal-deterministischen Logiken und Strukturen basiert und somit unter anderem auch dazu dient, Fehl- und Vorurteile zu überdenken und gegebenenfalls zu korrigieren.[334] Zwangsläufig sind dies bewusste und keine zufälligen Aktivitäten des Gehirnes. Hierbei wird das **Bewusstsein**[335] durch epistemologische Dimensionen und nicht durch ontologische determiniert.[336] Empirische Untersuchungen haben gezeigt, dass der ontologische Dualismus mit dem Fokus auf den Verstand als Differenzierungsmerkmal zwischen Tier und Mensch falsch ist.[337] Der Mensch wird sowohl durch die Evolution als auch durch seine soziokulturelle Sozialisation geprägt, da

- Kleinstkinder mit der jeweiligen Bezugsperson analog zu Menschenaffen Gefühle teilen;

- Kleinkinder mit neun Monaten eine geteilte Intentionalität[338] entwickeln, indem sie ein gemeinsames ‚Wirgefühl' erzeugen und sich in die Situation des anderen versetzen können;

- sich im Alter von drei bis vier Jahren diese Intentionalität zu einer kollektiven durch Kooperation, Kommunikation, Respektierung gemeinsamer Normen und Konventionen erweitert und eine objektive und normative Perspektive generiert wird;

- sich im Schulalter Vernunft und Verantwortlichkeit zu einer moralischen und kognitiven Identität verfestigen, die Revisionen der eigenen Vorstellungen, Überzeugungen und Handlungen im Sinne des universalistischen Anspruches von Kant ermöglicht.

---

[334] Vorurteile sind sehr langlebig: Solange sie mit der oberflächlichen Wahrnehmung halbwegs übereinstimmen, bleiben diese erhalten.

[335] Lokalisiert im Präfrontalen Kortex (PFC).

[336] Vgl. Jänig,Chr. (2004), S. 244 ff.

[337] Vgl. Tomasello, M. (2020).

[338] Die Intentionalität als ‚kooperative Wende' hat der Mensch vor ca. 400.000 Jahren entwickelt; die hierauf basierende kollektive Intentionalität, d.h. die Definition sowie Einhaltung sozialer Regeln für die Gemeinschaft, ist vor ca. 200.000 Jahren entstanden. Vgl. die Ausführungen in Abschnitt 2.1.3.

Die menschliche Kognition ist daher aufgrund von Bewusstsein, Moral, Ethik, Geist und Wille an und für sich das Gegenteil der künstlichen Kognition beziehungsweise der ‚Künstlichen Intelligenz'.[339] Beispielsweise ist die subjektive, für andere intransparente und nicht nachvollziehbare Perspektive beim Sehen, Hören, Fühlen, Wahrnehmen et cetera ein wesentliches Element des Menschen. In der sogenannten ‚Qualia-Debatte' der Philosophie ist die Problematik der subjektiven Erlebnisinhalte eines mentalen Zustandes ausführlich diskutiert worden. In der philosophischen Diskussion besteht allerdings Uneinigkeit darüber, ob beispielsweise Fairness im Bewusstsein verankert respektive des Bewusstseins bedarf (apriorisches Wertesystem als absolut sittlicher Imperativ) oder auf gesellschaftlich-normativen Werten beruht (‚philosophischer Idealismus') und somit bewusstseinsunabhängig ist und daher das Epiphänomen biochemischer Prozesse respektive spezifischer Hirnstrukturen darstellt. Im letzteren Fall könnten Rechnersysteme bei spezifischen Strukturen ein Bewusstsein im Sinne eines sogenannten ‚Sekundären Bewusstseins' hervorbringen, jedoch kein Bewusstsein a priori besitzen.[340]

Das Gehirn ist jedoch kein organischer Computer, da beispielsweise Tiefe sowie ‚Reichtum' des menschlichen Geistes nicht re-programmierbar sind. Geist und Bewusstsein stehen vielmehr in einer spezifischen Beziehung zur menschlichen Physiologie, zu seinem Körper und sind somit nicht nur auf das Gehirn und dessen Vorgänge ‚reduziert'.[341] Es impliziert daher eine Duplizität: Zu sein und gleichzeitig in der Lage zu sein, etwas zu tun. Der menschliche Geist ist demnach nicht die ‚Software des Gehirnes', sondern die Grundlage sowohl für das (Nach-)Denken im Sinne eines vorsätzlichen, zukunftsorientierten Intellektes als auch für das Fühlen im Sinne körperbasierter, ultimativer, nicht vorsätzlicher Sinneseindrücke. Die den Geist charakterisierenden Attribute sind somit Handeln und Sein sowie Wahrnehmen, Denken und Fühlen.[342] Sie sind interdependente Elemente des menschlich-hierarchischen Spektrums von der ‚Exklusivität des Denkens' über ‚Emotionen dominieren den Geist unter Ausschluss des Denkens' bis zur ‚Unbewusstheit' respektive ‚Bewusstlosigkeit'. Sie lassen sich weder von einem physischen oder einem virtuellem Gehirn auf ein anderes übertragen,

---

[339] Vgl. die Ausführungen in Abschnitt 4.1.1.
[340] Vgl. Hösle, V., Müller, F.S. (Hrsg., 2015).
[341] Vgl. Gelernter, D. (2016 a).
[342] Vgl. Gelernter, D. (2016 b), S. 48 ff.

noch durch Algorithmen beschreiben, da letztere als Verfahrens- oder Handlungsvorschrift zur Lösung eines mathematisch formulierten Problems per se keine soziale Wahrnehmung besitzen können. Algorithmen respektive Rechnersysteme im Rahmen der ‚Künstlichen Intelligenz‘ können daher (noch) nicht den menschlichen Geist sowie das menschliche Bewusstsein vollständig imitieren, nachbilden und nachvollziehen, da Geist und Bewusstsein keine statischen Gebilde sind, sondern sich verändern und ständig weiterentwickeln, so dass ihre komplexen, dynamischen Strukturen nur ex post erklärbar sind.

Vielmehr existiert einerseits ein **psychologisches Bewusstsein**, indem der Mensch durch die bewusste Informationsverarbeitung formale, symbolische Modelle generiert und hierdurch seine ‚Frames‘ sowie Kontexte verändert. Des Weiteren existiert ein **phänomenales Bewusstsein**, indem sich die Erfahrungen auf Grund seines sozialen, historischen Kontextes verändern – ein quasi evolutionärer Prozess, der von Maschinen nicht nachvollzogen werden kann. Der Mensch ist daher unter anderem auch das Produkt sowohl des menschlichen Evolutions- als auch des individuellen Sozialisationsprozesses.[343] Durch Selbstreflektion des sozialen Kontextes sowie der damit verbundenen bewussten Generierung und Definition seiner ‚Welt- und Selbstbilder‘ nimmt er sein Bewusstsein beziehungsweise seinen ‚Geist‘ respektive seinen Verstand wahr.[344] Dieser ‚Geist‘ ist die sozialisationsbedingte individuelle und somit subjektive Aggregation von Bewusstsein, Gefühl, Moral, Ethik, Wille et cetera.[345] Moral, Überzeugungen und Weltanschauungen werden hierbei durch Intuition und Gefühl determiniert, so dass moralische Entscheidungen überwiegend durch das implizite System situativ und kontextual getroffen werden. Da nur bei kognitivsozialen Dissonanzen das explizite System eingeschaltet wird, sind sie in gewisser Beziehung ‚irrational‘ und somit abhängig vom jeweiligen Kontext sowie dem momentan vorherrschenden subjektiven ‚Selbst- und Weltbild‘. Zwangsläufig existieren somit keine objektivierenden Regeln und Vorgaben bei moralischen oder ethischen Entscheidungen, die sich ‚mathematisieren‘ lassen. Die menschlichen Entscheidungen werden vielmehr häufig im Nachhinein durch die Kognition auf Basis der subjektiv- individuellen sozialen Gefühle begründet und

---

[343] An dieser Stelle sei auf die Ausführungen über die mehrfache Identität der Zellen, also auch der Neuronen, als sog. ‚Mosaizität‘, in Abschnitt 2.1.1 verwiesen.
[344] Vgl. Gabriel,M. (2015).
[345] Vgl. Precht, R.D. (2020).

somit „legalisiert". Die Subjektivität des menschlichen Seins kann im Rahmen dieser deklaratorischen Beschreibung daher nicht mittels physikalisch-basierter neuronaler Prozesse materialisiert, begründet und somit „objektiviert" werden.[346] Im Sinn der Kant'schen deontologischen Ethik ist die Würde des Menschen und damit letztlich auch der Mensch weder quantifizierbar noch ökonomisierbar. Der Ansatz, das psychisch-seelische Verhalten des Menschen im Rahmen einer Psychophysik, das heißt im Rahmen exakter physikalischer Kategorien, zu beschreiben und zu erklären, ist somit wissenschaftlich nicht realistisch.

Im Gegensatz zur mechanistischen Sichtweise[347] wird im Rahmen dieser phänomenologischen Sichtweise das Gehirn demnach als Aggregation verschiedener unterschiedlicher Eigenschaften und Systemzustände verstanden, die in ihrer Gemeinsamkeit auftreten müssen. Das menschliche Verhalten resultiert daher nicht aus „**zufälligen Datenkorrelaten**' im Rahmen der Re- und Selbstorganisationsprozesse des Gehirns, sondern wird vor allem durch die Erfahrungen der evolutionären (gattungsspezifischen) und individuellen Sozialisationsprozesse bestimmt. Die Reorganisation neuronaler Aktivitätsmuster beziehungsweise Netzwerke als Repräsentation von Erfahrungen, Wille et cetera kann zwangsläufig nicht erfolgen, wenn diese Inhalte und damit die sie repräsentierenden neuronalen Netzwerke nicht existent sind. Durch die Reorganisation werden somit spezifische, subjektive und individuelle „Inhalte' optimiert, keine „zufälligen Datenkorrelate'. Der „Geist' ist somit nicht nur Materie, die psychophysikalischen Gesetzen unterworfen ist. Ansonsten wäre die menschliche Freiheit nur eine Einbildung, die uns das Hirn vorgaukelt, so dass unser Handeln ohne unseren Willen von den neuronalen Aktivitätsmustern determiniert werden würde, gewissermaßen als von der Natur programmierte Roboter.[348] Der tautologische „Denkfehler' des psychophysikalischen Ansatzes ist somit in sei-

---

[346] Analog zu den Definitionen von Kant, Heidegger, Wittgenstein.

[347] Bei der die Wissenschaft zur Weltanschauung, zur Ideologie mutiert.

[348] Der Begriff „Roboter' wurde 1920 von Karel Capek im Theaterstück „Rossmanns Universelle Roboter' als menschenähnliche Maschinen geprägt; Willensfreiheit sowie kognitive Leistungen auf organische (Hirn-)Vorgänge zu reduzieren basiert u. a. auf der „Maschinenmetapher" des Philosophen und Mediziners Julien Offray de La Mettrie (1709-1751), der diese in seinen Traktaten „Histoire Naturelle de L'Âme" (1745) sowie „L'homme machine" (1746) diskutierte. Carlo Rattiram vom MIT versteht hierunter die Interaktionen zwischen Sensoren sowie einer Software, die in der Lage ist, die gemessenen Daten sinnvoll zu verwerten, sowie technischen Geräten, die eine physikalisch messbare Reaktion zeigen.

ner Grundüberlegung zu sehen: Nur das, was naturwissenschaftlich auf der Grundlage deterministischer Prozesse erforscht und erklärt werden kann, ist existent. Richtig ist vielmehr, dass die individuell erworbenen sozialen und gesellschaftlichen Normen, Werte, Moralbewusstsein und dergleichen im Verlauf des Sozialisationsprozesses nicht aus neuronalen Abläufen ableitbar sind, ebenso wenig wie die menschliche Logik. Moral, verstanden als Fähigkeit zum Unterscheiden von Gut und Böse, ist sehr wahrscheinlich aufgrund der Sozialisation genetisch angelegt. Diese Werte und Normen werden zwar in Form neuronaler Aktivitätsmuster abgespeichert – sie sind jedoch im status nascendi nicht schon angelegt beziehungsweise vorhanden.

Der menschliche ‚freie Wille‘ sowie das zugrundeliegende individuelle Wertesystem entwickelt sich circa ab dem ersten Lebensjahr im Rahmen eines dynamischen Prozesses, der durch ‚Siege‘ (beispielsweise eine erfolgreiche Aufgabenerledigung) sowie ‚Niederlagen‘ (beispielsweise eine vergebliche Suchtbeendigung) determiniert wird.[349] Ein Übergewicht von ‚Niederlagen‘ führt häufig zum egoistischen Verhalten, während ‚Siege‘ einen ethisch guten, ausbalancierten Willen intendieren, der den Einsatz des expliziten Systems bei komplexen Entscheidungsprozessen präferiert (beispielsweise die Anwendung der Faustregel, ‚eine Nacht darüber zu schlafen‘). Des Weiteren sind menschliche Werte, Normen, Ansichten et cetera zum einen individuell unterschiedlich und somit heterogen, während neuronale Prozesse aus neurobiologischer Sicht nach identischen Prozessmustern verlaufen. Schließlich findet bei jedem Individuum im Verlauf seiner Sozialisation häufig ein Wertewandel statt. Dieser kann nicht mittels lebenslänglich homogener, identischer neuronaler Prozesse erklärt beziehungsweise ausgelöst werden, da Verhaltensveränderungen auf der Grundlage von Überzeugungen ein anderes (nicht-technokratisches) Design als beispielsweise der Kniescheibenreflex oder Pupillenveränderungen mit eindeutig definierten neuronalen Prozessabläufen haben.[350] Der neurophysiologische beziehungsweise neuro-physikalische Ansatz basiert daher auf einem ‚Zirkelschluss‘ (petitio principii), da die Behauptung mittels derjenigen Aussagen begründet wird, die die zu begründende Behauptung als richtig voraussetzen.

---

[349] Die empirischen Untersuchungen von Sara Botto bewiesen, dass die Reaktionen der Eltern sowie des sonstigen sozialen Umfeldes ab dem 14. Lebensmonat das Wertesystem determinieren. Vgl. Botto, S., Rochat, Ph. (2018), S. 1723 ff.
[350] Vgl. Frank, M. (2009), S. 52 f.

Die angeblich neurobiologische und somit letztlich ‚mechanisierte' Determiniertheit unseres Verhaltens auf Grund der ‚Objektivität' neuronaler Prozesse im Gehirn ist demnach falsch. Letztere Auffassung vertreten unter anderem Nick Bostrom und Noah Harari, da der Mensch durch seine genetischen Determinanten sowie Biologismen ‚fremdgesteuert' wird und somit eine freie Entscheidung sowie der ‚freie Wille' eine Illusion sind.[351] Vielmehr ist der Mensch ein ‚subjektives Ich', besitzt allerdings unter anderem ein ‚materialisiertes Gehirn'. Die Identifikation von Geist und Materie bedeutet jedoch nicht, Materie mit Materie vergleichen beziehungsweise identifizieren zu können. Th. Fuchs versteht daher den Menschen weder als ‚biologische Maschine' noch als ‚fremdgesteuertes Wesen', sondern als ‚verkörpertes Wesen' ‚dessen Wahrnehmen, Fühlen, Denken und Handeln grundsätzlich eine Repräsentation dieser materiellen Körperlichkeit ist.[352] Der Ausdruck der Zuneigung beispielsweise kann zwar neurobiologisch auf spezifische Hirnareale fokussiert werden – die damit verbundene semantisch-sprachliche Definition sowie die ‚Beschreibungssprache' ist ‚nicht-neuro-logisch', da sie auf Grund der Verschiedenheit der psychischen und physikalischen Beschreibungssprache andere Begriffe und Vokabeln benutzt.[353] Dies gilt analog auch für die menschliche **Vernunft**.[354] Wittgenstein hat in seinem ‚Blauen Buch' schon im Jahr Neunzehnhundertdreiunddreißig auf die Unmöglichkeit einer Modellierung mentaler Prozesse wie Denken, Verstehen, Meinen, Empfinden, Wahrnehmen, Erinnern et cetera hingewiesen.[355] Aufgrund der Ganzheit von Sprache und Tätigkeit sowie der Vielschichtigkeit des menschlichen Ausdrucks, Handelns und Sprachgebrauches bezeichnete er deren mathematisch-algorithmische Repräsentanz und Wiedergabe als ‚geistigen Krampf'. Seelische Prädikate wie beispielsweise ‚Denken', ‚Schmerz' oder ‚Freude' seien keine objektiven Begriffe, sondern Medien, über und mit denen sich Menschen gegenseitig wahrnehmen und anerkennen. Vielmehr beweisen sprachliche Begriffe für seelische Ereignisse, dass der empfin-

---

[351] Vgl. Bostrom, N. (2018, 2020) sowie Harari, N. (2019, 2020).

[352] Vgl. Fuchs, Th. (2020).

[353] Schon S. Freud versuchte 1895, Psychoanalyse und Neurobiologie zu aggregieren und somit das seelische Erleben in der Sprache der Naturwissenschaften zu formulieren – dies gelang jedoch nicht, so dass er seinen damaligen „Entwurf einer Psychologie" zurückzog.

[354] Rene Descartes sah den menschlichen Körper als Maschine, bei der die Vernunft ein seelisches Phänomen war.

[355] Vgl. Wittgenstein (2003).

dungsfähige sowie mitfühlende Mensch kein Automat ist. Spezifische Worte und Wortklänge in Verbindung mit Mimik erzeugen bei unterschiedlichen Adressaten differierende, spezifische (auch visuelle) Vorstellungen, Erwartungen und Annahmen.[356] Da die Sprache multimodal ist, werden Worte individuell und unterschiedlich von Gestik und Mimik begleitet, um Sprache und Kognition sowie Emotion zu unterstützen, zu betonen, zu verstärken oder zu erläutern. Hierbei besitzen Gestik und Mimik allerdings eine relativ einfache Grammatik, die häufig kulturübergreifend ist. Sowohl Sprache als auch Gestik oder Mimik werden in den gleichen Hirnbereichen (Temporallappen) verarbeitet – sie intendieren allerdings die identischen elektrischen Potenziale wie auch Sauerstoffverbräuche.[357] Diese Wirkungen sind häufig bei pseudowissenschaftlichen Ausdrücken, Aussagen und Metaphern im Konsumgütermarketingbereich festzustellen, obwohl diese ‚Produktattribute' oft keinen Sinn ergeben(beispielhaft ‚laktosefreie Kartoffeln', ‚wie von Großmutter gemacht' et cetera). Sprache und somit auch Metaphern assoziieren Kompetenz und Emotionen.[358] Sie definieren scheinbar Abstraktes als Anschauliches und konstruieren scheinbare Wirklichkeiten. Hierdurch lenken sie das Denken in (manipulierte) Ebenen und Dimensionen - und generieren dennoch nur scheinbare Problemlösungen. Letztlich ist jede Kommunikation mediatisiert und folgt impliziten Regeln und Konventionen. Diese sind allerdings stark habituiert, so dass sie nicht mehr als ‚normative' Elemente wahrgenommen werden.

Worte in Kombination mit Mimik als kulturell eingeübte sowie individualisierte Verhaltensmuster sind somit nicht nur Transportvehikel für Informationen. Sie wecken vielmehr Erwartungen, Emotionen sowie Erinnerungen und lassen somit das individuelle ‚Bild von der Welt' jeweils neu entstehen. Sie beeinflussen dadurch sehr differenziert Entscheidungen sowie die individuellen Urteile vor dem Hintergrund des jeweiligen Sozialisationsprozesses in ‚nicht normierter' Form. Hieraus resultiert zwangsläufig keine neurobiologische Determiniertheit des menschlichen Verhaltens, da Sprache, Gestik und Mimik sowie Kommunikation individualisiert und somit subjektiv sind und daher keine psycho- physikalische Objektivität besitzen können.

---

[356] Auch als Synästhesie bezeichnet.
[357] Vgl. Tomasello, M. (2009).
[358] Vgl. Warner, M. (1999).

Zusammenfassend muss daher den Auffassungen von Bostrom, Harari, Metzinger und anderen widersprochen werden, dass unser Bewusstsein beziehungsweise der sogenannte ‚freie Wille' auf zufallsbedingte ‚Korrelate aus Daten' reduziert werden können.[359] Dies gilt vor allem auch für seine Auffassung, dass ‚künstliches Bewusstsein' in Avataren, Androiden[360] sowie postbiotischen Mischwesen im Jahr 2050 generiert werden kann.[361] Eine diesbezügliche Autonomie würde menschliches Fühlen und Denken und somit gesellschaftliche Strukturen verändern. Bostrom plädiert daher im Sinne der Transhumanisten dafür, den Menschen mit seinem ‚programmierten respektive mechanistischen Willen' sowie seiner Kompatibilität zur Maschinenintelligenz vollständig zu überwachen sowie zu optimieren, damit dieser unfreie und willenlose Mensch keine ‚Dummheiten' machen kann. Computersprachen repräsentieren allerdings ein formales Set von Regeln und sind daher kein formales System respektive keine Sprache im menschlichen Sinn von Geist und Bewusstsein als nicht-formalem System. Computer als nicht-organische, elektronisch-digitale Maschinen können zwar einzelne physiologische Defekte beziehungsweise Funktionen ersetzen, nicht jedoch Geist und Bewusstsein. Neurophysiologen können zwangsläufig ‚nur' physiologische Abläufe erklären, nicht jedoch das ‚System Gehirn' selbst, da die Bewusstseinsinhalte nicht beschrieben und definiert, sondern nur deren physiologischen Entsprechungen durch Korrelationen umschrieben werden.[362] Dies gilt auch für den KI-Ansatz der ‚digitalen Unsterblichkeit', bei dem Verstorbene anhand von Ton- und Bilddateien im TB- Bereich im Rahmen von VR- Systemen ‚digital rekonstruiert' respektive ‚artifiziert' werden.[363] Hierbei wird der Körper virtuell rekonstruiert, die Bewegungen werden aus realen Bewegungen Lebender extrahiert und implementiert sowie die Sprache synthetisiert. Hierbei sollen auch die emotionale sowie empathische Kommunikation im Sinne eines **‚Affektive Computing'** artifiziell imitiert werden, so dass

---

[359] Vgl. Metzinger, Th. (2009).

[360] Der Android wurde erstmals 1886 von Auguste de Villiers de l'Isle – Adam in seinem Roman ‚Die zukünftige Eva' definiert. Vgl. De l'isle, A. Vielliers, De l'Isle- Adam (2001).

[361] Vgl. Metzinger, Th. (2017), S. 6 f.

[362] Das Human Brain Projekt der EU zeigte schon nach kurzer Zeit auf, dass eine computergestützte Simulation des Systems ‚menschliches Gehirn' als dem ‚komplexesten Objekt im Universum' (derzeit) nicht möglich ist.

[363] Vgl. die Systeme von ‚Vive Studios', ‚E-Mail from Death' oder ‚Dead Social'.

die Kriterien des Turing-Testes erfüllt werden.[364] Digitalisiert werden jedoch nur statische, situative sowie spezifische Momente und Elemente eines Menschen und nicht sein emotionales, empathisches Wesen, sein Bewusstsein oder sein Wille.

Hinsichtlich der Verortung des Bewusstseins im Gehirn existieren verschiedene Auffassungen. So will Adrian Owen im Rahmen empirischer Untersuchungen herausgefunden haben, dass sich das Bewusstsein im Rahmen der Aggregation von Neuronenverbänden in jenen Regionen des Gehirns, die für Aufmerksamkeit, Entscheidungsfindung sowie Zukunftsplanung zuständig sind, manifestiert.[365] Im Rahmen dieser Verknüpfungen entwickelt sich das Bewusstsein zwischen dem ersten bis zum zehnten Lebensjahr. Eine andere Verortung präferieren Daniel Dennett und Angela Friderici auf der Grundlage ihrer empirischen sprachwissenschaftlichen Untersuchungen. Worte - im Wernicke-Areal- sowie die Grammatik im Broca- Areal - werden nachgewiesenermaßen an getrennten Orten im Gehirn verarbeitet. Diese beiden Areale werden durch ein spezifisches Nervenfaserbündel miteinander verbunden, das somit für die Verarbeitung von Syntax und Semantik im Rahmen grammatikalisch komplexer Sätze sowie Rekursionen relevant ist. Sprachen transportieren somit neben kulturellen Konzepten auch individuelle und kollektive Erfahrungen und erhöhen dadurch das Denk- und Erinnerungsvermögen. Gemäß der ‚Theory of mind' ist die Sprache zusätzlich existent wichtig für die Entwicklung des Bewusstseins, da beispielsweise die Mehrsprachlichkeit die sogenannte ‚kognitive Kontrolle' und somit die essenziellen Fähigkeiten zur Alltagsstrukturierung als auch die Befähigung, sich in andere hineinversetzen zu können, verstärkt. Hieraus resultiert die Vermutung, dass das Bewusstsein daher im Broca- und Wernicke-Areal sowie dem diese Areale verbindenden Nervenfaserbündel und somit im Präfrontalen Cortex lokalisiert sein müsste. Da Bewusstsein jedoch - wie deutlich wurde - kein materiell definiertes ‚Phänomen' ist, erscheint allerdings eine physikalische Verortung im Gehirn als unrealistisch.[366]

---

[364] Vgl. Riesewieck, M., Block, H. (2020).
[365] Vgl. Owen, A. (2017).
[366] Vgl. Dehaene, St. (2014).

3. Heuristiken und ihre Wirkungsweisen

Der Mensch trifft circa zwanzigtausend Entscheidungen täglich - dies bedingt zwangsläufig, Unsicherheit ertragen zu können. Unsere disruptive Gegenwart gewährt kaum noch Sicherheit, sondern häufig nur die Illusion von Gewissheiten, so dass die Angst vor negativen Konsequenzen fast exponentiell steigt. Im Rahmen dieser ‚Entscheidungsfindung bei Unsicherheit' nutzt das implizite System des Menschen daher häufig die nachfolgenden evolutionsgeschichtlichen sowie sozialisationsbedingten Beurteilungs-Heuristiken.[367] Heuristiken können diesbezüglich als mentale Faustregeln verstanden werden, die das Denken und Handeln unbewusst definieren und steuern beziehungsweise prägen. Sie sind quasi die Leitplanken respektive Algorithmen zum schnellen, intuitiven Treffen von Entscheidungen, bei denen nicht die beste oder optimale Lösung im Fokus steht, sondern nur eine für die jeweilige Situation ausreichende. Heuristiken sind letztlich die aus verdichteten Beobachtungen und Erfahrungen generierten festen Überzeugungen. Sie repräsentieren daher Kognitionen, die aus Einstellungen, Bewertungen und Überzeugungen in Verbindung mit Denken, Fühlen und Handeln entstanden sind und zu Verhaltensmustern transformiert wurden – im ironischen Sinn sind es letztlich ‚Glaubenssätze'. Nachfolgend sollen einige der für den Menschen wesentlichen Heuristiken[368] diskutiert werden.

Repräsentativitätsheuristik
Einschätzung der Eintrittswahrscheinlichkeit eines Ereignisses respektive die Zugehörigkeit eines Objektes oder Ereignisses zu einer spezifischen Kategorie beziehungsweise Klasse.

Verfügbarkeitsheuristik
Gespeicherte Beispiele oder Szenarien zur Beurteilung von Ereignissen beziehungsweise Situationen werden hinsichtlich ihrer Plausibilität geprüft.

Verankerungsheuristik
Bei der Prognose zukünftiger Entwicklungen oder materieller Werte, beispielsweis bei Börsenkursen, orientiert sich der Mensch häufig an zufälligen, momen-

---

[367] Parallel dazu verfügt das explizite System über die ‚Problemlösungsheuristik. Vgl. die Ausführungen in Abschnitt 2.1.1.
[368] Vgl. hierzu auch Fischer, L., Wiswede, G. (2009), S. 223 ff.

tan verfügbaren Daten oder Vorgaben, die von ‚außen' kommen - auch wenn diese eigentlich irrelevant sind und in keinem Zusammenhang mit dem tatsächlichen Entscheidungsproblem stehen.

Affektheuristik

Entscheidungen und Beurteilungen werden schon frühzeitig auf Grund von Emotionen, Meinungen, Einstellungen und dergleichen vorgeprägt.

Simplifizierungsheuristik

Komplexe Probleme sowie Situationen kann das implizite System häufig nur abstrahiert und modellhaft im Sinne eines vereinfachten Abbildes der Realität kognitiv bewältigen.

Negativitätsheuristik

Evolutionsbedingt unterstellt der ‚homo sapiens' häufiger das Eintreffen negativer Sachverhalte sowie Entwicklungen, da hierdurch eine größere Überlebenschance aufgrund der damit verbundenen Vorsicht und Zurückhaltung gegeben ist.

‚Muddling- Through'-Heuristik

Diese Heuristik einer ‚automatisierten Gewohnheitshandlung' repräsentiert im Gegensatz zur antriebsunmittelbaren ‚echten Entscheidung' eine auf ‚Versuch und Irrtum' beruhende Vorgehensweise mit einem geringen Ressourcenaufwand.

Die Bestätigungsfehler-Heuristik

Die Überbetonung derjenigen Fakten, die der eigenen Ansicht entsprechen.

Unaufmerksamkeitsblindheits-Heuristik

Das Übersehen offensichtlicher, vordergründiger Objekte sowie Kriterien in Momenten, in denen die Aufmerksamkeit auf etwas anderes fokussiert ist.

Mainstream- Heuristik

Unter einem ‚Mainstream'[369] wurden früher vor allem situative, zeitlich begrenzte Hauptströmungen in Literatur, Kunst, Medien sowie Pop-Musik verstanden – und somit vorherrschende (Denk-)Strömungen, die als ‚normal' oder konventionell verstanden wurden beziehungsweise werden. Allerdings

---

[369] Dt.: Hauptströmung, Massengeschmack.

existiert keine semantisch eindeutige und konsistente Definition des Objektes ‚Mainstream'.

Gesprächsheuristik

Gespräche, deren Führung sowie Inhalte beinhalten ein im Verlauf der Evolution generiertes komplexes Regelwerk sowie der hieraus resultierenden Automatismen.

Die Nutzung dieser Heuristiken ermöglicht es somit dem impliziten System einerseits, schnelle und häufig auch effektive Entscheidungen zu treffen. Dies führt allerdings andererseits auch zu systematischen und ‚vorhersagbaren' Irrtümern - vor allem dann, wenn das explizite System bei der Entscheidungsfindung ‚ausgeblendet' wird. Zwangsläufig sollte sich der Mensch bei der Entscheidungsfindung nicht ausschließlich durch das intuitive System steuern lassen. Die Nutzung des expliziten (kognitiven) Systems ist zwar energieverzehrender und langsamer, häufig vermeidet dieses ‚Nachdenken' die Umsetzung schnellerer, jedoch ungünstigerer oder falscher Entscheidungen. Da jedoch auf Grund unserer genetischen sowie evolutionsbedingten Disposition mehr als achtzig Prozent aller menschlichen Entscheidungen durch das intuitive System getroffen werden, liegt der Schwerpunkt der nachfolgenden Erläuterungen auf diesen ‚intuitiven Entscheidungsheuristiken', die größtenteils evolutionsgeschichtlich sowie sozialisationsbedingt ‚erlernt' wurden. Zusätzlich zu den nachfolgend beispielhaft diskutierten Heuristiken existieren allerdings noch weitere, individuelle Heuristiken, die sich jedes Individuum im Verlauf seiner eigenen Sozialisation aneignet.

3.1 Die Repräsentationsheuristik

Intuitive Urteile werden häufig durch die Prädikate, Werte oder Attribute spezifischer Stichprobenanteile (**n**) dominiert, während die entsprechenden Kriterien der Gesamtstichprobe (**N**) unberücksichtigt bleiben. Beispielhaft hierfür sei die Bewertung einer Aktie oder die Beurteilung einer Unternehmung auf Grund weniger, häufig zufälliger und positiver Daten angeführt.[370] Letztere werden als ‚repräsentativ' angesehen, obwohl sie in hohem Maße redundant beziehungsweise korreliert sind. Durch diese Überbewertung statistischer ‚Ausreißer' wird die normale ‚Regression zum Mittelwert' negiert respektive nicht beachtet. Wahrscheinlichkeitstheoretisch bedeutet dies, dass die Repräsentativität eines Ereignisses häufig größer ist als die statistische Eintrittswahrscheinlichkeit (sogenannte ‚Basisrate') − beispielhaft hierfür sei der Einfluss von Berichten über Flugzeugabstürze (n) in Relation zur Gesamtzahl der Flugbewegungen (N) beziehungsweise die Berichte über terroristische Attentate (n) in Relation zur Gesamtzahl der Verbrechen (N) angeführt, obwohl erstere statistisch (fast) irrelevant sind.[371] Ursache für dieses ‚irrationale' Verhalten ist zum Einen meistens der Mangel an mathematischen Grundkenntnissen als Variante eines numerischen Analphabetismus beziehungsweise in der Ausprägung der ‚mathematischen Illiteraten'. Der Mensch kann daher häufig für abstrakte mathematische Aussagen intuitiv keine Lösung finden. Des Weiteren mag der Mensch keine Mehrdeutigkeiten, sondern sucht grundsätzlich den Sinn oder die Kausalität, um den ansonsten auftretenden Kontrollverlust zu verhindern. Abweichungen von den eigenen Erwartungen aufgrund von Zufällen werden im Nachhinein mit spezifischen Umständen, einen ‚Plan B' oder mit einer spezifischen Absicht verknüpft - hierbei werden von diesen Umständen nur einige wenige selektiv wahrgenommen.

---

[370] Vgl. Smith, V. (2007).

[371] Viele Opfer zu einem spezifischen Zeitpunkt generieren in der Wahrnehmung ein höheres Risiko als dieselbe über einen größeren Zeitraum verteilte Anzahl (sog. Opferquantität).

3.2 Die Verfügbarkeitsheuristik

Sowohl momentan und somit zufällig verfügbare Informationen als auch sofort abrufbare Beispiele, Einstellungen, Verhaltensweisen und Szenarien werden regelmäßig direkt mit den anstehenden Problemen oder Entscheidungsprozessen verknüpft. Dies führt dazu, dass die hieraus resultierenden Entscheidungen weitestgehend ohne die Einbeziehung objektiver Attribute und Kriterien der zugrundeliegenden realen Häufigkeit und Wahrscheinlichkeit getroffen werden. Eine der Ursachen für dieses Verhalten ist in dem menschlichen Bestreben nach Komplexitätsreduktion zu sehen, da sich das Individuum schnell ein Urteil ohne den aufwändigen Einsatz des expliziten kognitiven Systems bilden will. Vor allem in Krisensituationen orientiert sich der Mensch an beispielhaften Situationen sowie aktuellen Fällen Dritter, um diese gegen jede Wahrscheinlichkeit sowohl zu emotionalisieren als auch zu generalisieren. Die Narrative Dritter in ähnlichen Lebensphasen werden präferiert sowie intensiver ‚erlebt' als das eigene oder fachspezifische Erfahrungswissen, da erstere Informationen aktuell, konkret und häufig nachvollziehbar sind. Hierdurch kommt die reflexive Informationsverarbeitung, das sorgsame Abwägen sowie die Evaluierung verschiedener Daten und Informationen ‚zu kurz', da das emotionale Urteil schon getroffen wurde. Gute Narrative können daher durch komplexe Fakten nicht kompensiert werden, obwohl erstere keine Evidenz besitzen.[372] Andererseits wird dieses an und für sich ‚irrationale' Verhalten durch die bestehende kognitive Dissonanz des Menschen beeinflusst. Jeder Mensch besitzt ein Selbstverständnis und Selbstbildnis, das häufig nicht mit der Realität übereinstimmt. Zwar äußert der Mensch beispielsweise bei Befragungen die sozial erwünschten Antworten, da ihm diese aufgrund der Verfügbarkeitsheuristik spontan in den Sinn kommen. Diese Meinungen und Eigenauskünfte repräsentieren jedoch nicht das tatsächliche Verhalten, da sie subjektiv durch Selbstschutz, unbewussten Selbstbetrug sowie der Angst vor dem Kontrollverlust determiniert werden. Das verbale Verhalten erhält dadurch eine andere Bedeutung, da es die persönliche Einstellung als Befolgung sozialer Regeln und Normen repräsentiert. Diese Einstellungen beziehungsweise das dahinter befindliche Selbstbildnis sind dann

---

[372] Dies gilt analog für Fake News. Vgl. die Ausführungen in Abschnitt 4.3.2.

häufig umgekehrt proportional mit dem realen Verhalten.[373] Empirisch nachgewiesen wurde daher auch ein evidentes Missverhältnis bei quasi allen physischen, kognitiven sowie emotionalen Eigenschaften zwischen der Selbstwahrnehmung sowie der Wahrnehmung durch Dritte.[374] So bestehen beispielsweise bei narzisstischen Persönlichkeitsmerkmalen eindeutige Korrelationen zur verzerrten Wahrnehmung der eigenen Körperproportionen - das Selbstbild determiniert die eigene Wahrnehmung. Verstärkt wird die Verfügbarkeitsheuristik noch durch den angesprochenen numerischen Analphabetismus. So dominieren beispielsweise im Gesundheitsbereich häufig ‚große' Zahlen wie der Anstieg einer Krankheitsquote um einhundert Prozent, obwohl der absolute Anstieg nur eine Erhöhung von 0,01 auf 0,02 Prozent beinhaltete.[375] Analog hierzu ist auch die häufig fehlerbehaftete Einschätzung von Risiken zu sehen, da bei einer Heilungschance von sechzig Prozent die vierzigprozentige Nichtheilungschance überbewertet wird.[376] Statistik sowie Wahrscheinlichkeitstheorie sind komplex sowie ‚nicht- intuitiv' und ‚schrecken' somit den heuristisch vorgehenden Menschen ab. Hinzu kommt, dass statistische Zahlen häufig auf Schätzungen und Interpretationen sowie semantisch mehrdeutigen Definitionen basieren. Zusätzlich wird deren Aussagekraft durch die Nutzung ungeeigneter Kennzahlen und Referenzklassen sowie unzulässigen Hochrechnungen stark eingeschränkt, so dass Statistiken häufig manipulieren.[377] Auf Grund dieses ‚statistischen Analphabetismus' beziehungsweise einer Dyskalkulie[378] fehlt somit eine Risikokompetenz, um Risiken verstehen und bewerten zu können.[379] Der Mensch ist somit wegen dieses Nichtverstehens mathematischer Grundlagen manipulierbar.

---

[373] Vgl. die empirischen Untersuchungen von G. Bravo und M. Farjam – Farjam, M. et al (2019).

[374] Vgl. Kinkenauger, S.A. et al (2017); S. 1 ff sowie Blinkhorn, V. et al (2019), S. 353 ff.

[375] Analog gilt dies auch für die ‚Alarmmeldung' der WHO, dass der Genuss von ‚rotem Fleisch' das Divertikelrisiko im Darm um 58% steigern würde: Absolut besagte diese Meldung einen Anstieg von 1,6% auf 2,6% bei einem täglichen Verzehr von mindestens 1 Kg Fleisch.

[376] Analog zur Bewertung eines halbvollen oder halbleeren Glases.

[377] Bspw. die Aussage, dass 8% der Smartphonenutzer suchtgefährdet sind.

[378] Quasi eine Zahlen-Legasthenie.

[379] So bedeutet ein höheres Risiko um 18% bei einem statistischen Risiko von 5% (Darmkrebs) eine Erhöhung um 1%.

Als Beleg für diese subjektive (Falsch-)Wahrnehmung von Risiken beziehungsweise deren Eintrittswahrscheinlichkeiten kann auch die Finanz-(Kapital-)Marktkrise von 2007 angeführt werden. ,Ausgangspunkt' für die explosionsartige Vergrößerung des Optionsmarktes mit einem geschätzten Umsatz von weltweit circa 500 Billionen Euro war der Aufsatz von Black und Scholes im Jahre 1973, durch den die ,Mathematisierung des Finanzhandels' begründet wurde.[380] Mit den vorgelegten Algorithmen- beziehungsweise Gleichungssystemen konnte für jede Option unter Zugrundelegung der ,Gauß'schen Normalverteilung' der Risiken ein quantifizierter Risikowert berechnet werden, so dass verschiedene Optionen mit unterschiedlichen Risiken gebündelt werden konnten. Der Umsetzung dieses mathematischen Verfahrens für den Bereich von Finanzmarkttransaktionen lagen allerdings mehrere kognitive Irrtümer zu Grunde. Zum einen wurden Informationsbeschaffungsprobleme, Bewertungsfragen, individuelle Präferenzen et cetera nicht thematisiert, um ein ,elegantes' mathematisches Modell generieren zu können. Risiken sind jedoch nie monovalent, sondern ein multilaterales Beziehungsgeflecht interdependenter Faktoren. Zum anderen entsprachen die real existierenden Risiken auf Grund ihrer nichtlinearen Dynamik weder der Normalverteilung, noch addieren sich die Risiken der einzelnen Optionspakete — sie potenzieren sich vielmehr. Schließlich ist der mittels der Wahrscheinlichkeitstheorie errechnete statistische Risikowert nicht identisch mit dem menschlich subjektiv empfundenen Wert der Ungewissheit[381] über den Eintritt eines Ereignisses, da bei dessen Wahrnehmung beziehungsweise Empfindung nicht messbare und somit nicht quantifizierbare Elemente des impliziten Systems, beispielsweise Gefühle, Imprints und Gier

---

[380] Black, F., Scholes, M. (1973), S. 637ff.

[381] Zu differenzieren ist zwischen Risiko, Ungewissheit sowie Unsicherheit: **Risiko** ist die (mathematische) Berechnung der Eintrittswahrscheinlichkeit eines zukünftigen Ereignisses. **Ungewissheit** demgegenüber beinhaltet eine unvollkommene Informationslage sowie die Annahme hypothetischer Ereignisse – letztere wiederum können wahrscheinlichkeitstheoretisch ,errechnet' werden, so dass eine Wahrscheinlichkeitsannahme mit einer anderen Wahrscheinlichkeit quasi potenziert wird. **Unsicherheit** dagegen bedeutet, dass bei einem gravierenden Informationsmangel auch keine wahrscheinlichkeitstheoretischen Annahmen bzw. Werte vorliegen- sie lässt sich somit nicht durch mathematische Gleichungssysteme resp. Algorithmen ausdrücken oder berechnen.

vorherrschen.[382] Risiken werden somit subjektiv empfunden und bewertet. Dies gilt vor allem auch dann, wenn von Dritten, beispielsweise den Medien oder Freunden, Risiken überproportional bewertet werden und somit die Statistik unberücksichtigt bleibt. Verstärkt wird dies noch durch die menschliche Angewohnheit, Risiken nur beim ersten Auftreten zu bewerten und eine spätere kognitive Analyse außer Acht zu lassen.[383] Die im Rahmen dieser subjektiven Bewertung entstandene Unsicherheit löst Angstzustände aus, da die vorhandenen Imprints sowie die damit assoziierten ‚Geschichten' als Erfahrungen aus früheren Krisen im Belohnungssystem Schmerzgefühle implizieren.[384] Gerade auf Finanzmärkten agieren die Akteure besonders kurzfristig[385], emotional und herdenhaft, da sie sich in der Masse sicherer fühlen und keinen ‚sozialen Schmerz' verspüren wollen. Zynisch ausgedrückt existiert an der Börse keine Schwarmintelligenz, sondern Herdenblödheit.[386]

Diese Risikobewertungen werden des Weiteren durch häufig unbewusste Annahmen respektive Narrative sowie der Zugrundelegung eines Maßstabes oder Referenzpunktes beeinflusst, so dass Risiken und deren Messung äußerst subjektiv und somit beeinflussbar sind.[387] Kleinere Risiken werden daher intuitiv häufig überschätzt oder ignoriert, da die scheinbare ‚Plausibilität' gegenüber der realen, mathematischen Wahrscheinlichkeit den Vorzug erhält (sogenannter **Möglichkeitseffekt**). Ergebnisse oder Situationen mit einer großen Eintrittswahrscheinlichkeit dagegen werden in Relation zu ihrer realen Eintrittswahrscheinlichkeit untergewichtet, da nicht die tatsächliche Wahrscheinlichkeit, sondern nur die Möglichkeit eines Eintretens einer Situation dominiert –

---

[382] So wies John Coates im Rahmen der Kapitalmarktkrise nach, dass der Testosteronspiegel bei erfolgreichen Spekulationen wie ‚bei Haien im Blutrausch' ansteigt, so dass die Risikobereitschaft bei Börsenhändlern ohne kognitive Kontrolle ständig wächst, bis zum Totalverlust- vgl. Kandasamy, N. et al. (2014).

[383] Bspw. beim Abschluss von Versicherungen.

[384] Vgl. Knight, F.H. (1921); Bewley, T.C. (2002), S. 79 ff; Akerlof, G.A., Shiller, R.J. (2009); gem. N. Luhmann ist das Gegenteil von Risiko daher nicht Sicherheit, sondern Gefahr und Angst (z.B Regenschirm: Nimmt man ihn mit, ist man sicher, nicht nass zu werden- setzt sich jedoch der Gefahr aus, ihn zu vergessen...). Vgl. Luhmann, N. (2003).

[385] Boni implizieren kurzfristiges sowie kurzsichtiges Verhalten.

[386] Robert Shiller unterstellt, dass Börsenbewegungen nicht auf relevanten Informationen, sondern auf irrationalen Moden sowie den Keynes'schen ‚animal spirits' beruhen. Vgl. Keynes, J.M (1936); Akerlof, G.A., Shiller, R.J. (2009); Shiller,R.J. (2014).

[387] Diese ‚Geschichten' müssen den Zeitgeist widerspiegeln. Vgl. Buchter, H. (2018), S. 30.

hierauf basiert die Teilnahme an Gewinnspielen, Lotterien, der Abschluss von Versicherungen und ähnliches.[388]

‚Manipulationsmöglichkeiten‘ des menschlichen Entscheidungsverhaltens bestehen dementsprechend in der mehrdimensionalen und somit Bewertungsoptionen bietenden Darstellung der potenziellen Gewinn- beziehungsweise Verlustchancen als Möglichkeitseffekt sowie auch durch die Verschiebung des Referenzpunktes. Allerdings verfällt der menschliche Entscheider häufig dann in eine Agonie, wenn diese Referenzpunkte als ‚Ankerpunkte‘ nicht mehr realistisch oder gültig sind. Wie ‚das Kaninchen vor der Schlange‘ ist er zu keiner Bewegung oder Entscheidung mehr fähig und ‚ergibt sich seinem Schicksal‘. Die menschliche Risikomentalität wird zusätzlich durch die Realitätsnähe und Konkretisierung der jeweiligen Risikosituation beeinflusst. Je unbestimmter und abstrakter das Risiko ist, desto größer ist die hierdurch ausgelöste Angst. Verstärkt wird dies noch durch die potenzielle ‚Opferquantität‘, da ein Terroranschlag mit vielen Opfern langfristig im Gedächtnis bleibt, im Gegensatz zu vielen Unfällen mit jeweils wenigen Opfern.[389] Angstzustände vor dem Hintergrund des Kontrollverlustes werden somit unter anderem durch den Grad der Ungewissheit respektive Unsicherheit hinsichtlich der Risiken impliziert beziehungsweise verstärkt. Kennt der Mensch (scheinbar) das Risiko, so ist die Angst geringer ausgeprägt. Des Weiteren prägt auch das subjektiv empfundene Ausmaß des Risikos und der hiermit verbundene ‚Verlust‘ die Größe der Angst.[390] Je mehr Informationen vorliegen und je größer der Zeitraum ist, in dem das Risiko eintreten kann, desto geringer wird die Angst im Rahmen des sogenannten Abstumpfungseffektes.[391] Diese positive Verblendung als sogenannter ‚**optimism bias**‘ im Sinne einer positiven Verblendung entsteht häufig, wenn es sich um das

---

[388] Bei einer Haftpflicht- oder Hausratsversicherung wird eine jährliche Prämie gezahlt, um das kleine Risiko eines hohen Verlustes abzusichern – im Rückblick ist die gesamte Prämienzahlung häufig höher als der zu erwartende Maximalverlust.

[389] So haben 60% der Deutschen derzeit Angst vor Terroranschlägen- obwohl statistisch die Wahrscheinlichkeit, von einem Blitz getroffen zu werden, größer ist; dies gilt auch für Flugzeugabstürze gegenüber Verkehrsunfällen oder dem damaligen Angsthype vor der Schweinegrippe, obwohl jährlich Zehntausende an der ‚normalen‘ Grippe sterben.

[390] Analog gilt: je mehr Menschen über ein Risiko reden resp. spekulieren, desto größer wird die implizit geschürte Angst- häufig bei Epidemien feststellbar.

[391] Bei Virusinfektionen wie ‚Sars‘ oder ‚Sars-CoV-2 (Corona-Virus resp. Covid-19 als dadurch ausgelöste Lungenkrankheit) übersteigt die Angst wesentlich das reale Risiko, während die gefährliche Grippe unterschätzt wird – dieses Risiko ‚kennt‘ man schließlich...

eigene Individuum handelt, so dass der Mensch Gefahren und Risiken nur für andere, nicht für sich selbst erkennt. Grundlage für diesen übertriebenen individuellen Optimismus ist die Diskrepanz zwischen den eigenen Erfolgsnarrativen sowie den Erzählungen Dritter. R. Bergler charakterisierte dieses Paradoxon der menschlichen Natur zutreffend als ‚die Angst des Rauchers vor dem Schlangenbiss'. Dies impliziert, dass der Mensch Risiken, denen er täglich begegnet und diese somit ‚kennt' sowie zu kontrollieren glaubt, grundsätzlich unterschätzt. Verstärkt wird dies noch durch die menschliche (Un-)Fähigkeit zur Interpolation. Hier überwiegt häufig die Auffassung, dass die heutigen Trends und Entwicklungen auch zukünftig linear verlaufen werden, so dass Korrekturen, Gegenreaktionen sowie disruptive Veränderungen nicht in Betracht gezogen werden. Aus mathematischer Sicht ist allerdings die Wahrscheinlichkeitsverteilung und damit die Eintrittswahrscheinlichkeit fast ausschließlich nur für systematische Einzelereignisse relativ präzise zu ermitteln, nicht jedoch für systemische und unberechenbare Vorkommnisse. Die Komplexität sozialer Systeme sowie deren nicht-lineare Zufallsbedingtheit und Unberechenbarkeit machen jedoch häufig Prognosen so gut wie unmöglich, da diese auf einer zufälligen Abfolge von Ereignissen beruhen.[392] Um dem Planungsanspruch gerecht werden zu können, versucht das explizite System jedoch, viele Ereignisse und Phänomene mittels einfacher Kausalketten zu beschreiben und somit ‚erklärbar' zu machen. Ursache hierfür ist zum einen, dass sich derartige Veränderungen diametral zur menschlichen Psyche mit seinem Glauben an Planbarkeit, dem Wunsch nach Sicherheit sowie der Angst vor dem **Kontrollverlust** verhalten. Zum anderen bedingt die Angst vor dem Kontrollverlust und damit das menschliche Kontrollbedürfnis, sich an den bekannten Daten der Vergangenheit zu orientieren, da die Zukunft zwangsläufig unbekannt und damit unsicher ist. Die Angst vor dem ‚Kontrollverlust' verstärkt somit das Ausmaß der Angst und beeinträchtigt die Risikokompetenz.[393] Des Weiteren besteht hierbei das kognitive ‚**Prinzip des optimistischen Fehlschlusses**', bei dem der Mensch das objektiv bestehende Risiko für sich als geringer als bei den anderen einschätzt. Schließlich werden unbekannte und unbestimmbare Risiken oder solche, bei denen er glaubt, diese subjektiv nicht beeinflussen zu können, auf Grund des Gefühls der vermeintlich

---

[392] Bspw. Prognosen über wirtschaftliche, technologische, demographische Entwicklungen etc.

[393] Allerdings ist die absolute Kontrollfähigkeit eine Illusion.

aktiven Selbststeuerung gegenüber dem passiven ‚Ausgeliefertsein' über-schätzt. Verstärkt wird dies noch durch eine Potenzierung der schlechteren Nachrichten in Verbindung mit einer Informationsüberladung oder **Informati-onspandemie**, die zu Angstzuständen sowie Panik führen.[394] Diese Infodemie aufgrund einer myriadenfachen Menge an Falsch- und Halbwahrheiten sowie an und für sich wichtiger Informationen, die jedoch auf irrelevanten Fakten be-ruhen, kann nicht mehr relativiert und falsifiziert werden. Durch die exponenti-ell schnelle Übertragung und Distribution von Informationen und Nachrichten entsteht eine inhalts- und ziellose Kakofonie. Hierdurch werden negative Ver-haltensweisen wie beispielsweise, Irrationalität, Ausgrenzung, Stigmatisierung sowie Vertrauensverlust intendiert. Diese Effekte werden noch durch die ‚**Ten-denz zur negativen Instruktion**' verstärkt, da nach der Lösung eines Problems die Definition dieses Problems verändert respektive erweitert wird, so dass das an und für sich gelöste Problem weiterhin besteht.[395]

Ursachen für diese Risikomentalität sind sowohl sozialisationsdeterminier-te[396] als auch genetisch bedingte Verhaltensweisen. Seit dem Urmenschen rea-giert der Mensch entweder mit ‚Angriff', ‚Flucht' (um sich der Situation zu ent-ziehen) oder ‚Apathie' (‚sich tot stellen'). Diese je nach Typus unterschiedlichen Verhaltensweisen entziehen sich somit einer rationalen Begründung bezie-hungsweise Erklärung. Diese Prädispositionen führen unter anderem jedoch dazu, dass das Belohnungssystem auf kurzfristige finanzielle Erfolge oder Beloh-nungen[397] stärker als auf nachhaltige Gewinne reagiert, da der Mensch den kurzfristigen Gewinn gegenüber dem langfristigen Nutzen bevorzugt.[398] Sprich-wörtlich hierfür ist die Aussage, dass ‚der Spatz in der Hand besser ist als die Taube auf dem Dach', da auf Grund der Gier nach dem kurzfristigen Erfolg die Risiken bei ‚eingeplanten' respektive verinnerlichten Gewinnen ausgeblendet

---

[394] Dieser Begriff stammt von der WHO im Zusammenhang mit dem ‚Corona- Virus'.

[395] Von Odo Marquard auch als ‚Gesetz der zunehmenden Penetranz der negativen Reste' bezeichnet.

[396] Beispielsweise die Konsequenz des derzeitigen gesellschaftspolitischen Systems einer ‚Vollkaskomentalität'.

[397] Die Aussicht auf finanzielle Belohnung lässt unser Belohnungssystem sofort aktiv wer-den, im Gegensatz zu Schokolade, anderen Drogen; allerdings wird durch Drogengenuss das Belohnungszentrum im Gehirn ‚abgestumpft', d.h. es reagiert immer geringer auf die Stimulierung durch Belohnungen.

[398] Vgl. Kahneman (2012).

werden. In Verbindung mit Panik führt diese Gier zur Selbstverstärkung von Trends und somit letztlich zu einer ‚selffulfilling prophecy'. Kurzfristige Gewinne oder die Aussicht auf Geld beziehungsweise das ‚Sparen von Geld' bei soge-nannten ‚Schnäppchen'[399] implizieren einen höheren Ausstoß des Neurotrans-mitters Cortisol, so dass das menschliche Gehirn, hierbei vor allem der **Nucleus accumbens**[400], gewissermaßen wie auf Kokain reagiert.[401] Verstärkt wird diese ‚numerisch- emotionale' Beeinflussung des menschlichen Entscheidungsver-haltens noch durch die im impliziten System verankerte ‚Verlustaversion'[402], da der Mensch Angst davor verspürt, zu viel zu bezahlen und dadurch ‚betrogen' zu werden. Des Weiteren werden dominierende, gesellschaftlich anerkannte ‚Belohnungssysteme' wie beispielsweise Gehaltshöhe, Dienstwagen, freie Ge-staltung der Arbeitszeit und dergleichen neuronal verinnerlicht. Diese prägen respektive determinieren dann unser kognitives Belohnungssystem.

---

[399] Das Belohnungssystem reagiert auf relative Werte (zB. Einsparung gegenüber dem Ge-samtpreis), nicht jedoch auf die absolute Höhe.

[400] Der Nucleus accumbens ist ein neurologisches Neuronennetzwerk im unteren Vor-derhirn; er steuert vor allem unsere Schmerz- sowie Lustgefühle. Das ‚Lustempfinden' wird beispielsweise auch durch spezifische Lebensmittel ausgelöst – haben Chips einen Anteil von 50% Kohlehydrate sowie 35% Fett, so führt das hierdurch generierte Lustgefühl zur sog. ‚hedonischen Hyperphagie', d.h. zum Essen über das Hungergefühl hinaus und so-mit zur Energieaufnahme über den Bedarf resp. Verbrauch hinaus.

[401] Vgl. hierzu die Ausführungen in Abschnitt 4.2 .

[402] Diese ist evolutionsbedingt doppelt so stark wie der Wunsch nach Gewinn.

3.3 Die Verankerungsheuristik

Die zufällige oder auch manipulative Vorgabe von Daten und Informationen beeinflusst intuitiv menschliche Entscheidungen, da diese Informationen noch ‚frisch' im Kurzzeitgedächtnis enthalten sind – die an sich relevanten Daten mittels des expliziten Systems im Langzeitgedächtnis zusätzlich zu suchen und zu prüfen, bereitet wesentlich mehr Mühe. Des Weiteren verankern sich vermeintliche Tatsachen, Mythen, sogenanntes ‚Expertenwissen', ‚Faustregeln' et cetera vor allem dann fest im Gedächtnis als intuitive Algorithmen zur Problemlösung und Entscheidungsfindung, wenn diese Informationen von vertrauenswürdigen Personen stammen oder eine scheinbare Plausibilität besitzen.[403] Zu diesen ‚vertrauenswürdigen Personen' gehören vor allem Eltern, Geschwister, Personen aus dem engeren Freundeskreis sowie anerkannte ‚Experten'. Die hierdurch ausgelöste sogenannte ‚Verankerungsheuristik' (**Anchoring**) kann allerdings häufig zu Fehlentscheidungen führen, wenn das implizite System den Entscheidungsprozess determiniert, da hierbei intuitive Verzerrungen anstelle rationaler Daten und Fakten dominieren. So orientiert sich der Mensch bei der Prognose von Werten beziehungsweise Entwicklungen, beispielsweise bei Börsenkursen, Zinsentwicklungen, Preissteigerungen und dergleichen, häufig an situativen Vorgaben von ‚außen', auch wenn diese Werte in keinem Zusammenhang mit dem eigentlichen Entscheidungsproblem stehen. Der erste Wert, den wir unbewusst im Zusammenhang mit einer Prognose (Schätzung) erfahren, definiert unsere anschließende Entscheidung. So ist bei Aktienverkäufen häufig entweder der Einstandskurs oder die letzte Veränderung eines Chartgraphen (sogenanntes ‚**endanchoring**') der Bewertungsmaßstab, auch wenn diese absolut unrealistisch waren oder mittlerweile sind.[404] Auch hat sich bei Bewerbungsgesprächen beziehungsweise Verkaufsgesprächen herausgestellt, dass

---

[403] zB. sog. ‚Gesundheitsweisheiten': Spinat enthält sehr viel Eisen; mindestens drei Liter Wasser am Tag trinken; Gemüse roh essen; der Schlaf vor Mitternacht ist der beste; abends essen macht besonders dick; Schokolade verursacht Akne; verkühle nicht die Nieren (obwohl diese a.G. ihrer Körperlage als Allerletztes auskühlen)...

[404] Die Markteffizienzhypothese von E. Fama, Robert J. Shiller und L. P. Hansen sagt vielmehr, dass bei Börsenkursen alle relevanten Informationen bereits eingepreist sind, so dass der weitere Kursverlauf nur von der zukünftigen Informationslage abhängig ist – die jedoch keiner kennt.

die erste Benennung eines Gehaltes oder Preises den anderen hinsichtlich der Höhe seines Angebotes beeinflusst – hier wirkt sich zusätzlich ebenfalls die Verlustaversion aus. Schließlich taxieren wir den Wert eines von uns zu verkaufenden Objektes, beispielsweise Gebrauchtwagen oder Immobilie, immer höher ein, als es dem materiellen Wert entspricht, da wir unsere Emotionen sowie Gefühle im Zusammenhang mit diesem Objekt ebenfalls ‚einpreisen'. Der potenzielle Käufer ist allerdings nur an dem materiellen Sachzeitwert interessiert. Der Verkäufer verkauft demnach nicht die Faktizität respektive Materialität des Objektes, sondern dessen mythischen Raum, in dem sich das Objekt subjektiv für ihn befindet. Umgekehrt gilt bei Versteigerungen, dass wir über den reellen Wert hinaus mitbieten, da der Mensch mental beziehungsweise intuitiv eine emotionale Beziehung zu dem Objekt im Verlaufe des Kaufentscheidungsprozesses aufgebaut hat und sich gedanklich schon als dessen Eigentümer fühlt – ‚koste es, was es wolle'. Verstärkt wird dieses Symptom beziehungsweise Syndrom noch durch das Faktum des psychologischen Besitztums.[405] Bei physischen Gegenständen entwickelt der Mensch aus haptischen Gründen Verbundenheits- sowie Besitzanspruchsgefühle. In solchen Fällen genügt schon eine imaginierte Berührung des Gegenstandes, um den Wunsch nach seinem Besitz auszulösen. Dieser **Besitztumseffekt** (endowment) beinhaltet, dass der Wert eines Gutes im Falle des Besitzes immer höher als beim Nichtbesitz oder bei der Kaufabsicht ist.[406]

Reale oder symbolische Bedrohungen, beispielsweise negativ aufgeladene Worte oder Gesten sowie Drohverluste, sind als sogenannter Negativdominanz genetisch privilegiert gegenüber Chancen im Interesse der Selbsterhaltung. Hinsichtlich der ‚**Verlustaversion**' haben die wegweisenden empirischen Untersuchungen von D. Kahneman und A. Tversky[407] ergeben, dass bei größeren Chancen eine spezifische Risikofeindlichkeit besteht (der berühmte ‚Spatz in der Hand'), während bei drohenden Verlusten die Risikobereitschaft im Rahmen des sogenannten Dispositionseffektes steigt. Die Ursache hierfür ist darin zu sehen, dass die Optionen nicht mit dem absoluten Betrag oder Ergebnis, sondern mit Referenzpunkten vor dem Hintergrund des derzeitigen Status bewertet

[405] Vgl. Atasoy, O., Morewedge, C. (2017).
[406] Vgl. Kahneman D. (2012), S. 356 ff.
[407] Vgl. Kahneman, D., Tversky, A. (Hrsg., 2000).

werden, da ‚man nicht schlechter dastehen will als vorher'.[408] Die ‚Werte' dieser Referenzpunkte sind zum einen abhängig von den bisherigen Sozialisations- und Lerneffekten.[409] Zum anderen werden sie relativiert beziehungsweise variabel gestaltet durch den Vergleich ‚mit den Anderen'. Wenn andere auch verlieren, ist der eigene Verlust nur halb so schlimm.[410] Hieraus resultiert eine pluralistische Ignoranz, da das eigene Verhalten immer durch den Vergleich mit anderen relativiert wird. Schließlich determiniert auch die angesprochene dyskalkulatorische Neigung des Menschen[411] sein Verhalten, da ein Verlust nur durch einen prozentual wesentlich höheren Gewinn kompensiert werden kann[412] - die Mathematik spielt in gewisser Beziehung der menschlichen Psychologie einen Streich. Dies bestätigt auch das sogenannte Easterlin-Paradoxon, dem gemäß nicht die absolute Höhe des Einkommens für Zufriedenheit sorgt, sondern der Vergleich mit dem Einkommen anderer.[413] Entscheidungen als Wahlhandlungen führen einerseits immer zur Inkonsistenz von Präferenzen, da diese mit dem Referenzpunkt schwanken. Andererseits sind die Nachteile einer Alternative gravierender als die Vorteile, da der Mensch genetisch bedingt stärker motiviert ist, Verluste zu vermeiden als Gewinne zu erzielen. Hierbei existiert somit eine asymmetrische Intensität der Motive zur Verlustvermeidung gegenüber den Motiven zur Gewinnerzielung. Diese Verzerrung begünstigt zwangsläufig die Tendenz zur Beibehaltung des ‚Status Quo' beziehungsweise zur Realisierung kleiner Veränderungen gegenüber einer Entscheidung mit grundlegenden, strukturellen Veränderungen. Zufriedenheit respektive Unzufriedenheit sind somit das Resultat eines kognitiven Prozesses – dem Vergleich zwischen der tatsächlichen Situation sowie der erhofften Idealvorstellung. Eine Verringerung dieser Diskrepanz kann daher aktiv durch die Veränderung der Realität oder passiv durch die Anpassung der Idealvorstellung erreicht werden.

---

[408] Vgl. die diesbezüglichen Ausführungen in Abschnitt 3.2.

[409] Hierbei haben negative Erfahrungen einen größeren Lerneffekt, da vor allem intrinsische Motive angesprochen werden; dies führt dazu, dass die eigenen Zielsetzungen reflektiert, hinterfragt werden.

[410] Dies entspricht der Keynes'schen Feststellung des konventionellen Verlustes anstelle eines unkonventionellen Gewinnes.

[411] Vgl. die Ausführungen in Abschnitt 3.2.

[412] Ein Aktienkursverlust von 50% impliziert eine 100% Steigerung zur Verlustkompensation.

[413] Vgl. Easterlin, R.A. (1974), S. 89 ff.; neben der Relativität des Einkommens ist allerdings auch das subjektiv empfundene Ausmaß der Fairness entscheidend.

Verstärkt wird die Verlustaversion zusätzlich zum einen auch durch die soge-nannte ‚Negativverzerrung' sowie der Negativitätsheuristik, da negative Erfah-rungen länger im Gedächtnis gespeichert werden als positive.[414] Der Mensch handelt somit nicht nur emotional im Sinne von ‚irrational', sondern ist auch hochgradig beeinflussbar beziehungsweise manipulierbar.[415] Kollektive gesell-schaftliche Ansichten, Bewegungen und Prozesse führen in wirtschaftlichen Aufschwungzeiten, beispielsweise bei einem Börsenboom, zu einer Verstär-kung der Selbstüberschätzung und somit zu einem kollektiven Rausch.[416] In Kri-senzeiten dagegen wird die individuelle, subjektive Skepsis überhöht und damit die Akzeptanzschwelle zur Analyse und Bewertung von ‚negativen' Informatio-nen sehr hoch gelegt, so dass auch für die jeweilige Situation positive Informa-tionen aus Angst vor einer Enttäuschung beziehungsweise der Aufgabe des ei-genen Weltbildes negiert respektive vermieden werden. Dieser Drang nach ei-nem spezifischen ‚Nichtwissen' impliziert eine Asymmetrie im Umgang mit po-sitiven als auch negativen Informationen, so dass die Verlustaversion somit nicht nur den Verlust materieller Güter, sondern auch das Aufgeben von Ein-stellungen, Auffassungen sowie Überzeugungen beinhaltet.[417] Letztlich wird hierdurch das Phänomen der ‚selffulfilling prophecy' initiiert.[418] Zum anderen wirkt sich hierbei auch der Resilienzeffekt aus, da jüngere Informationen im Gedächtnis eine stärkere Wirkung als ältere besitzen. Der individuelle Nutzen eines Gutes sowie die Bewertung einer Situation oder eines Zustandes ist daher nicht ausschließlich von einer rationalen Beurteilung abhängig, wie es beispiels-weise die klassische Makroökonomie im Standardmodell der Indifferenzkurven unterstellt. Dieser wird vor allem auch durch die individuelle Sozialisation (Le-bensgeschichte) sowie den damit verbundenen Erfahrungen, ‚Faustregeln' so-wie der situativ wirksamen Risikobereitschaft determiniert.[419] Letztere erhöht

---

[414] Vgl. die Ausführungen in Abschnitt 3.6.

[415] Von Keynes auch als ‚animal spirits' bezeichnet; zynisch gesehen ist der intuitive Mensch ‚emotional verwirrt'.

[416] Vernon Smith, der Begründer der experimentellen Ökonomik, wies schon vor mehr als 50 Jahren im Rahmen seiner Untersuchungen über Eigennutz sowie Mitgefühl nach, dass sich Menschen bei Aktienkäufen häufig überschätzen. Vgl. Smith, V. (2007).

[417] Vgl. Golmann, R. et al. (2016).

[418] So determinieren bei der ‚self fullfilling prophecy' die zugrundeliegenden Annahmen das gewünschte Ergebnis.

[419] Gem. der Studien von Richard Karlsson Linner wird die Risikobereitschaft zwar auch durch Unterschiede (sog. SNP - single-nucetiode-polymorphisms) in einzelnen DNA-

sich immer dann, wenn das Belohnungssystem nach erfolgreichen riskanten Entscheidungen ein extremes Wohlgefühl erzeugt – dieses Wohlgefühl will der Mensch immer wieder erlangen, so dass die Risikobereitschaft die quasi evolutionär bedingte Risikoaversion konterkariert.

Bausteinen generiert – allerdings mit einer Wirksamkeit von 0,02 bis 1,6 % bei allen 124 identifizierten Genen; vgl. Karlsson Linner, R. (2019), S. 245 ff.

3.4 Die Affektheuristik

Die empirische Forschung im Bereich der Neurobiologie respektive –psychologie hat nachgewiesen, dass die Aussicht auf Geldgewinn dieselben Hirnregionen (Amygdala, Striatum) anspricht wie beispielsweise Sex und Drogen. Tief im menschlichen Verhalten ist genetisch die Gier, die schnelle Bedürfnisbefriedigung verankert – die kurzfristigen, kleinen, jedoch sicheren Gewinne respektive Erfolge werden den langfristigen , jedoch mit einer gewissen Unsicherheit verbundenen größeren vorgezogen. Hierbei wird häufig auch der Profit über die Moral beziehungsweise die eigenen ethischen Überzeugungen und Werte gestellt. Diese ‚Aufgabe' der eigenen individuellen Wertvorstellungen wird bei Kollektiventscheidungen noch beschleunigt oder verstärkt. Empirische Untersuchungen von Falk[420] haben nachgewiesen, dass die individuellen Wertvorstellungen dann am schnellsten aufgegeben werden, wenn die Verantwortung im Kollektiv ‚geteilt' wird. Hierbei fällt es anscheinend leichter, die eigenen Wertvorstellungen zu ignorieren. Des Weiteren ist der ‚Lügenfaktor' bei Kollektiventscheidungen größer, da der Einzelne durch eine ‚bessere Lüge' beziehungsweise ein besseres Narrativ seinen Gruppenstatus verbessern will. Zwangsläufig fallen die Kollektiventscheidungen dadurch jedoch auf Grund der falschen Informationsgrundlage häufig schlechter aus.[421] Die hiermit verbundene **‚Verantwortungsdiffusion'** entlastet jedoch psychisch den Menschen und erzeugt die **‚Rechtfertigungsillusion'**, die Abweichungen vom ‚richtigen Verhalten' toleriert. Der Mensch entscheidet somit überwiegend nicht kognitiv-logisch beziehungsweise rational, sondern intuitiv- emotional. Unsere Entscheidungen beziehungsweise Urteile werden daher im Rahmen dieser ‚Affektheuristik' schon frühzeitig auf Grund von Emotionen, Meinungen, Einstellungen sowie Überzeugungen vorgeprägt beziehungsweise gebildet – bevor das ‚rationale' Überlegen und das (Nach-)Denken beginnt. Im Verlaufe des Sozialisationsprozesses generiert der Mensch auf Grund seiner Erfahrungen feste Überzeugungen, die tief im Gedächtnis durch ihre Kopplung an Gefühle verankert sind. Sie lassen sich

---

[420] Vgl. Falk, (2005).

[421] Die Untersuchungen von James Evans ergaben, dass bei großen Gruppen die Kreativität aufgrund des herrschenden Konformitätsdruckes sowie Gruppenzwanges sehr stark reduziert wird, da abweichende Meinungen quasi ‚untergehen' ; diese empirischen Untersuchungen ergaben allerdings auch, dass dies vor allem für Männer gilt, während Frauen wesentlich zurückhaltender artikulieren (weniger lügen). Vgl. Shi, F. et al. (2019).

daher nicht durch ‚fremde' Erklärungen und Ratschläge verändern und können letztlich nur durch eigene Erfahrungen und somit kognitiv verändert werden. Hierbei werden zwei neuronale Netzwerke aktiviert - ein kognitives sowie ein emotionales. Da diese beiden Netzwerke parallel und synchron aktiviert werden, verkoppeln sie sich. Wenn ein Mensch dann gleiche Erfahrungen in einem ähnlichen Kontext wiederholt macht, verdichten sich diese Erfahrungen zu einer ‚Meta- Erfahrung' und somit zu einer neuen Einstellung.[422] Auf Grund dieser Vorprägung werden anschließend selektiv ausschließlich die diese Einstellung unterstützenden Fakten und Argumente als ‚scheinbare Belege' gesucht. Hierdurch entsteht der sogenannte **‚Bestätigungsfehler'**, der das logisch-kognitive Denken verzerrt, da alle nicht-kompatiblen Daten, Fakten sowie Argumente ‚ausgeblendet', nicht zur Kenntnis genommen oder bewusst abgelehnt werden.[423] Diese würden ansonsten das bestehende eigene ‚Bild von der Welt' stören und zur kritischen Reflektion der eigenen Werte, Überzeugungen und Anschauungen zwingen, so dass der Mensch sich letztendlich selbst in Frage stellen müsste. Um die ‚eigene Identifikation' zu sichern und zu schützen beziehungsweise zu bewahren, wird jedes konträre Faktum als ‚persönlicher Angriff' gewertet – was nicht sein darf, kann nicht stimmen.[424] Durch diesen Reaktanzeffekt wird zwangsläufig eine spezifische **Verhaltensresilienz** determiniert.[425] Erschwerend kommt häufig noch ein erheblicher Mangel an verfügbaren objektiven Daten und Informationen hinzu. Je geringer das Fundament aus objektiven Tatsachen ist, desto heftiger wird die eigene (falsche) Ansicht beziehungsweise Meinung vertreten. Dies ist häufig eine der Ursachen für die Vergeblichkeit bei ideologisch oder persönlich geprägten Diskussionen.[426] Empirisch nachgewiesen wurde in diesem Zusammenhang auch der sogenannte ‚**Rückschaufehler'** (hindsight bias): Im Nachhinein glauben wir auf Basis eines schleichenden Determinismus, ein Ereignis vorhergesehen zu haben. Kennen wir im Nachhinein das Ergebnis einer Prognose beziehungsweise Vermutung, dann er-

---

[422] Vgl. Hüther, G. (2014), S. 26.

[423] Vgl. die Ausführungen in Abschnitt 3.8.

[424] Vgl. hierzu auch die Ausführungen in Abschnitt 2.2 sowie Abschnitt 4.3.3.

[425] Lat.: resilire, d.h. zurückspringen, abprallen; ursprünglich in der Physik als Kriterium für elastische Werkstoffe, die nach jeder Verformung wieder in ihre Ursprungsform zurückkehren; hier verstanden als soziale und psychische Widerstandsfähigkeit.

[426] P. Krugman sagte zu dieser ‚Irrationalität': Wenn Glaube und Fakten aufeinandertreffen, sind die Fakten chancenlos. Vgl. Krugman,P. (1980), S. 950 ff.

scheint es als völlig logisch, dass es so gekommen ist – und wir dies vorher auch wussten.[427] Der Mensch sucht dann selektiv im Rahmen der sogenannten Selbstverklärung beziehungsweise selektiven Wahrnehmung nach Informationen, die dieses Ergebnis stützen und im Nachhinein vorhersehbar gemacht haben. Das explizite System korrigiert somit rückwirkend seine Einschätzungen auf der Basis nachträglich ‚konstruierter‘ linearer Kausalketten.[428] Diese nachträglichen ‚Erklärungen‘ fördern die Illusion, die Vergangenheit verstehen zu können und somit die Zukunft im Rahmen seines Planungsanspruches prognostizieren zu können – der Zufall ist dem expliziten System verhasst. Die Wahrnehmung der meisten Menschen wird daher nur im geringen Maß durch Fakten und Daten, sondern überwiegend durch ihre Werte, Anschauungen und ihrem subjektiven, individuellen ‚Bild von der Welt‘ determiniert. Zusätzlich bleiben diejenigen Situationen, in denen unsere ‚Ahnung‘ über ein zukünftiges Geschehen bestätigt wurde, langfristig im Gedächtnis. Die häufigeren Momente der Nichtbestätigung werden schlichtweg ‚vergessen‘. In diesem Zusammenhang wurde empirisch nachgewiesen, dass der Mensch so gut wie gar nicht über eine objektive Selbsteinschätzung verfügt.[429] Daher ist er sich auch nicht bewusst, wenn er seine Meinung verändert, da er im Nachhinein der Ansicht ist, dass er die geänderte Ansicht oder Auffassung schon immer vertreten hätte.[430] Diese ‚Flexibilität‘ respektive dieser ‚metakognitive Irrtum‘ ist allerdings kein Selbstbetrug, sondern eine Konsequenz unserer Gedächtnisstrukturen.[431] Da das neue Wissen noch frisch im Gedächtnis und daher sehr schnell abrufbar ist respektive im Rahmen der sogenannten ‚metakognitiven Beurteilung‘ sofort zur Verfügung steht, ist sich der Mensch einer Meinungsänderung nicht bewusst. Die kognitive Anstrengung, im Nachhinein das explizite System mit energie- und zeitaufwändigen Nachforschungen einzusetzen, unterbleibt somit aus Gründen des Selbstschutzes im Hinblick auf eventuelle kognitive Dissonanzen.

Schließlich werden unbewusste Sinneswahrnehmungen häufig nicht bewusst registriert, jedoch im Kurzzeitgedächtnis gespeichert, beispielsweise das Wahrnehmen von Gerüchen, das Spüren eines Luftzuges und ähnliches, so dass

---

[427] Diese Präkognition als außersinnlichem Wissen um zukünftige Ereignisse ist nicht identisch mit ‚Hellseherei‘.

[428] Vgl. die Ausführungen in Abschnitt 2.1.1.

[429] Vgl. Wolfe, M. B, Williams, T.J . (2017), S. 29.

[430] Vgl. ebenda.

[431] Vgl. die Ausführungen in Abschnitt 2.1.1.

das implizite System hierauf zugreifen kann. Die Suche nach Lösungen dient somit letztendlich der eigenen Selbstbestätigung und somit der Erzielung einer nachträglichen Übereinstimmung zwischen Absicht und Wirkung respektive Ergebnis.[432] Zum einen hört, liest und sieht der Mensch daher häufig nur dasjenige, was seinen subjektiven Anschauungen, Einstellungen und Erfahrungen entspricht. Die empirischen Forschungen auf dem Gebiet der ‚**kognitiven Dissonanz**‘ beziehungsweise des ‚Rationalitätsschleiers‘[433] beweisen, dass uns unser Gehirn durch eine Rationalitätsfiktion ‚betrügt‘ und unserem Ego schmeichelt – damit wir uns auch am nächsten Tag im Spiegel noch anschauen können. Eine der Ursachen für diese kognitive Verzerrung ist, dass der Mensch die Realität nicht objektiv bewerten kann, sondern sich hierbei von seinen sozialisationsbedingten Frames, Ansichten und Meinungen sowie momentanen Stimmungen und Emotionen leiten lässt. Dieses Verdrängen der Realität ist trainierbar und erlernbar. Dies hat allerdings den Nachteil, dass wir aus Fehleinschätzungen beziehungsweise Fehlern häufig nicht lernen können und werden. Besonders auffällig wird dieses Symptom, wenn wir uns an die eigene Historie erinnern: Bestimmte Ereignisse haben nach Jahrzehnten einen ganz anderen als den tatsächlichen Verlauf genommen, eigentliche Niederlagen werden zu Siegen ‚verklärt‘.[434] Das eigene ‚Bild von der Welt‘ sowie das Selbstbild wird dementsprechend immer wieder ‚rekonstruiert‘, um die eigenen Ansprüche erfüllen zu können. Das autobiographische Gedächtnis[435] unterstützt dies durch das Verbrämen oder gar Vergessen früherer Verfehlungen sowie durch die Neukonstruktion der Vergangenheit. Verstärkt wird diese evolutionsbedingte Selbstmanipulation durch den sogenannten ‚holier-than-thou‘-Effekt, der das eigene Verhalten im Vergleich zu anderen, die sich angeblich noch unethischer verhalten, relativiert. Hierdurch entstehen narrative Autobiographien. Das Wesen dieser narrativen Verzerrung besteht darin, nicht nur andere zu ‚betrügen‘, sondern letztlich auch sich selbst. Diese manipulative Selbstinszenierung ist ein Teil der Triade[436] ‚Irreführung – Selbstbetrug – Publikumsbetrug‘.[437]

---

[432] Engl.: inattentional blindness. Vgl. Mack, A., Rock, J. (1998) sowie Hallinan,D. et al. (2015), S. 17.

[433] Vgl. Kirsch, W. (1970), S. 122 ff.

[434] Vgl. Welzer, H. (2016) sowie die Ausführungen in Abschnitt 2.1.1.

[435] Vgl. die Ausführungen in Abschnitt 2.1.1.

[436] Vom griechischen ‚Trias‘.

[437] Vgl. Pörksen, B. (2019), S. 49.

3.5 Die Simplifizierungsheuristik

Komplexität, Ambivalenz und Widersprüchlichkeiten des menschlichen Umfeldes respektive Lebenskontextes können die menschliche Selbststeuerung überfordern, da sowohl das explizite als auch das implizite System hierbei einen Kontrollverlust befürchten. Ein Leben mit ständiger Unsicherheit widerspricht diametral der menschlichen Natur. Aus diesem Grunde will der ‚homo sapiens‘ in Problemsituationen nicht die vollständige, objektive Wahrheit erkennen, sondern nur eine relative – die ihm sympathisch ist sowie seiner momentanen ‚Definition der Situation‘ respektive seinem derzeitigen ‚Bild von der Welt‘ entspricht.[438] Durch die damit verbundene Berücksichtigung überwiegend marginalisierter Informationen sowie teilweiser auch abstruser Aussagen wird eine **intellektuelle Illusion generiert** – die Bestätigung der eigenen Erwartungen, Meinungen und Anschauungen. Die Konsequenz ist eine Diktatur der Evidenz, des Augenscheinlichen sowie die Reduzierung der Dialogfähigkeit, der Fähigkeit zur diskursiven Auseinandersetzung. Durch diese Vermeidung der kognitiven Auseinandersetzung mit anderen Meinungen sowie Auffassungen im Rahmen einer Autosuggestion entfällt das Nachdenken über sich selbst und somit das potenzielle Entstehen von Unsicherheit und Kontrollverlust. Neben einer Reduzierung der Empathie impliziert dies jedoch auch den sogenannten ‚Opak- Effekt‘, da diese Simplifizierung des eigenen Kontextes als Narrativ ständig wiederholt wird, bis dieses als ‚Wahrheit‘ akzeptiert wird.[439] Die Fakten sind somit an und für sich nicht unbedingt relevant, entscheidend ist vielmehr, welche Geschichten mit ihnen erzählt werden.[440] Hierdurch werden allerdings andere Menschen durch die Definition subjektiver (Verhaltens-)Normen ausgegrenzt. Narrative sprechen vor allem Menschen mit fehlenden sozialen Kompetenzen sowie der Unfähigkeit zur Empathie an.[441] Reduziert werden dadurch allerdings auch individuelle Autonomie sowie gesellschaftlicher Pluralismus, Meinungs-

---

[438] Vgl. auch die Ausführungen in Abschnitt 3.8.

[439] Vgl. Kokoschke,A. (2012) sowie die Ausführungen in Abschnitt 4.3.3.

[440] Vgl. hierzu auch Kahneman, D.,Tversky, A. (Hrsg., 2000).

[441] Beim berühmten ‚Milgram- Experiment‘ verleiteten autoritäre Versuchsleiter die Probanden zu asozialem Verhalten – notwendig für diesen ‚Erfolg‘ waren autoritäre Befehlsstrukturen sowie die Isolierung resp. Herauslösung aus dem gewohnten sozialen Umfeld. Vgl. Glaeser, S., Sunstein, R.C. (2009), S. 263 ff.

vielfalt und Diversität. Grundlage hierfür ist vor allem die Schwierigkeit, sich emotional in eine hypothetische Situation zu versetzen, so dass eine Diskrepanz zwischen der rationalen, kognitiv-abstrakten Verhaltensvorstellung und dem tatsächlichen situativen Verhalten entsteht. Empirische Untersuchungen ergaben diesbezüglich drei Erklärungen für diese Diskrepanz.[442] Zum einen vermeidet der Mensch den Konflikt mit einer übergeordneten Autorität. Des Weiteren vermeidet er die soziale Konfrontation mit seinem sozialen Umfeld, gemäß des Motto: ‚der Klügere gibt nach.‘[443] Schließlich wirkt sich hierbei auch der sogenannte Mindlessness-Effekt aus, dem gemäß eine implizite Entscheidung der aufwändigeren kognitiven (expliziten) vorgezogen wird.[444] Da das implizite System ‚vorschnell‘ ohne Kognition reagiert, wird der explizit- kognitive Freiheitsgrad des Menschen überschätzt.

---

[442] Vgl. Sommers, R., Bohns, V.K. (2019).
[443] Um die eigene Reputation zu bewahren, werden zB. bei Würfelspielen falsche Angaben gemacht.
[444] Vgl. die Ausführungen in Abschnitt 3.9.

3.6 Die Negativitätsheuristik

Diese Heuristik wurde erstmals von John Cacioppo empirisch nachgewiesen.[445] Sie besagt, dass eine negative Erwartungsstruktur respektive Erwartungshaltung dazu führt, dass negative Informationen und Nachrichten im Gegensatz zu den verfügbaren positiven Informationen keiner kognitiven Reflektion durch das explizite System unterzogen werden. Hierdurch wird das menschliche Verhalten zwangsläufig determiniert. Durch die Messung der Hirnströme beim Betrachten von Bildern mit negativen sowie positiven Inhalten wies Cacioppo eine sogenannte ,Optimismuslücke' nach, da negative Bilder stärker und vor allem langfristig bestehende Hirnströme im Bereich der Amygdala auslösten. Diese Heuristik basiert sicherlich auf evolutionsbedingten Grundlagen, da grundsätzlich die Unterstellung negativer Sachverhalte die größere Überlebenschance aufgrund der damit verbundenen Vorsicht und Zurückhaltung bietet. In Kombination mit der ,Verfügbarkeitsheuristik' führt die Negativitätsheuristik fast zwangsläufig und ,automatisch' zu einer kognitiv- selektiven Verzerrung der Realität und unterstützt somit die Genese von Echoräumen sowie Verschwörungstheorien.[446] Die Konsequenz hiervon sind fast zwangsläufig die Verstärkung eines scheinbaren Kontrollverlustes sowie die Auslösung von Stress.

Die Wirkung dieser Heuristik wird derzeit durch die analogen Medien sowie sozialen Netzwerke noch verstärkt, da sie fast überwiegend negativ verzerrte Fakten als kognitive Narrative postulieren, die vorhandenen positiven Entwicklungen und Trends jedoch negieren respektive unterschlagen. Diese Narrative verstärken den verzerrten Blick auf die Realität noch zusätzlich, da sie auf einseitigen, extremen Beispielen, ,Schwarz-Weiß-Darstellungen', Personalisierungen sowie Absolutheitsaussagen beruhen, die nur im geringen Maß durch bewusste Relativierungen abgeschwächt werden können. Journalisten unterliegen sogar verstärkt dieser Heuristik[447] - so haben Kalev Leetarn sowie Mathias Kepplinger schon Ende des letzten Jahrhunderts nachgewiesen, dass in den Medien negative Berichterstattungen überwiegen.[448] Die Wirksamkeit der Negati-

---

[445] Vgl. Cacioppo, J.T., Patrick, W. (2011).
[446] Vgl. die Ausführungen in Abschnitt 4.3.3.
[447] Die alte Presseweisheit: only bad news are good news....
[448] Von Kepplinger als ,Verdunkelung des publizistischen Ereignishorizontes' bezeichnet- vgl. Kepplinger, H.M. (2012).

vitätsheuristik zeigt sich beispielsweise auch in den regelmäßig erhobenen ‚Deutschlandstrends‘ : Obwohl vierundachtzig Prozent der Befragten generelle Ungleichbehandlung, wachsende Armutsspaltung sowie die Zunahme familiärer Streitigkeiten unterstellen, trifft dieser Befund gemäß der eigenen Aussage nur zu sechzehn Prozent auf sie selbst zu.

3.7 Die ‚Muddling- Through‘ [449]-Heuristik

Diese Vorgehensweise einer schrittweisen Näherungslösung berücksichtigt nur wenige Annahmen respektive Informationen bei der Lösung eines Problems. Des Weiteren wird häufig nur eine geringe Zahl an Lösungsalternativen gesucht und bewertet, um das Entscheidungsproblem in kleine, überschaubare und daher revidierbare Schritte zu zerlegen. Im Rahmen dieser bewussten Reduktion der real existierenden Komplexität wird des Weiteren zusätzlich das Prinzip der Analogbildung angewandt, indem Erfahrungen aus anderen Bereichen, quasi als interne Repräsentation, auf das neue Problem transformiert werden. Von Vornherein wird daher keine vollständige, sondern nur eine ‚ausreichende‘ Problemlösung angestrebt, da nur fragmentarische Informationen sowie häufig eine unklare, diffuse Problemsituation vorliegen.[450] Letzteres erzeugt in der Regel das vage Gefühl einer notwendigen (Ver-)Änderung, allerdings ohne eine eindeutige, präzise Zieldefinition, so dass als Konsequenz von vornherein das Entstehen weiterer Folgeprobleme und somit das ‚Durchwursteln‘ von einem Problem zum nächsten akzeptiert wird.

Diese inkrementelle, iterative Vorgehensweise impliziert häufig unklare respektive undefinierbare Bewertungsunterschiede der generierten Lösungsalternativen, so dass Vergleichbarkeit sowie Priorisierung schwierig werden. Des Weiteren wird durch die Analogbildung eine Zielkonstanz mittels identischer Motive und Beweggründe als auch individueller Gewohnheiten intendiert, so dass nur geringfügige Veränderungen des eigenen ‚Bildes von der Welt‘ möglich werden, da die Kurzfristigkeit und Schnelligkeit der Problemlösung und somit die Erhaltung des ‚Status Quo‘ im Vordergrund stehen. Diese zur Stabilitätserhaltung der eigenen Persönlichkeit sinnvolle Vorgehensweise führt allerdings häufig zum Bewusstwerden intrapersonaler, multivariabler Zielkonflikte mit der Konsequenz von Zielantinomien, da sich die angestrebten Zielsetzungen

---

[449] Die Vorgehensweise des ‚muddling through‘ wurde von Charles E. Lindblom 1959 im Bereich der Gesellschaftstheorie definiert und später von Organisations- sowie Entscheidungstheorie übernommen. Vgl. Lindblom, C.E. (1959), S. 79 ff; Braybrooke, D., Lindblom, C. E. (1963).

[450] Gem. G.H. Wheatley ist ironischerweise ‚Problemlösen‘ das, was man tut, wenn man nicht weiß, was man tun soll (What you do when you don't know what to do). Vgl. Wheatley, G.H. (1984), S. 1.

teilweise gegenseitig ausschließen.[451] Hierbei treten vor allem drei Konflikttypen auf[452]:

- Äquivalenzkonflikt (Inkompatibilität durch gleiche Wertigkeiten der jeweils erreichbaren Ziele);
- Ambivalenzkonflikt (das erreichbare Ziel besitzt gleichzeitig positive wie negative Konsequenzen);
- Vilationskonflikt (alle erreichbaren Ziele sind negativ besetzt).

Eine Lösung dieser Zielkonflikte impliziert regelmäßig eine Anspruchsabsenkung. Allerdings nimmt das implizite System hierbei häufig eine intellektuelle Überforderung mit den Konsequenzen einer kognitiven Dissonanz wahr und leitet dieses Problem an das explizite System weiter. Diese Weiterleitung erfolgt grundsätzlich auch dann, wenn die ausgewählte Problemlösung zu negativen Ergebnissen geführt hat – die Konsequenz ist dann häufig ein Lernprozess sowie eine Anpassung der zugrundeliegenden Heuristik.

---

[451] Beispielsweise ökologisches Bewusstsein mit dementsprechenden Zielsetzungen im Gegensatz zum Paradigma des „Geiz ist geil'.
[452] Vgl. Hofstädter, P.R. (1957), S. 181 ff.

3.8 Die Bestätigungsfehler-Heuristik

Diese auch als ‚**confirmation bias**' bezeichnete Heuristik wurde Mitte des letzten Jahrhunderts erstmals von dem englischen Psychologen Peter Watson beschrieben.[453] Der Mensch tendiert dazu, überwiegend diejenigen Fakten und Sachverhalte zu akzeptieren, die seinem Weltbild und somit seiner subjektiven, vorgefassten Meinung respektive seinen Vorurteilen entsprechen – diejenigen, die diesen widersprechen, werden abgelehnt. Diesbezüglich werden daher in den ersten zehn Sekunden eines Problemlösungsprozesses diejenigen Indizien gesucht, die der eigenen Meinung oder dem eigenen sogenannten ‚ersten Eindruck' entsprechen. Ironisch ausgedrückt, glaubt der Mensch dasjenige, was er aufgrund seiner momentanen ‚Definition der Situation' respektive seinem derzeitigen Weltbild glauben will. Diese gewissermaßen implizite Diskriminierung führt zwangsläufig zu einer Polarisierung von Ansichten und Auffassungen und verhindert die kognitive Reflektion kritischer Informationen, Fakten und Tatsachen als auch deren notwendige Infragestellung , so dass der energieverbrauchende Einsatz des expliziten Systems zu Gunsten des impliziten Systems verhindert wird.[454] Hierdurch entsteht eine Intention- Verhaltenslücke, da das explizite System zwar ‚weiß', was zu tun ist, das implizite System jedoch aus Bequemlichkeit obsiegt. Durch die selbstlernenden Algorithmen in den sozialen Netzwerken wird dieser Aspekt noch verstärkt.

---

[453] Vgl. Watson, P. (1960), S. 129 ff.
[454] Dieser Sachverhalt intendiert u.a. auch die ‚Glaubwürdigkeit' von Fake News. Vgl. die Ausführungen in Abschnitt 4.3.2.

3.9 Die Unaufmerksamkeitsblindheits-Heuristik

Dieser etwas sperrige Begriff wurde von Arion Mack sowie Irvin Rock auf Grund ihrer psychologischen Experimente in den neunziger Jahren des letzten Jahrhunderts generiert.[455] Demnach übersieht der Mensch offensichtliche, ‚ins Auge fallende' Objekte und Tatsachen, wenn die Aufmerksamkeit auf etwas anderes fokussiert ist. Aus Kapazitäts- und Ressourcengründen blendet das Gehirn alle Reize aus, die vom Aufgabenraster wesentlich abweichen, da die kognitiven Ressourcen des Gehirns durch die momentane Aufgabe ausgelastet sind. Je größer die Differenz beziehungsweise der Kontrast der unerwarteten Reize zum Objekt der gestellten Aufgabe ist, desto größer wird auch die Unaufmerksamkeitsblindheit. Gerade weil ein unerwarteter Reiz sich überdurchschnittlich von den erwarteten Reizen der fokussierten kognitiven Konzentration unterscheidet, wird er auf Grund der universellen Eigenart des Denkens und der Wahrnehmung übersehen.[456] In mehreren empirischen Untersuchungen wurde ermittelt, dass dieses ‚Übersehen' respektive die damit verbundene ‚Blindheit' unabhängig von der kognitiven Leistungsfähigkeit beziehungsweise der Kapazität des menschlichen Arbeitsspeichers ist. Eine Variante der Unaufmerksamkeitsblindheit ist die Veränderungsblindheit, bei der der Austausch einzelner Objekte im Verlauf einer durchgehenden Handlung auf Grund der Auslastung der kognitiven Ressourcen nicht wahrgenommen wird.[457]

---

[455] Vgl. Mack, A., Rock, I. (1998); engl.: inattentional blindness.

[456] Dies zeigte deutlich die sog. ‚Gorilla- Studie' von C.F. Chabris und D.J. Simons, bei der die Probanden jeweils drei weiß- bzw. schwarzgekleideten Basketballspielern beim Werfen zusehen sowie deren Würfe zählen sollten – den quer über das Spielfeld gehenden Schauspieler in einem Gorillakostüm bemerkten sie nicht. Vgl. Simons ‚D.J., Chabris, C.F. (1999) S. 1059 ff, Chabris, C.F., Simons, D.J. (2010) sowie die Sportstudien von Kreitz, C. et al. (2015), bei denen Spieler a.G. der einstudierten taktischen Abläufe den situativ besser postierten Mitspieler nicht wahrnahmen.

[457] Probanden sollten einem Dritten anhand eines Stadtplanes den Weg erklären – sie bemerkten im Rahmen dieses Kommunikationsprozesses nicht, wenn dieser Dritte ‚ausgetauscht' resp. durch eine andere Person ersetzt wurde; vgl. Simons,D .J./Levin, D.T. (1998), S. 644 ff.

3.10 Die „Mainstream"-Heuristik

Der Mainstream basiert in der Regel auf einem gemeinsamen Wertekanon, das heißt auf Überzeugungen, Werten, Einstellungen und Ideen, die von fast allen Mitgliedern einer Gruppe geteilt und häufig auch imitiert werden. Sie sind somit für diese Menschen verständlich, sie haben sich diese zu eigen gemacht.[458] Die Mitglieder eines Mainstreams halten sich häufig für moralisch überlegen und akzeptieren daher keine abweichenden Meinungen. Der Mainstream ist somit eine kollektive Erwartungshaltung, die auf Individualität sowie Originalität verzichtet. Allerdings repräsentiert er per se keinen Konformismus, sondern eine Bandbreite legitimer Standpunkte, deren konstruktiven Austausch sowie den Diskurs hierüber. Er repräsentiert somit eine fluide Größe, in dem Urteile und Standpunkte ohne existenzielle Spaltungstendenzen verortet werden. Hierdurch besitzt er gemeinsame Schnittstellen, die Möglichkeit zum Konsens und die Fähigkeit zur Kohäsion. Nicht nur aus neuropsychologischer Sicht impliziert diese ‚Selbstaufgabe' allerdings einige negative Konsequenzen für den Einzelnen.

Zum einen führt das Gefühl respektive die subjektive Wahrnehmung, Mitglied einer gesellschaftlichen Mehrheit zu sein, häufig zu einer spezifischen Dialogunfähigkeit sowie einer Absenkung der Empathieschwelle, so dass die individuelle Wahrnehmung letztlich das Ergebnis einer ‚Kulisse der Selbstbespiegelung' ist. Zum anderen reduziert zwar das ‚Schwimmen im Mainstream' subjektiv das Risiko fehlerbehafteter oder falscher Entscheidungen sowie Orientierungen, so dass durch die Imitation des Verhaltens anderer der genetisch bedingten Verlustaversion Rechnung getragen wird.

Bei diesem ‚Ghosting' werden jedoch Informationen, die nicht identisch mit dem eigenen Weltbild oder den eigenen Ansichten sind, nicht akzeptiert oder als unglaubwürdig angesehen, da sie schlichtweg als falsch sowie die Quelle als unseriös gelten. Dieses Ignorieren von Fakten zur Bewältigung der angstbesetzten Komplexität des Lebens wird auch als ‚Gedächtnis-Boomerang' bezeichnet,

---

[458] So ergaben sowohl die Shell- Studie in 2015 als auch die Sinus-Studie in 2016, dass sich die sog. ‚Milleniums-Generation' als ‚Mainstream- Generation' bezeichnet: So zu sein wie alle als Resultat des Wunsches nach Orientierung in einer unübersichtlichen, komplexen sowie globalisierten und digitalisierten Welt. Vgl. Shell-Jugendstudie (Albert, M. et al, 2015) sowie Sinus-Studie (Calmbach, M. et al., 2016).

da ansonsten Einstellungen sowie Auffassungen in Frage gestellt werden würden.[459]

Existiert kein Konsens über Daten, Fakten und Ansichten, so intendiert dies im Rahmen der sogenannten ‚Konsenskomplikation' Ungeduld sowie Vorverurteilung. Solange alles nur abstrakt ist, existiert ein großes Vertrauensmaß. Wird das Abstrakte allerdings aufgrund von Daten und Informationen gegenwärtig und gegenständlich, so entsteht Skepsis. Das Resultat ist dann aus gruppenpsychologischer Sicht häufig die Genese sogenannter ‚Echoräume'.[460] Hierdurch wird allerdings eine gewisse Unmöglichkeit des Lernens aus eigenen Fehlern respektive Erfahrungen impliziert, so dass das Individuum auf diese Lernprozesse und somit auf die an und für sich notwendige Selbstreflektion verzichtet.

Der mit dem ‚Mainstream' verbundene Verzicht auf die rationale Prüfung und Bewertung der an sich verfügbaren Informationen ist somit in gewisser Beziehung eine primäre Selektion. Dadurch behält das Individuum den Status Quo seiner Einstellungen, Werte und Auffassungen sowie seine momentane Definition der Situation aus Angst vor dem Kontrollverlust bei - es bleibt allerdings auch weiterhin seiner emotionalen Illusion des ‚Beherrschens der Situation' verhaftet. Die an und für sich für eine individuelle Weiterentwicklung notwendige Anpassung respektive Veränderung der Anschauungen, Auffassungen sowie Zielsetzungen durch Lernprozesse unterbleibt. Dies gilt zwangsläufig auch für den im Rahmen der Weiterentwicklung der individuellen Intellektualität notwendigen Wertewandels auf der Grundlage einer ‚Wertesynthese', bei der alte und neue Werte eine produktive Wechselwirkung implizieren können, während ein Beharren auf dem Status Quo der momentanen Werte zwangsläufig nicht zu einer Veränderung führt.[461] Vielmehr erhöht nur der ständige Ver- und Abgleich der eigenen Werte mit denjenigen der Umwelt die eigene Intellektualität, da nur dann das explizite System Lernprozesse realisieren kann - dies erfordert allerdings Selbstüberwindung sowie Demut.[462] Letzteres ist allerdings nicht im Sinne von Demütigung zu verstehen, sondern als Steigerung der Lebenszufriedenheit. Das damit verbundene ethische Verhalten erhöht die psychische

---

[459] Vgl. Sunstein, R.C. (2009a); Sunstein, R.C. (2009b) sowie Glaeser, E., Sunstein, R.C. (2009), S. 263 ff.

[460] Vgl. die Ausführungen in Abschnitt 4.3.3.

[461] Vgl. Klages. H. (2001), S. 726 ff sowie Klages, H., Gensicke, Th. (2004), S. 279 ff.

[462] Verstanden als das Resultat der Interaktionen zwischen der genetischen Veranlagung sowie der Umwelt.

Resilienz durch eine geringere Risikobereitschaft und ist somit ein Ausweg aus der Narzissmusfalle.[463]

Dennoch will bei Umfragen et cetera keiner dem medialen Mainstream angehören, da das Etikett ‚Mainstream' sich bei jedem Negativum beliebig anheften lässt, so dass die Kritik am Mainstream weit verbreitet ist. Hier macht sich auch die vorstehend diskutierte ‚Affektheuristik' bemerkbar.

---

[463] Vgl. Owens, B. (2013).

3.11   Die Gesprächsheuristik

Gespräche, deren Inhalte sowie die Gesprächsführung beinhalten ein im Verlauf der Evolution sowie Sozialisation entstandenes inoffizielles, jedoch sehr komplexes Regelwerk, aus dem kognitive Automatismen abgeleitet werden. Zur Bewältigung dieser kognitiv anspruchsvollen Aufgabenstellungen muss das explizite sowie das implizite System erhebliche Multi-Tasking- Leistungen erbringen, um sowohl das Zuhören als auch parallel dazu eine Antwort intuitiv oder kognitiv zu formulieren sowie diese zum richtigen Zeitpunkt aussprechen zu können. Grundlage hierfür ist der Sachverhalt, dass das Gehirn per se ständig eventuell auftretende Probleme antizipativ zu erkennen sowie zu lösen versucht.[464] Diese Antizipation der Argumente des Gesprächspartners bei einem Gespräch birgt zwangsläufig einige Risiken sowie Fehlerpotenziale in sich.

Zum einen formuliert das Gehirn schon während des Zuhörens eine adäquate Antwort - mit der Konsequenz, dass man dem Gesprächspartner während dieser Zeitspanne nicht mehr konzentriert zuhört, so dass entweder eine sachlich oder grammatikalisch fehlerbehaftete Antwort gegeben wird. Dies führt des Weiteren dazu, dass die Antwort zu früh gegeben wird, ohne dass man sowohl das Satzende als auch den vollständigen Inhalt der Argumentation des Gesprächspartners kognitiv erfasst hat. Zum anderen beginnt man häufig schon zu reden, ohne die eigenen Antwort vollständig formuliert zu haben. Das Gehirn ‚stolpert' dann, so dass Syntax und Grammatik fehlerbehaftet angewandt werden.

Ein ‚Trost' hierbei ist allerdings, dass der Gesprächspartner dies häufig nicht bemerkt, da er ebenfalls kognitiv-antizipativ parallel dazu seine (Re-)Antwort vorformuliert. Hieraus resultiert häufig das Phänomen, dass beide Gesprächspartner ‚aneinander vorbeireden', da das kognitive Verstehen einer Aussage als auch die antizipative Formulierung der jeweiligen Antwort hierauf die gleichen neuronalen Netze respektive Strukturen beansprucht. Schließlich macht sich bei dieser Heuristik auch die sogenannt ‚200-300 Millisekunden Regel' bemerkbar: Wenn eine Antwort auf Grund des damit verbundenen Nachdenkens zeitlich verzögert gegeben wird, erzeugt dies beim Gesprächspartner eine kognitive Verwirrung beziehungsweise Irritation, die zum intuitiven Misstrauen sowie zur

---

[464] Vgl. die Ausführungen in Abschnitt 2.1.

expliziten Prüfung führt. Dieser Sachverhalt gilt übrigens auch bei einer ständigen Unterbrechung der eigenen Antworten.[465]

Erschwerend kommt bei einer Gesprächsführung noch hinzu, dass der Mensch nach sozialer Anerkennung strebt, um das Belohnungssystem im ‚nucleus accumbens' zu aktivieren. Er kontrolliert respektive reflektiert während des Gespräches im Rahmen eines ‚impression management' ständig, wie er bei dem Partner ‚ankommt' und variiert dann sein Auftreten. Zugrunde liegt hierbei das narzisstische Bedürfnis, die eigene Identität an den jeweiligen Kommunikationspartner durch Hervorheben der scheinbar erwarteten Eigenschaften anzupassen.[466] Bekanntlich ist soziales Verhalten überwiegend auch eine Form der Selbstdarstellung – diese prägt die Gesprächsinhalte beispielsweise bei bilateralen Gespräche zu siebzig Prozent.[467] Bei direkten, bilateralen Gesprächen ist dies durch die Beobachtung des Gesprächspartners im Hinblick auf Mimik, Gestik, Lautstärke, Körpersprache, Augenkontakt, Wortwahl und dem Klang der Stimme noch relativ einfach, da man durch den damit verbundenen Transfer von Empathie und Haptik auf den andere ‚eingehen' kann. In den sozialen Netzwerken fehlen allerdings diese individuellen Kontrollmöglichkeiten im Hinblick auf die Spontanität Dritter, so dass die Selbstdarstellung aufgrund der mangelnden Überprüfbarkeit sehr schnell zum Angeben oder ‚Blenden' führt.

Bei Diskussionen in den sozialen Netzwerken wird dieses narzisstische Bedürfnis zusätzlich durch ein exhibitionistisches noch wesentlich verstärkt. Letzteres basiert auf dem subjektiv empfundenen Kontrollverlust im realen Leben, so dass durch die Bild- und Textbeiträge bei Facebook, Instagram et cetera der Eindruck vermittelt werden soll, dass man sein eigenes Leben ‚unter Kontrolle' habe. Aufgrund dieser Kombination von Narzissmus sowie Exhibitionismus orientiert sich der Nutzer daher in den digitalen Netzwerken an der Anzahl der ‚Likes', die scheinbar Anerkennung, Aufmerksamkeit, Wertschätzung sowie soziale Reputation repräsentieren. Diese Wahrnehmungsverzerrung löst einen ‚Kick' im Belohnungssystem durch den Ausstoß von Dopamin aus. Die hierdurch generierte Egozentrik führt bei einem wesentlich größeren Empfängerkreis

---

[465] Vgl. Bögel, S. et al (2015).

[466] Vgl. Barrasch, A., Berger, J. (2014), S. 286 ff.

[467] Diese letztendlich narzisstische Eigenschaft ist im Verlauf der Sozialisation durch das Werben um den (Geschlechts-)Partner entstanden und ist vor allem bei Kleinkindern im Rahmen der sozialen Kognition sehr ausgeprägt; im Verlauf der individuellen Sozialisation wird dies rational- kognitiv wieder reduziert oder entwickelt sich zu einer Soziopathie.

allerdings zum einen dazu, dass man sich immer positiver darstellt, als man in Wirklichkeit ist, um auf Grund der Anzahl der ‚Likes‘ einen Dopaminausstoß im Belohnungssystem zu intendieren. Sie generiert jedoch zum anderen einen Suchtfaktor beziehungsweise Suchtprozess, bei dem der positive Feedback wie bei jeder Droge immer größer werden muss.[468] Für dieses digital erzeugte Suchtpotential existieren jedoch keine generell akzeptierten Regeln und Normen, so dass eine das Individuum gefährdende Sucht nach Sicherheit entsteht. Durch die damit verbundene Verletzlichkeit der menschlichen Psyche entsteht somit eine ‚digitale Knechtschaft‘ im Rahmen eines variablen, nicht planbaren Aufmerksamkeitswettbewerbes, bei dem soziale Interaktionen quantifiziert, bewertet sowie durch die Stärke des Dopamin-Ausstoßes ‚bepreist‘ werden.

Die vorstehend beispielhafte und daher nicht vollständige Aufzählung wesentlicher evolutions- sowie sozialisationsbedingter Heuristiken zeigt, dass das Entscheidungsverhalten des impliziten sowie teilweise auch des expliziten Systems intuitiv, ‚unwissentlich‘ und daher häufig unbeabsichtigt sowie unbemerkt ‚fremdbestimmt‘ wird. Die Heuristiken repräsentieren somit mentale ‚Faustregeln‘, die menschliches Denken und Handeln intuitiv und somit unbewusst steuern. Hierbei wird das explizite System quasi ‚ausgeblendet‘, so dass das Individuum vor dem Hintergrund ‚rationaler Kriterien‘ zu systematischen ‚Fehlentscheidungen‘ neigt. Verstärkt wird dies noch durch den Effekt, dass die Anwendung der Heuristiken und Routinen durch die Ausschüttung von Belohnungsstoffen wie Dopamin intensiviert wird. Dies beeinflusst zwangsläufig auch das damit verbundene Sozialverhalten des Menschen.

Im folgenden Abschnitt soll daher diskutiert werden, inwieweit durch die Digital- Ökonomie, verstanden als kontextuelle Aggregation von künstlicher Intelligenz, neuronaler, semantischer Netzwerke, Rechnerleistung, Robotik sowie ‚Big Data‘, die Heuristiken, Werturteile, Anschauungen und Auffassungen des impliziten Systems und somit das Entscheidungs- und Sozialverhalten des Individuums beeinflusst werden. Neben den technologischen Komponenten der Digital- Ökonomie müssen hierbei auch die moralisch-ethischen Grundlagen berücksichtigt werden. Zum einen verwandelt die Digitalisierung echte Gefühle in Emotionsschablonen und impliziert dadurch einen Gefühlstransfer, der das Leben nach dem jeweiligen Produkt oder der jeweiligen Dienstleistung zentriert

---

[468] Dies kann zu pathologischen Zwangsstörungen führen. Vgl. Abschnitt 2.1.1 und 4.4.

und somit fremdgestaltet. Diese Verdinglichung führt den Menschen in Analogie zu Herbert Marcuse in die Knechtschaft seiner - allerdings freigewählten - Verhältnisse. Hieraus entsteht letztlich eine Hyperindividualisierung, verbunden mit der Angst, etwas zu versäumen oder aus der Gesellschaft oder Gruppe ausgeschlossen zu werden. Die damit verbundene inhärente Hektik überdeckt dann die Sinnfrage. Hierzu zählen zum anderen die Konvulsionen des globalisierten Kapitalismus mit der damit einhergehenden **Ungleichheit** sowie den dadurch ausgelösten Krisen. Allerdings wird der Begriff der ‚Ungleichheit' häufig undifferenziert verwandt. Neben der ökonomischen Ungleichheit existiert zwangsläufig auch eine soziale Ungleichheit im Sinne einer Chancengleichheit[469] sowie eine Beteiligungs- respektive Beziehungsungleichheit.[470] Nachfolgend sollen allerdings die Ausführungen vor allem auf den ökonomischen Aspekt fokussiert werden.

Schließlich beinhaltet ‚Ungleichheit' zwangsläufig auch den verfassungsrechtlich geregelten freien Zugriff auf alle verfügbaren Informationen für jeden Menschen. Letzteres impliziert somit auch die Überwindung der informationellen, willkürlichen Grenzen, die durch repressive, macht-totalitäre Systeme, Unternehmen sowie Staaten gesetzt werden. Diesbezüglich kann konstatiert werden, dass jeder legitime Widerstand gegen diese Einschränkung des demokratischen Grundrechtes der Informations- und Meinungsfreiheit sowie der informationellen Selbstbestimmung im Rahmen der Digital-Ökonomie ungeahnte Kräfte sowie Auswirkungen hervorruft. Hierbei treten zwangsläufig auch fragwürdige sowie destabilisierende soziale Konsequenzen auf, wie beispielsweise der massive Einsatz von Fake News, die sektiererische Gewalt in Echoräumen sowie die sozialkulturelle Zerstörung Dritter durch digitales Mobbing.

---

[469] Raj Chetty zeigt empirisch im Rahmen von Big- Data- Analysen normativ die Möglichkeiten des ‚American Dream' auf. Vgl. Chetty, R., Finkelstein, A. (2013), S. 111-194.
[470] Pierre Rosanvallon hat diesbezüglich drei Dimensionen extrahiert: 1. Singularität (Einzigartigkeit); 2. Reziprozität (gleiche Verteilung von Rechten und Pflichhten; 3. Kommunalität (aktive Stadtpolitik als Raum zur Begegnung heterogener Menschen). Vgl. Rosanvallon, P. (2013).

4. Die Manipulation des menschlichen Gehirns durch die Digitale Ökonomie

Die Ökonomisierung der menschlichen Welt begann im achtzehnten Jahrhundert, angestoßen durch die Arbeiten von Francois Quernays[471] sowie Adam Smith.[472] Dieser Prozess mutierte Ende des Zwanzigsten Jahrhunderts durch Computer, Smartphone, Datenbanksysteme sowie der systemischen Einführung von ‚Virtual' sowie ‚Augmented Reality‘[473] zur **Digital- Ökonomisierung der menschlichen Welt**.[474] Dies führte einerseits zur Verdrängung des kapitalistischen Buchdrucks durch den kapitalistischen Bildschirm.[475] Andererseits wurde hierdurch eine Komplexitätsexplosion ausgelöst, so dass einfache, quasi mechanische Beziehungen zwischen Ursache und Wirkung nicht mehr gültig sind. Überspitzt kann die Digitalisierung als Anwendung diskreter, eigenständiger Zeichen verstanden werden. Das einzelne Zeichen besitzt analog zu den Buchstaben des Alphabetes für sich allein noch keinen Sinn. Das Wissen wird somit in kleinste Einheiten zerlegt und mittels der Kombinatorik durch Programme wieder zu sinnhaften Elementen aggregiert. Dies erfolgt jedoch aus humaner Sicht ohne kognitive Bedeutung, Sinn und Verstand. Da die verwendeten Taxonomien subjektiv und fehlerhaft sind, resultieren hieraus kognitive Kurzschlüsse, Rückkopplungen und Echoräume als Resonanzräume für Verschwörungstheorien, Fake News sowie Manipulationen.

Parallel dazu wurde die ‚gewohnte' Epoche der Körperindustrialisierung durch die Epoche der Cyborgisierung ersetzt. Hierbei werden Mensch und Maschine durch Neurowissenschaften, Gentechnik sowie Künstliche Intelligenz miteinander verschmolzen.[476] Analog zu Ray Kurzweil würde dies zu einem ‚Digitalen Neokortex' als neuem Teil der Großhirnrinde führen, der sich über eine Schnittstelle mit der KI verbindet.[477] Dieser Zustand repräsentiert die soge-

---

[471] Le Tableau oeconomique (1758).
[472] An Inquiry into the Nature and Causes of the Wealth of Nations (1776).
[473] Vgl. die Ausführungen in Abschnitt 2.1.1 sowie Abschnitt 2.2.3.
[474] Verstanden als kontextuelle Aggregation von Big Data, Künstlicher Intelligenz, neuronaler, semantischer Netzwerke sowie Robotik. Vgl. die Ausführungen im Abschnitt 4.1 .
[475] Vgl. Shaller, C. (2015), S. 45.
[476] Vgl. Caysa, V. (2015), S. 42 ff.
[477] Vgl. Kurzweil, R. (2014).

nannte **Singularity**[478], bei der die KI als weiterentwickelte ‚Artificial General Intelligence' sowohl das Denkvermögen als auch das menschliche Bewusstsein erreichen beziehungsweise sogar übertreffen würde. Dies wäre zwangsläufig nach der Entwicklung des humanen Neokortex vor circa zwei Millionen Jahren[479] ein von den Konsequenzen her nicht absehbarer (R)Evolutionssprung epischen Ausmaßes. Definiert man die Digitalisierung im Rahmen der Digital-Ökonomie als den ‚Fünften Zyklus' der ‚Long Wave Theory' von Kondratieff[480], so hat dies zwangsläufig nicht nur individuelle Auswirkungen auf das explizite und implizite System des menschlichen Gehirnes, sondern vor allem auch auf gesellschaftliche, politische und soziale Systeme und Strukturen sowie das Zusammenleben der Menschen. Jeremy Rifkin vertritt daher die Auffassung, dass durch die digitalisierte ‚Künstliche Intelligenz' ein völlig neues Wirtschaftsmodell und -system entsteht, dass die Grundlagen und Annahmen der klassischen Theorien infrage stellt.[481] Im Verständnis von W. Klafki ist die Digital-Ökonomie daher auch ‚epochaltypisch', da sie global ist, aufgrund der moralischen Intentionen eine ethische Dimension besitzt und letztlich eine interdisziplinäre Analyse benötigt.[482] So wird beispielsweise das Eigentum an Produktionsmitteln durch das ‚Sharing' als geteilte Nutzung ersetzt. Des Weiteren sinken bei den Plattformbetreibern die Grenzkosten durch die Akquisition neuer Nutzer gegen Null. Schließlich führt sie einerseits auf Händler- und Käuferseite zur Dezentralisierung beziehungsweise Glokalisierung, während andererseits durch die Verbindung von Kommunikation, Energie und personalisierten Marketing eine Monopolsituation bei den Plattformbetreibern generiert wird, die auf der Zahl der Nutzer beruht. Deren Geschäftsmodell mit seiner gesellschaftlichen Omnipräsenz schließt das Auftreten von Konkurrenten sowie das individuelle Wahlrecht der Nutzer aus. Somit stellt sich die Frage, ob die Angst vor dem Ersetzen des Menschen im Rahmen der ‚Singularity' größer ist als die Angst vor den Mani-

---

[478] Dieser Begriff wurde 1993 von Vernor Vinge als eine dem Menschen überlegene Intelligenz geprägt; er übernahm diesen Begriff von St. Ulam, der diesen der Astrophysik entnahm: Der Moment in einem Raum- Zeit- Kontinuum, in dem das Endliche unendlich wird. Vgl. Ulam, St. (1958), S. 5;
Vinge, V. (1993).
[479] Vgl. die Ausführungen in Abschnitt 2.
[480] Vgl. Jänig, Chr. (2004), S. 1 ff.
[481] Vgl. Rifkin, J. (2016).
[482] Vgl. Klafki, W. (2000).

pulationsmöglichkeiten der digitalisierten KI, da Maschinen sicherlich (noch) nicht die Kontrolle über den Menschen erzielen werden – jedoch Monopolkonzerne und Staaten, die die Methoden und Verfahren der KI einsetzen.[483] Schon im Jahr 1950 warnte daher Norbert Wiener vor diesen Kontrolltechnologien und -mechanismen und sagte das Entstehen eines maschinenzentrierten Faschismus aufgrund des Machtmissbrauches der Algorithmen vorher.[484] Insgesamt kann konstatiert werden, dass die dystopischen Prognosen über die Auswirkungen der KI die Bandbreite von der Singularity bis zum ‚einfachen' Hilfsmittel besitzen. Das erstere Extrem basiert auf einem undefinierten, faustischen Begriff der Intelligenz und unterstellt, dass die technologische wie auch die menschliche Intelligenz per se skrupellos wirkmächtig ist. Die bisherigen verhaltenswissenschaftlichen sowie neurobiologischen Erkenntnisse bestätigen allerdings, dass die humane Intelligenz als Ergebnis eines Suchalgorithmus' der Evolution auf Wissen und Erkenntnissen basierend zwar zielorientiert und niemals wertfrei ist, jedoch auch durch Skrupel, Empathie und Fürsorge geprägt wird.[485] Das andere Extrem unterschätzt technikgläubig und unreflektierend die kausaltechnologischen Auswirkungen von Automatisierung und Robotik.

Dem dystopischen Extrem dieses polarisierenden Spektrums liegt die Auffassung zugrunde, dass der Mensch ein irrationales, schon fast ‚tumbes' Wesen ist, dem nur die Digitalisierung quasi retten kann, obwohl er nicht in der Lage ist, die Konsequenzen der technologischen Entwicklung verstehen und begreifen zu können. Dem anderen Pol ‚instrumentales Hilfsmittel' liegt dagegen eine unreflektierte Technikgläubigkeit und -vertrauensseligkeit zugrunde, die an andere Technikbereiche wie der Kernenergie, der Automatisierung et cetera Mitte des letzten Jahrhunderts erinnern lässt. Diese Auffassung fokussiert auf eine Funktions- und Kontrollallokation durch eine Abgrenzung von humaner und künstlicher Intelligenz sowie dem hierzu notwendigen Wissen und Verständnis bei den Entwicklern sowie digitalen Unternehmen.

Grundsätzlich kann man sich die Digitale Ökonomie als **dreidimensionalen Raum** vorstellen, der durch die Vektoren Technologie, Intelligenz sowie Beeinflussung (Manipulation) repräsentiert wird.

Zur **technologischen Dimension** gehören die Ebenen respektive Untergruppen

---

[483] Vgl. Grunwald, A. (2019).
[484] Vgl. Wiener, N. (1966).
[485] Vgl. die Ausführungen in Abschnitt 2.

- Rechnerleistung
- Ultrakonnektivität durch das ‚Internet of Things'
- Big Data.

Die **Intelligenzdimension** wird durch die Ebenen
- (Social) Bots
- LSTM (Long Short- Term Memory) resp. ‚selbstlernende Algorithmen
- Machine Learning
- Cyborg
- Singularity
repräsentiert.

Die **Beeinflussungs-/ Manipulations-Dimension** wird in die Ebenen
- Soziale Netzwerke[486] / Echoräume/ Fake News
- Manipulation der menschlichen Heuristiken
- Microtargeting
- Manipulation von gesellschaftlichen Systemen respektive Strukturen
- Autoritarismus
differenziert.

Die nachfolgende Abbildung gibt diesen dreidimensionalen Raum wieder:

---

[486] In dieser Arbeit wird bewusst der Terminus ‚**soziale Netzwerke**' verwandt, da der umgangssprachliche Begriff ‚soziale Medien' in die Irre führt – Medien sind an und für sich ‚nur' Vermittlungssysteme für Informationen aller Art; die führenden Plattformbetreiber Alphabet, Facebook, Google etc. nutzen ihre Systeme jedoch nicht als Kommunikations-, sondern als **Manipulationsmittel** im Rahmen ihres jeweiligen Geschäftszweckes. Ansich ist die Begriffsverwendung eine ‚Jangle Fallacy', da zwei Namen für die gleiche Sache populär verwandt werden.

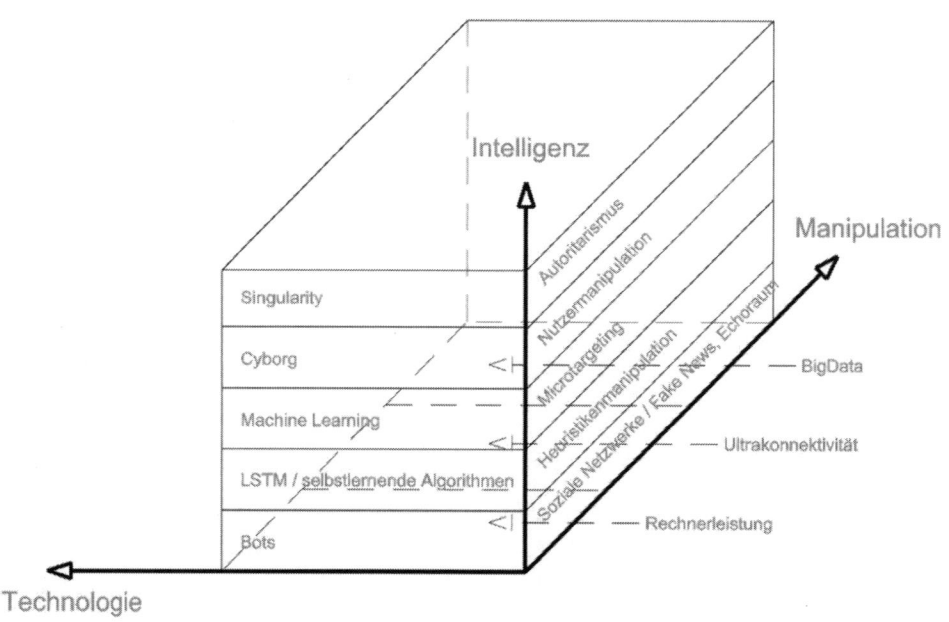

Abb. Nr. 2: Die Dimensionen und Ebenen der Digital- Ökonomie

Nachfolgend soll der Versuch unternommen werden, die Konsequenzen einiger ausgewählter Dimensionen respektive Ebenen der Digital-Ökonomie für das menschliche sowie sozial- und gesellschaftspolitische Entscheidungsverhalten zu beschreiben und zu analysieren. Generell gilt, dass medienbasierte Kommunikationsformen auf der Grundlage einer massenmedialen Integration eine Gemeinschaft der Individuen unter Gleichgesinnten generieren. Dies impliziert im Rahmen einer Medienrevolution einen gesellschaftsstrukturellen Wandel mit virtuellen, unsichtbaren Kollektiven und besitzt somit die soziale Sprengkraft der Distinktionsenergie.

4.1 Die Fremdsteuerung des ‚menschlichen Autopiloten‘ durch die Künstliche Intelligenz auf der Grundlage artifizieller neuronal-semantischer Netzwerke

Das intuitive, **implizite System**[487] funktioniert, wie deutlich wurde, quasi wie ein ‚Autopilot‘ und strebt an, situative Entscheidungsprozesse auf Grund ‚erlernter‘, im Gedächtnis als neuronale Aktivitätsmuster gespeicherter Routinen, Heuristiken respektive Verhaltensweisen zu lösen und somit zu automatisieren. Hierbei benutzt es ein zweistufiges Verfahren[488]:

In der **ersten Phase** werden auf rein kognitiver und damit emotionsloser Ebene die neuen Signale (Informationen) mittels abgespeicherter kognitiver Schemata beziehungsweise ‚neuronaler Netze‘ (quasi ‚Werte-Schubladen‘) bewertet und reflektiert. Im Gegensatz zu anderen Primaten reagiert der Mensch nicht sofort auf ein Signal (Reiz, Information), sondern bewertet dieses vor dem Hintergrund des Kontextes sowie des gespeicherten Wissens, um anschließend eine Reaktion respektive Entscheidung zu realisieren. Diese Bewertung kann als konstitutiver Vergleich einer partiellen Identität oder einer partiellen Verschiedenheit im Sinne einer qualitativen Nähe verstanden werden. Der Inhalt dieser ‚Schubladen‘ wird durch sogenannte ‚Imprints‘ als neuronale Repräsentationen oder Aktivitätsmuster definiert. Hierunter sind auch die im Verlauf der Sozialisation, vor allem im Bereich der kulturellen sowie sozialen Dimension erworbenen Werte, Normen, Verhaltensweisen, Stereotypen sowie Auffassungen zu verstehen. Die hierbei generierten sozialen Regeln repräsentieren häufig einen ‚kategorische Imperativ‘, um das Miteinander zu gewährleisten sowie ‚rhetorisches Gift‘ zu reduzieren - beispielsweise: ‚die gute Form wahren‘. Die häufig selbstbestimmte Abkehr von diesen Regeln intendiert Populismus, Fake News sowie ‚Shitstorms‘. Das Gehirn beziehungsweise das explizite sowie das implizite System werden somit lebenslang durch soziale, zwischenmenschliche und kulturelle Einflüsse geprägt. Die spezifischen sozialen und kognitiven Fähigkeiten des Menschen haben sich daher primär im Rahmen der und durch die sozio-kulturelle Entwicklung entwickelt und somit nicht nur durch die biologisch-

---

[487] In Analogie zu dem ‚Es‘ von S. Freud.
[488] Vgl. die Ausführungen in Abschnitt 2.1.

genetische Evolution. Des Weiteren wirkt sich bei dieser Bewertung von Signalen sowie Informationen auch die psychologische Struktur der individuellen Persönlichkeit aus. Letztere wird durch häufig situative Erfahrungen, Stimmungen sowie individuelle Motive determiniert und wird vor allem durch spezifische Selektionen während der Sozialisation generiert.[489] Dieser kognitive, emotionslose Bewertungsprozess erfolgt in den Hirnbereichen der Basalganglien sowie dem lateralen Temporalkortex respektive dem anterioren cingulären Cortex im Stirnlappen. Diese Hirnareale sind an den bewussten kognitiven Entscheidungsprozessen beteiligt und treffen vor allem Kosten- Nutzen- Abwägungen. Übersteigt hierbei der kognitive Aufwand den Vorteil einer großen Auswahl an Entscheidungsmöglichkeiten, so hat diese ‚Qual der Wahl‘ eine Demotivierung bis zur Entscheidungsunfähigkeit zur Folge.[490]

In der **zweiten Phase** werden diese bewerteten Signale im Orbifrontalen Kortex unter Einbeziehung des im limbischen System existierenden Belohnungs- und Schmerzsystems reflektiert. Dieses ‚Nachdenken‘ erfolgt überwiegend ‚unbewusst‘ beziehungsweise intuitiv.[491] Die hierbei verwendeten Werte[492], Normen und Auffassungen hat der Mensch im Rahmen der kulturellen Dimension des Sozialisationsprozesses auf Grund von Belohnungen sowie Bestrafungen ‚erlernt‘, so dass mit der zunehmenden Ausreifung des präfrontalen Kortex

---

[489] So haben Lange/Eggert im Rahmen eines empirischen Projektes festgestellt, dass bei Warteschlangen an der Kasse einerseits Kunden mit dem Artikel „Wasser" eher vorgelassen werden als mit dem Artikel „Bier". Des Weiteren ist die ‚Mengenreziprozität‘ entscheidend: Je voller der eigene Einkaufswagen ist, desto geringer ist der eigene Nutzen, auf seiner Position zu bestehen. Schließlich steigert das altruistische Verhalten des ‚Vorlassens‘ sowohl das eigene Image als auch die Hoffnung auf eine zukünftige Hilfsbereitschaft der vorgelassenen Person gegenüber Dritten (quasi ein rationales Kalkül). Vgl. Lange, F., Eggert, F. (2015).

[490] Dies haben die empirischen Untersuchungen von Axel Lindner ergeben. Vgl. Synofzik, M. et al (2015) S. 66 ff.

[491] Wird in einer Sequenz von sieben Bildern pro Sekunde ein ‚sequenzfalsches‘ Bild implementiert, so wird dieses dennoch unbewusst erfasst und reflektiert – bspw. eine Produkteinblendung im Rahmen einer naturwissenschaftlichen Dokumentation; derartige unterschwellige ‚Werbungen‘ sind deshalb seit ca. 1970 offiziell verboten, obwohl deren Wirkung mehr als fraglich ist.

[492] Werte geben allerdings nur dann Orientierung, wenn sie authentisch und zeitgemäß sind sowie kontinuierlich vorgelebt und erlebt werden; notwendig ist daher eine dialogische, wertorientierte Diskussion und Kommunikation – Kontext, Struktur und Inhalte einer gesellschaftlichen Debatte müssen somit immer neu justiert und aktualisiert werden.

durch entsprechende Sozialisationserfahrungen demnach die limbischen Strukturen unter kortikale Kontrolle gelangen.

Das implizite System interpretiert beziehungsweise bewertet ein Signal jedoch nicht ausschließlich unter Berücksichtigung der mittels neuronaler Aktivitätsmuster abgespeicherten Normen und Werte als sogenannte Imprints im Sinne von ‚Werte-Schubladen'. Vielmehr beurteilt es neben dem Signalinhalt auch den situativen Kontext, dem das Signal entstammt. Neuronale Aktivitäts- und Erregungsmuster werden demnach nicht ausschließlich durch neuronale Verschaltungen auf der Grundlage physikalisch-chemischer Prozesse, beispielsweise Ladungsübertragung, Stoffwechsel und Sauerstoffverbrauch, determiniert. So signalisiert ein schnellerer Herzschlag beispielsweise dem impliziten Systems eine Stresssituation in moralischen Situationen und aktiviert Bewältigungsmechanismen, die letztlich zu einer größeren Konformität mit den moralischen Normen der Umwelt führen können. Ebenfalls bewirken oder ‚programmieren' sozio-kulturelle Interaktionen in Form semantischer Inhalte, Logik, Normen und Werte beziehungsweise ‚geistiger Phänomene' die hervorgerufenen Aktivitäts- und Erregungsmuster. Des Weiteren versucht das implizite System aus (Energie-) Effizienzgründen, diese Bewertungsprozesse so kurz wie möglich durchzuführen und somit zu ‚automatisieren' – gemäß dem Motto: Besser eine ‚falsche' Schublade zur Bewertung heranziehen als einen umfassenderen, energieverbrauchenden expliziten Bewertungsprozess durchführen. Auf der Grundlage dieses Sachverhaltes werden dann die relevanten Heuristiken als mentale Faustregeln, die das Denken und Handeln intuitiv respektive unbewusst definieren und steuern, generiert. Da dem Gehirn die Unsicherheit in Verbindung mit einem Kontrollverlust suspekt ist, versucht es mittels der Heuristiken sowohl der Informationsüberladung als auch der Prokrastination[493] zu entgehen – gemäß des Mottos: lieber eine schnelle, unvollkommene Entscheidung als keine. Vor allem die Digital-Ökonomie generiert eine ‚Informationsüberladung', durch die Ressourcen zur Verarbeitung an sich unnötiger Informationen sowie Nachrichten verbraucht werden.[494] Heuristiken repräsentieren daher Auswahl- und Verarbeitungsstrategien zur Reduzierung dieses unnötigen Ressourcenverbrauches.

---

[493] Der ‚Aufschieberitis'.

[494] Gem. Francis Bacon ist Wissen gleichbedeutend mit Macht - neue Informationen sowie neues Wissen impliziert grundsätzlich jedoch auch ein Mehr an Nichtwissen.

Bei durchschnittlich zwanzigtausend menschlichen Entscheidungen täglich bestimmt das implizite (intuitive) System mit einer ‚Entscheidungskompetenz' von rund achtzig bis neunzig Prozent das menschliche Entscheidungsverhalten auf Basis der sozialisationsbedingt generierten Mythen, (Vor-) Urteile, Routinen und darauf basierenden Heuristiken. Die philosophische Annahme einer subjektiven Singularität und Individualität des menschlichen Verhaltens gilt, wenn überhaupt, nur für circa zehn bis zwanzig Prozent derjenigen menschlichen Entscheidungen, die durch das explizite, kognitive System getroffen werden. Zu untersuchen ist daher, inwieweit das intuitive ‚Normalverhalten' durch Dritte prognostizier- und beeinflussbar ist. Sind die im Bereich der ‚angewandten Mathematik' entwickelten Modelle zur Verhaltensprognose auf Grundlage der implementierten komplexen Algorithmen[495] sowie musterbasierten Prognosetechniken in der Lage, quasi als ‚Usurpatoren des menschlichen Geistes und Lebens'[496] zu fungieren, da individuelle beziehungsweise individualisierte Informationen sowie das daraus resultierende Wissen ubiquitär werden und somit an jedem Ort verfügbar sind. Die hierbei zugrundeliegenden Modelle müssen zwangsläufig multielementare Interdependenzgefüge repräsentieren. Werden diese ‚Maschinen' im Rahmen der **‚Künstlichen Intelligenz'** (KI) dem Menschen geistig ebenbürtig, ist somit Intelligenz nichts anderes als ein Algorithmus, der die Bedingungen der ‚Singularity' erfüllt?[497] Gemäß Vernor Vinge wäre der Mensch dann ein Satellit eines vernetzten, künstlichen Systems, das von einer maschinellen Superintelligenz beherrscht und gesteuert wird.[498] In diesem Fall würde die KI analog zur Industriellen Revolution, die Menschenkraft durch

---

[495] Der Begriff geht auf Al-Chwarizmi (ca. 800 n. Chr. in Bagdad) zurück, der Rechenmethoden lehrte; ein Algorithmus ist generell eine aus endlich vielen präzisen, eindeutigen Einzelanweisungen bestehende terminierte, d.h. zeitlich begrenzte Verfahrens- oder Handlungsvorschrift zur Lösung eines (mathematisch) formulierten Problems.

[496] Vgl. Eggers, D. (2014).

[497] Eine sich selbst ständig verbessernde, optimierende Maschinen-Intelligenz - dem Menschen geistig ebenbürtige oder überlegene Maschinen, die mit ihm ‚verschmelzen'; kommt demnach nach dem ‚homo sapiens' der ‚homo roboticus' ? Gemäß der Auffassung von Satya Nadella (Microsoft CEO) wird die KI nach PC- Betriebssystem und Internet die nächste, alles dominierende Plattform als Grundlage aller Applikationen und Anwendungen sein .Allerdings ist das menschliche Gehirn mit seiner komplexen Struktur, den permanenten Selbst- und Reorganisationsprozessen, sich ständig auf- und abbauender neuronaler Verbindungen derzeit durch Algorithmen weder abbildbar noch berechenbar oder prognostizierbar.

[498] Vgl. Vinge, V. (1993).

Maschinen kompensierte, nunmehr die kognitive Intellektualität des Menschen ersetzen. Die Konsequenzen wären zwangsläufig Ungleichheit sowie die Reduzierung oder sogar Aufgabe der individuellen Selbstbestimmung sowie der individuellen Freiheit und Privatheit, so dass der Mensch wie bei der ‚Skinner-Box' konditioniert werden würde.[499] Im letzteren Fall würde die KI zum einen ein ‚selbstbewusstes' Eigenleben generieren – mit vom Menschen unkontrollierbaren Handlungen. Einerseits würde der Mensch dann ontologisch neu definiert werden müssen, da er nicht mehr das einzige ‚Wesen' mit der Fähigkeit zum (Be-)Urteilen von Aufgabenstellungen, Problemen und Situationen wäre. Andererseits müsste der Mensch auch anthropologisch neu klassifiziert werden, da der Mensch nicht mehr allein Gestaltungs-, Beurteilungs- sowie Entscheidungsmacht besitzen würde – diese würden von anderen, artifiziellen und komplexen Systemen der KI ausgeübt werden. Auf Grund der menschlichen Unzulänglichkeit entstände ein technologischer Nihilismus, bei dem Spontanität sowie unkonventionelle Entscheidungen ausgeschlossen wären.[500] Stephen Hawkings und Alan Musk prophezeien und warnen daher vor einer Apokalypse.[501] Im Jahr 2017 erstellten daraufhin Wissenschaftler und Entwickler die dreiundzwanzig ‚Asilomar AI Principles' als Richtlinien für eine ethische KI- Forschung[502], um die dystopische Entwicklung zur Singularität zu verhindern. Zu berücksichtigen ist bei diesem definitorischen Spektrum der KI mit den Polen ‚dystopische Prophezeiung' sowie ‚instrumentale Unterstützung des Menschen' als digitale Transformation jedoch das jeweils zugrundeliegende Menschenbild.[503]

---

[499] Vgl. die Ausführungen in Abschnitt 4.1.1 sowie 4.1.2.
[500] Vgl. Sadin, E. (2017), S. 8.
[501] Offenbarung des Johannes im Neuen Testament.
[502] In Analogie zur Asilomar- Genforschungskonferenz im Jahr 1974.
[503] Vgl. Spiekermann- Hoff, S. et al. (2018), S. 1 ff.

4.1.1 Unterschiede zwischen ‚technologischer‘ und ‚humaner‘ Intelligenz

Diskutiert werden soll daher nachfolgend die Fragestellung, ob die Digitalisierung im Rahmen der Digital- Ökonomie als kontextuelle Aggregation von Künstlicher Intelligenz, selbstlernenden Algorithmen, neuronalen, semantischen Netzwerken sowie Robotik schon heute oder eventuell zukünftig in der Lage sein wird, der menschlichen Intelligenz im Rahmen von Cyborg sowie Singularität ebenbürtig zu sein oder diese gar zu ersetzen. Zu berücksichtigen ist hierbei allerdings, dass semantische Unterschiede zwischen dem ‚technologischen‘ sowie dem ‚humanen‘ Intelligenzbegriff bestehen. Nachfolgend werden nach einem chronologischen Überblick über die Genese der Künstlichen Intelligenz vor allem die Strukturen, Methoden, Verfahren und Möglichkeiten künstlicher Intelligenzsysteme erläutert und erörtert. Im Fokus stehen hierbei die differierenden Kriterien gegenüber den Funktionen und Prozessen des menschlichen Gehirnes. Eine aus heutiger Sicht abschließende Beurteilung wird allerdings auch vor dem Hintergrund divergierender, teilweise konträrer Prognosen der Fachwissenschaftler und Experten[504] zwangsläufig nicht möglich sein. Aufgezeigt werden daher nur im Rahmen eines ‚state of the art‘ diese differierenden Ansätze sowie deren wissenschaftliche Ausgangssituationen. Bekanntlich beinhaltet eine ‚state of the art‘-Übersicht zwangsläufig auch den derzeitigen Stand der Irrtümer.

---

[504] Ein Experte ist ein wissensbasierter technokratischer Problemlöser ohne Bezug auf moralische, sittliche sowie ethische Werte; seine Vorschläge ohne normative Vorgaben erscheinen daher als objektiv, wertfrei und nachvollziehbar. Aufgrund des involvierten Detailwissens fehlt ihm häufig jedoch das ganzheitliche Verständnis. Desweiteren entsteht häufig das Problem der Selbstüberschätzung a.G. des hohen Selbstbewusstseins bei mangelnder Rückkopplung – Letzteres wird meistens mit Kompetenz verwechselt.

4.1.1.1 Entwicklungsphasen der Künstlichen Intelligenz

Ausgangspunkt war die von Norbert Wiener[505] im Jahr 1948 begründete **Kybernetik** als Modell für Steuerungs- und Regelungssysteme im Sinne einer Automatentheorie unter Einbeziehung der zahlentheoretischen Arbeiten von Alan Turing. Auf dieser wissenschaftstheoretischen Grundlage konstruierte drei Jahre später Marvin Minsky im Rahmen seiner Dissertation die erste lernfähige Maschine namens **‚SNARC'** (Stochastic neural Analog Reinforcement).

Seit 1956 beschäftigten sich dann Mathematik sowie Informatik mit den ‚denkenden Maschinen', deren syntaktischen Grundlagen ein Jahr später durch Noam Chomsky mit dem Projekt einer generativen Grammatik (Syntactic Structure), durch das alle natürlichen Sätze einer Grammatik als Strukturgebilde modelliert und generiert werden können, gelegt wurde. Historisch kann die ‚Geburtsstunde' der **‚Künstlichen Intelligenz'** (KI) beziehungsweise der **‚Artificial Intelligence' (AI)**[506] auf das ‚Summer Research Project' des Dartmouth College in Hanover (New Hampshire) im Jahr Neunzehnhundertsechsundfünfzig zurückgeführt werden. In einem Schreiben an die Rockefeller Foundation vom 31.08. 1955 wurde dieser Begriff von John McCarthy, M.L. Minsky, N. Rochester und C.E. Shannon geprägt, um Mittel für diese Konferenz einzuwerben.[507] Ausgangspunkt dieser Mathematiker-Tagung war der Aufsatz von Turing über ‚Computing Machinery and Intelligence' im Jahre 1950.[508] Die Zielsetzung der in Hanover versammelten Mathematiker bestand darin, im Rahmen einer mathematischen Beweisführung Aussagen und Konzepte als Symbole darzustellen und deduktiv durch spezifische Transformationen Schlussfolgerungen abzuleiten. Als eine Konsequenz dieser Tagung finanzierte die ‚Defence Advanced Research Project Agency' (DARPA) des amerikanischen Verteidigungsministeriums, analog zur Entwicklung des Darpa-Net als Vorläufer des Internet[509], in den sechziger Jahren des letzten Jahrhunderts drei Forschungslaboratorien am MIT[510] in

---

[505] Vgl. Wiener, N. (1948).

[506] Hierbei stand das ‚A' für ‚Artificial' (künstlich) sowie ‚intelligence' für kognitive Modellierung; aufgrund seiner Gegnerschaft zu N. Wiener wollte McCarthy den Begriff ‚Kybernetik' nicht verwenden.

[507] Vgl. https://web.archive/org/web/20080930164306/http://www.formal....

[508] Vgl. Turing, A. (1950), S. 433 ff.

[509] Vgl. Jänig (2004), S. 143 ff.

[510] Das von Mc Carty und Marvin Minsky 1958 gegründete ‚Computer Science and Artifial Intelligence Laboratory'.

Boston, an der Stanford University sowie an der Carnegie-Mellon University, um Systeme der künstlichen Intelligenz weiter zu entwickeln. Zu dieser Zeit entstanden auch die ersten Modelle ,neuronaler Netze', die auf der Forschung von Walter Pitts und Warren McCulloch (1943) über ,artifizielle Neuronen' basierten. Da die damaligen Rechnerleistungen sowie Datenkapazitäten nur eine theoretische, jedoch keine experimentelle beziehungsweise angewandte Forschung ermöglichten, lag der Schwerpunkt der KI in den siebziger und achziger Jahren des letzten Jahrhunderts in der Entwicklung von ,**Expertensystemen**' auf der Grundlage logik- basierter Methoden mit formalen Regeln, Beweisführungen sowie deduktiven Ableitungen.[511]

Durch die exponentiell verbesserten Rechnerleistungen sowie Datenerfassungs- und Datenauswertungskapazitäten konnte Ende des letzten Jahrhunderts als nächste Entwicklungsstufe der KI das sogenannte ,**Machine Learning**' entwickelt werden, bei dem die eingesetzten Programme mit umfangreichen Datenmengen ,trainiert' werden. Hierdurch sollen Elemente unseres Verständnisses vom Gehirn in einem Rechner abgebildet respektive nachempfunden werden.

Als diesbezügliche Weiterentwicklung beziehungsweise als Untergruppe des ,Machine Learning' ist das ,**Deep Learning**' respektive ,**Reinforcement Learning**' zu sehen, bei dem selbstlernende Algorithmen auf der Basis artifizieller ,**neuronaler Netze**' sowie probabilistischer Methoden eingesetzt werden.[512] Hierbei werden aufgrund ungezählter Datenkombinationen sowie deren Analyse spezifische Muster erkannt und diese auf unbekannte Strukturen beziehungsweise Situationen angewandt. Diese derzeit in der KI am weitesten verbreiteten Ansätze sind je nach Problem- und Aufgabenstellung allerdings stark individualisiert und aufgabenspezifisch. Eine der Zielsetzungen hierbei ist unter anderem, aus sehr großen Datenmengen ein Ordnungssystem sowie Korrelationen als ,**Muster**' in sehr kurzer Zeit zu erkennen und auf dieser Grundlage im Rahmen einer statistischen Inferenz kausal-logische Schlüsse respektive faktenbasierte Schlussfolgerungen aus der Datenanalyse zu ziehen respektive darauf basierende Entscheidungen zu treffen. Allerdings scheitern diese Systeme derzeit

---

[511] Häufig auch als ,Eiszeit' der KI- Forschung bezeichnet.

[512] Neuronale Verfahren in Verbindung mit großen Datensätzen, so dass das Programm selbständig Problemlösungen generiert; Mitte der 60er Jahre des letzten Jahrhunderts von dem Mathematiker Alexej Ivakhnenko als Konzept entwickelt.

häufig noch an neuen, bislang unbekannten Datensätzen, da sie immer nur für die Daten, mit denen sie trainiert wurden, präzise Prognosen treffen können. Sie können daher derzeit keine komplexen pragmatischen Probleme lösen, auch wenn sie mittlerweile lineare und exponentielle sowie skalierbare Funktionen auf der Grundlage einer exponentiellen Daten-, Informations- und Wissensbasis realisieren. Die Grundlagen hierfür wurden Ende der achtziger Jahre des letzten Jahrhunderts im Rahmen des Projektes ‚Convolutional Neural Networks' bei den AT&T Bell Laboratories geschaffen. Hierdurch schließt sich in gewisser Weise der Kreis der Forschungsschwerpunkte im Rahmen der KI- Entwicklung, die pauschal in drei Zyklen mit jeweils zehnjähriger Dauer differenziert werden kann:

- Großrechnersysteme
- Expertensysteme
- Deep Learning

Die Ergebnisse dieser wissenschaftlichen Fokussierung auf selbstlernende Algorithmen sowie neuronal- semantische Netze (LSMT)[513] wurden durch ‚Deep Blue' von IBM mit dem Sieg über den Schachweltmeister Garry Kasparow im Jahr 1997, ‚Watson' (IBM) für das Quizformat Jeopardy (2011), ‚Deep Mind' von AlphaGo (2015) im Brettspiel ‚Go', durch ‚Libratus'[514] (2017) für ‚Eins-zu-Eins-Wettkämpfe' sowie ‚Pluribus' (2019) für ‚Mehrspieler-Wettkämpfe'[515] von der Carnegie-Mellon University im Pokerspiel, ‚Deep Stack' von der University of Alberta sowie ‚AlphaZero' von Deepmind[516] einer größeren Öffentlichkeit bekannt. Diese selbstlernenden Algorithmen benötigen nur die Regeln, um durch Spiele gegen sich selbst ihre eigene Datenbank, ihre Lernprozesse und somit ihr Wissen zu generieren. Anzumerken ist allerdings, dass es sich hierbei um **geschlossene Systeme** mit definierten Parametern und Regeln sowie überwiegend linearen Funktionen handelt, so dass diese Programme nicht aus dem

---

[513] Diese neuronalen Netze sind mathematische Abstraktionen und somit nicht identisch mit der Funktionsweise der humanen neuronalen Netze.

[514] Im Gegensatz zu den Vorgängern erkennt Libratus auch ‚versteckte' Informationen.

[515] Basierend auf den mathematischen Gesetzen der ‚großen Zahlen'; es berücksichtigt jedoch nicht das ‚Nash- Equilibrium' , da dieses aufgrund der Spielkomplexität (unbekannte Karten der Mitspieler, Nachkauf von Karten, Höhe des Geldeinsatzes, Naivität sowie Strategie der Mitspieler, Anzahl der Kartenkombinationen sowie der Gewinnkombinationen etc.) nicht berechenbar ist.

[516] Besiegte das klassische Schachprogramm ‚Stockfish'.

System ausbrechen und sich somit verselbständigen können. Des Weiteren gibt es nur eine einzige Zieloption, nämlich das Gewinnen. Kreativität oder die Schönheit der Spielzüge stehen nicht im Fokus, so dass sie kontraintuitiv sind. Sie repräsentieren somit zwangsläufig keinen Entwurf expliziter Systeme, sondern fokussieren auf die Beschreibung der Ergebnisse sowie der anschließenden Suche nach den notwendigen Werkzeugen.

Während Jerry Kaplan diese Entwicklung der KI als ein ,Fortschreiten der Automatisierung' sieht, vergleicht Andrew Ng die Auswirkungen dieser Entwicklung mit der Einführung der Elektrizität vor mehr als einhundert Jahren und prägte hierfür den Begriff einer ,Automatisierung auf Stereoiden'. Seiner Auffassung nach kann die KI derzeit nur jene kognitive Aufgabenlösung, für die der Mensch weniger als eine Sekunde benötigt, automatisieren. Sie ist somit in spezifischen, eindeutig definierten, messbaren sowie abstrakten, formalen Aufgabenstellungen ,intelligenter' als der Mensch. Problematisch respektive weiterhin ungelöst ist jedoch die Erfassung informellen, intuitiven Wissens sowie rekursiver Verfahren zur Einordnung von Emotionen und Sinneseindrücken in kognitiven Prozessen. Hierzu gehört auch das ,Verständnis' des Kontextes einer Aufgabenstellung, wozu unter anderem Intuition sowie Kreativität erforderlich sind.[517] Diese Problematik zeigt sich vor allem auch bei Übersetzungsprogrammen. Schon im Jahr 1947 korrespondierte Warren Weaver mit Norbert Wiener dahin gehend, inwieweit ein Übersetzungsprogramm die Kommunikation zwischen den Wissenschaftlern verbessern könnte. Wiener hielt dies für unmöglich, da Computersprachen zu vage seien, um die semantischen und emotionalen Bedeutungen von Worten mechanisch übersetzen zu können. Dennoch wurde dieses Prinzip der **regelbasierten Übersetzung** durch IBM, Attavista und anderen zur Genese entsprechender Applikationen eingesetzt.[518] Diese Wort-für-Wort-Übersetzungen erreichten jedoch sehr schnell aufgrund semantischer als auch syntaktischer Schwierigkeiten ihre Grenzen. Derzeit sollen künstliche

---

[517] Dieser Sachverhalt kennzeichnet beispielsweise die Spracherkennungssoftware, die bei langen Sätzen sowie Wortfolgen Verständnisprobleme hat, da die Sprachlaute auf den Datensatz der gespeicherten Wörter reflektiert werden.

[518] 1954 präsentierte IBM ein Programm mit 250 Wörtern sowie 6 Grammatikregeln für die Übersetzung russischer Texte; 1997 entwarf IBM ein Programm, das mittels statistisch-maschineller Übersetzungen aus diesen lernen sollte. 1997 entwarf Peter Toma zusammen mit Attavista das Übersetzungsprogramm ,Babelfish' (der Name entstammt dem polyglotten Sprachsystem gem. Douglas Adams in ,Per Anhalter durch die Galaxis).

neuronale Netze unter Berücksichtigung vieldimensionaler Vektorräume [519], bei denen ein Wort einen mehrdimensionalen Vektor repräsentiert, ganze Sätze durch das Verständnis von Synonymen online übersetzen. Des Weiteren sollen Spracherkennungssysteme online Gesprochenes in Geschriebenes transformieren, während Sprachsynthesesysteme analog zum Souffleur Buchstaben oder Worte in Laute verwandeln. Bei den hierbei eingesetzten sogenannten ,rekurrenten neuronalen Netzen' sollen neuronale Repräsentationen zum besseren Verstehen des Kontextes generiert werden.[520] Ein weiterer Lösungsansatz zum digitalen Erkennen und Verstehen des Kontextes könnte das sogenannte ,Predictive Learning' zur Generierung des ,gesunden Menschenverstandes' durch Rechnersysteme sein. Derartige Systeme besitzen zwangsläufig nicht den kulturellen Hintergrund einer lebendigen Sprache.[521] Die ehemalige Leiterin der KI-Entwicklung bei Google, Timmit Gebru, bezeichnet derartige Programme daher auch als ,stochastische Papageien', die die menschliche Sprache imitieren, ohne den Kontext zu verstehen. Des Weiteren hat J. Lanier nachgewiesen, dass die Kompetenz der derzeitigen Übersetzungsprogramme nicht auf den zugrundeliegenden selbstlernenden linguistischen Algorithmen beruht, sondern fast ausschließlich durch die Bearbeitung zahlloser menschlichen Linguisten generiert wird. Der Einsatz der menschlichen Intelligenz ist demnach zur Fehlerbeseitigung der KI notwendig, analog zu den sogenannten ,Schachautomaten' von W. von Kempelen Ende des 18. Jahrhunderts.

---

[519] Bis zu 1000 Dimensionen.
[520] Wie bei den bilderkennenden Verfahren.
[521] Vgl. die Ausführungen in Abschnitt 2.1 .3.

4.1.1.2   Künstliche Intelligenz – Ablösung oder Ergänzung der menschlichen Intelligenz?

Aus der ‚holzschnittartigen' Darstellung der chronologischen Entwicklung der KI wird ersichtlich, dass die ersten theoretischen sowie praktischen Forschungen auf die regelbasierte Datenerfassung und Datenverarbeitung mittels mathematischer Beweisführungen sowie auf situative Interpretationen im Rahmen von Expertensystemen fokussierten. Auf Grund der technologischen Entwicklungen im Prozessoren- und Rechnerbereich erfolgte dann die Schwerpunktsetzung in der Analyse von Datenkorrelationen, dem Aufzeigen von Trends (Data-Mining) sowie dem semantischen Verständnis dieser Daten. Die Entwicklung artifizieller neuronaler Netze[522] mit bis zu tausend parallelrechnenden Abstraktionsstufen sowie selbstlernenden Algorithmensystemen im Rahmen des maßgeblich von Jürgen Schmidbauer entwickelten **LSTM**[523] generierte die Entwicklung autonomer Entscheidungssysteme im Rahmen von Datenauswertung und -selektion sowie Mustererkennung ohne menschliche Kontrollfunktionen.[524] Der Schwerpunkt liegt hierbei (noch) auf spezifischen, eindeutig messbaren sowie definierten Funktionen im Rahmen der Mensch-Maschine-Kommunikation als effizienter Kombination der menschlichen sozio- emotionalen Intelligenz mit der wissensbasierten Maschinenintelligenz.[525] Diese auch als ‚Machine Learning' bezeichnete Entwicklung ist die Voraussetzung für eine kognitive Informatik mit der Zielsetzung, menschliches Entscheidungsverhalten und -handeln zu ‚automatisieren'. Differenziert man plakativ ‚Intelligenz' in die Arten ‚emotionale', ‚soziale' sowie ‚informationsverarbeitende respektive wissensbasierte', so wird ersichtlich, dass menschliche Eigenschaften wie Kreativität, Kommunikationsfähigkeit, Körpersprache, Bedürfnisse, Ethik und Moral einschließlich der Fähigkeit zum Setzen moralischer Ziele sowie soziale Wahrnehmung und Überzeugungskraft et cetera momentan noch nicht durch artifizielle Entscheidungssysteme realisiert werden können.[526] Dies zeigt sich beispielhaft an rechnergestützten Systemen für die Gefühlserkennung. Diese weisen derzeit wesentlich

---

[522] Das ‚Perzeptron' von Frank Rosenblatt (1958) kann als erster Prototyp gesehen werden.
[523] Long Short – Term Memory Network.
[524] Bspw. die Tradingsysteme im Aktien- Hochfrequenzhandel.
[525] Bis 2010 werden Tastatur und Maus durch Sprache, Gestik und Mimik abgelöst werden.
[526] Vgl. die Ausführungen in Abschnitt 2.3.

mehr Fehler respektive Fehlinterpretationen als der Mensch auf, da ihnen Intuition sowie das formale als auch informale Wissen über soziale Kontextbedingungen fehlen. Der Einsatz von Siri ‚Alexa und dergleichen beweist diesbezüglich, dass KI zwangsläufig nicht in der Lage ist, nur mittels der Mustererkennung semantisch richtige Antworten auf komplexe Fragen zu geben. Analog gilt für die Systeme im Bereich des ‚autonomen Fahrens', dass ihnen ein ‚ethisches Bewusstsein' fehlt.[527] Grundsätzlich zu monieren jedoch ist, dass bei letzteren Transparenz und Nachvollziehbarkeit der ‚Entscheidungen' und somit die Verantwortungsübernahme sowohl juristisch als auch ethisch nicht realisiert sind. Zu konstatieren ist allerdings, dass ‚KI' häufig, auch aus Marketinggründen, als ein populistischer Metabegriff genutzt wird, der diverse technologische Ansätze aggregiert. Letztere beinhalten jedoch häufig nicht die angesprochenen Methoden und Verfahren, sondern repräsentieren letztlich nur Automatisierungsverfahren. Grundlage hierfür ist auch ein Technikdeterminismus, so dass die aktive Gestaltung und Ausrichtung der KI auf humanitäre Zielsetzungen aufgrund dieser Dominanz und Omnipräsenz nicht erörtert oder in Erwägung gezogen wird. Die zwangsläufige Konsequenz ist der Antagonismus zwischen Apokalypse sowie paradiesischen Erwartungen, der eine gesellschaftspolitisch notwendige ‚digitale Mündigkeit' verhindert.

Generell differenziert man bei der ‚Künstlichen Intelligenz' (KI) zwischen einer ‚**starken**' beziehungsweise weit gefassten Definition[528] sowie einer enggefassten ‚**schwachen**'.[529] Die erstere fokussiert auf das Verständnis der menschlichen Intelligenz sowie deren Transformation in eine ‚künstliche'. Hierbei steht unter anderem die Erforschung der menschlichen Metaphysik wie beispiels-

---

[527] Es entsteht das sog. ‚Trolley- Dilemma'.

[528] Dem Ersatz des Menschen durch die Maschine gem. Marvin Minsky und John McCarthy; auch als ‚ starke' resp. ‚ universelle KI' bezeichnet; das Ziel ist die Entwicklung einer ‚Artifical General Intelligence' (AGI); E. Musk und S. Altmann gründeten daher die ‚Open AI'- Initiative, die auf die funktionale Verschmelzung sowie enge Zusammenarbeit zwischen menschlicher und künstlicher Intelligenz im Sinne einer Selbstevolutionierung des homo sapiens fokussiert.

[529] Die Erweiterung des Menschen durch die Maschine gem. Douglas Engelbert; auch als ‚schwache' oder spezielle KI bezeichnet - bspw. Autonomes Fahren, Spracherkennung, Gesichtserkennung, digitale Textgenerierung im Rahmen einer Mustererkennung.

weise Seele, Bewusstsein, Autonomie et cetera[530] im Vordergrund.[531] Bei der Forschung im Bereich der ‚schwachen' Definition als aufgabenspezifischer ‚Inselintelligenz' erfolgt die Konzentration auf konkrete, iterative Problem- und Aufgabenstellungen sowie deren maschinelle Bewältigung durch emergentes, situatives Verhalten ohne die ‚Nachbildung von Bewusstsein'.[532] Hierbei liefert sie die höchstwahrscheinlich richtige Antwort, analog zur Heuristik des Menschen. Sie kann daher strukturierte, logische und regelbasierte Probleme durch algorithmenbasierte[533] Korrelationen mit unzähligen festen Regeln unter Einbeziehung großer Datenmengen (Big Data) sowie ‚vernetzter Intelligenz' auf der Basis **neuronaler, selbstlernender semantischer Netzwerke**[534] evidenzbasiert analysieren und lösen.[535] Hierbei liegt der Fokus auf der Entwicklung kostengünstigerer und effizienterer Verfahren. Sie bilden strukturell Teile des menschlichen Gehirnes nach, bei dem die Neuronen durch Synapsen vieldimensional miteinander verbunden sind und Signale über unzählige Synapsen weiterleiten, wobei häufig genutzte Synapsengeflechte priorisiert werden. Letztere imitieren quasi das ‚Erfahrungswissen' auf der Basis vieler Lernvorgänge. Bei selbstler-

---

[530] Vgl. die Ausführungen in Abschnitt 2.3.1. Zum einen wird das menschliche Bewusstsein derzeit noch nicht verstanden; zum anderen sind Rechnersysteme momentan noch Produkte des menschlichen Designs mit dessen subjektiven Wertvorstellungen analog zur ältesten bisher gefundenen Rechenmaschine von ‚Antikythera' (60-70 v. Chr.) zur berechnung der Umlaufdaten der damals bekannten Paten um die Erde.

[531] Dem Computer sollen kognitiven Eigenschaften wie Empfindung, Wahrnehmung und Erkenntnis auf der Grundlage großer Datenmengen im Rahmen des Projektes ‚SyNAPSE' (System of Neuromorphic Adaptive Plastic Scalable Electronics) beigebracht werden; dies wird von J. Lanier, dem Träger des Friedenspreises des Deutschen Buchhandels (2014), als mythisches, dysfunktionales Denken bezeichnet. Vgl. Lanier, J. (2014).

[532] Lanier bezeichnet dies als ‚unberührbare Technologien' mit willkürlichen Regeldefinitionen, denen sich der Nutzer unterwerfen muss, so dass Algorithmen das Nutzerverhalten in ihrem Interesse manipulieren können.

[533] Diese Systeme können mit ungenauen, fehlenden sowie unvollständigen Informationen rechnen; des Weiteren können sie ‚überbestimmte Systeme' – bei denen die Anzahl der Gleichungen größer als die Zahl der Variablen ist – in Sekundenbruchteilen lösen.

[534] Relativ einfache mathematische Modelle lernender biologischer Systeme.

[535] Beispielhaft seien das Dameprogramm (1956) von Arthur Samuel ‚Back Gammon' (1979), das Schachprogramm ‚Deep Blue' von IBM (1996) , das Programm ‚Watson' für ‚Jeopardy' (2011), das Programm , ‚Alpha Go' von Google (für das asiatische Brettspiel ‚Go' resp. ‚Weichi' oder ‚Baduk', 2016) sowie ‚Libratus' von der Carnegie-Mellon-University (Poker, 2017) resp. ‚Deep Stack' von der University of Alberta angeführt. Vgl. die Ausführungen in Abschnitt 4.1.1.1.

nenden neuronalen Netzen geben analog hierzu die Prozessoren (Neuronen) ihre (Lern-)Ergebnisse an die Prozessoren der nächsttieferen Schicht im Rahmen dieses mehrschichtigen Systems weiter. Hierbei arbeiten sie ein Detailproblem nicht sequentiell nach dem anderen ab, sondern generieren die Lösung durch das assoziative Erkennen übergeordneter Muster. Derartige Netzwerke benötigen daher sowohl eine hohe Rechnerleistung mit massiv-parallel arbeitenden Grafikkarten als auch sehr große Datenmengen.[536] Neuronale Netze repräsentieren derzeit allerdings noch monodisziplinäre Expertensysteme für spezifizierte Entscheidungsprobleme und sind daher nicht in der Lage, komplexe mehrdimensionale sowie mehrdisziplinäre Probleme zu lösen als auch jede denkbare sowie undenkbare Faktenkonstellation antizipativ, analytisch oder normativ zur Entscheidung zu bringen. Plakativ ausgedrückt arbeiten sie elektrisch, während das menschliche Gehirn bio-chemisch funktioniert.

Der schichtenhafte, hierarchische Aufbau ermöglicht allerdings das ‚**deep learning**‘ auf der Grundlage von **LSTM**, bei dem durch eine unzählige Bewältigung (Üben, Trainieren) immer gleicher ‚**wohl- definierter**‘ sowie spezifischer Aufgaben die eingesetzten neuronalen, semantischen Netzwerke im Rahmen spezifischer Insellösungen immer exakter werden und somit eine Langzeitautonomie anstreben. Diese Netzwerke bestehen aus endlich vielen informationsverarbeitenden Netzschichten, die jeweils sehr viele simulierte Nervenzellen in Form vernetzter Rechnereinheiten beziehungsweise Prozessoren enthalten.[537] Durch die millionenfache Stärkung und Schwächung der simulierten Synapsen erfolgt das ‚**Erfahrungslernen**‘. Sie repräsentieren somit die Vernetzung artifizieller neuronaler Ebenen. Hierbei besteht zwischen den einzelnen Schichten eine hierarchische Arbeitsteilung, so dass die tieferen Schichten zunehmend komplexere, abstraktere Muster wie Gesetzmäßigkeiten und Regeln erkennen und analysieren können. Dabei reduziert das ‚Policy Network‘ die (un-)endlich große Anzahl möglicher Alternativen auf eine definierte Anzahl, die dann vom ‚Value Network‘ bewertet und klassifiziert werden. In beiden Netzschichten wird die ‚Monte Carlo Methode‘ quasi wie ein Spamfilter respektive als Fehlertoleranz zur Simulation zufälliger statistischer Vorgänge involviert. Hierdurch

---

[536] Mit einer Anzahl von Rechenkernen im fünfstelligen Bereich; hierdurch sind sie in der Lage, die schon lange bekannten theoretischen Grundlagen für neuronale Netze in die Praxis umzusetzen.

[537] Derzeit noch im vierstelligen Bereich.

ist es möglich, wiederkehrende Muster ‚lernend‘ zu erkennen, bis das Ergebnis mit dem ‚Beispiel-Muster‘ übereinstimmt.[538] Für diese Identifikation gleichartiger Objekte sind allerdings sehr große Datensätze notwendig, um die schichtenweise aufgebauten neuronalen Netzwerke zu trainieren, indem die Prozessoren der ersten Schicht die Muster des Objektes in seine Grundformen auflösen, kategorisieren (zum Beispiel: auf der Spitze stehendes Quadrat) und an die nächsttiefere Schicht weitergeben. Die Prozessoren dieser Ebene sind dann in der Lage, komplexe Strukturen zu erkennen sowie zu klassifizieren (beispielsweise die Gruppe Verkehrszeichen). Die Prozessoren der dritten Schicht vergleichen auf der semantischen Ebene diese Ergebnisse mit abstrakten Abbildungen der Objekte und ‚entscheiden‘ dann über das zu definierende Objekt auf Grund von Wahrscheinlichkeitsaussagen (im Beispiel: Vorfahrtsschild). Durch die (fast) unendliche Wiederholung definierter Aufgabenstellungen können sie daher quasi eine künstliche ‚Intuition‘ entwickeln, die wie beim Menschen auf ‚Erfahrung‘ basiert.

Das Charakteristikum des **‚deep learning‘** besteht demnach aus der Kombination des Verstärkungslernens (**reinforcement learning** - die Verarbeitung unzähliger Beispielsfälle) sowie der permanenten rekursiven Selbstverbesserung (**recursive self- improvement**) anstelle der gezielten, strukturierten Programmierung, so dass nicht mehr der Programmierer, sondern die Datenanalyse aus (fast) unendlich vielen Beispielsfällen die Software determiniert und prägt. Das entscheidende Merkmal ist somit die Mustererkennung bei der Analyse großer Datenmengen als auch in einem begrenzten Umfang die Generierung prädiktiver (vorhersagender) Analysen.[539] Hierbei werden im Rahmen eines Konnektionismus aus vorgegebenen riesigen Datensätzen analog zur extrinsischen Motivation passiv statistische Muster extrahiert. Die zugrundeliegenden wahrscheinlichkeitstheoretischen Modelle basieren auf sogenannten ‚Bayes’schen Netzen‘ als Kombination generativer Modelle und Hypothesenüberprüfungen. Sie repräsentieren somit einen ‚Top-down Lernansatz‘ analog zur Definition von Platon. Voraussetzung ist somit das Vorhandensein riesiger Datenmengen für

---

[538] Ein Anwendungsfall betrifft beispielsweise das Erkennen und Verorten erdnaher Asteroiden, um deren Einschlag auf der Erde prädikativ vorhersagen zu können.
[539] Sog. ‚predicitive analytics‘; so interpretiert bspw. das medizinische Chatbot ‚Sapia‘ von NetDoktor die von den Menschen verbal geschilderten Symptome und erstellt auf der Grundlage einer medizinischen Datenbank, medizinischer Standardliteratur sowie ärztlicher Leitlinien eine mögliche Diagnose.

den ‚Lernprozess' in Form der von den Menschen ausgewählten und als richtig
angesehenen ‚kanonischen' Bilder. Allerdings entstehen hierbei jedoch beim
Einsatz fehlerbehafteter Daten zwangsläufig auch falsche Analysen sowie Entscheidungen, die im neuronalen Netzwerk nicht mehr korrigiert werden können. In diesem Fall muss dieses quasi neu aufgebaut und strukturiert werden.

Diese Vorgehensweise des ‚Machine Learnings' als Untergruppe der KI basiert demnach grundsätzlich auf einem ständigen Üben beziehungsweise ‚Lernen'. Hierbei werden die jeweils relevanten Parameter durch Programmierer
definiert. In einem weiteren Schritt wird im Rahmen eines stupiden und repetitiven Prozesses der Algorithmus massenhaft mit diesen strukturrelevanten
Merkmalen ‚gefüttert'. Die Algorithmen sollen demnach Probleme erkennen
und lösen, die nur diffus bekannt, jedoch **formalisierbar** und **mathematisch-
wahrscheinlichkeitstheoretischer Natur** sind. Aus großen Datensätzen im Sinn
des ‚Big Data' werden mittels der Wahrscheinlichkeitsrechnung Resultate respektive ‚Muster' postuliert. Hierbei entsteht als Folge falscher Parameter sowie
einer Verzerrung der Datensätze ein ‚bias' als systematischer Fehler einer
Schätzfunktion. Es erfolgt somit eine Mustererkennung als ‚learning by doing',
bei der das Ergebnis nicht prognostiziert werden kann.[540] Hierdurch werden die
Lösungsszenarien analog zum Gehirn quasi aus der ‚Erfahrung' beziehungsweise
der zugrunde gelegten Daten heraus generiert, so dass prinzipiell die Funktion
des Hippocampus nachempfunden wird. Voraussetzung für diesen Lernprozess
ist allerdings, dass die Software mit einer hochstelligen Zahl von Mustern realer
Objekte mittels strukturierter, semantisch eindeutiger Daten auf der Grundlage
vordefinierter Sachverhalte konfrontiert wird, um einen Lernprozess auszulösen.[541] Hierbei wird zwar das Objekt nicht ‚verstanden', das heißt mit semantischen Inhalten angereichert. Es genügt jedoch, um im Rahmen der Mustererkennung eine dem Menschen gegenüber schnellere sowie überlegenere Prognose hinsichtlich der zugrundeliegenden Muster erstellen zu können. Problematisch hierbei ist einerseits allerdings, dass schon eine geringe Veränderung
der Pixel respektive Einzeldaten bei den verwendeten Massendaten die neuronalen, semantischen Netzwerke und somit auch den selbstlernenden Algorithmus überfordert, da dieser, im Gegensatz zum Menschen, nicht abstrahieren

---

[540] Vgl. die Ausführungen in Abschnitt 2.1.1 über das menschliche Gedächtnis.
[541] Bei der Software Alpha Go von Google wurden 13 Millionen Spiele durch die Software
analysiert.

und im Kontext ‚denken' können.[542] Des Weiteren können Verhaltensveränderungen der ‚gelernten Objekte' das algorithmische System überfordern, da das gespeicherte, antrainierte ‚Wissen' derartige Situationen nicht kennt und hierauf nicht oder nur fehlerhaft reagieren kann.[543] Algorithmen treffen somit wahrscheinlichkeitstheoretische ‚Entscheidungen' auf Grundlage der jeweiligen Datenbasis im Sinne eines **algorithmischen Determinismus**. Luc Steels bezeichnet diese Ebene der Künstlichen Intelligenz daher auch als **‚fake intelligence'**, da Muster des menschlichen Verhaltens imitiert werden, ohne das Verhalten kognitiv, semantisch sowie intellektuell zu verstehen. Des Weiteren basieren diese Datenanalysen häufig auf dem mechanistischen Weltbild der Programmierer, da diese festlegen, welche Daten sowohl gesammelt als auch analysiert und trainiert werden. Der denotative Anspruch beziehungsweise Komfort der Entwickler dominiert somit gegenüber ethischen, moralischen oder gesellschaftspolitischen Ansprüchen. Dies führt dazu, dass keine Wertphänomene wie beispielsweise Moral, Ethik, Empathie, Sympathie oder Treue enthalten sind beziehungsweise berücksichtigt werden. Des Weiteren wird der gesellschaftlich-soziale Fortschritt verhindert beziehungsweise der gegenwärtige reduziert.

Derartige selbstlernende Algorithmen werden derzeit trotz aller Einschränkungen und Bedenken schon in verschiedenen Fachgebieten eingesetzt. So wurde in der Medizin schon im Jahr Neunzehnhundertsechsundsiebzig ein Programm zur Analyse von Bauchschmerzen eingesetzt. Da es nur aus ‚Wenn- dann Regeln' bestand, war es allerdings nicht lernfähig. Inzwischen zeichnet sich diesbezüglich eine Zweiteilung bei der Digitalisierung der Medizin, dem sogenannten ‚Digital Healthcare' ab. Zum einen existiert eine ‚Lowtech- Variante', bei der beispielsweise ‚Fernvisiten' oder die Effizienz der Krankenhausprozesse verbessert werden.[544] Durch die vollständig verfügbaren Krankendaten im Rahmen der

---

[542] Die selbstlernenden Algorithmen repräsentieren bei autonomen Fahrzeugen quasi das ‚Auge' des Systems, die jedoch aufgrund ihrer Trainingsdaten nur ‚pixel-eindeutige' Situationen erkennen können.

[543] A. Gleave wies empirisch nach, dass derartige ‚Verhaltensattacken' bei selbstlernenden Algorithmen zu Reaktionen führen, die auch vor dem Hintergrund der Programmcodes nicht nachvollziehbar sind. Vgl. Gleave, A. et al (2020).

[544] Dies wird wahrscheinlich in Deutschland im Jahr 2022 mit gewissen Einschränkungen gesetzlich erlaubt werden.

‚elektronischen Gesundheitsakte' [545] als sogenannter ‚digitaler Zwilling' soll der Zeitaufwand für Anamnese sowie Dokumentation reduziert werden, so dass dem Klinikpersonal durch die Beseitigung der ansonsten fehleranfälligen sowie aufwändigen Medienbrüche größere Zeiträume für Diagnose und Therapie zur Verfügung stehen. Notwendig ist zwangsläufig die Verfügbarkeit aller Daten ‚vor Ort', beispielsweise auch bei den Ersthelfern. Die hiermit verbundene einheitliche **‚digitale Identität'** soll letztendlich der Generalschlüssel für die Online- Dienste des Staates werden, um Bescheinigungen, Bescheide, Erklärungen et cetera eindeutig zuordnen zu können. [546] Neben der Vernetzung der bisherigen ‚Insellösungen', beispielsweise auch ELSTER bei den Finanzbehörden, sind jedoch auch die Vereinheitlichung der Benutzerführungen und -strukturen, identische Schnittstellen, sichere Authentifizierungsverfahren und vieles mehr zwingend notwendig. Für die erforderliche Datenhaltung und -speicherung sowie -administration sind grundsätzlich verschiedene Lösungen möglich:

- Die Leistungserbringung durch externe Dienstleister (analog zum Google- Konto bei vielen Apps).

- Die digitale ‚Self-Sovereign-Identity' als digitales Ökosystem auf der Grundlage dezentraler Datenbank- und Cloudsysteme.

- Spezifische Speicherchips mit der Blockchain- Technologie sowie dezentraler Speicherung (Distributed Ledger- Technology).

Ergänzt wird dies des Weiteren durch den Einsatz von Entscheidungsunterstützungssystemen, die auch diagnostische Maßnahmen vorschlagen. [547] Durch den Einsatz der KI im ‚High Tech-Bereich' aufgrund selbstlernender Programme soll zusätzliches diagnostisches Wissen als digitale Entscheidungsunterstützung für den Arzt im Rahmen dieser ‚personalisierten Medizin' in den Bereichen Prävention, Diagnose und Therapie zur Verfügung stehen. [548] Hierbei werden im Rahmen einer induktiven Vorgehensweise aus Fachdiagnosen, Biosensorik sowie dem ‚Big Data' aller Patientendaten selbstlernend klinisch relevante Auffälligkeiten extrahiert und daraus Diagnosen erstellt - aus Einzelfällen sowie Einzelheiten werden generelle Regeln durch die Algorithmen abgeleitet. [549] Vor-

---

[545] Zentral oder auf dem Chip der Krankenkassenkarte gespeichert.

[546] Vgl. hierzu auch die Ausführungen in Abschnitt 4.1.2.

[547] Z.B. ‚Ada Health' .

[548] Bspw. das Projekt ‚Digital Healthcare' an der University of Warwick in Großbritannien bzw. analoge Projekte in Gießen, Freiburg etc.

[549] Bspw. bei der sog. Triage, bei der Notfälle priorisiert werden.

aussetzung für eine derartige ‚molekulare Diagnostik' ist allerdings der Zugriff auf ‚Big Data' durch die Digitalisierung und Vernetzung aller Krankenakten, Krankheitsgeschichten und -verläufe, Röntgen- und MRT-Aufnahmen, Laboruntersuchungen und Diagnosen, um durch den Überblick über die vollständigen Krankheitshistorien entsprechende ‚Muster' extrahieren und somit medizinische Zusammenhänge aufdecken zu können. Neben der damit zusammenhängenden Frage nach dem ‚Eigentümer' dieser Daten[550] sowie dem Datenschutz impliziert dies fast zwangsläufig auch Probleme hinsichtlich der (Nicht-) Nachvollziehbarkeit der algorithmischen Befunde. Mit ‚Big Data' sowie der Ungenauigkeit der Datensätze wächst das ‚Grundrauschen', das zu unsinnigen Korrelationen und somit Diagnosen führen kann. Schließlich können unterschiedliche Krankheitsverläufe aufgrund psychischer Unterschiede sowie Gegenreaktionen des Immunsystems zu Fehldiagnosen führen. Eine notwendige Bedingung hierbei ist somit, dass die anwendenden Ärzte nicht nur die ‚Benutzeroberfläche' dieser Systeme beherrschen, sondern auch die im Hintergrund ablaufenden Prozesse kennen und verstehen. Zur Analyse und Beurteilung der Werthaltigkeit der generierten Daten sowie diagnostischen Maßnahmen ist somit auch eine erhebliche Digitalkompetenz erforderlich. Grundsätzlich bewirkt die Digitalisierung der Medizin dennoch einen Kulturwandel sowie eine Machtverschiebung. Wie bei allen Verfahren im Rahmen des ‚machine learning' wird das Lernergebnis wesentlich von der semantisch eindeutigen Qualität der Trainingsdaten sowie der zugrundeliegenden ärztlichen Diagnosen determiniert.

Im juristischen Bereich sind allerdings derartige selbstlernende Algorithmen[551] schon heute in der Lage, Verträge zu erfassen (scannen), die wichtigsten Bestandteile und Inhalte zu extrahieren, detailliert zu prüfen und anschließend die Erfolgsaussichten einer Beschwerde oder eines Rechtsstreites zu prognostizieren. Routineprozesse sowie repetitive Funktionen mit formalisierten Abläufen[552], beispielsweise die Prüfung auf Korrektheit, Vollständigkeit sowie Widersprüchlichkeit bei Verträgen, Urteilsrecherchen, Extraktion der relevanten Streitobjekte und dergleichen, werden von diesen Algorithmen[553] schneller als

---

[550] Patient, Arzt respektive Krankenhaus oder Krankenkasse. Vgl. die Ausführungen in Abschnitt 5.

[551] Vgl. beispielsweise ‚Robo Advisor' oder Lawgeex.

[552] Bspw. bei Massenklagen mit eindeutigen Definitionen (Verkehrsrecht, Mietrecht, Arbeitsrecht, Flugverspätungsentschädigungen etc.).

[553] Sog. Legal Tech.

von durchschnittlichen Juristen durchgeführt[554], so dass die spezialisierten Fachanwälte ausreichend Zeit für die Bearbeitung der eigentlichen juristischen Probleme haben.[555] Auf der Grundlage sogenannter ,Generative Pre-trained Transformer 3' (GPT 3) als sogenannte ,Sprachmodelle' werden große Textmengen auf statistische Regelmäßigkeiten sowie grammatikalische Strukturen hin untersucht und somit juristische Analysen unterstützt.[556] Die Textformulierung erfolgt dann analog zum Turing- Test auf der Basis wahrscheinlichkeitstheoretischer Aussagen, so dass eine Modellanalyse aufgrund großer Datenmengen realisiert wird. Allerdings ist die bisherige regelbasierte Informatik noch nicht leistungsfähig bei spezifischen Rechtsproblemen mit semantisch unbestimmten Rechtsbegriffen, Sätzen und Wörtern und daher im Gegensatz zur menschlichen Intelligenz fehlerbehaftet. Derartige Systeme werden daher aufgrund des durch regulatorische Maßnahmen intendierten Kostendruckes überwiegend bei der Prüfung von Versicherungs- und Kreditverträgen eingesetzt.[557] Dies impliziert jedoch, dass ungefähr vierzig Prozent der administrativen Tätigkeiten im sogenannten Backoffice durch eine roboterisierte Prozessautomatisierung (RPA) realisiert werden. Im Finanzbereich wird daher auch das normale Bankkonto virtualisiert, da selbstlernende Algorithmen zum einen das Finanzverhalten des Kunden des Kunden in Echtzeit analysieren sowie Verbesserungspotenziale aufzeigen.[558] Zum anderen klassifizieren sogenannte ,Robo-Advisor' im Rahmen einer virtuellen Kommunikation mit dem Kunden dessen Risikoverhalten[559] und regeln dann automatisch seine Finanzanlagen respektive Geldanlagen.[560] Die

---

[554] Eine Studie der Bucerius School of Law ergab, dass ca. 30- 50 % der Tätigkeiten resp. Funktionen digital- automatisiert werden.

[555] Derartige Startups werden ua von Google unterstütz; desweiteren haben die Universitäten in Münster und München sowie die Bucerius School of Law in Hamburg entsprechende Lehrstühle eingerichtet.

[556] Analog zu C. Shannon, der die statistischen Regeln für Sätze und Wörter analysierte, um sinnvolle Sätze zu generieren.

[557] Bspw. das Programm ,Coin' (Contract Intelligence) von JP Morgan Chase.

[558] Geldanlagen, Versicherungen, Einkäufe, Zahlungsverkehr, Reisen etc.

[559] Allerdings ist es derzeit noch problematisch, die Risikobereitschaft des Kunden zu bewerten, da es hierfür noch keine formalen sowie rechtssicheren Kriterien und Definitionen gibt.

[560] So ist bspw. Scalable Capital als Vorreiter eines Fin-Tech seit 4 Jahren auf dem Markt; inzwischen existieren ca. 20 Unternehmen, bspw. Cominvest, Qurini, White Box, Growney, Easyfolio, Fintego, Minveo etc., die auch von Großbanken betrieben werden. Generell differenziert man hierbei zwischen passiven Systemen, die eine ,Buy-and-hold-Strategie'

hierbei eingesetzten selbstlernenden Algorithmen verfügen über eine zweistellige Anzahl an Parametern, wobei deren Gewichtung in der Regel nicht statisch, sondern dynamisch ist. Dem dystopischen Extrem dieses polarisierenden Spektrums liegt die Auffassung zugrunde, dass der Mensch ein irrationales, schon fast ‚tumbes' Wesen ist, dem nur die Digitalisierung quasi retten kann, obwohl er nicht in der Lage ist, die Konsequenzen der technologischen Entwicklung verstehen und begreifen zu können. Dem anderen Pol ‚instrumentales Hilfsmittel' liegt dagegen eine unreflektierte Technikgläubigkeit und -vertrauensseligkeit zugrunde, die an andere Technikbereiche wie der Kernenergie, der Automatisierung et cetera Mitte des letzten Jahrhunderts erinnern lässt. Diese Auffassung fokussiert auf eine Funktions- und Kontrollallokation durch eine Abgrenzung von humaner und künstlicher Intelligenz sowie dem hierzu notwendigen Wissen und Verständnis bei den Entwicklern sowie digitalen Unternehmen.

Des Weiteren wird beim sogenannten ‚Rebalancing', das heißt der automatischen Anpassung der Aktienquote nach einem Rückgang der Börsenkurse, die Quote aufgrund vorgegebener und definierter Zielgrößen quasi statisch definiert. Im Gegensatz hierzu setzen dynamische Verfahren hierbei die VaR-Methode ein, bei der die Aktienquote analog zur Volatilität des Aktienmarktes gesteuert wird.[561] Zynisch gesprochen wird hierdurch die private Finanzsphäre quasi öffentlich, da die gespeicherten Systemdaten zwangsläufig ‚gehackt' werden können. Andererseits werden hierdurch die Arbeitsplätze spezialisierter Fachkräfte obsolet, da zukünftig die jeweiligen Systeme miteinander kommunizieren und entscheiden werden.

Beim sogenannten ‚Robot- Recruiting' schließlich werden sogenannte ‚Bots' eingesetzt, die zum einen analysieren, welche sozialen Netzwerke für die personalsuche aufgrund der angeklickten Stellenanzeigen im Rahmen von Bewerbungen am effizientesten sind. Des Weiteren werden die Profile und Bewertungen ausgewertet. Ausschlusskriterien bei dem Vergleich von Bewerberprofil sowie Stellenausschreibung sind unter anderem die Rechtschreibfehler. Allerdings sind diese Programme zum einen durch die gezielte Übernahme spezifischer

---

verfolgen, sowie aktive, die im Rahmen einer ‚Value-at-risk-Strategie' a.G. der ermittelten Risiken das Portfolio ständig verändern.

[561] Bei dem Corona- Kursrückgang hat Minveo a.G. seines dynamischen Verfahrens den Rückgang am Besten prognostiziert, so dass die Depotverluste bei 1,9% gegenüber dem Börsenverlust von 39% lagen - Scalable wies dagegen einen Verlust von 25,8% aus.

Begriffe der Ausschreibung in die Bewerbung überlistbar, so dass letztlich der Mensch ‚händisch‘ eine nochmalige Überprüfung realisieren muss. Zum anderen ist die Objektivität gegenüber Vorurteilen bei den Bewerbern aufgrund der inhärenten Vorurteile der Programmierer häufig nicht gegeben. Schließlich ist im Gegensatz zu einem Eignungstest bei der maschinellen Analyse von Schriftstücken das Identifizieren von Persönlichkeitsmerkmalen vor dem Hintergrund der beruflichen Eignung, der Führungsbefähigung et cetera sehr fehleranfällig. Letztlich sei beispielhaft des Weiteren der ‚Selfish Ledger‘ von Google als permanente Datenrepräsentation des Nutzers, gewissermaßen als seine Daten-DNA, angeführt. Dieses KI- System trifft die Informationssuch-Entscheidungen für den Nutzer und impliziert hierdurch die Unmündigkeit des Nutzers im Rahmen eines KI- gesteuerten Behaviorismus. Das Leben des Nutzers wird somit an die Kontextbedingungen der digitalen Plattform angepasst, so dass individuelle Entscheidungen sowie deren zugrundeliegenden emotionalen Erfahrungen auf der Basis statistischer Effekte fremdgesteuert werden. Durch die inhärente Verstärkung spezifischer Informationen sowie dem Vorenthalten von Informationen und Nachrichten wird der ‚freie Wille‘ des Nutzers eingeschränkt oder gar obsolet.[562] Hierbei gilt anscheinend das nach Hans **Moravec** benannte **Paradoxon**, demgemäß vor allem höhere geistige Fähigkeiten durch die KI eliminiert werden, körperliche Bewegungen auf Grund deren Komplexität jedoch nicht.

So versuchen Computerlinguisten, das menschliche Sprechen respektive die individuellen Sprachgewohnheiten im Rahmen einer Mustererkennung zu decodieren. Durch die vergleichende Analyse von Stimmhöhe, Lautstärke, Modulation, Wortverwendung sowie -kombinationen und dergleichen wollen sie menschliche Eigenschaften wie beispielsweise Verträglichkeit, Selbstorganisationsfähigkeit, Risikobereitschaft sowie Kommunikationsfähigkeit prognostizieren. So lassen sich derzeit schon im Rahmen der Stimmenanalyse mittels des ‚Deep Learning‘ einige Emotionen identifizieren sowie in gewissem Umfang die Persönlichkeit entschlüsseln. Entscheidend ist demnach nicht, was der Mensch spricht, sondern wie er spricht, da die Stimme Informationen über den psychischen Status sowie die Identität transportiert. Diese werden im direkten, persönlichen Gespräch aufgrund der Gesprächsheuristik häufig nicht wahrgenommen.[563] Im Rahmen der Mustererkennung aus riesigen Datensätzen identifi-

---

[562] Vgl. Lanier, J. (2018).
[563] Vgl. die Ausführungen in Abschnitt 3.1.1.

zierten die jeweiligen Programme einige tausend Indikatoren aufgrund von Korrelationen und können somit bedingt spezifische psychische Zustände wie beispielsweise Glück oder Depressionen mit einer Genauigkeit von rund achtzig Prozent prognostizieren.[564] Zu berücksichtigen ist allerdings, dass den Trainingsdaten subjektiv definierte Gefühlslagen auf der Basis des ,Big-Five-Ansatzes' zugrunde lagen, so dass die Wahrscheinlichkeit einer implementierten Tautologie sehr groß ist, da aus Korrelationen Kausalitäten abgeleitet werden: Je größer die zugrundeliegende Datenmenge ist, desto mehr scheinbare Korrelationen können extrahiert werden - auch wenn diese unsinnig sind und mit Kausalität verwechselt werden. Aus einer größeren Datenmenge entsteht nicht per se auch größeres Wissen, so dass die vorherige Bildung von Hypothesen notwendig ist. Deren Evidenz kann anschließend mittels der Korrelationen statistisch überprüft werden.

Dieser tautologische Sachverhalt gilt beispielsweise auch für die ,wieder entdeckte' genetische Physiognomik analog zu Gall.[565] Hierbei werden genetische Dispositionen anhand der Verfahren der Mustererkennung beispielsweise im Bereich der Kriminalistik ,definiert' und verallgemeinert. Bei beiden Ansätzen wird jedoch Korrelation durch die Reduzierung auf monolaterale Beziehungen mit Kausalität verwechselt, da selbstlernende Algorithmen im Rahmen des ,machine learnings' die Kriterien zur Mustererkennung eigenständig und nicht nachvollziehbar definieren, so dass Stereotypen, Moden, gesellschaftliche Strömungen, Vorurteile und dergleichen aufgrund der als ,Trainingsobjekte' verwendeten, jedoch fehlerhaft interpretierten Bilder relevant werden. Durch die Dominanz sozialer Kriterien werden sekundäre, jedoch nicht- biologische Merkmale zu genetischen Merkmalen ,umdefiniert'.[566] Derartige Ansätze beinhalten des Weiteren zwangsläufig, dass sie nicht in der Lage sind, Zufall sowie fehlende beziehungsweise fehlerhafte Informationen als auch absichtliche sowie optische Täuschungen erkennen zu können, so dass die heuristische Vorgehens-

---

[564] Einige Unternehmen (zB. RWE, Talanx) setzen im Rahmen der Personalauswahl derartige Systeme ein; Amazon nutzt diese Verfahren zur Personalisierung von Produktangeboten als ,Nudging- Ansatz'.

[565] Vgl. die Ausführungen in Abschnitt 1.2.

[566] Vgl. die Studien von Michael Kosinski (Stanford) zur sexuellen Orientierung sowie Studien zur Kriminalität auf der Grundlage physiognomischer Merkmale.

weise des Menschen hier (noch) überlegen ist[567], da dieser derartige Pertubationen aufgrund seines Erfahrungswissens quasi automatisch ausgleicht.[568] Schließlich gilt für derartige Systeme noch der Grundsatz, dass sich bei jeder qualitativen Verbesserung der Mustererkennung das Risiko des Übersehens oder der Vernachlässigung von wichtigen, jedoch semantisch nicht eindeutigen Details ebenfalls erhöht.

Die beispielsweise bei elektronischen Finanztransaktionen, ‚Legal Tech‘ sowie selbstfahrenden Autos eingesetzte Software impliziert allerdings neben juristischen auch ethische und moralische Fragestellungen.[569] Ersichtlich wurde, dass neben ‚technologisch-bedingten‘ Problembereichen wie beispielsweise die nicht erlernbaren ‚Verhaltensattacken‘ auch moralische und ethische Fragen derzeit absolut ungelöst sind. Problematisch ist des Weiteren bei selbstfahrenden, autonomen Fahrzeugen neben der Redundanz des Hauptsystems[570] sowie der Haftungsfrage auch die Übergangszeit, während derer vernetzte, autonome Fahrzeuge mit ihrem permanenten Datenaustausch mit anderen Fahrzeugen ohne diese Systeme sowie Radfahrern und Fußgängern sich gemeinsam im Straßenverkehr bewegen.[571] Juristisch ist bei einem Unfall moralisch und ethisch die Schuldfrage zu prüfen – gilt die Halterhaftung wie im konventionellen Straßenverkehr oder haftet der Hersteller beziehungsweise der Programmierer des autonomen Systems? Besitzen die Algorithmen überhaupt Moral, Bewusstsein, Ethik sowie einen ‚freien Willen‘?[572] Auch vor dem Hintergrund der bisherigen Unfälle ist somit ohne eine vorherige Rechtsgrundlage der Verkauf sowie die Teilnahme derartiger Fahrzeuge am Straßenverkehr an und für sich nicht vorstellbar. Gemäß J. Schmidhuber existiert daher bei autonomen Fahrzeugen

---

[567] Maschinen sind demnach bei repetitiven (automatisierbaren) Tätigkeiten überlegen; gegenüber dem technologischen Intelligenzbegriff müsste somit ein ‚humaner‘ als Abgrenzung definiert werden.

[568] Seyed Moosavi von der EPFL in Lausanne wies nach, dass schon geringfügige, für den Menschen nicht wahrnehmbare Pixelveränderungen bei der Darstellung von Verkehrszeichen unlösbare Probleme für neuronale Netze ergaben.

[569] Bspw. Haftungsfragen sowie die Entscheidung über tödliche Konsequenzen für Dritte; in den USA wurde daher ein 15-Punkte- Fragenkatalog für die Hersteller autonomer Fahrzeuge entwickelt – in Deutschland wurde eine Ethikkommission eingerichtet.

[570] Sog. Notfall-Ersatz-Systeme.

[571] Ironischerweise helfen sie vielleicht, den Menschen als größtes Sicherheitsrisiko im Straßenverkehr zu eliminieren.

[572] Vgl. die Ausführungen in Abschnitt 2.1.3.

letztendlich bislang ‚nur' eine Mustererkennung, da die selbstlernenden Programme respektive Algorithmen als Verfahrensregeln beziehungsweise Handlungsanweisungen zum einen noch nicht in der Lage sind, sich die benötigten Daten selbst zu beschaffen oder selbständig eine Komplexitätsreduzierung vorzunehmen.[573] Zum anderen lernen sie nur aus Mustern der Vergangenheit und können daher zukünftige, nicht aus den Daten heraus prognostizierbare Probleme, Situationen, Manipulationen und Prädispositionen erkennen. Des Weiteren besitzen sie weder Motivation noch die Befähigung zur motivationalen Bedeutungsgebung, Intuition, Kognition, Kreativität sowie humane Antriebskräfte, da sich die hierbei zugrundeliegenden Prozesse nicht in sinnvolle, logische Sequenzen zerlegen lassen. Sie sind daher nicht in der Lage, unbestimmte Zeitfrequenzen als auch die Körperlichkeit[574] zu verstehen sowie unterschiedliches Sachwissen in komplexen Situationen zu ‚entmischen' respektive dieses im Kontext zu strukturieren.[575] Beispielhaft hierfür sei auch das an früherer Stelle angeführte derzeitige ‚Versagen' der Sprachsysteme auf Grund des fehlenden spezifischen Problembewusstseins sowie des Sprachverständnisses. Des Weiteren besitzen sie weder taktisches und strategisches Planungsvermögen noch frei definierte (moralische) Zielsetzungen, Bewusstsein[576], Selbstgefühl, subjektive Erfahrung, die Befähigung zur Sinnstiftung und einen ‚Überlebensinstinkt'. Ursache hierfür ist zum einen die begrenzte Fähigkeit, den Kontext einer Aufgabenstellung erkennen zu können. Somit fehlt auch die Befähigung des Erkennens von Zusammenhängen beziehungsweise von Kausalketten[577], da sie Prozesse nur abbilden und bedingt modellieren können. Sie können diese jedoch weder generieren noch weiterentwickeln[578] und daher aus wenigen Daten generelle und vielfältige Generalisierungen zu treffen. Zwangsläufig sind sie deshalb auch nicht zum transformativen Lernen, das heißt der Übertragung frühe-

---

[573] Vgl. Schmidhuber, J. (2011).

[574] Körperliche Tätigkeiten wie bspw. das Geschirrspülen sind für derartige Systeme zu komplex und daher nicht durchführbar.

[575] Vgl. hierzu auch das ‚Winograd Schema Challenge' der Universität Toronto.

[576] Robin Hanson ist allerdings der Auffassung, dass ‚Brain emulations' die Singularität implizieren kann, da ihre kognitive Kapazität zur Bewusstseinsbildung größer als das zereale Vorbild ist (sog. Mind Uploading)- somit existiere kein prinzipieller Unterschied zwischen dem menschlich-natürlichen sowie dem artifiziellen (sog. Dystopie)- vgl. Hanson, R. (2016).

[577] Vgl. Lake et al (2017), S. 15.

[578] Vgl. Bever, T.G. & Poeppel, D. (2010), S. 174 ff.

rer Problemlösungen und Lernprozesse auf neue Aufgabenstellungen, befähigt. Schließlich verfügen sie weder über Empathie sowie soziale Kompetenzen noch über soziale Kommunikations- und Kooperationsfähigkeit. Zusätzlich besitzen sie auch nicht die soziale Befähigung zur Konfliktbeilegung sowie über das Vermögen, Gut und Böse unterscheiden zu können. Zwangsläufig können sie daher die semantischen Ermessensspielräume im Sinn von Denk-, Urteils- und Interpretationsfähigkeit nicht ‚ausschöpfen'. Der Mensch ist somit derzeit bei schlecht-definierten Entscheidungssituationen auf Grund seiner Intuition im Sinn des selbständigen Erkennens von Aufgaben noch überlegen.[579] Hierzu gehört auch die pragmatische sowie semantische Befähigung, das Verständnis für Moral und Ethik sowie die aus dem Selektionsvorteil resultierende Epigenetik.[580] Problematisch ist beim ‚deep learning' letztlich sowohl die fehlende Replikationsfähigkeit als auch die ‚selektive Inferenz' in Form einer häufig nur zufällig entstandenen Teilschlussfolgerung[581], so dass Korrelation häufig mit Kausalität verwechselt wird.[582] Schließlich werden hierbei häufig semantisch unscharfe Definitionen, falsche Referenzklassen sowie Schätzungen und Interpretationen eingesetzt, so dass die Ergebnisse zwar ‚rechnerisch' korrekt, jedoch inhaltlich falsch sind. Derzeit befindet sich die KI im Status einer effizienten Aggregation von Hard- und Software, die zur besseren Mustererkennung sowie darauf basierender Prognosen führt. Dadurch ist sie jedoch weder ähnlich mit dem menschlichen Gehirn noch mit diesem identisch.

Die ‚Überhöhung' der Möglichkeiten dieser ‚schwachen', derzeit eingesetzten KI ist sicherlich auch darauf zurückzuführen, dass diese ‚Intelligenz' **‚personifiziert'** wird, analog zu früher, als Computer als ‚Elektronengehirn' bezeichnet

---

[579] Plakativ: Kausalität vs. Korrelation, Intuition vs. Datenmenge.

[580] Veränderungen der molekularen Biologie des Menschen auf Grund sozialer Umwelteinflüsse; diese biochemischen Modifizierungen der Gene führen zu einem veränderten ‚Ablesen' resp. Interpretation des DNA-Codes durch die menschlichen Zellen- mit der Folge, dass diese epigenetischen Veränderungen an das Erbgut der nächsten Generation weitergegeben wird; durch sog. Epimarker können diese Veränderungen bei krankhaften Veränderungen der Erbanlagen (zB. Psychische Erkrankungen, Alterungsprozesse) ‚stillgelegt' werden - im Rahmen der Optogenetik werden beispielsweise fehlerbehaftete Zellen oder Verschaltungen durch Licht beseitigt; vgl. die Ausführungen in Abschnitt 2.1.2.

[581] Vgl. Reid, St. et al (2015).

[582] Z.B. illustrieren Infographiken nicht nur, sondern informieren durch die visuell aufbereitete Analyse und Verdichtung der hinter dem ‚Datenrauschen' verborgenen Informationen. Vgl. Wiedemann, J. ‚Rendgen, S. (Hrsg., 2016).

wurden. Die derzeit eingesetzten Programme, Algorithmen und dergleichen ersetzen (noch) nicht den Menschen – sie manipulieren allerdings vor allem sein implizites System. Sie reglementieren und kontrollieren somit das kognitiv gesteuerte menschliche, Handeln, Denken und Verhalten. So repräsentiert beispielsweise die Auswertung des menschlichen Suchverhaltens bei Suchmaschinen ein soziales Problem, da mittels neuronaler Netze aufgrund vorgegebener spezifischer Klassifikationen und Kriterien Prognosen über das zukünftige Suchverhalten des Nutzers getroffen, Bilder im Rahmen einer statistischen Mustererkennung ausgewertet und hieraus Analogien ‚konstruiert' werden. Dies impliziert ein erratisches, algorithmisches ‚Tagging' und führt zu Stigmatisierung und Diskriminierung. Analog zur menschlichen Vorgehensweise wird mit Rastern und Normen, den sogenannten ‚Schubladen', gearbeitet.[583] Allerdings korrigiert der Mensch als erfahrungsgeleitetes Wesen die hierauf beruhenden Fehler, was ein Algorithmus nicht kann. Hieraus resultiert letztlich der sogenannte ‚**rabbit-hole-Effekt**': Mit jeder Prognose wird die Ungenauigkeit exponentiell gesteigert. Des Weiteren beinhalten die zugrundeliegenden Programmstrukturen einen ‚Sozialdarwinismus', demzufolge alle sozialen Beziehungen spezifischen, mathematisch definierten Ereignisketten folgen, nicht jedoch soziale, zufallsbedingte Konstrukte sind.

Festzuhalten ist somit, dass das sich heutige ‚machine learning' noch relativ statisch und formalistisch im Gegensatz zum dynamischen Lernen des Gehirns konzipiert ist. Ursache hierfür ist das sogenannte ‚**emulate**', bei dem die kognitiven Lernvorgänge des Menschen artifiziell simuliert werden durch eine dreistufige Vorgehensweise:

- der statistischen Mustererkennung (Prognose)
- der Modellkonstruktion analog zur menschlichen ‚Definition der Situation' (Erklärung)
- der Definition neuronaler Netzwerke als Modelle zur Erklärung der menschlichen Kognition.

Da dieser dreistufige Prozess nur ein stark vereinfachtes Modell menschlicher Lernprozesse ist, können letztere in ihrer Komplexität zwangsläufig nicht abgebildet werden. J. Schmidbauer unterstellt daher, dass sich das ‚machine learning' derzeit auf dem kognitiven Stand eines vierjährigen Kindes befindet. Des Weiteren wiesen M. Cherry sowie O. Flanagan nach, dass ein- bis

---

[583] Vgl. die Ausführungen in Abschnitt 4.1.

zweijährige Kinder schon die Kombination des ‚Bottom-Up'-Lernansatzes gemäß Aristoteles als auch des von Platon definierten ‚Top-down'-Ansatzes intuitiv beherrschen. Da das basale Paradoxon des humanen Lernens bisher noch nicht gelöst wurde, wird fast zwangsläufig auch die KI nicht mit dem Lernen eines vierjährigen Kindes konkurrieren können.[584] Durch das ‚einmalige' Trainieren mit Daten für eine exakt definierte Ziel- und Zwecksetzung existiert vielmehr nur ein monovalenter und eindimensionaler ‚Lernprozess', während das menschliche Gehirn ständig neue Informationen aufnimmt und in Akkumulation mit dem vorhandenen Wissen dynamisch neues Wissen generiert. Für eine wesentliche Verbesserung dieses ‚Maschinenlernen' sind daher grundsätzlich das Verständnis humaner Lernprozesse, eine Weiterentwicklung der zugrundeliegenden Programmiersprachen als auch neue (andere) neuronale Netzwerke und Algorithmen , beispielsweise im Bereich der Quantentechnologie, erforderlich.

Lake et al haben daher vorgeschlagen, die Leistungsfähigkeit der derzeitigen selbstlernenden Algorithmen durch die Integration folgender ‚key ingridients' zu verbessern:[585]

1. Intuitive physics (intuitive Erfassung physikalischer Phänomene, analog zu Kindern)
2. Intuitive psychology (intuitiver Erwerb psychologischer Kenntnisse, wie beispielsweise die Unterscheidung zwischen ‚antisocial agents' sowie ‚neutral agents' , analog zu Kindern im Alter von drei Monaten.
3. Rapid model building (das Lernen durch ‚Modell- Transformation', so dass aus wenigen Daten generelle und grundsätzliche Schlussfolgerungen gezogen werden können) durch
   - Composionality (induktive Modellierung neuer Konzepte)
   - Causality (Analyse durch Synthese)
   - Learning- to learn (Weiterentwicklung von ‚Transfer- Lernen', ‚Multitasking- Lernen' sowie ‚Repräsentativem Lernen' zur ‚antizipierenden Erfahrung').

Ungeachtet einer Integration und Implementierung dieser ‚core ingridients' gehen die Autoren dennoch auch weiterhin davon aus, dass die humane Intelligenz der künstlichen bis auf Weiteres überlegen bleiben wird.

---

[584] Vgl. Gopnik, A. (2019), S. 11.
[585] Vgl. Lake et al (2017), S. 9 ff.

Der Mensch ist beispielsweise aufgrund seiner Intuition sowie semantischen Interpretationsfähigkeit im Rahmen seines Urteils- und Interpretationsvermögens den selbstlernenden Algorithmen auch weiterhin kognitiv überlegen. Hinzu kommt, dass im Gegensatz zur ,artifiziellen Mustererkennung' des ,deep learnings' das menschliche Gehirn sein ,Modell von der Welt' zugrunde legt und hierauf aufbauend häufig generalisiert, indem es Details ausblendet sowie Erfahrungen auch aus anderen Bereichen wie auch widersprüchliche Informationen in den Problemlösungsprozess involviert. Auf Grund seiner permanenten Interaktionen mit der Umwelt besitzt er daher sowohl ein Körpergefühl als auch ein intensives physikalisches Gespür. Schließlich existieren im Gehirn unzählige Querverbindungen, sogenannte ,Loops', zwischen den einzelnen sehr komplexen Neuronen als auch zwischen deren Schichten, die eine massiv- parallele, mehrdimensionale Informationsverarbeitung ermöglichen. Bei artifiziellen neuronalen Netzen existiert dagegen ein hierarchischer Verarbeitungsprozess ,von oben nach unten' im Rahmen relativ einfacher ,künstlicher Einheiten'. Das Gehirn ist daher derzeit nicht ,computerisierbar', da das Bewusstsein das Resultat diskreter, nicht algorithmisierbarer und nicht prognostizierbarer Interaktionen von Milliarden Neuronen respektive Neuronenketten ist.[586] Der Mensch verfügt darüber hinaus über eine heuristische Planungskompetenz, Kreativität, Innovationsfähigkeit als auch über Emotionen (beispielsweise Leidenschaft), Gedanken und Träume.[587] Die menschliche Intelligenz ist daher im Gegensatz zur künstlichen Intelligenz pluri- respektive omnipotent. Des Weiteren besitzt er die Befähigung zum ,lebenslangen' Lernen, während selbstlernende Algorithmen einen ,programmierten', häufig monofunktionalen Endzustand besitzen. Des Weiteren verfügt er über ein Bewusstsein, Gefühle, Moral und Ethik und somit die soziale Befähigung, persönliche Beziehungen aufzubauen, empathisch zu sein sowie in natürlichen Sprachen zu kommunizieren. Hierdurch ist er zu literarischen, künstlerischen und musikalischen Leistungen befähigt, die nicht in sequenzielle Mikroelemente ,zerlegt' und dann automatisiert werden können. Algorithmen ermitteln dagegen ohne zugrundeliegende Theorien oder Hypothesen auf der Basis der Prinzipien des statischen Lernens statistische Korrelationen zwischen Massendaten im Rahmen beschränkter, exakt definierter

---

[586] Vgl. Abschnitt 2.1.3.
[587] Kreativität ist weder plan- noch programmierbar, da sie sowohl vom Zufall abhängig ist als auch überwiegend durch zwischenmenschliche Kommunikation angeregt wird.

‚intellektueller' Leistungen. Das Gefahrenpotential der künstlichen Intelligenz basiert somit plakativ auf den Unzulänglichkeiten und Fehlern in den Programmcodes, den inhärenten Diskriminierungen durch die Programmierer sowie dem Anspruch, analog zum Menschen ‚moralisch- ethische' Entscheidungen treffen zu können.

Ungeachtet der bisherigen Einschätzungen wird es jedoch zukünftig durch selbstlernende Algorithmen in Verbindung mit neuronalen Netzen möglich werden, multifunktionsfähige Rechner mit der Zielrichtung der ‚Artifical General Intelligence' (AGI) anstelle der bisherigen ‚Insellösungen' entwickeln zu können. Hierbei stehen analog zur menschlichen Vorgehensweise probabilistische Methoden, Heuristiken sowie Iterationen im Fokus und nicht die Perfektion als optimale Lösung. Sie intendieren in gewisser Beziehung die bei IT- Projekten eingesetzte agile ‚Scrum- Methode', da bei komplexen Prozessen zu Beginn nie prognostiziert werden kann, wann dieser Prozess mit welchem Ergebnis auf Grund zahlreicher Iterationen beendet werden wird. Diese Ausprägung der KI als Aggregation von Rechnerleistung, Big Data, neuronaler, semantischer (rückgekoppelter) Netzwerke sowie Robotik wird im Rahmen der Digital-Ökonomie als fünfter Kondratieff–Zyklus erheblichen Einfluss auf die Arbeitsteilung in sozio- technischen Systemen haben, indem es sowohl die Arbeitsprozesse als auch das Wissensmanagement verändert.[588] Sie impliziert gewissermaßen den Einstieg in das Zeitalter des Cyborg[589], da hier Rechner selbständig **Entscheidungen unter Sicherheit** treffen und diese realisieren. Sie besitzen keine prognostische Kompetenz und können daher keine Entscheidungen unter Unsicherheit treffen sowie im kognitiven Sinn ‚lernen', da in diesen Fällen bei einem unstrukturierten Entscheidungskontext das semantische Verständnis hierfür fehlt. Letzteres ist jedoch für die prozessuale Dimension entscheidend. Kritisch

---

[588] Die Investitionen im Bereich der KI sowie spezifischer Anwendungen betrugen im Jahr 2017 beispielsweise bei Amazon 16,1 Mrd., bei Alphabet 14 Mrd., bei Intel und Samsung je 12,7 Mrd. sowie bei VW 12,2 Mrd. US-Dollar.

[589] Auch wenn derzeit ‚nur' Teilaspekte des menschlichen Denkens und Könnens a.G. der Rechnerleistung sowie der großen Datenmengen besser erledigt werden; E. Musk meint zwar, dass der Mensch zum Cyborg im Rahmen einer Symbiose von biologischer und künstlicher Intelligenz werde, da Maschinen mit Übertragungsraten von 1 Billion bits/s arbeiten, während der Mensch nur 10 bits/s realisiert –quasi eine Breitbanderweiterung des menschlichen Gehirns; Musk deklassiert somit den Menschen als Datenübertragungs- und –verarbeitungsmaschine, als eine unter vielen im Internet.

anzumerken ist allerdings im Rahmen der derzeitigen Diskussion, dass hierbei
‚Intelligenz' häufig auf physikalische Dimensionen wie Übertragungsraten sowie Verarbeitungsgeschwindigkeiten als auch auf das Prozessergebnis reduziert
wird.

Aus heutiger Sicht wird die ‚Künstliche Intelligenz' daher drei chronologi-
sche respektive funktionale Prozessstufen durchlaufen. Nach der Übernahme
repetitiver, monotoner Tätigkeiten mit der Konsequenz sinkender Grenzkosten
erfolgt die Übernahme regelbasierter Prozesse durch autonome, virtuelle Agen-
ten, die schließlich in der Realisierung wissensbasierter Funktionen mündet.
Das ‚digitalisierte' Berufsspektrum verschiebt sich in den Bereich der Funktionen mit höherer Komplexität sowie Kreativitätsanforderungen. Kritisch ist diesbezüglich jedoch anzumerken, dass schon die Mustererkennung als selbstlernender Prozess auf Grund der Systemkomplexität nicht mehr mit den ‚konventionellen' Methoden und Verfahren der Informatik analysiert und beurteilt werden kann. Des Weiteren implizieren die durch ‚deep learning' erbrachten Resultate bei den Anwendern häufig einen **Verständnis- sowie Kontrollverlust**, da
die Ergebnisse nicht mehr ‚nachvollziehbar' sind. Die Ursachen von Fehlern können zukünftig aufgrund der Intransparenz und Komplexität sowie dem Fehlen
von Bewusstsein nicht mehr erkannt werden. Diese Transparenzproblematik in
Verbindung mit der inhärenten Fehleranfälligkeit impliziert zwangsläufig Haf-
tungsprobleme. Erforderlich ist daher vorab eine Risiko- sowie Gefährdungs-
abschätzung dieser Metatechnologie im Hinblick auf die gesellschaftspolitischen Konsequenzen. Nick Bostrom unterstellt daher hypothetisch, dass lernfähige, sich ständig selbst verbessernde Systeme in der Lage sein werden, sich
zu verselbständigen.[590] Hierdurch könnten sie dann die Kontrolle über andere
automatische, autonome Systeme übernehmen und diese somit der Einfluss-
sphäre des Menschen entziehen. Zusätzlich würden sie eine utilitaristische,
quantifizierende Ethik implementieren, die das Prinzip der Nicht- Verrechenbar-
keit außer Kraft setzt.[591] Dies könnte ein für den einzelnen Menschen existenzi-
elles und zukunftsvernichtendes Risiko implizieren, da die Evolution der ‚Künstlichen Intelligenz' unabhängig vom Menschen und ohne seine Mitwirkung erfolgen würde. Hierdurch entsteht für die Menschheit zwangsläufig ein Kon-

---

[590] Vgl. Bostrom. N. (2016) sowie die Ausführungen in Abschnitt 2.3.
[591] Gem. dem Begründer des Utilitarismus, Jeremy Bentham, ist beim Nutzenstreben dasjenige sittlich gut, was für die größte Anzahl der Menschen gut ist.

trollproblem, da ansonsten sein Leben transzendiert wird. Bostrom plädiert daher für eine sogenannte ‚Indirekte Normativität', um die positiven Aspekte der Künstlichen Intelligenz, beispielsweise in den Bereichen Software- und Hardwareentwicklungen, autonomes Fahren, Prognoseverbesserungen im Rahmen der Auswirkungen des Klimawandels et cetera mit den ethischen Normen und Werten des Menschen kompatibel machen zu können.[592]

Allerdings gibt es auch hierzu konträre Auffassungen. Rodney Brooks bezeichnet den derzeitigen Hype der Künstlichen Intelligenz als bald zerplatzende ‚Blase', da die Künstliche Intelligenz weder Bewusstsein, Gefühle, Instinkte, Stimmungen und Wahrnehmung noch subjektives Erfahrungswissen, Kreativität oder Selbstgefühl besitzen wird. Hinzu kommt noch, dass der Mensch ein verletzliches, emotionales sowie resonanzbedürftiges Wesen ist. Die KI versagt somit in menschlichen Lebenskrisen, warnt nicht vor existenziellen Lebensrisiken und kann keine Ratschläge für das richtige, angepasste Risikoverhalten offerieren. Jean- Gabriel Ganascia[593] geht noch weiter und bezeichnet die damit verbundene **‚Singularität'**[594] als Mythos, da die Systeme und Methoden des ‚machine learning' generell nur für spezifische Situationen entwickelt und trainiert wurden beziehungsweise werden. Bei geringfügigen Abweichungen von der spezifischen ‚Norm' werden sie handlungs- und entscheidungsunfähig.[595] Im Fokus des ‚machine learning' steht derzeit die Mustererkennung sowie das Erlernen vorgegebener Regeln im Rahmen einer komplexen, strukturierten Daten- und Informationsverarbeitung, so dass deren Systeme kein Verständnis für die Gesamtheit oder den Kontext besitzen (können). Sie replizieren somit Problemlösungswissen selbständig, beispielsweise bei Robotersteuerung, Handelsplattformen oder Automatisierungsprozessen.[596] Problematisch hierbei sind jedoch zum einen die Quantität der verschiedenen Objekte sowie zum anderen deren komplexe Interaktionen, die von den meist singulär-funktionalen

---

[592] Beispielsweise Empathie, Integrität, Überzeugungskraft.

[593] Ganascia, J.-G. (2017); W. Wahlster bezeichnet die Singularität durch die KI als Scharlatanerie.

[594] Der Begriff wurde erstmals von Vernor Vinge in einer Publikation 1983 veröffentlicht. Vgl. Kurzweil, R. (2014).

[595] So versagt bspw. Alpha Go bei einer Verkleinerung oder Vergrößerung des Spielbrettes.

[596] PwC prognostiziert daher bis 2030 eine Steigerung des weltweiten Bruttosozialproduktes um 14%; gleichzeitig werden sich Funktionen wie Outlook, Suchmaschinen, Entertainmentportale etc. selbstständig optimieren.

Robotern nicht beherrscht werden. Sie sind vielmehr inkonsistent, asozial sowie monofunktional und nur begrenzt lernfähig, um komplexe Situationen beherrschen zu können. Die zur selbständigen Erkennung und Klassifizierung von Objekten sowie zur Prognose aller Eventualitäten notwendigen ‚tiefen' neuronalen Netzwerke sind derzeit nicht realisierbar. Des Weiteren sind diese Systeme nicht in der Lage, eigene Zielfunktionen zu definieren sowie Allgemeinwissen mit Logik bei unpräzisen Schlussfolgerungen zu kombinieren. Schließlich sind sie aufgrund ihrer monofunktionalen Zielfunktionen nicht multitaskingfähig. Sassie Kozyrkov von Google bezeichnet daher den derzeitigen Status der KI ‚als ein Werkzeug zur Verbesserung monotoner Tätigkeiten' und somit quasi auf der Ebene eines ‚Fachidioten'.

Ungeachtet jeder Euphorie oder jedem Pessimismus[597] im Hinblick auf die Entwicklungspotenziale der KI bleibt generell zu berücksichtigen, dass der Mensch bislang vor dem Hintergrund seiner emotionalen, sozialen, kreativen sowie intuitiven Potenziale bei nicht-repetitiven Aufgabenstellungen noch überlegen ist. ‚Holzschnittartig' zusammengefasst resultiert der derzeitige ‚unique selling point' des Menschen gegenüber der KI vor allem auf

- den ‚persönlichkeitsprägenden Eigenschaften' als sogenannte ‚non-cognitive skills' im Sinne einer Selbstregulierung , wie beispielsweise die Befähigung zur Selbstmotivation sowie zum selbständigen Lernen, Selbstdisziplin, Eigeninitiative, Gewissenhaftigkeit, Beharrlichkeit, Willensstärke, Durchhaltevermögen sowie Anstrengungsbereitschaft[598]

- Empathiefähigkeit

- Kunstverständnis (notwendig zur Selbstreflektion sowie zum Verständnis für Dritte).

- Befähigung zum kollektiven Denken und Handeln, Nächstenliebe, Flexibilität, Kreativität, Innovation (Erfindungsgabe), Ethik, körperliche Flexibilität, Perspektivwechsel, Zuversicht.

- Bewusstsein, Instinkt, Seele, Phantasie, Kontextverständnis, Risikobewusstsein.

---

[597] Pessimismus begründet sich häufig auf einem Mangel an Informationen sowie Ideen zur Lösung anstehender Probleme.

[598] Diese im Präfrontalen Cortex verorteten sog. ‚Sekundärtugenden' neben den kognitiven Fähigkeiten entwickeln sich ab dem 5. Lebensjahr und erhalten ihre größe Ausprägung bis zum 25. Lebensjahr. Vgl. auch Bowles, S., Gintis, H. (1976), Borghans et al (2008) .

-       Kreativität und humane Intelligenz sind aufgrund der evolutionär angelegten Komplexität des menschlichen Gehirnes digital nicht reproduzierbar

-       Meinungsvielfalt sowie Autonomie.

Diese ,weichen', nicht auf Datenkorrelationen basierenden kognitiv-sozialen Elemente und Skills können derzeit, wie deutlich wurde, durch die ,datentechnologische Intelligenz' noch nicht abgebildet respektive realisiert werden. Um die ökonomischen, gesellschaftspolitischen sowie sozialen Auswirkungen der KI sowie der darauf basierenden selbstlernenden Algorithmen jedoch erfassen und definieren zu können, ist ein interdisziplinärer Ansatz erforderlich, um die ,Einäugigkeit' sowie beschränkte Wahrnehmung der einzelnen Disziplinen (Mathematik, Robotik, Informationstechnik, Soziologie et cetera) im Sinne eines ganzheitlichen, systemischen Ansatzes zu überwinden.

Zu berücksichtigen ist grundsätzlich, dass die ,Künstliche Intelligenz' im Jahr 1956 mit Gedanken über die ,Mathematisierbarkeit' begann und derzeit sowohl im Fokus von Kognitions- als auch die Verhaltenswissenschaften steht.[599] Gesellschaftspolitisch zwingend erforderlich ist es daher, die Imponderabilien sowie Konsequenzen selbstlernender Systeme vorab zu analysieren, zu definieren und zu regeln. Kritisch anzumerken ist des Weiteren, dass jede neue Technologie zu Beginn nicht in der Lage ist, die gesellschaftlichen Folgen ihrer Innovationen zu definieren und zu analysieren. Dies wird unter anderem auch am Beispiel der zivilen Nutzung der Kernenergie mehr als deutlich. Jede neue Technologie verändert vielmehr auch das Bewusstsein auf eine disruptive und daher nicht prognostizierbare Art.

---

[599] KI ist derzeit scheinbar zu einem ,Buzzword' geworden - alle reden darüber, obwohl kaum jemand die Inhalte durchschaut oder gar versteht.

4.1.2 Big Data — die Genese sozialer Dystopien

Grundsätzlich benötigen selbstlernende Algorithmen im Rahmen der Künstlichen Intelligenz sehr große Datenmengen (‚**Big Data**'[600]), um beispielsweise die Wahrscheinlichkeit einer spezifischen Verhaltensausprägung oder eines Entscheidungsverhaltens vorhersagen zu können.[601] Mit einer großen Rechnerleistung lassen sich relativ einfach aus disparaten, nicht-korrelierten (‚unsauberen') Daten in Echtzeit Trends erstellen, indem Korrelationen zwischen diesen disparaten Daten ermittelt werden.[602] Systeme wie das ‚**Affective Computing**'[603], die ‚Sentiment Analysis Tools'[604] oder im Bereich der Psychometrie[605] benötigen allerdings Datenmengen in der Größenordnung vieler Tera- bis zu Zetabyte[606], um annähernd richtige Prognosen mit einer statistischen Wahrscheinlichkeit von siebzig bis achtzig Prozent erstellen zu können. Somit ist analog zu Jonathan Franzen scheinbar nur ‚Big Data beziehungsweise Big Data-Analytics'[607] erfor-

---

[600] Quantitative Sammlung, Kopplung sowie Aggregation riesiger Datenmengen-Bestände an, für sich allein gesehen, bedeutungslosen Daten, die erst durch die Algorithmen zu aus- und verwertbaren Informationen werden- ansonsten wären diese Daten nur moderner Kommunikationsmüll.

[601] Hier gelten die 3 V: Volume (Datenmenge), Variety (Datenvielfalt) und Velocity (Verarbeitungsgeschwindigkeit).

[602] Deren Ergebnisse besitzen zwangsläufig keine Genauigkeit in der ‚Nachkommastelle'; bspw. Epidemien (zB Grippewelle) lassen sich durch diese Trendberechnungen a.G. der auffälligen Korrelationen unterschiedlicher Daten wesentlich früher im Gegensatz zu den traditionellen Verfahren prognostizieren, da die Daten für letztere erst nach dem Eintritt einer Epidemie erhoben werden können; vgl. hierzu auch Mayer- Schönberger, V. (2015).

[603] Deskription, Analyse und Prognose von Emotionen; im Bereich der Partnerschaftsvermittlung werden beispielsweise die Kandidaten/innen charakterlich im Rahmen des ‚Big Five- Modells' verortet. Vgl. die Ausführungen in Abschnitt 1.1; aggregiert man weitere ‚klassische' Daten wie Geschlecht, Alter, Haarfarbe, Ausbildung, Einkommen, Wohnort etc, so werden diese ‚intimen Daten' mit einer Größenordnung im Terabyte-Bereich durch Algorithmen ausgewertet und das ‚persönliche Profil' erstellt; die Konsequenz sind nutzerspezifische Partnervermittlungs-/Datingportale – für Tierliebhaber, Hipster, Metal-Fans, Oldies, Vegetarier, Landwirte, Amikis (Allein mit Kind),...

[604] Prognose der **zukünftigen** Börsenentwicklung auf Grundlage der Erfassung der **momentanen** Stimmungen der Börsenakteure.

[605] Kombination von Big Data, Algorithmenanalyse sowie gezielter Ansprache des Individuums.

[606] Quasi ‚Extrem Data' als Weiterentwicklung von Big Data.

[607] Erhebung, Auswertung und Analyse sowohl strukturierter als auch unstrukturierter Daten – letztere repräsentieren ca. 85% aller Daten.

derlich, um durch die Strukturierung der Datenmengen sowie ihrer algorithmenbasierten Auswertung das menschliche Leben und Sozialverhalten zu quantifizieren sowie zu prognostizieren und somit die (teilweise) Kontrolle über das Individuum zu erhalten. Wir leben anscheinend im ‚Goldenen Zeitalter der Überwachung' respektive in einem ‚postprivaten' Zeitalter.[608] Beispielhaft seien nur die vorstehend diskutierten automatisierten Systeme des ‚Robot Recruiting'[609], ‚Robo- Advisory'[610], ‚PropTech'[611], das Algo-Trading[612], der automatisierte Verkauf von Krankenversicherungspolicen[613], ‚Ross'[614] sowie die Analyse von Fußballspielen genannt.[615] Hierbei werden explizite und implizite Prozesse menschlicher Entscheidungsträger durch diese Systeme übernommen, so dass der menschliche Kunde somit ohne die Möglichkeit einer realen und objektiven Einflussnahme ‚fremdgesteuert' wird. Kritisch anzumerken ist diesbezüglich auch, dass durch Big Data auch sehr viele falsche Daten im Hinblick auf Kontext und Kausalität einbezogen werden. Dies impliziert zwangsläufig falsche statistische Korrelationen, da durch eine größere Anzahl der Variablen zwar die Zahl zufälliger und statistisch korrekter Korrelationen erhöht wird, jedoch häufig

---

[608] Vgl. Schneier , B. (2015); zu berücksichtigen ist diesbezüglich allerdings die Manipulationsmöglichkeit der Portalbetreiber, da die ‚Suchergebnisse' vieler Suchmaschinen bei den ersten Treffern häufig diejenigen Unternehmen auflisten, die am Meisten für diese Werbung im Rahmen von ständigen ‚Live- Auktionen' bezahlt haben (sog. ‚AdWords-Kunden' bei Google) - die Suchergebnisse sind somit verklausulierte Werbungen.

[609] Automatischer Abgleich zwischen Stellenprofil und Bewerbungsunterlagen; diese Rekrutierungsprogramme (bspw. Precire, HireVue) bevorzugen gem. einer Studie von Lea Stern (University of Washington) Männer sowie jüngere Bewerber.

[610] Anlage- sowie Vermögensberatung auf Grundlage KI-basierter Algorithmen (zB. ‚Robin' der Deutschen Bank) sowie Chatbots; es gelten allerdings derzeit noch die ‚analogen' Haftungsregeln, so dass das Institut haftet; Hochrechnungen gehen bei ihrem ‚flächendeckenden' Einsatz von einem 30%igen Arbeitsplatzverlust bei Kreditinstituten aus.

[611] Automatisierte Übernahme von Maklertätigkeiten.

[612] Rd. 70% des Umsatzes amerikanischer Börsen gehen auf die Aktionen von Algorithmen zurück.

[613] Z.B Ottonova in Deutschland, Oscar in den USA.

[614] Automatisierte Entscheidungshilfe bei juristischen Problemstellungen.

[615] So werden aus 3 Mio Positionsdaten pro Spieler und Spiel sowohl der Erfolg der Taktik (Spielaufbau, Angriffsmuster, Raumdominanz, Rückeroberung des Balles etc.) als auch die individuelle Leistung des Spielers (Passwerte, offensive Balleroberung, Anspielstation, physische und psychische Leistungsfähigkeit usw.) beurteilt.

ohne einen kausalen Bezug.[616] Grundlage hierfür ist quasi ein episches Versagen, da die Algorithmen keine semantische Trennschärfe besitzen und daher nicht-kausale Begriffe sowie daraus resultierende Korrelationen nicht evaluieren können. Mehr Daten bei steigenden Verarbeitungsgeschwindigkeiten implizieren somit zwangsläufig nicht mehr Wissen, da die semantischen Lernprozesse noch sehr unbefriedigend ausfallen. Dies ist beispielsweise auch beim ,Affective Computing' als ,Emotional Decoding' der Fall, da diese rechnergesteuerte Gefühlsanalyse ,nur' eine Mustererkennung auf der Grundlage sehr vieler Vergleichsdaten in Sekundenbruchteilen realisiert.[617] Hierbei wird, getrennt nach Alter und Geschlecht, eine subjektive Klassifizierung analog zu den Motiven Glück, Überraschung, Trauer, Ekel, Angst sowie Verwirrung durchgeführt. Auf Grund dieser Charakterisierung erfolgt dann die auf die situative Emotion des Nutzers zugeschnittene Werbung oder Partnerzuordnung. Die hierbei implizit generierte ,Verhaltens- und Charakterprognose' des Nutzers kann zwangsläufig auf Grund der zugrundeliegenden Massendaten sowie statistischen Verfahren kaum individuellen Charakter besitzen[618], da beispielsweise bei Facebook überwiegend die ,Likes' als Klassifizierungsmerkmal herangezogen werden.[619] Des Weiteren besitzen diese Verfahren nicht die Funktion von Charakterstudien, da diese sowohl durch die Sozialisation und Genetik als auch durch dynamische Lebensereignisse sowie zufallsbedingte Lebensveränderungen geprägt werden.[620] Allerdings ist auf Grund von ,Big Data' sowie der eingesetzten KI- Verfahren ein Quantifizierungshype entstanden, bei dem alles gemessen wird, was aus den Daten anscheinend herausgelesen werden kann. Ist dieser Hype bei extrinsischen Motiven noch einigermaßen nachvollziehbar, so ist dies

---

[616] So korreliert der Geburtenrückgang in Vorpommern direkt mit dem Rückgang der Storchenpopulation....

[617] Derzeit werden diesbezüglich auch Robotersysteme entwickelt, die sich als ,Avatare' a.G. der Mustererkennung des emotionalen Gesichtsausdruckes dem Nutzer anpassen; als emotionssensitive Roboter sollen sie für subtile Signale empfänglich sein.

[618] Die aus der Psychometrie stammenden Verfahren unterstellen diese Kausalität jedoch- vgl. Youyou, W. et al. (2015).

[619] So beruhen die Persönlichkeitsprofile von ,Cambridge Analytica' vor allem auf den Likes bei Facebook.

[620] Neben dem ,Big Five- Modell' existieren als weitere Verfahren ,Visual DNA' sowie das IBM ,Watson-System Persönlichkeitsprofile' mit unterschiedlichen Datenerhebungsmethoden; sie liefern bei der gleichen Person stark divergierende, sich widersprechende Ergebnisse. Vgl. Drösser, Chr. (2017), S. 39 f.

bei intrinsischen Präferenzen wie beispielsweise Vertrauen, persönlicher Wert-schätzung, Liebe, Anerkennung oder Freundschaft mehr als fragwürdig, da hier-bei auch undefinierbare, inhärente Sehnsüchte ‚gemessen' und quantifiziert werden. Beispielsweise repräsentiert die quantitative Anzahl der ‚Likes' zwangsläufig sowohl auf Grund ihrer Genese als auch ihrer Definition kein qua-litatives Kennzeichen für ‚Freundschaft'. Auch die biometrische Datenerfassung beim Joggen ist kein Kriterium für die Emotionalität beim Laufen, für die positive Stimulierung des Nucleus Accumbens oder die dabei häufig initiierte kognitive (Nachdenk-)Leistung.

Da somit die auswertenden ‚Big Data' -Algorithmen auf Grund ihrer Struktur und Zielsetzung Korrelationen ohne bewusste kausale Ursachenüberlegungen ermitteln, wird die tradierte analytische Vorgehensweise quasi ‚auf den Kopf gestellt', denn letztlich sind Kausalitäten an und für sich wichtiger und rele-vanter als zufällige Korrelationen. Generell kann daher ‚Big Data' derzeit ‚nur' als angewandte Statistik sowie Wahrscheinlichkeitstheorie und noch nicht als ‚Smart Data' bezeichnet werden, da die auswertenden Algorithmen nur un-scharfe, grobe Klassifizierungsstrukturen besitzen, die für eine intelligente, in-dividualisierte Personalisierung der auszuwertenden Daten noch zu ungenau sind. Die eingesetzten statistischen Algorithmen ermöglichen es allerdings, Da-tensätze eines Nutzers in verschiedenen Datenbanken in Beziehung zueinander zu setzen und auf Grund der angesprochenen Attribute zu **de-anonymisieren**. Das Bewahren der Anonymität eines Nutzers ist somit unmöglich, je mehr Daten erfasst, gespeichert und analysiert respektive abgeglichen werden. Festzuhal-ten ist allerdings, dass derzeit auf Grund der geschilderten Entwicklungen im Bereich der neuronal- vernetzten Künstlichen Intelligenz in Verbindung mit Big Data sowie dem Internet die Katalysatoren für eine disruptive Veränderung der bestehenden gesellschaftspolitischen sowie ökonomischen Prozesse und Struk-turen existieren. Dies impliziert das Aufsprengen von Denk- und Handlungsmus-tern durch digital-technologischen Instrumente und konsequenterweise im Schumpeter'schen Sinne die radikale Veränderung respektive Zerstörung beste-hender Strukturen und Ordnungen - allerdings mit negativen Konsequenzen für das Individuum.

Durch ‚Big Data' wird somit ein Paradigmenwechsel von der Prävention zur Prädiktion ausgelöst , da es vor allem zur prädikativen Verhaltensprognose so-wie darauf basierenden Produktentwicklungen genutzt wird, beispielsweise im

Sicherheitsbereich, im Gesundheitswesen, im Bildungssystem, bei Bankgeschäften sowie bei Versicherungen.[621] Die hierbei eingesetzten Algorithmen werden relativ häufig zu objektiv falschen ‚Entscheidungen' gelangen, gegen die sich der einzelne Betroffene allerdings nicht wehren kann, da keine offizielle, juristisch überprüfbare Begründung geliefert wird. Der Algorithmus bestätigt oder verweigert ohne Einbeziehung oder Anhörung des Betroffenen eine Versicherungspolice, einen Bankkredit oder eine medizinische Behandlung. Plakativ kann demnach von einem scheinbaren Paradigmenwechsel von der Demokratie zur **Algokratie** gesprochen werden. Die Herrschaft der Gesellschaft wird in eine Herrschaft der Algorithmen transformiert.[622] Diese Entwicklung steht jedoch konträr zu den (An-) Forderungen hinsichtlich des Datenschutzes sowie der Datensicherheit.[623] Die vielfach beschworene ‚Transparenz des Internets' ohne schädigende Rückwirkungen für den Nutzer mutiert daher zur Illusion und verliert zu Gunsten der Algorithmeneffizienz beziehungsweise einer ‚digitalen Transparenz' ausschließlich zugunsten der Plattformbetreiber als zentrale Schaltstellen im Netz. Aufgrund der durch Algorithmen realisierten automatisierten Steuerung des Menschen sind die Plattformen keine neutrale Infrastruktur mehr, sondern gewissermaßen Manipulationsmaschinen zur Ausbeutung der Nutzer ohne eine Möglichkeit der menschlichen oder gesellschaftspo-

---

[621] Beispielhaft seien ‚Traffic Systeme', Flüssigkeitsbiopsie, ‚distant reading' (computergestützte quantitative Literaturanalyse), ‚educational data mining' (Entwicklung neuer Lern- und Bildungskontexte) sowie ‚predicitive policing' (Vorhersage der lokal-geographischen Verbrechensentwicklung) genannt.

[622] So werden sog. ‚Captchas' benutzt, um das menschlich- intuitive Wissen abzuschöpfen (analog zum ‚Deep learning'); ursprünglich wurden sie als Kombination destruktiv geschriebener Zahlen und Buchstaben, die vom menschlichen Nutzer bei Abfragen in ein Formular eingetragen werden mussten, als ‚Sperren' eingesetzt, um automatische Programme abzuwehren, die Schäden auf Webseiten hervorrufen (zB. von Google). Des Weiteren manipulieren sog. **Hooks**' den Nutzer, indem sie ihn motivieren, eine App zu öffnen, auf einen Trigger zu reagieren, durch Kommentare ‚belohnt' zu werden- und anschließend durch eigene Kommentare (Links) selbst zu investieren. Die dahinter befindliche Geschäftsidee ist, dass der Nutzer diese App immer wieder nutzt (z.B. Wetter-Apps), obwohl diese Produkte an und für sich mangelhaft resp. schlecht sind. Die in der BWL vertretene Auffassung einer ständigen Produktverbesserung zum Nutzen des Kunden wird umgekehrt in die Motivation, schlechte Produkte durch inhärente Anreize immer wieder zu vermarkten.

[623] So genügt bspw. die Analyse von 300 ‚Likes' in den sozialen Medien, um das Verhalten des Nutzers mit hoher Wahrscheinlichkeit prognostizieren zu können.

litischen Kontrolle. Deren Einfluss und Macht wächst des Weiteren beständig, da Algorithmen letztendlich die Plattformen instrumentalisieren, Anzeigen platzieren, manipulierende Kommentare schreiben et cetera.[624] Diese Metaplattformen als sogenannte ‚**Ökosysteme**‘ werden per App das gesamte Privatleben der Nutzer organisieren und manipulieren: Information und Kommunikation, Waren- und Essenbestellungen, Bezahlung aller Einkäufe, Bestellungen und Dienstleistungen[625], die Organisation der privaten Mobilität, die Erledigung der Behördengänge, die An- und Abmeldung bei den Sozialversicherungssystemen, Schul- und Hochschulanmeldungen sowie damit verbundener Folgetätigkeiten, die Abwicklung aller Finanzdienstleistungen, Gesundheitsüberwachung, Dolmetscherfunktionen und dergleichen. Diese manipulierte ‚Rundumversorgung‘ beschädigt zwangsläufig die Verletzlichkeit sowohl des Menschen als auch der Gesellschaft, obwohl durch das Grundgesetz die Unverletzlichkeit der Menschenwürde (Art. 1) als auch das Recht auf Privatsphäre sowie das Recht auf informationelle Selbstbestimmung garantiert sind. Diese Unverletzlichkeit der Person, seiner Würde und Individualität als auch seiner Privatsphäre ist somit prinzipiell ein elementares Verfassungsrecht.[626] Dieses wird jedoch durch diese ‚digitale Transparenz‘ aufgehoben, so dass durch das dadurch implizierte ‚Ende der Privatsphäre‘ die Struktur unserer demokratischen Grundordnung und Gesellschaft aufgelöst wird.[627] Durch die häufig unberechtigte Nutzung der überwiegend privaten Daten[628] wird die ‚Privatheit‘ als Grundlage der demokratischen Gesellschaft konterkariert. Hierdurch wird eine Machtasymmetrie generiert, die letztendlich die Herrschaft über das Individuum ermöglicht.[629] Javon Lanier sieht hierin die Konditionierung des Nutzers wie bei eine ‚Skinner-Box‘, ausgelöst durch die Regeln der ‚social media oeconomy‘.[630] Die hierdurch

---

[624] Vgl. O'Neil, C. (2018).

[625] Auch Strafzettel.

[626] Würde wird allerdings aufgrund der eigenen Sozialisation individuell und somit subjektiv unterschiedlich wahrgenommen und definiert.

[627] Vgl. die Ausführungen in Abschnitt 5.

[628] Dies beweist eindrucksvoll die Causa ‚Cambridge Analytica‘, dem selbsternannten Spezialisten für politisches Marketing: für die bei Facebook entwendeten Daten wies letzterer jede Verantwortung und Schuld von sich, da er ‚nur‘ der Betreiber einer ‚offenen, unregulierten Plattform‘ sei (durch die Zulassung der App seitens Facebook wurde allerdings Datenerfassung und –weitergabe legitimiert).

[629] Vgl. Welzer, H. (2017), S. 6.

[630] Vgl. Lanier, J. (2014).

intendierte ,individualisierte Informationskontrolle' wird zusätzlich durch die implizite Drohung des Verlustes der Teilnahme respektive den Ausschluss aus dieser sozialen Gemeinschaft quasi abgesichert. Als Kollateralschaden entsteht hieraus die Erosion gesellschaftlicher Prozesse und Strukturen sowie letztendlich ein Systemwechsel. Diese potenziellen Gefährdungen erfordern somit eine proaktive und nicht reaktive Politik des Staates zur Sicherung der Demokratie über den reinen Datenschutz hinaus. Gemäß mehrerer Urteile des Bundesverfassungsgerichtes bedeutet Datenschutz im digitalen Zeitalter allerdings auch, die durch die Verfassung garantierten Grundrechte zu schützen, beispielsweise das Recht auf unbelauschte Telekommunikation, das Recht auf informationelle Selbstbestimmung sowie das Grundrecht auf die Unverletzlichkeit der Wohnung ohne Ausspähung.[631] Diese Schutzbedürfnisse respektive -anforderungen werden allerdings durch die technologisch- ökonomische Entwicklung konterkariert, so dass regulative Maßnahmen zwingend erforderlich werden.

---

[631] Vgl. die Ausführungen in Abschnitt 4.6.

4. 2   Die Manipulation des Nutzers durch die   ‚Social Media Policy'

Der Nutzer sozialer Netzwerke mutiert im Rahmen eines autistischen Medien-konsums häufig freiwillig zum selbstreferenziellen **Narzisst**[632], der sich als Kon-sument mit geringem Aufwand alle Wünsche für ein komfortables Leben erfül-len möchte. Er produziert daher immer größere individuelle Datenmengen, die er im Rahmen einer sich selbst perpetuierenden Datenpreisgabe kostenlos ‚lie-fert'[633], um vermeintliche soziale als auch wirtschaftliche Vorteile zu erhal-ten.[634] Allerdings impliziert dies häufig auch die Dialektik des Wunsches: Die Erfüllung eines Wunsches geht zu Lasten des bisher Erreichten oder zerstört dieses sogar, da jeder erfüllte Wunsch Reiz, Antriebsfähigkeit sowie Projektions-fähigkeit verliert. Dies geht bis zur Aufgabe respektive ‚Selbstversklavung' der eigenen digitalen Identität.[635] So ist beispielsweise der Lebensmitteleinkauf über das Internet sehr bequem und zeitsparend. Die hierdurch gelieferten Da-ten ermöglichen den Portalbetreibern jedoch sehr genaue Rückschlüsse auf Einkommen, sozialen Status, Bildung sowie Gesundheitsbewusstsein und er-möglichen somit bessere sozialanalytische Daten, die zur genaueren Zielanspra-che beim Kauf anderer Produkte als auch bei der Preisfindung eingesetzt wer-den können. Für die Portalbetreiber ist somit nicht der Ertrag aus dem

---

[632] Der Begriff basiert auf der griechischen Mythologie: Narkissos als schöner, von allen be-wunderten Jüngling-jedoch unfähig für Empathie und Emotionen. Der Begriff wurde in der Psychologie erstmals 1914 durch Freud in der Vorlesung ‚Zur Einführung des Narzissmus' für neurotische Persönlichkeitsstörungen verwandt; der Begriff hat mittlerweile eine Me-tamorphose erlebt – von der Krankheitsstörung über die Egozentrik bis zum Leitbild der Selbstverwirklichung. Narzissten sind davon überzeugt, dass sie besser als andere sind; al-lerdings korreliert das auf Minderwertigkeitsgefühlen basierende eigene Selbstwertgefühl als Eigensucht häufig negativ mit der Wertschätzung der anderen, da sie sich mangels Em-pathie nicht in andere hineinversetzen können, sondern diese durch Manipulation, Herab-lassung und Entwürdigung entwerten- die pathologische Form ist der maligne Narzissmus, der sich gezielt und massiv gegen andere richtet; die Digital- Ökonomie fördert diesen Nar-zissmus als Überlegenheitsillusion einer Ichzentriertheit in dystopischer Weise a. G. des subtilen Horrors, den die Digital- Ökonomie bei vielen hervorruft. Vgl. Dombek, K. (2016) sowie die Ausführungen in Abschnitt 4.3.3.

[633] Jeder US-Bürger bspw. ‚produziert' ca. 5 GB pro Tag, rd. 2 TB p.a. – dein Handy weiß alles über dich...

[634] Die Anzahl der ‚Follower' bzw. ‚Klicks' sind die Wertetreiber sowohl des individuellen Image als auch des wirtschaftlichen Erfolges.

[635] Vgl. die Ausführungen in Abschnitt 4.2.1.

wettbewerbsintensiven Lebensmittelhandel relevant, sondern die als ,Abfall-produkt' gewonnenen Nutzerdaten.[636] Der Nutzer zahlt mit seinen Daten sowie der Einblendung von Werbung auf seinem Display, um andererseits subjektiv einen vermeintlichen individuellen Wohlstands- und Komfortgewinn zu emp-finden.[637] Die in den achtziger Jahren des letzten Jahrhunderts dominierende Datenaskese mutiert somit zu einer Datenekstase. Die Bequemlichkeit trium-phiert somit über das Misstrauen. Das Komfortdenken sowie Bequemlichkeits-verhalten des Nutzers konterkarieren somit den demokratischen Freiheitsbe-griff der geschützten Privatsphäre, die individuelle Sicherheit sowie die Infor-mationsfreiheit.[638] Dieser Zielkonflikt zwischen einer intensiven Datenpreisgabe sowie der Souveränität über die eigenen Daten resultiert aus der interaktiven Beziehung zwischen Produzent und Konsument und führt letztlich zum soge-nannten ,Prosumer', der sich allerdings im Rahmen der Austauschbeziehung ,Daten für Komfort' prostituiert.[639] Der Narzisst läuft quasi im Hamsterrad sei-ner eigenen Ansprüche, gefühlter (vermeintlicher) Regeln, dem sozialen Druck anderer sowie der Informationsüberflutung. Verstärkt wird dies noch durch die eigene (Un-)Informiertheit sowie seines Unwissens im Hinblick auf den Wahr-heitsgehalt. Letztlich führt dies zu einem Kontrollverlust, der fast zwangsläufig zur Gleichgültigkeit gegenüber der selbst verschuldeten Abhängigkeit führt.

Eine andere im Kontext sozialer Netzwerke nicht zu vernachlässigende im-materielle ,Währung' ist psychologischer Natur, nämlich die Anzahl der ,Follo-wer', ,Likes' oder ,Gefällt mir Klicks'. Dieses Zustimmungspotenzial als Status-symbol erhöht die subjektiv empfundene Wertigkeit und Wichtigkeit des absen-denden Nutzers. Die sozialen Netzwerke generieren zwangsläufig aufgrund des Bestrebens nach Bestätigung und Anerkennung auch suchtähnliche

---

[636] Für Amazon ist der Lebensmittelvertrieb nur sekundär; aus den kostenlos erhaltenen Nutzerdaten sind a.G. der Datenmenge sowie Datendichte (täglicher Einkauf) präzisere Er-kenntnisse über den Käufer, seine Lebensgewohnheiten sowie eventuellen Veränderun-gen quasi ,online' verfügbar.

[637] Gemäß der Auffassung von Branchenexperten werden diese digitalisierten, individuali-sierten sowie personalisierten Online- Dienstleistungen zukünftig jedoch nicht mehr ,kos-tenlos', sondern entgeltpflichtig zur Verfügung gestellt werden, um die Entwicklungskos-ten der zugrunde liegenden selbstlernenden Algorithmen zu refinanzieren.

[638] Der Narzisst läuft quasi im Hamsterrad seiner eigenen Ansprüche, gefühlter Regeln, dem sozialen Druck anderer sowie der Informationsüberflutung vor dem Hintergrund sei-ner eigenen (Un-)Informiertheit sowie des Unwissens über den Wahrheitsgehalt.

[639] Vgl. Jänig, Chr. (2004), S. 42 ff.

Folgewirkungen, auf die der Nucleus Accumbens wie auf Kokain reagiert. Seitens der Plattformbetreiber wird diese menschliche Attitüde durch den gezielten Einsatz von 'Socialbots' noch verstärkt und die **Nutzerbindung** damit zwangsläufig erhöht. Zusätzlich analysieren selbstlernende Algorithmen die dahinterliegende Metrik der Zahl der Klicks, der Geschwindigkeit der Cursorbewegungen, der Zeitdauer der Betrachtung von Bildern und dergleichen sowie dem Scrollen durch die aufgerufenen Seiten als Kriterien für Erfolg und Relevanz, da sich die dadurch induzierte Aufmerksamkeit an Werbekunden vermarkten lässt. Ergänzt wird diese Nutzeranalyse des Weiteren durch die Kooperation mit externen Datenanbietern, so dass aus den hierdurch generierten Nutzerdaten personalisierte Produktplatzierungen realisiert werden können.[640]

Die komplexen invasiven Methoden der Plattformbetreiber zur Datengewinnung und –aggregation , häufig verborgen hinter dem kostenlosen Angebot[641] einer effizienten Dienstleistung, beruhen auf einer einfachen Geschäftsidee, indem eine scheinbar kostenlose Dienstleistung gegen eine kostenlose sowie freiwillige respektive unwissende Preisgabe individueller Daten 'geliefert' wird. So ergab vor Kurzem eine Studie von Reuben Binns[642], dass neunzig Prozent der Apps des Google Playstore sämtliche im Smartphone gespeicherten Daten vom Nutzer unbemerkt auslesen und diese an andere Unternehmen weitergeben.[643] Aus riesigen Beständen disparater, nicht korrelierter Daten werden somit mittels spezifischer Algorithmen nutzerindividualisierte Informationen extrahiert und selbst vermarktet oder an fremde 'Dritte' weitergegeben beziehungsweise verkauft.[644] Der direkte Zugang zu den Kundendaten ist daher der 'Goldstandard' respektive die neue Währung der digitalen Wirtschaft[645], so dass Datener-

---

[640] Bspw. Acxiom, Datalogix, Epsilon, Quantium etc bei Facebook.

[641] Grundsatz der Internetökonomie: Wenn es dem Nutzer nichts kostet, ist der Nutzer das Produkt. Juristisch wird derzeit (zB. Deutscher Juristentag) diskutiert, ob bei einer 'Bezahlung durch Daten' im Rahmen einer 'kostenlosen' Dienstleistung eine entgeltliche Dienstleistung vorliegt, so dass hier die gesetzlichen Regelungen des BGB hinsichtlich Verbraucherschutz, Produkthaftung, Vertragsabschluss, Widerrufmöglichkeit etc. gelten.

[642] Von der University of Oxford in Kooperation mit dem Reuters Institute for the Study of Journalism.

[643] Hiervon gehen 88% an Google und Facebook.

[644] So sammeln die Produzenten kostenloser Taschenlampen- Apps die Standortdaten der Nutzer und verkaufen diese an Marketingunternehmen, Überwachungsbehörden etc.

[645] So sind die privaten 'Posts' der Nutzer in den sozialen Medien bspw. für Versicherungen ein Datenschatz: Zum einen ermöglichen sie einen individualisierten Kundenkontakt,

fassung, Datenanalyse sowie Datenweitergabe quasi der genetische Code des zugrundeliegenden radikalliberalen Geschäftsmodelles sind. Hierbei bleiben Euphorie, Menschlichkeit sowie das Gemeinwohl auf der Strecke zugunsten von Unabhängigkeit, Härte und Individualismus. Die Konsequenz ist eine Entkörperlichung im Sinne eines **fluiden Postmaterialismus**.

Dieses Konstrukt ‚Daten gegen Leistung' ist allerdings kein Leistungsaustausch als Austausch wirtschaftlich werthaltiger Güter im ökonomischen Sinne, da der wirtschaftliche Wert der eigenen Daten für den einzelnen Nutzer weder transparent noch monetär bewertbar ist. Somit können Daten kein Zahlungsmittel repräsentieren. Umgekehrt besitzen die einzelnen individuellen Nutzerdaten für den Dienstanbieter häufig auch keinen wirtschaftlich messbaren Wert, da sich dieser erst durch die Aggregation mit massenhaften Daten aus verschiedenen Quellen ergibt.[646] Juristisch problematisch ist hierbei auch der Sachverhalt, dass persönliche Daten weder dinglich noch geistig eigentumsfähig sind. Sie können daher nicht direkt im Sinne des Nutzers bewertet und somit von diesem monetarisiert werden. Auch eine direkte, schlüssige Feststellung der ‚Werthaltigkeit' eines ‚Datums' ist vor dem Hintergrund des Wertschöpfungsprozesses im Rahmen von ‚Big Data' und somit eine finanzielle ‚Gewinnverteilung' zwischen dem Datenproduzenten sowie dem Plattformbetreiber kaum möglich, so dass eine objektive, juristisch konsistente Wertfeststellung äußerst schwierig ist.

Auf Grund dieser Dystopie zwischen der für den Nutzer subjektiven ‚Wertlosigkeit' der eigenen Daten einerseits sowie dem Extraktionspotenzial an vermarktungsfähigen Informationen und Wissen für die Plattformbetreiber andererseits wird ein triadischer Raum der Manipulationsmöglichkeiten zu Ungunsten des Nutzers generiert (vgl. die Abbildung auf der folgenden Seite).

---

das Angebot individualisierter Produkte und Preise sowie eine schnellere Schadensabwicklung. Zum anderen ermöglichen sie eine konsequentere Betrugsaufklärung (zB Bilder mit Surfbrett am Strand im Falle von Berufsunfähigkeitsrenten oder Krankschreibungen), da der Nutzer a.G. seiner vielen in die sozialen Netze gestellten Informationen nicht mehr kontrollieren kann, wer auf diese zugreifen kann sowie diese für seine originären Belange nutzt.

[646] Vgl. Schweitzer, H. (2017), S. 18.

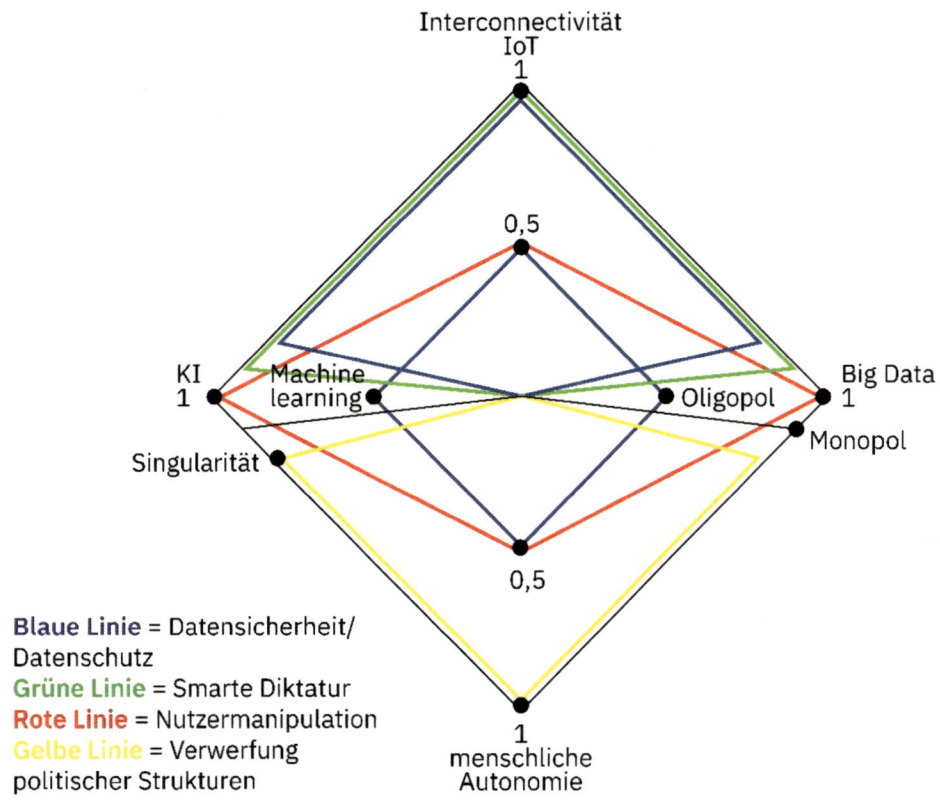

Abb. Nr. 3 Der triadische Manipulationsraum der Plattformbetreiber

Die erste Dimension dieser Beeinflussung respektive Manipulation resultiert aus dem technologischen Potenzial der Künstlichen Intelligenz unter Einbeziehung selbstlernender Algorithmen, semantischer neuronaler Netze sowie ‚Big Data' im Rahmen einer unendlich großen Zahl disparater, nicht korrelierter Daten. Im Bereich der zweiten Dimension werden Einstellungen, Vorlieben und das zukünftige Verhalten der Nutzer durch den Einsatz spezifischer Algorithmen relativ genau prognostiziert und dieser zu unbeabsichtigten und teilweise subjektiv nicht bemerkbaren Verhaltensveränderungen veranlasst. Die dritte Dimension dieser Triade schließlich wird durch die totalitären Ansätze zur Generierung eines ‚Neuen Menschen' seitens monopolistischer Unternehmen als auch Regierungen definiert und geprägt. Die Konsequenz sind zwangsläufig ‚smarte Diktaturen'. Diese werden u.a. durch die folgenden Kriterien definiert:

- Kybernetisch- totalitäre Menschenführung
- Regelgebundene, lückenlose Kontrolle durch eine kleptokratische Führung
- Abhängigkeitsbeziehungen aufgrund biopolitischer Anreize
- Marginale, quantifizierte Belohnungen im Rahmen eines kollektiven Wohlverhaltens.

Nachfolgend sollen diese triadischen Elemente detailliert vorgestellt und diskutiert werden.

4.2.1 Die technologische Manipulation des Nutzers durch die ‚Ultrakonnektivität'

Termini wie ‚Digitalisierung 4.0', ‚Industrie 4.0'[647], ‚Internet 4.0'[648], Internet of Things (IOT) oder ‚digitale Revolution' unterstellen zwangsläufig, dass alle Objekte, die digitale Daten produzieren und liefern, miteinander vernetzt werden sowie miteinander kommunizieren.[649] Unterschiedliche separate Endgeräte funktionieren dadurch im Ensemble wie ein klassischer Rechner hypermobil sowie hyperaktiv. Dies führt zu einer **Ultrakonnektivität**, der kleinteiligen Vernetzung aller Alltagsgegenstände, die somit vom Objekt zum Subjekt mutieren. Derzeit nutzen schon mehr Objekte als Menschen das Internet. Bis zum Jahr 2025 werden zwischen hundert sowie zweihundertzwölf Milliarden Objekte miteinander vernetzt sein. Da jedes dieser Objekte seine eigene IP- Adresse hat, mutiert das ‚Internet für alle' dadurch zu einem ‚Internet für alles'. Diese Vernetzung der durch den Nutzer eingesetzten Geräte und Objekte sowie die ‚(Aus-)Nutzung' der hierdurch generierten Daten seitens der Plattformbetreiber induziert konsequenterweise einerseits ein erhebliches Beeinflussungspotenzial respektive Manipulation des Nutzerverhaltens. Da alle Maschinen, Geräte et cetera digital miteinander verbunden sind und Daten permanent aus-

---

[647] Synonym: Smart Factory, Integrated Industry, Share Economy, Cyber Physical Systems; die Industrie 4.0 fokussiert auf die horizontale sowie vertikale Vernetzung entlang der Wertschöpfungskette mit der Verlagerung der Steuerung von oben nach unten und ist somit im Gegensatz zur klassischen DV eine digitale (R)Evolution; der Begriff wurde von H. Kagermann, W.-D. Lukas sowie W. Wahlster erstmals in einem Aufsatz in den VDI- Nachrichten vom April 2011 geprägt.

[648] In allen industriellen Staaten wird es hierdurch einen erheblichen Abbau der klassischen Arbeitsplätze geben. Zwar werden neue Stellen geschaffen- da sich deren Anforderungsprofil wesentlich von denjenigen der ‚abgebauten' Stellen unterscheidet, werden die ‚alten' Stelleninhaber diese Jobs häufig nicht übernehmen können. Für diese Verlierer der digitalen Revolution muss ein Auskommen geschaffen werden; parallel dazu müssen die Arbeitnehmer im Rahmen eines lebenslangen Lernen für die neuen Stellen identifiziert, ausgebildet und qualifiziert werden, so dass das Kriterium der Erhöhung der Prozessproduktivität durch höhere Flexibilität sowie Innovationsfähigkeit ersetzt wird. Vgl. Abschnitt 4.5.

[649] Bspw. seien Smartphone, Armbanduhren, Spielzeuge, Rechner, Automobile, zentrale und dezentrale Energieerzeugungsanlagen, Roboter, Fabriken, Verkehrs- und Gebäudetechnik, Herzschrittmacher, Haushaltsgeräte etc. angeführt.

tauschen, impliziert andererseits Schadsoftware[650] Störungen der Geschäftsprozesse sowie Produktionsausfälle, so dass sogenannte ‚Data-Security-Leit-
stände' installiert werden müssen, die in Echtzeit die gesamte Datenkommuni-
kation überwachen und bei Fehlkommandos oder unsinnigen Programmbefeh-
len eingreifen.

Bei der Ultrakonnektivität differenziert man daher folgende Dimensionen
respektive Ebenen :

technologische Dimension:
- **Hinweisgeber** (beispielsweise auf lokale oder regionale Katastrophenfälle so-
wie Service- Hotlines);
- **Fernsteuerung** der aggregierten Endgeräte im Rahmen von Spams[651],
Phishing Mails[652], Erpressersoftware[653], DDoS[654], Klickbetrug, Botnets, Daten-
ausspähung

Datendimension:
- **Micro- Targeting** bei Waren und Gütern
- **Direkte Meinungsmanipulation**[655]
- **Totalitarismus**

Aus thematischen Gründen sollen nachfolgend die drei Ebenen der Nut-
zerbeeinflussung im Rahmen der Datendimension hinsichtlich ihrer Grundlagen
sowie Auswirkungen diskutiert werden. Vorab sollen allerdings aus Verständ-
nisgründen die Ebenen der technologischen Dimension kurz skizziert werden.

Wie aus dieser Differenzierung deutlich wird, gehören zu den technologischen Dimensionen der Ultrakonnektivität die Hinweisgeber respektive automatisierten Ansagesysteme sowie die Fernsteuerung der aggregierten Endgeräte. Während erstere fast überwiegend die menschliche Physis belasten und
maximal zum Wechsel des Hotline-Anbieters führen, repräsentieren die soge-

---

[650] Bspw. ‚Emotet'.

[651] Derzeit ‚verschickt' Avalaunche wöchentlich mehr als 1 Mio. Spams.

[652] Dem Abgreifen persönlicher Zugangsdaten durch die Installation sog. Trojaner (z.B. E-
molet), auch als BEC (Business-E-Mail-Compromise) bezeichnet, machen ca. 30% aller Cy-
ber- Schadmeldungen aus.

[653] Sog. Ransomware, die alle Dateien oder den Rechner verschlüsselt; nach Zahlung eines
‚Lösegeldes' werden Rechner und/oder Daten freigegeben (überwiegend jedoch nicht).

[654] Distributed Denial of Service; die Attacken besitzen eine ‚Kapazität' von mehr als 100
Gigabit/s.

[655] Vgl. die Ausführungen in Abschnitt 4.3.

nannten ‚**Botnets**'[656] eine technologische Manipulationsgefahr. Bei ihnen wird die Fernsteuerung der angeschlossenen internetfähige Endgeräte[657] wie beispielsweise Überwachungskamera, Baby-Phone, Kühlschränke, TV-Geräte, Webcams[658], IP-Kameras, Festplatten bei DVD-Rekordern und dergleichen durch spezifische Softwareprogramme realisiert[659], die in den angeschlossenen, infiltrierten Internetgeräten sowie Routern[660] und WLAN -Repeatern mittels einer Malware automatisiert spezifische Funktionen übernehmen. Soziale Netze sind daher mittlerweile zu sozialen ‚Botparks' mutiert, in denen Software mit Software interagiert. Häufig agieren sogenannte ‚**Trollbots**' durch gehackte Identitäten wie menschliche Nutzer, manipulieren jedoch als Computerprogramme durch massenhafte Meinungsäußerungen die Meinungsbildung im Netz. Die Zielsetzung im Rahmen dieser ‚Social Engineering Attacken' ist demnach das ‚Hacken' persönlicher Daten und die Kontaminierung der Netzwerke.[661] Der damit verbundene **Diebstahl von Identitäten**[662] erfolgt häufig durch Angriffe auf soziale Netze, Schadsoftware sowie dem sogenannten Phishing als auch durch das Erfassen der in den sozialen Netzwerken oft offen angegebenen Privatdaten und Mailadressen. Schutzmöglichkeiten bestehen bedingt einerseits in der Installation einer immer aktuellen Version des Be-

---

[656] Sog. Roboter-Netze.

[657] Jedes angebundene Gerät kann senden und empfangen; derzeit existieren ca. 15 Mio. angeschlossene Geräte - deren Zahl wird bis 2020 auf mindestens 30 Mrd. als attraktive ‚Wirte' für Botnetze ansteigen.

[658] Webcams verstoßen eigentlich gegen Persönlichkeits- und Datenschutzrechte, da alle Daten ständig online und für alle sichtbar im Netz zu finden sind.

[659] Hierbei können 10.000 bis 100.000 Endgeräte nach dem ‚Schneeballsystem' aggregiert werden; jedes infizierte Gerät versendet Nachrichten an andere Geräte und infiziert diese somit, ohne dass die Besitzer es bemerken können; weniger als 5 Minuten genügen, um eine IP-Kameras oder einen Drucker einzubinden.

[660] Von diesen Kommunikatoren für die Netzanbindung sind derzeit ca. 2 Mio infiltriert, das Potenzial liegt bei 60 Mio; jeder 10. PC ist von einem Botnet ‚gekapert'

[661] Gemäß einer Erhebung der ‚Bitcom' für 2016 wurden 49% der deutschen Internetnutzer Opfer der Computerkriminalität – davon 43% durch die Infizierung des Rechners mit Schadprogrammen, 20% durch Datendiebstahl und weitere 18% beim Online-Shopping.

[662] Der Waren- und Kreditbetrug im Internet erhöhte sich in den vergangenen 5 Jahren in Deutschland um mehr als 22% bei den erfassten Fällen. Den hieraus resultierenden Schaden trägt der Finanzdienstleister im Internethandel (z.B: RatePay), der den Portalbetreibern das Zahlungsausfallrisiko abnimmt; eine einhundertprozentige elektronische Identitätsprüfung ist derzeit noch nicht möglich, ebenso kann auch die 2-Faktor-Authentifizierung unterlaufen werden.

triebssystems sowie der Virenscanner und Firewall- Systeme. Des Weiteren sollten bei Mails unbekannter Absender[663] keine Anhänge geöffnet oder den angegebenen Links gefolgt werden. Im Rahmen des E-Bankings sollten schließlich nur dynamisch generierte TANs gemäß der EU- Richtlinie PSDZ genutzt werden. Dennoch erhöht sich das Sicherheitsrisiko erheblich, da die Datenübertragung überwiegend unverschlüsselt erfolgt.[664]

In absehbarer Zeit werden sicherlich alle Endgeräte mit einer Internetanbindung verkauft werden. Da diese Geräte wie beispielsweise die Komponenten des ,Smart Home' ständig ,online' sind, jedoch die Daten meistens unverschlüsselt übertragen sowie nur über sehr geringe oder überwiegend keine Sicherheitsstandards verfügen, sind sie generell für Angriffe aus dem Internet anfällig.[665] Des Weiteren stellen die in den WLAN- Routern verbauten Chips ein Sicherheitsrisiko dar, da über diese Daten ausgelesen werden können.[666] Grundsätzlich ist daher jedes im Internet vernetzte Gerät per se ein **Sicherheitsrisiko**. Erschwerend kommt noch hinzu, dass spezifische Suchmaschinen[667] alle an das Internet angeschlossenen, ungesicherten Geräte auflisten. Der Zugriff auf diese ist auch bei einem gesicherten WLAN möglich, da direkt auf das ungesicherte Endgerät mit seiner Befähigung zum Aufrufen von Internetseiten zugegriffen wird. Erforderlich wäre daher eigentlich für jedes Gerät eine spezifische Sicherheitseinstellung sowie ein separates Passwort. Dies wird jedoch häufig am Nutzer mit der damit verbundenen Überforderung sowie seinem Komfortbedürfnis scheitern. Notwendig ist daher die Konzeption und Implementierung sogenannter Sensornetze, bei denen die Server[668] jedes ankommende Datenpaket speichern, analysieren und im Bedarfsfall durch Nichtweiterleitung die Kommunikation unterbrechen. Ergänzt werden kann dies noch zusätzlich durch Scanner gegen Botnetze[669] sowie einer betriebssystemtechnischen Einstellung, dass die Daten nur bewusst vom Endgerät an die Plattform gesendet werden können.

---

[663] Nur bei ,https' gewährt die Absenderangabe einen sicheren Zugang.

[664] Vgl. Strehlitz, M. (2015), S. 36.

[665] Ungeschützte Betriebssysteme, keine Optionen zur Installierung von Sicherheitssoftware oder Virenscanner, vom Produzenten vorgegebene Passworte (bspw.: 1,2,3,4).

[666] Z.B. die Chips von Broadcom sowie Cypress im Rahmen der aufgedeckten Sicherheitslücken ,Krack' und ,KrOOk, die allerdings keine Infiltrationen ermöglichen.

[667] Bspw. Shodan.

[668] Sog. ,Sinkhole-Server'.

[669] zB. Botfrei.de.

Des Weiteren darf hierbei die systemimmanente Anfälligkeit durch Würmer[670] ‚Viren, Ransomware, Trojaner, RATs[671], Cookies, Captschas, Spear Phishing[672] und dergleichen nicht vergessen werden. Sogenannte ‚Shadow- Broker' dislozieren des Weiteren über das Netz Schadsoftware (sogenannte ‚Exploits'), um die Sicherheitslücken und Schwachstellen der Betriebssysteme ausnutzen zu können. Sehr viele Sicherheitslücken in älteren Betriebssystemen werden allerdings häufig nicht durch Patches in neuen Updates geschlossen werden können, da diese Systeme Bestandteil einer komplexen, übergeordneten sowie auf Grund ihrer ‚historischen Entwicklung' häufig nicht mehr nachvollziehbaren Systemarchitektur sind, so dass die Auswirkungen dieser Updates auf die gesamte Architektur unbekannt respektive unkontrollierbar ist. Je vernetzter die Systeme über das Internet sind, desto anfälliger sind sie zwangsläufig auch gegenüber unbefugten Zugriffen.[673] Zu definieren ist in diesem Zusammenhang auch die juristische Haftungsfrage, da das Produkthaftungsgesetz bislang nur für körperliche Schäden bei Menschen und Sachen regelt, nicht jedoch immaterielle Schäden wie beispielsweise Datenverluste, Verstöße gegen Datenschutzrechte und dergleichen. Die digitale Vernetzung beliebig vieler Geräte macht es für den Verbraucher unmöglich, den Verursacher eines fehlerhaft programmierten Gerätes zu identifizieren und haften zu lassen. Notwendig ist daher eine ge-

---

[670] Vgl. bspw. ‚Wanna cry' sowie ‚Eternal Blue'. Dieses Exploit nutzte eine nicht durch Updates geschlossenen Sicherheitslücke bei Windowsystemen, indem es nach Passieren der Sicherheitslücke ein zweites Schadstoffprogramm namens ‚Wannacrypt' implementierte; es besitzt keinen implementierten ‚Notfallschalter' (Killswitch) und ist somit keine Erpressersoftware, sondern soll Infrastrukturen in Sekundenschnelle lahmlegen.

[671] RAT: Remote Access Trojans, mittels derer bspw. die Laptopkamera wie eine klassische ‚Wanze' aus der Ferne gesteuert wird.

[672] Konspirativer Zugang zu Datenbanken mit vertrauenswürdigen Mailadressen- mit deren Hilfe werden dann Passworte sowie Zugangsdaten anderer Nutzer ausgespäht (bspw. durch die institutionellen Hackergruppen APT (advanced persistent threat) 27 (Fancy Bear), APT 29 (Cozy Bear), Sofacy Group etc.; im Jahr 2016 waren mehr als 50% der deutschen Unternehmen von Cyberangriffen mit einem Gesamtschaden von 55 Mrd. € betroffen.

[673] Da die meisten der vernetzten Geräte (Haushaltsgeräte, Drucker, Festplatten-Receiver etc.) über keine oder nur geringe Sicherheitsstandards verfügen, können diese relativ einfach für DDoS- Attacken aggregiert und durch automatisierte und koordinierte Attacken die Server der populären Plattformen sowie die Transportleitungen lahmgelegt werden , was mehrmals erfolgte; die Zahl der ‚Cyber- Policen' für Unternehmen erhöht sich daher derzeit exponentiell.

samtschuldnerische Haftung aller involvierten Gerätehersteller sowie Software-lieferanten.[674] Ironisch gesehen muss das Internet gegen das ‚Internet der Dinge' geschützt werden.

Abschließend sei angemerkt, dass durch die Digital-Ökonomie letztlich die ‚Big Data Analytics' in eine ‚Analysis paralysis' transformiert wird. Damit der ‚messbare und zu optimierende Mensch' nicht vom Subjekt zum Objekt im Sinne der Transhumanisten mutiert, sollten daher nicht mehr Daten zur Extraktion von Informationen und Wissen erforderlich sein, sondern bessere, ‚humanere' Algorithmen. Selbst die sogenannten ‚Digital Natives'[675] resignieren täglich vor den Algorithmen und Mechanismen der digitalen Technik sowie deren Medien, sie ‚verstehen' diese und überblicken deren Wirkungsmechanismen nicht mehr.[676] Da sie nicht über die Befähigung zum kritischen Umgang mit ihnen verfügen, funktioniert das Bildungsideal der Humboldt'schen Selbstfindung in der digitalen Welt ebenfalls nicht mehr. Zu befürchten ist im ‚worst-case -scenario' daher, dass nur eine kleine, privilegierte Minderheit die Kompetenzen sowie Fähigkeiten für Umgang und Nutzung der Digitalisierung im Rahmen der Digital-Ökonomie besitzt sowie die Wissensaneignung beherrschen wird. Die Mehrheit wird zu funktional-digitalen Analphabeten[677] mutieren. Die Grundbedingung der ‚Computer Literacy', nämlich die Fähigkeit, mittels der digitalen Techniken Informationen zu suchen, zu finden, zu bewerten und zu verarbeiten, wird von dem existenten ‚Daten-Tsunami' und dem damit verbundenen ‚Information Overload' konterkariert. Der Nutzer mutiert hierdurch vom digitale ‚Produzenten' zu einem der Fülle an Möglichkeiten ausgelieferten ‚Zwangskonsumenten'.

---

[674] Das BSI befürwortet daher eine interessengerechte Verteilung der Haftungsrisiken bei IoT- Geräten auf hersteller, Händler und Nutzer, generiert hierfür jedoch keine praktikablen Vorschläge; die EU beabsichtigt eine Anpassung der Richtlinie zur Produkthaftung von 1985.

[675] Dieser Terminus beinhaltet nur, dass jemand mit digitalen Geräten umgehen kann- er beinhaltet nicht eine spezifische ‚Intelligenz' hierfür.

[676] Bei der Anwendung der Programme und Applikationen geht der ‚User' häufig nach dem Prinzip ‚Versuch und Irrtum' vor – er beherrscht diese Techniken nicht, sondern wird von ihnen beherrscht.

[677] Nicht unterschätzt werden darf die Tatsache, dass in Deutschland derzeit ca. 11 Mio. Menschen (davon 98% über Sechzigjährige) absolut keine Verbindung zum Internet haben; der Zwang zur Digitalisierung in Wirtschaft und Gesellschaft erfordert daher eine Digitalisierung der zwei Geschwindigkeiten.

Die Ultrakonnektivität auf der Basis des ‚Internet der Dinge' verändert somit alle Wirtschaftszweige sowie tradierte Wirtschafts- und Gesellschaftsstrukturen disruptiv. Hierdurch entstehen virtuelle, dynamische Sozialsysteme auf digitaler Datenbasis und somit quasi ein Cyberspace.[678] Demgemäß wird das Internet als ‚Triebfeder des Wandels' nicht als Objekt genutzt oder emuliert − vielmehr lebt der Mensch als Objekt in diesem Raum, der kein Paralleluniversum (mehr) ist, sondern alle Lebensbereiche durchdringt. John Culkin formulierte zutreffend, dass der Mensch zwar seine Werkzeuge definiert - anschließend instrumentalisieren diese Werkzeuge jedoch den Menschen.[679] In dieser Welt des ‚Multitasking' ist der Faktor ‚Zeit' scheinbar zur kritischen Ressource geworden. Ironisch sei angemerkt, dass heute bereits schon festzustellen ist, dass digitale Dialoge auf die wesentlichen Informationen reduziert werden, so dass eine steigende Anzahl von Mails[680], Chat- Nachrichten, Kommentare auf Facebook und dergleichen ohne Anrede sowie einem Gruß versandt werden. Höflichkeit und Rücksichtnahme werden scheinbar zu Gunsten des Zeitfaktors aufgegeben, so dass die Sprache als wesentliches soziales Ritual des Sozialsystems vernachlässigt respektive aufgegeben wird.[681] Die sogenannte ‚140- Zeichen- Gesellschaft' ist scheinbar nur noch stenographische Kürzel sowie homöopathische Informationseinheiten gewohnt...

Im neurologischen Sinn repräsentieren diese Ausprägungen der Digital- Ökonomie allerdings noch keine kognitiven Vorgehensweisen, da nur der ‚elektronische' Teil der Intelligenz mittels moderner Speicherchips[682], neuronaler Netze, moderner Programmiersprachen sowie der Fähigkeit, große Datenmengen nach Mustern zu durchsuchen und Rückschlüsse für eine Selbstoptimierung ziehen zu können, nachgebildet wird. Dies entspricht im weitesten Sinn der Vorgehensweise des **impliziten Systems**. Die flüssige sowie kristalline Intelligenz als

---

[678] Dieser Begriff wurde erstmals von William Gibson geprägt- vgl. Gibson, W. (1987); demgemäß nutzt der Mensch nicht das Internet, sondern lebt in diesem Subjekt der Triebfeder des Wandels. Der Cyberspace ist somit kein Paralleluniversum, sondern durchdringt alle lebensbereiche des Menschen.

[679] Vgl. Hurme, P., Jouhki, J. (2017), S. 45 ff.

[680] Die Mailanzahl von 625 Mrd. (2016) wird im Jahr 2017 auf 732 Mrd. steigen- die sozialen Netzwerke erhöhen diese Zahl permanent, da die Plattformbetreiber regelmäßig als sog. Reaktivierungsmedium ‚Erinnerungs- und Hinweismails' an ihre Nutzer versenden; an ‚Spam-Mails' werden täglich rd. 117 Mio. versandt.

[681] Vgl. Tannen, D. (2011).

[682] Sog. ‚In-Memory-Technik'.

kognitive Leistungsfähigkeit des expliziten Systems im Sinne der Verknüpfung von Wissen und Erfahrung ist derzeit somit noch nicht ‚automatisierbar'[683] . Der kreativ- kognitive Teil als bio- chemischer Teil der menschlichen Intelligenz wird durch diese Systeme (noch) nicht realisiert.

---

[683] Vgl. Rost, D.H. (2013).

4.2.2 Algorithmenbasierte Manipulation des individuellen Entscheidungsverhaltens

Ersichtlich wurde, dass durch die Ultrakonnektivität im Rahmen der Digital-Ökonomie und somit der Digitalisierung des menschlichen Lebens sowie seiner Umwelt täglich riesige Quantitäten individueller Daten ‚produziert', erfasst, gespeichert, kontextuell aggregiert und analysiert werden, die problemlos den einzelnen ‚Datenproduzenten' (= Nutzern) zugeordnet werden können. Sowohl die sogenannten ‚Social Media-Plattformen' (wie beispielsweise Facebook, Instagram, Netflix, Twitter, Snapchat und WhatsApp)[684] als auch die mobilen Bezahlsysteme[685] mittels Smartphone mit Fingerabdrucksensoren[686] (Mobil Payment, Google Wallet, Mpass, Samsung et cetera) sowie die Verknüpfung mit den Kreditkartenkonten der Nutzer[687] liefern täglich riesige Datenmengen - quasi ein Daten- Tsunami.[688] Diese Entwicklung wird zukünftig noch durch das

---

[684] Bei Facebook gibt es derzeit ca. 2,6 Mrd. registrierte Nutzer mit ca. 1 Mrd. täglicher Statusmeldungen; Instagram hat 1 Mrd. Nutzer, ebenso wie Tiktok; bei Twitter werden tgl. über 400 Mio Tweets veröffentlicht. Hierbei gilt das ‚Potenzgesetz': Einzelne Medien (Plattformen) generieren bzw. erreichen weitere Millionen Nutzer im Netz.

[685] Diese sog. Pay Back Systeme nutzen den archaischen Trieb des ‚Jägers und Sammlers' aus – mit der Konsequenz der ‚kostenlosen' Preisgabe intimer Daten.

[686] Durch die Funktechnologie NFC (Near Field Communication), die bis 2019 bei ca 70% aller Geräte implementiert sein wird, erhalten die Betreiber durch diese ‚virtuellen Geldbörsen' auch den Zugriff auf die Kundendaten im stationären Handel.

[687] Allerdings werden die Kreditinstitute zu Dienstleistern mutieren, da sog. ‚FinTechs' (weltweit derzeit ca. 12000 Start-up-Unternehmen, in Deutschland sind derzeit mehr als 300 unternehmerisch aktiv) die Geschäftsbereiche der klassischen Kreditinstitute durch Smartphone-Apps in Verbindung mit dem Internet übernehmen- bspw. Geldanlagen, automatisierte Kreditvergabe, Auslandsüberweisungen etc.

[688] Das weltweite Datenvolumen beträgt derzeit ca. 4,4 Zetabyte (150 TB pro Monat) – bis 2020 wird es die Größenordnung von 2 Yottabyte (1000 Zetabyte) erreichen; das Datenvolumen pro Mobilgerät und Monat wird im Jahr 2021 in den USA 22 GB sowie in Westeuropa 18 GB betragen – hierbei wird mit einer jährlichen Steigerungsrate von 30% gerechnet; in Deutschland verdoppelt sich alle 2 Jahre das Datenvolumen der privaten Haushalte. Im Jahr 2015 wurden ebenso viele Daten abgespeichert wie in den vergangenen 30.000 Jahren zusammen; ca. 80 % aller heute verfügbaren Daten wurden in den letzten zwei Jahren generiert. Als Reboundeffekt entsteht allerdings ein wesentlich höherer Energieverbrauch (10% des weltweiten Stromverbrauches), der die Effizienzerhöhungen der Geräte überkompensiert- eine einzige Bitcoinüberweisung benötigt ca. 250 kWh Strom.

‚Internet der Dinge‘[689] als digitaler Vernetzung aller Lebensbereiche verstärkt.[690] Mit dem Internet verbundene biometrische Datenerfassungssysteme[691], prozessorgesteuerte Uhren[692], sogenannte Wearables[693], GPS- , Connected Drive- und Assistenzsysteme[694], Sprachcomputersysteme wie die ‚Echo-
Box‘[695] von Amazon, Siri von Microsoft respektive die funktionsanaloge Box

---

[689] Im englischsprachigen Raum: Internet of Things (IoT); Jun Rekimoto bezeichnet es auch als das ‚Internet of Abilities‘, da die Mensch- Maschine- Interaktionen zur Fernsteuerung des Menschen führen können.

[690] Durch die exponentiell steigende Zahl internetfähiger Geräte wird die Informations- dichte analog dazu ebenfalls zunehmen – und verdichtet dadurch auch die menschliche Zeit; allerdings generiert neues Wissen auch neues Unwissen....

[691] Ua Armbanduhren, Google Glass etc; derzeit existieren über 165000 ‚Gesundheits- apps‘, vom Fitness- bis zum Diagnosesystem, die von 500 Millionen Nutzern weltweit ein- gesetzt werden; diese basieren u.a. auf den Messverfahren des Lügendetektors im Hin- blick auf die Körperstromerfassung. Bei den sog. Ernährungsapps wird mittels eines Blut- tests sowie einer knappen Anamnese die individuelle Nährstoffversorgung sowie die Er- nährung geplant. Allerdings liegt die ‚Trefferquote‘ bei den Diagnose-Apps nur bei ca. 30%; desweiteren verfügendie meisten über keinen sicheren Datenschutz sowie über eine Da- tenschutzerklärung. Diese Überwachungs- Apps führen letztlich zu einer Fremdsteuerung des Benutzers.

[692] Die sog. ‚Smart Watches‘ als Mini-Computer von Apple, Samsung, Sony, LG, Pebble, Motorola usw. haben auf Grund der zur Verfügung stehende Apps (fast) identische Funk- tionen wie die Smartphones – über diese sind sie (derzeit noch) mit dem Internet sowie der ‚Cloud‘ verbunden.

[693] Intelligente digitale Informationstechnik in Kleidungsstücken, Fitnessarmbändern etc.

[694] Z.B. Fahrrad, E- Scooter, Autos. Autos sind jetzt schon ‚rollende Computer‘ mit mehr Applikationen als in einem mittelständischen Betrieb. Die derzeit installierten Connecti- vity- Systeme liefern alle 20 Sekunden Daten sowohl technischer Art als auch über das Fahrverhalten; zusätzlich werden mittels spezifischer Sensoren Informationen über Müdig- keit, Rauschmittelgenuß, Fahrtüchtigkeit etc. erfasst. Diese Daten werden durch externe, internationale Konzerne ausgewertet und Dritten (zB. Versicherungen) zur Verfügung ge- stellt – ohne Beachtung der deutschen Datenschutzgesetze. Eine Studie der University of Utah in 2015 ergab des Weiteren, dass die Connectivity-Systeme im Auto eine mittel- schwere bis hohe zusätzliche kognitive Belastung implizieren, d.h. eine Verschlechterung der Reaktionszeiten (bis zu 27 Sekunden nach der Bedienung) sowie eine wesentliche Er- höhung des Ablenkungsgrades – dies erhöht die Unfallquote um bis zu 25 %, da die hohe kognitive Belastung die Entscheidungsfähigkeit wesentlich beeinträchtigt. Dies gilt auch für Kommunikations- und Sprachsysteme, da diese fast immer ein visuelles Feedback des Fahrers erfordern.

[695] Ein Gerät als digitaler Butler, das alles mithört (eingeschaltete Lautsprechern funktio- nieren wie eine klassische Wanze), kommentiert sowie mittels Amazon-Cloud alles ver- und abgleicht; der Komfortgewinn wird mit der vollständigen Preisgabe auch intimer

‚Alexa‘ von Google sowie das sogenannte ‚Smart Home‘ als Fernbedienung aller Haushaltsfunktionen per Smartphone ermöglichen die umfassende und häufig unwissentliche Speicherung repräsentativer vergangenheits- und gegenwartsbezogener Daten des individuellen Nutzers zur Prognose seines zukünftigen Verhaltens und somit zu seiner ‚Profilbildung‘.[696] Diese **digitale Phänotypisierung** kann allerdings positiv auch als Diagnoseinstrument bei psychischen Erkrankungen eingesetzt werden: aufgrund der Gesamtheit der Smartphone- Daten (Kamera, Mikrofon, GPS, Bild- und sonstige Dateien, Gespräche, Textnachrichten etc.) können durch spezifische Algorithmen Veränderungen einzelner Subsysteme des Lebenskontextes erkannt und analysiert sowie psychische Veränderungen prognostiziert werden, beispielsweise Depressionen, Schizophrenie, Angststörungen, Bipolare Störungen et cetera.

Mittels vielfältiger Algorithmen werden diese aus singulären Quellen[697] resultierenden Daten mit den Daten der Accounts sozialer Netzwerke sowie denjenigen von Cookies und anderen Tracking- Technologien[698] aggregiert, durchsucht, zugeordnet, analysiert und gespeichert. Durch diese Datensammelprogramme hinsichtlich des (Internet-) Verhaltens der Nutzer entstehen singuläre, individuell optimierte Suchergebnisse respektive Verhaltensmuster[699] sowie Trendaussagen des Nutzerverhaltens[700], die in spezifischen Anwendungsbereichen (Mode, Kinobesuche, Sport[701]) mittlerweile eine Prognosegenauigkeit von

---

Daten ‚bezahlt‘; derartige Systeme werden zukünftig wohl die Regel sein, so dass der Nutzer keine Wahl haben wird, mit einem menschlichen Ansprechpartner oder dem System bei kreditinstituten, Versicherungen, Hotlines etc zu kommunizieren.

[696] Ironisch sei angemerkt, dass derartige Konzepte der Digital- Ökonomie elitäre Projekte für Wohlhabende sind – allerdings erhöht dies gesellschaftspolitisch die sozio-ökonomische Ungleichheit und Spaltung.

[697] Jeder Post, jeder Kommentar, alle ‚Likes‘, Smileys sowie sonstige Elemente des Emoji-Sortimentes bei Instagram, Twitter, Facebook, WhatsApp etc.

[698] Tracker sind Software- Programme, die das Netzverhalten der Nutzer quantifizieren und –angeblich anonymisiert- analysieren, so dass eine ausdrückliche Einwilligung des Nutzers nicht erforderlich ist.

[699] Obwohl zB. Netflix die endgültige Auswahlentscheidung nur dem menschlichen Mitarbeiter, nicht dem Algorithmus überlässt; ratsam ist es daher, bei allen Apps nach der Installation die Cookies zu löschen sowie anonyme Surfprogramme (zB. Portal Tor) zu nutzen.

[700] Sog. Social Media Monitoring.

[701] Bei Sportwetten entsteht hierdurch ein Wettbewerbsvorteil gegenüber denjenigen Teilnehmern, die sich nur auf ihr ‚Bauchgefühl‘ verlassen.

mehr als neunzig Prozent besitzen. Unstrittig implizieren diese Trend- und Tendenzprognosen ein erhebliches Macht- und Missbrauchspotenzial im Hinblick auf die **Manipulation des Nutzerverhaltens**. Ein Widerspruch gegen deren Einsatz durch den Nutzer ist nur dann möglich, wenn auf deren Anwendung gemäß der Europäischen Datenschutzgrundverordnung explizit hingewiesen wird, beispielsweise in den Datenschutzerklärungen der Unternehmen. Selbst dann, wenn der Nutzer explizit auf den Einsatz der Cookies hingewiesen und zum Einverständnis aufgefordert wird, ist eine Ablehnung durch den Nutzer kaum möglich. Zum einen erfordert die Beantwortung der aufgerufenen Fragebögen sowie das Setzen der entsprechenden ‚Marker' aufgrund deren Komplexität sehr viel Zeit und Geduld. Zum anderen wird bei einer Nichtakzeptanz die Nutzung der entsprechenden Seiten unmöglich gemacht, so dass dem Nutzer das Zeil seiner Informationssuche verwehrt wird - er befindet sich somit in einem ausweglosen Dilemma. Die Konsequenz ist zwangsläufig die schnelle und häufig gedankenlose Akzeptanz aller vorgegebenen Bedingungen. Des Weiteren besteht die Möglichkeit einer umfassenden Ablehnung häufig nicht, da neben den plattformeigenen Trackern beispielsweise auch Tracker von Google zur Analyse der eigenen Webseiten im ‚Log-in-Bereich' eingesetzt werden .[702]

Hat der Nutzer dieser Webseite beispielsweise zusätzlich noch ein Google-Konto oder ist Mitglied bei YouTube, so ist durch die Kombination dieser personenbezogenen Daten mit den ‚anonymisierten' Trackingdaten die De-Anonymisierung technologisch relativ einfach möglich. Dies gilt ebenfalls für die Aggregation der Daten mehrerer Tracker. Hierdurch wird nicht nur das Verhalten der Nutzer ‚gläsern', sondern auch deren wirtschaftlicher und gesundheitsbezogener Status sowie Verhaltenseigenschaften. Die Konsequenz ist eine inhärente Diskriminierung vor allem dann, wenn automatisierte Entscheidungsalgorithmen ausschließlich diese Daten verwenden.[703] Dieses ‚**Tracking**' mittels winziger Textdateien beinhaltet die Verfolgung der Nutzerspuren über unendlich viele Webseiten, Apps sowie Portale hinweg. Die hierdurch generierten Daten sind mittlerweile die wichtigste Datenquelle für Facebook, da alle Inter-

---

[702] Bspw. bei den Plattformen für Kreditkonditionenvergleiche ‚zinsen-berechnen.de', ‚finanzrechner.org', Commerzbank etc.
[703] In der neuen EU- Datenschutzgrundverordnung sind zwar strengere, bußgeldbezogene Regelungen enthalten- allerdings fehlen national-staatlicherseits die personellen, finanziellen und materiellen Ressourcen für deren Umsetzung und Handhabung.

netrecherchen unabhängig vom Zielobjekt sowie der Plattform transferiert werden. Im Rahmen dieses ‚third party tracking' wird das Such- und Nutzerverhalten exakt protokolliert und analysiert.[704] Fehlende Daten werden durch sogenannte ‚Datenbroker' ergänzt, die ihre Daten häufig unverschlüsselt und ohne Zustimmung der Nutzer austauschen oder an Dritte übermitteln beziehungsweise die generierten Nutzerprofile auf digitalen Plattformen mittels automatisierter Börsen versteigern. Hierbei wird nach dem Aufrufen einer Webseite oder einer Applikation durch den Nutzer in Millisekunden dessen Profil implantiert. Aus diesen Metadaten lassen sich durch Verknüpfung mit den bereits bei Facebook gespeicherten Daten Muster erkennen, um die Werbeanzeigen personalisiert zu präzisieren und präsentieren. Dies ermöglicht somit relativ einfach die De-Anonymisierung der diese Daten (häufig unfreiwillig) liefernden Nutzer.[705] Bestanden die Daten- Transferbeziehungen früher in dem automatischen Mitlesen der Mails gegen die kostenlose Bereitstellung eines Mailpostfaches[706], so werden nunmehr die persönlichen Daten seitens der Plattformbetreibern auch genutzt, um bei Suchanfragen die Ergebnisse nach politischer Einstellung, Wohlstand, individuellen Lebensumständen, Alter, Geschlecht sowie sexueller Orientierung zu filtern und somit zu selektieren. Durch diese ‚Strukturierung' ergibt sich die Möglichkeit, die ‚Suchergebnisse' zu ordnen und zu gewichten, zu vermarkten und somit zu monetarisieren.[707] Diese individualisierte, algorithmenbasierte Datenanalyse ist allerdings für den Einzelnen bedenklich, wenn beispielsweise Versicherungen (Kranken- und Kraftfahrzeug-Versicherungen) diese Daten zur Erstellung individualisierter Tarif-[708] und Preissysteme[709] nutzen, so dass die Grundsätze der Solidarität sowie Gleichbehandlung hierdurch

---

[704] Bspw. durch Google Analytics.

[705] Überpointiert gesagt werden durch diese Algorithmisierung des Internets Wirtschaft und Gesellschaft ‚entmenschlicht'.

[706] Google.

[707] So erhalten bei Facebook die Nutzer nur diejenigen Informationen, die gleichzeitig die Werbeumsätze steigern.

[708] So bietet bspw. AXA einen Telematik-Kraftfahrzeugtarif an, bei dem mittels Smartphone-App das Beschleunigungs- sowie Bremsverhalten als auch die jeweilige Geschwindigkeit an den Versicherer übertragen werden.

[709] So wird beim Online- Shopping quasi jedem Kunden ein spezifischer, individualisierter Preis angeboten, den Algorithmen a.G. der vollständigen Kundendaten und somit seiner ‚Kaufkraft' generieren; wer reich ist, zahlt für das gleiche Produkt mehr, wer arm ist, bezahlt weniger.

ausgehebelt werden. Die ‚Vermessung' des Gesundheitssystems impliziert bei-spielsweise eine ‚Normierung' der individuellen Gesundheit sowie des hierfür erforderlichen ‚gesunden Verhaltens' einschließlich der Generierung von Be-lohnungssystemen für dieses an und für sich ‚fremdbestimmte' Wohlverhalten. Kühlschränke überwachen das Essverhalten, Smart Watches sowie Armbänder die physiologische und psychologische Konstitution und ‚belehren' den Men-schen als sogenannten ‚Lifelogger'[710] im Hinblick auf mögliche Optimierungen, so dass ‚introvertierte' Bedürfnisse ‚extrovertiert', öffentlich werden und so-mit die reale Lebenswirklichkeit beeinflussen. Diese Nutzer leben im Rahmen dieses ‚Quantified Self' von sowie ausschließlich nach Quantitäten, indem sie ihr gesamtes Leben vollständig ‚vermessen' und sich an die Anweisungen dieser Geräte halten. Dieses algorithmengesteuerte Streben nach Selbstoptimierung geht physiologisch allerdings häufig mit einem erhöhten Tonus des Sympathikus einher, so dass der Körper anfälliger für Schmerzen sowie chronische Entzün-dungen wird.

Zwar hat Facebook die neue Funktion ‚OFA (Off-Facebook Activity)' zwi-schenzeitlich zur Verfügung gestellt. Sie ermöglicht den Facebook- Nutzern, die-jenigen Informationen einzusehen, die andere Webseiten und Applikationen aufgrund der ‚Facebook Business Tools' sowie ‚Software Development Kits' au-tomatisch an Facebook übermitteln. Beide Werkzeuge liefern beispielsweise Fa-cebook die Daten darüber, welche Applikation geöffnet, welche Produkte im Netz gesucht, welche Waren dem Einkaufswagen zugefügt und was letztlich auch gekauft wurde. Zwar behauptet Facebook, dass der Nutzer durch ‚OFA' im Rahmen einer aufwändigen Installation zukünftig die Datenübernahme im Rahmen von Interaktionen außerhalb der Facebook- Plattform verhindern und somit eine Personalisierung der für ihn bestimmten Werbung unterbinden kann. Hierbei gelten allerdings folgende Einschränkungen:

1. Nur die Daten der letzten einhundertachtzig Tage werden aufgelistet, nicht jedoch ältere ebenso wenig wie diejenigen Daten, die Facebook von Drit-ten erhalten hat, auch wenn der Nutzer bei diesen nicht angemeldet war.

2. Nur die Verknüpfung dieser Drittdaten mit dem eigenen Facebook-Konto wird aufgehoben.

---

[710] Erstmals von Nicholas Felton praktiziert, der sein gesamtes Leben vermessen, quanti-tativ aufgezeichnet und in das Internet gestellt hat.

3. Die Sammlung und Speicherung der Daten erfolgt auch weiterhin - ein ‚Löschen' oder ‚Entfernen' ist nicht möglich.

4. Trotz der Zusicherung von Facebook, dass die gespeicherten ‚entknüpften' Daten nicht mehr zuzuordnen sind, beweisen empirische Untersuchungen, dass sowohl anonyme als auch pseudonyme Daten Rückschlüsse auf den einzelnen Nutzer ermöglichen.

5. Die algorithmenbasierte personalisierte Werbung erfolgt auch weiterhin - eventuell mit einer geringeren Genauigkeit.

Die Schlussfolgerung lautet zwangsläufig, dass trotz des ‚zahnlosen' Tigers ‚OFA' ein invasives und massives Tracking sowie die hierauf basierende personalisierte Werbung (sogenanntes Micro- Targeting) auch weiterhin die Norm ist und bleibt. Das Geschäftsmodell der Plattformbetreiber beruht zwangsläufig auf der Bindung der Nutzer, um hohe direkte Werbeerlöse zu generieren. Ihre unternehmerische Wertschöpfung besteht darin, die Daten und Informationen in den sozialen Netzwerken, Suchmaschinen et cetera bewusst und gezielt zu filtern und zu manipulieren und die hierdurch ausgelöste Aufmerksamkeit an diejenigen Werbekunden zu verkaufen, die hierfür den höchsten Preis zahlen. Datensammlung, Datenanalyse, Manipulation sowie Überwachung sind somit die ‚Performance Driver' der Plattformbetreiber.[711] Sie fokussieren hierbei auf die digitale Psychoanalyse des Nutzers, so dass dieser die auf ihn zugeschnittene individuelle, passgenaue (Des-)Information erhält. Anstelle objektiver Daten erhält der Nutzer im Rahmen einer gezielten Ansprache die aus Sicht des Absenders subjektiv vorteilhaften Daten im Sinne eines personalisierten **Micro-Targetings**. Dieser psychographische Ansatz fokussiert ausschließlich auf die Dechiffrierung der Persönlichkeit des Nutzers durch Auswertung aller Daten sowie Datenspuren in den internetbasierten Medien. Im Rahmen des sogenannten ‚wallet gardens' werden statistische respektive statische Inhaltsdaten wie Adresse et cetera mit Bewegungs- und Verkehrsdaten[712] aggregiert. Durch die damit verbundene Generierung von Bewegungs- und Verhaltensmustern wird die Beschreibung, Analyse und Prognose von Gewohnheiten und Verhaltensweisen der Nutzer ermöglicht. Auf der Grundlage sehr genauer Datenprofile ist die umfassende Verhaltenssteuerung des Nutzers möglich, so dass Handlungs- und

---

[711] So priorisiert und zensiert bei Facebook ein Algorithmus durch Extremisierung die zu zeigenden Informationen. Vgl. Tufekci, Z. (2017).
[712] Bspw. mit den Daten der Smartphone- Apps.

Willensfreiheit außer Kraft gesetzt werden. Ergänzt wird dies noch durch die vorgegebenen ‚Produktbewertungen', die sich einerseits den sogenannten ‚Schwarmeffekt' durch die Vielzahl positiver Bewertungen zunutze machen und das implizite System indirekt beeinflussen - derartig viele andere Menschen können sich nicht irren... . Zum anderen wird das tiefenpsychologische ‚Prinzip der sozialen Bewahrtheit' beim Nutzer massiv beeinflusst : Der Nutzer orientiert sich an Freunden, Bekannten oder anderen Menschen, an denen sich man orientieren kann, die einem ähnlich oder verbunden sind. Dieser Sachverhalt wirkt sich vor allem dann aus, wenn der Nutzer unsicher ist oder einen zeitlichen Entscheidungsdruck verspürt. Durch diese Fremdprogrammierung menschlicher Entscheidungen sowie des Verhaltens können die derzeitigen ‚Datenmonopolisten' wie Google, Apple, Amazon, Facebook, XING, Twitter et cetera als Betreiber sozialer Netzwerke beziehungsweise der zugrundeliegenden Plattformen[713] sowohl auf Grund der Netzwerkeffekte als auch durch die Übernahme potenziell konkurrierender ‚Start- Ups'[714] mehr Wissen über eine spezifische Person generieren, als es die direkten Verwandten besitzen.

Durch die hierdurch mögliche Erstellung ‚maßgeschneiderter' Angebote werden die Produkt- respektive Kaufangebote dann identisch mit der Erwartungshaltung des Nutzers sein, so dass er diese Angebote im Rahmen seiner

---

[713] Sog. Virtual Community Networks, die von 60 % der Smartphonebesitzer genutzt werden; im Bewusstsein der Smartphone- Nutzer sind diese häufig eigenständige (und häufig die einzigen) Quellen für Informationen und Nachrichten sämtlicher Bereiche; der Begriff ‚virtual community' wurde 1985 von Howard Rheingold geprägt.

[714] Beispielsweise die Übernahmen von ‚Whatsapp' (19 Mrd.) und Instagram (1 Mrd) durch Facebook; die Übernahmen von Motorola (12 Mrd. in 2012) sowie Nest (3 Mrd. in 2014) und Deep mind (400 Mio in 2014) durch Google/ Alpha; die Übernahmen von Nokia (7 Mrd) sowie LinkIn (26 Mrd) durch Microsoft. Allein im Mai 2015 investierten US- Unternehmen ca. 220 Mrd. € in die Übernahme anderer Unternehmen, der Anteil der IT- Branche betrug 60 %. Diese Größenordnung ist identisch mit den M&A- Transaktionen jeweils vom Mai 2007 sowie Januar 2000- kurz vor dem Ausbruch der Weltfinanzkrise 2007 sowie dem Platzen der Internet- Blase im Jahr 2000. Google, Apple, Facebook sowie Microsoft besitzen Rücklagen in Höhe von 400 Mrd. – innovative neue Produkte (sieht man von brennenden Akkus bei Samsung und Sony sowie konstruktionsbedingten Displayzerstörungen bei Apple ab...)werden jedoch kaum noch präsentiert, sondern nur marginale Veränderungen, so dass die Hardware aufgrund ihrer Austauschbarkeit an Bedeutung verliert. Eine wesentlichere Bedeutung haben daher die Inhalte in Vebindung mit der KI, um die Nutzer auch weiterhin zu binden und Kundendaten zu generieren.

individuellen Affektheuristik[715] wie eine eigene Entscheidung versteht. Allerdings wird bei einer derartigen Beeinflussung des Kaufverhaltens das wirtschaftswissenschaftliche Theorem der Preisfindung ad absurdum geführt[716], da sich der Preis nicht mehr analog zu A. Smith dort bildet, wo sich Angebot und Nachfrage treffen, sondern durch Tageszeit, Wetter, Lagerbestand, Ort des Käufers sowie seines bisherigen Kaufverhaltens bestimmt wird. Hierbei differenziert man zwei Verfahren. Beim ‚klassischen System' ändert sich der Preis dynamisch in Abhängigkeit vom Zeitablauf.[717] Beim ‚Revenue Management' wird er auf der Grundlage algorithmenbasierter ‚Pricing- Software' im Halbstundentakt (sogenanntes **‚dynamic pricing'**)[718] individualisiert. Hierbei wird durch die Analyse zurückliegender Verkaufsdaten, der Extraktion der Nachfragelogik durch statistische Prognoseverfahren sowie unter Einbeziehung von Wochentag, Uhrzeit, Wetter et cetera sowie der algorithmenbasierten Ermittlung des für den Verkäufer optimalen Preises die Preiselastizität des jeweiligen Produktes einseitig manipuliert. Diesbezüglich werden auch das nutzerindividuelle Konsumverhalten, sein Wohnort, der Kontostand, seine Zahlungsbereitschaft und -fähigkeit und dergleichen algorithmisch ausgewertet.[719] Selbstlernende Algorithmen unter Einbeziehung des ‚machine learning' erfassen somit Angebots- und Nachfrageschwankungen, bewerten diese und passen automatisch den Preis an. Die Monopolkommission der Bundesregierung hat in ihrem Gutachten vom Frühjahr 2018 davor gewarnt, dass sich diese Algorithmen quasi verselbständigen und mit anderen, ähnlich strukturierten Algorithmen im Rahmen einer ‚**Kollusion**' kooperieren und durch gezielte Preissetzungen eine Gewinnmaximierung herbeiführen können. Im Gegensatz zu herkömmlichen Kartellabsprachen ist eine derartige ‚kooperative Preisabsprache' sowie deren technische Beschleunigung jedoch kaum nachweisbar, da das kollusive

---

[715] Vgl. Abschnitt 3.4.

[716] K. Marx sowie D. Ricardo definierten den Preis als das Äquivalent zur aufgewandten Arbeitszeit; gem. L. Walras beruht der Preis auf dem Nutzen für den Käufer.

[717] Z.B. bei Tankstellen oder im Energiemarkt.

[718] So veränderte z.B. Amazon im April 2016 3,4 Millionen Mal seine Preise; mittels elektronischer Preisschilder wird dieses System mittlerweile auch im stationären Handel angewandt.

[719] Bei Facebook werden rd. 7000 verschiedene Verhaltensmuster mit dem realen Verhalten des Nutzers abgeglichen und hieraus ein ‚persönliches Profil' generiert.

Verhalten automatisiert durch selbstlernende Algorithmen realisiert wird.[720] Durch ein derartiges Mikro- beziehungsweise Psycho-Targeting wird der Streuverlust der klassischen Werbung fast vollständig eliminiert, da die (Werbe-)Botschaft personalisiert sowie individualisiert wird. Der ‚Preiskampf' findet somit nicht mehr auf den Märkten, sondern in den ‚Köpfen der Kunden' statt, um ein maximales Abschöpfen der Kundenrendite durch ein ‚story telling' zu ermöglichen. Eine der Ursachen hierfür ist die narrative Dimension des menschlichen Entscheidungsverhaltens. Zwar wissen wir, dass die Zukunft zwangsläufig weder kalkulierbar noch prognostizierbar ist. Dennoch versucht das explizite System des Gehirns auf der Grundlage von Erwartungen und Vorstellungen permanent die zukünftigen Ereignisse vorherzusagen und zu planen.[721] Werden diese Erwartungen von den ‚Stories' der Produktanbieter angesprochen und durch die Produktbeschreibungen erfüllt, so werden die Planungen des expliziten Systems quasi verifiziert. Je besser demnach eine ‚Geschichte' erzählt beziehungsweise die dahinterliegende erfüllt wird, desto erfolgreicher ist das Produkt .[722]

Der Mensch benötigt diese digitale Technik nicht grundsätzlich – sie ‚verbessert' jedoch scheinbar seinen Komfortanspruch.[723] So muss beispielsweise der Nutzer von ‚Alexa' sehr viele private Informationen über sein Leben, seine Gewohnheiten, Lebensumstände und dergleichen mitteilen, um die Leistungen aktivieren sowie die sogenannten Skills installieren zu können. Das menschliche Streben nach Bequemlichkeit wird ausgenutzt, um möglichst viele profilrelevante Daten zu erhalten. Untersuchungen haben zwischenzeitlich deutlich gemacht, dass ‚Alexa' circa ein Drittel des gesamten Datenvolumens aus dem häuslichen Umfeld ohne Wissen und Zustimmung des jeweiligen Benutzers an die Google-Zentrale verschlüsselt sendet. Diese Funktion einer klassischen ‚Wanze' kann vom Nutzer weder kontrolliert noch nachträglich überprüft werden. Das hieraus generierte Nutzerprofil wird dann auch an fremde Werbekunden weitergegeben.[724] Kommunikative Dienstleistungsangebote wie

---

[720] Die Monopolkommission empfiehlt daher das Verfahren der Sektorenuntersuchung, da dann alle beteiligten Unternehmen alle Unterlagen herausgebven und notwendige Auskünfte erteilen müssen.

[721] Vgl. die Ausführungen in Abschnitt 2.1.

[722] Vgl. Beckert, J. (2016).

[723] Der hieraus resultierende Umsatz wird auf ca. 120 Mrd. € im Jahr 2025 prognostiziert.

[724] Cwiertnia, L. (2018), S. 23 ff.

beispielsweise Alexa, Cortana, Siri und dergleichen sowie entsprechende End-geräte[725] als sogenannte ‚Gadgets' realisieren auf der Basis selbstlernender Al-gorithmen die akustische Erkennung der menschlichen Sprache, beherrschen die semantische Verarbeitung gesprochener Worte und Sätze sowie des jeweili-gen Kontextes und können im Rahmen der Sprachsynthese ‚richtige' Antwor-ten geben.[726] Des Weiteren führen sie spezifische Aufträge für den Nutzer durch, beispielsweise das Ein- und Ausschalten definierter medialer Endgeräte, das Öffnen und Schließen von Türen und Jalousien sowie die Realisierung der Konsumgüterbestellungen.[727] Zusätzlich antizipieren intelligente Programm-codes in der Nutzerumgebung das menschliche Verhalten und steuern respek-tive regulieren spezifische Lebensbereiche.[728] Dies führt einerseits zu Verhal-tensänderungen der Nutzer, da sich diese kommunikativ auf diese Geräte wie bei einem menschlichen Kommunikationspartner einstellen. Andererseits wer-den unsere persönlichen Daten permanent digital aufgezeichnet und auf ver-schiedenen Servern gespeichert[729] sowie analysiert.[730] Bei ‚Echo', ‚Alexa' so-wie den anderen Chatbots[731] beispielsweise gehen alle Anfragen und Aufzeich-nungen zu einem Rechenzentrum und werden dort mittels neuronaler Netze, selbstlernender Algorithmen sowie der notwendigen Rechnerkapazität im Rah-men einer algorithmischen Randomisierung ausgewertet. Ergänzt wird dies noch durch ‚Datenbroker', die gezielt sehr viele Einzeldaten analysieren, hieraus vollständige Persönlichkeitsprofile erstellen und diese an Dritte verkaufen. Hier-durch werden die Nutzerprofile immer individueller und präziser, die Bewe-gungsprofile immer genauer und der Nutzer somit ‚gläsern'. Der Nutzer gibt mit

---

[725] Z.B. Echo , Home Box, Alexa.

[726] Vorgänger hierfür war das Programm ‚Eliza' von Joseph Weizenbaum in den 60er Jah-ren des letzten Jahrhunderts am MIT; Siri erhält bspw. über 2 Mrd. Anfragen pro Woche .

[727] Bei einem im Rahmen einer TV-Sendung gesprochenen Auftrages an Alexa, eine spezifi-sche Puppenstube zu bestellen, reagierten alle privat eingeschalteten Boxen ebenfalls, so dass insgesamt ca. 20.000 Puppenstuben ohne Wissen der Nutzer geordert wurden.

[728] Bspw. die Beschaffung von Lebensmitteln durch den ‚smarten' Kühlschrank. Vgl. Hof-stetter, Y. (2016).

[729] Da deren Sicherheitssysteme häufig anfällig sind, besteht das Risiko einer illegalen Da-tennutzung durch Hacker.

[730] Das FBI hat von Amazon in einem Mordfall die in einem Raum durch Siri aufgezeichne-ten Worte erhalten.

[731] Bspw. Eliza, Siri, Tay, Luka, Resi, Alexa; sie sind automatisierte ‚Gesprächspartner' resp. ‚Assistenten', so dass der Nutzer mit dem Endgerät personalisiert sowie kontextbezogen auf sehr oberflächliche Weise ‚kommunizieren' kann.

jeder Aktivität ein Stück seiner Souveränität und Individualität auf, da die Privatsphäre ‚entkleidet' und somit öffentlich sowie dystopisch wird[732].

Der Nutzer wird in seinem Denken permanent bestätigt, da die Produktempfehlungen mit den Nutzerpräferenzen fast identisch sind. Dies intendiert die Manipulation der Nutzer sowohl aufgrund der spezifischen Belohnungsmechanismen als auch deren Konditionierung. Die dadurch hervorgerufene Polarisierung und Fragmentierung ist auch vor dem Hintergrund bedenklich, dass sich die der Datensammlung dienenden Algorithmen als dem zentralen Element der datengetriebenen Werbung nicht abschalten lassen. In einer Gesellschaft der Singularitäten wird hierdurch die Angst vor der Manipulation, das heißt der unselbständigen Entscheidung, dominierend und kann zu Selbstvertrauenskrisen führen. Schließlich unterstellt auch die häufig mit diesen Systemen verbundene Sprachsteuerung, dass jeder Nutzer über ein ‚Sprachvermögen'[733] verfügt. Hierdurch werden allerdings Menschen mit neurologisch (beispielsweise spasmodische Dysphonie) oder physiologisch (Stotterer) gestörten Stimmstörungen aus dieser digitalen Gesellschaft ausgeschlossen. Kritisch anzumerken ist diesbezüglich, dass auf linguistischer Ebene unterstellt wird, dass sich die Sprache des Individuums irrational- kognitiv auf seine ‚Frames' auswirkt.[734] Durch diese Technologien mit der permanenten, systematischen Erfassung, Sammlung, Analyse und Auswertung von unbewussten personenbezogenen Nutzer- und Verhaltensdaten sowie Informationen, die bislang unterhalb der Wahrnehmungsschwelle lagen, wird das Konzept der individuellen Datensouveränität konterkariert. Nicht vergessen werden darf hierbei im Rahmen dieses ‚gläsernen Menschen' auch , dass die aktuellen, qualitativen Bedürfnisse des jeweiligen Nutzers unberücksichtigt bleiben (müssen). Der Orwell'sche Überwachungsstaat respektive Huxleys ‚Brave New World'[735] lassen grüßen...[736]

---

[732] Aufgrund unvollständiger Datensicherheits- und –schutzkomponenten ist hierbei das Risiko eines Identitätsdiebstahles sehr groß- vgl. die Ausführungen in Abschnitt 5.2.3. Vgl. auch Foer, F., Neubauer, J. (2018).

[733] Im Broca- Areal- vgl. die Ausführungen in Abschnitt 1.2.

[734] Vgl. die Ausführungen in Abschnitt 1.1.

[735] Vgl. Huxley, A. (1992).

[736] 84% aller Smartphone- Besitzer rufen täglich mehr als 16 Stunden lang ständig E-Mails ab, 75% nutzen fast stündlich Wetterapps sowie weitere 65% Instant-Messaging-Dienste; 60% der täglichen Zeit verbringt der Mensch vor und mit dem Bildschirm – die Aufhebung der Trennung zwischen Arbeits- und Privaleben wird in der Soziologie als ‚Entgrenzung' bezeichnet. Der ‚digital aliens' im Gegensatz zum sog. ‚Nonliner' mutiert somit zum

Zu berücksichtigen ist schließlich, dass die der Profilbildung zugrundeliegenden Datenerfassungssysteme auf Verfahren und Methoden der Psychologie, Psychiatrie sowie Kriminologie basieren. Um das jeweilige Kunden-, Nutzeroder Besucherprofil erstellen zu können, werden Daten sowohl des Nutzers als auch von Dritten über den Nutzer aggregiert. Letztlich erfolgt hierdurch eine Fremdsteuerung des Profilanten.[737] Nicht übersehen werden darf des Weiteren auch, dass alle gespeicherten Nutzerdaten den Strafverfolgungsbehörden bei Anfrage übermittelt werden.[738] Diese Funktion als ,IM soziales Netzwerk' generiert eine generelle Überwachungsinstanz, so dass medialer Konsum mittlerweile gemäß Nils Zurawski mit genereller Überwachung sowie einer weiteren prozessualen Verwendbarkeit gleichzusetzen ist und daher den Status des ,Orwellschen Gedankenverbrechens' erhalten.[739]

Smartphone, Tablet sowie Endgeräte wie Siri oder Alexa mutieren somit quasi zur ausgelagerten Festplatte des Gehirns, die das Kommunikations- und Interaktionsverhalten erfasst, bewertet, speichert und prognostiziert. Auf der individuellen Nutzerebene werden daher im ,worst-case-scenario' bald alle Nutzer eine in sich homogene, ,individualisierte' Internet-Identität besitzen, die allerdings fremdbestimmt ist.

Menschliche implizite (intuitive) Entscheidungen sowie das Sozialverhalten werden somit ,verständlich' und vorhersagbar. Die eingesetzten Algorithmen und Verfahren ,atomisieren' quasi das soziale Leben der Nutzer, indem sie es in Millisekunden- Einheiten zerlegen und analysieren, so dass der Nutzer quasi Antworten auf Fragen geliefert bekommt, von denen er nicht wusste, dass er sie stellen würde. Dieses permanente ,Verhaltens- Scannen' führt letztlich dazu, dass jede menschliche Verhaltensweise transparent und analysierbar sowie prognostizierbar und planbar wird.

,digital naive' . Allerdings impliziert die pausenlose Kommunikation auch eine pausenlose Überwachung.

[737] Vgl. Bernard, A. (2017).

[738] Die Zahl der Auskunftersuchen steigt signifikant: In 2017 in den USA auf ca. 50000, in Deutschland mehr als 15000; dies gilt analog auch für die Suchmaschinen; allerdings beabsichtigt die BRD die staatsanwaltschaftlich fundierte Auswertung dieser Geräte gesetzlich zuzulassen.

[739] Vgl. Orwell, G. (1950).

4.2.3 Totalitäre Ansätze zur Erschaffung des ‚neuen Menschen'

Durch Prognose und Manipulation der Gewohnheiten und Verhaltensweisen ihrer Nutzer entsteht auf der gesellschaftlichen Ebene somit eine Monopolstellung der Plattformbetreiber. Dies gilt allerdings nur für diejenigen Unternehmen, die die häufig unstrukturierten Daten der jeweiligen Kontexte zu Informationen aggregieren und verdichten können. Eine Minderheit der Netzunternehmen determiniert und dominiert somit in gewisser Weise nicht nur das kommerzielle Verhalten der Mehrheit der Nutzer.[740] Somit besteht gleichzeitig auch die Gefahr der sozio- kulturellen Manipulation der menschlichen Nutzer. Hierdurch wird anstelle der beabsichtigten Gleichheit aller in einer vernetzten Welt ein Informationsmonopol einiger weniger generiert. Diese monopolistischen Dienstleistungsunternehmen organisieren sich im Netz durch ihre Anwender respektive Nutzer. Grundlage dieser **‚Plattform-Ökonomie'** ist ein Quellprodukt mit dahinterliegenden ‚Spinnennetzen', um das immer mehr Produkte und Dienstleistungen gruppiert werden, so dass hierdurch ein Monopol entsteht sowie der Wettbewerb ausgeschaltet wird.[741] Entscheidend ist der Plattform-Betreiber, der fast zwangsläufig jede ‚Datenlücke' als ‚Sicherheitslücke' verstehen muss: Wer die Daten sowie die relevanten Algorithmen zur Extraktion und Analyse der Informationen besitzt, hat zwangsläufig die Macht.[742]

Die Plattformbetreiber sind wie alle Monopolisten aus ökonomischen Gründen heraus quasi gezwungen, konkurrierende Unternehmen zu übernehmen und somit als Investoren und nicht mehr als Technologieführer aufzutreten, da beispielsweise der fünfzehnjährige Produktzyklus der Smartphone-Technologie nunmehr die wirtschaftliche und technologische Sättigungsphase erreicht hat und nur noch minimale Verbesserungen der Produkteigenschaften ermöglicht, nicht jedoch grundlegende Veränderungen.[743] Dies impliziert die Verschiebung vom Technologieführer zum Dienstleister, zum Lieferanten von Inhalten, da die

---

[740] Alphabet, Apple, Amazon, Facebook und Microsoft.

[741] Auch durch Unternehmensfusionen wird diese Marktmacht nicht erodieren, sondern sich nur neu strukturieren.

[742] Als ‚Gegenstück' hierzu hat Snapchat eine App entwickelt, die direkt im Anschluss nach dem Betrachten durch den Empfänger die zugesandten Informationen, Bilder, Kurznachrichten etc. auf dessen Gerät löscht.

[743] Vgl. Rushkoff, D. (2016); siehe auch das Remake des Nokia 3210 durch das ‚neue' 3310 in 2017.

technologische Hardware, das Produkt nicht mehr im Fokus steht, sondern die **,die Erregung von Aufmerksamkeit'**[744] und somit die Möglichkeit einer Manipulation des menschlichen Verhaltens zur Festigung der Kundenbindung. Analog zu G. Franck ist die Aufmerksamkeit ,die unwiderstehlichste aller Drogen'.[745] Herbert Simon bezeichnete sie daher auch als ,Flaschenhals des menschlichen Denkens'.[746] Hierbei fungieren als sogenannte ,attention getter' in den sozialen Netzwerken Affekt und Erregung intensiver als Kognition und Differenzierung.

Die sozialen Netzwerke werden hierdurch zu den ,Hauptarterien' des vulgären Populismus und mutieren zu ,asozialen' Medien mit der Fokussierung auf einer Vulgarisierung, der die bestehenden Gesellschaftsstrukturen inhärent verändern kann. Ihre Algorithmen manipulieren und steuern durch die gezielte Distribution von selektierten sowie personalisierten Informationen und Nachrichten das Denken und Verhalten der Nutzer, da aus dem Nutzerverhalten die Präferenzen und Neigungen extrahiert werden.[747] Zu konstatieren ist allerdings, dass dies immer ,indirekte' Daten sind, aus denen das Nutzerverhalten auf der Grundlage psychologischer Modelle und Kategorien abgeleitet beziehungsweise ,errechnet' wird.[748] Aus der Kombination mit viralen Verbreitungsstrategien[749] sowie der distributiven Nutzung der unterschiedlichen Kommunikationskanäle resultiert eine emotionale Infiltration und somit eine Beeinflussung der Meinungsbildung.[750] So hat ,Cambridge Analytica' durch die missbräuchliche

---

[744] Die Erregung von Aufmerksamkeit ist quasi das Betriebssystem der sozialen Netzwerke. -Vgl. Wu, T. (2016).

[745] Vgl. Franck, G. (1999).

[746] Vgl. Simon, H. A. (1971).

[747] Siehe auch die Studie von M. Kosinski, D. Stillwell und T. Graepel über die Analyse der digitalen Fußabdrücke in den sozialen Medien im Hinblick auf persönliche Eigenschaften, Vorlieben und Verhaltensweisen – vgl. Kosinski ,M. et al (2013).

[748] Z.B. das ,Big-Five-Modell'.

[749] Bspw. mittels der ,social bots'.

[750] Im Wahlkampf von D. Trump wurden über 87 Mio Facebook- Nutzerprofile erwachsener US-Amerikaner unter Berücksichtigung der sog. ,Ocean-Faktoren' (emotionale Labilität, Begeisterungsfähigkeit, Offenheit für Erfahrungen, Gewissenhaftigkeit , Verträglichkeit) von Cambridge- Analytica genutzt, so dass die Empfänger permanent hochpersonalisierte Wahlwerbung erhielten- die Streuverluste der klassischen Wahlkampfmedien wurden wesentlich reduziert; eine kanadische Tochtergesellschaft von CA hat diese Methode auch bei der Brexit-Kampagne eingesetzt.

Datennutzung der Accounts von mehr als 87 Millionen Facebook- Nutzern[751] im amerikanischen Wahlkampf deren psychologisch-politische Profile respektive Persönlichkeitsmerkmale generiert. Diesen Nutzern respektive Wählern wurden anschließend gezielt und epidemisch anhand ihrer psychischen Veranlagung Falschinformationen und Nachrichten im Rahmen einer datengetriebenen Misskreditierungskampagne der politischen Wettbewerberin zugesandt. Die eingesetzten Diskriminierungsinstrumente beinhalteten neben definitiven Fake News über falsche Videos auch inszenierte Sexskandale, um durch falsche Behauptungen, faktische ‚Ungenauigkeiten', Hassbotschaften sowie erfundenem Material das Image von Personen gezielt zu zerstören. Diese Wahlbeeinflussungskampagne fokussierte auf das Auslösen von impliziten, diffusen Ängsten im Bereich des Belohnungssystems in der Amygdala aufgrund dilemmatischer Gefühlslagen.

Durch die Plattformbetreiber werden hierdurch gesellschaftliche sowie institutionale und organisationale Prozesse wie kybernetische Systeme durch algorithmische (Rückkopplungs-)Prozesse fremdgesteuert. So werden beispielsweise in einigen Unternehmen durch Wärmesensoren die An- und Abwesenheitszeiten der Beschäftigten kontrolliert.[752] Zusätzlich erkennt die Stimmungserkennungssoftware Müdigkeit respektive Drogengenuss. Des Weiteren werden bei Amazon und Tesco die individuelle Arbeitsleistung durch das algorithmenbasierte Auswerten der individuellen Daten der Fitnessarmbänder erfasst. Schließlich werden die Daten dieser Wearables in Echtzeit bei den Mitarbeitern von Hedgefonds in Korrelation zu den getroffenen Investmententscheidungen ausgewertet, um stressbedingte Fehlentscheidungen zu verhindern. Derartige Anwendungen sind mittlerweile fast schon ‚Stand der Technik' im betrieblichen Alltag und sollen zur angeblichen Optimierung der beruflichen Leistung des Arbeitnehmers beitragen.[753]

Schon fast als ‚ positiv' im Vergleich zu diesen Anwendungen sind die Assistenzsysteme auf der Grundlage des ‚Affective Computing' zu sehen, die bei emotional erregten Autofahrern automatisch die Geschwindigkeit reduzieren

---

[751] Facebook geht gemäß einer eigenen Erklärung davon aus, dass bei rd. 2 Mrd. Nutzern Daten der öffentlichen Profile abgeschöpft worden sind.

[752] Bei der britischen Zeitung ‚The Telegraph'.

[753] Analog zur klassischen Betriebswirtschaftslehre wird der Mensch als ein zu optimierender Produktionsfaktor verstanden.

oder den Benutzern von Arbeits- und Wohnräumen das Licht je nach emotionaler Stimmung verändern, quasi ein Fremdmanagement des individuellen Gefühlssystems.[754] Das Affective Computing fokussiert ansonsten darauf, die spezifischen, Individuellen (Glücks-)Gefühle durch Algorithmen zu erkennen und gegebenenfalls zu stimulieren. Grundlage hierfür ist das von Paul Ekman entwickelte FACS[755], mittels dessen jedem Gesichtsausdruck ein Gefühl zugeordnet wird. Gefühle als zentrale menschliche Fähigkeit zur zwischenmenschlichen Kommunikation werden somit ohne Kontextbezug parametrisiert sowie normiert. Hierdurch können derzeit allerdings nur phänotypische Basisgefühle wie beispielsweise Angst, Trauer, Zorn et cetera erfasst werden, nicht jedoch sogenannte Metagefühle wie Ironie, Melancholie oder Liebe. Anstelle des menschlich- intuitiven Gefühlserkennungsprogrammes werden somit Daten über Emotionen ausgewertet. Auch bei der sogenannten ,Gamification'[756] werden durch die ,Apps' zwar Anreize für mehr Bewegung gegeben. Hierbei werden allerdings nur extrinsische Anreize angesprochen, so dass die für tatsächliche Verhaltensänderungen relevanten intrinsischen Motive im Bereich des expliziten Systems unberücksichtigt bleiben. Menschliche Gefühle sind allerdings keine mathematisch- algorithmische Reaktion auf andere, sondern das Resultat der jeweiligen individuellen, spezifischen Sozialisation sowie in begrenztem Umfang auch der genetischen Disposition.[757]

Im Fokus der Entwickler dieser Algorithmen steht allerdings nicht die ethische Problematik, sondern das wirtschaftliche (Verkaufs-) Ergebnis. Diese Applikationen werden daher zurzeit vor allem im Marketingbereich eingesetzt, um beispielsweise die Wirkung eines Werbespots vor der Ausstrahlung in Sekundenschnelle zu analysieren und gegebenenfalls eine Anpassung vornehmen zu

---

[754] Mittlerweile existiert eine ,Gegenbewegung' in Form des sog. ,digital detox' (digitale Entgiftung) mit der Zielsetzung, durch spezifische Apps, Deaktivierung der Push- Funktion sowie spezifischer Strategien zur Reduzierung des täglichen ,Digital-Konsums' und Networking auf ein sozialverträgliches Maß zu entwickeln und so zum ,Abschalten' im doppelten Sinn zu gelangen.

[755] Facial Action Coding System - vgl. Ekman, P., Friesen, W.V. (1975) sowie Ekman, P. (2016).

[756] Dieser Begriff wurde 2002 von dem britischen Programmierer Nick Pelling (auch als Orlando bekannt), geprägt.

[757] vgl. Die Ausführungen in Abschnitt 2.1.2.

können.[758]

Durch die Desintegration der Nachrichten und Informationen mutieren die Plattformbetreiber somit zu Meinungsmachern respektive Manipulationssystemen: Nachrichten von Algorithmen mittels Algorithmen sowie über Algorithmen.[759] Überspitzt können daher die Plattformen auch als Saboteure der Gesellschaftssysteme bezeichnet werden. Die Konsequenz ist letztendlich die personalisierte sowie individualisierte vollständige Manipulation, da jeder Nutzer gezielt nur diejenigen Informationsbrocken oder Nachrichtenhäppchen übermittelt bekommt, die mit seinem Anforderungsprofil sowie seinem ,fremddefinierten' subjektiven Weltbild übereinstimmen. Die an sich identischen Nachrichten oder Informationen werden mit manipulativer Wirkung in individualisierte, subjektive Kontexte implementiert und verändern dadurch ihren semantischen Inhalt. Diese ,Personalisierung' differenziert daher im Rahmen der ,individualisierten' Ansprache sowohl Form und Inhalt als auch Semiotik. Allerdings sind die Algorithmen nicht objektiv, sondern antizipieren das Verhalten sowie die subjektive Erwartungshaltung des Nutzers. Sie mutieren hierdurch vom instrumentellen Subjekt zum autoritären Objekt. Während der Nutzer häufig Logik und Funktionsweise der Algorithmen nicht versteht, entschlüsseln allerdings letztere das ,Funktionieren' des Nutzers und erreichen damit die Stufe einer bewusstseinslosen Intelligenz. Google beispielsweise realisiert seit dem Jahr 2005 eine ,personalisierte Suche', bei der aus den Nutzerdaten die vermeintlichen Interessen und Neigungen extrahiert werden.[760] Des Weiteren werden von dem Nutzer bisher häufig aufgerufene Internetseiten als ,relevant' angesehen und somit bevorzugt angezeigt. Dadurch werden die bekannten Inhalte immer

---

[758] Im psychologisch-therapeutischen Bereich werden derartige Programme als virtuelle Therapeuten (sog. Avatare) eingesetzt, die durch die ,mathematischen Analyse' von Gestik, Mimik und Stimme die jeweiligen Gefühlslagen ,berechnen' – so soll die Angst vor der Abwertung oder Vorverurteilung durch den menschlichen Therapeuten verringert werden; dieser ,Overtrust', d.h. ein übertriebenes, naives Vertrauen gegenüber dem Computer beruht auf dem Glauben, dass Algorithmen unbestechlich sind, ein größeres Wissen und somit eine größere Effizienz besitzen.

[759] Die Plattformen der sozialen Medien beinhalten somit 5 Dimensionen: echte Aufklärung, gewöhnliche Werbung, Verbreitung politischer Propaganda, Desinformation, Manipulation; mittels Facebook wurden im Sommer2016 mehr falsche Nachrichten als richtige verbreitet.

[760] Der zugrundeliegende Algorithmus wird als Betriebsgeheimnis bezeichnet und wurde daher nicht veröffentlicht.

bekannter, während die unbekannten Informationen weiterhin unbekannt bleiben.[761] Der Nutzer verharrt somit in seiner spezifischen ‚Filterblase'.[762] Aufgrund dieser instrumentalisierten Personalisierung mit der damit einhergehenden Komplexitätsreduktion geht die verbindende gesellschaftspolitische Meta-Ebene sowie der Informations- und Nachrichtenkontext verloren, da jeder Nutzer gezielt identische, jedoch unterschiedlich kontextualisierte, atomisierte Informationen zum scheinbar identischen Sachverhalt erhält. Hierdurch wird der Nutzer einerseits in seinem ‚Echoraum'[763] quasi kaserniert. Andererseits führt die epidemische Flut von Fake-News sowie offensichtlichen Lügen und Tabubrüchen, die Fakten und Fiktionen in einer nicht mehr durch- und überschaubaren Gemengelage der Intertextualität vermischt, zum Zusammenbruch jeder sinn- und ernsthaften Diskussion sowie Kommunikation. Inhalte werden nebensächlich und somit wertlos, Aussagen bei einer Halbwertszeit von Nanosekunden besitzen nur eine fluide, kurzfristige Bedeutung. Die sozialen Netzwerke mutieren dadurch zu Katalysatoren für radikale Meinungen sowie zu Brandbeschleunigern für falsche Informationen und Nachrichten, da der Wahrheitsgehalt nicht durch die Quelle einer Information, sondern durch die Anzahl der ‚Follower', die diese Ansicht ‚geteilt' haben, definiert wird. Durch die dadurch ausgelösten tsunamihaften Hysteriewellen ist die Zahl der ‚Sender' fast identisch mit der Empfängerzahl. Das durch Gutenberg intendierte Deutungsmonopol der gedruckten Medien hat sich in ein digitales Deutungs- Polynom mit quasi legalisierten Drogen verwandelt. Hierdurch werden die grundlegenden menschlichen Bedürfnisse nach Überschaubarkeit, Verständlichkeit und Gewissheit nicht mehr gewährleistet, so dass sich der Mensch in eigene Gewissheiten zurückzieht, um Übersichtlichkeit sowie ‚Gewissheit' wieder zu erlangen.

In der Realität werden bei diesem ‚Überwachungskapitalismus'[764] die Ansätze des klassischen **‚Social Engineering'** aufgegriffen und digital realisiert, so dass eine ‚kausale Theorie der Sozialstruktur' auf der Grundlage eines digital-

---

[761] Grant Blank vom Oxford Internet Institute hat mit Kollegen von der Michigan State University diesen Sachverhalt empirisch untersucht und festgestellt, dass diese Informationsselektion großen Einfluss auf die politische Orientierung ausübt – vgl. Blank, G. (2017), S. 628 ff.

[762] Vgl. die Ausführungen in Abschnitt 4.3.3.

[763] Vgl. ebenda.

[764] Von Marshall McLuhan schon 1960 prognostiziert.

mechanistischen Weltbildes entsteht.[765] Analog zum Sozialismus wird ein ‚neuer Mensch' generiert, der einem totalitärem System ausgeliefert ist.[766] Beispielhaft hierfür kann auch das von der KP China definierte ‚System für soziale Vertrauenswürdigkeit' (Citizen Score – Chinesisches Sozialkreditsystem) als moderne Form von ‚Big Brother' angeführt werden.[767] Hierbei definieren Algorithmen durch die Erfassung und Auswertung aller analogen sowie digitalen Daten[768] beinahe in Echtzeit die gesellschaftspolitische Zuverlässigkeit des zukünftigen Verhaltens der Menschen, Unternehmen und Organisationen.[769] Dieses System eines quasi Gesinnungs- und Jugendterrors bewertet jedes ‚gesellschaftliche Verhaltenselement' mittels eines Rasters finanzieller sowie sozialer Kriterien. Positive Kriterien sind beispielsweise gesellschaftspolitische sowie moralische Glaubwürdigkeit, Freizeitverhalten, Freundschaften, Ehrlichkeit, regelkonformes Verhalten, Spendentätigkeit, religiöse Aktivitäten sowie erhaltene Auszeichnungen. Negativ wirken sich unter anderem Verkehrsdelikte, das Ansehen von Pornofilmen, Computerspiele oder regierungskritische Äußerungen aus.[770] Das Ergebnis dieser Bewertungen von ‚Gedankendelikten' im Sinn von Orwell[771] als sogenannter ‚Sozialkredit' besteht aus Sozialpunkten mit einer Maximalhöhe von eintausend. Bei einem Unterschreiten von sechshundert Sozialpunkten erfolgt eine dauerhafte Pönalisierung. Parallel hierzu existiert auch analog zu den Einstufungen im Finanzbereich eine Klassifizierung mit den Bonitätsgraden ‚AAA' bis ‚DDD', wobei eine schlechte Bewertung ebenfalls automatisch zu Sanktionen führt. Die staatlich vorgenommene Einstufung ist daher ausschlaggebend für die Teilhabe am gesellschaftlichen Leben sowie dem Zugang zu den gesellschaftlichen Ressourcen. Bei einer Bewertung von ‚CCC' beispielsweise kommt der Name auf eine ständig aktualisierte Webseite des Obersten

---

[765] Vgl. Pentland. A. (2004), S. 263 ff.

[766] Vgl. Mau, St. (2017).

[767] Der ‚Vorläufer' war das Alibaba System ‚Sesam Credit', das erweitert wurde.

[768] Einschließlich 600 Millionen intelligente Überwachungskameras, Gesichterkennungssoftware usw.

[769] Derzeit befindet sich diese digitale Überwachung noch in einem unstrukturierten sowie unkoordinierten Wachstum mit den damit verbundenen negativen Konsequenzen einschließlich der Risiken des persönlichen Datenverlustes.

[770] Bspw. werden Verkehrsverstöße aufgezeichnet und auf großen Bildschirmen mit den jeweiligen Photos der Verursacher mehrere Wochen gezeigt – quasi ein ‚digitaler Pranger.

[771] Vgl. Orwell, G. (1950).

Volksgerichtshofes als ‚digitalem Pranger'.[772] Verbunden hiermit sind automatische Strafen, beispielsweise das Verbot von Reisetätigkeiten, Einschränkungen beim Schulbesuch sowie beim Immobilienerwerb durch Kautionsstellung sowie dem Ausleihverbot in öffentlichen Büchereien. Bei einer positiven Einstufung verbessern sich die Beförderungschancen, werden Rabatte sowie günstigere Kredite gewährt, können spezifische Konsumgüter erworben werden und dergleichen mehr. Zielsetzung ist eine umfassende ‚Rating- Gesellschaft' im Hinblick auf das staatlich gewünschte Sozialverhalten im Sinne einer Verhaltensnormierung, wobei die Normen vom autoritären Staat definiert und vorgegeben werden. Das System intendiert zwangsläufig die permanente Überwachung sowie Denunziation auf der Basis eines relevanten Machtmissbrauches. Diese von der chinesischen kommunistischen Partei installierte negative Internetsouveränität fokussiert ausschließlich auf die totalitäre Staatsmacht und verschärft das demokratische Glaubwürdigkeits- und Vertrauensproblem. Hierdurch verteidigt der Staat sein autoritäres Informationsmonopol, so dass der Mensch zum Objekt signifikanter, öffentlicher Überwachung wird. Die früher sichtbaren staatlichen Eingriffe werden nunmehr in nebulöse, nicht nachvollziehbare digitale Operationen ohne die Möglichkeit eines rechtlichen oder moralischen Widerspruches transformiert.

Für Europäer überraschend bewertet die überwiegende Mehrheit der Chinesen dieses System derzeit (noch) positiv, da hierdurch einige negative Rahmenbedingungen des Wirtschaftssystems korrigiert werden. So werden erkannte Produktfälschungen mit niedrigerer Qualität öffentlich bekannt und dadurch vom Markt eliminiert. Des Weiteren sind derzeit Kredite für Privatpersonen nur auf einem ‚Schattenmarkt' zu extremen Konditionen im Rahmen eines ‚Peer-to-Peer-Systems' erhältlich, bei denen circa fünfzig Millionen private Sparer auf ungefähr zweitausend entsprechenden Plattformen Geld verleihen. Diese funktionieren häufig wie ein ‚Schneeballsystem', so dass bei einem Zusammenbruch der Plattformen die Anleger häufig ihre gesamten Ersparnisse verlieren. Durch den ‚digitalen Pranger' des digitalen Systems wird die Kreditwürdigkeit der potenziellen Darlehensempfänger öffentlich, so dass sich die finanzielle Verlässlichkeit im Wirtschaftssystem erhöht. Schließlich werden häufig die meisten Gesetze und Verordnungen aufgrund von Willkürjustiz und Korruption der staatlichen Stellen nicht eingehalten, so dass dieses System quasi

---

[772] Sog. ‚Liste der Vertrauensbrecher'.

eine judikative Wirkung erzielt. Eine der Ursachen hierfür ist generell, dass historisch bedingt wesentliche ‚weiche Bedingungen‘ wie Vertrauen, Ehrlichkeit sowie Transparenz im chinesischen Gesellschaftssystem nicht vorhanden sind. Zu berücksichtigen ist des Weiteren, dass die Gesichtsidentifizierungssysteme mittlerweile schneller als Fingerabdrucksysteme in der Lage sind, Individuen zu identifizieren sowie deren Bewegungen in der Öffentlichkeit zu verfolgen.[773] Der Einsatz der Bilderkennungssoftware lässt die KI zu einer ‚rassistischen Intelligenz‘ mutieren. Dies geschieht einerseits durch die ‚Convolutional Neural Networks‘ im Zentrum der Überwachungsalgorithmen.[774] Zum anderen werden sogenannte ‚Upsampling- Algorithmen‘ eingesetzt, durch die unscharfe Bilder bis zur gestochenen Schärfe ‚verbessert‘ werden. Hierbei werden wesentliche Attribute eines Menschen, beispielsweise Hautfarbe, Gesichtsform, Haarfarbe et cetera, mathematisch ‚errechnet‘ werden. Sowohl die Trainingsbilder, die Modellarchitektur[775] als auch die inhärenten Vorurteile der Programmierer implizieren Verzerrungen der ‚Originaldaten‘. Daher ist auch die anlasslose, massenhafte automatische Personenüberwachung konsequent abzulehnen. Durch eine derartige kontextlose Kontrolle wird der Mensch vom Subjekt zum Objekt transformiert, da Daten unterschiedlicher Quellen ohne Wissen und Einwilligung des Betroffenen aggregiert und analysiert werden. Sie werden somit zu Datenpunkten eines Algorithmus in Computernetzwerken, bei denen die KI autonom über den Verwendungszweck entscheidet. Hierdurch werden Pseudoevidenzen des subjektiven Verhaltens aufgrund undefinierter Entscheidungsprozesse sowie unklarer Bezugsrahmen produziert und manifestiert. Derartige Überwachungs- und Analysesysteme determinieren somit eine kybernetische Menschensteuerung durch eine Digitaldiktatur.

Diese Ansätze einer Sozialkybernetik implizieren einen gesellschaftspolitischen Rückschritt zu einem subtilen **‚kybernetischen Totalitarismus‘**. Diese synthetisch- digitale Schaffung des ‚neuen Menschen‘ erfolgt derzeit noch im experimentellen Großversuch. Letztendlich unterliegt in einer derartigen soziometrischen, hegemonial-totalitärem Gesellschaft alles einer metrischen Wertig-

---

[773] Bspw. ‚Recognition‘ von Amazon; allerdings scheitern diese Systeme häufig an Silikonmasken etc.

[774] Vgl . LeCun, Y. et al (2020), S. 1 ff.

[775] Wie bei jedem Modell als Vereinfachung der Realität entstehen Daten- und Informationsverluste.

keit, so dass Solidarität, Kooperation und Altruismus auf Grund ihrer staatlichen Unkontrollierbarkeit sowie ‚Nachteiligkeit' eliminiert werden. Hierdurch erlangen totalitäre Staaten als auch monopolistische Privatunternehmen ein ‚Herrschaftswissen', das gegen den Nutzer eingesetzt werden kann, ihn erpressbar macht und sein Verhalten im Sinne des ‚Nudging' beeinflusst. Die Konsequenz ist zwangsläufig das sogenannte ‚social cooling'[776] als Selbstzensur des Individuums auf Grund dieser autoritären Komponente der Digital- Ökonomie. Um dieser Überwachungsdystopie[777] des digitalen Geschäftsmodelles mit seinem Fokus auf die Anzeigenkunden und nicht der Nutzer sowie dem Einstieg in eine ‚smarte Diktatur' zu entgehen, ist der Mensch als Nutzer auf der Basis einer ‚Subversionsstrategie' gewissermaßen gezwungen, Unwahrheiten respektive ‚geschönte Wahrheiten' über sich selbst im Netz zu verbreiten. Die damit einhergehende ‚Anonymisierung' respektive ‚Pseudomisierung' im Sinne einer ‚Konformität ex machina' ist das Ergebnis eines autoritär-digitalen Nudging-Ansatzes. Einschränkend muss allerdings derzeit noch angemerkt werden, dass die Daten häufig noch nicht gezielt erfasst, sondern aus dem durch die Vernetzung entstehenden ‚Datensmog' durch Algorithmen ‚herausgefiltert' werden.[778] Eine weitere technische Hürde besteht in der momentanen Unmöglichkeit, in Echtzeit die Daten zu generieren und auszuwerten. Unabhängig davon haben schon in diesem frühen Status Hacker einen ‚Schwarzmarkt' für einen entsprechenden Datenhandel sowie Manipulation der gespeicherten Daten implementiert.

Nicht nur die Privatsphäre, sondern die gesamte Sozialsphäre wird durch die Verfahren, Methoden und Strukturen der Digital- Ökonomie somit transparent

---

[776] Dieser Begriff wurde von Tijman Schep kreiert.

[777] Bspw. das chinesische ‚Social-System', das australische Überwachungssystem ‚Capability', die Gesichtserkennung im öffentlichen Raum, das Bildscannen bei Facebook etc.; die Fa. Clearview verfügt über eine Datenbank mit mehr als 3 Mrd. automatisiert aus den sozialen Medien extrahierten Gesichtern, die von Behörden und privaten Unterhehmen gegen Entgelt genutzt wird;Microsoft hat daher den amerikanischen Kongreß aufgefordert, den Einsatz der Gesichtserkennungsalgorithmen zu untersagen resp. zu regulieren, um somit Privatsphäre, Urheberrecht, Identitätsdiebstahl und Meinungsfreiheit zu gewährleisten als auch totalitäre Systeme zu verhindern.

[778] Gemäß einer Bitkom- Umfrage in 2016 treffen ca. 80 % der dt. Unternehmen strategische Entscheidungen auf der Grundlage von Datenanalysen; letztere führen zu einer größeren Organisationstransparenz sowie zu einer Reduzierung des menschlichen ‚Bewahrertums'.

und beeinflussbar. Diese ‚Selbstvermessung'[779] sowie Stimulierung und Manipulation[780] des Menschen generiert Informations- und Machtasymmetrien[781] zwischen dem Nutzer und den datenverarbeitenden Unternehmen respektive Regierungen, da die erhobenen Daten ‚fremdbewertet' und fremdbestimmt verarbeitet werden. Der Mensch wird somit soziometrisch vermessen, neu modelliert und einem fremdbestimmten algorithmischen Weltbild unterworfen. Hierbei kann es ohne Weiteres geschehen, dass unbescholtene Bürger im Rahmen von Rasterfahndung und Kriminalitätsprognosesystemen in einen präventiven Verdacht seitens der Sicherheitsbehörden geraten.[782] Analog zur Phrenologie sollen durch die KI die Gesichter decodiert werden, um vom Äußeren auf charakterliche Eigenschaften (beispielsweise Ehrlichkeit, Vertrauenswürdigkeit et cetera) sowie Sexualverhalten, politische Einstellungen, Gefühle und zukünftige Verhaltensweisen zu schließen.[783] Letztere werden jedoch zwangsläufig vom jeweiligen sozialen Umfeld, der individuellen Sozialisation sowie der jeweiligen Kultur determiniert, so dass derartige Ansätze zur Ableitung kognitiver Vorgänge aus dem äußeren Phänotyp ein Abdriften in die Rassenideologie darstellen.[784] Zynisch kann unterstellt werden, dass derartige Algorithmen eine Tendenz zur **Apophänie** besitzen, da sie auch dort Muster erkenne, wo keine sind. Des Weiteren mutiert durch die inhärente Archivfunktion die Vergangenheit der Nutzer zur Gegenwart. Zusätzlich erhöhen die Entwicklungen in den Neurowissenschaften sowie bei den Informationstechnologien das Maßnahmenspektrum zur Erfassung der körperlichen und mentalen Leistungsfähigkeit exponentiell und generieren neue, bisher unbekannte und unvorstellbare Optionen zur Sammlung individueller, intimer Neurodaten.[785] Letztlich entsteht somit ein Parallel- Universum, in dem die global tätigen digitalen ‚Monopolisten

---

[779] Vgl. Selke, St. (2017), S. 5.

[780] Konstatiert die Smart Watches als ‚Fitnesstracker' Depressionen bei dem Nutzer, so wird automatisch mittels des zugehörigen Pflasters ein pharmazeutisches Mittel injiziert.

[781] Vgl. hierzu auch Coleman, J. (1982).

[782] Sog. ‚predective policing' als Vorhersage des zukünftigen Strafverhaltens.

[783] Bspw. die Software von ‚Find Solution AI' zur Messung der Aufmerksamkeit chinesischer SchülerInnen oder von ‚Hire Vue' sowie ‚Faception'.

[784] Der Aphoristiker Georg Christoph Lichtenberg wies schon 1778 darauf hin, dass die Physiogenomik Scharlatanerie, sei die von Stümpern für gesellschaftsschädliche Zwecke missbraucht werden würden.

[785] Insbesondere die Brain Computer Interfaces (BRI) ermöglichen die gezielte Analyse intimer Daten sowie die Gewinnung nutzerspezifischer Erkenntnisse.

des Geistes' ihre totalitäre, egoistische sowie subjektive Realität geschaffen haben.[786] Dieses Parallel- Universum reduziert zwangsläufig auch Wettbewerb, Effizienz, Produktqualität sowie Innovationsfähigkeit und kann im Endeffekt durch Lohndumping sowie der damit verbundenen Verstärkung der Ungleichheit zur Zerstörung gesellschaftspolitischer Strukturen führen. Diese Veränderung gesellschaftspolitischer Strukturen vollzieht sich somit derzeit quasi in Echtzeit. Die Monopolisten erzielen im Rahmen ihres Geschäftsmodells überproportional hohe Gewinne mit den Daten Dritter und verstärken hierdurch ihre Monopolstellung noch. Durch die Prognose von Trends aus den vorliegenden Datenmengen sowie deren Vermarktung werden die Nutzer animiert, ausschließlich auf den jeweiligen Seiten zu bleiben. Dieser **‚Daten- Extraktivismus'** ist sowohl eine logische Konsequenz der Monopolstellung als auch eine Notwendigkeit zum Erhalt des zugrundeliegenden Geschäftsmodelles. Dies verhindert zwangsläufig eine offene, demokratische Diskussion sowie eine marktwirtschaftliche Wettbewerbssituation. Dieses fremdgenutzte ‚intellektuelle Eigentum Dritter' sollte daher als ‚intellektuelles Kapital'[787] wie Kapitaleigentum einer Besteuerung unterliegen und somit quasi umverteilt werden, um die Marktmacht zu reduzieren sowie den Wettbewerb zu erhöhen.

Die Plattformen der sozialen Netzwerke sowie der internetbasierten Kommunikation werden letztlich häufig auch zu einem Resonanzraum für gesellschaftliche Gruppen, Milieus und Regierungen, die dem demokratischen gesellschaftspolitischen System negativ und ablehnend gegenüberstehen. Timothy G. Ash bezeichnet daher diese Plattformen auch als die ‚größte Kloake der Menschheitsgeschichte, bei der niedrige Instinkte die öffentliche Diskussion prägen'. Die repräsentative Demokratie sowie die Zivilisation werden hierdurch in ein plebiszitäres System transformiert, das durch Fake-News indirekt manipuliert und somit durch Stimmungen und nicht durch Informationen gesteuert wird. Diese fast tektonische Verschiebung der Medienarchitektur repräsentiert gewissermaßen die Monetarisierung beziehungsweise Kapitalisierung kognitiver Prozesse. Notwendig ist daher eine öffentliche sowie transparente Kontrollinstanz, um die Manipulation sowie Gefährdung der Meinungsfreiheit zu verhindern. Zwar ist die Manipulation[788] als fremdbestimmtes Handeln oder

---

[786] Vgl. Foer, F. (2017).
[787] Aggregation von Daten, Algorithmen und Patenten.
[788] Vgl. hierzu vor allem Fischer, A. (2019).

Verhalten ein ,normales' Phänomen der menschlichen Kommunikation, da der Mensch nur begrenzt rational handeln kann.[789] Manipulation ist jedoch kein ausschließlich negativ konnotiertes menschliches Phänomen, bei dem Gefühle, Meinungen und Ansichten als Automatismen und Affekte beeinflusst werden. Bei jeder direkten verbalen oder nonverbalen Kommunikation wird das menschliche Verhalten vor dem Hintergrund seiner Rationalität respektive Nicht- oder Irrationalität durch Kognition sowie Affekten beeinflusst. Das sogenannte Micro-Targeting auf der Grundlage sehr genauer Datenprofile ermöglicht jedoch eine umfassende Verhaltenssteuerung.[790] Durch eine derartige Fremdprogrammierung der menschlichen Verhaltensentscheidungen wird die individuelle Handlungs- und Willensfreiheit außer Kraft gesetzt.

---

[789] Vgl. die Ausführungen in Abschnitt 2.2.
[790] Vgl. die Ausführungen in Abschnitt 4.2.2.

4. 3 Soziale Netzwerke manipulieren das implizite System des menschlichen Gehirns

Der häufig und fälschlicherweise unterstellte Egalitarismus des Internets ver- und bestärkt im Gegenteil einseitige Ansichten und Auffassungen, so dass in den sozialen Netzwerken Nutzer mit Überzeugungen, die ansonsten nicht gehört oder akzeptiert worden wären, Gleichgesinnte und Gleichgläubige finden. Diese Gleichgesinnten verstärken dann 'digital- technologisch' schon fast epidemisch diese Ansichten durch ihre 'Likes' sowie Weiterleitungen. Im Endergebnis führt dieser ideale Raum für Verschwörungstheorien zur Radikalisierung und Polarisierung einer extrem segmentierten Gesellschaft. Intensiviert wird dieser Effekt zusätzlich durch die exponentiell gestiegene Daten- und Informationsmenge im Internet, so dass selbst Spezialisten kaum noch über Methoden und Instrumente verfügen, diese Quantität zu beherrschen.[791] Hierdurch wird ein irreversibler Daten- und Informationssog erzeugt, der vom einzelnen Nutzer nicht mehr nachprüfbar ist. Dieser gibt sich vielmehr der Wissens- und Kontrollillusion hin, obwohl er massiv manipuliert wird. Diese Kontextbedingungen induzieren gewissermaßen per se das Auftreten von Echoräumen, Fake News, Verschwörungstheorien und Subkulturen. Der hierdurch intendierte Verlust an Differenzierung sowie Gerechtigkeit wird noch dadurch verschärft, dass der Nutzer quasi eine Richterfunktion ohne das hierzu erforderliche Wissen, diskursive Auseinandersetzungen sowie einem Informationsvergleich übernimmt. Soziale Netzwerke gebärden sich hierbei wie eine öffentliche Ratingagentur, die allerdings vom gewinnfokussierten Geschäftsmodell der Konzerne dominiert wird. Somit wird eine 'liquid democracy' mit dem Fokus auf Anonymität und Manipulation generiert – 'digitale Blockwarte' beherrschen den Nutzer.

Auf der Grundlage dieser 'holzschnittartig' erläuterten Kontextbedingungen erfolgt die Verhaltensbeeinflussung der menschlichen Nutzer sozialer Medien und Netzwerke auf vielfältige sowie unterschiedliche Arten und Methoden. Diese umfassen das Spektrum von der indirekten Steuerung über subtile Beeinflussungen bis zur direkten Manipulation. Hierbei werden neben den Heuristiken des impliziten Systems vor allem auch intrinsische und extrinsische Motive

---

[791] Die Datenmenge verdoppelt sich derzeit alle 18 Monate - quasi ein analoges Datenmengengesetz wie das Moore'sche Gesetz.

angesprochen. Diese Beeinflussung erfolgt überwiegend unterhalb der Reiz- beziehungsweise Aufmerksamkeitsschwelle des expliziten Systems, so dass dessen ‚controlling overlayer- Funktion'[792] nicht wirksam, quasi ‚unterlaufen' wird. Zu den wesentlichen impliziten Beeinflussungsmethoden, -maßnahmen und -verfahren zählen vor allem die zielgerichtete und ergebnisorientierte Filterung der menschlichen Wahrnehmung durch die Erzeugung einer Pseudo-Wirklichkeit, der Einsatz von Fake News als ‚legitime' Strukturelemente des digitalen Diskurses sowie die Generierung von Echoräumen als kognitive Ghettos. Hierdurch generieren und installieren die monopolistischen Betreiber der sozialen Medien und Netzwerke einen singulären, abgeschotteten Kosmos, der zur sozialen sowie politischen Segregation führt.[793] Das Geschäftsmodell der Netzwerkmonopolisten Facebook, Amazon und Google beispielsweise basiert auf den Grundprinzipien der ‚economies of scale' wie bei fast allen gewinnmaximierenden Monopolisten, so dass jede Steigerung der Nutzerzahl die Qualität des Produktes ‚Plattform' sowie die Kostenstruktur wesentlich verbessert.[794] Die sozialen Netzwerke als offene Kommunikationsnetzwerke wurden beziehungsweise werden hierdurch zu einer digitalen Infrastruktur mit dem Ziel der Gewinnmaximierung instrumentalisiert. Dies impliziert zwangsläufig eine persuasive Nutzerkommunikation mit der Zielsetzung, die Einstellungen, Motive und Meinungen der Nutzer zu beeinflussen und hierdurch zu verändern. So definieren beispielsweise die Facebook- Algorithmen, welche anderen Informationen, Nachrichten sowie Nachrichtenmedien angeboten und somit ‚angeklickt' werden können. Die Algorithmen von Twitter ‚sortieren' die Tweets vor allem nach den ‚Likes' sowie der Kommentare anderer, so dass Polemik und Hysterie die Konsequenz sind. Diese **‚Erregungsökonomie'** impliziert durch die Hyperpersonalisierung sowie den plakativen, vereinfachenden Aussagen ohne fundierte Analyse zwangsläufig Meinungs-, Informations- und Nachrichtenmonopole. Eine Konsequenz der Erregungsökonomie ist daher auch die Ochlokratie.[795] Vor allem Google und Facebook nutzen ihre ‚Überwachungsinfrastruktur' wie bei-

---

[792] Vgl. die Ausführungen in Abschnitt 2.1.1.

[793] In den USA beherrscht Facebook die mobile Kommunikation derzeit zu 75%, Google mit 90% den Suchmaschinenmarkt sowie Amazon zu 65% den Online- Handel; Google und Facebook erzielen derzeit ca. 90% der digitalen Werbeeinnahmen; durch Newsfeed ist Facebook gleichzeitig der größte Nachrichtenherausgeber.

[794] Vgl. Jänig (2004), S. 390.

[795] Herrschaft des Pöbels.

spielsweise ,AdWords', um die Aufmerksamkeit der Nutzer für sich zu erhöhen und hierdurch gewinnerhöhend Werbung durch die automatisierte Versteigerung von Anzeigenplätzen bei Suchanfragen zu vermarkten. Die anzeigengetriebenen digitalen Medien beinhalten einen automatisierten Zwang zur Polarisierung, da bei identischen Begrifflichkeiten das an dem spezifischen Nutzer orientierte Suchergebnis sehr unterschiedlich ausfallen kann. Ihr Geschäftsmodell ist höchst kompatibel mit Desinformation, Polarisierung sowie Autoritarismus und ist somit eine wichtige Grundlage für den Erfolg von Populisten, Verschwörungstheoretikern sowie autoritären Systemen. Des Weiteren erreichen sie durch die Monopolstellung hinsichtlich der privaten, persönlichen Daten, dass der traditionell nichtkommerzielle ,öffentliche Raum' wirtschaftlichen Kriterien unterworfen wird. Die damit verbundene Externalisierung der Kosten impliziert in gewisser Beziehung eine ,Verschmutzung der öffentlichen Sphäre'. Diese Ökonomisierung der sozialen Diskussion durch die Manipulation der Aufmerksamkeit impliziert eine undemokratische Modellierung der Gesellschaft auf der Grundlage von inszenierten ,Hashtags', gesteuerten Kampagnen vermeintlicher Empathiewellen sowie tribunaler Entweder/Oder-Kampagnen. Die damit verbundene Automatisierung sowie Homogenisierung der sozialen, politischen sowie intellektuell- kulturellen Sphäre intendiert den Verlust der Privatsphäre, des geistigen Eigentums sowie rechtstaatlicher Grundsätze.[796] Die hiermit einhergehende Schädigung der Demokratie impliziert einen kybernetischen respektive digitalen Totalitarismus beziehungsweise Autoritarismus, der bestenfalls in eine **,smarte Diktatur'**[797] münden wird. Nachfolgend sollen die hierfür wesentlichen Grundlagen und Komponenten erläutert werden. Anzumerken ist jedoch, dass auch demokratische Staaten durch die Anwendung von KI in Verbindung mit ,Big Data' in die Situation einer undemokratischen Kontrolle gelangen, da hierbei die bisher getrennten Ebenen der staatlichen Datensammlungen sowie der Erhebung statistischer und individueller Daten aggregiert werden. Durch die automatisierten Systeme beispielsweise im Bereich der Straftatenprediktion sowie Strafverfolgung, der Chancenbewertung für Langzeitarbeitslose als auch der Vorgabe von Arbeits- und Ausbildungsangeboten wird der Bürger klassifiziert und kategorisiert sowie sein Verhalten prognostiziert.[798] Bei den anste-

---

[796] Vgl. Foer, F. (2017).
[797] Vgl. Welzer, H. (2016) sowie die ausführliche Betrachtung im Abschnitt 4.5.
[798] Vgl. die Ausführungen in Abschnitt 4.1.1.

henden Automatisierungsvorhaben in der öffentlichen Verwaltung zur notwendigen Effizienzerhöhung muss der Staat daher das Vertrauen der Bürger in den Fokus stellen, um eine Entfremdung sowie Entpolitisierung zu verhindern.[799]

---

[799] Vgl. Dornis, V. (2019), S. 26 .

4.3.1 Die zielgerichtete Filterung der menschlichen Wahrnehmung

Die sozialen Medien respektive Netzwerke übernehmen eine wesentliche Funktion bei der Manipulation ihrer Nutzer, da sie auf die evolutionär bedingten Bedürfnisse nach Solidarität sowie (Gruppen-)Zugehörigkeit fokussieren.[800] Sie ,bedienen' sowohl das Bestreben nach individualisierter Abgrenzung sowie individueller Identität als auch nach der eigenen Inszenierung und basieren somit auf der genetisch angelegten Ungleichheitsaversion. Da diese Netzwerke jedoch die **Wahrnehmung filtern,** erzeugen sie eine Pseudo-Wirklichkeit, die nicht neues Wissen enthält, sondern die tradierten, schablonenhaften Anschauungen, Meinungen und Vorurteile bestätigt und verstärkt. Die für die Evaluierung sowie Weiterentwicklung des Wissens erforderliche Selbstreflektion als auch der ,Dialog mit sich selbst' unterbleiben daher.[801] Die hierdurch induzierte Meinungshomogenität ist für die Genese von Wissen kontraproduktiv, da keine neuen Daten und Informationen integriert werden. Versteht man kognitive Denk- und Lernprozesse als Vergleich, Synthese sowie Aggregation neuen Wissens mit den im Gedächtnis gespeicherten Wissen, so unterbleibt diese Wissenstransformation zwangsläufig, so dass der Mensch in seinem alten ,Status Quo' des Wissens verharrt.[802] Daher kann auch das explizite System seine Funktionen als antizipativer Problemlöser sowie ,Controlling Overlayer' nicht mehr ausüben. Um sich die hieraus resultierenden kognitiven Dissonanzen zu ersparen, schließt sich der Nutzer entsprechenden ,Gesinnungsgemeinschaften' beziehungsweise ,Ablehnungsgemeinschaften' an, die sich gegenüber ,Andersdenkenden' regelrecht abschotten. Die Konsequenz ist zwangsläufig eine Gleichgültigkeit gegenüber den Fakten sowie der Realität. Das immer wieder beschworene ,kritische Denken' reduziert sich darauf, jede ungeprüfte Falschaussage in den sozialen Medien unkritisch zu rekurrieren. Der gesellschaftlich- wissenschaftliche Konsens über Inhalt, Struktur und Gegenstand von Fakten wird ignoriert. In diesen ,Hotspots der Autosuggestion' sind Belegbarkeit und Rich-

---

[800] Der in empirischen Untersuchungen für moderne Gesellschaften relevante soziale Indikator ist überwiegend der Lebensstil.

[801] Gem. G. W. Leibniz ist der Ort des Anderen der wahre Standpunkt sowohl in der Politik als auch in der Moral.

[802] Vgl. Jänig (2004), S. 237 ff.

tigkeit einer Aussage sowie die Faktenorientierung irrelevant.[803] Dies impliziert zwangsläufig die Entstehung von Echoräumen als ‚kognitive Ghettos‘.[804] Diese sind gewissermaßen ‚Fluchtburgen‘: Wenn Tatsachen und Fakten das eigene Weltbild erschüttern, reagiert der Mensch introvertiert und gibt sich seinen Einbildungen, Hoffnungen und Träumen hin.[805] Dies führt zwangsläufig zur Desintegration Dritter sowie einer asymmetrischen Kommunikation zwischen den ‚wissenden Mitgliedern‘ sowie den ‚dummen Außenstehenden‘. Die Konsequenz hiervon ist die Genese einer ‚Zwei-Klassen-Gesellschaft‘ mit der bewussten Differenzierung derjenigen, die dazu gehören, von denjenigen, die ‚draußen bleiben müssen‘. Hierdurch entstehen binäre, asymmetrische gesellschaftspolitische Strukturen.[806]

---

[803] Die westlichen Gesellschaften befinden sich anscheinend momentan in einem ‚Postfaktischem Zeitalter‘.

[804] Vgl. die weitergehenden Ausführungen in Abschnitt 4.3.3

[805] Vgl. die Ausführungen in Abschnitt 3.4

[806] Analog zur Spaltung in ‚digital Natives‘ sowie ‚digitalen Analphabeten‘ zu Beginn der Digitalisierung – vgl. Jänig, Chr. (2004), S. 95 ff

4.3.2 Fake News sowie Verschwörungstheorien als ‚legitime' Strukturelemente des digitalen Diskurses

Wie deutlich wurde, dynamisieren soziale Netzwerke disruptiv die soziale Tektonik der Gesellschaft, da sie keine ausschließlich technologischen Vermittler mit einem neutralen Diskursraum sind, sondern aktive Manipulatoren durch die gezielte, algorithmenbasierte Steuerung des Diskurses. Die diesbezüglichen Methoden und Instrumente sind beispielsweise die Verbreitung ungeprüfter und häufig unwahrer Behauptungen, der selektive Umgang mit aus dem Kontext gerissenen Fakten sowie Übertreibungen, Verharmlosungen als auch die Postulierung von Falschinformationen und Gerüchten als absichtlich gesteuerte Desinformation. Hierdurch entstehen bewusst implizite Wahrnehmungsfehler beim jeweiligen Adressaten beziehungsweise Nutzer, so dass die jeweils verzerrte, überzeichnete und manipulative Unwahrheit nicht explizit wahrgenommen wird respektive werden kann.[807] Hannah Arendt differenziert daher auch zwischen ‚Wahrheit' und ‚Meinung'[808]: Wissen erwirbt man, um die Wahrheit zu erkennen - Meinungen bildet man sich ein. Analog zu Paul Feyerabend sind ‚subjektive Wahrheiten' eine narzisstische Tendenz im Sinne einer narrativen Selbstermächtigung, bei der das Weltbild identisch mit dem Selbstbild ist – ansonsten würden entgegenstehende Tatsachen zu kognitiven Dissonanzen führen.

Symbol für offensichtliche Falschmeldungen, Lügen, Mythen, Gerüchte sowie diskreditierenden Aussagen sind demnach **Fake News**, die jedoch von vielen für wahr gehalten und daher weitergeleitet werden.[809] Derartige Falschnachrichten als ‚umfunktionierte Wahrheiten' existieren sicherlich seit dem Beginn der menschlichen Kommunikation. Waren es anfangs überwiegend verbale Diskriminierungen wie bei Homer, so wurde durch Gutenberg die massenhafte Schriftform und somit das, wenn auch zeitlich verzögerte Erreichen vieler Empfänger möglich. Durch den Epochenbruch der Digital- Ökonomie ist sowohl die

---

[807] Auch als ‚war on reality' bezeichnet – vgl. Zielcke, A. (2016), S. 9; allerdings beklage schon Emile Zola diesen Zustand der ‚nervösen Überreizung' – vgl. Zola, E. (2016).
[808] Vgl. Arendt, H. (1972).
[809] In den Geisteswissenschaften wird dieses Phänomen auch als ‚Hoax' bezeichnet. Vgl. Herrmann, S. (2016), S. 20; der Mensch definiert allerdings häufig den Unterschied zwischen Fakten und Lügen unabhängig vom Inhalt.

elektronisch-digitale Verbreitung ‚just in time‘ an alle als auch das zeitgleiche
Senden durch alle möglich. Aus quantitativer Sicht bestand respektive besteht
der Unterschied zwischen der analogen sowie der digitalen Diskriminierung daher ‚nur‘ in der Übertragungsgeschwindigkeit sowie der Zahl der adressierbaren
Empfänger und Empfänger.

‚Fake News‘ werden häufig und massenhaft zusammen mit plakativen
‚Wahrheiten‘ veröffentlicht und von den meisten akzeptiert, da sie keine anderen, korrigierenden Informationsquellen kennen oder akzeptieren. [810] Des Weiteren werden sie von Einzelnen oder Interessengruppen sowohl zur Manipulation des beziehungsweise der anderen als auch zur Begründung und Rechtferti-
gung der eigenen Meinungen, Auffassungen und Ansichten eingesetzt. Sie repräsentieren somit dasjenige, was die Beteiligten ohnehin unabhängig vom
Wahrheitsgehalt aufgrund der Identität mit dem eigenen Weltbild glauben. Hier
wirkt sich der eingangs angesprochene ‚Bestätigungsfehler‘ aus.[811]

Fake News sind demnach instrumentalisierte Narrative auf der Basis von Falschinformationen, die interessengeleitet und manipulativ, jedoch bewusst als
faktisch ‚richtig‘ dargestellt werden.[812] Sie repräsentieren somit ein Instrument
zur Erzeugung von Nichtwissen.[813] Sie sind jedoch häufig keine ‚groben Falsch-
behauptungen‘, sondern eine kontinuierliche Abfolge kleinerer, aufeinanderfol-
gender Lügen, die die menschliche Realitätswahrnehmung in die Richtung des
falschen Narrativs verschieben. Hierbei ist häufig ein dreistufiger Prozess zu erkennen. Dieser beginnt mit der Erzeugung von Unsicherheit gegenüber den realen, objektiven Fakten. Im nächsten Schritt wird dann die vorhandene Komplexität auf einfache Zusammenhänge reduziert, die schließlich mittels fragwürdiger ‚Expertenaussagen‘ erklärt werden. Ein probates Mittel hierbei ist es daher,

---

[810] Sie sind ein Symbol sowie Indikator beim Auftreten neuer Kommunikationsmedien;
schon ein Jahrhundert nach der Verbreitung des Gutenberg'schen Buchdruckes gab es in
den Flugblättern mehr Desinformationen als wahrheitsbasierende Informationen – für
viele Leser bestand aufgrund der fehlenden Bildung sowie mangels Wissen kaum die Möglichkeit, diese ‚Fakten‘ zu überprüfen, zu falsifizieren. Jede Medienrevolution generiert somit eine kommunikativ-informative Anarchie.
[811] Vgl. Die Ausführungen in Abschnitt 3.8 .
[812] So beschrieb Leo Taxil in der 2-bändigen Skandalstudie ‚Der Teufel im 19. Jahrhundert‘
die ‚teufelsgläubigen‘ Freimaurer, die von Papst Leo XIII. als Grundlage für einen Erlaß genommen wurde- am 19.04.1897 gab Taxil zu, dass er sich alle Beschreibungen nur ausge-
dacht hätte.
[813] Vgl. Proctor, R. N., Schiebinger, L. (Hrsg.,2008).

bezahlte ‚Gutachten' von ‚Experten' gegen die realen, wissenschaftlichen Fakten erstellen zu lassen - die allerdings meistens dem wissenschaftlichen Konsens widersprechen.[814] Häufig weisen sie erhebliche methodische Fehler beispielsweise durch die Verwechselung von Korrelation sowie Kausalität auf. Dieser Missbrauch von ‚Fakten' als ‚Sanddünen des Scheinwissens' für die jeweilige ‚Begründung' sowie ihre ‚Unwissenschaftlichkeit' und Irrelevanz können jedoch kaum faktenmäßig widerlegt werden. Hierdurch wird die Konfusion erhöht und Verwirrung gestiftet, so dass letztlich eine Gefährdung der gesellschaftlichen Strukturen intendiert wird.[815] Im Rahmen dieser postfaktischen Diskussion werden somit diffuse Gerüchte zu ‚gefühlten' Wahrheiten, die Falschaussage (genauer: die Lüge) zum Stilmittel und die Desinformation[816] zum legitimen Strukturelement der Diskussion.[817]

Fake News beeinflussen dauerhaft die Speicherungsvorgänge des Gedächtnisses. Worte respektive Nachrichten werden hierdurch zu kommunikativen beziehungsweise diskursiven Waffen. Die Wiederholung von Falschinformationen erzeugt demnach im Gedächtnis das Gefühl von Vertrautheit und Bekanntheit und generiert damit die Illusion von Wahrheit, ohne dass ihr Inhalt reflektiert wird, da deren ungeprüfte Replikation für das Gehirn aus Ressourcengründen einfacher ist.[818] Somit ist eine simple Wiederholung für das Gehirn sinnvoller als komplexes Nachdenken. Fake News respektive ‚alternative Fakten' generieren demnach durch unzählige Wiederholungen ihre eigenen Narrative und werden somit zu ‚Wahrheiten'. Empirische Untersuchungen haben gezeigt, dass

---

[814] Vgl. die Tabakindustrie, die Diskussion um das Unkrautvernichtungsmittel ‚Glyphosat' oder den Klimawandel etc.

[815] Vgl. auch die Ausführungen in Abschnitt 4.1.

[816] Die rechtliche Problematik bei der digitalen Desinformation ergibt sich aus der zeitlichen Problematik, da die Nachrichten in Sekundenschnelle um die Welt gehen und sehr viele Nutzer erreichen, während das Löschen (wenn überhaupt) bei den Plattformbetreibern Monate dauert; allerdings kann man die Plattformbetreiber per Bußgeldkatalog für die Verletzung von Verkehrspflichten haften lassen.

[817] Der griech. Philosoph Epiktet (50- 138) sagte, dass nicht die Tatsachen über das Zusammenleben bestimmen, sondern die Meinungen über die Tatsachen – vgl. Jänig (2004), S. 244. R. Stichweh hat dies als den ‚Aufstand des Nichtwissens gegen die Privilegien des Wissens' bezeichnet.

[818] Der Mensch will a.G. des Planungsanspruches seines Gehirnes letztlich keine komplexen, sondern einfache, strukturierte Antworten erhalten; A. Polgar konstatierte daher, dass die Menschen eher einer Lüge, die sie schon hundertmal gehört haben, glauben, als einer Wahrheit, die ihnen völlig neu ist. Vgl. Polgar, A. (2003).

der Mensch bei einer Falschnachricht als erste Reaktion eine spezifische Feindseligkeit zeigt.[819] Die nächste Reaktion ist dann Neugier, bevor er sich mit dieser Fake News im Sinne einer ‚Illusory Truth' quasi anfreundet. Wiederholungen generieren somit den Anschein von Wahrhaftigkeit, vor allem dann, wenn die Falschnachrichten zumindest in Ansätzen plausibel sind. Dieses Verhalten ist unabhängig von den kognitiven Fähigkeiten, da im Rahmen einer ‚Meta- Kognition' die kognitive Verarbeitung einer Information durch das implizite System dann einen geringeren Aufwand erfordert, wenn diese aufgrund der Gedächtnisprozesse respektive -inhalte schon ‚bekannt' ist.[820] Die kritische Auseinandersetzung mit einer ‚Fake-Nachricht' impliziert per se, diese zu wiederholen und damit nochmals zu verbreiten und zu verfestigen. Hierdurch wird ein ‚Frame' im Sinne eines (Be-)Deutungs- oder Bezugsrahmens generiert, der gemäß seines semantischen Deutungsgehaltes diese falschen Fakten interpretiert, bewertet und letztlich bestätigt. Da ‚Frames' gewissermaßen ideologische Konstrukte sind, die Bewertungen per se beinhalten, ist es in Diskussionen daher entscheidend, die positiv besetzten ‚Frames' des Gesprächspartners durch eigene Worte oder Narrative anzusprechen. Faktenbasierte Argumentationen haben es daher sehr schwer, akzeptiert zu werden, wenn Auffassungen, Ansichten, das eigene Weltbild sowie Überzeugungen den Fakten scheinbar widersprechen. Eine Korrektur von Falschinformationen erzeugt daher eine ‚Lücke' im kognitiven Speicherungssystem, die geschlossen werden muss. Diese Lücke sollte daher durch die Erzählung einer anderen narrativen Vision und nicht durch Ablehnung oder Widerlegung der Falschinformation geschlossen werden.[821]

Sollten Fake News dennoch durch die Realität widerlegt beziehungsweise mit Fakten nicht in Übereinstimmung gebracht werden können, so erfolgt keine ‚Löschung' im Gedächtnis, da das gespeicherte Narrativ der Fake News zur Erklärung der eigenen Ansichten und Auffassungen im Rahmen der kognitiven Dissonanz benötigt wird.[822] Da Elemente von Fake News grundsätzlich mittel- bis langfristig im Gedächtnis verbleiben, impliziert dies quasi eine ‚Hirnin-

---

[819] Vgl. De Keersmaecker, J. et al (2019).

[820] Vgl. die Ausführungen in Abschnitt 2.2.

[821] Auch als ‚Belief Perserverance' bezeichnet; ca. 70-80 % sind allerdings nicht in der Lage, falsche von echten Nachrichten zu unterscheiden- vor allem dann, wenn die Information losgelöst von der Quelle erscheint.

[822] Vgl. Ecker, U.K.H. et al (2017).

fektion'.[823] Fake News müssen daher durch ein anderes Narrativ, eine andere
Geschichte ersetzt werden, um einen ‚Löschungsvorgang' im Gehirn auszulö-
sen, da im Widerspruch zu unseren Auffassungen stehende Daten allein keine
Glaubwürdigkeit und Repräsentativität besitzen.

Der Mensch kapituliert letztlich auf Grund der ständigen Konfrontation mit
Fake News vor diesen und akzeptiert diese, um seine ‚kognitive Ruhe' zu haben.
Er verliert somit die Befähigung zur **Ambiguitätstoleranz,** das heißt, zueinander
diametral entgegengesetzte Gedanken und Auffassungen, Mehrdeutigkeiten,
Vagheiten sowie Unentscheidbarkeiten im kognitiven Bewusstsein zu ertragen
und dennoch handlungs- und funktionsfähig zu sein. Diese Resignation impliziert zwangsläufig, dass ‚alternative Fakten' auf Grund ihrer Zielsetzung der gezielten Irreführung durch die Kombination von Vermutungen, gefühlten Wahrheiten sowie aus dem Kontext herausgerissenen Fakten nach einer gewissen
Zeit durch den intensiven Wiederholungseffekt den Status von Fakten erhalten,
so dass der Mensch den kognitiven Kampf hiergegen vor dem Hintergrund seiner bisherigen Auffassungen, Wahrnehmungen und seines Wissens verliert.[824]
An und für sich sind Fakten überwiegend das Resultat eines aufwändigen Konsensprozesses, da Informationen dann zu Fakten respektive Wissen werden,
wenn sie von anderen Unbeteiligten als nachvollziehbar und richtig angesehen
werden. Hinzu kommt noch, dass der Mensch seine eigene Realitätswahrnehmung immer als objektiv versteht[825], während die der anderen als verzerrt oder
falsch empfunden wird.[826]

Das implizite System dominiert somit bei Fake News gegenüber dem expliziten und versucht daher, auch bei Zufallskorrelationen noch Kausalitäten zu erkennen. Verstärkt wird dies zusätzlich durch das Prinzip der ‚sozialen Bewährtheit' sowie gemäß David Roberts durch die Stammesepistemologie.

---

[823] Vgl. die Ausführungen in Abschnitt 2.1.1 .

[824] Fakten werden seit der Aufklärung im 17. Jhrh. als Erfahrungen definiert, die von der
Interpretation zu trennen sind – der Trennung des objektiven Gegenstandes von der in-
haltlich- subjektiven Interpretation.

[825] Diese Verwechselung der konstruierten Realität mit der echten basiert auf Verdrängung, Selbstüberschätzung sowie der Priorisierung egoistischer Motive im Sinne einer kognitiven Verzerrung. Vgl. Dörner , D. (1989).

[826] Da anscheinend nur die subjektive Meinung und nicht die faktenbasierte Meinungsbildung relevant ist, glauben analog hierzu nur ca. 47 % der dt. Bevölkerung an klare Fakten
zur Problemlösung, weitere 43 % sind der Ansicht, dass es a.G. der Problemkomplexität
keine ausreichenden Informationen geben könne – vgl. Köcher. R. (2017), S. 27.

Eine weitere Ursache für den Verlust der Ambiguitätstoleranz ist die Angst vor einer abweichenden Meinung.[827] Diesbezüglich haben die Experimente von Gregory Burns gezeigt, dass die echten Fakten in anderen Hirnbereichen als denjenigen für Widersprüche und Lügen gespeichert werden.[828] Dort werden die realen Fakten solange ‚bearbeitet', bis die eigene Wahrnehmung im Rahmen der sogenannten ‚Überimitation' mit dieser falschen Behauptung Dritter übereinstimmt. Dieser Konformismus, auch das Unsinnige zu akzeptieren und zu glauben, ist dem Menschen evolutionsmäßig und bedingt auch genetisch vorgegeben. Verstärkt wird dieser genetische Einfluss noch durch den Sachverhalt, dass der Nutzer als Mensch kognitiv die gesellschaftliche Komplexität der digital- globalisierten Welt häufig nicht mehr versteht und sich in das Postfaktische zurückzieht. Durch die Vielzahl der widersprüchlichen Informationen in den Medien zwingen die hierdurch intendierten permanenten kognitiven Dissonanzen den Menschen quasi dazu, aus Ressourcengründen die unreflektierte Anpassung des eigenen Wissens einer zeit- und energieintensiven Auseinandersetzung mit Inhalt und Kontext durch das explizite System vorzuziehen. Verschärft wird dieser Sachverhalt noch dadurch, dass gemäß einer Studie des MIT über den Wahrheitsgehalt von Twittermeldungen im Zeitraum von 2006 bis 2017 ein unwahrer Inhalt gegenüber einer richtigen Mitteilung eine um siebzig Prozent höhere Wahrscheinlichkeit besitzt, bei einer sechsfachen Geschwindigkeit weiter verbreitet zu werden.[829] Fake News wirken demnach als ‚Neuigkeit', so dass deshalb weder das implizite noch das explizite System des Gehirnes in der Lage ist, diesen ‚Sachverhalt' mit den gespeicherten Wissensinhalten zu vergleichen und zu falsifizieren.[830] Da Fake News darüber hinaus häufig Emotionen sowie die Empathie tangieren, sprechen sie das Belohnungssystem an und wirken dadurch stärker als die kognitive Vernunft. Die Widerlegung der hierin angeführten Lügen ist fast unmöglich, da diese durch endemische, wahrheitsresistente Parolen wie beispielsweise ‚Lügenpresse' korrumpiert werden. Aufgrund der Schnelligkeit und Reichweite der digitalen Medien wird eine Falschmeldung in sehr kurzer Zeit publiziert sowie populär, während die Wahrheit zu ihrer Verifizierung und Erklärung einen wesentlich größeren Zeitraum benötigt. Dieses

---

[827] Vgl. Asch, S. (1951).

[828] Vgl. Burns, G. (2005).

[829] Vgl. Lazer, D.M.J. (2018), S. 1094 ff.

[830] Vgl. die Ausführungen in Abschnitt 2.1.1.

Paradoxon[831] aufgrund der exponentiellen Verbreitungssteigerung von Quantität und Schnelligkeit einer Falschnachricht führt zu einer erheblichen Desinformation, bei der sich zusätzlich noch Falschmeldungen sowie seriöse Nachrichten unentwirrbar vermengen. Das hierdurch implizierte Problem ist einerseits nicht das entstehende Un- respektive Nichtwissen, sondern das Auseinanderfallen von Handlungskompetenz und Wissen. Hierdurch wird gemäß Michael Seemann[832] eine negative Filtersouveränität generiert, da sich der Nutzer gegen Fake News weder technologisch noch kognitiv abschotten kann. Zum anderen wird durch Fake News das für soziale Systeme unbedingt erforderliche Potenzial an Vertrauen aufgebraucht.[833] Schließlich existiert hierdurch in dem ‚Stream of Content' keine wahrnehmbare und bewusste Grenze mehr zwischen Wahrheit und Lüge. Hauke Brunkhorst befürchtet daher, dass durch organisiertes Halbwissen respektive Unwahrheiten neben dem unbestreitbaren Wissen auch private wie auch öffentliche Diskussionen und Diskurse fragmentiert werden. Fake News als Falschmeldungen, Narrative und Mythen führen durch ihren manipulativen Charakter schon fast zwangsläufig zur Etablierung privater als auch staatlicher autoritärer Systeme und dominieren somit über die Ideale der Aufklärung.

Die epistemologische Lücke zwischen der Akzeptanz von Fakten und Aussagen sowie der kognitiven Fähigkeit, diese zu verstehen und zu akzeptieren, wird immer größer. Letztlich intendiert dieser Sachverhalt eine epistemische Krise in der globalisierten, digitalisierten Welt. Durch diese ‚Flucht' in das Postfaktische werden Fake News sozialstrukturell und gesellschaftspolitisch gefährlich, da die Gesellschaft ein selbstreferenzielles, kommunikativ geschlossenes System repräsentiert.[834]

Bei ‚Diskussionen' jenseits des Faktischen, jedoch auf der Grundlage von Deutungen, Vermutungen, Ideologien sowie nebulösen, fiktiven Wirklichkeitsbildern ist vor allem die hervorgerufene Wirkung gegenüber Dritten entscheidend, so dass häufig eine in das Imaginäre gerichtete Wut entsteht. Schon allein die Behauptung setzt den Fordernden ins Recht und macht ihn zum Besser-

---

[831]Vgl. Pörksen, B. (2018b), S. 5.

[832] Seemann prägte den Begriff der positiven Filtersouveränität, da jeder Nutzer alle Informationen jederzeit im Netz erhalten kann.

[833] Vgl. die Ausführungen in Abschnitt 2.1.2.

[834] Vgl. Luhmann, N. (1998).

wissenden. Im Fokus steht die Suche nach dem Schuldigen und nicht diejenige nach Ursachen oder Begründungen, so dass die emotionale Erregung quasi hemmungslos wird. Hierdurch wird das ,eigene Weltbild' unterstützt, dass durch subjektive Wahrnehmungen, Anschauungen sowie Wunschvorstellungen determiniert wird und häufig immun gegenüber Daten und Fakten ist, da ansonsten ein Kontrollverlust entstehen würde beziehungsweise könnte.[835] Des Weiteren unterbleibt häufig die kognitiv- intellektuelle Auseinandersetzung mit Fakten, da die das eigene ,Weltbild' unterstützenden ,Fakten' in den sozialen Netzwerken ständig präsent sind. Der Mensch ,konstruiert' somit seine opportune Realität durch eine opportunistische Daten- und Informationsbeschaffung sowie -selektion. Die konstruierte Realität wird auf Grund von Verdrängung, Selbstüberschätzung sowie der Priorisierung egoistischer Motive im Sinne einer kognitiven Verzerrung mit der eigentlichen Realität verwechselt. Realität ist somit immer eine subjektive Wahrnehmung und daher interpretationsbedürftig und -fähig. Hierdurch entsteht ein sogenannter ,blinder Fleck der Wahrnehmung', da Informationen und Daten, die nicht in das eigene Weltbild passen, nicht wahrgenommen werden. Des Weiteren gibt es grundsätzlich nicht nur eine ,Wahrheit', da diese immer subjektiv und vom Weltbild des jeweiligen Individuums abhängig ist - eine Annäherung an die Wirklichkeit kann daher nur durch den Austausch vieler Ansichten und Meinungen erfolgen. Problematisch ist es diesbezüglich jedoch, dass es keine subjektiven Wahrheiten geben kann, da Wahrheit prinzipiell immer auf Fakten und Tatsachen beruht.

Fakten sind überwiegend das Resultat eines aufwändigen Konsensprozesses, da Informationen dann zu Fakten respektive Wissen werden, wenn sie von anderen Unbeteiligten als nachvollziehbar und richtig angesehen werden. Aus kognitiver Sicht sind diese Falschmeldungen streng genommen daher keine Lügen, sondern das Resultat einer subjektiven, bewussten ,Falsch-Wahrnehmung', die absichtlich die objektiven Wahrnehmungen Dritter konterkarieren soll, um ohne Berücksichtigung von Meinungsfreiheit und Toleranz die Kommunikationsherrschaft zu erlangen. Diese auch als ,alternative Wahrheiten' codierten Nachrichten und Informationen implizieren, dass Kontext und Inhalt einer Nachricht sehr schnell an Bedeutung und Zusammenhang verlieren, so dass beim Nutzer dann eine kognitive Dissonanz entsteht, wenn neue Informationen im Rahmen eines rekursiven Verfahrens nicht mit dem gespeicherten eigenen

---

[835] Vgl. die Ausführungen in Abschnitt 2.1.

Wissen übereinstimmt. Die kognitive Konsequenz dieses Dilemma ist häufig die Anpassung des bisherigen Wissens an die Scheinrealität der neuen ‚Informationen'.

Häufig generieren die sozialen Netzwerke ihren spezifischen ‚(Un-)Wahrheitsraum'. Da die Plattformbetreiber nicht den Wahrheitsgehalt einer Meldung überprüfen (wollen), kann jede Halb- oder Unwahrheit in das Netz gestellt werden. Die Plattformen bilden dadurch einen mehrdimensionalen Raum, in dem Information als auch Desinformation nicht mehr verortet als auch überprüft werden können. Durch die Technologien und Mechanismen der sozialen Netzwerke wird die Relevanz dieser Falschmeldungen zusätzlich vervielfacht, da die Algorithmen zum einen die Anzahl der Meldungen bewerten und priorisieren. Zum anderen werden durch ‚social bots' respektive Chatbots[836] eine weitere Vervielfachung dieser Falschmeldungen hervorgerufen[837], so dass letztlich eine digitale Meinungsmanipulation durch die Schaffung anderer Dimensionen der Wichtigkeit, Relevanz, Qualität und Quantität generiert wird.[838] Socialbots oder Chatbots[839] sind letztlich einfach programmierte Algorithmen respektive automatisierte Skripts und somit artifizielle Digitalwerkzeuge zur Automatisierung spezifischer repetitiver Aufgaben, beispielsweise Datensuche, Informationsaggregation, Versand von Spam-Mails und dergleichen. Hierbei differenziert man zwischen ‚gutartigen' sowie ‚bösartigen' Bots, sogenannten ‚Advanced Persistent Bots'. Erstere beinhalten beispielsweise die Imitation eines menschlichen Antwortverhaltens sowie das formalisierten Antwortverhalten als Pro-

---

[836] Im WWW werden mittlerweile ca. 52% der Aktivitäten von Bots realisiert.

[837] D. Trump hat die Emotionalität der Netzwerke intensiv genutzt, indem er hierüber direkt mit seinen Wählern kommunizierte und somit sowohl die klassischen Medien als auch Hierarchiesysteme der Politik umging.

[838] Vgl. die Studie ‚Computational Propaganda Research' des Oxford Internet Instituts; im US-Wahlkampf 2016 waren ca. 30% aller Twittermeldungen Bots-Meldungen. Gemäß des ‚Weißbuches 2016' des Bundesministerium für Verteidigung kommunizieren in den sozialen Medien mittlerweile mehr Chatbots als menschliche Nutzer.

[839] Das erste ‚Chatbot – Programm' war 1966 ‚Eliza' von Joseph Weizenbaum, gefolgt von ‚Alice', ‚Albert One' sowie 2000 ‚Smarter Child' von AOL; als eingeschränktes Prüfkriterium wird häufig der ‚Turing- Test' eingesetzt, der allerdings die Existenz eines spezifischen Bewusstseins unterstellt; selbstlernende Algorithmen eignen sich Wissen an, ohne dieses zu verstehen – wahrscheinlichkeitstheoretische Muster des menschlichen Handelns und Verhaltens werden somit extrahiert, die authentisch wirken und somit den Test passieren; a.G. der definierten Benchmarks wird weniger die Intelligenz als vielmehr die Einfachheit der menschlichen Selbsttäuschung durch unverbindliche, wissensleere Aussagen getestet.

blemlösung - beispielsweise im Kundendienst. Die ‚bösartigen Bots' versuchen, ‚menschlich' zu erscheinen, sind jedoch häufig nur ‚Meinungsautomaten', die als menschliche Nutzer ‚getarnt' sind. Ihr ‚Erkennungszeichen' ist häufig der gefälschte Social Media Account, der überwiegend kein Profilbild mit individuellen Angaben sowie eine unvollständige oder semantisch unsinnige Biographie[840] besitzt, erst kurzfristig im Netz agiert, exponentiell mehr Accounts folgt bei einer nur geringen Anzahl von eigenen ‚Follower' sowie innerhalb sehr kurzer Zeit sehr viele Tweets weiterleitet.[841] Ihre Funktion besteht darin, die Meinung im Netz zu manipulieren, indem Fake News beziehungsweise Falschinformationen vor allem auf Twitter[842] massenhaft zu distribuieren[843] und dergestalt Trends in den sozialen Medien zu verzerren beziehungsweise den Eindruck einer ‚Herrschaftsmeinung' zu erzeugen.[844] Hierdurch gelingt es kleinen Interessengruppen, überproportional Aufmerksamkeit zu erzielen. Durch die damit verbundenen Polarisationseffekte werden unterschiedliche Informationsniveaus geschaffen, die letztlich eine ‚Zwei- Klassen- Gesellschaft' intendieren können. Gegen diese Massierung von identischen Falschmeldungen sind faktenorientierte Gegendarstellungen wirkungslos, da diese zusätzlich von den Netzwerkalgorithmen auf Grund der zahlenmäßig geringen Bedeutung unterdrückt werden.[845] Diesbezüglich beeinflussen gemäß jüngerer empirischer Erhebungen die soziale Herkunft als auch die soziale Abhängigkeit sowohl das Wahrnehmungs-

---

[840] Auf Grund der Erstellung durch ein Übersetzungsprogramm.

[841] Mehr als einen pro Minute.

[842] Bei Facebook sind ‚social bots' kaum anzutreffen, da Facebook ein anderes Geschäftsmodell besitzt – die Refinanzierung erfolgt durch Werbung für menschliche Nutzer, so dass Bot- Aktivitäten unterdrückt werden.

[843] Im US-Wahlkampf 2016 waren ca. 25% der Nachrichten von Bots verschickt worden; im deutschen Wahlkampf 2017 waren dies zwischen 17 bis 30%, da Twitter hier derzeit mit einem Nutzeranteil von ca. 3% gegenüber Facebook mit 95% keine große Bedeutung besitzt, so dass Hacker und Trolle eine wesentlich größere Bedeutung besaßen. Vgl. Kießling, B., Schacht, J. (2017).

[844] Weitere Funktionsschwerpunkte sind ua Ausspionieren von Unternehmensdaten, DDoS- Attacken, Attacker der Nutzerkonten bei Glücksspielanbiertern, Preismanipulationen im Onlinehandel usw.; eine Abschaltung derartiger Bots ist häufig nur durch das Ausschalten der jeweiligen IP- Adresse möglich.

[845] Gem. einer Analyse von Buzzfeed haben im US- Wahlkampf die 20 größten und nachweislichen Lügen eine wesentlich größere Verbreitung erfahren als die 20 wichtigsten Nachrichten; desweiteren waren insgesamt 50% der Meldungen falsch- sie wurden jedoch a.G. ihrer massenhaften Verbreitung als ‚wahr' angesehen.

vermögen als auch die Informationsverarbeitung und Kommunikation.[846] Derjenige Nutzer, der seine Informationen und Nachrichten nur aus den sozialen Netzwerken bezieht, wird permanent manipuliert und aus intellektueller Sicht im Sinne einer ,digitalen Demenz' immer ,dümmer', so dass aus dieser intellektuellen Abwärtsspirale ein Entkommen bei einer Beibehaltung diese Form der Informationsbeschaffung somit nicht möglich ist.

In der sozio- politischen Medienrealität dominieren gemäß der Untersuchungen von K. Bader[847] vor allem drei ,Fake News- Narrative'. Neben dem ,Bedrohungsnarrativ' mit dem Fokus auf ,kriminelle Migranten' besteht das ,Vertuschungsnarrativ', bei dem die sogenannten Machteliten (,die da oben') sowie die ,Lügenpresse' angeblich und bewusst Informationen unterschlägt beziehungsweise deren Weitergabe verbietet. Verstärkt wird dies schließlich durch das ,Diskriminierungsnarrativ' der sogenannten ,anständigen Bürger' aufgrund ,falscher' statistischer Angaben und Informationen. Diese Fake News beziehungsweise Narrative werden allerdings nicht durch singuläre ,User-to-User Klicks' verbreitet, sondern hauptsächlich durch aktiv betriebene und organisierte Medienakteure oder Accountgruppen unter Zuhilfenahme von Bots.

Neben der Verbreitung von Fake News tragen auch die sogenannten ,**Verschwörungstheorien**' mit ihren klandestinen Strukturen zu einer Desinformation bei.[848] Vor allem in sozialen Netzwerken mit ihren Echoräumen und Filterblasen werden diese Verschwörungstheorien sowie populistische Auffassungen und Ansichten generiert.[849] Sozial isolierte Menschen nehmen Signale ihrer Umwelt häufig negativ war und begegnen ihrer Umwelt im Rahmen einer Negativspirale mit steigendem Misstrauen. Ursache hierfür ist, dass bei Einsamkeit dieselben Hirnareale aktiviert werden wie bei einem körperlichen Schmerz.[850] Dieser Kontext ist auch eine der Grundlagen für die Wirksamkeit der Verschwörungstheorien als eine Reaktion auf die eigene Marginalisierung sowie dem damit verbundenen Verlust des eigenen Rollenmusters aus ökonomischer sowie kultureller Hinsicht. Empirische Untersuchungen des Soziologen van Prooijen bestätigen, dass vor allem Angehörige marginalisierter Gruppen beziehungs-

---

[846] Vgl. Dietze, P., Knowles,E.D. (2016).

[847] Vgl. Bader, K. (2019), S. 5.

[848] Ursachen und Gründe für das Entstehen von Verschwörungstheorien wurden aus soziologischer Sicht erstmals von Karl Popper analysiert. Vgl. Popper, K. (1945).

[849] Vgl. die Ausführungen in Abschnitt 4.3.

[850] Vgl. Cacioppo, J. (2008) sowie die Ausführungen in Abschnitt 3.6.

weise gesellschaftlicher Minderheiten besonders intensiv an Verschwörungstheorien glauben, auch wenn deren Inhalt für ihre Gruppe irrelevant ist.[851] Ursache hierfür ist einerseits das aufgrund der realen oder gefühlten Gruppenzugehörigkeit empfundene Gefühl des Kontrollverlustes durch eine scheinbar ungerechte Behandlung. Das eigene Problem der mangelnden Anerkennung ist somit das Resultat eines scheinbaren Komplotts der Finanz- und Machteliten, die daher auch nur von den Verschwörungstheoretikern erkannt und analysiert werden kann.[852] Inhärenter Bestandteil der Verschwörungstheorien sind daher häufig ‚geheime Mächte'. Eine subjektiv empfundene Marginalisierung sowie das Gefühl einer ungerechten Behandlung verstärken die Akzeptanz von Verschwörungstheorien zusätzlich, da diese Menschen unter dem Gefühl des Kontrollverlustes leiden – sie leben in ihrer eigenen virtuellen Realität.[853] Im Fokus stehen somit nicht die Fakten selbst sowie deren objektive Überprüfung, sondern die ‚Thruthiness', das heißt das Gefühl, im Sinne eines gesteigerten Narzissmus' Recht zu haben.[854] Daher dominieren nicht Fakten, sondern die emotionale Ebene, da Fakten überprüfbar sind, während Emotionen subjektiv- individuell sind und sich somit der Kognition entziehen. Das Gefühl der persönlichen Marginalisierung sowie des Kontrollverlustes verstärken des Weiteren den Eindruck, dass es nur eine simplifizierte Erklärung für die Komplexität geben kann. Verschwörungstheorien machen die komplexe Welt einfacher und eindeutiger aufgrund ihrer absoluten Gewissheit, die durch ständige Wiederholungen noch verstärkt und überhöht wird. Aggregiert mit der Gruppenbestätigung entstehen gigantische Kabalen der ‚Gewissheit', ein elementarer Bestandteil von etwas ‚Großem' zu sein. Hierdurch wird eine Immunität gegenüber Argumenten sowie der Realität impliziert.

‚Sie repräsentieren quasi eine aktive Schizophrenie, die die Realität unbeirrbar bis zur eigenen dystopischen Utopie fiktionalisiert. Diese irrationale, implizite Genugtuung führt zur Immunisierung gegenüber Erfahrungen, die die Vorurteile in Frage stellen könnten. Die Bedeutung der selbsterlebten Gegenwart wird überschätzt, während situative Momente der Vergangenheit sowie zu-

---

[851] Vgl. van Prooijen, J.-W. (2018).

[852] Daher ist der ‚Bilderberg' eine Chiffre für die Weltverschwörung der Machtelite.

[853] Je größer die Angst vor dem Kontrollverlust ist, desto größer ist auch generell die Angst- so haben bspw. 70% der menschen in Sachsen- Anhalt Angst vor der Kriminalität, obwohl diese dort am niedrigsten ist.

[854] Vgl. Rodgers, D. T. (2012).

künftige Entwicklungen negiert werden. Zum anderen besitzen Verschwörungstheorien häufig einfach strukturierte und daher für viele attraktive Ordnungsmuster, die gegen intellektuelle, faktische Widerlegungen immun sind. Sie basieren deshalb häufig auf einer einzigen unumstößlichen, nicht hinterfragbaren ‚Wahrheit' und repräsentieren somit einen Kampf der Narrative. Häufig werden auch wissenschaftliche Narrative und Erklärungsmuster ohne Faktencheck simuliert und transformiert. Unterstellt wird hierbei, dass die zitierte Expertise richtig aufgrund der Autorität des jeweiligen Wissenschaftlers ist, da der Laie den Sachverhalt selber kaum nachvollziehen kann.[855] Hierdurch wird die alternative Realitätserfahrung als Überforderung sowie der Kontrollverlust vermieden. Nicht das Wissen, sondern der Glaube soll befriedigt werden, da Fakten häufig dem eigenen Weltbild oder den eigenen Wertvorstellungen widersprechen. Daher sind sie in der Lage, einen ‚Leitfaden' für die komplexe, häufig unverständliche und nicht überschaubare individuelle als auch gesellschaftliche Lebensrealität zu liefern, gewissermaßen den ‚Faden der Ariadne' für das Labyrinth des menschlichen Lebens. Diesen ‚Leitfaden' lieferten früher religiöse oder politische Weltanschauungen beziehungsweise Ideologien. Deren Erklärungsunfähigkeit für die heutige komplexere, dynamischere und häufig auch unverständlichere Lebensumwelt hat sich für viele Nutzer auf Grund ihrer eindimensionalen Informationsquellen gezeigt beziehungsweise ‚erwiesen'. Die Katalysatoren für ihre Verbreitung sind somit sowohl die Angst vor dem Kontrollverlust als auch die Suche nach einfachen Erklärungen. Zu berücksichtigen ist auch, dass den Verschwörungstheorien nicht aufgrund ihrer Inhalte geglaubt wird. Sie dominieren vielmehr dann, wenn ein Informationsvakuum existiert sowie der Absender Vertrauen genießt. Hierdurch besitzt Letzterer eine spezifische Macht, die er auch ausübt. Je empörender der Inhalt ist, desto größer ist im Rahmen des Populismusprinzips häufig auch die Resonanz und somit deren Verbreitung auch durch unbeteiligte Dritte, so dass Resonanzbreite und Tiefe durch einen größeren Adressatenkreis erhöht werden.

Derartige Theorien gab es an und für sich schon immer. Ihre Reichweite und Wirkung werden allerdings durch die sozialen Netzwerke exponentiell vergrößert. Die sich dahinter verbergende Machttheorie ist somit gemäß Popper eine

---

[855] Beispielhaft sei hierfür die Klimadiskussion sowie die Coronakrise angeführt; normalerweise bedingt Autorität Vertrauen, Plausibilität der Argumente.
als auch das Einholen weiterer Meinungen.

Antwort auf den Sinnverlust sowie die materielle ‚Entzauberung' des eigenen Welt- und Selbstbildes, so dass religiöse Denkmuster im Rahmen analoger Strukturen nunmehr digital säkularisiert werden. Eine weitere Ursache für ihren Wirkungsgrad sind das scheinbar fehlende Grundvertrauen in die klassischen Medien als auch in demokratische Strukturen und Grundlagen und somit ein Vertrauensverlust demokratischer Systeme. Dies hat zur Folge, dass der Kommunitarismus als Inbegriff der bürgerschaftlichen Solidarität sowie dem Glauben an gemeinsame Diskussionsgrundlagen und somit auch die soziale Homogenität abhandenkommt.[856]

Verschwörungstheorien werden wie auch eindeutige Unwahrheiten trotz ihrer Irrationalität sowie populistische Vorschläge zur Lösung komplexer Problemstellungen akzeptiert.[857] Dieses ‚Wissen' befriedigt das menschliche Bedürfnis, chaotische respektive komplexe Situationen der Kognition nur abstrahiert, modellhaft zugänglich zu machen. Einerseits sind Verschwörungstheorien eindimensional und einfach strukturiert, so dass sie Ambivalenzen und Vielschichtigkeiten beseitigen. Adorno wies nach, dass Verschwörungstheorien als Denkmuster der Ausdruck der verborgenen Züge der individuellen Charakterstruktur ist, so dass diese Ansichten die individuellen Bedürfnisse befriedigen, da „lange bestehende Sehnsüchte und Erwartungen, Ängste und Unruhen die Menschen für bestimmte Überzeugungen empfänglich und anderen gegenüber resistent machen"[858].

Die hierdurch implizierte Fragmentierung der Gesellschaft hat mittlerweile eine demokratiegefährdende Dimension aufgrund der polarisierenden Sozialstrukturen erreicht.[859] Aus kognitiver Sicht müssen ‚Verschwörungstheoretiker' an ihre Meinungen und Auffassungen glauben und alle objektiven Informationen gegenüber dem Wahrheitsgehalt ihrer Ansichten konsequent negieren beziehungsweise ablehnen. Durch diese Konstruktion eines quasi geschlossenen Systems, in dem jeder Zweifel ausgeblendet wird, erreichen sie es, keinen Kontrollverlust zu erleiden, an sich selbst zu zweifeln oder orientierungslos zu

---

[856] Vgl. Heller, H. (1992), S. 425 ff.

[857] Der Mensch sucht einfache Lösungen für komplexe Sachverhalte resp. Probleme und ‚glaubt' daher auch eher anderen Menschen, die einfache Lösungen anbieten (zB. Politiker, sog. Experten etc.) ; allerdings gilt: Auf schwierige Fragen sowie komplexe Probleme gibt es einfache, jedoch falsche Antworten (Rudi Dornbusch). Vgl. Dornbusch, R. (1990).

[858] Vgl. Adorno, Th. (1968).

[859] Vgl. Butter, M. (2018).

werden.[860] Der hieran ‚glaubende' Mensch wähnt sich auf Grund dieser Selbstüberschätzung in Verbindung mit großem Unwissen im Besitz der absoluten Wahrheit, da man als Einziger weiß, was ‚richtig' ist, im Gegensatz zum ‚Nachplappern'.[861] Diese **‚Wissensillusion'** als kognitive Verzerrung beruht des Weiteren auf dem Sachverhalt, dass geringere kognitive Anstrengungen bei der Analyse komplexer Sachverhalte das Bewusstsein erzeugen, ‚es verstanden zu haben'.[862] Seit jeher sucht der Mensch bei komplexen Problemstellungen nach Orientierung bei einfachen Erklärungen, wie schon im Mittelalter bei der Pest. Dies impliziert zwangsläufig die Vermischung von wenigen validen Fakten und Zahlen mit Spekulation und letztlich Desinformation. Grundlage für diese letztliche Entfremdung von der realen, komplexen Welt ist die tiefsitzende Sehnsucht nach überschaubaren Ordnungsstrukturen, auch wenn diese subjektiv und nur eingebildet sind.[863] Grundlage hierfür ist der prinzipielle Glaube des Menschen daran, dass es keine Zufälle gibt, sondern er sein eigenes Schicksal gestalten kann.[864] Das Resultat ist die vorstehend beschriebene narzisstische Selbstüberhöhung mit der Folge einer Paranoia.

---

[860] So fördern das Internet resp. die sozialen Netzwerke durch das Entstehen von Parallelwelten sowie der Abgrenzung der jeweiligen Nutzer in eindimensionalen ‚Communities' die Verstärkung von Verschwörungstheorien, da sich ihre Mitglieder auf einen marginalen Identitätskern fokussieren- bei geringer logischer Konsistenz, auf Abgrenzung basierend sowie durch negative Rhetorik – vgl. Linden, M. (2015), S. 5.

[861] Vgl. Kruger, J., Dunning, D. (1999), S. 1121 ff

[862] Vgl. die Ausführungen zur ‚Wissensillusion' in Abschnitt 2.1.1 sowie zur Verfügbarkeitsheuristik in Abschnitt 3.2 .

[863] Whitson, J., Galinsky, A. (2008), S. 1155 ff

[864] Vgl. die Ausführungen in Abschnitt 2.1 .

4.3.3 Echoräume als ‚kognitive Ghettos'

Durch die angesprochene Filterung sowie Manipulation der Wahrnehmungen fördern die sozialen Netzwerke auch die Bildung sogenannter ‚**Echoräume**' als kognitive Ghettos, in denen die Nutzer ihre Auffassungen von den anderen gleichgesinnten Nutzern wie ein Echo gespiegelt bekommen. Wer in einer derartigen **Gruppenfokushermeneutik** nur sein eigenes, narzisstisches Echo hört, wähnt sich in einer sicheren Menge, die scheinbar den gesellschaftlichen Mainstream repräsentiert, obwohl nur die Meinung einer Minderheit wiedergegeben wird.[865] Sie repräsentieren somit gemäß Henrik Ekengreen Oscarsson ‚Meinungskorridore', in denen gleiche Kommunikationsinhalte immer wieder mit identischen moralischen Kriterien diskutiert werden, während andere Inhalte tabuisiert werden.[866] Diese Tabuisierung der eigenen Ansichten, Meinungen und Gefühle zu Lasten des Diskurs impliziert die Privilegierung einiger weniger.[867] Die damit verbundene Bevormundung der anderen führt sowohl zur Profanierung der eigenen Ansichten als auch durch die Vertauschung von Täter- und Opferrolle zu einem blasphemischen Diskurs.[868] Die damit verbundene ‚Selbstnormierung' impliziert eine ‚Umwertung der Werte' gemäß Fr. Nietzsche.[869] Opfer tragen per se weder Schuld noch Verantwortung oder sind rechenschaftspflichtig, da der gesellschaftliche Kontext durch die Umstände sowie ‚Anders-(Übel-)Gesinnten' determiniert wird. Kennzeichen hierfür sind einerseits die selektive Wiedergabe von Informationen als auch die Behauptung von Hypothesen, für die keine belastbaren oder belegbaren Informationen existieren. Dies mündet meistens in einem Konvolut unbelegter Vorwürfe sowie scheinbar legitimer Abwägungen. Zum anderen sind sie durch eine permanente, kritiklose sowie egalisierende Kommunikation gekennzeichnet, die sowohl einen permanenten, jedoch faktenfreien Skeptizismus als auch einen letztlich unbegründeten Obskurantismus generiert. Kennzeichen hierfür sind unter anderem mystifizierende sowie diskriminierende Aussagen als auch gesellschaftliche Strukturen diffamierende Behauptungen. Im Fokus steht nicht eine narrative

---

[865] Vgl. die Ausführungen in Abschnitt 3.9.
[866] Oscarsson benutzte diesen Begriff erstmals 2013 in seinem Blog.
[867] Vgl. Marcuse, L. (1930), S. 914 ff.
[868] Vgl. Schwerhoff, G. (2021).
[869] Nietzsche, Fr. (1962).

Kohärenz, sondern das Herauspicken subjektiver Evidenzen, kombiniert mit einseitigen und eindimensionalen Fakten. Dies führt letztlich dazu, dass die kartesianischen sowie kantischen Grundlagen der Rationalität durch Verschwörungsmythen ersetzt werden. Hierdurch wird die notwendige offenen Diskussion in eine grundlose Rechthaberei transformiert. Das inhärent vereinfachende Opferprimat impliziert somit die Desintegration, so dass toxische Gruppen Macht erhalten. Der Einzelne mutiert somit vom Subjekt zum Objekt, dem klassifizierten Element eines Kollektivs mit einer fremdbestimmten Rolle. Dies determiniert ein unumstößliches Gruppendenken auf der Grundlage eines spezifischen Weltbildes sowie normierter Werte. Der Schutz dieses Weltbildes folgt durch die Diskreditierung sowohl störender Informationen als auch deren Überbringer. Die Gruppe mutiert hierdurch zu einer in sich geschlossenen, abgeschotteten Gemeinschaft, einem ‚Clan' mit einem ‚Clanführer'. In diesen von der Umwelt isolierten Clans dominiert das Gruppendenken über das unabhängige Einzeldenken sowie das Prinzip faschistoider, unbedingter Gefolgschaft, die keine Diskussion zulässt.

Wer sich dennoch auf diese in Echoräumen stigmatisierten Meinungen und Tabus in der öffentlichen Debatte bezieht, muss sich nicht nur rechtfertigen, sondern wird auch regelmäßig sozial bestraft. Im Gegensatz zur wissenschaftlichen Diskussion bei der das Falsifikationsprinzip gilt und der Zweifel prämiert wird, basiert im Echoraum das Verifikationsprinzip: Eine falsche Annahme wird rhetorisch so lange ‚begründet' und wiederholt, bis sie als ‚richtig' gilt. Der Irrtum führt somit nicht zum Erkenntnisfortschritt, sondern zum Machtgewinn. Das an und für sich normale Handeln unter Unsicherheit wird durch eine Kriegsrhetorik mit dem Anspruch unbedingter Wissenssicherheit und Rechthaberei ersetzt. Der daraus resultierende Unwille zur Kritik führt dazu, dass moralische Abwägungen unterbleiben, so dass Wissen und Moral wie in einem ‚schwarzen Loch' zusammenfallen.

Gemäß Eli Pariser[870] sind Echoräume abgeschottete ‚**Filterblasen'**, da die Nutzer die digitale Struktur des Echoraumes mit einer Filterblase verwechseln. Diese Abschottung als Eskapismus repräsentiert die Sehnsucht, die Kontrolle wieder zu erlangen. Verstärkt wird dies noch durch die Algorithmen der Plattformbetreiber, die die Suchergebnisse filtern. Durch das gezielte Unterdrücken objektiver und neutraler Inhalte sowie der ständigen Wiederholung identischer

---

[870] Vgl. Pariser, E. (2012), (2017), S. 2.

Meinungen werden letztere überproportional gewichtet und somit radikale Weltbilder verstärkt sowie der Populismus gefördert. Einseitige, eindimensionale Informationen diffundieren hierdurch sehr schnell, so dass anderslautende Argumente und Meinungen ausgegrenzt werden. Aus dem Wettbewerb der Argumente wird ein Wettbewerb der Vorurteile, bei dem die Wissens- und Glaubwürdigkeitsasymmetrien negativ korreliert sind.[871] Je geringer das Wissen ist, desto höher ist der Glaubwürdigkeitsanspruch.[872] In den sozialen Netzwerken bilden sich daher häufig homogene ‚Meinungsblasen', in denen überwiegend Aussagen vorherrschen, die mit der subjektiven Auffassung der involvierten Nutzer übereinstimmen, mit ihr identisch und kongruent sind. Auf Grund der häufigen Wiederholung und somit ‚Bestätigung' erhöht sich deren Glaubwürdigkeit, so dass eine Diktatur der Evidenz, des Augenscheinlichen entsteht, obwohl das wahrgenommene, ‚verzerrte' Bild von der Welt nicht identisch mit der Realität ist. Dieser auch als ‚Opak-Effekt' bezeichnete Vorgang basiert darauf, dass die Vereinfachung des eigenen, subjektiven Kontextes als Narrativ so oft wiederholt wird, bis diese als ‚Wahrheit' akzeptiert wird.[873] Dadurch werden gesellschaftliche Narrative dekonstruiert, in ihre Einzelteile zerlegt und im subjektiven Sinn der Mitglieder eines Echoraumes neu strukturiert und somit häufig in ihr Gegenteil verkehrt. Auf Grund ihrer Meinungskongruenz, -identität sowie -einseitigkeit sind Echoräume gewissermaßen ‚Brutstätten' für Fehlinformationen, Falschaussagen und Unwahrheiten sowie Verschwörungstheorien.[874] Da die homogenen Gruppen in sozialen Netzwerken gegeneinander isoliert sind, findet zwischen ihnen ein Informations- und Meinungsaustausch sowie eine wertfreie Diskussion nicht statt.[875] Verstärkt wird dies noch dadurch, dass die semantische Ebene der Sprache eine scharfe, unverrückbare Grenze zwischen ‚uns' und ‚den anderen' zieht, so dass die Hysterie fast epidemiologisch exponentiell ansteigt. Die damit verbundene kognitiv-geistige Isolation führt zu einer viral- kognitiven Pandemie, da anstelle des ‚physical distancing' analog zu einer Epidemie oder Pandemie ein ‚social distancing' existiert. Da der Mensch aufgrund seiner Evolution ein ‚homo socialis' ist, hält diese kognitiv-geistige sowie

---

[871] Vgl. Schmidbauer, W. (2017).

[872] Analog zu Fake- News.

[873] Vgl. die Ausführungen in Abschnitt 3.5.

[874] Vgl. Starbird, K. (2016).

[875] Vgl. die empirischen Untersuchungen von Michaela Vicario sowie Walter Quattro am Labor für Computer-Sozialwissenschaften in Lucca.

moralische Isolation auch eine stabile menschliche Psyche auf Dauer nicht aus. Diese geistige Isolierung als ,Konnotation der Kleinigkeiten' führt zu Ambivalenzen und Differenzierungen, die auch bei eindeutigen Situationen und Problemstellungen zu Zweifel und Vieldeutigkeit führt. Die Mitglieder eines Echoraumes können dann der Widersprüchlichkeit des Menschen als auch der Gesellschaft aus Angst vor dem Kontrollverlust nicht mehr gerecht werden. Das System des Echoraumes wird daher mit einer Scheinlegitimität ausgestattet, die durch das Festklammern an Begriffen sowie der Vermischung von Daten und Emotionen gekennzeichnet ist, ohne deren semantische oder moralische Begrenztheit zu erkennen. Hierdurch wird negiert, dass es keine ,Objektivität' per se geben kann, da dieser vielmehr überwiegend vom gesellschaftspolitischen und -strukturellen Kontext abhängig ist – der letztlich eine Konsensfrage ist.

Verstärkt wird dieses ,social distancing' des Weiteren dadurch, dass die Algorithmen der monopolistischen Plattformbetreiber die Diskussionsergebnisse ,Konsens' sowie ,Kompromiss' nicht enthalten, so dass eine strukturelle Meinungssegregation intendiert wird. Die hierdurch ausgelöste massive Absenkung moralischer Grenzen und Schwellen fokussiert auf eine ,Opposition aus Prinzip' und somit nicht auf die Verständigung auf gemeinsame Interessen. Hierdurch wird quasi ein ,Herdentrieb', bei dem vor allem affektive Urteile dominieren, impliziert. Für diese werden dann nachträglich die relevanten Informationen gesucht, so dass eine spezifische Narrationssphäre entsteht. Häufig generieren die Mitglieder eines Echoraumes ihre affektiven Urteile mit dem Fokus, wie diese bei den anderen ,ankommen'.[876] Diese Abhängigkeit impliziert zwangsläufig, alles zu glauben und nicht zu widersprechen, um in der Gruppe keine Zentrifugalkräfte auszulösen. Hierdurch werden Kommunikation und Diskussion in eine Inszenierung der eigenen Person mit einer spezifischen Performance transformiert, so dass das diskursive ,Pro und Contra' durch ein tribunalistisches ,Entweder – Oder' ersetzt wird. Dies intendiert letztlich durch den Fortfall von Evaluation sowie Selbstreflektion individuelle Profilneurosen. Die Kognition wird somit durch subjektive ,emotional-ideologische Leitplanken' determiniert, so dass Wahrheit und Objektivität gewissermaßen ,auf der Strecke bleiben'. Die inhärent dominierende Vereinfachung sowie kognitive Reduzierung der jeweiligen Probleme erstickt zwangsläufig jeden Dialog und intendiert dadurch Sprachlosigkeit sowie Wut. Die hierbei vorgetragenen ,Empörungen'

---

[876] Vgl. Prosser, S. (2019), S. 465 ff.

fokussieren auf Missachtung, Misstrauen sowie Verächtlichmachung, so dass im Gegensatz zur persönlichen, direkten Kommunikation die verbale ‚sprachliche Aufrüstung' dominiert. Es entsteht ein Übermaß an verbaler Aggressivität sowie einer ‚Verpöbelung' der Diskussion, bei denen fast zwangsläufig keine Differenzierung von Verstehen, Verständnis und Einverständnis mehr möglich ist.[877] Hierdurch wird eine Eskalationsdominanz intendiert, da die Drastik der Verbalaussagen wächst, je mehr Nutzer sich im Recht wähnen. Rechthaberei ist bekanntlich der Anfang von Nichtwissen und Dummheit, da das Zuhören und somit das Anhören anderer Auffassungen zugunsten des phrasenhaften, unkritischen Dozierens der eigenen Ansichten eingestellt wird.

Echoräume als ‚narzisstischen Gemeinschaften' als auch deren Mitglieder können durch die folgenden Charakteristika gekennzeichnet werden[878]:

- Kommunikation im abgeschotteten Kokon
- Intellektuelle Illusion der Einzigartigkeit
- Autoritätsanspruch
- Hypersensibilität gegenüber der Kritik Dritter
- Deutungshoheit.

Diese Merkmale und Kriterien sollen nachfolgend im Einzelnen erörtert werden.

---

[877] Vgl. Pörksen, B., Schulz von Thun, F. (2020).
[878] Einige strukturähnliche Charakteristika wurden von F. Römer, allerdings in einem anderen Kontext, benutzt. Vgl. Römer, F. (2017).

4.3.3.1 Die Konsequenzen der ‚Kommunikation in abgeschotteten Kokons‘

Zwangsläufig gehen aufgrund dieser **Kommunikation in abgeschotteten Kokons** die Konsens- und Kooperationsfähigkeit sowie die Solidarität verloren, so dass xenophobe Populisten dominieren. Das Geschäftsmodell der Plattformbetreiber sowie die Heterogenität und Komplexität der sozialen Netzwerke führt somit zu einer Diskursintoleranz. Die damit häufig verbundene Hysterie der Verunglimpfungen kann zur Destabilisierung demokratischer Gesellschaftsstrukturen sowie zu deren Spaltung führen. Dies intendiert gemäß Hans Mommsen eine kumulative Radikalisierung. Bei dieser diskursiven ‚Streitkultur‘ wird der Kontrahent umgehend zum Feindbild, da die unterschiedliche Wahrnehmung der Realität keinen Konsens oder Kompromiss erlaubt – die eigene Identität wird vor allem in der Abgrenzung, nicht in der Hinwendung gesehen. Der ‚Andere‘ wird daher dämonisiert, als minderwertig, unmoralisch oder gefährlich eingestuft und somit quasi ‚entmenschlicht‘. Joseph Marks sowie Tali Sharot haben in einer umfangreichen Studie nachgewiesen, dass durch dieses ‚Lagerdenken‘ im Rahmen eines psychologischen Abwehrreflexes der Andersdenkende grundsätzlich als inkompetent angesehen und ihm daher auch in anderen (beruflichen) Funktionen grundsätzlich nichts zugetraut wird.[879] Diese Dämonisierung der Gegenseite führt allerdings auch dazu, dass der Gleichgesinnte glorifiziert wird und eine schon fast absolute Indemnität sowie Immunität erhält. Der damit verbundene ‚Heiligenschein‘ impliziert, dass das Mitglied des eigenen Echoraumes grundsätzlich Recht hat und seine Expertise auch bei gegenteiligen Informationen und Erfahrungen überschätzt wird. Dieser **‚Halo- Effekt‘**[880] als Resultat einer intuitiven, unkritischen sowie vor allem gefühlsmäßigen Beurteilung geschieht im **impliziten System** und dominiert über die Kognition des expliziten Systems. Ursächlich hierfür ist unter anderem, dass der Mensch bei Vertrauens- und Kontrollverlust zu Doppelmoral und Selbstgerechtigkeit sowie dem Misstrauen gegenüber dem Anderen neigt, so dass die eigenen Vergehen milder beurteilt werden.[881] Misstrauen fokussiert auf das potenziell negative

---

[879] Vgl. Marks, J. et al. (2018).

[880] Engl. für Glorienschein als Rückschluss vom Aussehen auf die Charaktereigenschaften im Sinne von Attraktivitätsstereotypen; eine positive Eigenschaft eines Menschen führt zur unkritischen Überhöhung der anderen Eigenschaften, auch wenn diese nachweislich nicht gegeben sind; erstmals 1907 beschrieben.

[881] Vgl. Weiss, A. et al (2018).

Verhalten der anderen, unabhängig von der Realität, so dass ambivalente Aussagen anderer per se negativ interpretiert werden, während die eigenen Aussagen grundsätzlich als positiv gelten. Empirische Untersuchungen haben diesbezüglich bestätigt, dass eine Aussage ideologisch, trivial oder inhaltlich unverfänglich sein mag — wird diese jedoch von den ‚Falschen' geäußert, ruft sie fast instinktiv Ablehnung hervor.[882] Das ‚Absenderlabel' dominiert somit und nicht der Inhalt, so dass die Quelle für Ablehnung oder Zustimmung entscheidend ist. Die Absicht des Emittenten ist somit nicht entscheidend, sondern der Eindruck des Gesagten beim Empfänger. Die Wahrnehmung der Wirklichkeit ist gemäß Michel Foucault von der jeweiligen Machtposition des Absenders als auch des Empfängers abhängig, so dass es zwangsläufig keine objektive Realität geben kann.[883] Die dadurch intendierte ‚Social Justice' impliziert, dass nur die Perspektive des vermeintlichen oder sogar realen Opfers entscheidend ist. Eine der wissenschaftlich definierten Grundlagen hierfür kann in zwei an und für sich konträren soziologischen Denkansätzen gesehen werden - der ‚Kritischen Theorie' der Frankfurter Schule sowie derjenigen der ‚Intersektionalität'.[884] Derartige Polarisierungen reduzieren die Wahrscheinlichkeit eines Konsens wesentlich, da die Gruppenzugehörigkeit die Kognition determiniert. So werden beispielsweise auch wissenschaftliche Erkenntnisse wie der Klimawandel oder der Corona-Pandemie ausschließlich vor dem Hintergrund der eigenen ‚Gruppenideologie' beziehungsweise deren Überzeugungen beurteilt und nicht hinsichtlich ihrer Fakten, Richtigkeit und Aussagekraft. Die Konsequenz ist, dass in homogenen Gesellschaften oder Gruppen Diskussionen mit der Zielsetzung einer Übereinstimmung kaum noch möglich sind. Die von Habermas[885] definierten drei Grundanforderungen an eine Kommunikation (deskriptive Wahrheit, normative Richtigkeit sowie verständigungsorientiertes, authentisches Verhalten) werden zwangsläufig nicht eingehalten, so dass die kritische Transformation der eigenen Einstellungen und Überzeugungen als Basis für ein konsensorientiertes Verhalten unterbleiben. ‚Der zwanglose Zwang des besseren Argumentes' und damit ein Konsens auf der Grundlage eines früheren Dissens als Bedingung für eine

---

[882] Vgl. Hanel, P. et al (2018), S. 51 ff.
[883] Vgl. Foucault, M. (2008), S. 24.
[884] Vgl. Schwandt, : (2010) , Hess, S. et al (Hrsg., 2011) sowie Bittner, J (2021), S.11.
[885] Vgl. Habermas, J. (1981).

kommunikative Vernunft sind somit zwangsläufig nicht gegeben.[886] Durch den damit implizierten Dualismus anstelle der Dialektik mutieren Echoräume daher zu einem Selbstdarstellungsmedium sowie zur ‚**kognitiven Diaspora**'.[887] Hier erfolgt im Gegensatz zum Habermas'schen Verständnis keine reziproke, sondern eine identische Übernahme der Sicht des anderen.[888] Menschen vergleichen sich ständig mit anderen, so dass im Echoraum die Attribute der Mitglieder als Referenzgruppe das Denken, Fühlen, Handeln und somit die zugrundeliegenden Kognitionen determinieren. Somit definiert die relative Position innerhalb des Echoraumes das eigene Selbstbild. Das inhärente Streben nach Anerkennung induziert daher ein ‚soziales Wettrüsten'.

Die empirischen Untersuchungen von James Evans[889] haben gezeigt, dass nur eine inhaltlich kontroverse Diskussion zu ausgewogenen und somit realistischen Ergebnissen führen kann, da hierfür eine ausgeglichene und vielfältige Gesamtperspektive als auch die Berücksichtigung unterschiedlicher Aspekte und Auffassungen und Ansichten notwendig sind. Meinungspluralismus führt zwangsläufig zu besseren Resultaten als monothematische wie auch monokausale Diskussionen. Meinungsverschiedenheit ist somit die Vorstufe zum Kompromiss und somit zum Konsens. Letzterer ist allerdings nur dann möglich, wenn es um die Bewertung realer Fakten und Wahrheiten geht. Fake News oder ‚alternative Wahrheiten' führen jedoch jede Diskussion ad absurdum und verhindern zwangsläufig einen echten Konsens. Die Folge ist vielmehr häufig ein falscher Konsens, der auch dann Überzeugungskraft besitzt, obwohl die involvierten Mitglieder des Echoraumes kognitiv wissen, dass er aufgrund falscher Aussagen zustande gekommen ist. Dieser ‚**illusorische Konsens**' entsteht dadurch, dass alle dem vermeintlichen Meinungsführer in Analogie zu einem ‚Machtpromotor' folgen.[890] Durch diese ‚Macht der Konformität'[891] wird die Mehrheitsmeinung akzeptiert sowie toleriert, da die Entscheidungen Dritter des eigenen Echoraumes einen höheren Stellenwert als der eigene Wissensstand respektive

---

[886] Vgl. Habermas, J. (1988).
[887] Diaspora bedeutet im Griechischen ‚Zerstreuung'.
[888] Vgl. Habermas, J. (2019).
[889] Vgl. Shi, F. et al (2019), S. 329 ff .
[890] Vgl. Witte, E. (1973).
[891] Vgl. Sunstein, C. (2009 a).

die eigene Gewissheit besitzen.[892] Dies gilt allerdings auch für die häufig angeführte ‚Alternativlosigkeit'. Hierbei entsteht anstelle einer tatsächlichen Diskussion häufig Empörung und Verächtlichkeit, die unorthodoxe Lösungswege unmöglich macht.

Der diskursive Dogmatismus in Echoräumen tritt zwar als tolerant auf, lässt jedoch nur die eigene ‚Wahrheit' gelten, um die eigene totalitäre Selbstgewissheit des ‚Bescheidwissens' nicht zu gefährden. Diese reproduziert und manifestiert letztlich jedoch nur die eigenen Vorurteile und impliziert somit eine Informations- Asymmetrie sowie einen Monothematismus. Eine wertfreie, objektive Kommunikation wirkt dagegen nicht authentisch und führt somit zur emotionalen Distanz als auch zur kognitiven Dissonanz. Eine wesentliche Grundlage hierfür ist der Sachverhalt, dass der Mensch in unsicheren, instabilen Zeiten durch die Absolutheit des eigenen Standpunktes Sicherheit finden will und diesbezüglich keine Widersprüche dulden kann. Dieses ‚Hineininsinuieren' produziert quasi narzisstische ‚Massenselfies' sowie ein typisiertes ‚Aneinandervorbeireden', bei dem häufig im Nachhinein, analog zum Rationalitätsschleier[893], die Motive zur Rationalisierung der Tweets definiert werden. Die Fakten werden gewissermaßen dem eigenen Standpunkt angepasst, anstatt diesen vor dem Hintergrund geänderter Daten, Fakten und Rahmenbedingungen zu überdenken. Die Ansichten und Wahrheiten anderer zu akzeptieren, ohne die eigene Wahrheit aufzugeben oder zu relativieren, ist eine große Herausforderung, die jedoch häufig durch die ‚Likes' anderer als Zustimmungsbeweise kompensiert beziehungsweise sogar konterkariert wird. Aus psychologischer Sicht impliziert dies sowohl den diskursiven Rückzug als auch Einkapselung und Vereinzelung. Die inhärente ständige Selbstbespiegelung erzeugt einen Tunnelblick mit der Zielsetzung vieler ‚Likes' und ‚Follower'. Deren Zahl gilt gemäß einer britischen Studie als Gradmesser für die eigene Popularität, so dass diese narzisstische Selbstbespiegelung der Nutzer im Hinblick auf eine niedrigere Quote zu Einsamkeit, Depressionen und Angst führt.[894] Nicht unterschätzt werden darf hierbei auch, dass ‚Likes' häufig auch ein bestellter und bezahlter ‚Applaus' sind.[895]

---

[892] Dies gilt analog auch bei Fake News, bei denen eine falsche Quelle durch häufiges Zitieren eine unberechtigte Bedeutung erfährt.

[893] Vgl. die Ausführungen in Abschnitt 2.1.

[894] Instagram will daher die Zahl der ‚Likes' nur denjenigen anzeigen, die gepostet haben.

[895] ‚Paidlikes' setzt bspw. Clickworker ein, die für Centbeträge Likes bei Facebook, Instagram etc. setzen, um die Inhalte als relevant resp. populär erscheinen zu lassen.

Analog zu Dorian Gray bleibt die Empathie durch die damit verbundene Skalierung und Ökonomisierung des eigenen sozialen Lebens gewissermaßen ‚auf der Strecke‘.[896] Das hierdurch implizierte, jedoch irrelevante Pseudofeedback generiert allerdings einen Dopamin-Ausstoß, so dass die Aussicht auf Belohnung ein Kontrollgefühl sowie Wirkungsmacht erzeugt. Die Folgen sind Wahrnehmungs- und Kommunikationsstörungen sowie Kontrollverluste sowohl auf Grund des unsicheren Wissens als auch durch die zeitweise Loslösung von Logik und Kausalität.

Empirische Untersuchungen von Misha Teplitskiy und James Evans ergaben, dass die Qualität einer Diskussion ausgewogener und besser wird, wenn die Ansichten polarisiert und somit die Perspektiven vielfältiger sind.[897] Polarisierte Gruppen generieren aufgrund der notwendigen Konsensprozesse sowie Kompromisse inhaltlich abgewogenere sowie umfangreichere Meinungsbilder. Durch die Auseinandersetzung mit den Argumenten ‚der anderen‘ verlässt man allerdings die eigene ‚argumentative Heimat‘, die kognitive Sicherheit gibt. Zwangsläufig müssten die eigenen Ansichten und Überzeugungen in Frage gestellt werden. Dies impliziert allerdings Unsicherheit und die Angst vor einem Kontrollverlust. Echoräume basieren auf einer homogenen Gruppenkonformität trotz der scheinbaren Meinungsvielfalt respektive Diversität. Bei den Mitgliedern führt häufig das bei den anderen Mitgliedern unterstellte Motiv zur eigenen Konformität beziehungsweise Mitläufertum.[898] Ursache für dieses Verhalten ist unter anderem das menschliche Streben nach Anerkennung sowie Reputation als auch der eigene Sozialisationsprozess. Häufig entsteht hierbei ein individueller ‚confirmation bias‘, da individualpsychologisch zwischen einem ‚guten Konformismus‘ aufgrund einer identischen Motivlage als auch einem ‚schlechten Konformismus‘ differenziert wird. Letzterer repräsentiert das ‚Mitläufertum‘ aufgrund egoistischer Interessen. Die Konsequenz ist fast zwangsläufig eine positive oder negative Gruppenloyalität mit den jeweiligen Auswirkungen sowohl für das einzelne Gruppenmitglied als auch für die Zentrifugalkräfte der Gruppe und somit auch des Echoraumes. Eine homogene Gruppeneinigkeit über Ansichten und Meinungen begünstigt daher deren Radikalisierung, da dann diejenigen dominieren, die vehement und am radikalsten sind und somit

---

[896] Vgl. Wilde, O. (2014).
[897] Vgl. Shi, F. et al (2019).
[898] Vgl. Sunstein, C. (2019).

die Deutungshoheit und als auch Macht besitzen. Empirische Untersuchungen bewiesen, dass durch diesen Ausschluss einer Debatten- und Diskussionskultur allerdings auch die soziale Ungleichheit reproduziert wird.[899] Die hierdurch implizierte Verschiebung des ‚Konsenspoles' führt dazu, dass Gewaltphantasien toleriert respektive akzeptiert werden. Hierdurch erscheinen dann letztendlich auch Gewaltanwendungen als legitim und gerecht. Durch deren toxischen Gehalt wird das zivilisatorische Niveau der Gesellschaft perforiert, da häufig viele Nutzer im Rahmen ihrer Kommentare zusätzlich das offensichtliche Nichtwissen Dritter aufgrund eines ‚sozialpädagogischen Verständnisses' noch tolerieren.[900] Charakteristisch hierfür ist des Weiteren, dass die Erregbarkeitsschwelle negativ mit der Toleranzschwelle korreliert, da negative Emotionen schneller generiert und langsamer reduziert werden als positive Gefühle, beispielsweise Vertrauen. Hierdurch wird die Polarisierung der Gesellschaft sowie die Verbreitung von Wut und Hass intensiv gefördert sowie Parallelwelten erzeugt, die nicht auf den Wahrheitsgehalt fokussieren. Die ständige Desinformation destabilisiert den gesellschaftspolitisch notwendigen Konsens sowie die zugrundeliegenden Wertvorstellungen, Normen und Institutionen und dadurch auch die gesellschaftlichen Grundlagen und Strukturen. Die individualistische Gesellschaft zerfällt dadurch in das Partikulare, so dass ein Interessenausgleich immer schwieriger wird. Eine gesellschaftliche Integration dieser unterschiedlichen Milieus gelingt nur rudimentär, da die Bindungsbereitschaft - außer zum eigenen Milieu - fast gegen Null geht. Es überwiegt somit die ‚gruppenspezifische Heimat' gegenüber der Bindung an das ‚Ganze', das ‚ich' triumphiert gegenüber dem ‚wir', so dass Gruppenidentitäten vor allem durch ‚Gegenidentitäten' zu anderen Gruppen und Milieus definiert werden. Notwendige Diskurse werden durch eine fluide und unverbindliche Kommunikation ersetzt.

Schließlich dominiert bei jedem neuen Narrativ die Aufmerksamkeit gegenüber dem Wahrheitsgehalt, da ‚Wahrheiten' aufgrund ihres epistemologischen Charakters an und für sich nicht verhandelbar und kompromissfähig sind. Allerdings sind gesellschaftspolitische ‚Wahrheiten' nie absolut richtig, sondern häufig das Ergebnis eines sozialen Konsensprozesses. Die Folge ist, dass eindimensionale Schimpftiraden den diskursiven Austausch verhindern, Konformismus

---

[899] Vgl. Bourdieu, P. (2017): Er fokussierte dies allerdings auf verbal-sprachliche Auseinandersetzungen.
[900] Vgl. Welzer, H. (2018), S. 6.

ersetzt den Kontrast, Rechthaberei tritt an die Stelle von Nachdenklichkeit. Die Mitglieder eines Echoraumes vertreten allerdings die Auffassung, im alleinigen Besitz der Wahrheit zu sein. Diese ‚Exklusivität' definiert zwangsläufig ein Gefühl der Einzigartigkeit. Darüber hinaus erfolgt überwiegend eine selektive Suche nach Argumenten für die eigene Position, so dass Widersprüche dann zwangsläufig zu einem ‚sklavischen' Festhalten an der eigenen Position führen, um dem Gefühl des Kontrollverlustes, der Hilflosigkeit sowie der Passivität entgegen zu wirken. Diesbezüglich dominieren daher die nachfolgenden Struktur- respektive Argumentationsmerkmale:

- Mystische Beweggründe wie beispielsweise ‚Weltherrschaft' bilden die ‚argumentative Basis'.
- Die Begründungen erfolgen generell immer retrospektiv.
- Um die reale Problemkapazität nicht diskutieren zu müssen, wird alles vereinfacht.
- Fakten werden häufig zu Scheinkorrelationen miteinander verknüpft.

4.3.3.2 Die intellektuelle Illusion der Einzigartigkeit

Die Gruppenhomogenität und -konformität steigert somit schon fast exponentiell die eigene egoistische Individualität und reduziert hierdurch altruistische Motive sowie das Sozialverhalten und somit auch das Mitgefühl als auch das soziale
Wohlbefinden. Zwangsläufig entfällt auch das Verständnis für und mit dem Anderen sowie die Befähigung, aus diesem Verständnis heraus eigene Ansichten sowie Auffassungen abzuleiten. Daher werden soziale Aufmerksamkeit, soziale Interaktionen sowie Kommunikation und Kooperation reduziert. Des Weiteren lassen sich in Echoräumen aufgrund der Kongruenz von Einstellungen und Erwartungen auch offensichtliche Unwahrheiten, pauschale Manipulationsvorwürfe
ohne faktischen Hintergrund sowie rationaler Unsinn als ‚Wahrheit verkaufen‘,
da promiskuitiv eine **intellektuelle Illusion der Einzigartigkeit**‘ durch die Bestätigung der eigenen ‚intellektuellen Erwartungen‘, Meinungen und Ansichten erzeugt wird, ungeachtet der rhetorischen Diktion sowie der Verwendung von
Worthülsen zur Tarnung abstruser beziehungsweise banaler Gedanken und Aussagen. Die ‚Botschaften‘ sind inhaltlich eindimensional sowie zugespitzt und sprechen daher viele Empfänger emotional auf Grund ihrer scheinbaren Authentizität
sowie Eindeutigkeit intensiver als Wahrheiten an. Die Mitglieder eines Echoraumes müssen daher unterstellen, dass es nur eine Wahrheit gibt und nur sie diese
kennen.[901] Im Rahmen einer autochthonen Selbstreferenzialität wird somit die
eigene Realität auf der Grundlage einer virtuell- kognitiven Selbstreferenz konstruiert. In deren Fokus steht letztlich eine Moral, die als universeller Anspruch
deklariert wird. Dadurch werden allerdings die eigentlich dahinterstehenden
ethischen, sozialen sowie gesellschaftspolitischen Machtansprüche kaschiert.
Diese Simplifizierung beinhaltet auch das Leugnen an und für sich normaler Zielkonflikte. Dies intendiert eine paradoxe Doppelmoral mit der Forderung nach sys-
temischer Anerkennung und Verantwortungslosigkeit einerseits und einer exponentiellen Empörungskurve im Hinblick auf die faktenorientierten Widerlegungen durch ‚Außenstehende‘ andererseits. Daher dominieren faktenresistente Ide-
ologen sowie Ideologien häufig die sozialen Netzwerke.[902]

---

[901] Obwohl Hegel begründet hat, dass die Wahrheit (das Wahre) immer nur das Ganze ist.
[902] Gem. Collin Crouch befinden wir uns daher derzeit in einer Postdemokratie, in der die
Institutionen zwar noch existieren, jedoch nicht mehr demokratisch existieren, sondern
durch Machterhalt sowie Ideologien getrieben werden. Vgl. Crouch, C. (2008).

Durch derartige Scheinkausalitäten kann allerdings ein ‚Nocebo–Effekt‘ generiert werden, da dasjenige, was insistiert und akzeptiert wird, auch geschieht.[903] Die strukturbedingte ‚**selbstberauschende Autosuggestion**‘ generiert wiederum erhebliches Unwissen und somit den Hang zur Selbstüberschätzung. Kompetenz- und Wissenserweiterung als permanenter Prozess würden dagegen diese Selbstüberschätzung verhindern, da sie die Selbsterkenntnis erweitern würde. Der bereits angesprochene ‚Dunning-Kruger-Effekt‘ entsteht häufig dann, wenn Nichtwissen zur Überschätzung des eigenen Könnens führt: Wenn jemand inkompetent ist...[904] Die Konsequenz ist somit eine ‚Gehirnwäsche‘ des humanen impliziten Systems, bei der fremdbestimmte Meinungen, Ansichten und Auffassungen zur generalisierten Norm werden. Grundlage hierfür ist ein **moralisches Affektmanagement**, dass die eigenen Ansichten und Auffassungen nur bestätigt − ‚was man immer schon behauptet hat‘. Während man sich selbst per se nicht unmoralisch verhalten kann, da man schließlich zu den ‚Guten‘ gehört, wird das subjektive ‚Fehlverhalten‘ der anderen mit allen Mitteln bekämpft wird. Empirische sowie experimentelle Untersuchungen bestätigten, dass das moralische Fehlverhalten eigener Gruppenmitglieder dazu führt, dass man eigene moralische Grundsätze quasi ‚über Bord wirft‘.[905] Anscheinend werden hierbei die Normen der eigenen Gruppe evolutions- und sozialisationsbedingt auf ‚relativ automatische Art und Weise‘ aufgrund des großen Konformitätszwanges akzeptiert. Vor dem Hintergrund des damit verbundenen moralischen Wettrüstens gegenüber anderen Gruppen wird eine Moral etabliert, die letztlich jedoch nur Gesinnung ist, bei der sich das Urteil selbst genügt. Bei den zugrundeliegenden moralischen Wertvorstellungen werden Evidenz und Realität ignoriert, um vermeintlich erwünschte Wertvorstellungen zu präsentieren. Der propagierte ethische Wert besitzt per se schon eine ausreichende Evidenz. Des Weiteren wird die Realität durch Annahmen, Unterstellungen, Hoffnungen, Wünsche, Gruppenloyalität et cetera verzerrt, da letztlich die eigenen Überzeugungen bestätigt werden. Des Weiteren entsteht analog zu Gehlen eine Kaste digitaler Moralpriester mit kommunikativer Macht bei

---

[903] Ist jemand von der Schädlichkeit einer Verhaltensweise subjektiv überzeugt, dann treten negative Nebenwirkungen auf – hierbei bestimmt die Erwartung deren Ausmaß (analog zum Placebo-Effekt).

[904] Vgl. Kruger, J., Dunning, D. (1999), S. 1121 f .

[905] Vgl. Vives, M.- L. et al (2021) ; Goldring, M. R., Heiphetz, L. (2020), Lu, J. et al (2020), S. 748 ff.

gleichzeitiger Ablehnung der Verantwortungsübernahme.[906] Letztlich ist dies ein selbstreferenzielles System mit einer tautologischen Selbstbestätigung, bei dem der Fokus auf der Emotion und nicht auf der Kognition liegt. Dieser Fokus auf der Selbstbestätigung verhindert jede Diskussion und somit Veränderungen, da nur der intellektuelle Konflikt zu einem ambitionierten Wandel führen kann.

Das häufig implizite ‚Gefühl der Einzigartigkeit' auf der Grundlage der subjektiv definierten eigenen Identität beziehungsweise Selbstidentifizierung verhindert die an und für sich notwendige kritische inhaltliche Auseinandersetzung, da die strukturellen, kontextuellen sowie kognitiven Voraussetzungen fehlen, um kritisch zu hinterfragen und zu agieren.[907] Hierdurch entfällt das diskursive Streiten um evidente Argumente, zumal eine Diskussion scheinbar den Charakter der Regellosigkeit besitzt. Steigert sich dieses Gefühl gar zum Egoismus oder Egozentrismus, so führt dies letztendlich zur gefühlten Einsamkeit. Hierbei beeinflussen sich beide Faktoren gegenseitig, da Einsamkeit sowie Egoismus direkt korrelieren.[908] Echoräume mutieren hierdurch zu egoistischen Kathedralen voller Selbstmitleid, Selbstbeweihräucherung sowie Selbstvergebung. **Persönlichkeitskult** und **Selbstvermarktung** als Komponenten der ‚Einzigartigkeit' triumphieren sowohl über das Faktische als auch über eine adäquate Streitkultur und somit über Nachdenken, Abwägen sowie die Generierung neuer Erkenntnisse.[909] Hierdurch wird ein auf Misstrauen basierender fragwürdiger Begriff der Realität impliziert. Häufig verbindet sich bei diesem Engagement per Mausklick[910] der Individualkult auf Grund des ‚Gefühls der Einzigartigkeit' mit einem Aufmerksamkeitsneid gegenüber den Mitmenschen, der zum aggressiven Vorgehen gegen andere Meinungen sowie zum Hass mutieren kann. Gemäß Hans Dieter Mummendey besteht das Ziel dieser selbstinszenierten ‚Einzigartigkeit' darin, ein ‚erwünschtes Selbst' zu generieren, um hierdurch den sozialen Einfluss zu vergrößern sowie die Beeinflussung Dritter steuern und kontrollieren zu können.[911]

---

[906] Vgl. Gehlen. (1969).

[907] Vgl. die diesbezüglichen Ausführungen in Abschnitt 2.1.1.

[908] Vgl. Hatfield, E. et al (1994).

[909] In die Medien gestellte Selfies vom eigenen Körper rufen häufig durch den Vergleich mit der intendierten ‚Schönheitsskala' von Models etc. im Nachhinein Stress sowie Depressionen oder den Zwang hervor, durch Bildbearbeitungsverfahren sein eigenes reales Bild zu ‚verschönern.

[910] Auch als ‚slacktivismen' bezeichne.

[911] Vgl. Mummendey, H. D. (1995).

Ein dementsprechendes Kennzeichen bei sogenannten Diskussionen in den sozialen Netzwerken ist häufig der Sachverhalt, dass keiner mehr Fragen hat, sondern nur noch unreflektierte, tabubrechende Meinungen ‚absondert', bei der Intimes der sogenannten Transparenz geopfert wird. Konventions- und Tabubrüche sind daher die fast zwangsläufigen Konsequenzen. Gewalt dominiert, Simplizität tritt an die Stelle von Komplexität sowie Getöse an die Stelle von Effizienz. Die in Echoräumen inhärente asymmetrische Dämonisierung ‚der anderen' mündet in eine anarchische Psycho-Gewalt auf der Basis einer ideologisch- moralisierten ‚Überlegenheit'. Ihre Mitglieder delektieren sich somit an der letztlich auch physischen Vernichtung der ‚Anderen'. Realisiert wird hierdurch eine Schubumkehr von der Diskussion, verstanden als kognitive Auseinandersetzung, zu einer zerstörenden, vernichtenden Polemik. Hierbei sind Worte kein Mittel der Diskussion mit dem Ziel des Austausches von Argumenten mehr, sondern werden als ‚Waffe' instrumentalisiert. Bei diesen Derivaten der Angst kann der Fokus zwangsläufig nicht auf Integration, sondern auf Sequenzierung, Ausgrenzung, Stigmatisierung sowie Diffamierung liegen. Wolfgang Huber definiert dieses Verhalten als eine neue Subkultur der Selbstgerechtigkeit: „Man schließt sich im Kokon der eigenen Überzeugungen ein, bleibt unter Gleichgesinnten und pflegt seine Vorurteile. Man vermutet die richtige Erkenntnis nur noch bei sich selbst und den Irrtum immer beim anderen"[912]. Zynisch betrachtet führt dieses ‚Leben in der eigenen virtuellen Realität' zu einer Monopolisierung der Dummheit. Wie Paul Feyerabend schon neunzehnhundertneunundsiebzig nachwies, wird Erkenntnis nur durch die Vielfalt von Anschauungen und Auffassungen, nicht jedoch durch verschiedene Ausprägungen einer singulären Auffassung respektive Ideologie generiert.[913]

Im Rahmen seiner einflussreichen Diskurstheorie unterstellt J. Habermas trotz seines indifferenten Verhältnisses zu den Medien, dass ein in der kommunikativen Alltagspraxis angelegtes Vernunftpotenzial freigelegt wird, da die Medien der entscheidende Ort des politischen Argumentierens sein müssten.[914] Dieses Potenzial ist seiner Ansicht nach gesellschaftspolitisch zwingend erforderlich, um ‚eine Kolonisierung der Lebenswelt durch ökonomische und büro-

---

[912] Huber, W. (2017), S. 46.
[913] Vgl. Feyerabend, P. (1979).
[914] Vgl. Habermas, J. (1981).

kratische Mächte' zu verhindern.[915] Da sich durch die Digital-Ökonomie die Medienwelt strukturell sehr verändert hat, ist aus heutiger Sicht zu konstatieren, dass sich dieser Anspruch von Habermas sicherlich nicht ohne gesetzliche und regulatorische Vorgaben im Hinblick auf die Plattformen als ‚Heimat der Echoräume' erreichen lässt.[916]

---

[915] Vgl. Habermas, J. (1992).
[916] Vgl. die Ausführungen in Abschnitt 5.2.

4.3.3.3 Der Autoritätsanspruch

Informationen, Meinungen sowie zu Fakten verklärte Ansichten werden somit in Echoräumen selektiv instrumentalisiert. Hierdurch entsteht eine Dialektik von Halb- und Unwahrheiten, seduziertem Wirklichkeitsschnipseln sowie spezifischen, gefilterten Informationen und Meinungen als performativer Widerspruch, die durch ihre eindeutige und bewusste Einseitigkeit zur Vergiftung einer möglichen Diskussion beziehungsweise zur subjektphilosophischen Pathologie führen.[917] Dies impliziert auch die Übernahme der Rolle des ‚eigentlichen Experten‘ mit dem Fokus auf alternative Wissens- und Realitätskonstrukte auf der Basis von Intuition und Bauchgefühl sowie einer selbstermächtigenden Freude am ‚Gegenwissen‘. Der eigene ‚gesunde Menschenverstand‘ sowie die Intuition werden somit über die wissenschaftliche Epistemologie gestellt.[918]

Kognitiver Widerspruch impliziert fast zwangsläufig das Kontrafaktische. Durch das Objekt einer Unwahrheit wird das Thema quasi gesetzt und vorgegeben, so dass alle Debatten innerhalb dieses ‚Framings‘ stattfinden. Eine bloße Negation der Unwahrheit oder Widerlegung durch Fakten genügt jedoch nicht, da jede Wiederholung einer Botschaft bekanntlich letztere verstärkt. In Wahrheit geht es nicht um eine thematische Diskussion, sondern um die Deutungshoheit im Rahmen des **Autoritätsanspruches**. Hierbei triumphiert der Anspruch auf Deutungshoheit über den empathischen Aspekt der Solidarität. Die Kritik wird als Diskussionsform instrumentalisiert, so dass die Kritik zum Selbstzweck mutiert, Kritik um der Kritik wegen. Anstelle der Kant'schen Kritik der reinen Vernunft wird ohne jedes Wissen und jede Vernunft aus Prinzip kritisiert, um einen Aufmerksamkeitsvorsprung in den sozialen Medien zu generieren. Hierbei suggerieren die lautesten und radikalsten Meinungen eine scheinbare Mehrheitsmeinung, auch wenn die Lautesten nicht deshalb allein repräsentativ sind. Unverhältnismäßigkeit sowie Monstrosität ersetzen somit die Urteilskraft. Im Fokus steht somit nicht die Einhaltung moralischer Regeln sowie die Bezugnahme auf Rationalität und Vernunft als universal gültige Prinzipien, sondern die Zensur auf Grund einer subjektiv empfundenen Missliebigkeit der Realität respektive einer scheinbaren Kränkung des eigenen Seelenlebens. Diese Ver-

---

[917] Vgl. Adorno, Th. (1968).
[918] Dies zeigte sich besonders bei den ‚Anti-Corona-Demonstrationen‘ mit der Neigung zur Esoterik.

stärkung des Autoritätsanspruches wird noch durch die Plattformbetreiber intensiviert, da letztere die Informationen auf den jeweiligen Nutzer personalisiert anpassen, so dass dessen spezifischen Vorurteile sowie subjektive Voreingenommenheit noch verstärkt werden.[919]

Diese Banalisierung von Rationalität und Kognition löst häufig Mikro-Aggres-
sionen als Folge einer Sublimierung zur Befriedigung der eigenen Rachegelüste
aus.[920] Durch diesen ‚Kult der Kränkung' manifestiert und dokumentiert sich
eine individualisierte Zukunftsangst, die dadurch zusätzlich entsolidarisierend
wirkt. In Kombination von Krisen- und Endzeitstimmung einerseits sowie der
gefühlten Ausgrenzung andererseits entsteht ein Erwartungsmanagement, um
die eigenen Gefühle und Vorurteile zu generalisieren als auch zu institutionalisieren und somit die fehlende gesellschaftliche Anerkennung zu erhalten. Diese
vermeintliche Ausgrenzung schmerzt und löst als sozialen Indikator spontan
Angst, Aggressionen sowie Wut aus.[921] In ihren Wutekstasen gelingt es den Mitgliedern eines Echoraumes, die individuell-subjektiven Sensibilitäten und Frust-
rationen zu verallgemeinern und als Angelegenheit der Gesamtgesellschaft zu
definieren. Durch dieses Framing oder Agenda-Setting mutieren sie zu Hypo-
chondern mit dem Hang zur übertriebenen Selbstbeobachtung, die in ihrem
Echoraum das Privileg besitzen, sich die besten Vorurteile für die eigene Argumentation aussuchen zu können.[922] Die damit intendierte Sakralisierung von
Wut und Hass sowie sozialer Tabubrüche determiniert eine ausschließlich binäre ‚Freund- Feind- Wahrnehmung'. Verstärkt wird dies noch durch das Entstehen eines ‚sekundären Traumata', da Wut oder Trauer der anderen Mitglieder antizipiert und verinnerlicht werden. Durch das hierdurch generierte asymmetrische Machtgefälle zwischen dem ‚Wütenden' sowie seinem Opfer entsteht eine mobbingähnliche Situation. Aufgrund der verzerrten Selbstwahrnehmung sieht er sich selbst als Opfer und somit im moralischen Recht. Durch diese
‚Legitimierung' seiner Angriffe immunisiert er sich gegen Kritik. Dies impliziert
zwangsläufig Ausgrenzung, Schikanen und Benachteiligung sowie soziale Iso-

---

[919] Einige Werbetreibende haben Werbungen dann zurückgezogen, wenn diese neben diskriminierenden, sexistischen oder beleidigenden Posts gesetzt wurden; um die Ertragssitu-
ation beibehalten zu können, müssen daher die Plattformbetreiber aus ökonomischen
Gründen die Posts intensiver kontrollieren.

[920] Vgl. Seeßlen, G. (2016).

[921] Vgl. Bauer, J. (2011); Nolting, H.-P. (2015).

[922] Auch als Cyberchondrie oder Morbus Google bezeichnet.

lation der Anderen. Hierbei steigert eine Reaktion ,der Anderen' noch Intensität und Ausmaß von Hass und Belästigung. Daher werden die Fakten des anderen nicht akzeptiert, während umgekehrt dessen Motive als unglaubwürdig angesehen werden. Berücksichtigt werden muss hierbei, dass der verbale Angriff gegenüber Dritten anfangs eine Machtausübung sowie Deutungshoheit über das ,Opfer' als auch eine Stärkung des Selbstbewusstseins generiert. Zugrunde liegt eine Taktik der Enttabuisierung und Zerstörung, um jede ernsthafte Diskussion, Kommunikation und Auseinandersetzung zu unterlaufen beziehungsweise unmöglich zu machen. Der ständige **Tabubruch als Stilmittel** führt zwangsläufig zur Enthemmung sowie Verrohung der Sprache und lässt Gewalt ,im Kopf entstehen' und impliziert hierdurch die Eskalation gewalttätiger Konflikte. Fanatismus sowie die Gruppenideologie führen zur Deformation der evolutionsbedingt vorhandenen Empathie.[923] In Verbindung mit der Anonymität entsteht eine Orgie der Mitleidlosigkeit, die durch hysterische Beschimpfungen, Empörungen, Likes sowie viralen Erregungen determiniert wird. Die Konsequenz sind häufig rituelle Abläufe, die von emotional aufgeladenen ,Empörungen' getrieben werden – hierbei würden Fakten nur stören. Zu beachten ist des Weiteren, dass Empörungen auch eine Sogwirkung bei demjenigen bewirken, der diese ausgelöst hat. Grundsätzlich kann dies jedoch auch neben einem Reputationsverlust vor allem die eigene Integrität sowie die Befähigung zum Vertrauen gegenüber anderen beeinflussen. Die anfängliche Wirkung der Zufriedenheitshormone, wie beispielsweise Serotonin und Oxytocin, wird jedoch später durch den Anstieg von Testosteron und Adrenalin überkompensiert.[924] Die Konsequenz ist eine toxische Atmosphäre, bestehend aus Bindungsunfähigkeit, Angst, Misstrauen sowie geringem Selbstvertrauen bei einer verringerten Reflektionsunfähigkeit. Dies impliziert zwangsläufig, dass die psychische Kognition mit ihren Einstellungen, Erwartungshaltungen et cetera durch negative Denkmuster sowie dem ständigen Fokus auf die Fehler der anderen gestört wird und zu einer negativen Selbstreflektion führt.

Durch die vermeintliche Anonymität kommt schließlich der wahre Charakter des Nutzers mit seinem Aggressionspotenzial zum Vorschein - letzteres muss im Sinne der Selbstbehauptung zwangsläufig ständig erhöht werden. Diese taktische Fokussierung auf einen konstruktiven Dissens initiiert einen werteverän-

---

[923] Vgl. die Ausführungen in Abschnitt 2.1.2.
[924] Vgl. die Ausführungen in Abschnitt 2.1.2.

dernden Tsunami, der Ideale, aufrichtige und ehrliche Diskussionen sowie Konsensfähigkeit, Korrektheit und Anstand vernichtet. Weder die gemäß Ludwig Marcuse repressive noch die befreiende Toleranz, die den Streit suchen, um dauerhaft Konsens zu schaffen, sind somit Elemente des Echoraumes. Vielmehr ist die Toleranz für Ambiguität, dem Aushalten offener Probleme, extrem niedrig. Analog zu Michel Foucault implizieren Struktur, Art sowie Inhalt der Redeweisen und Diskurse in gewisser Beziehung ‚Ermächtigungsdispositive‘.[925] Hierbei beeinflusst das digitale Medium wesentlich die Bewertung des Inhaltes, da schriftliche Äußerungen semantisch anders beurteilt werden als verbale, von Angesicht zu Angesicht ausgesprochene Äußerungen.[926] Bei diesen transportiert die Stimme den sogenannten ‚paralinguistischen Inhalt‘ auf Grund von Tonlage, Sprachrhythmus und Sprechgeschwindigkeit, so dass zusätzlich subjektive Informationen über den mentalen Zustand des ‚Senders‘ übermittelt werden.

---

[925] Vgl. Foucault, M. (1966).
[926] Vgl. Schroeder, J., Epley, N. (2015), S. 877 ff.

4.3.3.4 Die Hypersensibilität gegenüber der Kritik Dritter

Aggressivität sowie Unbedingtheit der eigenen Meinung resultieren in Echoräumen auch aus der **Hypersensibilität gegenüber der Kritik Dritter.** Sie basieren auf den eigenen Vorurteilen, irrationalen Ängsten und den Widersprüchen zwischen dem eigenen 'Weltbild' sowie der Realität als auch dem gefühlten Kontrollverlust.[927] Die Wut über eine undefinierte Person oder ein unspezifisches Objekt wird durch den Hass auf spezifische, jedoch häufig unbeteiligte und unschuldige Personen kanalisiert. Einhergehend damit wächst die Hysterie exponentiell. Die hierdurch manifestierte Zerstörungssucht konterkariert zwangsläufig jedes zivile Zusammenleben.[928] Die im Rahmen einer normalen Sozialisation erlernte Erfahrung der eigenen Begrenztheit sowie das Setzen eigener Grenzen funktioniert nicht mehr, so dass Aggressivität, Selbstsucht und Destruktion 'ausgelebt' werden. Maximales Unwissen sowie manifeste Dummheit sind zusätzlich die Katalysatoren für absolute Überzeugungen respektive Ideologien beziehungsweise Ideologismen mit der Konsequenz einer Instrumentalisierung der bösartigen Provokation. Hierin manifestiert sich häufig auch eine **narzisstische Persönlichkeitsstörung** als Störung der Selbstwertregulierung sowie dem damit verbundenen Mangel an emotionaler Empathie. Faktoren aufgrund der kindheitsbezogenen Sozialisation sowie häufig einer 'Spiegelung der Eltern' sind dann zwangsläufig Selbstbezogenheit, Scham, Sensibilität gegenüber der Kritik anderer als auch die Statussuche.[929] In Echoräumen sind im Gegensatz zu 'exhibitionistischen Narzissten' vor allem 'verdeckte Narzissten' zu finden. Diese besitzen aufgrund ihrer sozialisationsbedingten spezifischen Muster und 'Frames' einen 'inneren Kompass', der überwiegend nur Extrempositionen wie 'sehr gut' oder 'sehr schlecht' im Rahmen einer 'Entweder-oder-Sichtweise' kennt. Demzufolge schließen sie sich Gruppen an, die sie idealisieren und hierdurch selber zum Element dieses Ideals werden. Definiert man Demut als Bereitschaft, die eigene Unvollkommenheit zu akzeptieren, so fehlt diese Eigenschaft sowohl sozialisationsbedingt als auch gruppenpsychologisch. Dadurch fehlt die Voraussetzung für ein ausgeglichenes Selbst, für Empathie als auch

---

[927] Vorurteile dienen dazu, eine Gruppe von Menschen abzuwerten, um die eigene Gruppe aufzuwerten; gem. der norwegischen Psychologin Berit As sind sie eine Herrschaftstechnik, um andere Menschen zu diskriminieren. Vgl. die Ausführungen in Abschnitt 2.2.
[928] Vgl. Canetti, E. (1980).
[929] Vgl. Greenberg, E. (2016).

effiziente zwischenmenschliche Beziehungen. Der hierdurch ausgelöste kognitive Ausnahmezustand in Verbindung mit einer verbalen Eskalation führt zwangsläufig dazu, dass Vernunft, Ratio und Kognition als Provokation verstanden werden. Die ,Machtinstrumente' hierbei sind ,Hate-Speech' sowie Cybermobbing sowohl zur Desinformation und Destabilisierung des anderen als auch zu dessen ,diskursiven Vernichtung'. Die Semantik der Sprache zieht und definiert eine unmissverständliche, unverrückbare Grenze zwischen den Mitgliedern des Echoraumes sowie den ,anderen'. Dieser entgrenzte Sprachgebrauch enttabuisiert das Vokabular von Hass und Hetze und vergiftet hierdurch sowohl die Diskussion als auch die Auseinandersetzung.[930] Eine der Ursachen für diese Hypersensibilität gegenüber der Kritik Dritter ist zum einen in der mangelnden Medienkompetenz der Nutzer zu sehen, da überwiegend nur die sozialen Netzwerke als Informations- und Nachrichtenquelle genutzt werden. Hierdurch wird das Korrektiv sozialer Kontakte eliminiert, so dass die Realität wie bei einem ,Tunnelblick auf ausschließlich eigene Interessen' wahrgenommen wird. Zum anderen ist häufig die soziale Zugehörigkeit wichtiger als die Richtigkeit und Genauigkeit einer Information. Die ,Theorie der sozialen Identität' bestätigt, dass Informationen von anderen als der eigenen Gruppe als weniger relevant und richtig angesehen werden als diejenigen von der eigenen Gruppe: Die Evolution des Menschen fokussiert auf Grund des Bedürfnisses nach gesellschaftlich- sozialer Anerkennung stärker auf der Stammeszugehörigkeit als identitätsstiftendes Kriterium denn auf Wahrheitsgehalt und Richtigkeit der jeweiligen Informationen. Dies zeigt sich auch darin, dass einfache Antworten der eigenen Gruppe für komplexe Probleme eine quasi Sicherheit vorgaukeln. Die Gruppenzugehörigkeit impliziert soziale Zugehörigkeit, Identität und Sicherheit, da die aufgrund des ansonsten bestehenden Kontrollverlustes entstehende Unsicherheit negiert wird. Allerdings generiert das entstehende Gemeinschaftsgefühl auch Feindbilder, die letztlich bis zur offenen Feindseligkeit führen.

Aufgrund der mangelnden Medienkompetenz werden die Nutzer auch zu Opfern der inhärenten Algorithmen der sozialen Medien, da weder der Zugang zu allen Informationen noch deren eigenständige Bewertung möglich ist – vielmehr wird scheinbar nur die ,eigene' Meinung, Auffassung und Ansicht be-

---

[930] Das Bundeskriminalamt konstatierte 2020 die ,Gefahr eines gesellschaftlichen Klimas, in dem radikale Einstellungen, Hetze oder gar die Befürwortung von Gewalt als zunehmend hinnehmbar oder gar mehrheitsfähig erscheinen'.

stätigt. Echoräume sind gewissermaßen die ‚Huntington– Krankheit‘ der Digital-
Ökonomie.[931] Diese persönlichkeitsatrophierende Dominanz führt zur eigenen
Reflexionsunfähigkeit und somit zur Dominanz impliziter Heuristiken und Rituale, so dass Lernprozesse durch das explizite System (fast) unmöglich werden.
Die zwangsläufige Konsequenz ist daher ein Autonomieverlust. Bekanntlich führen Selbstreflektion sowie Selbstkritik zu Selbsterkenntnis sowie Selbstbewusstsein und damit zur Authentizität.[932] Durch diese Kulisse der multiplen Selbstbespiegelung entsteht jedoch eine Dialogunfähigkeit, durch die die Empathie im
Sinne eines Zuhörens ohne vorgefertigte Meinung sinkt, während die sprachliche Verrohung exponentiell steigt. Diese digitale Pöbelei, die negativ mit der
intellektuellen Ausdauer korreliert ist, minimiert des Weiteren Höflichkeit sowie aufmerksames Zuhören und somit gemäß Nietzsche die Grundbedingun-
gen einer Diskussions- und Konversationskultur. Des Weiteren werden hierdurch **‚selbstreferentielle Schleifen‘** initiiert, da ausschließlich das eigene Image
im Fokus steht.[933] Das normale wie auch nonverbale Kommunikationsverhalten
wird unterbunden. Nach Ansicht von Manfred Spitzer führt dies neben dem
Verlust der Sozialkompetenzen auch zur sogenannten ‚digitalen Demenz‘.[934]
.Der Mensch besitzt anscheinend einen genetisch bedingten unmittelbaren Em-
pörungstrieb, um keine Selbstreflektion realisieren zu müssen, da durch das
Nachdenken über sich selbst ein Kontrollverlust entstehen könnte. Hierdurch
wird gewissermaßen eine ‚Informations- Hornhaut‘ generiert, die die bewusste
und zielorientierte Aufnahme weiterer objektiver Informationen verhindert.
Die intendierten Konsequenzen sind zwangsläufig Intoleranz gegenüber ande-
ren Meinungen und Auffassungen sowie Vorurteile und Polarisierungen. Letztere implizieren zwangsläufig eine häufig lautstarke Eskalation der konträren
Meinungen und Ansichten und erhöhen die Spaltungstendenzen. Die an und für
sich erforderliche Streitkultur im Sinne von Zuhören, Argumentieren, Fragen,
Nachdenken, Antworten und sich gegenüber dem Anderen öffnen wird zu
Gunsten eines anonymen ‚Posten‘ ohne eine werthaltige und ergebnisoffene
Diskussion aufgegeben. Dies erfolgt auch, da der Streit als Bedrohung aufgefasst

---

[931] Vgl. Huntington, S.P. (2002).

[932] Diese basiert nicht auf Selbstverleugnung, Konformismus, dem ständigen Befolgen von
Regeln und Konventionen.

[933] Analog entsteht bspw. bei einem Übermaß an Video- Konferenzen per Zoom, Teams,
Skype etc. eine ‚Zoom Exhaustion and Fatigue. Vgl. Bailenson, J.N. (2021).

[934] Vgl. Spitzer, M. (2017).

wird - der andere (Andersdenkende) könnte uns unsere Wissenslücken aufzeigen und von uns eine persönliche Stellungnahme und Haltung sowie Verantwortungsübernahme einfordern. Wir wollen als freundlich, offen und tolerant gelten und gehen diskussionsabstinent dem Anderen aus dem Weg und geben ihn somit auf. Hierdurch wird zwangsläufig die Fähigkeit zur diskursiven Auseinandersetzung, nämlich ein Argument zu analysieren und dann eigenständig ein Gegenargument zu entwickeln, erheblich reduziert. Dies verhindert auch den pragmatischen Ansatz, kognitiv ein reales Problem zu lösen. Eine Streitkultur als ‚Einheit im Dissens' gemäß Georg Simmel impliziert auch das Zerstrittensein, die Entfernung sowie Trennung.

4.3.3.5 Das Streben nach der Deutungshoheit

In Verbindung mit der Anonymität instrumentalisiert sich die Absicht, die **Deutungshoheit** zu erlangen beziehungsweise zu behalten Hierbei werden die individuell- persönlichen Anliegen und Interessen häufig mit ‚übergeordneten' Interessen begründet. Es entsteht somit eine sprachkulturelle Gegenhegemonie in Form des sogenannten ‚Hate Speech', bei dem Agenda sowie Begrifflichkeiten quasi vorgegeben und somit ‚gesetzt' sind. Basis hierfür ist häufig ein effektives Reputationsmanagement der Mitglieder, um sich selbst als ‚positiv' zu positionieren. Im Fokus steht somit die Herabsetzung respektive Herabwürdigung einer Person oder einer Gruppe. In den sozialen Netzwerken erfolgt die automatischen Vervielfältigungsmechanismen wie beispielsweise durch Social Bots eine exponentielle Verbreitung, die häufig zur Grundlage auch physischer Gewalt wird. Das Kalkül hierbei ist, dass der verbale Sittenverstoß respektive Tabubruch als sorgsam geplante Provokation durch die Reaktion der anderen quasi ‚geadelt', weiter verbreitet und vor allem in den Gedächtnissen implementiert wird, auch wenn die angeführten ‚Fakten' nachgewiesenermaßen Lügen respektive Fake News sind. Aufgrund der menschlichen Evolution beeinflusst der scheinbare ‚Neuigkeitswert' als Überraschungseffekt sowie der Negativitätseffekt die Amygdala durch das implizierte Angstgefühl stärker als eine Wahrheit.[935] Wie deutlich wurde, steigt durch jede Wiederholung einer nachweislichen Lüge paradoxerweise deren Glaubwürdigkeit, da jeder Hinweis auf die Unglaubwürdigkeit einer Nachricht durch die Wiederholung eliminiert wird.[936] Dies gilt analog auch für die ausführliche Kritik an einer Falschaussage oder einer tabubrechenden, diskriminierenden sowie verletzenden Verlautbarung.[937] Auf Grund der Speicherungsverfahren des menschlichen Gedächtnisses bleiben auch nachgewiesenermaßen falsche Informationen langfristig gespeichert, da sie nur durch andere Narrative ‚gelöscht' respektive überschrieben werden können.[938] Hierdurch wird die Ungerechtigkeit, die angeblich durch die sozialen Netzwerke sowie deren Nutzer bekämpft werden soll, gefördert, indem verbale und reale Extremisten die digitalen Meinungsmarktplätze

---

[935] Fake News werden gem. einer Untersuchung des MIT mit 70%iger Wahrscheinlichkeit eher als Wahrheiten geteilt; letztere benötigen für ihre Verbreitung die sechsfache Zeitspanne wie eine Lüge.
[936] Vgl. Pennycook, G. et al. (2017).
[937] Vgl. Jamieson, K.H. (1997).
[938] Vgl. die Ausführungen in Abschnitt 2.1.1.

der sozialen Medien dominieren. Die subjektiv-individuelle Verletzlichkeit wird hierdurch zur Bedrohung der Meinungsfreiheit, zur psychischen Vernichtung Andersdenkender.[939] Ist ein passiv-aggressives Verhalten sowie psychische Gewalt anfangs nur ein Mittel zur Veränderung, so geht es final nur noch um die Gewalt als solche.[940] Hierdurch entsteht quasi eine digitale Anarchie mittels einer ständigen, konstanten Desinformation, bei der die Nutzer auf Grund einer Dystopie im impliziten System nur noch fremdbestimmte Rollen ausüben. Das Rationalitäts- und Faktenprinzip eines Diskurses, einer inhaltlichen Debatte wird ausgehebelt - es erfolgt ein permanenter Rückzug in das eigene Selbstbestätigungsmilieu, quasi in eine Traumwelt der Hegelschen Selbstüberschätzung. Diese gezielte Instrumentalisierung von Provokationen, Demütigungen sowie konjunktivistischer Möglichkeitsaussagen auf der Grundlage diffuser Metaaussagen führt gemäß Bernhard Pörksen zu einem **Diskursinfarkt.**[941] Letzterer ist durch die radikal veränderte Informations- und Medienwelt sowie deren Destrukturierung[942] auf Grund des hierdurch implizierten Realitäts- und Rationalitätsverlustes ohne den Willen zur Verständigung sowie zur Kompromissbereitschaft intendiert worden. Verstärkt wird dies noch durch die Vielzahl der durch Chatbots oder ‚social bots‘ gesteuerten Kommentare, die den Eindruck hervorrufen, dass eine ‚Mehrheit‘ so denkt. Diese automatisch ablaufenden Computerprogramme werden vor allem zur intensiven Verbreitung von Fake News eingesetzt. Hierdurch werden die sozialen Medien in und zu einem ‚Informationskrieg‘ instrumentalisiert, da Diskussion sowie Kommunikation zum einen durch standardisierte und formalisierte Informationen manipuliert werden.[943] Zum anderen regulieren sie Qualität und Quantität der veröffentlichten Informationen und beeinflussen somit die Grundlagen politischer Informations- und Entscheidungsprozesse. Da sich diese Programme ähnlich wie Menschen verhalten, ist deren Enttarnung sowie Löschung durch spezifische Algorithmen sehr problematisch, da diese auch ‚echte‘ Nutzer aussperren würden.

---

[939] Dies führt manchmal zu einer Polarisierung- dem Gefallen an der Opferrolle, dem Zelebrieren des eigenen, subjektiv empfundenen Opferstatus.

[940] Ein an und für sich akzeptables Verhalten mit einer feindseligen Grundstimmung.

[941] Vgl. Pörksen, B. (2016).

[942] Hervorgerufen auch durch die Blogosphäre, den Filter Bubbles etc.

[943] Analog zu den empirischen Erkenntnissen des amerikanischen Sozialpsychologen Solomon Asch im Rahmen seiner Wahrnehmungsexperimente im Jahr 1951 über den Einfluss der Gruppenmeinung: Nutzergruppen lassen sich zu falschen Urteilen verleiten, wenn diese ‚Urteile‘ von vielen bestätigt werden. Vgl. Asch, S. (1965).

4.3.3.6 Die Fokussierung auf das Aufmerksamkeitsbedürfnis

Viele Nutzer benötigen die sozialen Netzwerke, um sich im Rahmen des **Aufmerksamkeitsbedürfnisses** selbst herauszustellen, hervorzuheben oder auch zu überheben. Dies generiert den bereits angesprochenen ‚Opak- Effekt', bei dem der Mensch immer wieder Erzählungen über sich selbst erträumt und erdichtet. Diese Narrative werden ständig wiederholt, bis sie trotz aller Unlogik und Irrationalität aufgrund der Verwechselung von Fakten mit Gefühlen für wahr gehalten werden, so dass der Nutzer in der eigenen virtuellen Realität lebt.[944]

Viele Menschen, getrieben von enttäuschten Erwartungen sowie fehlender Anerkennung, ‚leben' eigentlich nur noch in diesen Netzwerken als Fokus ihrer digitalisierten Lebensbewältigung, so dass man ihnen auch nur noch dort begegnen kann.[945] Sie sind demnach gemäß H. Welzer Vertreter einer sedierten Zivilgesellschaft, die emotionale Defizite durch digitalen Hyperkonsum sowie Selbstverdummungsprogramme ausgleichen und sich selbst in Freiheit versklaven.[946] Die hierdurch implizierte Abschaffung der Privatheit ist der Hebel für die Wirksamkeit totalitärer Systeme in Form monopolistischer Märkte und Unternehmen sowie totalitärer Gesellschaften. Dies führt zum einen zur Versteppung von Privatsphäre, Intimität und Individualität. Zum anderen wird die Synthese von Solidarität und Mitwirkung sowie Mitbestimmung als soziales, gesellschaftspolitisches ‚Schmiermittel' deformiert und verwässert, so dass sich die sozialen Netzwerke zu Parallel- Sphären der Gesellschaft entwickeln. Gefördert werden durch die intendierten Echoräume somit sowohl die Ausgrenzung auf Grund der permanenten Bestätigung durch Gleichgesinnte als auch die Entstehung von ‚Parallelwelten'. Während am Anfang häufig die Identifikation mit anderen, eigentlich nicht zu den eigenen passenden Lebensmustern im Vordergrund steht, wird man später von und durch die Mitgliedschaft abhängig, da wegen des Aufmerksamkeitsbedürfnisses die Bestätigung der ‚eigenen' Meinung durch andere im Fokus steht. Hierbei werden die Erinnerungen sowie Nar-

---

[944] Pschologisch auch als ‚infantile Irrationalität' bezeichnet.

[945] Hartmut Böhme beschrieb schon 1996 in seinem Aufsatz ‚Zur Theologie der Telepräsenz', dass die Digitalisierung neben den politisch- ökonomischen Konsequenzen auch den ‚Ausstieg aus der Welt' seitens des Nutzers zur Folge haben wird. Vgl. Böhme, H. (1996).

[946] Vgl. Welzer, H. (2016).

rative innerhalb der Gruppe quasi identifiziert, so dass die Homogenität der Gruppe erhalten bleibt. Diese Gruppenkonformität verändert zwangsläufig manipulativ die individuellen biographischen Erinnerungen.[947] Die hierdurch implizierten respektive manipulierten Werte, Anschauungen und Auffassungen reduzieren die Diskrepanz zwischen dem eigenen, idealisierten Weltbild sowie den subjektiv empfundenen Demütigungen und Zurückweisungen, so dass das gestörte Selbstbild wieder sinnstiftend positiv wird.

---

[947] Vgl. die diesbezüglichen Ausführungen in Abschnitt 2.1.

4.3.3.7 Die Genese eines kafkaesken Klimas der Angst und Diffamierung

Soziale Netzwerke sowie Echoräume sind daher simplifizierende Homogenisierungsmaschinen, die existierende Unterschiede planieren und einebnen. Sie sind des Weiteren häufig rechtsfreie Räume und quasi die ,Petrischalen der Gewalt' mit einem **kafkaesken Klima der Angst und Diffamierung**. Die psychische Zerstörung des Außenstehenden durch Willkür und Bosheit wird kollektiv verbreitet und durch das Schweigen der anderen Elemente verstärkt. Die damit häufig verbundene Polemik intendiert ein prinzipielles ,Dagegensein' ohne den Zwang zu konstruktiven Gegenvorschlägen, logischen Urteilen sowie kognitiven Differenzierungen. Die hierdurch ausgelösten Allmachtsphantasien stimulieren eine Polemik mittels polarisierender Begriffe mit überheblichen sowie zersetzenden Charakter. Dies impliziert zwangsläufig und unbewusst Assoziationsketten sowie eine Ausgrenzungssemantik, um durch diese ,sozialen Normen' das Gefühl der Unsicherheit zu reduzieren. Dieses konsistente, stabile System von Lügen, Unwahrheiten und Identitäten aufgrund eines spezifischen ,Wir- Gefühls' der Mitglieder eines Echoraumes impliziert Verbitterung als komplexe Emotion gegenüber den ,Anderen' und führt zu Aggression, Herabwürdigung und Hass.[948] Allein die physische Existenz der ,Anderen' intendiert den Wunsch nach Vernichtung. Diese kollektive Zensur führt zu einer ,Cancel- Culture' wie derzeit in den USA, bei der es nicht um den Einzelnen, sondern um Gruppen beziehungsweise Gruppierungen sogenannter 'Falschdenkender' respektive ,Falschgläubiger' geht, so dass sich die Diskussion auf Attribute oder Adjektive fokussiert, nicht auf Inhalte. Besonders aktiv und aggressiv hierbei sind vor allem diejenigen Mitglieder, die selbst nur einige wenige der psycho- sozialen Gruppenkriterien besitzen und deren Zugehörigkeit somit fraglich ist. Sie vertreten daher besonders radikal die Gruppenmeinungen und -interessen, um sich positiv abzugrenzen.[949] Des Weiteren verstärken in einer Umkehrreaktion die ,Fehltritte' sowie das prinzipielle Lügen der Mitglieder des eigenen Echoraumes die Aggression gegenüber den Anderen, um die eigene positive Identität

---

[948] Bis zu 41% der Nutzerkommentare bei Facebook beinhalten Pöbleien, Hass, persönliche Beleidigungen etc.; neben der öffentlichen Sichtbarkeit bei einer realen Unsichtbarkeit der Verfasser und Betroffenen sowie der jederzeitigen Zugänglichkeit verstärken vor allem auch die Empfehlungsalgorithmen (Bots), die emotionale Beiträge aufgrund der Kommentare - vgl. die Ausführungen in Abschnitt 4.2.2.
[949] Vgl. Yadon, N., Ostfeld, M.C. (2020), S. 1 ff.

aufrechtzuerhalten und sich somit als Teil einer elitären Gruppe zu definie-ren.[950] Dieser politisch- moralische Relativitätseffekt als psychologischer Selbst-schutz wird noch durch die systemimmanent einseitigen Informationen, nega-tiven Inhalte und akzeptierten ‚kulturellen Gruppennormen‘ verstärkt. Hierbei existiert parallel zur ‚sensorischen Adaption‘ eine **‚informatorisch-kommunika-tive Adaption‘** mit der Befähigung, diejenigen Informationen auszublenden, die nicht in das eigene Weltbild passen. Dies impliziert indirekt einen identitätsge-triebenen Rechtfertigungsdruck, der zusätzlich die Polarisierung erhöht. Die hierbei gefühlte oder echte Desorientierung intendiert allerdings einen spürba-ren Kontrollverlust und somit den Wunsch nach Bestätigung, Zugehörigkeit so-wie Abgrenzung von den Anderen. Diese Eskalationsspirale führt daher zu einer kulturellen sowie ideologischen Desorientierung auf der Grundlage eines resig-nativen Denkens.

Durch dieses ‚Othering‘ als Aggregation von Unwissenheit und moralischem Überlegenheitsgestus wird demnach institutionell indirekt definiert, wer zur Gemeinschaft gehört. Die hierbei häufig angewandten Verfahren sind[951]:

- Definition von Normen und Standards
- Verneinung der Vernunftfähigkeit
- Definition der (Un-)Wertigkeit der Existenz des Anderen durch die Hie-rarchisierung in ‚Ober- und Untermenschen‘
- Entmenschlichung durch das Negieren von Werten sowie der Degradie-rung zum Objekt
- Angsterzeugung durch entsprechende Rhetorik, die Stereotypen sowie irreführende Bilder des Anderen im Rahmen subtiler Demarkationen ge-neriert
- Ignorieren sowie dem damit inhärent verbundenen Ausschluss aus der Kategorie ‚Mensch‘
- Ressourcenverweigerung
- Konstruktion kultureller, sozialer und organisationaler Hierarchien durch die Differenzierung von Außergewöhnlichkeit sowie Einfachheit
- Definition des eigenen ‚Ich‘ sowie der eigenen Weltsicht als Standard

---

[950] Vgl. Rothschild, Z.K. et al. (2020), S. 383 ff.
[951] Vgl. Cherry, M., Flanagan, O. (2017).

Quasi schablonenhaft werden hierdurch Rationalität und Realität ausgegrenzt sowie Altruismus und Empathie ausgeschlossen - mit der Konsequenz, dass nicht mehr das autochthone Wissen erhöht wird, sondern die Befähigung zur Externalisierung sowie Verdrängung gesteigert wird. Die damit verbundene Erregung von Aufmerksamkeit und somit das Gefühl einer spezifischen, realen Wichtigkeit basiert auf der vorherrschenden Egomanen- und Hedonistengesellschaft, bei der Irrationalitäten ausgenutzt werden, so dass die Nutzer in manipulierbare Objekte transformiert werden. Dies impliziert zwangsläufig die Transformation der extrinsischen Mitglieder zu Cholerikern, die nur noch hetzen. Psychologische Grundlage hierfür ist ein geringes Selbstbewusstsein sowie Selbstwertgefühl neben einer ausgeprägten Unzufriedenheit. Durch die damit einhergehende Perspektivlosigkeit entsteht ein individueller Rhythmus der Instabilität, der durch emotional dominierte Improvisationen geprägt ist. Die Befähigung zur Verarbeitung kompakter Informationen als auch zur Unterscheidung von Wahrheit und Lüge wird somit marginalisiert. Die Mitglieder eines Echoraumes haben häufig auch aufgrund ihrer Perspektivlosigkeit sowie Informationspathologie Angst vor dem Kontrollverlust, da sie scheinbar von Nichtmitgliedern, den Anderen, nicht aufgefangen werden. Hierdurch entsteht gewissermaßen ein Suchtmechanismus, da man den Anderen zur inneren Befriedigung ebenfalls leiden sehen will. Verbunden ist dies überwiegend mit einer gezielten Vernachlässigung formaler Aspekte, beispielsweise Anrede, Syntax, Rechtschreibung und dergleichen. Wissenschaftliche Erhebungen haben gezeigt, dass sich diesbezüglich eine negative Korrelation ergibt - je größer der Beleidigungscharakter ist, desto geringer ist die Beachtung formaler Regeln.[952] Die Konsequenz sind fast zwangsläufig das Entstehen ,digitaler Schützengräben' sowie die Genese eines pathologischen Diskussionsklimas. Diese Phänomene sind in analoger Form auch bei gesellschaftlichen, politischen, sozialen sowie religiösen Rand- und Splittergruppen festzustellen.

Triebfeder hierfür sind sowohl das genetisch angelegte Streben nach Macht als auch die Strukturen einer ,vormodern- autoritären' Gesellschaft. Da der soziale, situative und institutionelle Kontext immer einen direkten Einfluss auf den zu vermittelnden Inhalt ausübt, habitualisieren sich der Autoritätsanspruch sowie die Macht der einseitigen Inhalte. Allerdings gilt auch, dass die ,Diskutanten' desto stärker im Treibsand ihrer eigenen Dummheit versinken, je stärker

---

[952] Vgl. Hacke, A. (2017).

polemisiert wird. Die Gratwanderung zwischen ‚populär' sowie ‚Populismus'
wird somit zu Gunsten des letzteren entschieden. J. Kobek bezeichnet somit be-
rechtigt die hierbei geäußerten ‚Meinungen' als den ‚schlimmsten Fast Food
des Denkens'.[953]

Wie schon bei dem Vorläufer der sozialen Netzwerke, Second Life, zeigen
sich daher auch bei den heutigen sozialen Medien und Netzwerken schon nach
kurzer Zeit die Merkmale eines Kulturkampfes sowie die Nachteile der Anonymität, da die Nutzer ihren Anstand verlieren, so dass die Netzwerke unsozial
sowie unsolidarisch werden und letztlich sozial erodieren. Diese spezifische
‚Netzkultur' begünstigt einerseits das Entstehen von viralen Xenophobien, das
heißt der Angst vor fremden Individuen derselben Art, die in heftige Aggressivität umschlagen kann.[954] Martha Nussbaum bezeichnet daher auch die Angst als
das gefährlichste Gefühl für eine Demokratie, da Angst zum einen nicht kon-
sensfähig ist und zum anderen denjenigen, der sich auf sie beruft, zu diktatori-
schen Maßnahmen ermächtigt.[955] Diese inhärente Angst löst des Weiteren
Hasskommentare sowie Wut wie auch psychische Krankheiten, beispielsweise
Depressionen , krankhaftes Misstrauen, Angststörungen und Traumata aus.[956]
So ergab eine Studie der ‚Royal Society for Public Health' im Jahr 2017 die direkte Korrelation zwischen der Nutzung sozialer Netzwerke sowie der Entwicklung von Depressionen und Angststörungen. Hierbei wurde nachgewiesen, dass
vor allem das Netzwerk Instagram die schlechtesten Einflüsse auf das Wohlbefinden und die psychische Gesundheit seiner Nutzer durch die Verstärkung von
Neid, Selbstzweifeln sowie panischen Ängsten besitzt. Die Bindungsforschung
hat diesbezüglich ebenfalls nachgewiesen, dass derartige verbal-emotionale
Gewalt, beispielsweise in Form der Kränkung, Demütigung und Zurückweisung
als Formen der emotionalen Vernachlässigung sowohl die kognitive und emotionale Entwicklung verlangsamt als auch zu Gehirnveränderungen durch einen
permanent hohen Cortisolspiegel führen kann.[957] Der Schmerz der emotionalen
Ablehnung führt zur Wut auf sowie zu feindseligen Aggressionen gegenüber

---

[953] Vgl. Kobek, J. (2016).

[954] Xenophobie ist ein spezifisches Konkurrenzverhalten sozialer Lebewesen.

[955] Vgl. Nussbaum, M. (2019).

[956] Bei Depressionen existiert ein pathologisch hohes Niveau des Aktivierungsniveau des
Gehirns durch das hochregulierte Stresshormonsystem.

[957] Bspw. im Bereich des Hippocampus; hierbei impliziert das sog. GG- Genotyp im Gegensatz zur AT- Variante eine wesentlich höhere Ausschüttung von Cortisol .

anderen. Letztlich wird durch die damit verbundene Verschlechterung oder Unfähigkeit zur zwischenmenschlichen Bindung die Empathie quasi ‚atomisiert‘, so dass eine negative Energie, aufgeladen mit Hass und Intoleranz, entsteht. Vorurteile, Ressentiments sowie Hass gedeihen bekanntlich dann am besten, wenn die Hassaussagen mangels der Existenz der Hassobjekte keiner Realitätsüberprüfung unterzogen werden können. Die Konsequenz ist eine Hypersensibilität gegenüber Kritik, bei der marginale ethische Verstöße emotionale Hysteriewellen auslösen. Die Auslöser hierfür sind häufig individuelle Psychosen, die von anderen aufgegriffen und manifestiert werden. Wirksam wird hierbei zusätzlich der sogenannte ‚Nasty – Effekt‘, durch den bösartige Kommentare eine Eskalationsspirale ausschließlich negativer Kommentare intendieren, die die jeweilige Diskussion ad absurdum führen. Häufig werden diese Kommentare durch Endzeitmythen, Hysterie, Rachedurst sowie Machtfantasien charakterisiert.[958]

In diesem Residuum schwindender Gewissheiten mit der Folge kognitiver Kurzschlüsse entstehen virale, narrative Epidemien auf der Basis osmotischer Beziehungsgeflechte sowie des Unkorrekten, der Lüge als konformistischem Subjekt. Hierdurch wird der Disput verschiedener Ansichten nicht mehr moderiert. Vielmehr triumphiert der Hass und intendiert somit eine neofeudale Unordnung sowie die Apotheose der Selbstverwirklichung mit der Konsequenz einer zunehmenden Ignoranz, Intoleranz und Polarisierung sowie Steuerungsunfähigkeit. Letztlich ist dies jedoch nur analog zur ‚Broken-Windows-Theory‘ der libidinöse Versuch, der eigenen kognitiven Dissonanz quasi als Diskurs- respektive Diskussionsflüchtling zu entkommen.[959]

---

[958] Analog zu den Beschreibungen im „Zauberberg“ durch Thomas Mann.
[959] Gem. der Auffassung von James Wilson und George Kelling verändert die Nachbarschaft das eigene Sozialverhalten. Vgl. Kelling, G., J. Wilson, G. (1982).

4.4 Der Verlust kognitiver und kultureller Fähigkeiten

Wie deutlich wurde, basiert der Meinungsaustausch in den sozialen Netzwerken häufig auf Deutungen, Vermutungen, Ideologien sowie nebulösen ‚Wirklichkeitsbildern'. Ursache hierfür ist unter anderem, dass jede gesellschaftliche Gruppierung, Gruppe oder Gemeinschaft immer auf die Überzeugungskraft narrativer Szenarien, die Plausibilität von Argumenten sowie die emotionalen Beweggründe vor dem Hintergrund ‚anerkannter' und damit ‚legitimierter' Wertesysteme fokussiert. Letztendlich basiert der ‚homo sapiens' auf seinen sozialisationsbedingten Anschauungen, Erinnerungen sowie Werten. Die Zielsetzung des impliziten Systems fokussiert hierbei auf die Vermeidung kognitiver Dissonanzen. Wenn Tatsachen das eigene ‚Bild von der Welt' erschüttern, wird der Mensch tatsachenallergisch und gibt sich lieber seinen Träumen, Hoffnungen, Narrativen sowie Einbildungen hin. Angesprochen werden hierbei überwiegend extrinsische Motive, so dass die intrinsischen Motive wie Gemeinsinn, Anstand, Vertrauen und die Bereitschaft zur Kooperation an Bedeutung verlieren.[960] Zu berücksichtigen ist hierbei allerdings auch, dass häufig die quantitative Datenmenge, unabhängig vom Wahrheitsgehalt, die Glaubwürdigkeit erhöht.

Hierdurch werden Autonomie[961], Pluralismus, Meinungsvielfalt und Diversität reduziert, da ‚Herrschaftsmeinungen' verstärkt werden, während weniger geteilte Meinungen ‚untergehen'. Die von den Plattformbetreibern eingesetzten Algorithmen üben zusätzlich eine spezifische Zensur aus, da nur jene Nachrichten massiv verbreitet werden, die den angeblichen, jedoch fremdbestimmten Nutzerpräferenzen entsprechen.

Die bei den klassischen Medien übliche redaktionelle, kollegiale Entscheidung wird durch einen die Nutzerpräferenzen nachbildenden, nicht-neutralen Algorithmus ersetzt, so dass die Qualität und Richtigkeit von Informationen an der Anzahl der ‚Likes' bewertet werden. So ist der ‚Chefredakteure' bei Facebook beispielsweise ein Algorithmus, der auf Grund der bisherigen Suchklicks im Netz diejenigen Informationen und Nachrichten selektiert, die zum bisherigen Suchprofil des Nutzers passen. Analog hierzu kann auch der sogenannte

---

[960] Dies bewiesen eindrucksvoll die Experimente von Uri Gneezy in Kindergärten und Schulen – vgl. Gneezy, U. (2011), S. 191 ff.
[961] Im Sinne von Selbstgesetzgebung.

‚Robo- Journalismus' gesehen werden. Hierbei produzieren ‚Textengines' voll-automatisch und ohne jede menschliche Kontrolle Stories im Rahmen messba-rer sowie strukturiert erfasster Datensätze sogenannte ‚Zeitungsberichte', vor allem in den Bereichen Sport, Finanzmärkte und Wetterberichte.[962] Diese sind semantisch und sprachlich einwandfrei, sachkundig, detailliert aufgrund des in-volvierten digitalisierten Hintergrundwissens sowie abwechslungsreich gestal-tet. So generiert beispielsweise der ‚GPT-3' (General Pretrained Transformer) Kurzgeschichten, Songtexte, Bilanzanalysen, Betriebsanleitungen, juristische Abhandlungen et cetera im Rahmen einer Mustererkennung aufgrund der Ana-lyse der vorliegenden Texte.[963] Gemäß der Studie von Alexander Fanta (Univer-sität Oxford)werden derzeit schon täglich tausende Stories bei den europäi-schen Nachrichtenagenturen durch vollautomatische Roboterprogramme zu positivistischen, klar definierten sowie abgegrenzten Ereignisbereichen er-zeugt.[964] Allerdings werden die Grenzen dieser algorithmischen Programme noch durch sprachliche Kreativität, Assoziationsvermögen sowie Intellektualität gesetzt.[965] Algorithmen prägen dadurch die Psychoanalyse des Nutzers und zen-sieren durch eine Zuteilung auf Basis dieser ‚psychoanalytischen Charakteristik' die für ihn relevanten Informationen und Nachrichten. Hierdurch werden Paral-lelwelten, -gesellschaften sowie Filterblasen respektive Echoräume generiert beziehungsweise kuratiert, die das eigene ‚Wissen' permanent bestätigen und somit Belohnungen im Hirn durch den vermehrten Ausstoß von Dopamin im Rahmen dieses ‚motivated reasing' auslösen, da das implizite System ständig auf der Suche nach Bestätigungen für das eigene ‚Weltbild' ist. Dies verstärkt die bereits angesprochenen systemimmanenten ‚Filterblasen' und Echoräume, in denen sich Verschwörungstheorien sowie radikale Ansichten verfestigen und verstärken. Letztlich dienen sie dazu, das menschliche Ohnmachtsgefühl der Unsicherheit sowie des Kontrollverlustes in Form einer ‚infantilen Regression' zu reduzieren.

---

[962] So werden bei Blomberg derzeit ca. 30% der Texte durch die KI generiert, um durch die Auswertung von Geschäftsberichtsdaten oder dem Transkribieren von Interviews schnel-lere Informationen und Analysen zu generieren.

[963] Auf der Basis von ca. 175 Mrd. Parameter; die logischen Grenzen dieser Systeme wer-den nicht durch den Turing- Test definiert, sondern durch die Vorgabe absurder Fragen. Vgl. die Ausführungen in Abschnitt 4.1.1.2 .

[964] Vgl. Fanta, A. (2017).

[965] Vgl. Graff, B. (2018), S. 10.

Dieser sich im Sinn einer ‚self-fulfilling prophecy' selbst verstärkende Prozess generiert zusätzlich eine Pseudomoral ohne kritische Selbstreflektion und Prüfung, bei der Mobbing in Form der sogenannten **Shitstorms'**[966] ein zwangsläufiges Resultat ist.[967] Hierbei werden diffuse Vorwürfe ohne objektive Prüfverfahren einer diffusen Öffentlichkeit präsentiert. Im Rahmen einer ideologischen Totalität beinhalten die Behauptungen dabei zugleich das Urteil ohne die Möglichkeiten der Berufung oder Gegendarstellung. Im Fokus steht häufig der Kampf um den sozialen Status ohne eine persönliche Anteilnahme sowie der kognitiven Reflektion des Inhaltes.[968] Die eskalierende Struktur eines ‚Shitstorms' beruht häufig auf dem bestehenden Konformitätsdruck.[969] Entstanden derartige emotionale Eskalationen früher spontan und zufällig, so werden sie derzeit als virtuelle Hetzkampagnen bewusst geplant, gesteuert und häufig durch Trolle umgesetzt. Die Folge sind dann häufig Gewaltexzesse in der analogen Welt.

Zynisch ausgedrückt sind somit Kränkung, Hass sowie Polarisierung, bei denen nur der eigene ‚Sieg' zählt, die ‚Eckpfeiler' der sozialen Netzwerke als selbst immunisierende Systeme. Der alte Grundsatz, dass das Netz respektive die Community sich selbst regelt und reguliert, funktioniert demnach nicht mehr. Notwendig ist daher gemäß der Auffassung von Drexl eine Regulierung der sozialen Netzwerke sowie eine Offenlegung der Algorithmen, um einer bewussten Meinungsbildung und -manipulation entgegen zu wirken.[970]

Charakteristika dieser anonymen, vorgeblich moralischen ‚Empörungswellen' sind unter anderem:

- Alle gegen einen bei einer ungezügelten, geschmacklosen Viralität
- Vermeintliche, unbewiesene ‚Verfehlungen' werden mittels einer denunziatorischen ‚Schlammschlacht' angeprangert
- Aus der Anonymität heraus wird mittels der Monstranz einer scheinbaren

---

962 Entsprach dies früher einer funktionierenden, quasi digitalen Anarchie bei Facebook und Twitter, so beinhalten diese nunmehr eine subversive Mentalität; auch als ‚Shamestorm' bezeichnet.

963 Gem. einer Studie des Pew Research Centers haben 75% der Nutzer sozialer Medien brts Belästigungen erfahren.

[968] Vgl. Grubbs, J. et al (2019).

[969] Vgl. Sunstein, C. (2019).

[970] Vgl. Drexl, J. (2016) , S. 14 sowie die Ausführungen in Abschnitt 5.2.

Moral das häufig unschuldige Opfer gesellschaftlich und psychologisch zerstört

- Selbst ernannte ,Richter' institutionalisieren eine illegale Selbstjustiz ohne Tatsachennachweise sowie Faktenprüfung.
- Trotz der Löschungsversuche bleiben diese unbewiesenen Behauptungen ewig im Netz (das Internet vergisst nichts) und belasten somit das restliche Leben des Opfers.
- Juristische Klagen sind wegen der Anonymität im Netz so gut wie unmöglich oder werden von Gerichten häufig auf Grund des ,Rechtes auf Meinungsfreiheit' abgewiesen.[971]
- Die anonym-schriftliche Diskussionsform verschleiert zwar den Makel des Mündlichen, jedoch spielt sich ,statt öffentlicher Meinung in der manipulierten Öffentlichkeit eine akklamationsbereite Stimmung ein, ein Meinungsklima'.[972]

Der früher autonome Nutzer mutiert somit zwangsläufig zum homogenen, angepassten und affektiven Prosumer. Dieser Sachverhalt hysterisiert zum einen den gesellschaftspolitischen Diskurs durch Übertreibung sowie Selbstbeschränkung.[973] Dieses ,Schwimmen mit dem Mainstream' verhindert allerdings aus subjektiver Sicht fehlerbehaftete oder falsche Entscheidungen beziehungsweise Orientierungen: Je komplexer und unsicherer eine Situation ist, desto hilfreicher ist die Imitation, das Nachahmen des Verhaltens der Anderen, da hiermit der menschlichen Verlustaversion[974] Rechnung getragen wird.

Soziale Netzwerke[975] generieren grundsätzlich eine ,Ökonomie der Aufmerksamkeit', die auf die permanente Erwartung auf etwas Neues fokussiert ist und somit einen für das kardiologische System gefährlichen Langzeitstress gene-

---

[971] Die diesbezügliche Klage von R. Künast wurde mit dieser Begründung vom AG Berlin Anfang September abgelehnt; allerdings soll durch das geplante Gesetz gegen Hassbotschaften im Internet sowohl ein Rechtsanspruch impliziert als auch die Sanktionierung ermöglicht werden.

[972] Vgl. Habermas, J. (1962).

[973] An und für sich sollen und müssen sich divergierende Ansichten einer wertfreien und vorurteilslosen Debatte stellen.

[974] Vgl. die Ausführungen in Abschnitt 3.3.

[975] Als ,Urform' kann das 1985 gegründete und heute noch bestehende Netzwerk ,The Well' (Whole Earth ,Lectronic Link) mit der Software ,Pico Span' gesehen werden; spöttisch auch als ,Fast Food- Medien' bezeichnet.

riert.[976] Der Nutzer konsumiert permanent neue Details per Lifeticker - die kurzlebige, hysterische Nachricht ist zum Selbstzweck geworden, so dass der Kontext, die Information, das Wissen über sowie das Verstehen von Zusammenhängen unwesentlich werden. Neben psychischer Schäden führt die pausenlose Kommunikation zur Informationsüberladung und zum scheinbaren Kontrollverlust, da die Informationsmenge nicht mehr angemessen verarbeitet werden kann.[977] Durch die Vernetzung der Mitlieder mittels Messengerdiensten wie WhatsApp, telegram ,threema, signal oder hoccer ,ploppen' wie bei einem Tsunami fast im Sekundentakt überwiegend Desinformationen, Fake News beziehungsweise Verschwörungstheorien auf. Dies hat eine Reduzierung der Resilienz[978] und somit eine Zunahme von Dystopien[979] sowie spezifischer Sozialpathologien wie Narzissmus, Depressionen und dergleichen zur Folge. Hieraus resultiert einerseits häufig Stress, da dieser in einer direkten Korrelation mit dem gefühltem Kontrollverlust steht – je höher das Gefühl der Kontrolle, desto niedriger ist das subjektive Stressempfinden. Zum anderen impliziert diese Informationsüberladung das Phänomen der **Prokrastination**, da notwendige Entscheidungen aufgrund der aus der Informationsüberladung resultierenden Unsicherheit und Angst ständig verschoben, quasi ,auf die lange Bank' geschoben werden.[980] Durch die sozialen Netzwerke sowie den durch sie implizierten Zwang zum ständigen ,Online- sein'[981] werden somit wesentliche menschliche Fähigkeiten verringert[982], die nachfolgend kurz skizziert werden sollen:

---

[976] Vgl. die Ausführungen in Abschnitt 4.2.2.

[977] Angemerkt sei, dass das ständige Blicken auf das Smartphone zu Haltungsschäden (schiefwachsende Hälse, Fettleibigkeit, Kopfschmerzen sowie Stimmungsschwankungen im Rahmen des sog. ,Tech- Neck führen kann; ein ,Eye-Forcer' (mit Sensoren ausgestattete High-Tech-Brille) schaltet daher bei zu starkem Krümmen des Rückens das Display nach vorheriger Warnung ab.

[978] Der psychischen Widerstandskraft gegenüber Krisen.

[979] Antiutopie, zukunftspessimistisches Szenario.

[980] Während des immerwährenden Reichstages in Regensburg von 1663 bis 1803 legten die Gesandten ihre Gesetzesentwürfe hintereinander auf eine lange Bank.

[981] Sog. POPC: permanently online, permanently connected; 17 % aller Fußgänger bewegen sich derzeit schon als sog. ,Smombies' (Kombination aus Smartphone und Zombie) im öffentlichen Verkehr, ohne diesen a.G. permanenter Smartphone- Nutzung überhaupt noch wahrzunehmen- mit der Konsequenz schwerer Unfälle.

[982] Vgl. hierzu auch Vorderer,P., Klimmt,Chr. (2016), S. 259 ff.

1. Wissensverlust

An die Stelle von Wissen tritt nur die **Möglichkeit des Wissenszuganges**, so dass Problemlösungsfähigkeiten wie beispielsweise Problemanalyse, Informationssuche und kognitive Reflexion reduziert werden.

2. Reduzierung der Kreativitätsfähigkeit

Persönliche Kreativität, Improvisationsvermögen, Innovationsfähigkeit sowie soziale Kompetenz werden durch eine scheinbare ‚Schwarmintelligenz' ersetzt. Hierdurch werden kognitive Potenziale reduziert, da Kreativität immer auch Konflikte mit sich und dem eigenen Weltbild beinhaltet.

3. Verlust der Intuitionsfähigkeit

Intuition sowie Informationsbeurteilung werden durch Aussagen in den sozialen Netzwerken sowie durch ‚Big Data' und algorithmenbasierte Datenanalyse ersetzt, ohne die Relevanz und Aussagefähigkeiten der Algorithmen verstehen und beurteilen zu können.

4. Euphoriereduzierung

Euphorie über das eigenständige Erbringen guter Leistungen wird durch das Verwenden mittelmäßiger Algorithmen ersetzt, so dass hierbei auf die Euphorie häufig Ernüchterung folgt.

5. Intimitätsverlust

Intimität und persönliche Nähe werden durch ständige Erreichbarkeit sowie distanzlose Kommunikation konterkariert.

6. Verlust der Kommunikations- sowie Diskussionsfähigkeit

Ein latenter, bruchstückhafter Austausch von Ansichten ersetzt den Diskurs als wertfreie, vorurteilslose Auseinandersetzung über divergierende Ansichten, so dass Kohärenz und Effizienz durch ein ‚ständiges Zwitschern' (Twittern) ersetzt werden. Im Fokus der Messenger-Dienste sowie der sozialen Netzwerke steht überwiegend nicht die kommunikative Diskussion, die Auseinandersetzung mit anderen Meinungen und Ansichten, sondern die Möglichkeit, dass alle gleichzeitig reden können, ohne zuzuhören und einem Gedanken konzentriert zu folgen.[983] Neben einer Fragmentierung der Gesellschaft werden hierdurch als Nebenaspekt der Digital- Ökonomie auch die Sozialstrukturen beeinträchtigt oder gar aufgelöst.[984] Des Weiteren wird die Befähigung zur interessengeleiteten Kom-

---

[983] Vgl. die Ausführungen in Abschnitt 3.11.
[984] Gem. Ludwig Hohl ist mit dem Ende der Kommunikationsfähigkeit auch das Leben vorbei. Vgl. Hohl, L. (2014).

munikation durch dieses digitale ‚Meinungs-Ping Pong' erheblich reduziert. Es existiert kein Dialog mit dem notwendigen ‚Zeit- Raum' zum Nachdenken, sondern nur das Interesse am ‚Senden' ohne den Willen sowie der Befähigung zum Zuhören. Durch diese Neutralisierung der Differenzen werden unter anderem auch entgegengesetzte Ansichten und Auffassungen verschleiert oder sogar negiert, ein Konsens vorgetäuscht.

7. Reduzierung der Verantwortlichkeit

Verantwortungsbewusstsein sowie Zuverlässigkeit werden durch Unverbindlichkeit ersetzt.

8. Vertrauensverlust

Die soziale Kontrollmanie durch das ständige Überprüfen der Reaktionszeiten anderer auf eigene Nachrichten dominiert gegenüber dem Vertrauen

9. Reduzierung der sozialen Anerkennung

Wertschätzung und soziale Anerkennung werden ausschließlich durch die unpersönliche ‚digitale Aufmerksamkeit', häufig quantifiziert durch die Zahl der ‚Likes' und Follower definiert.

10. Bindungsunfähigkeit

Empirische Untersuchungen der Bindungsforschung und -theorie haben nachdrücklich bewiesen, dass die permanente Ablenkung durch das Smartphone in jedem Alter Stress auslöst, sowohl direkt bei den Benutzern als auch indirekt bei den Menschen ihres direkten Umfeldes.[985] Das Smartphone ist mittlerweile quasi zur ‚Fernbedienung für das Leben' geworden, das den Nutzer konditioniert als auch quasi domestiziert.[986] Die damit verbundene, manchmal auch beruflich bedingte ständige Erreichbarkeit ermöglicht kaum noch kognitive ‚Ruhephasen'. Das Ergebnis ist einerseits zwangsläufig auf Grund der verminderten Aufmerksamkeit eine reduzierte Kreativität, Produktivität sowie Effizienz.[987] .Zum anderen

---

[985] 95% der deutschen Jugendlichen besitzen ein Smartphone und sind mind. 3 Stunden aktiv – 41% leiden gem. der Pisa- Studie unter Nomophobie, wenn sie ‚phonelos' sind; desweiteren leiden 40% der Jugendlichen unter quantitativen sowie qualitativen Schlafstörungen, da 20% das Smartphone mit in's Bett nehmen und weitere 70% es zumindest neben dem Bett liegen haben; der normale Nutzer blickt durchschnittlich alle 18 Minuten und somit ca. 90mal täglich auf sein Gerät blickt. Vgl. Diefenbach, S., Ulrich, D. (2016) sowie Twenge, J. (2017).

[986] Ca. 1,6 Millionen Apps unterstützen resp. regeln autonom menschliche Aktivitäten- Taxisuche, Restaurantbesuche, Navigationsdienste, Shopping, Bankgeschäfte, Smarthome, Partnersuche etc.

[987] Vgl. Montag, Chr. (2017).

verändert sich durch diese ständige Verfügbarkeit das Kommunikationsverhalten[988], da sowohl Anwesende durch das Gespräch als auch Abwesende durch das Smart Phone gleichzeitig involviert werden und somit Aufmerksamkeit verloren geht.[989] Bei den Menschen im direkten Umfeld des ‚Smartphone- Junkie' löst die dadurch gezeigte Missachtung ihrer Person ebenfalls Stress aus. Dieser wird unter anderem auch dadurch verstärkt, dass Mimik und Gestik des Gesprächspartners nicht mehr kongruent zur Sprache sind. Persönliche Nähe, Kohärenz sowie emotionaler Blickkontakt sind für die körperliche sowie seelische Entwicklung, auch gerade bei Kindern, dominante Faktoren, da ansonsten psychische Störungen sowie physische Krankheiten drohen.[990] Schließlich impliziert das permanente Lesen von Nachrichten, auch mit negativen Inhalten und Aussagen ohne die Möglichkeit einer Diskussion, Kompensation oder Reduzierung, direkten Stress. Dies kann letztendlich sowohl zur Bindungsunfähigkeit als auch zur digitalen sowie physiologischen Demenz führen.

11. Sprachlosigkeit

Das bilaterale und persönliche Gespräch wird durch das Online-Stellen aller Erlebnisse und Ereignisse überflüssig gemacht.

12. Unfähigkeit zum kreativen Nichtstun

Das Dauerangebot an Informationen und Daten sowie die ständige Erreichbarkeit verhindern den erforderlichen ‚Müßiggang' als kreatives Nichtstun. Da die Aufmerksamkeit nach ‚außen' anstatt nach ‚innen' als ‚Auszeit für das Gehirn' gerichtet ist, erfolgt kein ‚ungerichtetes Denken' als Grundlage für Kreativität als sogenanntes ‚Deep Work' sowie sogenannter ‚Geistesblitze' mehr.[991] Das ablenkungsbedingte Nachlassen der Konzentrationsfähigkeit ist evolutionsmäßig bedingt, da jeder von außen kommende neue Reiz eine Gefahr bedeuten könnte. Empirisch festgestellt wurde, dass eine volle Konzentrationsfähigkeit nur in einem Zeitraum von zehn und fünfundvierzig Minuten möglich ist; spätestens nach vier Stunden nehmen die kognitiven Fähigkeiten exponentiell ab.[992] Erforderlich für ein konzentriertes, effizientes Arbeiten ist somit auch das sogenannte ‚Mind

---

[988] Vgl. Keppler, A. (2016), S. 28 ff.

[989] Allerdings kann dieses Verhalten auch ein Instrument der Abschottung sein, wie das Lesen einer Zeitung im Bus oder der Bahn, um zu demonstrieren, dass man derzeit nicht gestört werden will.

[990] Vgl. Brisch ‚K H., Hellbrügge, Th. (Hrsg., 2015).

[991] Sog. ‚mind wandering'.

[992] Allerdings hat jeder Mensch eine spezifische Tageszeit für konzentriertes Arbeiten.

Wandering', da der Mensch ein ‚Single-problem-solver' und kein ‚Multi-Tasker' ist.[993] Seitens der Hirnforschung ist das Phänomen der Kreativitätsreduzierung derzeit allerdings (noch) nicht exakt erklärbar, da diese als auch die auslösenden Ursachen nach wie vor eine ‚black box' sind. Es existiert daher keine umfassende Theorie, sondern nur die Sammlung einzelner separater Module.[994] Nachgewiesen wurde allerdings, dass das kreative Gehirn zwischen ‚Tagträumen' sowie ‚Schlafzuständen' im Rahmen eines sogenannten ‚Flowzustandes' pendelt. Hierbei ist der präfrontale Cortex, mittels dessen der Mensch Gedanken bewertet sowie Impulse kontrolliert, deaktiviert, so dass sich neue Informationen nicht mit gespeicherten verbinden und neue Ideen generieren können. Allerdings weiß man nicht, welche Gehirnregionen hierbei kooperieren.

13. Reduzierung der Fähigkeit zur Selbstreflektion

Die Bedeutung sowie die kritische Selbstreflektion von Geschehnissen werden durch das Sensationsgehabe sowie Funktion und Struktur der sozialen Netzwerke als ‚Echoräume' konterkariert. Die Befähigung zur Selbstreflektion sowie Selbsterkenntnis wird zugunsten der Selbstbeweihräucherung und Selbstüberschätzung (positivly bias) aufgegeben. Zwar kann der Mensch aus Gründen der Selbsterhaltung sowie Resilienz als seelischer Widerstandskraft prinzipiell keine objektive Selbsterkenntnis besitzen. Zum einen wird die eigene Position immer positiv gesehen und im Sinne des ‚better-than-average effects' die eigene Kompetenz sowie Moralität überschätzt. Zum anderen passt sich der Mensch immer flexibel der jeweiligen Situation an. Er besitzt jedoch einen ‚subjektive Selbsterkenntnis', da das explizite System die Meinungen, Ansichten und Auffassungen des impliziten Systems in gewisser Hinsicht korrigiert respektive das Verhalten beeinflusst.[995] Ein wesentlicher Faktor für diese selbstwertdienliche Verzerrung im Sinne eines ‚Self-Serving Attribution Bias' ist unter anderem der Zwang, ein positives Selbstbild als Schutz vor Kränkung aufrechtzuerhalten. Diese an und für sich psychiatrischen Krankheitsmodelle unterstützen allerdings das menschliche Kausalitätsbedürfnis, obwohl sie jedoch häufig nur Etikettierungen zur Desavouierung Dritter sind.

---

[993] Vgl. Reichel, T. (2020).

[994] Im Rahmen der ‚Computational Creativity' wird der Ansatz verfolgt, Kreativität in einer eindimensionalen Struktur durch Algorithmen zu generieren; problematisch ist allerdings, dass das menschliche Gehirn keine diskreten Zustände wie „1" und „0" kennt, sondern in vielen Zuständen zeitgleich sowie parallel arbeitet.

[995] Vgl. die Ausführungen in Abschnitt 2.

14. Hang zur Legendenbildung

Die durch die sozialen Medien inszenierte ständige soziale Kontrolle zwingt zur ‚Konstruktion eigener Legenden' sowie Selbstdarstellungen, die nicht authentisch und real sind. Somit dominiert der Schein das Sein.

15. Aufgabe der Privatsphäre

Die für die eigene Identität wichtigen privaten und persönlichen Geheimnisse werden zugunsten von Image, Aufmerksamkeit sowie Kontaktpflege aufgegeben. Der Unterschied zwischen Indiskretion und angeblicher Transparenz tendiert gegen Null.[996]

16. Reduzierung der Befähigung zur individuellen Meinungsbildung

Kognitives Nachdenken und das Bilden einer eigenen Meinung werden durch die ‚geklickte Zustimmung' (‚Like it') ohne Artikulation sowie Verteidigung der eigenen Meinung ersetzt.

17. Angst vor der sozialen Ausgrenzung

Bei einem Ausschluss aus den sozialen Netzwerken ohne kommunikative Begründung und damit den Verlust der tiefenpsychologischen Bedürfnisse nach Zugehörigkeit, Akzeptanz sowie ‚Wahrgenommenwerden' erhöht sich der Testosteronspiegel, da der Mensch evolutionsbedingt empfindliche Sensoren für eine Exklusion besitzt — früher war dieser Ausschluss aus der Gruppe oder dem Stamm lebensgefährdend.

Empirische Untersuchungen[997] in jüngster Zeit ergaben, dass schon minimale Anzeichen das subjektive Gefühl des ‚Alleingelassenwerdens' sowie der sozialen Ausgrenzung hervorrufen.[998] Diese evolutionäre Sensibilität führt dazu, auch die geringsten diesbezüglichen Signale zu registrieren und häufig zu überbewerten. Im Gehirn zeigen sich bei den betroffenen Nutzern die gleichen Reaktionsmuster wie bei Drogenabhängigen auf Entzug.

Bei einer späteren (Wieder-)Eingliederung erfolgen quasi als legales Doping euphorische Reaktionen durch den vermehrten Ausstoß von Endorphinen, Dopamin sowie Serotonin. Verstärkt wird dieser Effekt noch durch Hass und Schadenfreude als Beweggründe für den Verbleib in den sozialen Netzwerken.

---

[996] G. Simmel bezeichnete diesen Sachverhalt als ‚Entsekretisierung.

[997] Vgl. Rudert, S. et al. (2017).

[998] So fühlen sich 35% der amerikanischen Jugendlichen trotz der intensiven Smartphonenutzung sowie mehr als dreistündiger Aktivität im Netz als ausgegrenzt. Vgl. Twenge, J. (2017).

Hierdurch erscheint das eigene Leben in einem ‚besseren Licht' und erhöht die Selbstzufriedenheit.[999]

18. Kommunikationsillusion

Die Nutzer unterliegen der sogenannten ‚Kommunikationsillusion' in doppelter Hinsicht. Auf der technologischen Ebene unterstellen sie fälschlicherweise bei der digitalen Kommunikation die gleichen Sicherheitsstandards wie bei der analogen Kommunikation. Auf der semantischen Ebene erfolgt keine kritische Reflektion der Beweggründe der ‚Follower' für deren ‚Likes', obwohl deren Begründungen sehr wahrscheinlich nicht mit der eigenen subjektiven Wahrnehmung übereinstimmen werden.

19. Verlust kultureller Kompetenzen

Kulturelle Kompetenzen wie beispielsweise Schreiben und Lesen werden durch bruchstückhafte Worte und Sätze sowie das Verwenden von Zeichen vernachlässigt beziehungsweise reduziert.[1000]

20. Verlust sozialer Kompetenzen

Die permanente Beschäftigung mit dem Smartphone[1001] führt dazu, dass der Nutzer auf Grund seiner beschränkten Multitasking-Befähigung aggressiv und unruhig wird. Hierdurch wird zwangsläufig durch die kognitive Überforderung Stress in erheblichem Umfang ausgelöst, der zu Depressionen führen kann.[1002] Des Weiteren suggeriert der ständige Smartphone- Gebrauch dem anderen Gesprächsteilnehmer, dass es für den Nutzer etwas Wichtigeres als den Gesprächspartner gibt, so dass dieser somit persönlich im Vergleich zu dem Gerät degradiert wird.

21. Reduzierung der Befähigung zur non- verbalen Kommunikation

Fähigkeiten der non-verbalen Kommunikation, beispielsweise Mimik sowie deren ‚Lesbarkeit', werden reduziert, so dass ein inhärenter Vertrauensschwund die Folge ist. Die Reduktion respektive der Verlust dieser ‚Urfähigkeiten' des

---

[999] Im impliziten System erfolgt die Suche nach der positiven Bestätigung des eigenen Handelns häufig über die Schadenfreude über die Missgeschicke Dritter. Vgl. die ‚Feeling-as-Information-Theory' von Norbert Schwarz (2012).

[1000] Vgl. Hüther, G. (2015), S. 45 ff.

[1001] Gem. einer empirischen Untersuchung von A. Markowetz unterbricht der Smartphone-Nutzer täglich 88mal seine derzeitige Tätigkeit, berührt es 2617-mal und kann maximal 18 Minuten ohne einen Blick auf das Smartphone auskommen- vgl. Markowetz, A. (2015).

[1002] Analog zum sog. Burnout- Syndrom der Neurasthenie; vgl. Handerer, J. et al (2018), S. 159 ff.

homo sapiens impliziert zwangsläufig eine wesentliche Beeinträchtigung der menschlichen Kreativität sowie Innovations- und Improvisationsfähigkeit, so dass der Mensch zu einem fremdbestimmten Element des digitalen Systems wird.

22. Verlust der Konzentrationsfähigkeit

Die ständige Nutzung von Smartphone, Tablets und dergleichen als sozio-kommunikative Universalgeräte sowie die damit verbundene ständige Erreichbarkeit impliziert nur den Eindruck einer ‚Geschäftigkeit', reduziert jedoch die Konzentrationsfähigkeit , da das Gehirn nur sehr begrenzt multitaskingfähig ist.[1003] Beispielhaft für diese ständige Erreichbarkeit können die sogenannten Messenger-Dienste angeführt werden, da Icons als auch ‚Pfeiftöne' in Echtzeit sowohl anzeigen, dass die eigene Nachricht angekommen ist, als auch, ob und wie der Empfänger sofort geantwortet hat. Die Nutzung der Messenger- Dienste konditioniert letztlich die Nutzer durch den Pfeifton bei jeder neuen Meldung wie ‚Pawlowsche Hunde'. Auf Grund dieser Dauerpräsenz, der erwarteten Performance sowie dem ‚Kontrolldruck' im Hinblick auf das jederzeit kontrollierbare Antwortverhalten haben weder Sender noch Empfänger die Möglichkeit, sich in Ruhe mit dem Inhalt der Nachricht auseinander zu setzen. Dies intendiert letztlich eine somnambule Geistesabwesenheit, die kontemplative Prozesse im Sinne eines konzentrierten, meditativen Nachdenkens unmöglich macht.

Das Gehirn wird daher aus seiner Konzentrationsphase herausgerissen und setzt dann den kognitiven Prozess an einer anderen Stelle fort. Hieraus resultieren dann fragmentierte, ineffiziente Leistungen, da die Tätigkeit für unwichtige Funktionen unterbrochen wird. Diese ständige Kommunikationsbereitschaft symbolisiert scheinbar Fortschrittsfähigkeit und Aktivität, sie konterkariert dadurch jedoch den Planungsanspruch des expliziten Systems. Hieraus resultiert eine ‚digitale Demenz', da durch die mangelnde Konzentrationsfähigkeit spezifische neuronale Strukturen und Verbindungen abgebaut werden.[1004] Zusätzlich gehen die für Erfolg und innere Zufriedenheit notwendigen Momente des ‚Sich Vergessens', des ‚Hineinkniens in ein Problem' sowie des ‚Abschaltens' verloren und damit letztlich auch die Sinnhaftigkeit der Arbeit.[1005]

[1003] Vgl. Newport, C. (2016).
[1004] Vgl. Spitzer, M. (2017).
[1005] Vgl. Csikszentmihalyi, M. (2000).

Deutlich wird durch diese ‚holzschnittartige' sowie gleichwohl unvollständige Auflistung, dass die sozialen Medien, Dienste und Netzwerke den intensiven Nutzer und Teilnehmer nicht nur ‚sprachlos', sondern auch bindungs- und kommunikationsunfähig werden lassen. Gleichzeitig erhöht sich das subjektive Gefühl der ‚sozialen Ausgrenzung' sowie Einsamkeit, da die soziale Kommunikation fast ausschließlich ‚technologisch' und somit indirekt realisiert wird.[1006] Empirische Studien ergaben, dass überwiegend digitale Kontakte zu einer signifikanten Erhöhung der Depressionsquote beitragen, während soziale direkte Kontakte quasi als ‚Stimmungsaufheller' zu Glücksgefühlen führen und das Depressionsrisiko um siebzehn Prozent senken.[1007] Diese digitalen Dauerkontakte implizieren des Weiteren eine wesentlich geringere körperliche respektive sportliche Betätigung - letztere würden allerdings ebenfalls Glücksgefühle generieren. Digitale Dauerpräsenz erhöht konsequentermaßen den Schlafmangel und somit Herz-Kreislauferkrankungen als auch das Depressionsrisiko signifikant.[1008] Grundlage hierfür ist der zirkadiane Rhythmus als Abfolge von Aktivität und Ruhe.[1009] Die hierbei aktiven neuronalen ‚Ruhenetzwerke' erstrecken sich über beide Hirnhemisphären und sind funktionell verbunden sowie synchron aktiv.[1010]

Die virale Kommunikation als Dauerzustand impliziert daher sowohl das Aufzeigen der Grenzen der eigenen Handlungsfähigkeit als auch Stresssituationen. Zugleich erfolgt ständig ein indirekter Vergleich mit den anderen Kommunikationspartnern. Aufgrund der Differenz zwischen der Erwartung gegenüber sich selbst sowie der festgestellten Realität entstehen Selbstwertprobleme[1011] sowie eine Isolation gegenüber dem ‚normalen Leben'. Da die menschliche Aufmerksamkeit nicht beliebig auf gleichzeitige, jedoch sehr verschiedene Aufgaben

---

[1006] Dies trifft für 35% der amerikanischen Jugendlichen zu. Vgl. Twenge, J. (2017).

[1007] Vgl. die Masterstudie der University of California (2017) sowie die HUNT-Studie in Norwegen (2015).

[1008] Gem. der DAK-Studie 2018 haben ca. 30 % der Nutzer bei intensiver Nutzung dieser Netzwerke Depressionen – gg. einer ‚Normalquote' von 8 %.

[1009] Dieser Rhythmus korreliert mit Rhythmus und Funktionen wie Blutdruck, Herzschlag und Gefäßaktivität und beeinflusst somit Herz- Kreislauferkrankungen. Vgl. Huang, T. et al. (2020).

[1010] Bei Liäsonen übernehmen die Ruhenetzwerke in einer Gehirnhälfte die Funktion der anderen Hälfte.

[1011] Durch die Glorifizierung selbstschädigenden Verhaltens, selbst beigefügter Schnittverletzungen etc. in den sozialen Medien (sog. Cyberbying) wird die Suizidanfälligkeit erheblich gefördert.

aufteilbar ist, entstehen Stress, Konzentrationsmängel als auch eine Reduzierung der individuellen Kreativität - an die Stelle des ‚Multi-Tasking' tritt ein ‚Task-switching'. Gemäß einer Untersuchung von S. Lehmann[1012] bleibt die kognitiv-kollektive Aufmerksamkeitsspanne zwar gleich, allerdings sind die hierbei konkurrierenden sozialen Netzwerke quantitativ fast exponentiell gestiegen, so dass aufgrund der Reiz- und Informationsüberflutung die Aufmerksamkeitskurve zeitlich komprimiert wird.[1013] Zwar werden hierdurch Informationen sowie Nachrichten schneller populär, jedoch durch den nächsten Hype auch schneller ersetzt, da die Sättigungsphase aufgrund der Konkurrenzsituation schneller erreicht wird. Psychischer Druck belastet somit diese indirekte Kommunikation und löst im impliziten als auch im expliziten System den Eindruck des Kontrollverlustes und somit Stress aus. Die für individuelle Lern- und Erfahrungsprozesse zwingend notwendige ‚Konkurrenz neuronaler Netzwerke' zum Vergleichen verschiedener Szenarien degeneriert auf Grund fehlender Anreize und Impulse, so dass die genetisch implizierte Problemlösungsheuristik keine Weiterentwicklung erfährt. Dies gilt analog auch für die für Lernprozesse relevanten impliziten und expliziten Gedächtnisstrukturen. Wissenstransfer- sowie Wissenstransformationsprozesse werden reduziert respektive teilweise eliminiert, so dass der Anspruch des ‚lebenslangen Lernens' konterkariert wird. Letzteres gilt vor allem auch für den Mindfullness- sowie den Reframingeffekt, so dass die selbstkritische Reflektion der eigenen Wertvorstellungen, Annahmen, Anschauungen sowie Zielvorstellungen erschwert, wenn nicht gar unmöglich wird.[1014] Die für eine notwendige Weiterentwicklung des expliziten sowie impliziten Systems und damit des eigenen ‚Ich' relevanten Prozesse, Kontextbedingungen und Faktoren entfallen. Somit stagniert der Mensch auf einem niedrigeren kognitiven Niveau.

Letztlich werden hierdurch auch die für die Weiterentwicklung der gesellschaftlichen Systeme notwendigen Rahmenbedingungen wie beispielsweise offene, faktenorientierte Diskussion, soziale Kooperation, Vertrauen oder Empathie erheblich beeinträchtigt. Hierdurch wird eine Stagnation oder sogar Degeneration gesellschaftspolitischer Strukturen impliziert, die die an sich notwendigen Veränderungen sowie Weiterentwicklungen verhindert. Analog zur sprichwört-

---

[1012] Vgl. Lorenz- Spreen, Ph., Monsted, B.M., Hövel, Ph., Lehmann, S. (2019).

[1013] Ein Hashtag bei Twitter hatte 2013 eine Lebensdauer von durchschnittlich 17,5 Tagen- 2016 nur noch 11,9 Tage.

[1014] Vgl. die Ausführungen in Abschnitt 2.2.

lichen ‚political correctness' ist somit auch eine ‚social media correctness' zwingend erforderlich. Es müssen daher soziale Normen für den Umgang mit der Digital- Ökonomie entwickelt werden, um auch subjektiv und somit individuell diese ‚digitalen Sklaverei' entgehen zu können. Hierauf soll an späterer Stelle noch ausführlich eingegangen werden.

4.5 Disruptive Verwerfungen ökonomischer sowie gesellschaftlicher Strukturen durch die Digital-Ökonomie

Die 'Digital-Ökonomie' hebt prinzipiell die Bedeutung der durch die Automatisierung mit dem Fokus auf die Optimierung regelbasierter, repetitiver Vorgänge generierten **Skaleneffekte** auf, da sie schnelle Innovationen und Adaptionen sowie innovative Problemlösungen auch bei kleinen Stückzahlen ermöglicht. Des Weiteren führt sie zur Vernetzung und Optimierung vollständiger Wertschöpfungsketten und -prozesse. Hier 'entscheiden' zukünftig digitale Systeme im Rahmen definierter Muster und Modelle sowie auf der Grundlage mathematisch basierter Simulationen über die Reihenfolge der arbeitsteiligen Einzelfunktionen. Die Digital- Ökonomie führt allerdings derzeit 'nur' zu einer Automatisierung der betrieblichen Prozesse sowie deren ausschließlich ökonomischer Effizienzerhöhung.[1015] Analog zu früheren Automatisierungsphasen ist deren konsequente Umsetzung in Unternehmen respektive Organisationen jedoch nur dann möglich, wenn die involvierten Mitarbeiter sehr kreativ sind sowie informal handeln (dürfen), um die formalen sowie Kontextprobleme dieser Systeme auszugleichen. Des Weiteren führt die inhärente Datenfokussierung dazu, dass Prozesse in Frage gestellt und hierdurch Reibungsverluste intendiert werden. In der arbeitsteiligen, **digitalisierten Wissensgesellschaft** sind Informationen und Wissen allerdings nicht mehr exklusiv, da vielmehr Innovationsfähigkeit und Kreativität entscheidend sind. Die in der analogen Marktwirtschaft gültigen Bedingungen wie beispielsweise Standardisierung, Normierung, Harmonisierung und Orientierung werden demnach an Bedeutung verlieren. Die entscheidungsfokussierte Datenerhebung und deren systemische Implementierung intendiert daher momentan zwangsläufig die Aufgabe formaler Strukturen und Hierarchien sowie die Offenlegung von Zielkonflikten, so dass nicht intendierte Folgeprobleme die Konsequenz sind. Ausgangspunkt für diese inhärenten Probleme und Konflikte ist der Tatbestand, dass komplexe digital-technologische Systeme die Betriebs- als auch Alltagserfahrungen dominieren werden, obwohl die 'Logik' dieser Systeme häufig nicht nachvollziehbar ist.

[1015] Sinnvoller wäre beispielsweise die Generierung eines neuen Geschäftsmodelles durch die Dokumentation der Lebenszyklen von Produkten im Rahmen des zirkulären Wirtschaftens (sog. Circonomy).

Die digitale Revolution erobert jedoch zukünftig auch das Offline und macht das Internet allgegenwärtig sowie ‚körperlich'.[1016] Sie determiniert somit eine **‚social media economy'**, da sich die Wirtschaft unter dem Einfluss der sozialen und technologischen Netzwerke befindet.[1017] Im Idealfall verändern sich hierdurch analog zum Schumpeter'schen Ideal der ‚kreativen Zerstörung' sehr viele Geschäftsmodelle und Wertschöpfungsprozesse sowie -ketten, da sie effizienter werden.[1018] Durch die Digital-Ökonomie wird somit das Credo der absoluten ökonomischen Effizienz mit seinem Fokus auf Monetarisierung und Strukturierung in das sozial- gesellschaftspolitische Leben implementiert werden, jedoch wesentlich intensiver als bei der Ersten industriellen Revolution. Die damit verbundene eindeutige Strukturierung, Klassifizierung und Operationalisierung befindet sich allerdings im Widerspruch zu dem manchmal chaotischen und komplexen Sozialgefüge unserer Gesellschaftsordnung. Diese Transformation des öffentlichen Raumes in ein kommerzielles Sensorsystem kann zu einer **‚Kolonisierung des menschlichen Lebens'** führen.[1019] Die Plattformbetreiber sowie autoritäre Staaten begründen deren Einsatz überwiegend allein mit ihrer Existenz und definieren die sogenannten Vorteile in aseptischen Kontexten ohne Berücksichtigung der gesellschaftlichen Strukturen, Werte und Zielsetzungen. Die grenzenlose Datenerhebung dient ausschließlich deren Werbe-, Kontroll-, Manipulations- und Überwachungszielsetzungen.

[1016] Zu berücksichtigen ist allerdings, dass das klassische Internet nur die ‚Spitze des Eisberges' ist – das „dark net" (deep net, dark web) als abgeschottete Ebene beinhaltet derzeit ein Datenvolumen von ca. 7,9 Zetabytes. Zugangssoftware hierfür ist „Tor" (The Onion Router) als Eingangsserver, der die Identität der Nutzer durch eine kontaktierte Verbindung verschlüsselt. Die Nutzer kennen nur den Andockungspunkt vor und hinter sich, so dass nach dem Passieren dieser drei Knotenpunkte die IP- Adresse des Absenders nicht mehr nachvollziehbar ist und der Datenverkehr anonym im Internet weitergeleitet wird. Homepages werden hierbei im ‚Hidden Wiki' registriert – die Suchmaschine hierbei ist ‚Graus'. Das Dark Net wird einerseits häufig von politischen Aktivisten, Dissidenten sowie politisch Verfolgten genutzt, um der Überwachung durch totalitäre Staaten zu entgehen; andererseits wird es auch von Kriminellen bevorzugt.

[1017] Tim Cook, der CEO von Apple, spricht auch von einem ‚Informationskapitalismus', der zur Beherrschung des Privatlebens führt.

[1018] Qualität, Zeit- und Kosteneffizienz, Flexibilität, Resilienz (Robustheit) sowie Anpassungsfähigkeit auf volatilen Märkten mit eschatologischer Qualität sind die klassischen Ziele einer Unternehmung.

[1019] Vgl. Greenfield, A. (2017).

Die Digital-Ökonomie als eine neue Ausprägung der Automatisierung darf dennoch nicht mit der Automatisierung im zwanzigsten Jahrhundert verwechselt respektive romantisch ‚verklärt' werden, da nicht mehr repetitive, sondern vor allem auch kognitive Prozesse ‚automatisiert' werden. Sie verändert wesentlich stärker als Globalisierung und Neoliberalismus die Arbeitswelt, da Macht, Status sowie die Zahl der Beschäftigungsverhältnisse zu Lasten der prekär Beschäftigten beziehungsweise der sogenannten ‚Scheinselbständigen' verändert wird. C.B. Frey unterstellt für dieses **‚Postproduktionszeitalter'** anstelle des industriellen oder postindustriellen Zeitalters ein Hybrid- Modell mit zwei bis drei Tagen ‚Home-Office' sowie zwei Tagen Präsenzarbeit.[1020] Des Weiteren wird die ‚Fernarbeit' durch Call- Center et cetera und somit Aus- und Verlagerungen zunehmen. Hierdurch werden für die Unternehmen Kostensenkungen mittels der Niedriglöhner sowie des geringeren Büroflächenbedarfes realisiert, die letztlich eine Kostenverlagerung vom Arbeitgeber auf den Arbeitnehmer und somit ungleiche Gewinntransformationen implizieren. Zusätzlich wird die Arbeitsleistung aufgrund der konsistenten und umfassenden Datenerhebung ganzheitlich und vollständig kontrollierbar. Dies hat zwangsläufig Auswirkungen auf die Solidarität der Beschäftigten. Während die erste sowie zweite industrielle Revolution fast ausschließlich manuell-repetitive Abläufe automatisierte, bleibt im Rahmen der Digital-Ökonomie kein Gesellschaftsbereich unberücksichtigt. Hierbei gelten die drei ‚Grundgesetze' der Digitalisierung:

1. Alle Strukturen und Prozesse, die standardisiert sowie formalisiert werden können, werden automatisiert und digitalisiert.
2. Alle Daten und Informationen, die sich elektronisch erheben, speichern und auswerten lassen, werden elektronisch erfasst, gespeichert sowie ausgewertet.
3. Alle Funktionen, Abläufe und Operationen, die automatisiert werden können, werden automatisiert.[1021]

Nicht digitalisiert sowie automatisiert werden können allerdings gemäß der Ansicht von Frey

---

[1020] Vgl. Frey, C.B. (2019).
[1021] Hierzu gehört auch die Roboterisierung, da Roboter letztlich die Aggregation von Rechnern, Sensoren, digitaler Informationsverarbeitung sowie Werkzeugen (bspw. Greifarme, Schweißgeräte, Waffen etc.) sind.

1. Komplexe soziale Interaktionen zwischen Menschen
2. Kreativität
3. Die Beeinflussung von Wahrnehmungen sowie deren Umsetzung in soziale Interaktionen.

Aus diesen Ausführungen wird deutlich, dass die Digital-Ökonomie unzweifelhaft einen Paradigmenwechsel[1022] mit disruptiven Veränderungen zur Konsequenz hat.[1023] Derzeitige Gesellschaftsstrukturen werden somit immer extensiver durch neue digitale Technologien geprägt, so dass das menschliche Gestaltungsprimat an Bedeutung verlieren wird.[1024] Dies impliziert fast zwangsläufig, dass die Entscheidungsgewalt über die Zukunft und bedingt auch über die Gegenwart den Menschen entzogen und von Algorithmen übernommen wird. Zu berücksichtigen ist hierbei allerdings, dass disruptive Technologien, wie beispielsweise die Erfindung der Dampfmaschine oder die Einführung der Automation, schon immer bestehende Industrien und Strukturen zerstört haben. Des Weiteren wurden sie kontraintuitiv von Einzelnen zum Ausbau ihrer Macht- oder Monopolstellungen genutzt, um somit anderen zu schaden. Wie bei jedem Paradigmenwechsel hat dies sowohl einen mentalen Wandel zum Visionären, Undenkbaren als auch einen Wandel der Prozesse, Organisationsstrukturen, Hierarchien, Funktionen und Rollen zur Folge. Das ‚Internet der Dinge' als eine sich selbst organisierende und kontrollierende Welt wird somit die bekannten gesellschaftspolitischen Strukturen und Prozesse und nicht nur diejenigen der Ökonomie wesentlich verändern, sondern auch die volkswirtschaftliche Wertschöpfung disproportional umverteilen, so dass Einkommenspolarisierungen respektive Ungleichheiten die Folge sind.[1025] Gleichzeitig werden Regulierun-

---

[1022] Vgl. Jänig,Chr. (2004), S. 96 ff; (2010), S.19; (2011), S. 7.

[1023] Die im Angelsächsischen als ‚Disruption' (engl.: zerstören, unterbrechen) bezeichnete Entwicklung impliziert, dass sich alles grundsätzlich und schnell verändert; das Bekannte und Bisherige zerstört, eliminiert wird, indem Innovationen bestehende Technologien – zunächst unbemerkt- vollständig ablösen resp. Ersetzen. Clayton Christensen prägte hierfür den Begriff ‚disruption'. Vgl. Christensen, Cl. (1997).

[1024] Vgl. Arvanession, A. (2019).

[1025] Gentechnische Veränderungen werden bspw. dadurch realisiert, dass Algorithmen Pflanzen auf Enzyme und Proteine untersuchen, um neue Pflanzen und Lebensmittel zu generieren - die Zielsetzung für die menschliche Ernährung hierbei ist, das tierische Fleisch mit seinem klimaschädlichen Produktionsverfahren durch pflanzliche Proteine und Enzyme zu ersetzen.

gen, Barrieren sowie gesellschaftliche Bindungen abgebaut, so dass die menschlichen Bedürfnisse nach Kollektivität und sozialer Bindung konterkariert werden. Ein Teil der Gesellschaft wird somit ökonomisch ausgegrenzt sowie entsolidarisiert werden, da der digitale Technokapitalismus bislang nur von einer kleinen Machtelite genutzt und die Masse quasi ‚entrechtet‘ wird. Betroffen hiervon sind somit neben der makro- sowie mikroökonomischen Ebene vor allem auch gesellschaftliche sowie gesellschaftspolitische Strukturen. Festzustellen ist allerdings auch, dass die derzeit gängigen Argumente gegen die Digitalisierung im Rahmen der Digital-Ökonomie schon Mitte des Zwanzigsten Jahrhunderts im Rahmen der Automatisierung vorgetragen und diskutiert wurden.[1026] Letztere führte zwar trotz überwiegend lokaler Verluste zu einer evidenten Vermehrung der Arbeitsplätze. Sie hatte jedoch auf Grund der häufig nur auf nationale Volkswirtschaften begrenzten Auswirkungen nicht die Konsequenzen der heutigen Digital-Ökonomie.

Des Weiteren wird die durch die Digital-Ökonomie initiierte Ungleichheit in der Gesellschaft erhebliche Auswirkungen auf deren Strukturen haben und anstelle der Zentripetalkraft sozialer Systeme zerstörerische Zentrifugalkräfte entwickeln - allerdings nicht im Sinne der ‚Schumpeter'schen Zerstörung‘ mit einer Erhöhung von Innovationskraft und Wirtschaftlichkeit. Disruptive Innovationen als auch dementsprechende Entwicklungen wie die digitale Vernetzung in Verbindung mit Robotik sowie Künstlicher Intelligenz verändern somit nicht nur Produkte, sondern vor allem auch Wertschöpfungsketten und -prozesse sowie Standards.[1027] Wenn alle Maschinen und Geräte sowie Informationssysteme ständig miteinander kommunizieren, gewaltige Datenmengen austauschen, abgleichen, überprüfen und sich auf dieser Basis wie beim ‚deep learning‘ selbstständig weiter entwickeln sowie selbständig lernen, verändern sich zwangsläufig auch die existenten gesellschaftlichen, sozialen, ökonomischen als auch kognitiven Strukturen. Allerdings beutet die ‚digitale Ökonomie‘ nicht im Sinne der Marxschen Kapitalismuskritik aus, sondern lässt sich ihren Rohstoff ‚Daten‘ durch die Nutzer liefern. Deren Mehrwert entsteht somit nicht durch Arbeit, sondern durch Kontrolle und Manipulation der Nutzer respektive Kunden.

[1026] Vgl. Bloomberg, W. (1955).

[1027] Allerdings setzt Vernetzung nicht unbedingt mehr Kreativität durch ein Mehr an Zeit frei, da 60% der Arbeitszeit mit Mails, Chats, Onlinerecherche, soziale Netzwerke etc. ‚verbraucht‘ werden.

Joseph Vogl führt hierzu aus, dass „die Kommerzialisierung des Internet seit den Neunzigerjahren damit nicht nur zu einer wechselseitigen Verstärkung von Kommunikationsprozessen und marktwirtschaftlichen Kräften geführt (hat; J.), sondern vor allem die Anpassung der Netzwerkarchitektur an die Kontrollstrukturen der jüngeren Kapitalformen forciert" [1028].

Da diese Entwicklungen zweifelsohne zu Lasten der physischen und kognitiven Arbeit und damit der Erwerbstätigen gehen werden, muss die Arbeit zum einen niedriger besteuert werden. Zum anderen muss denjenigen durch ein Grundeinkommen geholfen werden, die kaum oder gar nichts verdienen beziehungsweise keinen Arbeitsplatz finden werden.[1029] Hierauf wird an späterer Stelle noch einzugehen sein. Zwar wird die Wirtschaft durch die Digital-Ökonomie, analog zur Einführung der Elektrizitätstechnologie, Wachstumsimpulse erhalten. Unter Berücksichtigung der derzeitigen Datenlage wird dies allerdings frühestens in zwanzig bis dreißig Jahren geschehen.[1030] In der Zwischenzeit wird gemäß Paul Krugmann eine säkulare Stagnation beziehungsweise ein ‚Minuswachstum' vorherrschen.[1031] Zugleich wird die Produktivitätssteigerung der Digital- Ökonomie anfangs nicht messbar sein werden, da ihr ‚Mehrwert' (beispielsweise bei kostenlosen Diensten wie Skype, Wikipedia, GPS) nicht exakt quantifizierbar sowie monetarisierbar ist und somit in keiner Wirtschaftsstatistik erscheint. Der entsprechende Katalysator wird vielmehr in der Einführung neuer Organisationsstrukturen sowie Wertschöpfungsprozesse in den Unternehmen mit mehr Kreativität, höherer Flexibilität, anderen Sozialstrukturen und -prozessen liegen. Letzteres bedingt allerdings eine gravierende Veränderung der Aus- und Weiterbildungssysteme.[1032]

[1028] Vgl. Vogl, J. (2021), S. 165.
[1029] Vgl. Brynjolfsson, E./ McAfee, A. (2014).
[1030] Die 1. Industrielle Revolution benötigte ca. 100 Jahre, damit die Menschen Vorteile erzielen und ihre soziale sowie ökonomische Lebenssituation verbessern konnten.
[1031] Sog. Oxymoron.
[1032] Beispielsweise auf der Grundlage von ‚educational data mining'.

4.5.1 Globale Implikationen

Auf der **globalen Ebene** werden sich die internationalen, arbeitsteiligen Strukturen sowie deren Geschäfts- und Wertschöpfungsprozesse zu Ungunsten der
sogenannten ‚Dritte-Welt-Länder' entwickeln.[1033] Diese werden beispielsweise
ihren Status als ‚billige Werkbänke' der Industrieländer verlieren. Schon heute
ist zu beobachten, dass lohnintensive Produktionen durch digitalisierte Ferti-
gungsprozesse sowie Technologien zurück in die früher outsourcenden Industrieländer transferiert werden, da der stückzahlbedingte Kostenvorteil durch die
flexiblere Produktion kompensiert wird.[1034] Ein weiterer Grund für diesen Rück-
transfer ist darin zu sehen, dass die sogenannten ‚Billiglohnländer' (noch) nicht
über die für die Anwendung der Digitaltechniken ausgebildeten Arbeitskräfte
verfügen. Letztlich impliziert auch die Einführung der KI-Technik, dass die entsprechenden Produktions- sowie Geschäftsprozesse in Abhängigkeit von den finanziellen Möglichkeiten und Ressourcen an jedem Ort in der Welt realisiert
werden können, da die Lohnkosten nunmehr nur noch eine geringere Bedeutung besitzen. Des Weiteren wird die Digital-Ökonomie zur Konzentration der
wissensbasierten Dienstleistungsgesellschaft in den globalen Ballungsgebieten
führen, da nur dort die kritische Masse an kognitiven, kreativen Menschen, Unternehmen sowie Forschungseinrichtungen erreicht werden kann. Verstärkt
wird dieser Trend zusätzlich durch die ‚Politik des billigen Geldes' der Zentralbanken, da die Monopolisten sehr kostengünstig die wenigen noch vorhandenen Mitbewerber, häufig in Form von ‚Startups', aufkaufen und somit ihre Monopolstellung verstärken können.

Zwangsläufig impliziert diese regionalisierte Konzentration eine Verödung
beziehungsweise ‚Versteppung' der Provinz im Sinne einer territorialen Ungleichheit sowie den Trend zu sogenannten Mega-Cities mit einer hochqua-

---

[1033] Synonym hierfür steht der Begriff der ‚BRICS- Staaten'.
[1034] Bsp. Robotertechnik, 3D- Druckverfahren. So werden Pharmazeutika auf der Basis von
Messenger- Ribonukleinsäuren (mRNA) im menschlichen Körper durch die Anregung zur
‚Produktion' entsprechend codierter Proteine ‚hergestellt'; für die Molekül- Produktion
werden mobile ‚Molekül- Drucker' entwickelt werden, die analog zum 3 D- Prinzip die Bau-
pläne der künstlichen mRNA- Moleküle als Software an jeden Ort der Welt transferiert, so
dass vor Ort Impfstoffe und Medikamente produziert werden, die individuell an die jeweilige Erkrankung angepasst sind (sog. Individualisierte Klein- und Kleinstchargen).

lifizierten Wissensgesellschaft.[1035] Diese ökonomische Konzentration in den Metropolen führt zum Verlust des Mittelschicht-Status sowie der Autonomie der ländlichen Regionen. Diese werden entgrenzt, so dass neue Disparitäten sowie gesellschaftspolitische Strukturveränderungen als auch Antagonismen entstehen. Allerdings werden die ländlichen Regionen einerseits eine spezifische Aufwertung erfahren, da die Aufnahmefähigkeit der Metropolen durch die intendierte Steigerung der Lebenshaltungskosten zwangsläufig Restriktionen erfährt. Das Wachstum der Zentren verschärft die dortige Einkommens- und Vermögensungleichheit sowie das Angebot bezahlbaren Wohnraumes mit der Folge einer stark wachsenden Obdachlosigkeit trotz der bestehenden Beschäftigungsverhältnisse. Hieraus resultiert andererseits eine weitere Reduzierung der Arbeitsplätze in den Regionen durch den Umzug in die Wissenschafts- und Wirtschaftszentren, so dass sich die regionalen Wirtschaftsstrukturen zusätzlich verschlechtern werden. In der Provinz werden daher überwiegend männliche ‚Neets'[1036] zurückbleiben, die sowohl von der Ausbildung als auch Sozialisation her nicht über die notwendigen kognitiven sowie sozialen Potenziale verfügen. Verstärkt wird diese Entwicklung einer **kognitiven Segregation** schließlich noch durch infrastrukturelle Defizite in den ländlichen Regionen, da beispielsweise die digitale Transformation als Rückgrat schnelle Netze benötigt. Diese sind allerdings in ländlichen Gebieten kaum vorhanden[1037] oder werden nur im geringen Umfang ausgebaut.[1038]

Diese ‚**digitale Kolonisierung**' als räumliche Konzentration der technologischen Eliten impliziert bei den Zurückbleibenden somit eine niedrigere soziale Mobilität sowie durch die reduzierten Einkommen eine soziale Abwärtsspirale in Verbindung mit einer sich verschärfenden Ungleichheit. Verbunden ist hiermit zwangsläufig auch eine erhebliche Reduzierung der Kohäsionskräfte der bestehenden sozialen Netze. Zwangsläufig wird das Wohlstandsgefälle zwischen dem urbanen sowie dem ländlichen Raum zunehmen. Aus gesellschaftspolitischer Sicht sind daher effizientere politische Anstrengungen in den Bereichen Aus- und Weiterbildung im Sinne eines lebenslangen Lernens, Wohnungsbau,

---

[1035] Vgl. Neu, Cl. (2008).

[1036] Not employment educational Training.

[1037] In der BRD besitzen derzeit ca. 6,6% aller Haushalte einen schnellen Internetanschluss, während es in ländlichen Gebieten nur 1,4% sind.

[1038] Vielmehr könnte durch den Ausbau der ländlichen Breitbandnetze die Wohnungsnot in den Ballungsräumen gemildert werden.

Umzugshilfen, den Zwang des Abschlusses von Tarifverträgen sowie eine spezifische Flexibilität des Arbeitsmarktes erforderlich.[1039] Ansonsten werden die Arbeitnehmer mit mittlerer Bildung im klassischen Milieu in einen Paternoster mit Abwärtsrichtung gesetzt werden. Globalisierung und Digital- Ökonomie fördern somit die **Kolonisation sozialer Verhältnisse** durch sogenannte ‚Grids‘, den standardisierten digital zu verarbeitenden Mustern.[1040] Letztere fragmentieren die physische Welt in einzelne instrumentalisierte, an und für sich bedeutungslose Datenblöcke auf der Grundlage von Partikulierung sowie Modularisierung. Die Konsequenz ist eine ‚Valorisierung‘ sozialer Beziehungsdaten zu einer ‚digitalen Ware‘, die den Gegensatz zwischen materieller und immaterieller Produktion sowie Gütern aufheben wird.[1041]

Letztlich nicht vergessen werden darf auch der **ökologische Kontext**, da die Digital- Ökonomie im Hinblick auf ein zirkuläres Wirtschaftssystem absolut ineffizient ist, obwohl sie häufig narrativ mit Immaterialität und Umweltneutralität gleichgesetzt wird. Letztlich wird der Ressourcenverbrauch insgesamt als auch derjenige seltener Rohstoffe exponentiell gesteigert werden. Ferreboeuf konstatiert daher auch, dass der Rebound- Effekt größer als sie Effizienzgewinne sein wird.[1042] Dieser Reboundeffekt würde erst bei einem CO_2- Preis von mehr als einhundert Euro pro Tonne stagnieren und bei 180 Euro umgekehrt werden. Smarte Systeme führen daher nicht per se zur Abschwächung des Klimawandels, da primär Konsum und Energieverbrauch erheblich gesteigert werden. Jeremy Rifkin fordert daher eine digital- grüne Revolution als fünfte Epoche von Kondratieff. Hierunter versteht er ein vieldimensionales Netz als ultimatives IoT im Rahmen einer Kombination von Globalisierung und Glokalisierung.[1043] In einem derartigen System müssen zur nachhaltigen Implementierung des Klimaschutzes die Emission von Treibhausgasen minimiert sowie der Ressourcenverbrauch auf ein nachhaltiges Niveau gesenkt werden. Im Rahmen der Annäherung an das Idealbild eines regenerativen Systems soll durch die Fokussierung

---

[1039] Vgl. Frey, C.B. (2018), S. 21f.

[1040] Vgl. Betancourt, M. (2016).

[1041] Dinge ohne ursprünglichen Warencharakter erhalten auf spezifischen, spekulativen Märkten einen eigenen Wert.

[1042] Vgl. das ‚Shift Project‘ ; bis 2025 steigen weltweit die klimaschädlichen Emissionen der Digital- Ökonomie von derzeit 4 % auf 8% (Flugverkehr: 5%); hiervon entfallen 20% auf die Rechenzentren, 20% auf Endgeräte.

[1043] Vgl. Rifkin, J. (2019).

auf die stofflich-energetischen Kreisläufe bei Produktion, Nutzung sowie Recycling eine Kaskadennutzung ohne Abfälle und Emissionen erreicht werden.[1044] P. Grimm hält daher gesellschaftspolitische Instrumente und Strategien für erforderlich, die das technologische Konzept der Digital- Ökonomie mit einem ‚ethical and sustainable turn' als ständigen Prozess verbindet.[1045]

[1044] Vgl. Deerberg, G. (2019), S. 6 f.
[1045] Vgl. Grimm, P. (2020), S. 6.

4.5.2 Makroökonomische Veränderungen

Auf der **makroökonomischen Ebene** wirken sich die Veränderungen respektive
Verwerfungen der global digitalisierten Prozesse zwangsläufig auch aus. Deren
Konsequenzen sind neben den monopolartigen Strukturen mit ihrer wettbe-
werbsfeindlichen Machtkonzentrationen vor allem in den Veränderungen gesellschaftlicher sowie sozialer Systeme zu sehen. Die erste sowie zweite industrielle Revolution automatisierte vor allem die muskeldeterminierte Handarbeit.
Allerdings wurden durch das parallel verlaufende, (fast) permanente Wachstum
die originären Arbeitsplatzverluste durch die Neuschaffung respektive Erhöhung der Arbeitsplätze an anderen Stellen überkompensiert.[1046] Im Gegensatz
hierzu treffen bei der Digital- Ökonomie jedoch verschiedene, unterschiedliche
Innovationsprozesse zeitgleich zusammen und eskalieren sich hierdurch gegenseitig. Bei der gegenwärtigen vierten industriellen Revolution[1047] werden vor
allem wissensbasierte, kognitive Arbeitsplätze im Dienstleistungsbereich digital
‚automatisiert' beziehungsweise in eine digital-kognitive Fließbandarbeit mit
endlich vielen kleinen, repetitiven, monotonen sowie durch Algorithmen auto-
matisierbare Funktionsmodule transformiert, so dass globale, kollaborative, digitale Netzwerke entstehen. Hierdurch entfallen einerseits jedoch gemäß Jerry
Kaplan wesentlich mehr Arbeitsplätze, als neue mit wesentlich anderen Anforderungen geschaffen werden.[1048] Der Verlust von Arbeitsplätzen hängt demnach davon ab, ob die menschliche Arbeit ersetzt oder ergänzt wird. Prinzipiell
generieren neue Aufgaben zwar neue Stellen, die jedoch grundsätzlich andere

---

[1046] So verringerte sich in Deutschland im Zeitraum 1995- 2015 die Anzahl der industriellen
Arbeitsplätze um eine Million, während die Stellenzahl im Dienstleistungssektor um mehr
als 3 Millionen stieg.
[1047] Die dritte Industrielle Revolution war die mikroelektronische Revolution der 70er und
80er Jahre des letzten Jahrhunderts nach der Elektrifizierung (2. Industrielle Revolution)
sowie der Einführung der Dampfmaschine (1. Industrielle Revolution); Brynjolfsson und
McAfee bezeichnen die Digitalisierung im Sinne der Digital- Ökonomie auch als zweites
Maschinenzeitalter.
[1048] Derzeit sind ca. 3,2 Mio Industrieroboter sowie 31 Mio Haushaltsroboter im Einsatz
gem. einer Hochrechnung der IFR (‚International Federation of Robotics') werden es bis
2025 ca. 5 Mio Industrieroboter sein; jeder neue Industrieroboter in einer Fabrik vernichtet durchschnittlich 3- 6 Arbeitsplätze. Vgl. Acemoglu, D. , Restrepo, P. (2017 a) ; in der
deutschen Automobilindustrie beträgt zwischenzeitlich die Relation zwischen menschlichen Werktätigen sowie Robotern schon 100 zu 1.

Qualifikationen erfordern. Allerdings kann gemäß der Wirtschaftstheorie nur die Erhöhung der Produktivität durch neue Technologien und somit die Nachfrage nach Arbeitskräften den Stellenabbau kompensieren.[1049] Verstärkt wird diese Konsequenz der Digital- Ökonomie noch durch Wirtschaftskrisen wie beispielsweise der Finanzkrise oder gesundheitlichen Epidemien oder Pandemien. Zum einen zeigen diese Krisen deutlich und zeitlich komprimiert die Schwachstellen tradierter, überholter Geschäftsmodelle auf und beschleunigen die Insolvenz der jeweiligen Unternehmen. Hierdurch werden sowohl Arbeitskräfte ohne Berufsausbildung als auch die gut ausgebildete Mittelschicht arbeitslos. Generell haben komplexere Tätigkeits- und Funktionsbereiche diesbezüglich eine größere ‚Überlebensfähigkeit'. Die Auswirkungen der Corona-Pandemie wirkten allerdings wie ein Katalysator, so dass digitale Arbeitsformen wie das ‚Home- Office' zwangsweise intensiv eingeführt wurden und ihre Effizienzvorteile und Funktionsfähigkeit bewiesen.[1050] Diese Tätigkeitsform wird aufgrund der Erfahrungen intensiviert werden, so dass bis zu fünfzig Prozent der Arbeitsplätze bei Dienstleistungsunternehmen in den kommenden Jahren ‚digitalisiert' werden. Die bisherigen Anwendungen bei Facebook und Amazon zeigen jedoch einerseits, dass dies zu niedrigeren Vergütungen führt, da sich diese an den individuellen Lebenshaltungskosten des jeweiligen Wohnumfeldes orientieren. Zum anderen erhöht sich hierdurch die Wettbewerbssituation auf dem Arbeitsmarkt, da das individuelle ‚Home-Office' mit seinem Abschied von der Präsenzkultur nunmehr quasi weltweit in Konkurrenz steht. Dies impliziert zwangsläufig eine Vergrößerung der unternehmensinternen sowie gesellschaftspolitischen Ungleichheiten, eine Vergrößerung des Prekariats als auch Divergenzen zwischen den Bildungssystemen und der Digitalisierung.[1051] Die bislang geographisch parzellierten Arbeitsmärkte verschmelzen somit zu einem, so dass die

---

[1049] Vgl. Acemoglu, D., Restrepo, P. (2017 b); allerdings ist das Produktivitätswachstum als sog. ‚anämisches Wachstum' durch Automatisierung und Digitalisierung in den letzten Jahren gesunken.

[1050] Neben den geringeren Kosten für Bürflächen, Dienstreisen sowie dem ökonomischen und ökologischen Zeitgewinn bei den Wegstrecken zum Arbeitslatz bleibt auch das ‚Kontrollprinzip' erhalten, bspw. durch Keylogger, die jeden Tastendruck erfassen oder regelmäßige Screenshots.

[1051] Allerdings sind disbezügliche Prognosen oder exakte Aussagen aufgrund mangelnder Datenerhebungen sowie dem Fehlen entsprechender Studien und Forschungen noch sehr unsicher.

physische Interferenz von Arbeitskraft und Arbeitsplatz aufgehoben wird. Zusätzlich werden die einzelnen Arbeitsprozesse immer ‚tayloristischer' gegliedert
werden, so dass durch dieses ‚Home-shoring' ein fast nahtloser Übergang zum
‚Crowdworking' ohne rechtliche sowie soziale Absicherung entsteht.[1052] Notwendig ist daher der Wandel zu einer ‚augmented humanity' im Sinne der Ent-
lastung von Routinetätigkeiten sowie der Nutzung von Kreativität, Empathie
und Innovationsfähigkeit. Diese tiefgreifende Veränderung der Arbeitsprofile
erfordert das frühzeitige und fast ständige Erlernen anderer Qualifikationen
und somit erhebliche Investitionen in Bildung und Ausbildung seitens der Unternehmen, der Beschäftigten als auch des Staates. Zum anderen impliziert die
Digital- Ökonomie die Diskontinuität zukünftiger Arbeitsbiographien. Für den
Menschen werden zukünftig sowohl ‚Mensch-zu-Maschine-Berufe' als auch
körperdominierte Tätigkeiten reserviert sein, die aufgrund ihrer Komplexität
nicht durch Computer- oder Robotersysteme ersetzt werden können, da diesen
die physikalisch- praktische sowie sensorische Intelligenz fehlt. Hierzu zählen
beispielsweise Masseure, Berater, Reinigungskräfte oder spezialisierte Dienstleister. Diese Entwicklung ist ironischerweise inhaltlich mit dem von Karl Marx
als ‚entfremdete Arbeit' definierten Tätigkeitsbereich identisch.

Hervorgerufen wird dies einerseits durch eine disruptive Veränderung der
Geschäfts- und Wertschöpfungsprozesse, die zu digitalen, kapitalintensiven
Konzentrationen und somit Monopolstrukturen sowie einer daraus resultierenden wesentlichen Steigerung des ‚shareholder value' führen wird, während der
Arbeitsanteil an der Wertschöpfung wesentlich sinkt.[1053] Michal Kalecki wies
schon im Jahr 1938 nach, dass der Anteil der Arbeitnehmer am Bruttoinlands-
produkt vom Monopolgrad der Unternehmen abhängig ist – zwar würden die
Löhne der direkt Beschäftigten überproportional steigen , jedoch sinken im gleichen Maße die Löhne der anderen ‚Ausgeschlossenen', so dass beispielsweise
die Zinspolitik der Nationalbanken wirkungslos wird.[1054] Die dadurch implizierte
De- Humanisierung der Arbeitswelt analog zum Taylorismus oder Neo-Tayloris-
mus vernachlässigt zwangsläufig die sozialen Bedürfnisse des sozialen Wesens

---

[1052] Bei Callcentern wird die Heimarbeit zur Rationalisierung und Flexibilisierung eingesetzt, so dass die einzusetzenden Mitarbeiter dem Auftragsvolumen effizient angepasst
werden können.
[1053] Vgl. Autor, D. et al (2017).
[1054] Vgl. Kalecki, M. (1986).

,Mensch' und generiert soziale Spannungen.[1055] Durch die Digital-Ökonomie sowie den daraus resultierenden ,algorithmischen Organisationsstrukturen' kop-
pelt sich die Lohnhöhe vom Produktivitätswachstum ab, da die Anforderungen
an Qualifikation und Ausbildung spezifisch wesentlich sinken.

Die hiermit verbundene Effizienzerhöhung kompensiert den durch die Globalisierung entstandenen Kostendruck bei den Unternehmen oder verringert
diesen zumindest. Hierdurch entstehen jedoch einerseits neben einer Deindust-
rialisierung mit einer geographischen Konzentration auf wenige Metropolen vor
allem nicht vertikal strukturierte, sondern ,schlanke', prekariatsgetriebene Unternehmen, die einen Großteil der Bevölkerung ausgrenzen, und zwar jene, die
einst die Basis der westlichen Mittelschicht bildeten.[1056] Zum anderen impliziert
diese Effizienzerhöhung nicht nur eine ,Arbeitsverdichtung', sondern durch die
damit verbundene ,ständige Erreichbarkeit' auch eine ,Lebensverdichtung'.
Weder ökonomische Systeme noch die ökonomische Logik oder das daraus resultierende Effizienzprinzip generieren aus sich heraus soziale respektive gesellschaftspolitische Verantwortung oder ein menschenwürdiges Leben.

Monopolartige Strukturen führen des Weiteren aufgrund der Marktkonzent-
ration[1057] per se zu rückläufigen Lohnquoten[1058], da große Firmen bei einer geringeren Beschäftigtenzahl schneller wachsen und hierdurch ihren Marktanteil
ständig steigern.[1059] Gleichzeitig werden die Markteintrittschancen neuer Wettbewerber entweder durch ,feindliche Übernahmen', Patentrechtsstreitigkeiten
oder andere Erschwernisse reduziert. Durch die damit verbundene Schwächung
des Wettbewerbes verringern sich Konkurrenzdruck sowie Investitionsquote.
Der hierdurch implizierte Druck auf die Lohnkosten bei gleichzeitigen Preiser-
höhungen führt zur Stagnation oder Absenkung der Realeinkommen, so dass
sich zwangsläufig gesellschaftspolitische Strukturveränderungen respektive

---

[1055] Vgl. Jänig, Chr. (2004), S. 28 ff.

[1056] So steuern bspw. bei der Crowdworker- Plattform ,Upwork' 250 reguläre Beschäftigte
ca. 250 Mio Crowdworker (davon 2,3 Mio in Deutschland).

[1057] In den USA erhöhten die vier größten Unternehmen in jeder Branche ihren Marktanteil seit 1980 von 15% auf 30%.

[1058] Da diese Unternehmen weniger Arbeitskräfte benötigen, sinkt der Lohnanteil in Relation zum Gewinn; gem. einer Untersuchung der Bertelsmann- Stiftung im Jahr 2018 ist der
Lohnanteil im Dienstleistungsbereich seit 1980 von 70% auf 56% gesunken. Der mtl. Lohn-
verlust betrug bei Anwälten ca 1 T€, im Gesundheits- und Entsorgungsbereich ca. 2,2 T€.

[1059] Vgl. Autor, D. et al (2017).

,Schieflagen' ergeben.[1060] Die Konsequenz ist eine neue hochqualifizierte Mittelschicht sowie eine quantitativ wachsende prekäre Unterschicht im gering qualifizierten Dienstleistungsbereich. Hierdurch entsteht ein xenophober Diskurs vor dem Hintergrund einer demographischen Instabilität sowie der Krise der liberal-demokratischen Politik. Verschärft wird dieses Problem noch dadurch, dass die ,neuen' Arbeitsplätze teilweise so niedrig entlohnt werden, dass die Stelleninhaber nicht mehr ohne zusätzliche Sozialleistungen davon leben können. Dies generiert die sogenannte prekäre ,Surplus Humans'.[1061]

Die Digital- Ökonomie impliziert somit auch eine Polarisierung der Stellen im Arbeitsmarkt, da sowohl die Anzahl der gut bezahlten als auch der schlecht bezahlten Beschäftigten steigen wird, während die Arbeitsplätze der Mittelschicht (Facharbeiter) mit repetitiven Tätigkeiten fast vollständig eliminiert werden.[1062] So wird beispielsweise durch Roboter die Industrieproduktion dergestalt verändert, so dass sie nicht mehr eine ausreichende Anzahl an Arbeitsplätzen in den geburtenstarken Niedriglohnländern bieten kann. Hierdurch werden zwangsläufig Wanderungsbewegungen ausgelöst werden. Schon Keynes warnte 1930 sowie Adorno im Rahmen seines Vortrages im Jahre 1967 vor den Folgen einer hohen ,technologischen Arbeitslosigkeit'.[1063] Daher wird derzeit wieder - wie bereits in den zwanziger sowie siebziger Jahren des letzten Jahrhunderts aufgrund der Automatisierung in der Industrie - über eine sogenannte Maschinen- respektive Robotersteuer in Kombination mit höheren Steuern für Energie- und Ressourcenverbrauch diskutiert. Bekanntlich beruht das heutige Steuermodell auf einer Initiative des damaligen Völkerbundes aus dem Jahr Neunzehnhundertfünfundzwanzig mit dem Fokus auf dem physischen Betriebsstättenkonzept: Dort, wo sich die Produktionseinrichtungen befinden und die Mitarbeiter beschäftigt werden, müssen die Steuern entrichtet werden. Soziale Netzwerke und Plattformen benötigen jedoch keine lokale, physische Präsenz

---

[1060] Die Preisaufschläge (sog. Mark Up) stiegen in den USA seit 1980 von 18% auf 67%, während die Realeinkommen der unteren Klassen im gleichen Zeitraum stagnierten.
[1061] Vgl. Livingstone, J. (2016).
[1062] Diese sog. ,Maschinenfrage' wurde erstmals von D. Ricardo vor dem Hintergrund der ersten Industriellen Revolution definiert.
[1063] Vortrag ,Aspekte des neuen Rechtsradikalismus' in der Universität Wien. Vgl. Adorno, Th. (1967).

zur Generierung von Umsätzen und Gewinnen mittels der Nutzer mehr.[1064] So ergaben Hochrechnungen im Jahr 2013 von Michael Osborne und Carl B. Frey durch die Analyse von siebzig Berufsgruppen sowie deren Hochrechnung auf insgesamt 702i Tätigkeitsbereiche, dass circa siebenundvierzig Prozent der derzeitigen Arbeitsplätze in den USA sowie 54 Prozent in Europa ‚wegdigitalisiert‘ respektive durch die Digital- Ökonomie eliminiert werden.[1065] Zwar werden neue Jobs in den Bereichen Organisation, Koordination, Controlling, Beratung, Coaching, Weiterbildung, Maschinensteuerung, Überwachung, Maschinenethik, Evaluierung, Reglementierung und Regulierung sowie Recht für Ingenieure, Robotertechniker als auch Softwarespezialisten generiert werden. Diese haben jedoch zwangsläufig vollkommen andere Anforderungsprofile sowie (Aus-)Bildungsgrundlagen. Die mit der Digital- Ökonomie einhergehende Komplexitätserhöhung generiert daher neue Funktionen zur Reduzierung dieser Komplexität respektive Regulierung. Deren Sinn erschließt sich für den Außenstehenden häufig nicht, so dass David Graeber auch von sogenannten ‚Bullshit-Jobs‘ spricht.[1066] Somit wird die digitale Automatisierung der Gesellschaft zu einer neuen gesellschaftlichen Armut führen.[1067] Zwar entstehen neue digitale Arbeitsplätze, die allerdings von den traditionell ausgebildeten Arbeitnehmern nicht besetzt werden können, so dass diese in eine strukturelle, hohe Dauer-

---

[1064] Die OECD will daher bis Ende 2020 ein neues Steuermodell entwickeln, das auf Umsatz, einer signifikanten ökonomischen Präsenz (letztlich kann dies eine Webseite sein) auf Markenrechten oder einer globalen Mindeststeuer basiert; ironisch sei angemerkt, dass scheinbar makroökonomisch auf das Zeitalter der Kapitaleigner nunmehr das Zeitalter der Roboterbesitzer folgt. Vgl. Lange, H., Santarius, T. (2018).

[1065] Vgl. Frey, C.B., Osborne, M (2013); aus Sicht der Statistik ist deren Hochrechnung allerdings problematisch. Gem. des ZEW in Mannheim (‚Revisiting the Risk of Automation‘) beträgt die Prognose für Deutschland ca. 42% und ca. 36% gem. der OECD, während Jack Ma, der Gründer vonAlibaba, weltweit von ca. 800 Millionen Jobs ausgeht; in alternden Gesellschaften wird der Arbeitsplatzverlust allerdings teilweise durch den demographischen Wandel reduziert werden- dies gilt jedoch nicht für ‚junge Gesellschaften‘ wie in den Schwellenländern; insgesamt lässt sich die Entwicklung der prognostizierten Arbeitsplatzverluste jedoch nicht exakt vorhersagen.

[1066] Vgl. Graeber, D. (2018).

[1067] Analog zur Verarmung der früheren ‚digitalen Analphabeten‘. Vgl. Jänig, Chr. (2004), S. 42 ff; die jeweiligen Prognosen bewegen sich analog zur biblischen Tradition zwischen Apokalypse (Massenarbeitslosigkeit sowie gravierende Armut) und Paradies (Abschaffung der Arbeit); nicht unterschlagen werden soll jedoch, dass hinsichtlich der Auswirkungen eine Diskussion zwischen zwei Antipoden existiert: den bedingungslosen Technikgläubigen sowie den Apokalyptikern.

arbeitslosigkeit geraten. Hierdurch wird die Spanne zwischen den gutverdie-
nenden Gewinnern sowie den Verlierern ohne oder mit niedrigen Schulab-
schlüssen wesentlich vergrößert. Des Weiteren werden auch die entstehenden
‚Service- Jobs‘ durch Automatisierung sowie Robotereinsatz grundlegend ersetzt werden. Andre Oppenheimer[1068] prognostiziert deshalb eine ‚Dreiteilung‘
der Gesellschaft: An der Spitze befindet sich eine zahlenmäßig geringe ‚Elite‘,
die den technologischen Wandel beherrscht sowie sich zunutze macht; die Mit-
telposition nehmen dann die ‚Servicekräfte‘ für diese Elite, beispielsweise Fit-
nesstrainer, Mediatoren und dergleichen, ein. Die quantitativ überwiegende
Unterschicht wird durch die Arbeitslosen repräsentiert, die mit einem ‚bedingungslosen Grundeinkommen‘ abgefunden beziehungsweise ‚ruhiggestellt‘
werden (sollen). Erforderlich sind jedoch vielmehr eine stringente, systemische
sowie immerwährende Weiterbildung im Sinne einer zukunftsorientierten Ausbildung als auch Umqualifizierung, damit die Arbeitnehmer auf dem Arbeitsmarkt während ihrer Beschäftigung wettbewerbsfähig sind und bleiben. Plakativ wird hierfür häufig der Begriff des ‚lebenslangen Lernens‘ benutzt. Dieses
Narrativ ist jedoch eher ein Schlagwort als ein Konzept, da jede Verantwor-
tungsebene- Beschäftigte, Arbeitgeber, Wirtschaftsverbände, Weiterbildungs-
träger sowie Politik - etwas anderes darunter versteht oder subsumiert. Differenziert man zwischen formaler (Maßnahmen mit formalem Abschluss), non-
formaler (Seminare, Lehrgänge et cetera) sowie informeller Weiterbildung (Ta-
gungen, Kongresse), so wird schnell ersichtlich, dass im Gegensatz zum Schul-
und Berufsausbildungssystem keine einheitliche Systematik respektive ein
mehrstufiges Konzept existiert. Zwar soll das sogenannte ‚Qualifizierungschan-
cengesetz‘ vom Januar 2019 auch die fördern und qualifizieren, deren Arbeitsplätze durch die Digital-Ökonomie gefährdet sind oder ersetzt werden. Die Inanspruchnahme erfolgt jedoch nur aufgrund der ‚Freiwilligkeit‘, die wiederum
von den situativ- individuellen Kontextbedingungen, der Zustimmung des Ar-
beitsgebers sowie der späteren Verwendbarkeit im Unternehmen determiniert
wird. Notwendig ist daher sowohl ein prinzipieller, gesetzlicher Anspruch auf
Weiterbildung als auch die generelle Motivation der Beschäftigten.

Die Digital-Ökonomie wird somit analog zur Globalisierung zum Einen die
größte Umverteilung von Einkommen seit der ersten industriellen Revolution

---

[1068] Vgl. Oppenheimer, A. (2019).

implizieren.[1069] Dies hat einen Digitalfeudalismus, bei dem viele nur geringe Löhne haben, zur Folge.[1070] Philipp Staab spricht diesbezüglich auch von einem **Digitalprekariat**, da die neu geschaffenen Dienstleistungsarbeitsplätze, wie beispielsweise die Paketboten der Internethändler, Amazon- Auslieferer und Pizzaboten, nur relativ niedrige Lohnkosten[1071] auf Grund der Online- Geschäftsmodelle implizieren.[1072] Eine Lohnerhöhung würde für die betreffenden Unternehmen direkt eine Kostenerhöhung hervorrufen, da die Produktivität dieser einfachen, repetitiven Tätigkeiten nur sehr begrenzt gesteigert werden kann. Durch diese Gig-Ökonomie als Kapitalismus in seiner reinsten Form wird für eine anonyme Menge von konkurrierenden Einzelkämpfern ein durchökonomisiertes Leben generiert. Der ‚Wert' dieser selbstausgebeuteten Tagelöhner besteht ausschließlich im Preis der verkauften Arbeitsleistung auf einem digitalen Marktplatz zugunsten der Plattformen als monopolistische Konzerne. Intensiviert wird dieses Dilemma noch durch den geringen Organisationsgrad, der Vielfältigkeit sowie der Disparität der Beschäftigten.[1073] Die Digital- Ökonomie sowie die in ihrem Verlauf entwickelten Produkte, Methoden und Verfahren wird zum Anderen die internationale Arbeitsteilung intensivieren und somit einen weiteren massiven Arbeitsplatzverlust bei den unteren Einkommensgruppen[1074] sowie der klassischen Mittelschicht herbeiführen.[1075] Durch die Blockchain-Technologie beispielsweise werden die Datensätze in ‚verkettete Blöcke' aufgeteilt, die in verschlüsselter Form auf Hunderten oder Tausenden Rechnern dezentral und fälschungssicher parallel gespeichert werden. Hierdurch können

---

[1069] Hierbei wurden vor allem repetitive Arbeitsplätze im Produktionssektor der Industrieländer reduziert.

[1070] Gem. Marc Andressen frisst die Software die kapitalistische Welt auf.

[1071] Auch als ‚3-D Jobs' bezeichnet: dirty, dangerous, demeaning; d ie Löhne sind ca. 25% niedriger gegenüber den vergleichbaren Industrielöhnen.

[1072] Der Online- Handel in Deutschland hat 2016 einen Umsatz von ca. 60 Mrd. € erreicht – bei ca. 100.000 Betrugsfällen durch sog. ‚Fake-shops'.

[1073] Ca. 14% gegenüber 80% in der Industrie.

[1074] Bspw. entfallen durch das ‚autonome Fahren' von LkW's die Fahrerarbeitsplätze; die KI führt zur Auflösung personeller Call-Center; 3D- Drucker verändern industrielle sowie handwerkliche Prozesse usw.

[1075] Gem. einer Studie von Daron Acemoglu am MIT werden hierbei überwiegend Männer mit ihren ‚Tunnelbegabungen' ersetzt werden, da diese formalisierbar und somit automatisierbar sind – vgl. Acemoglu, D. , Restrepo, P. (2017a); gem. einer Studie des IAB (Institut für Arbeitsmarkt- und Berufsforschung werden bspw. 50% der Tätigkeit eines Personalreferenten ‚automatisiert'.

Konten, Buchungen sowie Transaktionen effizienter abgebildet und sicherer gespeichert werden.[1076] Manche sehen in der Blockchaintechnologie einen ähnlichen Evolutionssprung wie bei der Einführung der Doppik in der Renaissance.

Ergänzend kommt hinzu, dass gemäß der Auffassung von Annette Bernhardt
zwar wenige repetitive Arbeitsplätze bestehen bleiben. Da sich zwangsläufig
sehr viele Menschen auf diese wenigen Stellen konzentrieren müssen, entsteht
im Rahmen der ‚Gig-Ökonomie‘ der sogenannte ‚race to the bottom‘. Dies gilt
analog auch für nicht digitalisierbare Dienstleistungsberufe, beispielsweise für
Erzieher, Altenpfleger oder im Bereich der Kinderbetreuung. Auch wird hier die
massive Konkurrenz der Bewerber zu niedrigeren Löhnen führen, so dass eine
Spaltung des Arbeitsmarktes die Folge sein wird.

[1076] Hierdurch verändert die Blockchain- Technologie u.a. die Funktion und Tätigkeit von
Notaren, Bankmitarbeitern etc.

4.5.3 Veränderungen mikroökonomischer Prozesse

Auf der **mikroökonomischen** Ebene liegt der wirtschaftliche Fokus wie bei allen wirtschaftstechnologischen Evolutionen auf der Kosten- sowie der Zeitreduzierung im Hinblick auf die Fertigungs-, Dislozierungs-, Logistik-, Marketing- sowie Kundenprozesse. Hierdurch wird fast zwangsläufig eine Intensivierung der Konkurrenz- und Wettbewerbssituation impliziert werden und sehr wahrscheinlich zu monopolartigen Strukturen führen, da Technik seit der Ersten Industriellen Revolution per se nicht (wert-)neutral, sondern immer zweckorientiert ist. Diese Zwecke konterkarieren allerdings häufig individuelle sowie gesellschaftspolitische Ziel- und Zwecksetzungen und führen zu gesellschaftspolitisch- sozialen Transformationsprozessen. Parallel dazu werden sich allerdings auch die Struktur der Globalisierung sowie die darauf basierenden Geschäftsmodelle verändern, da sich die Perspektive von globalen auf lokale respektive ‚glokale‘, kundenfokussierte Produkte verlagern wird.[1077] Ebenso wird die Grenze zwischen dem Physischen sowie dem Digitalen verschwimmen werden. Zu berücksichtigen ist hierbei desweiteren auch, dass sich im Rahmen eines kognitiven ‚denkbarrierefreien Denkens‘ innovative Digitaltechnologien sowie disruptive Prozesse gegenseitig eskalieren werden.

Digital- Ökonomie und Robotik verändern somit die Struktur der übrig gebliebenen Arbeit sowohl national als auch international durch ‚Job sharing‘, globaltayloristischer ‚Zerlegung‘ der Prozesse sowie dem massiven Einsatz situativ und fakultativ beschäftigter ‚Freelancer‘. Die Folge wird ein weiterer Neo- Taylorismus in Kombination mit einer Prekarisierung sein.[1078] Beispielhaft hierfür kann das sogenannte ‚Crowd- oder Clickworking‘ angeführt werden, bei dem durch spezialisierte Plattformen[1079] als sogenannte ‚Marktplätze ‘ Aufträge analog zum Taylorismus in winzige, repetitive sowie spezifische Teilfunktionen und Tätigkeiten zerlegt und dann ‚outgesourct‘ werden.[1080] Die kognitive ‚Kopfarbeit‘ wird hierbei fließ-

---

[1077] Beispielsweise durch 3D-Drucker im Rahmen der ‚Additiven Fertigung‘(AM) im Gegensatz zu den subtraktiven CAD- Verfahren; vgl. zur ‚Glokalisierung‘ auch Jänig, Chr. (2004), S. 46 f.

[1078] Vgl. Jänig (2004), S. 68 ff.

[1079] Bspw. die 2005 von Amazon gegründete Plattform ‚Mechanical Turk‘.

[1080] So organisiert und plant die Plattform ‚Upwork‘ in San Francisco mit 250 Mitarbeiterinnen mittels der Digital-Ökonomie die Teilzeittätigkeiten von 250 Mio. Selbständigen in aller Welt; hierdurch wird eine globalisierte Lohnabwärtsspirale mit dem Fokus auf preiswertere Arbeits-/ resp. Dienstleistungsangebote intendiert. Der monatliche Durchschnittsverdienst eines Crowdworker beträgt ca. 144 €, so dass ein digitales Proletariat entsteht.

bandmäßig strukturiert, organisiert und auf überwiegend freie Mitarbeiter nach Bedarf wie in einem arbeitsteiligen Schwarm verteilt, so dass die ‚Arbeitsverhältnisse' schon nach wenigen Minuten beendet sind.[1081] Das Spektrum dieser Mikrojobs reicht von kurzzeitigen und kurzfristigen Onlinejobs bis zur Anbahnung digitaler Dienstleistungen. Deren Bandbreite reicht von hochqualifizierte, wissensbasierten Dienstleistungen bis zu einfachen Handreichungen respektive Aufgabenstellungen für sogenannte Niedrigqualifizierte, beispielsweise Paketboten oder ‚clickworker'. Diese häufig formal selbstständigen Kontingenzkräfte in hybriden Arbeitsverhältnissen müssen sich immer wieder um kleinteilige Arbeitsaufträge mit geringem Entgelt bewerben.[1082] Basis dieser Entkopplung von Arbeitsort, Arbeitszeit und Arbeitsleistung sind in der Regel keine Arbeitsverträge, sondern Dienstleistungs- und Werkverträge. Im Endeffekt wird nicht die Arbeitskraft, sondern ein Ergebnis zu einem definierten Zeitpunkt geschuldet, so dass das unternehmerische Risiko auf die Arbeitskraft überwälzt wird. Aufgrund des Plattformcharakters sind die Crowd- respektive Clickworker sogenannte ‚Solo- Selbständige', so dass bei dieser digitalisierten ‚kapitalistischen Ausbeutung' keine Arbeitnehmerrechte existieren.[1083] Da die arbeitsrechtliche als auch die zivilrechtliche Problematik hinsichtlich der Entgeltansprüche für die geleistete Arbeit ungeklärt ist, besteht ein asymmetrisches Machtungleichgewicht zwischen den Solo-Selbständigen sowie den Plattformen besteht. Des Weiteren sind überwiegend Auftraggeber sowie Zweck und Zielsetzung des Auftrages unbekannt, so dass hieraus sowohl eine Entfremdung von Aufgabe und Arbeit als auch wegen fehlender Arbeitszeitgrenzen eine Entgrenzung der Arbeitszeit resultiert.[1084]

[1081] Sogenannte Gig- Ökonomie; in Deutschland sind gemäß einer Studie des Bundesarbeitsministeriums (2018) ca. 1 Mio. Clickworker registriert, von denen ca. 250000 ständig Aufträge über sog. Accounts bearbeiten und ein monatliches Durchschnittseinkommen von ca. 400 € erzielen; 2025 werden vermutlich in den USA ca. 40 Millionen Freelancer tätig sein.

[1082] Gem. des ‚Crowdworking- Monitors des Bundesarbeitsministeriums haben im Jahr 2018 ca. 5% der über Achtzehnjährige auf diesen Plattformen Einkünfte unter dem Mindestlohn erzielt; gem. der Studie der Bertelsmann- Stifung aus dem Jahr 2018 ist dies für 99% ein Nebenjob.

[1083] Derzeit findet vor dem LAG München ein Prozess gegen die Plattform ‚Roamler' mit der Forderung einer Festeinstellung a.G. der wirtschaftlichen Abhängigkeit des Clickworkers statt.

[1084] Amazon Mechanical Turk mit ca. 0,5 Mio registrierten Clickworkern wirbt mit dem Slogan ‚24/7/365'.

4.5.4   Gesellschaftliche Strukturveränderungen

Der Wandel der Arbeit durch die Digital-Ökonomie beinhaltet somit nicht nur
eine technologische, sondern auch eine gesellschaftliche Dimension, da fast alle
Arbeits-, Kommunikations- und soziologischen Formen in die digitale Sphäre
transformiert werden. Hierdurch entstehen entgrenzte, polarisierende Sozialstrukturen. Dies impliziert zwangsläufig einen Wertewandel, der eine andere
Definition von Arbeit und Gemeinwohl als auch den darauf basierenden Tätigkeiten notwendig macht und somit einen neuen, anderen gesellschaftspolitischen Sozialkontrakt erfordert. Die neue Form einer globalisierten sowie digitalisierten Arbeitsteilung respektive Arbeitsorganisation impliziert somit sowohl
disruptiv-tektonische Veränderungen der Wirtschafts- und Gesellschaftsstrukturen als auch ein digitales Proletariat mit prekären Gehaltsstrukturen bei gravierenden Veränderungen der Sozialsysteme.[1085]

Im Gegensatz zu der Annahme von Jean Fourastie[1086] sowie dem von Stewart
Brand[1087] und Timothy Leary prognostizierten ‚Befreiungspotenzial' wird die digitale Dienstleistungsgesellschaft nicht zur Befreiung beziehungsweise ‚zum
Ende der knechtischen Arbeit' führen, da sich die Produktivität dieser ‚outge-
sourcten' repetitiven Arbeit kaum oder gar nicht mehr steigern lässt, so dass
Lohnerhöhungen direkt zu Kostenerhöhungen der auftragserteilenden Unternehmen führen würden und daher aus wirtschaftlicher Sicht vermieden werden
(müssen). Des Weiteren existiert auf diesem hart umkämpften Markt nur ein
sehr geringer Organisationsgrad, so dass eine Verhandlungsmacht kaum existiert. Diese sogenannte ‚Flexibilisierung' der Lebensverhältnisse wird demnach
dazu führen, dass sich die meisten Erwerbstätigen nicht mehr ihrer sozialen Situation sicher sein können, da bis zu siebenundvierzig Prozent der erzielten Einkünfte als Sozialversicherungsbeiträge einschließlich des Arbeitgeberanteiles
theoretisch abgeführt werden müssten. Da dies überwiegend nicht erfolgt, stehen die sozialen Sicherungssysteme im Notfall auch nicht zur Verfügung.[1088]
Zur sozialen Absicherung dieser faktisch prekär Beschäftigten wäre es daher

---

[1085] Vgl. hierzu auch die Studie ‚Die Abwicklung' von George Packer. Vgl. Packer, G. (2014).
[1086] Vgl. Fourastie, J. (1969).
[1087] Vgl. Brand, St. (1989).
[1088] Steuern werden überwiegend auch nicht abgeführt und können mangels Daten auch
nicht erhoben werden.

erforderlich, dass die Sozialversicherungsbeiträge einschließlich der Altersvor-
sorge von den Plattformbetreibern respektive Auftraggebern übernommen und
abgeführt werden sowie. Des Weiteren müssen diese für die Einhaltung des So-
zialversicherungsregelwerkes durch ihre jeweiligen Subunternehmer haften.
Auf Grund der globalen Dislozierung sowohl der Auftraggeber als auch der Auf-
tragnehmer wird dies kaum möglich sein, so dass alternativ nach dem Vorbild
der deutschen Künstlersozialkasse die Auftraggeber die Einzahlungen vornehmen sollten.

Dieses digitale Proletariat respektive ‚digital bohème' mit immer stärker
fragmentierten Arbeitsplätzen kann zwangsläufig eine vernünftige Lebens-, Fa-
milien- sowie Berufsplanung im klassischen Sinn kaum realisieren.[1089] Des Weiteren wird eine soziale Mobilität im Sinne eines gesellschaftlichen Aufstieges
fast unmöglich gemacht. Neben dem (fast absoluten) Verlust der Privatsphäre
dieser Arbeitskräfte aufgrund des Zwanges zur ständigen Erreichbarkeit sowie
ihrer ‚Degradierung' vom Objekt zum Subjekt wird sich auch der Stellen- und
Marktwert des individuellen Besitzes von Wissen[1090] wesentlich verändern beziehungsweise gravierend entwertet werden. Dies beeinflusst allerdings auch
entscheidend die bekannten individuellen Risiken und Unsicherheiten, vor allem im Berufs- und Ausbildungsbereich.[1091] Karrieren sind daher kaum noch
planbar, das berufliche Leben wird zur ‚Patchworkbiographie'.[1092] Hierdurch
wird eine mehrdimensionale, komplexe Transformation des individuellen Lebenskontextes mit der Implikation von ökonomischen Sorgen sowie hieraus resultierenden viralen Ängsten vor dem Planungs- und Kontrollverlust intendiert.

Prognostiziert werden kann daher ein grundsätzlicher Struktur- und Wertewandel der Gesellschaft mit polarisierenden Sozialstrukturen bei parallel ver-
laufenden Auf- und Abstiegsprozessen sowie einer explosiven Verlagerung der
Arbeitsplätze in den tertiären Sektor in Verbindung mit einer Differenzierung in
eine marginale Wissensökonomie sowie einem wesentlich größeren prekären
Dienstleistungsproletariat.[1093] Hierdurch wird nach Helmut Schelsky die tradi-

---

[1089] Vgl. Friebe, H., Lobo, S. (2006).

[1090] Faktenwissen ist das Wissen der Vergangenheit....

[1091] Fraglich ist, ob hier noch das Humboldt'sche Bildungsideal gelten kann: die Fähigkeit,
individuelle Anweisungen sowie die allgemeine Ausbildung sowohl zu verstehen sowohl zu
verstehen als auch individuell sowie intuitiv in kreativer Weise umzusetzen.

[1092] Vgl. Jänig, Chr. (2004), S. 68 ff.

[1093] Derzeit rd. 75%.

tionelle ‚nivellierte Mittelstandsgesellschaft' zerstört. Eine der Ursachen hierfür ist, dass die Digital-Ökonomie in der derzeitigen Phase überwiegend keine unmittelbare, sondern nur eine indirekte Wertschöpfung generiert. Auf Grund der Struktur der Alterssicherungssysteme, die nur denjenigen eine ausreichende Rente gewähren, die auch viel während des Berufslebens eingezahlt haben, erhöht sich die Altersarmut erheblich, was mittelfristig auch zu einer Absenkung des Intelligenzquotienten führen kann.[1094] Zum anderen stellen sich hieraus folgend Fragen nach einer ‚gerechten' Einkommensverteilung[1095] respektive einem staatlich gewährten bedingungslosen Grundeinkommen.[1096] Auch wenn nicht jeder seinen Job verlieren wird, so werden jedoch viele bei geringerem Gehalt weniger arbeiten (müssen).[1097] Die zwangsläufige Konsequenz sind geringere Abgaben für die Sozialversicherung sowie geringere Steuereinnahmen. Hierdurch wird sich die Schere zwischen den Sozialausgaben des Staates sowie den Einnahmen aus Lohn- und Einkommensteuer weiter öffnen. Die durch Globalisierung und Digital- Ökonomie implizierte Ungleichheit und Prekarisierung sowie die damit einhergehende ‚Abschaffung der Arbeit' hat daher die Debatte über ein ‚**bedingungsloses Grundeinkommen**' wieder aufleben lassen.[1098] Eine der ökonomischen sowie statistischen Grundlagen hierfür lieferte Thomas Piketty mit seiner Grundlagendiskussion sowie der umfassenden Datenanalyse

---

[1094] Vgl. Mullainathan, S., Obermayer, Z. (2017), S. 476 ff; allerdings liefert ein Intelligenztest keine exakte Zahl, sondern ‚nur' ein Intervall, in dem mit einer spezifischen Wahrscheinlichkeit die wahre Intelligenz des Probanden liegt-desweiteren wird häufig die fluide Intelligenz als angeborener Anteil gemessen, nicht jedoch der Einfluss von Sozialisation, Motivation, Frustrationstoleranz, Ausmaß der Gehirnentwicklung etc. . Neben der Sozialisation etc. beeinflussen jedoch auch der Mangel an Jod (impliziert die Minderproduktion von Schilddrüsenhormonen) sowie Chemikalien, die beispielsweise in Pestiziden sowie Flammschutzmitteln (PBDE) als ‚endokrine Disruptoren' enthalten sind, das Hormonsystem und somit den IQ.
[1095] Hier gilt das ‚Wohlstandsparadoxon': je besser es einem geht und je geringer die weitere Steigerung sein kann oder sein wird, desto größer ist die Angst vor einem Niedergang- dies gilt vor allem für die Mittelschicht mit einem Median- Einkommen.
[1096] Der Begriff ‚Grundeinkommen' besitzt mehrere inhaltlich divergierende Definitionen – beginnend bei Thomas Morus (Utopia, 1516),Thomas Paine (1796) über Erich Fromm, Milton Friedmann (als negative Einkommensteuer), Ralf Dahrendorf, Martin Luther King bis zu Brynjolfsson sowie Joe Kaeser, Elon Musk und Timotheus Höttges.
[1097] Brynjolfsson/Mc Afee verlangen daher ein ‚basis income', das in Abhängigkeit vom realen Einkommen dynamisiert ist (analog zum deutschen ‚Aufstockerzuschuss'). Vgl. Brynjolfsson, E./ Mc Afee, A. (2014).
[1098] Siehe auch die 1985 gegründete Initiative ‚Basic Income Earth Network (BIEN').

mit den daraus resultierenden ökonomischen Verbesserungsvorschlägen.[1099]
Das Prekariat als Verlierer der neoliberalen Globalisierung und Digital-Ökonomie soll aufgrund der sich schon fast exponentiell veränderten ungleichen Ein-
kommensentwicklung durch eine ‚Umverteilung von oben nach unten' entlastet
werden. Die wirtschaftspolitischen Deregulierungen und Steuergesetze der
achtziger und neunziger Jahre des letzten Jahrhunderts hatten in der westlichen
Welt durch eine Senkung der Einkommenssteuer von 56 bis 70 auf 25 bis 40
Prozent bei einer parallel dazu vorgenommenen wesentlichen Erhöhung der indirekten Steuern dazu geführt, dass Geringverdiener einen höheren Anteil ihres
Gesamteinkommens an den Staat abführen mussten als die Gutverdiener. Des
Weiteren stieg deren Besitzanteil am Volksvermögen um mehr als ein Drittel,
während die unteren neunzig Prozent der Bevölkerung nur noch über ein Fünf-
tel des Gesamtvermögens verfügen.[1100] Als ‚Pendelumschwung' im Sinne eines
‚fair share' soll nunmehr eine Gegenbewegung zum Neoliberalismus durch eine
bewusste und gezielte soziale Interventionspolitik des Staates erfolgen. Durch
diese Umkehrung des ‚Shareholder-Value-Denkens' in ein ‚Stakeholder-Value-
Denken' sollen auch die durch die Ungleichheit ausgelösten xenophoben sowie
identitären populistischen Reaktionen zumindest reduziert werden. Neben dem
Verbot der Steuerflucht umfassen die Vorschläge für höhere Einkommen- und
Vermögensteuern für Reiche im Sinne einer größeren Steuergerechtigkeit Ein-
kommensteuersätze zwischen siebzig und neunzig Prozent sowie Vermögensteuern von über siebzig Prozent respektive eine jährliche Vermögensabgabe
von zwei Prozent. Hochrechnungen ergaben allerdings, dass ein ‚bedingungsloses Grundeinkommen' für alle nicht allein durch derartige ‚Reichensteuern'
refinanziert werden kann, so dass die Steuerlast auch des ‚Mittelstandes' erhöht werden müsste. Um beispielsweise das dafür in Deutschland erforderliche
Finanzvolumen von circa einer Billion Euro zu refinanzieren, müsste des Weiteren auch das derzeitige Sozialsystem grundlegend verändert respektive sogar
abgeschafft werden. Ein ‚bedingungsloses Grundeinkommen' ist somit auf der
Grundlage der heutigen Strukturen und Systeme nicht finanzierbar.[1101] Zu

---

[1099] Vgl. Piketty, Th. (2014) und (2016).

[1100] Diese unverhältnismäßige Konzentration von Reichtümern in wenigen Händen wurde
von Hegel als ‚Finanzaristokratie' bezeichnet.

[1101] F. Rieger plädiert daher für eine neue Maschinen- resp. Robotersteuer zur Sicherung
eines Grundeinkommens im Sinne einer Sozialisierung der Automatisierungsdividende; die
hieraus resultierenden Einnahmen können zusätzlich durch eine Monetarisierung der

beachten ist jedoch, dass der Verlust von Arbeitsplätzen in Abhängigkeit von den jeweiligen nationalen Sozialsystemen nicht unbedingt identisch mit Armut ist. Zu berücksichtigen ist des Weiteren, dass sowohl die staatliche Belastungshöhe durch ein steuerfinanziertes Grundeinkommen als auch dessen Auswirkungen auf die sozialen und gesellschaftspolitischen Strukturen sowie die individuellen respektive motivationalen Anreizstrukturen auf Grund der nicht ausreichenden empirischen Datenlage unbekannt sind. Schließlich ist zu bedenken, dass hierdurch die Arbeit eventuell als negativ angesehen, diskriminiert wird. Paul Romer vertritt daher die Auffassung, dass ein bedingungsloses Grundeinkommen zur Spaltung der Gesellschaft führen kann, da die arbeitende Minderheit über höhere Steuern die Mehrheit alimentieren müsste.[1102] Dies führt einerseits zur Abwertung des gesellschaftlichen Gutes ‚Arbeit' und andererseits zur Demotivation der Leistungserbringer. Nachhaltiger sind vielmehr Subventionen für gering entlohnte Arbeit als Steuern auf hohe Einkommen.

Eine Variante des ‚bedingungslosen Grundeinkommens' ist das ‚**solidarische Grundeinkommen**', das von der Überlegung ausgeht, dass eine Beschäftigung die gesellschaftliche Teilhabe ermöglichen soll. Ein bedingungsloses Grundeinkommen wäre demnach nur dann gerechtfertigt, wenn die Betreffenden auf dem regulären Arbeitsmarkt absolut nicht mehr vermittelbar wären. Dies würde allerdings auch implizieren, die sonstigen staatlichen Transferzahlungen zu evaluieren beziehungsweise besser aufeinander abzustimmen. Festgehalten werden kann allerdings aus der neuropsychologischen Perspektive, dass eine prekäre Einkommenssituation in Kombination mit der Angst vor dem sozialen Abstieg zu einem gefühlten Kontrollverlust führt. Ein solidarisches Grundeinkommen würde somit zumindest die materielle Angst etwas reduzieren, jedoch das Selbstwertgefühl auf Grund einer sinnvollen und ausreichend bezahlten Arbeit nicht erhöhen. Ein positives Lebensgefühl wird hierdurch nicht intendiert, so dass die Angst vor dem Kontrollverlust weiterhin dominant bleiben wird. Um die damit verbundene Prekarisierung respektive Massenarmut zu verhindern, muss dies zwangsläufig auf der digitalen Ebene der Wertschöpfung kompensiert werden. Diese Jobs erfordern allerdings andere Ausbildungsstandards, Kenntnisse und Fähigkeiten. Daher sind regulative Maßnahmen des Staates in

---

bislang kostenlos abgeschöpften individuellen Daten noch wesentlich gesteigert werden. Vgl. die entsprechenden Ausführungen in Abschnitt 5.2.
[1102] Vgl. Romer, P. (2018), S. 36.

Verbindung mit einer Arbeitsmarktpolitik, die die Qualifikation der Beschäftigten an die Anforderungen der Digital- Ökonomie anpasst, zwingend notwendig. Dies beinhaltet auch den staatlichen Auf- und Ausbau einer digitalen Wissensinfrastruktur sowie eine intelligente Gestaltung der Abschreibungsbedingungen, um Investitionen in neue Technologien und in Wissen zu erleichtern.

Analog zur Globalisierung mit der Folge einer intensivierten internationalen Arbeitsteilung wird es bei der globalen Digital- Ökonomie auf der gesellschafts-politischen Ebene demnach ebenfalls ‚Gewinner‘ sowie ‚Verlierer‘ geben. Die Nationalstaaten respektive Wirtschaftsgemeinschaften wie die EU müssen daher durch eine neue Fiskalpolitik die ‚Gewinner‘ so besteuern, dass die ‚Verlierer‘[1103] unterstützt werden können, beispielsweise durch geringere Abgaben, höhere Transferzahlungen in Form eines bedingungslosen Grundeinkommens, kostenlose Bildungs-, Aus- und Weiterbildungssysteme sowie der Absicherung im Krankheits-, Pflege- sowie Rentenfall. Vor allem die Möglichkeit einer permanenten Aus- und Weiterbildung ist eines der stärksten Instrumente gegen den Arbeitsplatzverlust auf Grund der Digital-Ökonomie.[1104] Erforderlich zur Lösung dieser Ungleichheitsdebatte ist daher ein moderner, sozialer und starker Wohlfahrtsstaat mit einer distributiven Gerechtigkeit, der die altbekannte Frage der sozialen Gerechtigkeit sowie Egalität neu formuliert, definiert und anders beantwortet.[1105] Das hierdurch ausgedrückte substanzielle Verständnis von Gleichheit sowie Umverteilung im Sinne eines Schutzes der ökonomisch Schwächeren wird durch das zugrunde gelegte Menschenbild sowie des semantischen Inhaltes von ‚sozialer Ungerechtigkeit‘ definiert.[1106] Sozial-ökonomische Un-

---

[1103] Schon Ricardo wies in der 3. Auflage seiner Schrift ‚Principles of Political Economy and Taxation‘ im zusätzlich eingefügten Kapitel ‚Über die Maschinerie‘ nach, dass die Ersetzung von Arbeits- durch Maschinenkraft langfristig bei spezifischen Bedingungen die Kompensation der freigesetzten Arbeitskräfte durch einen erhöhten Bedarf im gleichen oder in anderen Sektoren verhindert wird. Vgl. Ricardo (1821).

[1104] Allerdings ergaben Umfragen, dass die meisten Arbeitnehmer das Risiko des Arbeitsplatzverlustes sehen- allerdings nur für andere; zu diesem Phänomen des ‚optimism bias‘ vgl. die Ausführungen in Abschnitt 3.2.

[1105] Vgl. Walzer, M. (2006).

[1106] Nick Srnicek und Alex Williams sind beispielsweise der Auffassung, dass ein soziales Grundeinkommen zur ‚Post- Arbeitsgesellschaft‘ führen wird. Vgl. Srnicek, N., Williams, A. (2016).

gleichheit ist allerdings ein mehrdimensionaler Begriff[1107] und daher interpretationsbedürftig, da bei einer normativ-vergleichenden Beurteilung die indifferenten Kontextbedingungen wie beispielsweise Steuergesetze, Sozialleistungen, Bildungssysteme, Arbeitsmarktregulierung et cetera ein international vergleichendes Ranking zumindest erschweren. Aufgrund der differierenden kulturellen, gesellschaftlichen und sozialen Wertvorstellungen fallen die jeweiligen Lösungsansätze in Abhängigkeit von der jeweils zugrunde gelegten Dimension unterschiedlich aus. Hierbei wird häufig auch mit Metaphern argumentiert, die viele mit Prophezeiungen verwechseln.[1108] Verstärkt werden die Konsequenzen dieses ökonomischen Wandels auch bei einem realen Wohlstand noch durch die subjektive Angst des Einzelnen vor der nicht definierbaren Änderungsgeschwindigkeit sowie scheinbaren Ziellosigkeit der digitalen Ökonomie.[1109] Aus dem sich hieraus ergebenden diffusen Gefühl der Verunsicherung und Angst sowie subkutanen Unruhe resultiert die Furcht vor kognitiv nicht beherrschbaren gesellschaftlichen Umbrüchen, so dass der Gestaltungsanspruch des expliziten Systems des Menschen mit dem Primat der antizipierenden Planbarkeit dadurch verloren zu gehen scheint. Unsicherheit als Folge des Verlustes einer Gewissheit sowie das Gefühl der Steuerungsunfähigkeit sind die zwangsläufigen Konsequenzen.

Dieser nicht im Schumpeter'schen Sinn zu verstehende Zerstörungsprozess muss daher analog zur Globalisierung strukturiert und gestaltet werden, indem Kontextbedingungen und Regeln definiert und verbindlich festgelegt werden. Die durch die Digital-Ökonomie intendierte sozialdarwinistische ‚kreative Zerstörung' erfordert daher grundlegend andere gesellschaftspolitische sowie - strukturelle Steuerungs- und Regelungsprozesse. Hierbei muss allerdings gemäß Pierre Bourdieu verhindert werden, dass die ‚alten' sozialen Hierarchien und somit sozio- ökonomischen Unterschiede wieder reproduziert werden.

Die aufgezeigte Entmaterialisierung der Ökonomie geht somit wesentlich über die ökonomische Dimension hinaus, da hierdurch gesellschaftspolitische Strukturen, Werte, Zielsetzungen sowie Auffassungen zerstört sowie eine

---

[1107] Aufstiegschancen, Bildung sowie Ausbildung, Einkommen, Vermögen etc. im Sinn einer gerechten Ressourcenverteilung – derzeit besitzen ca. 10 % der Erdbevölkerung ca. 90% des weltweiten Vermögens in Höhe von 165 Billionen €.

[1108] Vgl. Warner, M. (1997).

[1109] Prognosen sind a.G. der digitalen Evolutionsgeschwindigkeit fast unmöglich.

Spaltung der Gesellschaft als auch ein soziales Desaster impliziert werden können. Zwingend erforderlich ist es daher, dass Gesellschaft und Politik gesellschaftspolitische und sozial-normative Rahmenbedingungen definieren und
hierdurch einen neuen Gesellschaftsvertrag auf der Grundlage der sozialen
Marktwirtschaft konzipieren. Vor diesem Hintergrund wird die Forderung von
Dirk Helbig nach einem neuen ‚Informationsökosystem mit neuen cybersozia-
len Erlebniswelten' verständlich, damit sich aus dem ‚digitalen Fortschritt' auch
ein sozialer, kultureller sowie gesellschaftlicher Fortschritt entwickeln kann.[1110]
Da die Digital-Ökonomie per se immer auf Datenerhebung, -transfer, -aggre-
gation sowie -analyse fokussiert, existieren allerdings auch subsidiäre Handlungsmöglichkeiten. Ein Modul hierbei sind beispielsweise Datenschutzbestimmungen, die exakt festlegen, welche Daten Dritter erhoben und kontrolliert verwendet werden dürfen. Hierbei spiegelt sich allerdings der klassische Antagonismus zwischen unternehmerischer Freiheit sowie staatlicher Regulierung in
einer spezifischen Form wider. Die Geschichte der Ökonomie beweist allerdings
eindringlich, dass ohne Marktregeln, Regulierungen und verbindliche Gesetze
fast zwangsläufig Monopole, Oligopole sowie Kartelle zu Lasten der sozialen
Marktwirtschaft entstehen.

Allerdings wird bei der überwiegend wirtschaftlich fokussierten Diskussion
häufig vernachlässigt, dass die Digital-Ökonomie auch **ökologische**, klimaschä-
digende Auswirkungen besitzt und hierdurch den notwendigen ökosozialen
Wandel des Wirtschafts- und Gesellschaftssystems konterkarieren kann.[1111]
Der Energieverbrauch durch die exponentielle Zunahme digitaler Geräte, Systeme sowie Anwendungen wird bis zum Jahr 2030 von derzeit rund zehn auf
ungefähr dreißig Prozent des globalen Stromverbrauches ansteigen und somit
die Energieeinsparungen der Haushalte sowie der Industrie überkompensie-
ren.[1112] Dieser Reboundeffekt entsteht, obwohl sich die Rechnerleistung alle an-

---

[1110] Vgl. Weber, Chr. (2015a), S. 36 ff.

[1111] Vgl. auch Jänig, Chr. (2007), S. 103 ff; Rahmstorf, St. (2007), S. 15 ff.

[1112] So benötigt eine Blockchain- Transaktion gem. T. Santarius die zehntausendfache
Energiemenge gegenüber einer Kartenzahlung; jede Google-Suchanfrage verursacht gem.
Alex Wissner- Gross mehr als 1 kg CO_2. Vgl. Lange, H., Santarius, T. (2018); gem. einer Untersuchung des französischen Thinktank.
‚Shift Projekt' werden derzeit 3,7 % der Treibhausgasemissionen durch die Digital- Ökonomie hervorgerufen, mehr als durch den Flugverkehr; ebenso produzieren die Streamingdienste jährlich ebenso viel CO2 wie Bangladesh. Vgl. Shift Project (2018); die

derthalb Jahre je eingesetzter Kilowattstunde Strom verdoppelt. A. Nassehi[1113] bezeichnet diesen Effekt als die ökologische Externalität der digitalen Gesellschaft: Je mehr im Netz über die Klimaauswirkungen diskutiert wird, desto größer wird die Produktion dieses Phänomens durch die Wissenschaft. Des Weiteren werden beim Training eines einzigen Moduls im Rahmen der selbstlernenden Algorithmen dreihundert bis vierhundert Tonnen CO_2 erzeugt. Digital- Ökonomie und KI sind somit wesentliche Klimagefährder und haben einen hohen ökologischen Preis, so dass der damit verbundene Raubbau an begrenzten Ressourcen somit auch eine Priorisierung der ökologischen Aspekte, Auswirkungen und Lösungswege, beispielsweise durch Sharingmodelle, dem vollständigen Recycling der Produkte sowie einer nachhaltigeren Produktgestaltung, notwendig macht. Die Digitalisierung respektive die Digital-Ökonomie als ihr Phänotyp in Form des fünften Kondratieff- Zyklus[1114] wird von Jeremy Rifkin daher auch als multidimensionales Netz für Daten, Informationen, Kommunikation sowie Mobilität als ultimatives ‚Internet of Things' bezeichnet. Diese Kombination von Globalisierung und Glokalisierung erfordert daher auch ein umfassendes Konzept für eine digitale Ökologie.[1115] Pauschal kann unterstellt werden, dass die Digital-Ökonomie, der Klimawandel als auch die demographische Entwicklung sich gegenseitig beeinflussen und somit interdependente ‚Tipping Points' besitzen. Neben der ökonomischen und energetischen Krise produzieren Digital-Ökonomie und KI daher auch eine ökologische. Anzumerken ist in diesem Kontext allerdings auch, dass neben den biologischen, digital-technologischen sowie ökonomischen ‚Kipppunkten' auch soziale existieren. Unter letzteren versteht man Mechanismen in der Gesellschaft, die bei marginalen Einzelmaßnahmen dennoch nicht- linear wirken und hierdurch letztlich die Struktur des gesamten Systems durch die Auslösung einer sozial- gesellschaftlichen Dynamik sowie Veränderungen der Wertesysteme beeinträchtigen.[1116]

Streamingdienste haben das analog-lineare TV in ein nicht-lineares, zeitunabhängiges Sehen transformiert.

[1113] Vgl. Nassehi, A. (2019).

[1114] Vgl. Jänig, Chr. (2004), S. 4 ff.

[1115] Vgl. Rifkin, J. (2019).

[1116] Bspw. das Rauchverbot oder die Akzeptanz der regenerativen Energieerzeugung.

4.6 Der Einstieg in eine ‚smarte Diktatur‘

Die bisherigen Ausführungen über Konsequenzen sowie Auswirkungen der Digital-Ökonomie auf ökonomische und gesellschaftliche Strukturen sowie damit einhergehend auf das explizite sowie implizite System des Gehirnes machen deutlich, inwieweit und in welchem Ausmaß der Mensch als Nutzer sozialer Medien und Netzwerke manipuliert wird. Diese Beeinflussung fokussiert überwiegend auf das implizite System, so dass die Reizschwelle des expliziten Systems und somit dessen kognitive Überwachungs- und Steuerungsfunktionen quasi unterlaufen werden. Der Einsatz selbstlernender Algorithmen, beruhend auf der künstlichen Intelligenz, von Chatbots sowie der algorithmengesteuerten Information und Kommunikation in den sozialen Netzwerken beeinträchtigt beziehungsweise determiniert das menschliche Verhalten.[1117] Die Nutzer sind nicht mehr das Produkt der digitalen Plattformen, sondern nur noch die Quelle des Rohstoffes ‚Daten‘ und machen hierdurch die menschliche Erfahrung als Rohmaterial für die kapitalistische Produktion frei zugänglich.[1118] Durch diese Extraktion der Verhaltensdaten wird das menschliche Verhalten prognostizierbar und somit steuerbar sowie durch die Generierung spezifischer Produkte manipulierbar. Die eigentlichen Kunden der Plattformen sind Werbetreibende, Einzelhändler, Versicherungen, Gesundheits- und Finanzdienstleister sowie der Staat. Verstärkt wird diese Aggregation der digitalen Technologien mit den Strategien der heimlichen Überwachung zusätzlich durch die monopolistischen Attitüden und Verhaltensweisen der Plattformbetreiber, so dass durch diese zweckorientierten manipulierten Veränderungen nicht nur die ökonomischen Prozesse, sondern auch die gesellschaftspolitischen und sozialen Strukturen disruptiv im Sinne einer ‚negativen Zerstörung‘ beeinträchtigt werden. Diese Konzentration von Wissen und Macht ohne demokratische Kontrolle und Legitimität führt zu Wissensasymmetrien und damit gemäß Shoshana Zuboff zu einem **‚Überwachungskapitalismus‘** (surveillance capitalism) als Mutation des Industriekapitalismus. [1119] Im ‚Worst-case-Szenario‘ führt sie in eine Diktatur auto-

---

[1117] Aus diesem Grund hat die EU einen Verhaltenskodex formuliert, dem gemäß Bots als solche erkennbar sein müssen.
[1118] Vgl. Zuboff, S. (2018).
[1119] Vgl. ebenda.

ritärer Monopolunternehmen sowie Staaten.[1120] Die Konsequenz ist somit die Dystopie einer lückenlosen Überwachung sowie einer perfektionierten Manipulation und Unterdrückung. Unsere tradierten demokratischen Systeme werden dadurch entsozialisiert sowie entdemokratisiert und letztlich ‚entmenschlicht‘. Dies soll nachfolgend näher diskutiert werden.

Als originär polylaterale Systeme mutieren die sozialen Medien und Netzwerke häufig zu ‚Ego-Maschinen‘, zu einem ‚Ticker für Ego- News‘. Die Selbstvermarktung in den sozialen Netzwerken dient scheinbar ausschließlich dem egoistischen Lustgewinn mit enthemmender Wirkung, so dass die Nutzer zu einer Synthese von Psycho- und Soziopathen mutieren.[1121] Durch das Übergewicht visueller Informationen reduziert sich hierbei auch die Fähigkeit zur schriftlichen Kommunikation. Überpointiert ausgedrückt führt dies zukünftig im ‚worst case‘ zu einer kleinen Elite, die noch schriftlich kommunizieren kann.[1122] Für sehr viele Nutzer sind diese Medien mittlerweile die einzige Informationsquelle, so dass sie sich ihr ‚Informationsmenü‘ zwar individuell, jedoch subjektiv und einseitig zusammenstellen (lassen).[1123] Während 85 Prozent der Zwölf- bis Neunzehnjährigen als sogenannte ‚Always – On‘ derzeit permanent in sozialen Netzwerken unterwegs sind, zeigen bereits sechs bis zehn Prozent analog zu Online- Spielsüchtigen erste Symptome einer Internetsucht und sind im Sinne der klinischen Bedeutung süchtig. Gemäß einer Feststellung der deutschen Drogenbeauftragten Marlene Mortler ist diese Sucht durch starkes Eingenommensein, Entzugserscheinungen sowie einer Tendenz zur Intoleranz geprägt. Auf Grund ihrer Sucht benötigen sie immer höhere Dosen, das heißt längere Internetkonsumzeiten, um ihren Rausch zu erleben.[1124] Zwangsläufig werden durch die hieraus resultierende Desinformation die persönlichen, individuellen Vorurteile bestätigt, da Fakten nicht mehr relevant sind, sondern nur

---

[1120] Smart-Home- Systeme generieren bspw. ebenfalls einen ultimativen, autoritären Kontrolltopos, bei dem der Nutzer als ‚Postpatriarch‘ vom Objekt zum Subjekt der Systeme transformiert wird.

[1121] Dies wird deutlich bei den anonymen Hasstiraden bei Facebook etc., die ‚entmenschlicht‘ wirken vgl. die Ausführungen in den Abschnitten 4.3 sowie 4.4.

[1122] Analog zum Mittelalter.

[1123] 44 % der US-Amerikaner beziehen ihre gesamten Informationen und Nachrichten gem. einer Studie des Pew Research Center ausschließlich durch Facebook.

[1124] Vgl. die Ausführungen in Abschnitt 2.2.

das ‚Bauchgefühl‘ sowie dessen implizite Bestätigung.[1125] ‚Verifizierte‘ Vorurteile aufgrund der bewussten Selektion der sie bestätigenden Fakten und Wahrheiten wirken diesbezüglich wie eine sich selbst erfüllende Prophezeiung und erzeugen das Gefühl einer illusionären Kontrolle. Dies impliziert in letzter Konsequenz eine irrationale ‚Schein-Realität‘ sowie einfache, jedoch unrealistische ‚Problemlösungen‘ und kognitive ‚Ghettobildungen‘ ohne Reflektion. Das dadurch intendierte ‚Nichtwissen‘ wirkt sich kontraproduktiv zur Handlungskompetenz aus. Die empirischen Untersuchungen von Bartels und Achen[1126] zum Wahlverhalten haben diesbezüglich bestätigt, dass viele Nutzer auf ein ‚gewolltes Unwissen‘ fokussieren und somit ein ausgeprägtes Desinteresse an der faktischen Realität besitzen. In Abhängigkeit von der jeweiligen sozialen und kulturellen Identität dominiert das Gefühl, Teil einer neuen ‚Strömung‘ beziehungsweise einer sich selbst be- und verstärkenden Gesinnungsströmung mit eingängigen Parolen sowie Provokationen zu sein.[1127] Die in Echoräumen erfolgte Zuschreibung von Identitäten ist somit zwangsläufig auch ein Machtmittel. Da hierbei Fakten nur stören würden, bleiben sie daher unterhalb der Wahrnehmungsschwelle. Anderenfalls müsste das kognitive (explizite) System benutzt werden. Bei diesem Konflikt zwischen dem Selbstbild sowie rationalen Überlegungen bleibt die kognitive Vernunft somit ‚auf der Strecke‘.

Durch diese kognitive Konformität wird der Wissenshunger, das Bestehende kritisch zu hinterfragen, die Neugier sowie Mut, Entschlossenheit und Wille zur Veränderung marginalisiert. Gemäß Francis Bacon ist Wissen bekanntlich Macht. Allerdings generiert neues Wissen per se häufig exponentiell auch neues ‚Nichtwissen‘. Um den Erwerb situativ unnötiger Informationen sowie Wissensinhalte aus Ressourcengründen zu reduzieren sowie Prokrastinationen zu verhindern, sind entsprechende Bewältigungsstrategien erforderlich. Die Konsequenzen aus diesem Dilemma zwischen notwendigen Wissen einerseits sowie der exponentiell steigenden Informationsmenge andererseits sind häufig Realitätsflucht beziehungsweise Realitätsverneinung. Verstärkt wird dieser Effekt zusätzlich noch durch die Suchalgorithmen von Facebook, Google et cetera, da

---

[1125] Verstanden als Tiefensensibilität, da Körper und Gehirn als Einheit fungieren, bei der wie bei einer Parabolantenne gemeinsam Informationen aus der Umwelt aufgenommen werden, die das Bewusstsein allein nicht aufnehmen könnte.

[1126] Vgl. Achen, Chr., Bartels,L.M. (2016a), S. 269 ff sowie (2016b).

[1127] Zynisch gesehen: Die Provokation scheint zur vierten Gewalt neben Legislative, Exekutive sowie Judikative zu treten….

diese dem Nutzer vor allem jene Inhalte anzeigen, für die er sich vorher interessiert hat und somit seinem ‚fremdbestimmten Profil' entsprechen.[1128]

Aus neurologischer Sicht aktiviert die Teilnahme an den sozialen Netzwerken das Belohnungssystem des Menschen analog zu Rauschmitteln durch die Sehnsucht respektive den Drang nach Anerkennung sowie der Hoffnung auf Gruppenzugehörigkeit. ‚Likes' sowie positive ‚Gefällt-mir-Eintragungen' sind quasi ein mechanisiert- digitalisierter Weg für das implizite, egoistische Streben nach sozialer Anerkennung und Selbstbestätigung. Entscheidend hierbei ist die Selbstwahrnehmung.[1129] Allerdings zeigt die ‚Construal Level Theory', dass das Individuum eine psychologisch- mentale Distanz zu sich selbst besitzt, während der Andere mit seinen Schwächen auf der Grundlage einer objektiven, psychologischen Distanz gesehen wird.[1130] Hieraus resultiert auch der Sachverhalt, dass wir Dritten eine größere Risikobereitschaft empfehlen, während wir diese Risiken selber nicht eingehen würden. Diese Diskrepanz zwischen Selbst- und Fremdwahrnehmung beruht darauf, dass der Mensch seine eigenen Ambivalenzen auf den anderen transformiert, sich selbst jedoch dagegen quasi ‚abschottet'.[1131] Bei sozialer Anerkennung reagiert das Belohnungssystem aus evolutionärer Sicht am stärksten durch die Ausschüttung von Dopamin. Zusätzlich dämpft das Kuschelhormon Oxytocin den Angst- und Stresspegel, so dass die Warnsignale des Körpers bei Überbelastung unterdrückt werden. Diesbezüglich wird die Befähigung des expliziten Systems zur Selbstreflektion außer Kraft gesetzt, da man sich begehrt und anerkannt und somit stolz fühlt. Hierbei werden die ‚Floskeln' der anderen als ehrliche, aufrichtige Aussagen bewusst (fehl-)interpretiert, da dies dem eigenen Aufmerksamkeitsbedürfnis entspricht. Eine

---

[1128] Von Eli Pariser als Filterblasen bezeichnet, da nur diejenigen Informationen angezeigt werden, die dem jeweiligen Nutzer gefallen bzw. ihm entsprechen.

[1129] Normalerweise basiert das durch das explizite und implizite Systems des Gehirnes generierte Selbstbild auf der Wahrnehmung durch andere.

[1130] Vgl. Bruk, A. et al (2018), S. 192 ff.

[1131] Die ‚Vermächtnisstudie 2018' ergab bspw., dass 73% ihre Beschäftigung lieben, dies jedoch nur zu 9% für andere gelten lassen; 97% gehen davon aus, dass die Digital- Ökonomie ihren Arbeitsplatz nicht betrifft, jedoch 66% der Arbeitsplätze durch die Digital- Ökonomie verändert oder abgeschafft werden; des Weiteren befürchten 69% einen Kontrollverlust über das eigene Leben, während 66% der Ansicht sind, das eigene Leben ‚im Griff zu haben' ; die repräsentative Vermächtnisstudie der ZEIT, dem Wissenschaftszentrum Berlin für Sozialforschung und dem ‚infas' (Institut für angewandte Sozialforschung) wurde erstmals 2015 durchgeführt.

kritische Reflektion der ursächlichen Beweggründe der ‚Follower' für ihre ‚Likes' würde sehr wahrscheinlich das Risiko des ‚Kontrollverlustes' implizieren, da die realen Ursachen und Gründe nicht mit der eigenen subjektiven Wahrnehmung übereinstimmen. Zynisch angemerkt bestimmt nicht das Sein, sondern die Einbildung das Bewusstsein. Die Bestätigung der eigenen Meinung durch die ‚individualisierten' Suchergebnisse ist demnach wichtiger als die Diskussion respektive die Auseinandersetzung mit anderen Meinungen und kognitiven Positionen. Der Mensch als komplexes, unordentliches sowie widersprüchliches Wesen will daher Probleme nur bis zu einem gewissen Grad ‚verstehen', um sich nicht in Details ‚zu verzetteln'. Andererseits führt dies dazu, dass die Vernachlässigung der Nebenwirkungen beziehungsweise der sich im Prozessverlauf veränderten Rahmenbedingungen den Menschen zu einer kognitiv falschen Richtung führen kann, er sich somit ‚verrennt'.

Das erste Opfer hierbei ist zwangsläufig der Verstand, die Kognition. Ursache für diese paranoid anmutende Autosuggestion ist häufig, dass der Mensch mit den komplexen Strukturen moderner Gesellschaften nicht zurechtkommt, da er von deren Möglichkeiten, Ambivalenzen, Widersprüchlichkeiten und Freiheiten sowie dem daraus resultierenden Zwang zur Selbststeuerung überfordert ist.[1132] Gemäß Kant befindet sich daher der Mensch in einer selbstverschuldeten Unmündigkeit, aus der er sich nur durch die Nutzung seines Verstandes befreien kann (wenn er denn will).[1133]

Auch die Suche nach dem ‚Sündenbock' bei Fehlleistungen entspricht dem gleichen Motiv. Diese Personalisierung vereinfacht komplexe Konstellationen, Prozesse sowie Ursachen und ‚erklärt' gleichzeitig, dass man selbst an dem negativen Ergebnis unbeteiligt und somit schuldlos ist, so dass man sich auf Grund dieses ‚kognitiven Rationalitätsschleiers' am nächsten Morgen wieder im Spiegel betrachten kann.[1134] Ein Leben mit Unsicherheit entspricht nicht der menschlichen Natur, so dass der Mensch versucht, diese Unsicherheit durch die Suche nach Wahrheit zu reduzieren beziehungsweise zu beseitigen. Allerdings wird nicht die absolute Wahrheit gesucht, sondern immer diejenige, die

---

[1132] Vgl. Weber, Chr. (2015 b), S. 37.
[1133] Vgl. Kant (1968).
[1134] Wer sich oft genug belügt, glaubt irgendwann den eigenen (kognitiven) Hirngespinsten.

relativierbar und somit situativ sympathisch ist.[1135] Diese wird dann fast schon ideologisch verfestigt und nicht in Frage respektive zur Diskussion gestellt, da ansonsten wieder Unsicherheit entstehen würde. Wahrheit sowie deren Wahrnehmung ist generell eine persönliche Erfahrung, die sich nicht mit objektiven Kriterien messen und bewerten lässt.

Normalerweise senken viele heterogene soziale Kontakte den Testosteronspiegel, so dass eine direkte Korrelation zwischen der Anzahl der Kontakte sowie dem Testosteronspiegel besteht. Empirische Untersuchungen haben bewiesen, dass dieses Hormon beim Aufbau und Erhalt sozialer Beziehungen dominiert und erst in Wettbewerbssituationen zu ‚Antreiber‘ für eine stärkere Ausprägung des kompetitiven Verhaltens wird.[1136] Ein niedriger Spiegel fördert empathisches Empfinden, soziale Wärme sowie die Präferenz für soziale Aktivitäten. Bei den Mitgliedern von sozialen Netzwerken steht jedoch das eigene ‚überhobene Ich‘ im subjektiven Fokus und besitzt absolute Priorität. Charakteristisch für diese ‚Einzelkämpfermentalität‘ ist ein hoher Testosteronspiegel. Dieser impliziert Dominanzverhalten, Aggressivität sowie eine Verschlechterung des sozialen wie auch biologischen Immunsystems. Hierdurch bleiben sowohl die ‚Mitmenschlichkeit‘ als Basis unseres gesellschaftlichen und sozialen Systems quasi ‚auf der Strecke‘ als auch die Empathie, verstanden im Sinne von Kant als ‚Teilnahme am Schicksal anderer Menschen‘. Die Empathie für den Anderen, für die Masse der Gesellschaft, wird als mentale Repräsentation reduziert auf das Mitgefühl für sich selbst. Sie ist somit eine der Grundlagen für das Lügen zur Generierung eines (Überlebens-)Vorteiles. Diese neurologischen, im impliziten Gehirn angelegten Charakteristika des Menschen werden zwangsläufig in den sozialen Medien und Netzwerken von Nutzern als auch den Plattformbetreibern bewusst und gezielt ausgenutzt beziehungsweise ‚missbraucht‘.[1137]

Da der größte Teil der sozialmedialen Infrastruktur mittlerweile an die monopolistischen Betreiber der sozialen Netzwerke ausgelagert ist, konterkarieren

---

[1135] Eine absolute Wahrheit, quasi per definitionem, existiert nicht; Wahrheit resultiert vielmehr aus Argumentation, rational-logischem Konflikt sowie offener, wertfreier Diskussion. Vgl. die Ausführungen in Abschnitt 2.2.3.

[1136] Vgl. hierzu Bauer, J. (2011), Dreher, J.-Cl., Dunne, S. et al (2016).

[1137] So versucht der Aberglaube, das Zukunftsrisiko psychisch zu kompensieren- gem. einer repräsentativen Umfrage im Jahr 2013 ‚glauben‘ 43% der Befragten an den dispositiven Einfluss vierblättriger Kleeblätter, 40% an Sternschnuppen sowie 33% an Schornsteinfeger. Vgl. die Ausführungen in Abschnitt 2.1.1.

diese somit ihren angeblichen Informations- und Kommunikationsanspruch und missbrauchen diesen aus individuell-ökonomischen Interessen heraus. Sie generieren hierdurch ihren eigenen 'abgeschotteten Kosmos', der die Nutzer quasi abschirmt von den ihre Positionen sowie Ansichten irritierenden Fakten und Tatsachen.[1138] Die Qualität kognitiver Urteile wird durch Quantitäten, beispielsweise die Anzahl der 'Likes' sowie der 'Follower' ersetzt. Hierdurch entsteht eine Subkultur, die in den sozialen Netzwerken ihre mediale Plattform besitzt und dadurch sowohl zur Fragmentierung und Selektionierung sowie Polarisierung als auch zur Popularisierung und Simplifizierung der Öffentlichkeit beiträgt. Hierbei überwiegt die emotionale Polarisierung gegenüber der inhaltlichen, so dass Menschen mit anderen Ansichten und Überzeugungen häufig als inkompetent, bösartig oder im günstigsten Fall als schlecht oder falsch informiert gesehen und bezeichnet werden. Die Plattformbetreiber fungieren somit als Brandbeschleuniger für eine digitale Desinformation und intendieren kartesische Effekte bei den Nutzern. Letztlich impliziert dies, analog zu H. Welzer, den Einstieg in eine **'smarte Diktatur'**.[1139] Sie generieren somit einen Antagonismus zwischen dem demokratischen Staat einerseits sowie einer 'smarten Diktatur' andererseits. Verstärkt wird dieser Effekt noch dadurch, dass 'Posts' ab einer gewissen 'Klickgrenze' von Profis wie beispielsweise bei Buzzfeed aufgegriffen und durch weitere belanglose Informationsschnipsel viral aufgeladen sowie weltweit verstärkt und epidemisch verbreitet werden. Im Rahmen dieser publizistischen Infektion definiert der Sender, was der Empfänger sieht beziehungsweise sehen soll, da in Sekundenbruchteilen die Klicks ausgewertet werden und hierdurch ein Hype beziehungsweise eine sich selbst eskalierende Hysterie ausgelöst wird.[1140] Aufgrund ihrer narrativen Grundlage sind sie erratisch, unregelmäßig sowie fraktal und unterliegen somit den Gesetzen von Zufallsprozessen. Hierdurch manifestiert sich eine gigantische Emotions- und Erregungsindustrie, deren Mechanismen durch das Angebot präzise analysierter Rezeptionsbewegungen sowie den Verkauf der dazugehörenden 'Werbebanner' an potenzielle Werbepartner finanziert wird.[1141]

Zusätzlich intensiviert wird dieser Hype als kommunikative Wellen durch die

---

[1138] Vgl. die Ausführungen in Abschnitt 4.3.2.
[1139] Vgl. Welzer, H. (2016).
[1140] Aus 100 Klicks werden schnell über 50 Millionen.
[1141] Vgl. Pörksen, B. (2016), S. 26.

‚social bots' sowie deren Aggregation zu Botnetzen.[1142] Hierbei manipulieren integrierte internetfähige Endgeräte mittels entsprechender Algorithmen den Empfänger emotional.[1143] Sie verstärken diejenigen Inhalte, die Emotionen wie beispielsweise Hass sowie Desinformation und Verschwörungstheorien implizieren. Auf Grund seiner bekannten Charakteristik werden dem Nutzer automatisiert nur jene Informationen und Meldungen offeriert zugesandt, die scheinbar seine eigene Auffassung respektive Meinung unterstützen.[1144] Diese Informationen respektive Nachrichten sind jedoch häufig Fake- News oder Lügengeschichten.[1145] Diese von Computern generierten und verschickten Nachrichten und Kommentare[1146] ohne Absenderidentifikation sind von denjenigen ‚echter' Menschen kaum zu unterscheiden, so dass diese massenhafte, automatisierte Versendung von Botschaften respektive ‚Nachrichten' zu einem vorgegebenen Thema einen moralisch oder ethisch falschen Bedeutungstrend durch diese fiktiven, virtuellen ‚Unterstützungen' auslösen und hierdurch die Debatten im Netz steuern oder zumindest Verwirrung stiften

Die Konsequenz ist eine Veränderung der Diskussionskultur durch Schwerpunktverlagerungen sowie die Generierung irrealer Trends.[1147] Das kommunikative ‚Ergebnis' sind dann häufig einfache ‚Macht-Postulate' anstelle komplexer Denk- und Verhandlungsprozesse zur Lösung der anstehenden Probleme. Im letzteren Fall würden respektive müssten sich nämlich Verhalten, Ein-

---

[1142] Social roboter; vgl. hierzu auch die Ausführungen in Abschnitt 4.2.1.

[1143] Jedes angebundene sog. Edge- Gerät kann senden und empfangen; derzeit ca. 15 Mio angeschlossene Geräte, deren Zahl bis 2020 mindestens 20 Mrd. als attraktive ‚Wirte' für Botnetze betragen wird. Somit ist eine neue Architektur erforderlich, da 75 % aller Daten außerhalb zentraler Rechenzentren sowie der Cloud- Strukturen entstehen und verarbeitet werden.

[1144] Soziodemographische Merkmale; Einstufung gem. des ‚Big Five- Modells' der Psychologie; persönliche Einstellungen a.G. des Verhaltens in den sozialen Medien (Likes, Posts, Weiterleitung von Tweets etc.).

[1145] Vgl. die Studie von S. Hegelich (2016) sowie die Ausführungen in Abschnitt 4.3.

[1146] Sog. Robot- Trolling; der BGH hat in seinen Urteilen im Oktober 2016 sowie im Januar 2017 über Chatbots diese als Automatisierungssoftware bezeichnet, deren Fremdnutzung gegen das Urheber- und Wettbewerbsrecht verstoße, da der Erwerb dieser Software nur eine Lizenz zur privaten Nutzung enthalte, nicht jedoch deren millionenfache Verwendung.

[1147] Dieses Instrument wurde bspw. im Ukraine- Konflikt, bei der Brexit- Diskussion sowie im nordamerikanischen Wahlkampf 2016 eingesetzt.

stellungen und Attitüden verändern.[1148] Gewissheit wird dadurch mit subjektiver ‚Sicherheit‘ sowie eindimensionaler ‚Eindeutigkeit‘ gleichgesetzt. Parallel dazu wird das Belohnungssystem aktiviert und stimuliert, da Menschen Informationen über sich selbst (mit-)teilen können, so dass Glücksgefühle durch den Ausstoß der Botenstoffe, Endorphine sowie Dopamin erzeugt werden.[1149] Während Menschen in persönlichen, bilateralen Gesprächen nur zu dreißig bis vierzig Prozent über sich selbst sprechen, erfolgt dies in den sozialen Netzwerken zu achtzig Prozent und mehr. Die an sich authentische Kommunikation verlagert sich in den sozialen Medien und Netzwerken daher in eine viral- irreale mit ‚Surrogat- Partnern‘, die man nicht kennt.[1150] Dies bewirkt zwar eine ‚Schönung des eigenen Ego‘. Letzteres ist allerdings mit der objektiven Realität nicht mehr identisch. Des Weiteren impliziert dieser Verlust der Kommunikationsfähigkeit fast zwangsläufig das Syndrom des ‚Rationalitätsschleiers‘ und führt zu kognitiven Verzerrungen sowie Dissonanzen mit dem Resultat, dass die Realität nicht objektiv bewertet, sondern verdrängt wird.[1151] Dirk Helbig bezeichnet daher die Konsequenz aus diesem Zusammenwirken von digital-maschineller Manipulation der Netzdiskussion sowie dem manipulativen Einsatz von ‚social bots‘ als **‚sozialen Klimawandel‘**.[1152] Durch diesen Verlust der sozialen sowie gesellschaftspolitischen ‚Schmierstoffe‘ wie beispielsweise Pluralismus, Meinungsvielfalt und Diversität entwickeln sich die sozialen Netzwerke zu Parallelgesellschaften mit einem spezifischen Selbstbestätigungsmilieu.[1153] Hierbei dominieren Desinformation, Polemik sowie ‚Hate speech‘ und implizieren dadurch Ungerechtigkeit als auch ideologisch dominierte Narrative. Rationalität sowie Faktenorientierung besitzen keine diskursive Funktion mehr. Empirische Erhebungen haben gezeigt, dass diesbezüglich eine direkte Korrelation zwischen dem intellektuellen Niveau sowie dem Übermaß an Hass besteht - je geringer der Intellekt, desto größer der Hass. Eine Ursache hierfür könnte in dem menschlich dominierenden Zwang, Aufmerksamkeit zu erzielen, gesehen werden - da die intellektuelle Basis fehlt, wird der Hass instrumentalisiert. Überpointiert aus-

---

[1148] Im Endeffekt werden hierdurch nur die Symptome sozialpsychologischer Konflikte und Probleme ‚kuriert‘, nicht jedoch deren Ursachen beseitigt.
[1149] Vgl. Meshi, D. et al (2015), S. 771 ff.
[1150] Vgl. Feyerabend, P. (1979).
[1151] Vgl. die Ausführungen in Abschnitt 3.4.
[1152] Vgl. Helbig, D., Seele, P.(2017), S. 458 ff
[1153] Vgl. die Ausführungen in den Abschnitten 4.3.2 sowie 4.3.3.

gedrückt mutieren die sozialen Medien respektive Netzwerke hierdurch zu Komplexitäts- wie auch Vereinfachungsshredder, da alles auf monokausale Relationen und Argumentationen reduziert wird. Diese simplifizieren und verniedlichen die Komplexität, so dass fast zwangsläufig sowohl eine gesellschaftspolitische Korrosion als auch ein kultureller Determinismus intendiert wird. Die Konsequenz ist die Atomisierung bisheriger gesellschaftlicher Strukturen. War im achtzehnten Jahrhundert die Informationsdichte noch sehr gering, so war die Aufmerksamkeitsdichte jedoch sehr groß.[1154] Derzeit ist gemäß Tim Wu[1155] jedoch als ‚Signatur unserer Zeit' gegenüber früheren Medienepochen die Aufmerksamkeitsdichte bei einer exponentiell gestiegenen Informationsdichte sehr gering. Hieraus resultiert eine neue Form der Zensur, die sich nicht mehr an die Meinungsäußernden, sondern an die Zuhörer wendet. Nach Ansicht von Peter Pomerantsev[1156] werden daher ‚Informationen in waffenfähiger Form' als Instrumente zur Verwirrung, Erpressung, Demoralisierung, Untergrabung sowie Lähmung eingesetzt. Hierdurch entsteht eine ‚asymmetrische Polarisierung'[1157] in den sozialen Netzwerken sowie den Medien, so dass kein faires Rednerduell existieren kann.

Die sozialen Netzwerke generieren somit analog zur medialen Vorgehensweise von Diktaturen ‚manipulierte Herdentiere' und führen nicht zur Verbesserung demokratischer Strukturen.[1158] Dies impliziert disruptive Veränderungen der Politik beziehungsweise des tradierten Demokratiemodells , da die klassische Kommunikation erheblich gestört wird.[1159] Virale ‚Informationen' ohne Nachweis und Begründung, bei denen die Desinformation überwiegt, werden zur Diffamierung eingesetzt, bis hin zum ‚Shitstorm'. Die hier eingesetzten Methoden reichen vom ‚Silencing' über das ‚Doxing' bis zu ‚Brigading'. Neben den Prozessen freiheitlicher, demokratischer Meinungsbildung werden vor allem auch implizit die Persönlichkeitsrechte der Betroffenen beeinträchtigt. Die bewusst Unwahrheiten oder Lügen verbreitenden Falschmeldungen sind gemäß des BVG nicht vom Recht der freien Meinungsäußerung abgedeckt und konterkarieren somit wesentliche Grundlagen der freiheitlichen Ordnung. Schließlich implizieren Verleumdung sowie üble Nachrede, dass sich auch die Mitarbeiter der sozialen

---

[1154] Als John Stuart Mill ‚Über die Freiheit' veröffentlichte – vgl. Mill, J. St. (1974 .
[1155] Vgl. Wu, T. (2016).
[1156] Vgl. Pomerantsev, P. (2019).
[1157] Vgl. Benkler, Y. et al (2018).
[1158] Bspw. Nationalsozialismus, Kommunismus, Nordkorea, VR China.
[1159] Nicht nur bei Wahlkämpfen.

Netzwerke im Rahmen der Störerhaftung strafbar machen, wenn sie Kenntnis über Rechtsverletzungen besitzen und dennoch untätig bleiben.[1160]

Auf Grund des durch Globalisierung sowie Digital-Ökonomie induzierten Sinndefizits, der realen oder auch nur gefühlten Ungleichheit sowie den damit verbundenen Zweifeln am Expertenwissen sind Fake News, Echoräume sowie Verschwörungstheorien gewissermaßen eine Konsequenz des Geschäftsmodelles des digitalen Kapitalismus. Bedingt durch die Geschwindigkeit und Einfachheit ihrer Verbreitung ist es für spezifische Nutzer oder -gruppen ‚lohnenswert‘, falsche Nachrichten zu produzieren und zu verbreiten und damit die öffentliche Meinung zu manipulieren. Deutlich wird dies auch an der Funktion sogenannter ‚Trolle‘[1161] als menschliche Bots mit der Zielsetzung, die Diskussion durch täuschendes Verhalten sowie absichtlicher Desinformation zu beeinflussen.[1162] Die inhaltliche, faktenorientierte und ausgangsoffene Diskussion wird somit zu einem sedimentierten Kulturgut. Unterschwellige Bewusstseinsinhalte werden nach dem ‚Stille Post-Prinzip‘ bewusst verfälscht und weitergegeben, um die bestehenden gesellschaftspolitischen Strukturen zumindest zu verändern, wenn nicht gar zu zerstören.[1163] In diesem Zusammenhang darf auch die Wirkung der biometrischen Erfassungsgeräte nicht unberücksichtigt bleiben, beispielsweise bei sogenannten Wearables, Ausweispapieren, Erkennungssystemen, Öffnungssystemen - bei Smartphones, Schließanlagen - sowie Ticketsystemen. Wer sich im Rahmen dieser Systeme nicht durch biometrische Merkmale ausweisen kann, ist ‚maschinell nicht lesbar‘ und wird daher ausgesondert.[1164] Hierdurch entsteht ein **technologischer Totalitarismus,** durch den jene Menschen letztlich eliminiert werden,

---

[1160] Zivilrechtlich bestehen Beseitigungs- sowie Unterlassungsansprüche auf Grund der Verletzung der Persönlichkeitsrechte – diese Selbstregulierungspflicht ergibt sich durch den Pressekodex sowie den Statuten des Deutschen Presserates; dies gilt auch für die Betreiber von Blogs etc., da diese den journalistischen Sorgfaltspflichten (§ 54,2 Rundfunkstaatsvertrag) ebenfalls unterliegen.

[1161] Z.B. die Foren 4chan und 8chan der ‚Alt-Rights‘ in den USA.

[1162] Die ‚Internet Research Agency (IRA)‘ in St. Petersburg hat im Oktober 2018 unter Verwendung des Programmes ‚Snap‘ (Social Networks Analysis Platform) mehr als 9 Mio. Tweets über 3841 Accounts versendet, um den Prozess der digitalen Kommunikation bei Twitter und Facebook zu steuern und somit interessenspezifisch zu optimieren.

[1163] Vgl. Dawkins, R. (1976).

[1164] Bspw. wegen Blindheit bei Irisscannern, Gesichtsentstellungen a.G. von Krankheiten (Neurofibromatose) oder Unfällen, fehlender Finger bei der Gerätedecodierung mittels der Fingerabdrücke etc.

die der ‚algorithmischen Norm' nicht entsprechen.[1165] Die Unabhängigkeit der Zivilgesellschaft wird hierdurch zumindest konterkariert, wenn nicht gar aufgehoben.

Die ‚smarte Diktatur' der führenden Internetunternehmen soll derzeit scheinbar auch durch einen **Finanztotalitarismus** durch die geplante Einführung der digitalen Kryptowährung **‚Libra'** seitens eines dreißigköpfigen Konsortiums unter Führung von Facebook, Pay Pal, Ebay, Uber, Spotify et cetera erreicht werden.[1166] Das Konsortium wollte somit Funktionen als auch monopolistische Institutionen wie beispielsweise die Geldmengenpolitik der Nationalstaaten übernehmen. Aufgrund der ‚Vorgeschichte' der Konsortiumsmitglieder bestehen nicht nur erhebliche Zweifel daran, dass die regulativen Konditionen und Kriterien in den Bereichen Datengeheimnis, -speicherung sowie -weitergabe eingehalten werden. Es hat sich auch gezeigt, dass eine spätere Regulierung dieses Überwachungskapitalismus trotz des großen Aufwandes häufig nur rudimentär realisiert werden kann.[1167] Im Falle von ‚Libra' soll es allerdings angeblich weniger um Kundendaten als vielmehr um die Erreichung einer finanzpolitischen supranationalen Machtposition gehen. Durch die aggregierten technologischen Kompetenzen der ‚Gründungsmitglieder' in den Bereichen Massendatenverarbeitung, KI, digitale Währungen sowie Messengerdienste sollen kurzfristig der Geldtransfer vereinfacht und langfristig grundsätzlich die Bezahlvorgänge disruptiv verändert werden. Durch eine spezifisch entwickelte Programmiersprache sowie des sogenannten ‚Smart- Contract- Systems' sollen die inhärenten Sicherheitsrisiken minimiert werden. Da die digitalen Verschlüsselungsmechanismen autonom und autark abrechnen, verbuchen und überwachen, entstehen allerdings automatisierte Finanzkreisläufe ohne die Kontrolle Dritter, so dass Datenschutz- sowie Datensicherheitsprobleme entstehen. Des Weiteren soll die Geldmenge dadurch begrenzt werden, dass der ‚Kauf' der Kunstwährung durch die Nutzer mittels nationaler Währungen erfolgt. Diese werden sowohl als Sicherheit wie auch als Volumengrenze eingesetzt. Allerdings ist die Portabilität dieser ‚Währung' zwischen den Nutzern als auch der Umtausch in nationale Währungen noch nicht gewährleistet. Verbunden ist hiermit eine wesentliche Änderung des derzeitigen monetären Geldsystems

---

[1165] Vgl. Pugliese, J. (2010).

[1166] Das englische Wort für das Sternzeichen ‚Waage' steht für Gerechtigkeit und Freiheit.

[1167] Vgl. auch die Ausführungen in Abschnitt 5.2.

und somit auch die Beeinträchtigung der nationalen Geldpolitik. Problematisch an der neuen Kunstwährung ist aus geldmarktpolitischer Sicht zum einen, dass keine Haftung des herausgebenden Konsortiums für Währungsverluste oder gar einen Totalausfall besteht. Zwar existiert eine scheinbare Sicherheit, da die Geldmenge durch entsprechende hundertprozentige Reserven an internationalen Währungen ‚gedeckt' werden soll.[1168] Kursschwankungen dieser Währungen wirken sich allerdings zwangsläufig indirekt auch auf den Kurs von ‚Libra' aus. Des Weiteren existieren bislang keine definierten und formalisierten Vorgaben und Kriterien für die jeweilige Geldmengenliquidität, obwohl durch die ständige digitale Verfügbarkeit durch Smartphone, Tablet, Computer und dergleichen permanente Geldschöpfung und somit ein Mengenproblem entsteht. Schließlich kann diese Kunstwährung nicht in nationale Währungen (rück-)getauscht werden, obwohl diese das Deckungsprinzip repräsentieren. Zum Schutz der Nutzer sind daher umfassende, konsistente sowie transparente Zulassungs- und Zertifizierungsverfahren sowohl der Strukturen dieser Kryptowährung als auch der eingesetzten Algorithmen, Applikationen und Technologien seitens der EU zwingend notwendig. Des Weiteren sollten in das ‚Council', dem obersten Entscheidungsgremium des Konsortiums, von den Nationalstaaten entsandte Aufsichtspersonen mit Vetorecht institutionell involviert sein. Einzelne Nationalstaaten sowie die EU beabsichtigen daher, selbst ein ‚digitales Kunstgeld' zu emittieren. Allerdings sind die dafür zukünftig geltenden Rahmenbedingungen, finanz- und währungspolitischen Kriterien sowie deren Integration in das existierende Finanz- und Kapitalmarktsystem weder bekannt noch existent, so dass auch hierbei die angeführten grundsätzlichen Bedenken gelten.

Analog zum Bitcoin respektive dem E-Yuan repräsentiert ‚Libra' ein digitales Bargeld, das direkt von Nutzer zu Nutzer transferiert wird. Nach der Tauschwirtschaft, der Bezahlung mittels Muscheln, Steinen und Edelmetallen sowie dem Papier- und Münzgeld als auch dem Giralgeld in Form des digitalen Geldtransfer repräsentiert es die nächste Stufe der Geldwirtschaft. Bits und Bytes auf Datenträgern, beispielsweise dem Smartphone oder der Smart Watch, determinieren die Aufgabe des bisherigen Modells des Geldmarktes, da dieses ‚analoge Modell' ein komplexes System verschachtelter Schuld- und Forderungsverträge, das von Banken, Finanzdienstleistern und Verrechnungsstellen organisiert und

---

[1168] Der Gewinn aus den damit verbundenen Anlagestrategien stehen ausschliesslich den Mitgliedern des Konsortiums zu.

strukturiert wird, repräsentiert.[1169] Problematisch wie immer bei der Digitalisierung ist der Datenschutz, die Aufhebung der Anonymität des Bargeldes sowie das Problem der Manipulation, da jede digitale Zahlung zwangsläufig Spuren hinterlässt. Beispielsweise können autoritäre Organisationen und Nationalstaaten die Zahlungen mit einem Zeitstempel oder einer Zweckbindung versehen, so dass die eigentlichen Interessen des ‚Bezahlenden‘ konterkariert werden.[1170] Langfristig könnte dadurch das Geschäftsmodell der Kreditinstitute zugunsten der Zentralbanken beeinträchtigt oder gar bedroht werden Diese Reduzierung oder letztendlich Aufgabe des nationalstaatlichen Währungsmonopols durch die Einführung der Kryptowährung ‚Libra‘ oder ähnlicher Digitalwährungen würde zwar den Vorstellungen von F.A. von Hayek entsprechen, der eine ‚Entnationalisierung des Geldes‘ durch eine quasi Marktwirtschaft konkurrierender, von Nationalstaaten und privaten Unternehmen herausgegebenen Währungen beschrieben hat.[1171]

Analog zum Klimawandel als eine Konsequenz des fossilen Kapitalismus sind die sozialen Netzwerke als auch ihre sozialen Attribute eine Konsequenz des digitalen Kapitalismus.[1172] Während der meteorologische Klimawandel der Erde jedoch im Hinblick auf Ressourcenausnutzung sowie Emissionen quasi ein endliches, geschlossenes System repräsentiert, gilt dies für die sozialen Netzwerke nicht. Diese formen die öffentliche Meinung durch die Extraktion der (vermeintlichen) Nutzerbedürfnisse sowie der darauf basierenden Anpassung der individualisierten Produktpolitik. Durch diese gezielte inhärente Einflussnahme wird das Verhalten der Nutzer manipuliert und gesteuert. In der postideologischen Welt sollte eigentlich die Transparenz dominieren. Diese wird jedoch durch die unregulierte Welt der sozialen Netzwerke konterkariert, da neue, fremdbestimmte Identitäten durch die Personalisierung generiert werden. Verstärkt wird dies zusätzlich, wie deutlich wurde, durch eine emotionale Aufladung ohne

---

[1169] Beim E- Yuan werden allerdings alle Zahlungen über die Systeme der Chinesischen Volksbank abgewickelt, so dass Steuerbetrug, Geldwäsche und Kapitalexporte reglementiert resp. verhindert sowie die geldpolitische Steuerung optimiert werden.

[1170] Bspw. Nichtdurchführund der Bezahlung des Kaufes von Spirituosen, Tabak,Zeitschriften etc.

[1171] Vgl. von Hayek, F.A. (1978); zwar gibt es derzeit schon die ‚private‘ Währung Bitcoin, die allerdings aufgrund ihrer Sicherheitstechnologie sowie der damit verbundenen Begrenzung nicht zum normalen Bezahlen eingesetzt werden kann.

[1172] Vgl. Morozov, E. (2016).

Faktengrundlage. Die ‚Märkte‘ des digitalen Kapitalismus sind allerdings keine meritokratischen Institution, bei denen analog zu F. A. Hayek ausschließlich die Leistung belohnt wird. Vielmehr dominieren hier Zufall und Ungerechtigkeit, da die ‚Leistung‘ aufgrund der kaum mess- und quantifizierbaren Einzelfaktoren kausal ausschließlich an ihrem Output, dem monetären Erfolg als Indikator gemessen werden.

Gesellschaftspolitisch ist es daher zwingend erforderlich, sich mit der politischen Ökonomie dieser Digitalisierung sowie den sozialen Netzwerken auseinander zu setzen und dadurch die Grundlagen des digitalen Kapitalismus neu zu justieren. Die beispielsweise in Echoräumen vorzufindenden, voneinander isolierten medialen Realitäten beruhen auf gravierenden gesellschaftspolitischen, strukturellen sowie kulturellen Verunsicherungen. Digital-Ökonomie als auch Globalisierung stellen einerseits traditionelle kulturelle Identitäten in Frage und implizieren somit das Gefühl einer wachsenden Ungleichheit. Verbunden ist dies häufig mit der Befürchtung, zu den ökonomischen oder kulturellen ‚Verlierern‘ zu gehören. Diese Ängste und Verunsicherungen im ‚Zeitalter des Zorns‘ werden von der politischen Elite häufig nicht erkannt sowie aufgegriffen, da diese nur an ihrem eigenen Ego sowie ihrem Machterhalt interessiert sind.[1173] Die Betreiber der sozialen Plattformen wie Facebook, Google, Amazon et cetera erzwingen daher die demokratisch legitimierte Regulierung und Kontrolle, da sich der einzelne Nutzer nicht der (Markt-)Macht dieser Monopolisten widersetzen kann. Auch eine digitale Enthaltsamkeit[1174] respektive ein Boykott der Nutzer als Zeichen des Protestes ist aufgrund der Kommunikationsrealität des einundzwanzigsten Jahrhunderts sowie der sozialen Bedeutung dieser Plattformen nur sehr eingeschränkt möglich und erfolgreich. Selbst ein individuelles Abschalten des eigenen Accounts würde beinhalten, dass alle früheren Daten weiterhin auf den Servern verbleiben sowie ein ‚Schattenprofil‘ angelegt wird. Die Nutzer verbleiben somit wie Zombies in einer digitalen Dystopie. Im Zeitalter des digitalen Kapitalismus sowie seiner Auswirkungen ist ein digitaler Verzicht auf die sozialen Medien und Netzwerke sowie deren Dienstleistungen auch

---

[1173] Vgl. Mishra, P. (2017).

[1174] Defensive Maßnahmen wären beispielsweise: keine Klarnamen, gesonderte Mailadressen, Blockade von Cookies, sparsame Verwendung persönlicher Informationen etc.; dies würde die Benutzung dieser Medien jedoch erheblich verkomplizieren und käme einer Kapitulation gleich.

wegen des Fehlens von Wettbewerbern kaum realisierbar. Das monopolisti-sche, gewinnorientierte Geschäftsmodell wird sich nur dann verändern, wenn Legislative und Exekutive durch Gesetze und Regulierungen einen Paradigmen-wechsel erzwingen. Hierdurch sollte beispielsweise das Sammeln von Informa-tionen über die Nutzer standardmäßig die Ausnahme sein und die bewusste Zu-stimmung die Regel. Dies impliziert allerdings auch eine Gratwanderung zwi-schen dem öffentlichen sowie wissenschaftlichen Interesse bei der Auswertung von ‚Big Data‘ einerseits sowie dem Schutz des Individuums andererseits. Hie-rauf soll im letzten Abschnitt detailliert eingegangen werden.

5. Die Demokratisierung der Digital- Ökonomie durch gesellschaftspolitisch legitimierten Datenschutz, Datensicherheit, Datenspeicherungssicherheit sowie Datenverarbeitungssicherheit.

Aus den bisherigen Erörterungen wurde ersichtlich, dass der Wert der Daten letztlich erst durch ihre Aggregation und Verwendung als ‚Nährboden' für die Monetarisierung, allerdings auch für die ‚Verschmutzung' der Gesellschaft entsteht: ‚Data is the new oil'. Allerdings steht der kumulative Charakter der so charakterisierten Digital-Ökonomie beziehungsweise ihrer disruptiven Prozesse konträr zum prokrastinierenden Charakter demokratischer Gesellschaftssysteme und -ordnungen. Dies impliziert einen Paradigmenwechsel der digitalen Spaltung von der technologischen zur gesellschaftlichen Dimension im Sinne einer ‚smarten Diktatur'. Jürgen Habermas konstatiert daher einen ‚Strukturwandel in der Öffentlichkeit'.[1175] Die Digital-Ökonomie hat somit in Verbindung mit dem Neoliberalismus sowie der Postindustralisierung die gemäß Schelsky nivellierte Mittelstandsgesellschaft des letzten Jahrhunderts durch polarisierte Sozialstrukturen ersetzt. Das Resultat sind unter anderem neue Oberschichten sowie aus der früheren Mittelschicht eliminierte prekäre Unterschichten als sogenannte Niedrigqualifizierte. Dies impliziert im Rahmen eines gesellschaftlichen Transformationsprozesses Singularitäten und egoistische Bedürfnisbefriedigungen. Verstärkt wird dies zusätzlich durch die exponentielle , quantitative Steigerung der Daten und Informationen, so dass der Nutzer kaum in der Lage ist, Relevantes vom Irrelevanten zu selektieren. Die Ambivalenz der Verfügbarkeit von Daten und Wissen generiert somit nicht per se größere kognitive Leistungen, da das menschliche Gehirn trotz der Differenzierung zwischen expliziten und impliziten System die Informationsüberladung kaum beherrschen kann. Wissen erfordert vielmehr spezifische Ordnungskriterien sowie bestimmte Formen der Speicherung und Visualisierung.[1176]

Diese ‚holzschnittartige' Skizzierung verdeutlicht, warum die Digital- Ökonomie einer demokratisch legitimierten Kontrolle bedarf. Nachfolgend sollen im

---

[1175] Vgl. Habermas, J. (1962).
[1176] Vgl. Jänig, Chr. (2004), S. 237 ff.

Rahmen einer Fokussierung auf die Bereiche Datenschutz, Datensicherheit, Datenspeicherung und Datenverarbeitung einige grundsätzliche Regulierungsmöglichkeiten erörtert werden.

Hinsichtlich der **Datensicherheit** kann zwischen der ‚**usable security**' sowie der ‚**privacy by design**' differenziert werden, also zwischen der nutzbaren Sicherheit sowie der durch die Programmierer implementierten Privatsphäre. Im letzteren Fall musste von Sarah Spiekermann und Marc Langheinrich im Rahmen einer umfangreichen empirischen Untersuchung konstatiert werden, dass die Sicherheit nicht in den Anwendungen systematisch implementiert wird, da sich die Entwickler hierfür nicht verantwortlich fühlen.[1177] Die Konsequenz ist aufgrund der sehr kurzen Entwicklungszyklen, dass eine exponentiell steigende Anzahl sicherheitsanfälliger Software im Markt existiert. Verstärkt wird dies des Weiteren durch die steigende Vernetzung aller Geräte im Rahmen des ‚Internet of Things' sowie der Intensivierung der Internetdienste, Angebote und dem Online- Shopping. Hierdurch erhöhen sich zwangsläufig die Angriffsflächen, da eine steigende Zahl an Accounts mit Zugangspasswörtern angelegt werden. Zum einen sind die Sicherheitsregularien der Accounts häufig unbekannt, so dass diese prinzipiell als unsicher gelten müssen. Zum anderen ist das menschliche Gehirn mit der Speicherung einer spezifischen Zahl unterschiedlicher Passworte und Zugangscodes überfordert, da das explizite System keine zusätzlichen Komplexitäten aufgrund des damit einhergehenden Kontrollverlustes generieren will.[1178] Prinzipiell ist die Datensicherheit technologisch im Rahmen der Datenerfassungs- und -verarbeitungssysteme lösbar und bedarf ‚nur' einer gesetzlichen beziehungsweise regulativen ‚Meta- Ebene', um die erforderlichen Kontextbedingungen verbindlich und verpflichtend einzuführen.[1179] Demgegenüber ist allerdings die ‚menschliche Datenunsicherheit' kaum zu regulieren. Diese ‚Sollbruchstelle Nutzer' kann nur durch systematische Schulung und Training als auch durch das Bewusstwerden der Risiken verringert werden.

Der **Datenschutz** dagegen ist sowohl juristisch als auch technologisch wesentlich problematischer, da hierbei auch moralische, ethische sowie ge-

---

[1177] Vgl. Spiekermann- Hoff, S. et al (2018), S. 1 ff.

[1178] Vgl. die Ausführungen in Abschnitt 2.1.

[1179] Allerdings implizieren Passwort-Management- Systeme, die 2- Faktor-Authentifizierung oder biometrische Verschlüsselungssysteme ebenfalls spezifische Sicherheitsprobleme- wird bspw. der Fingerabdruck im Netz gehackt, so kann dieser nicht im Gegensatz zum Passwort ersetzt werden.

sellschaftspolitische Bedingungen definiert werden müssen. Dies impliziert, dass Datenschutzgesetze und -verordnungen analog zu Niklas Luhmann 'strategisch platzierte Unschärfen' beinhalten, die zwangsläufig ein elementares Regelungsdefizit nach sich ziehen. Allerdings sind diese Mängel nicht monolateral, sondern repräsentieren systemische, sich rückkoppelnde und damit exponentiell verstärkende Wirkungsketten. Zwar mögen Datenerfassung, -verarbeitung und –weitergabe als Datenmissbrauch für den einzelnen Nutzer der sozialen Medien noch relativ harmlos wirken. Im Nutzerkollektiv wird dies jedoch zu einem gesellschaftspolitischen Problem. Des Weiteren muss zwischen dem Schutz individueller Daten in ihrer 'Gesamtheit' als auch dem Schutz 'individueller Datenatome' im Kontext von Datenaggregationen sowie deren Nichtrückverfolgbarkeit differenziert werden. Die EU plant daher, gesetzliche Vorgaben für die Plattformbetreiber hinsichtlich der Sicherheits- und Haftungsvorschriften analog zum deutschen Netzwerkdurchsetzungsgesetz zu erlassen, die die bisherige Selbstregulierung ersetzen soll. Dies impliziert die Haftung sowohl für Urheberrechtsverletzungen als auch für die Verbreitung spezifischer Inhalte. Als Konsequenz müssen die Betreiber im Rahmen 'proaktiver Maßnahmen' sogenannte 'Uploadfilter' installieren, denen allerdings aufgrund deren semantischer Unschärfe auch unbedenkliche Inhalte zum Opfer fallen werden. Zynisch könnte daher konstatiert werden, dass der Datenschutz eine Fiktion ist, da Daten keinen eigentumsrechtlichen Anspruch besitzen. Notwendig ist somit eine umfassende gesetzgeberische Regulierung, die das Spektrum von einer einfachen Einwilligungsregelung über eine 'expressiv verbis' definierte Nutzungsregelung bis zum Nutzungsverbot umfasst.

Zu berücksichtigen ist darüber hinaus der Sachverhalt, dass sich die digitalen Technologien schneller als Rechtsprechung sowie Gesetzgebung entwickelt haben und auch weiterhin werden. Wie dasjenige, was Pirsig als 'Urgrund' und Verbindung von Kunst und Technik definiert hat, so sind **Datenschutz, Datensicherheit, Datenspeicherungssicherheit** sowie **Datenverarbeitungssicherheit** der 'Urgrund' für die Synthese des digital- ökonomischen Zeitalters mit dem Schutz der persönlichen Intimsphäre des Menschen und vereinigt somit Digital-Ökonomie und Nutzer zu einem Ganzen.[1180] Deutlich wurde aus den bisherigen

---

[1180] Vgl. Pirsig, R.M.(1976).

Ausführungen auch, dass selbstlernende Algorithmen[1181] weder ein Gewissen noch Bewusstsein einschließlich der dahinterliegenden Erfahrungen und Emotionen haben sowie einen freien Willen besitzen und dennoch (fast) uneingeschränkt das menschliche Verhalten beeinflussen beziehungsweise manipulieren können. Zudem werden sie quasi durch den Programmierer respektive Entwickler ‚sozialisiert'. Im Rahmen dieser inhärenten Sozialisation entwickeln sie sich eigenständig weiter. So bestimmen sie beispielsweise derzeit schon die Partnerwahl, die Bücherlektüre, die Informationssuche, die Auswahl von Nachrichten, den Kinobesuch, die Berufswahl, die Besetzung von Arbeitsplätzen, Kreditvergaben und dergleichen.[1182] Gemäß Nicholas Negropronte sind sie nichts anderes als ‚programmierte Interface- Assistenten'.[1183] B. Dotzler definiert sie daher als „elektronische Schaltkreise, die mithilfe der sogenannten Multi- Sensor- Datenfunktion Myriaden von Daten und Metadaten durchsuchen, filtern, in Echtzeit auswerten, und auf dieser Basis myriadenfache Mikroentscheidungen treffen"[1184]. Sie treffen somit Mikroentscheidungen von Maschinen für Maschinen aufgrund ihrer Vernetzung sowie Automatisierung. Aus der Nutzersicht sind sie per definitionem diskriminierend, da ihr Fokus auf spezifischen, programmierten Selektionen im Rahmen der vorhandenen Daten und Informationen sowie ihrer Trainingsdaten liegt. Zu berücksichtigen ist hierbei jedoch, dass das für menschliche Handlungen konzipierte Straf- und Zivilrecht nicht für die ‚Handlungen' von Algorithmen geeignet ist. Denkbar wäre zwar, den jeweiligen Programmierer auf dieser Grundlage zur Rechenschaft zu ziehen. Problematisch ist diese juristische Inanspruchnahme allerdings bei selbstlernenden Algorithmen. Gemäß einer Forderung von Brad Smith sowie Roger McNamee muss daher das Recht den Entwicklungen der Digital- Ökonomie angepasst werden. Zusätzlich kann aus ethischer Sicht ein Verhaltenskodex für Programmierer und

---

[1181] Deren Quellcode ist nicht einsehbar, da sie den Status von ‚Geschäftsgeheimnissen' der sie einsetzenden Unternehmen besitzen; Carola Caldwell bezeichnet diese ‚Black-Box-Mentalität' daher auch als die ‚Hebamme des Autoritarismus'.

[1182] Analog zu den drei Gesetzen für Roboter von Jsaak Asimov (1. Keinen Menschen verletzen oder durch Untätigkeit zu Schaden kommen lassen; 2. Ihrem Schöpfer gehorchen (es sei denn, dies verstößt gegen Regel 1); 3. die eigene Existenz sichern (es sei denn, dies verstößt gegen die Regeln 1 und 2)), vgl. Asimov, J. (1952). Dementsprechend haben dementsprechend im Jahr 2016 Google- Forscher ‚5 Herausforderungen' zur Sicherheit in der KI sowie Microsoft ‚Sechs Grundsätze und Ziele' veröffentlicht.

[1183] Vgl. Negropronte, N. (1995).

[1184] Dotzler, B. (2019), S. 11.

Roboteringenieure analog zum Hippokrates-Eid der Medizin vorgegeben werden. Verbunden hiermit ist auch die persönliche Haftungs- und Risikoübernahme.

Neben Datenschutz und Datensicherheit sind zwangsläufig auch **Datenerfassung** und **Datenspeicherung** sowie der **Datenverarbeitungsschutz**[1185] gesetzlich zu regulieren, da sie das Leben der betroffenen Menschen zwar invasiv, jedoch massiv bestimmen. Wesentlich sind somit normative Vorgaben und Regeln auf rechtlicher und ethischer Grundlage.[1186] Einen ersten Schritt stellt hierbei die EU- Datenschutzgrundverordnung (DSGVO) vom 25. Mai 2018 dar, in der neben dem ‚Recht auf das Vergessen‘ auch das ‚Recht auf Auskunft‘ definiert ist, so dass bei einer algorithmenbasierten, automatischen Entscheidungsfindung hierfür die verantwortliche Organisation respektive Institution aussagekräftige Informationen über die implementierte Logik sowie über die Tragweite und den angestrebten Auswirkungen dieser Verarbeitung den betroffenen Personen zur Verfügung stellen muss.[1187] Einschränkend anzumerken ist allerdings, dass die DSGVO auf dem Grundsatz des ‚notice-and-consent‘ basiert.[1188] Dieser ist jedoch häufig eine Fiktion, da die umfangreichen Datenschutzbestimmungen der Plattformbetreiber sowie Applikationslieferanten zum einen kaum ‚lesbar‘ sind. Zum anderen muss der Nutzer im Falle einer Ablehnung davon ausgehen, ausgeschlossen zu werden. Schließlich intendiert die Einverständniserklärung die Fiktion des autonomen, mündigen und souveränen Datenbürgers. Hierbei bleibt das asymmetrische Machtgefüge zwischen Portalbetreibern und Nutzern unbeachtet. Im Fokus des ‚Vergessens im Internet‘ stehen allerdings beispielsweise nicht primär die Daten, sondern die Pfade und Links, die zu den Daten führen. Da das Internet zwischenzeitlich ubiquitär geworden ist, sollen diese Kontextbedingungen nachfolgend diskutiert werden.

[1185] Sog. ‚algorithmic accountability‘.

[1186] Die Konsequenzen aus einem Verzicht auf diese Vorgaben zeigen sich beim elektronischen ‚Hochgeschwindigkeits- Aktienhandel‘ , beim Drohneneinsatz sowie im Bereich der sozialen Medien; der computergestützte Aktienhandel erhöht die Kursvolatilität und somit Kursgewinne oder –verluste im zweistelligen Bereich – die Konsequenz ist eine Verstärkung der ‚Herdenmentalität‘.

[1187] Problematisch ist allerdings die Information über die ‚involvierte Logik‘, da bei selbstlernenden Systemen auf der Grundlage von ‚Deep Learning‘ nicht mehr nachvollziehbar ist, wie und wodurch der Algorithmus zu ‚seiner‘ Entscheidung gelangt ist.

[1188] Vgl. Gostom, T. (2020), S. 5.

5.1 Die Determinanten der digitalen ‚Datenunsicherheit'

Aus den Ausführungen über die technischen Manipulationsmöglichkeiten der Nutzer durch die ‚Ultrakonnektivität'[1189] wurde ersichtlich, dass die meisten internetfähigen Nutzergeräte sozialer Medien im Kontext des ‚Internet of Things' durch eine sehr gering ausgeprägte oder häufig nicht vorhandene Datensicherheit gekennzeichnet sind. Dies gilt neben biometrischen Erfassungssystemen, Smart Watches, Haushaltsgeräten, Webcams, externen Festplatten, sogenannten ‚persönlichen Assistenten' auch und vor allem für ‚Smart Toys'.[1190] Sowohl auf Grund unsicherer Funk- und Blue-Tooth- Verbindungen sowie der häufig unverschlüsselten Datenübertragung als auch der mitgelieferten Softwareapplikationen können bei diesen Geräten ohne Wissen des Nutzers individuelle Daten erfasst, aggregiert sowie ausgewertet werden. Des Weiteren können sie digital ferngesteuert und manipuliert werden. Je vernetzter diese Geräte mit dem Internet sind, desto anfälliger sind sie gegenüber unbefugten Zugriffen. Verstärkt wird dies noch durch die über das Internet angebundenen und fernüberwachten Applikationen, Sensoren und Geräte.[1191] Obwohl sie keine unternehmensrelevanten Einrichtungen repräsentieren, sind sie häufig über das unternehmenseigene Rechnernetzwerk mit dem Internet verbunden. Schließlich steigt das Sicherheitsrisiko exponentiell durch die Einbindung Dritter als Unternehmensdienstleister, da diese Dritten häufig nicht über die sicherheitsrelevanten Verfahren und Applikationen als auch über entsprechende Haftpflichtverträge gegen Cyberangriffe mit ausreichenden Deckungssummen verfügen. Hinzu kommt die systemimmanente Anfälligkeit gegenüber ‚Würmer' , Viren, Trojanern sowie Cookies. Dieses Sicherheitsrisiko erhöht sich noch gravierend durch die Möglichkeit, diese Geräte unbemerkt zu ‚Botnets'[1192] zusammenschließen zu können, so dass sie für Spams, Phishing- Mails, DDoS und Erpressersoftware zugänglich sind. Weitere Ursachen für diese ungenügende Datensicherheit sind des Weiteren ungeschützte Betriebssysteme, das Fehlen von Virenscannern, die fehlenden Optionen zur Installierung von Sicherheitssoftware und deren Up-

---

[1189] Vgl. Abschnitt 4.2.1.

[1190] Die Stiftung Warentest prüfte diesbezüglich im Jahr 2017 sieben Spielgeräte- alle fielen beim Sicherheitstest durch.

[1191] Bspw. Heizungsthermostate, Kaffeemaschinen, Aquarien etc.

[1192] Vgl. die entsprechenden Ausführungen in Abschnitt 4.2.1.

dates sowie vom Produzenten einheitlich vergebene und nicht veränderbare Passwörter. Notwendig ist jedoch für jedes Gerät eine spezifische Sicherheitseinstellung sowie frei generierbare und veränderungsfähige Passwörter als auch Verschlüsselungsmodule sowie die sicherheitsrelevanten Updates der jeweiligen Betriebssysteme. Sicherheit sollte beziehungsweise muss bei diesen Geräten ein integrales Element sein.

Aus dieser holzschnittartigen Skizzierung der Ursachen für die häufig systemimmanente ‚digitale Datenunsicherheit‘ auf Grund amorpher Strukturen ergeben sich zwangsläufig die relevanten Problembereiche. Technologisch sind diese zwar auch heute schon lösbar, allerdings in Verbindung mit einem Bequemlichkeits- und Komfortverlust für den Nutzer. Empirisch nachgewiesen wurde diesbezüglich, dass beim Abwägen von Komfort respektive Bequemlichkeit einerseits sowie Datenschutz andererseits immer der Datenschutz verliert. Die menschliche Bequemlichkeit sowie die (Konsum-)Genusssucht waren schon immer der größte Feind des Datenschutzes. Zwangsläufig repräsentieren somit auch die menschlichen Nutzer ein erhebliches Unsicherheitspotential. Dieses technologisch nicht lösbare Problem kann nur durch systematische, konsistente und regelmäßige Schulung sowie durch die Genese einer Sicherheitskultur reduziert werden. Aus thematischen Gründen soll nachfolgend jedoch der technologische Aspekt im Fokus stehen. Die Anforderungen an eine technologische Datensicherheit werden daher nachfolgend anhand einiger wesentlichen Komponenten skizziert und präzisiert.

- **Log-in sowie Passworte**

Diese Codierungen werden vom Nutzer häufig aus ‚Vergesslichkeitsgründen‘ möglichst einfach strukturiert und sind somit ‚kognitiv‘ speicherbar, allerdings auch sehr schnell decodierbar.[1193] Vernünftiger ist daher ein Passwortmanager anstelle ‚eines Passwortes für alle Fälle‘. Allerdings impliziert der vor kurzem noch propagierte regelmäßige Wechsel der Passwörter mehr Nachteile als Vorteile. Das Bundesamt für Sicherheit in der Informationsverarbeitung empfiehlt daher seit Ende des Jahres 2018, einen Wechsel nur dann vorzunehmen, wenn

---

[1193] Gemäß einer empirischen Untersuchung dominieren beim ‚Passwort‘ das Wort selbst, einstellige Passworte, die Zahlenreihe ‚1,2,3,4,5,6‘ oder die ersten Tasten der Zahlen- oder Buchstabenreihe der Tastatur. Computer-Cluster sind allerdings schon in der Lage, 350 Milliarden Passwortkombinationen pro Sekunde zu dechiffrieren – ein Maschinenverbund in Oslo konnte im Jahr 2012 in 5,5 Stunden 95^8 Kombinationen analysieren.

das Passwort kompromittiert und somit Dritten zugänglich gemacht wurde. Ausgangspunkt für diesen Strategiewechsel war der Sachverhalt, dass bei einem regelmäßigen Wechsel häufig nur einzelne Ziffern, Buchstaben oder Sonderzei- chen variiert wurden. Diese Codierung in ‚homöopathischen Dosen' macht letztlich das Passwort selbsterklärbar und damit funktionsunfähig. Sicherheits- technisch ist deshalb ein längeres, komplexes sowie aufwändig codiertes Pass- wort. Ein Lösungsansatz für komplexe Passworte kann im ersten Schritt die Bil- dung eines Satzes mit mindestens zwölf Wörtern sein. Im zweiten Schritt wer- den jeweils die Anfangsbuchstaben dieser Worte als neues Passwort verwen- det, wobei gleiche Anfangsbuchstaben durch Ziffern oder Sonderzeichen er- setzt werden.[1194] Ergänzend hierzu kann die ‚2-Faktor-Authentifizierung (2FA)' eingesetzt werden, bei der ein Zusatzcode ebenfalls angegeben werden muss.

- **Cloud- Dienste**

Durch die Cloud-Dienste werden die meisten Daten zwar kostengünstig, jedoch relativ unsicher auf den weltweit verteilten Datenbanken ‚gehostet'. Diese wer- den daher schon fast konsequenterweise systematisch gehackt, so dass deren Inhalte ‚öffentlich' werden. Diese Datenspeicher sind quasi ein ‚offenes Buch', dass von selbstlernenden Algorithmen ‚gelesen' wird, so dass die darin enthal- tenen individuellen, jedoch zuordnungsbaren Informationen quasi die ‚Nug- gets der digitalen Goldgräberzeit' sind.[1195]

- **Selbstlernende Algorithmen**

Die Reduzierung der Datenunsicherheit ist bei selbstlernenden Algorithmen we- niger ein technologisches, als vielmehr ein regulations-ethisches Problem. Algo- rithmen sind grundsätzlich Handlungsanweisungen zur Problemlösung auf- grund definierter Zustände, Zielsetzungen, Vorgehensweisen und Aktionen. Dies ist für die Lösung einer spezifischen Gruppe realer Probleme zwangsläufig ausreichend. Allerdings wird hierbei der menschliche Anwender exkludiert, so dass Koordinierungs- und Kooperationsprobleme sowie die Einbeziehung ethi- scher Wertesysteme ausgeschlossen werden. Dies impliziert, dass die Zielset- zungen der Applikationen bei komplexen Problemen häufig konträr sowie in-

---

[1194] Bsp.: ‚Das sicherste Passwort ist dasjenige, das man nicht vergisst' - 1sPid,2mnv.

[1195] Im Ashley- Madison- Fall (‚Seitensprung- Portal') wurde durch eine Hackergruppe ein Datenvolumen von 100 GB komprimierter sowie (teilweise) verschlüsselter Daten der 36 Millionen involvierten Nutzer innerhalb wenige Tage decodiert, individualisiert sowie ver- öffentlicht.

kompatibel zu den Anwenderzielsetzungen sind. Verschärft wird dieser Konflikt noch bei der Involvierung mehrerer Nutzer sowie deren Interaktionen mit der sozialen Umwelt, da deren Verhalten aus Maschinensicht teilweise irrational und widersprüchlich ist. Problematisch ist des Weiteren die Aggregation von Allgemeinwissen mit der maschinellen Logik. Grundsätzlich kann einerseits konstatiert werden, dass die diesen Algorithmen zugrundeliegenden 'Trainingsdaten' historisch und somit vergangenheitsorientiert sind, so dass sich gesellschaftliche Vorurteile quasi weitervererben. Des Weiteren implementieren die Programmierer häufig unbewusst ihre Vorurteile, Werte und Normen. Die Fehlerstruktur wird seitens der Entwickler aufgrund der Trainingsdaten in die Lernprozesse implementiert und dann vom Algorithmus zwangsläufig reproduziert.[1196] Erschwerend ist des Weiteren, dass bei den Algorithmen sowohl die Beurteilungsfaktoren unscharf und mehrdeutig sowie die Funktionsweise kontextlos definiert sind. Des Weiteren entstammen die Übungsdaten spezifischen, vorgegebenen Dateien, so dass Vorurteile quasi reproduziert werden.[1197] Die Konsequenz ist die Verwechselung von Korrelation und Kausalität. Algorithmen können somit zwangsläufig nicht 'wertneutral' sein, da sie auf den bei der Programmierung zugrundeliegenden Aufgaben- und Zielsetzungen sowie den damit verbundenen inhärenten Wertvorstellungen basieren. Zwangsläufig beinhaltet dies auch die Werturteile sowie das daraus resultierende Wissen des Programmierers und damit seines jeweiligen gesellschaftlichen Kontextes.[1198] Grundsätzlich determinieren und definieren sowohl die Vorurteile, Diskriminierungen und ethisch- moralischen Ansichten des Programmierers im Code[1199], die Trainingsdaten als auch die Tendenzen sowie Falschinformationen aus den vergangenheitsorientierten Referenzdaten im Rahmen der 'deep learning-Phasen' den selbstlernenden Algorithmus.[1200] Die überwiegend vergangenheits-

---

[1196] Vgl. die Ausführungen in Abschnitt 4.1.

[1197] Analog zu den Physiognomiekriterien von Gall sowie Lombroso im Rahmen der Vermessung von Häftlingsschädeln.

[1198] Gem. des 1. Gesetzes der Technologie von Melvin Kranzberg (1917 – 1975)

[1199] Im Rahmen der Studie 'Moral Machine' unter Einbeziehung des 'Weichenstellers- Gedankenexperimentes der erzwungenen Wahl' ermittelte I. Rahwan, dass abhängig von der jeweiligen Kultur und Region unterschiedliche soziale Kriterien und Definitionen Einfluss auf die Programmierung haben. Vgl. Rahwan, I., Cebrian, M., Obradovich, N. et al (2019), S. 477 ff.

[1200] Der Chatbot 'Tay' von Microsoft wurde in der Trainingsphase von sehr vielen Crowdworkern mit Daten versorgt, so dass deren darin enthaltenen inhärenten Vorurteile,

basierten Trainings- sowie Referenzdaten als sogenannte Proxydaten sowie die daraus resultierende Mustererkennung beeinflussen somit wesentlich dessen Struktur sowie seine analytischen und operativen Fähigkeiten. Hieraus resultiert auch die begrenzte Lernfähigkeit der selbstlernenden, algorithmisierten automatischen Entscheidungssysteme. Die Ursache für diesen ‚Algorithmic Bias‘[1201] liegt demnach unter anderem daran, dass diese Algorithmen aus großen von Menschen vorgegebenen Datensätzen nach Mustern suchen und somit auch die grundsätzlich darin enthaltenen inhärenten, häufig semantischen Vorurteile, Stereotypen, diskriminierenden Ansichten sowie Falschinformationen übernehmen und verstärken.[1202] Dieser automatische Generalisierungsprozess als Lernprozess ist mit dem derzeit vorhandenen Wissen und Verständnis von Informatik sowie Kybernetik weder nachvollziehbar noch verständlich oder gar erklärbar. Im Gegensatz zu den tradierten regelbasierten Algorithmen[1203] mit wohldefinierten Aufgabenstellungen generieren selbstlernende Algorithmen semantische Aussagen mittels statistischer Grundlagen, so dass Neutralität, Qualität sowie Objektivität statistisch ‚verzerrt‘ werden. Diese inhärenten Diskriminierungen des Algorithmus machen sich dann beispielsweise bei automatisierten Bewerbungsanalysen, Bewerberauswahl sowie Personalsteuerung unbewusst bemerkbar.

Selbstlernende Entscheidungssysteme beispielsweise bei Finanzinstituten, beim Personal Recruiting[1204], der Auswertung von Mitarbeiterdaten im Rahmen sogenannter ‚People Analytics Tools‘[1205] oder bei der Polizei[1206] können aller-

---

sexistischen Ansichten etc. dem Programm quasi antrainiert wurden; Microsoft musste daher diesen Chatbot nach 24 Stunden aus dem Netz entfernen.

[1201] Sog. ‚Bestätigungsfehler‘; der Einfluss der Mentalität des Programmierers wird manchmal auch als ‚Machine Bias‘ bezeichnet.

[1202] Vgl. Huang, B. et al (2016), S. 903 ff sowie Crawford, K., Paglen, T. (2019)

[1203] Programmierte Codes mit einer definierten Abfolge von Regeln, Prozessen und Befehlen – quasi fest verdrahtete Handlungsanweisungen.

[1204] Diese suchen in den Bewerbungsunterlagen nach den Schlüsselworten der Ausschreibung; trainiert werden diese Algorithmen mit den Daten der bisherigen Mitarbeiter, so dass homogene Personalstrukturen entstehen.

[1205] Durch die Auswertung der Mitarbeiterdaten soll deren individuelle Leistungsfähigkeit prognostiziert werden – deren Anwendung stehen allerdings gesetzliche Bestimmungen (Datenschutzrecht, Arbeitsrecht, Betriebsverfassungsgesetz) entgegen.

[1206] Beim Compas- Prognoseprogramm (Correctional Management Profiling for Alternative Sanctions) wiesen Wissenschaftler vom Dartmouth- College nach, dass die mehr als 100

dings den Wandel zu autoritären Systemen intendieren respektive determinieren. Die Mustererkennung bei den prädiktiven Modellen im Sicherheitsbereich
beispielsweise auf der Grundlage von ,Brute-Force-Berechnungen' soll es ermöglichen, auf der Grundlage von Big Data, statistischer Modelle sowie selbstlernender Algorithmen diejenigen Menschen zu erkennen, die in einem überschaubaren Zeitraum ein Verbrechen begehen werden.[1207] Anzumerken ist diesbezüglich jedoch, dass beispielsweise die Gesichterkennungssysteme bislang
noch sehr hohe Fehlerquoten aufweisen, da die Algorithmen mit homogenen
Datensätzen überwiegend weißer Menschen trainiert werden und daher nicht
die Diversität der ,Gattung Mensch' (Asiaten, Farbige et cetera) nicht abbilden
können.[1208] Algorithmen sind daher subjektive Entscheidungsmodelle, die auf
den in den Trainingsdaten enthaltenen gesellschaftlichen oder individuellen
Werturteilen sowie den jeweils vorherrschenden politisch-ökonomischen Bedingungen beziehungsweise ,Weltbildern' basieren. Im Gegensatz zu dem
menschlichen Programmierer besitzen sie jedoch weder ein eigenes ,Weltbild'
noch ethisch- moralische Ziele oder Werte, so dass sie die inhärent verborgenen
Vorurteile nicht erkennen können. Sie können somit nicht das Ergebnis eines
,neutralen' Prozesses sein, da in die automatisierten Entscheidungsprozesse immer wieder sachfremde Motive mit der Konsequenz von Diskriminierung sowie
Inkonsistenz einfließen, so dass das menschliche Verhalten gesteuert und manipuliert wird. Des Weiteren werden häufig auch anstelle der definierten Variablen auf Grund der fehlenden Datenbasis näherungsweise ,Stellvertreter' eingesetzt, die zwangsläufig zu Verzerrungen führen. Erforderlich ist daher eine
transparente und nachvollziehbare Prüfung derjenigen Kriterien, die den Einsatz sowie ihre Wirkungsweisen bestimmen, um Fehlentwicklungen korrigieren
zu können.[1209]Notwendig ist daher auch eine spezifische Algorithmenethik, da
Algorithmen per se keine Handlungsfreiheit sowie Verantwortungsübernahme
besitzen können – die ,Entscheidungsfreiheit' wird vielmehr durch die Programmierung definiert und determiniert. Diese inhärente Intention beruht jedoch

---

Parameter irrelevant sind- untrainierte Menschen, die nur Alter und Vorstrafen berück-
sichtigten, hatten einen besseren Prognosewert.

[1207] Bspw. bei ,Radar- iTE' hinsichtlich der Gefährlichkeit sog. Gefährder.

[1208] Das ,National Institute of Standars and Technology (NIST)' testete im Dezember 2019
circa 189 derartiger Algorithmen und ermittelte, dass fast alle äußerst fehleranfällig waren, da sie spezifische Bevölkerungsgruppen diskriminierten.

[1209] Vgl. Jaume- Palasi, L. et al. (2017), S. 10 f.

nicht auf der zugrundeliegenden Mathematik, sondern auf den - häufig unbewussten - Motiven des Programmierers sowie vor allem auf dem zugrundeliegenden Geschäftsmodell einschließlich des propagierten ‚Betriebsgeheimnis-
ses' mit der hieraus resultierenden Gefahr einer automatisierten Diskriminierung.

Algorithmen sind daher subjektive Entscheidungsmodelle, die auf den in den
Trainingsdaten enthaltenen gesellschaftlichen oder individuellen Werturteilen
sowie den jeweils vorherrschenden politisch-ökonomischen Bedingungen beziehungsweise ‚Weltbildern' basieren. Im Gegensatz zu dem menschlichen Programmierer besitzen sie jedoch weder ein eigenes ‚Weltbild' noch ethisch- moralische Ziele oder Werte, so dass sie die inhärent verborgenen Vorurteile nicht
erkennen können. Sie können somit nicht das Ergebnis eines ‚neutralen' Prozesses sein, da in die automatisierten Entscheidungsprozesse immer wieder sachfremde Motive mit der Konsequenz von Diskriminierung sowie Inkonsistenz einfließen, so dass das menschliche Verhalten gesteuert und manipuliert wird.
Des Weiteren werden häufig auch anstelle der definierten Variablen auf Grund
der fehlenden Datenbasis näherungsweise ‚Stellvertreter' eingesetzt, die
zwangsläufig zu Verzerrungen führen. Erforderlich ist daher eine transparente
und nachvollziehbare Prüfung derjenigen Kriterien, die den Einsatz sowie ihre
Wirkungsweisen bestimmen, um Fehlentwicklungen korrigieren zu können.[1210]
Notwendig ist des Weiteren auch eine spezifische Algorithmenethik, da Algorithmen per se keine Handlungsfreiheit sowie Verantwortungsübernahme besitzen können – die ‚Entscheidungsfreiheit' wird vielmehr durch die Programmierung definiert und determiniert. Diese inhärente Intention beruht jedoch
nicht auf der zugrundeliegenden Mathematik, sondern auf den - häufig unbewussten - Motiven des Programmierers sowie vor allem auf dem zugrundeliegenden Geschäftsmodell einschließlich des propagierten ‚Betriebsgeheimnis-
ses' mit der hieraus resultierenden Gefahr einer automatisierten Diskriminierung. Des Weiteren werden durch die zu Testzwecken genutzten Datensätze die
inhärent vorhandenen gesellschaftlichen Ansichten, Meinungen und Auffassungen der Vergangenheit in die Zukunft projiziert. Diese Datensätze sind letztlich
ebenso diskriminierend wie die reale Welt, der sie entstammen.

Die inhärenten Fehler der Algorithmen wirken sich zwangsläufig bei automatisierten Entscheidungen auf alle Entscheidungen aus, während der Mensch

---

[1210] Vgl. ebenda.

überwiegend in Einzelfällen Fehlentscheidungen trifft.[1211] Bei der Strukturierung sowie Programmierung selbstlernender Algorithmen ist daher ein proakti-
ves Handeln im Hinblick auf die inhärenten Vorurteile, ethischen Bewertungen
sowie Zielsetzungen zwingend erforderlich. Derartige Systeme beeinflussen somit die gesellschaftlichen Werte, Zielsysteme und Normen, da Software letztlich die Transformation sozialer Interessen, Wünschen und Konventionen in
eine formale Sprache repräsentiert.[1212] Hierdurch intendieren sie auch gesellschaftliche Kosten. Im Strafrecht wird daher grundsätzlich die Anwendung derartiger Algorithmen aufgrund der inhärent vorhandenen Vorurteile sowohl der
Programmierer als auch der Trainingsdaten ausgeschlossen. Hier ist der Mensch
sowohl wegen seiner Erfahrungen als auch der semantischen Interpretationsfähigkeit trotz der auch hier existenten Vorurteile überlegen.

Bei Webseiten werden des Weiteren mittels spezifischer Tracking - Algorithmen alle Speicherinhalte systematisch durchsucht und individualisiert, da
jeder Besucher einer Webseite charakteristische ‚Fußspuren‘ respektive ‚Fingerabdrücke‘ hinterlässt. Hierdurch werden unverwechselbare Nutzerporträts
generiert und - im positiven Fall nur ‚marketingmäßig‘ - ausgewertet, so dass
letztlich jeder Nutzer potenziell erpressbar ist. Des Weiteren besitzen die Programmcodes dieser Algorithmen spezifische ‚Filter‘, die die Auswahl der genutzten Informationen definieren und somit das Ergebnis determinieren. Dies gilt
auch für unstrukturierte Daten, beispielsweise Sprachdaten, bei denen mittlerweile psychologische Details wie die Existenz von Depressionen, sexuelle Vorlieben et cetera linguistisch erkannt sowie extrahiert werden können. Generell
vereinfachen selbstlernende Algorithmen komplexe Entscheidungssituationen
respektive Problemstellungen und generieren einfache, handhabbare ‚Lösungen‘, die jedoch häufig den Anwender semantisch überfordern. Berücksichtigt
werden muss diesbezüglich, dass hierbei Rechenvorgänge mit ganzen Zahlen,
deterministischer Logik sowie der inkrementalen Zerlegung des Faktors ‚Zeit‘
realisiert werden. Im Gegensatz hierzu steht jedoch die menschlich - analoge
Welt, die aus reellen Zahlen, nichtdeterministischer Logik sowie prozessualen
Funktionen basiert, bei der die Zeit als Kontinuum gesehen wird. Wesentliche
Attribute sind somit die Struktur im Raum, das Verhalten in der Zeit sowie die
Lernfähigkeit zur Verhaltenskontrolle. Diese Dystopie der ‚Gig-Ökonomie‘ re-

---

[1211] Vgl. Eubanks, V. (2018), sowie Orwat, C. , Schankin, A. (2018).
[1212] Vgl. Zweig, K. (2018), S. 18.

präsentiert letztlich eine analytisch-ökonomische Präzision, um den ‚Faktor Mensch' im Rahmen einer subtilen Manipulation bei Verstößen gegen Datenschutzbestimmungen zu verbessern.[1213]

Zwingend notwendig ist es daher, zum einen die Entscheidungen tiefer neuronaler Netze erklärbar und transparent zu gestalten. Zum anderen müssen im Rahmen dieser Algorithmenethik verbindliche und allgemeingültige Regeln aufgestellt werden. Die selbstlernenden Algorithmen treffen aufgrund der Programmierung sowie der eingesetzten Datenbasis letztlich vordefinierte Entscheidungen. Notwendig sind daher neben der Überprüfung der Sinnhaftigkeit des Algorithmeneinsatzes eine konsistente Fehleranalyse und die Möglichkeit einer Entscheidungsrevision. Grundsätzlich betrifft dies auch die moralische Problematik der KI. Die KI entwickelt im Bereich der selbstlernenden Algorithmen auf der Grundlage künstlicher neuronaler Netze (sogenanntes ‚deep learning') eigene Verhaltensmuster, die sich fundamental von denjenigen des Menschen unterscheiden.[1214] Andererseits beeinflussen beziehungsweise determinieren sie soziale, politische, wirtschaftliche sowie kulturelle Interaktionen der involvierten Nutzer. J. Rahwan fordert daher im Rahmen seiner Forschungen zur ‚Moral Machine' am MIT zu Recht, dass diese maschinenspezifischen Verhaltensmuster nicht nur von denjenigen Mathematikern und Programmierern, die die Algorithmen mit dem Fokus auf Funktionsfähigkeit entwickelt haben, sondern auch von Verhaltenswissenschaftlern, Psychologen, Soziologen sowie Neurobiologen überprüft werden, so dass auch moralische, ethische und gesellschaftspolitische Kriterien involviert werden. Die Vermeidung einer algorithmenbedingten Diskriminierung erfordert daher die gezielte Steuerung und Überwachung durch den Menschen.[1215] Unter Vorgabe neutraler, fairer Kriterien kann im Rahmen wiederholter Testreihen deren Diskriminierung erkannt werden. Das häufig vorgebrachte Argument der zu großen Komplexität der Algorithmen wird somit irrelevant, da nicht direkt der Algorithmus oder das zugrundeliegende neuronale Netz geprüft wird, sondern **indirekt** die jeweiligen Entscheidungen überprüft werden. Die Aufgabe der Legislative muss es daher sein, semantisch eindeutige Definitionen der gesellschaftlichen Normen und

---

[1213] So werden bspw. bei Fragebogenaktionen die individuellen Verbesserungsptenziale im Hinblick auf gesünderes Essen, körperliche Bewegungsdefizite etc. erfasst.
[1214] Vgl. Rahwan, J (2019) , S. 477 ff.
[1215] Vgl. hierzu vor allem Zehlike, M., Wagner, G.G. (2019), S. 9.

Werte sowie von Transparenz, Fairness und ähnlichen Parametern vorzugeben. Dies impliziert zwangsläufig auch in Abhängigkeit von der jeweiligen automatisierten Entscheidungsfunktion unterschiedliche Kriterien, Maßstäbe sowie Prüfungsverfahren.

Neben diesem regulatorischem Aspekt muss auch berücksichtigt werden, dass die zugrundeliegende Triade ‚Nutzung von Big Data - hohe Komplexität der Rechenvorgänge - fehlende Kontrolle und Überprüfbarkeit der Ergebnisse‘ für den außenstehenden Nutzer eine Blackbox ist, die gefährliche Abhängigkeiten erzeugt: Der Nutzer weiß nicht, wie die Algorithmen funktionieren und wer sich diese bei welcher Interessenlage zunutze macht.[1216] Die Transparenz hinsichtlich der automatisierten Art und Umfang sowie der inhaltlichen Entscheidungsgründe ist absolut nicht gegeben, so dass der menschliche Anwender aufgrund der KI- dominierten Algorithmen Entscheidungen trifft, obwohl er deren Fehler und Schwächen nicht kennt. Schließlich haben die Anwender automatisierter Entscheidungsprogramme andererseits häufig weder die Zeit noch den Mut, deren Vorschlägen respektive Entscheidungen aufgrund des damit verbundenen Rechtfertigungszwanges zu widersprechen.

Dies führt letztlich zur Entmündigung des Menschen durch eine autoritative Automatisierung der Entscheidungsprozesse. Diese zentralistisch- diktatorische Fremdsteuerung des Menschen durch eine Algokratie[1217] macht die vernunftgeleitete, nachvollziehbare Prüfung sowie Hinterfragung der Prozesse sowie ihrer Quellen unmöglich. Zwangsläufig kann die Rechtmäßigkeit von Entscheidungen nur dann überprüft werden, wenn auf der Grundlage eines qualitätsgesicherten Entwicklungsprozesses Datengrundlagen, Handlungsabfolgen, Gewichtungskriterien et cetera offen gelegt werden. Die Berechnungsmethoden selbstlernender Algorithmen sowie deren Ergebnisse müssen in einer für den Menschen nachvollziehbaren Form ‚dekonstruiert‘ werden können und ihre Funktion somit erklärbar werden. Allerdings ist die Decodierung der selbstlernenden Algorithmen fast unmöglich, so dass auch deren Offenlegung nur geringe Effekte aufzeigen würde. Daher impliziert der mathematisch-logische Prozess-

---

[1216] Hierbei ist auch der sog. ‚Creepiness-Faktor‘ zu berücksichtigen: die Auswertungsergebnisse werden bewusst fehlerhaft gemacht, um dem Nutzer die Angst vor dem Algorithmus zu nehmen.
[1217] Dieser Begriff wurde von A. Aneesh von der Stanford-Universität geprägt. Vgl. Aneesh, A. (2006).

ablauf der Algorithmen Gefahren für Rechtstaatlichkeit sowie gesellschaftliche Grundordnung[1218] und führt gemäß David Est zur ‚**Epistokratie**', das heißt zur ‚Herrschaft der Wissenden', bei der mathematische Kriterien sowie ökonomische Werte die gesellschaftlichen, kulturellen und politischen Zielsetzungen definieren. Grundsätzlich gelten bekanntlich die drei Gesetze der KI, so dass eine Kontrollmöglichkeit weder durch den Programmierer noch durch den Nutzer erfolgen kann.[1219] Zynisch gesehen geht dies mit einer Rückkehr zu mittelalterlichen, feudalistischen Strukturen bei einer ‚Versklavung' des ausgelieferten Nutzers einher, da die dadurch intendierte Automatisierung des Denkens zum Autoritarismus führt. Analog zu Orwell im Sinne seiner ‚Gedankenpolizei' wird der Mensch kontrollierbar und reglementierbar.[1220] Dieser hybride Autoritarismus aufgrund der Kombination von Menschen sowie selbstlernenden Algorithmen der KI beinhaltet eigene Zielsetzungen, die häufig konträr zu denjenigen der menschlichen Nutzer sowie gesellschaftspolitischer Anforderungen sind. Bei einem derartigen unternehmerischen beziehungsweise nationalstaatlichen Autoritarismus auf der Grundlage einer ‚hybriden Superintelligenz' werden die Machtverhältnisse zwischen Nutzern und Plattform beziehungsweise Bürgern und deren Staaten einseitig zu Lasten der Nutzer und Bürger ‚umverteilt' . Die Folge ist zwangsläufig der Verlust des zivil-demokratischen Miteinanders. Scheinbar sind Intransparenz sowie fehlende Kontrolle der Prozesse ein Basiselement der digitalen Informationsökonomie und erfordern daher regulatorische Maßnahmen, da das individuelle Interesse des betroffenen Nutzers ein höherwertiges Rechtsgut als das angebliche Betriebsgeheimnis der Unternehmen darstellt.

Die Plattformbetreiber als global agierende Unternehmen definieren letztlich autoritär, wer am politischen Diskurs teilnehmen kann. Die Reduzierung dieser Machtposition durch Regulierung ist somit eine der Zukunftsfragen demokratischer Gesellschaften. Eine transparente sowie ‚offene KI' kann zu-

---

[1218] Vgl.Martini, M. (2017), S. 1017 ff.

[1219] 1) das W.R. Ashby – Gesetz: jedes effektive Kontrollsystem muss so komplex sein wie das zu kontrollierende System; 2. John v. Neumann: das einfachste vollständige Modell eines Organismus ist der Organismus selbst; 3. Einfache Systeme sind nicht komplex genug, um intelligent zu handeln- d.h. jedes intelligente System ist zu komplex, um es zu verstehen. Vgl. Dyson, G. (2019).

[1220] Vgl. die Ausführungen über das chinesische ‚System für soziale Glaubwürdigkeit' als autoritäres, diktatorisches Bonitätsprüfungssystem in Abschnitt 4.2.3 .

sätzlich dazu beitragen, eine Balance zwischen den jeweiligen Interessen wieder herzustellen.[1221] Darüber hinaus fordert Daniel C. Dennett deshalb auch eine extensive Haftung der Entwickler sowie einen umgekehrten Turing-Test: Wird kein Fehler gefunden, wird keine Betriebserlaubnis erteilt.[1222] Die gesellschafts-politische Kontrolle der Algorithmen mit Entscheidungsmacht bedingt daher so-wohl Transparenz, Offenlegung und Nachvollziehbarkeit als auch die Publika-tionspflicht zur Überprüfbarkeit, einschließlich der eingesetzten Datenbasis und Datenauswahl. Da alle Entscheidungen aus juristischer Sicht begründungspflich-tig sind, gilt dies zwangsläufig auch für entscheidungtreffende Algorithmen. Ein erster Schritt in diese Richtung einer Offenlegung ist im Artikel 15 der EU-Da-tenschutzgrundverordnung (DSGVO) festgelegt, dem gemäß ein Auskunftsrecht über die involvierte Logik, Tragweite sowie Auswirkungen der algorithmenge-steuerten Entscheidungen besteht sowie die entsprechenden Dokumentation zur Verfügung gestellt werden muss. Dies impliziert zwangsläufig die Forderung nach der Kontrolle der algorithmenbasierten Entscheidungssysteme durch die Exekutive, da der einzelne Nutzer hiermit überfordert ist. Neben der Verhinde-rung des ‚data bias‘ in der zugrunde gelegten Datenbasis zur Vermeidung von Diskriminierungen ist der zugrunde gelegte Quellcode als auch der implemen-tierte Entscheidungsprozess zur Verhinderung des ‚algorithmic bias‘ transpa-rent zu gestalten. Diese Kontrolle beinhaltet des Weiteren die Beachtung gesell-schaftlicher Regeln, Zielsetzungen, Normen und Werte sowie Kontextbedingun-gen und kann daher nicht durch die Verwendung anderer algorithmenbasierte Expertensysteme quasi ‚automatisiert‘ werden.[1223] Notwendig sind somit menschliche Kontrolleure im Sinn eines ‚Supervisor‘. Des Weiteren ist es gene-rell überlegenswert, diejenigen Funktions- und Anwendungsbereiche zu defi-nieren, in denen selbstlernende Algorithmen **nicht** eingesetzt werden dürfen.

- **Apps und Cookies**

Der Zugriff auf die gespeicherten Daten des jeweiligen Endgerätes erfolgt bei den meisten **Applikationen** automatisch. In Einzelfällen können diese ‚Zusatz-funktionen‘ zwar durch bewusste Veränderungen der Einstellungen abgeschal-tet werden. Dieser Veränderungsprozess ist allerdings zeitaufwändig und kom-plex, so dass dies häufig an dem technischen Geschick des Nutzers sowie seiner

---

[1221] Vgl. W. D. Hillis (2019), S. 11.
[1222] Vgl. Dennett, D.C. (2019), S. 9.
[1223] Vgl. Dornis, V. (2019), S. 26.

Bequemlichkeit scheitert. Derartige ‚atypische' Funktionen einer App müssen daher per se ausgeschlossen werden und nur durch die vorherige bewusste schriftliche Zustimmung des Nutzers freigegeben werden können. Hierdurch würde sicherlich jede App kostenpflichtig werden, so dass die Entscheidung über den Einsatz dieser App im Rahmen einer ‚Kosten- Nutzen- Prüfung' durch den jeweiligen potenziellen Nutzer erfolgen würde.

Sogenannte **Supercookies** beziehungsweise ‚Zombie- Cookies' werden bei einem Aufruf von Webseiten häufig getarnt und ohne Wissen des Nutzers auf dem Rechner platziert. Da diese alle Daten mitlesen, sie auswerten und diese Ergebnisse an den ‚Eigentümer' der Cookies übertragen, wird der Nutzer ‚gläsern'.[1224] Voraussetzung für die Installation von Cookies muss daher sein, dass der Nutzer vorher seine schriftliche Einwilligung erteilt und diese jederzeit widerrufen kann.[1225]

- **Telematiksysteme**

Über die Telematiksysteme in Kraftfahrzeugen, Steuerungssysteme im Haushalt als sogenannte Smart Home-Systeme, bei Applikationen im Bereich des ‚Electronic Banking' et cetera kann direkter Zugriff sowohl auf Daten als auch auf andere sicherheitsrelevanten Systeme genommen werden.[1226] Da die durch diese Anwendungen erhobenen Daten überwiegend in singulären Datensystemen aggregiert werden und letztere häufig sehr schlecht abgesichert sind, bestehen zwangsläufig Möglichkeiten zur Manipulation sowie zum Datenmissbrauch. Notwendig sind daher gesetzliche Vorgaben, um die Produzenten dieser Systeme und Applikationen zur sicherheitstechnischen ‚Aufrüstung' zu veranlassen respektive zu zwingen.

Aus dieser ‚holzschnittartigen' Skizzierung der technologischen Dimension der Datensicherheit wird die Komplexität dieser Aufgabenstellung deutlich. Bewusst wird allerdings auch, dass hierzu eine öffentlich- rechtliche Regulierung erforderlich ist, da der einzelne Nutzer sowohl kognitiv als auch von seiner ‚Machtposition' her gegenüber den Betreibern der Plattformen unterlegen ist.

Einschränkend muss allerdings angemerkt werden, dass die Implemen-

---

[1224] Cookies protokollieren, speichern und analysieren das ‚Surfverhalten' der Nutzer im Hinblick auf die Werbekunden; die Schnittstelle bei Facebook zwischen der Plattform sowie den Verkaufshomepages heißt ‚Pixel'.

[1225] Vgl. die Ausführungen in Abschnitt 4.2.2.

[1226] Beispielhaft sei die Eingriffe in das Brems- und Beschleunigungssystem sowie die Motorsteuerung bei Chrysler-Modellen im Juli 2015 in den USA angeführt.

tierung von Anti-Viren-Programmen, Malware-Scannern sowie adäquater Si-
cherheitstechnologien auch die Stabilität der durch das ‚Internet der Dinge‘ implizierten Prozesse und Abläufe beeinflusst. Diese könnten regelmäßig ‚abstür-
zen‘, da die Leistungsfähigkeit der installierten Prozessoren für die meist komplexen Sicherheitsprogramme nicht ausreichend ist. Des Weiteren würde ein
sicherheitsrelevantes Update der Betriebssysteme den kontinuierlichen, permanenten Prozessablauf für Minuten oder Stunden unterbrechen, was bei kritischen Anwendungen häufig nicht tolerierbar ist. Schließlich sind meistens
auch die Programmarchitekturen häufig ‚historisch‘ gewachsen und somit sehr
komplex, so dass die Updates einzelner Module unkontrollierbare Auswirkungen auf andere Systemkomponenten hervorrufen würden.

5.2 Realisierungsmöglichkeiten eines demokratischen Datenschutzes sowie diskriminierungsfreier Datenerhebungs- und Datenverarbeitungssicherheit, Datenspeicherung und Datentransformation

Die zunehmende, teilweise überbordende Digitalisierung der Lebens- und Umweltbereiche des Menschen hat zum einen deutlich seine Unvollkommenheit, seine Defekte und Defizite sowie Unzulänglichkeiten aufgezeigt. Zum anderen werden jedoch diese digital- ökonomischen Prozesse weder begrenzt noch beendet werden können.[1227] Daher muss die fremdbestimmte Datennutzung beziehungsweise der Datenmissbrauch als ‚Fremdnutzung ohne vorherige bewusste Zustimmung' verhindert respektive eingeschränkt werden. Die bisherige Singularität muss demnach in eine Pluralität transformiert werden, um die intersubjektive Macht einiger Weniger (Konzerne) zu reduzieren und somit eine Demokratisierung des digitalen Zeitalters herbeizuführen.[1228] „Die Demokratisierung des Digitalen ist viel wichtiger als die Digitalisierung der Demokratie"[1229]. An früherer Stelle wurde daher schon darauf verwiesen, dass diesbezüglich subsidiäre Handlungsmöglichkeiten bestehen und genutzt werden müssen, um durch gesetzliche respektive regulatorische Instrumente bei Datenerhebung, -verarbeitung, -speicherung sowie -nutzung die menschlichen Grundanforderungen und Bedürfnisse gewährleisten zu können.[1230]

‚Big Data' ist anscheinend das ‚digitale Rohöl des 21. Jahrhunderts' für die Plattformen als ‚Datenraffinerien'.[1231] Diese generieren in Verbindung mit den Auswertungsalgorithmen quasi ein Sozioskop mit bisher ungeahnten und kaum

---

[1227] Die weitere Entwicklung der Digitalen Evolution ist derzeit nicht prognostizierbar, so dass die zukünftigen gesellschaftspolitischen Strukturen, Bedürfnisse, Erwartungen sowie Anforderungen antizipativ nicht eindeutig definiert werden können.

[1228] Die Internet- Monopolisten entziehen sich derzeit noch rechtsstaatlichen, gesellschaftspolitischen sowie ethischen Regeln und Normen, bspw. durch die Verweigerung der legitimierten Herausgabe der gespeicherten individuellen Daten und Informationen sowie durch die Nutzung steuerrechtlich legaler, jedoch gesellschaftspolitisch fragwürdiger Bestimmungen wie die Verlagerung der Gewinne in sog. ‚Steueroasen'.

[1229] Schwägerl, Chr. (2015), S. 9.

[1230] Vgl. die Ausführungen in Abschnitt 4.5.

[1231] Diesbezüglich muss dem Kommentar von H. Welzer widersprochen werden: Rohöl benötigt ebenfalls wie Daten zusätzliche Rohstoffe für die Weiterverarbeitung. Vgl. Welzer, H. (2017), S. 6.

prognostizierbaren Folgen für Gesellschaft, Wirtschaft und Politik.[1232] Unzweifelhaft ist heutzutage das Internet sowie die Digital- Ökonomie untrennbar mit dem realen, individuellen Leben verbunden. Internet und Digital- Ökonomie bedeuten somit für das Einundzwanzigste Jahrhundert dasjenige, was das Öl für das zwanzigste Jahrhundert war. Wie die Ölindustrie in den USA damals von dem Monopolisten ‚Standard Oil‘ beherrscht wurde, so dominieren wenige radikalkapitalistische Monopolisten wie Facebook, Google, Apple, Amazon, Microsoft und Alibaba mit ihrem Fokus auf Gewinnmaximierung die Digital- Ökonomie. Die schon derzeit ansatzweise erkennbaren gesellschaftspolitischen Risiken sind in der Marktmacht, dem umfassenden Wissen über ihre Nutzer sowie den selbstlernenden Algorithmen zur automatischen Entscheidungsfindung zu sehen, da hierdurch das Leben des Einzelnen in wichtigen Bereichen determiniert, dominiert sowie fremdbestimmt wird beziehungsweise zu einem Verlust der Privatsphäre und damit letztlich der Meinungsfreiheit führt.[1233] Analog zur Zerschlagung von Standard Oil im Jahr 1911 muss auch das digitale Monopol aus gesellschaftspolitischen und wettbewerbsrechtlichen Gründen durch entsprechende Transparenzgesetze sowie einer internationalen Aufsichtsbehörde restrukturiert beziehungsweise letztendlich zerschlagen werden.[1234] Der Industriekapitalismus wurde damals letztlich demokratisch gezwungen, sich den Interessen der Gesellschaft unterzuordnen. Analog hierzu muss der Überwachungskapitalismus gezwungen werden, die Daten- und damit Machtkonzentration sowie die damit verbundenen Mechanismen aufzugeben respektive zu unterbrechen, um die Gefahren für Demokratie und Wirtschaftsordnung zu verhindern. Analog zu Soskana Zuboff repräsentiert der Überwachungskapitalismus somit eine parasitäre ökonomische Logik, die zum Verlust grundlegender Menschenrechte führt.

Die hierbei eingesetzten Applikationen haben die Funktion einer ‚Wanze‘, so dass hierdurch gemäß W. Christl ein ‚customer lifetime risk‘ generiert wird. Entsprechende Regulierungen und Verbote gehen allerdings über das heutige Kartellrecht wesentlich hinaus, da letzteres ausschließlich an der ökonomischen

---

[1232] So lässt sich bspw. die Zahl der Arbeitslosen sowie deren Personalisierung anhand ihrer Handydaten ermitteln, da Arbeitslose (verständlicherweise) um 50% weniger telefonieren sowie die Zahl ihrer telefonischen Kontaktpersonen um bis zu zwei Drittel reduzieren – dies ergaben Untersuchungen des Forscherteams um Jameson Toole vom MIT.
[1233] Analog zu ‚1984‘ von G. Orwell.
[1234] Vgl. Spitzer, M. (2017).

Macht orientiert ist. Datenaggregationen sind jedoch singuläre, omnipotente sowie letztlich öffentliche Machtressourcen.

Zum einen beruht die (Markt-)Macht der Internetkonzerne im Gegensatz zu den klassischen wirtschaftlichen Machtkriterien nicht nur auf Gewinn und Umsatz, sondern auf den Netzwerkeffekten der involvierten Nutzer sowie der daraus resultierenden Größe und Reichweite der Internetplattformen und somit auf dem sich zur Analyse und Verwertung ergebenden Datenvolumen.[1235] Deren quantitativ- monetäre Ermittlung und Bewertung ist auch im digitalen Zeitalter sehr schwierig, da nicht Umsatz oder Gewinn, sondern die Nutzerzahl entscheidend ist. Kennzeichen hierbei ist, dass mit jedem neuen Nutzer keine zusätzlichen (Infrastruktur-)Kosten entstehen, jedoch zusätzliche Gewinne generiert werden können. Zusätzlich wird, wie an früherer Stelle aufgezeigt wurde, bei steigender Marktmacht die Lohnquote negativ beeinflusst, so dass sozialökonomische Ungleichheiten verschärft werden.

Dies impliziert (fast) zwangsläufig ein gewinnmaximierendes Monopol der marktbeherrschenden Informationskonzerne[1236] und somit nicht ein funktionsfähiges Oligopol, so dass das ursprünglich offene Netz zu einem ,closed shop' mutiert, bei dem die Heterogenität einer Vielfalt an Informationsquellen, Diensten und Anbieter durch eine manipulierte Homogenität ersetzt wird.[1237] Hieraus resultiert normalerweise eine strukturelle, gesellschaftspolitisch-soziale Verantwortung der sog. ,Big Five', derer sie gerecht werden müssen.[1238] Die monopolkapitalistischen Plattformbetreiber[1239] generieren allerdings ein artifizielles ,Bild von der Welt'. Da sehr viele Nutzer keine ,andere Welt' respektive Informationsmedien mehr kennen, müssen sie diese Welt sowie deren Inhalte akzeptieren, da ihnen das reale Bild verweigert wird. Hierdurch geben die Betreiber die Regeln für diejenigen vor, die auf der jeweiligen Plattform ihre singulären, spezifischen Geschäftsideen umsetzen und hierdurch für sich über-

---

[1235] So macht Whatsapp nur geringe Umsätze, die einen Kaufpreis von 19 Mrd. Dollar nicht gerechtfertigt hätten- jedoch die sehr große Anzahl der Nutzer sowie deren Daten waren kaufpreisrelevant.

[1236] Das sog. Potenzgesetz besagt, dass einzelne Unternehmen Millionen Nutzer generieren bzw. erreichen.

[1237] Vgl. Lischka,K. (2015).

[1238] Auch ,Superstar firms' genannt: Alphabet, Apple, Amazon, Facebook, Microsoft.

[1239] Von Lanier auch als ,Imperien der Verhaltensmanipulation' sowie als ,Zeitvernichtungsdienste' bezeichnet. Vgl. Lanier, J. (2018).

durchschnittliche Erträge generieren.[1240] Dieser Plattformimperialismus liefert den Nutzern zwar vor dem Hintergrund des algorithmischen Determinismus kurzfristigen Komfortgewinn sowie Vereinfachungen und Erleichterungen, jedoch langfristig Nachteile auf Grund der kostenlos gelieferten Daten. So ermittelte A. Weigend, dass beispielsweise bei Facebook die Umlegung der Gewinne des Geschäftsjahres 2016 auf die involvierten Nutzer einem Wert von 3,50 Dollar je Nutzer entsprach.[1241] Somit wurden die kostenlosen Nutzerinformationen für an sich wertfreie Dienstleistungen wie soziale Kontakte, Suchergebnisse et cetera in erhebliche Erträge transformiert. Ein wesentliches Problem stellen daher neben Big Data sowie den auf der Maschinenintelligenz basierenden Algorithmen vor allem die Geschäftsmodelle dieser Unternehmen[1242] dar, die zur Verhaltensmanipulation sowie auf Grund der Marktmacht zu einem monopolistischen ,Überwachungskapitalismus' führen.[1243]

Das höchstrichterlich definierte ,Grundrecht auf informationelle Selbstbestimmung' unterstellt per se, dass jeder Mensch grundsätzlich selbst entscheiden kann, wem wann und welche seiner persönlichen Daten zugänglich sein sollen.[1244]Allerdings wird derzeit unter Datenschutz überwiegend nur der Schutz individueller, heikler Daten sowie deren bewusste Weitergabe verstanden. Hierbei liegt der Fokus auf der Differenzierung zwischen Besitz und Eigentum. Durch ,Big Data' mit der Fähigkeit, disparate Daten zu sammeln, zu klassifizieren und zu analysieren, werden jedoch individuelle ,heikle' Daten als ,individuelle Datenatome' aus gewöhnlichen, banalen Daten(mengen) extrahiert respektive korreliert[1245], ohne dass der Datenverursacher dies erfährt oder ihm

---

[1240] Vgl. Kollmann, T., Schmidt, H. (2016).

[1241] Vgl. Weigend, A. (2017), S. 6.

[1242] Lauer fordert daher zu Recht , dass Legislative und Judikative die Funktion eines ,Algorithmen- TÜV' übernehmen müssen. Vgl. Lauer, Chr. (2016), S. 9.

[1243] Amazon hat bspw. den Preis für ,Amazon Prime' innerhalb von 3 Jahren um 138 % erhöht.

[1244] Dies ist allerdings kein universelles Menschen-, sondern ,nur' ein Bürgerrecht. Vgl. Boehm, O. (2015), S. 44.

[1245] Ein Team des MIT unter Leitung von Yves-Alexandre de Montjoye hat nachgewiesen, dass anhand von vier Kreditkartenkäufen 90% der anonymisierten Kartennutzer identifiziert und personalisiert werden können; die Fa. Trend Micro benötigt ca. 200 Mails, um den Verfasser durch einen exakten ,Print-Abdruck' zu identifizieren; schließlich genügen Angaben über die geographische Region, das Alter sowie innenpolitische Zugehörigkeit, um mit entsprechender Rechenleistung den einzelnen Nutzer zu identifizieren.

bewusst werden kann. Zynisch bemerkt werden durch die Generierung von Persönlichkeitsprofilen die Persönlichkeitsrechte Dritter zur neuen Geldquelle der Plattformbetreiber, so dass die digitale Teilhabe der Nutzer den Verlust wesentlicher Grundrechte impliziert. Problematisch ist hierbei, dass die Frage nach dem Eigentümer der Daten nur sehr schwierig zu beantworten ist, da nicht die individuellen Daten, sondern Datenaggregationen im Rahmen von ‚Big Data' analysiert, ausgewertet sowie vermarktet werden. Im Hinblick auf den Datenschutz muss daher zwischen dem Schutz individueller Daten sowie dem Schutz ‚individueller Datenatome' in Datenaggregationen differenziert werden. Beim **Schutz individueller Daten** ist eine absolute Transparenz zu verlangen, damit jeder Nutzer als Datenlieferant nicht nur weiß, welche Daten über ihn gesammelt werden, sondern auch darüber informiert wird, was mit diesen Daten geschieht und in welche verkaufbaren Produkte diese transformiert werden.[1246] Hierfür muss zwangsläufig in jedem Einzelfall eine spezifische, jederzeit widerrufbare Genehmigung erteilt werden. Dies erfordert zwangsläufig die Offenlegung der Datenverarbeitungsprozesse, um die Datenrechte auch ausüben zu können. Parallel dazu müssen die gespeicherten Informationen durch den ‚Datenlieferanten' auf Konsistenz und Richtigkeit geprüft werden können. Dies beinhaltet demnach auch das Recht zur (Teil-)Löschung sowie Vervollständigung und Richtigstellung, da fast alle (finanziellen) Transaktionen auch an Kreditauskunftsunternehmen weitergegeben werden.[1247] Dieses Recht kann zwangsläufig nur aufgrund einer demokratisch legitimierten, gesetzlichen Grundlage ausgeübt werden, um Machtmissbrauch und Eigennutz kapitalistischer als auch autoritär- diktatorischer Organisationen und Institutionen zu verhindern. Die neue Datenschutzverordnung der EU definiert daher ‚Datenschutz' als Selbstbestimmungsrecht des Einzelnen vor der nicht autorisierten Verwendung personenbezogener Daten und somit nicht als Eigentumsschutz.[1248] Hierdurch wird der Sachverhalt, dass Daten eine nicht handelbare Sache sind, indirekt ausgeschlossen, da dies den Datenschutz unterlaufen würde. Nicht gelöst ist hierbei jedoch der Sachverhalt, dass die vom Einzelnen ‚gelieferten' Daten von verschiedenen An- respektive Verwendern genutzt respektive missbraucht werden können.

[1246] YouTube hatte bspw. 2019 einen Werbeumsatz von 15 Mrd. Dollar.
[1247] Der von Weigend erstellte Katalog der Rechte der Datenlieferanten ist zwar komplex und umfassend – er kann jedoch ein Maßstab für Datenschutz sowie Datensicherheit sein.
[1248] Diese Regelungen sind allerdings im Ausland nicht durchsetzbar.

Beispielsweise ist im Automobilbereich nicht geregelt, wem die während des Fahrens von autonomen Systemen erfassten Daten gehören - dem Automobilproduzenten, dem Zulieferer der Sensoren oder Erfassungssysteme, der Kraftfahrzeugversicherung bei Abschluss eines fahrabhängigen Versicherungsvertrages, dem jeweiligen Fahrer oder dem Halter.[1249] Da im EU- Recht des Weiteren der Fokus auf den individuellen personenbezogenen Daten liegt, bleibt zwangsläufig auch ungeklärt, welchen ‚Schutzwert‘ individuelle Daten im Rahmen einer anonymisierten Aggregation durch Dritte besitzen. Dieser Sachverhalt ist derzeit demnach eine ‚Black Box‘, bei der die Verantwortlichkeiten, Zuständigkeiten sowie die Nachvollziehbarkeit der Ergebnisse nicht definiert sind.[1250] Dieser Schutz **‚individueller Datenatome‘** wird des Weiteren durch die EU- Datenschutzgrundverordnung nicht realisiert. Allerdings ist der Datenschutz nicht nur auf die Lebenszeit beschränkt, da derzeit Algorithmen entwickelt werden, die dem Nutzer sozialer Netzwerke auf Grund der im Netz vorhandenen Daten ein ‚digitales Nachleben‘ mittels digitaler ‚Klone‘ beziehungsweise ‚virtueller Personen‘ auch nach seinem Tod generieren, jedoch ohne Bewusstsein sowie dem freien Willen. Dies intendiert quasi eine ‚digitale Selbstoptimierung‘, um den digitalen Belohnungsfaktor ‚Likes‘ zu erhalten. Dieses Zerrbild bleibt im Netz auch nach dem physischen Ableben zwangsläufig erhalten, nicht jedoch die reale ‚echte‘ Persönlichkeit. Notwendig ist daher die zwangsweise Löschung aller Cloud- Daten, Tweets, Kommentare sowie sonstiger gespeicherter Daten nach dem Ableben.[1251]

Hierdurch wird zwangsläufig ein erheblicher Vertrauensverlust auf individueller sowie gesellschaftspolitischer Ebene intendiert. Dieser wird durch das politische Handeln noch verstärkt, da letzteres in der öffentlichen Wahrnehmung suggeriert, dass trotz Globalisierung sowie Digital-Ökonomie prinzipiell alles unverändert bleiben wird. Der Nutzer nimmt jedoch unterschwellig die Komplexität der Veränderungsprozesse sowie deren Nichterklärbarkeit wahr. Für die öffentliche Diskussion wäre daher Ehrlichkeit, Offenheit sowie das Eingeständnis der Unsicherheit hinsichtlich des Prozesses und seiner Resultate besser als die

---

[1249] Bspw. Geschwindigkeit, Abstand, Bremsenverschleiß, Nutzung des Navigations- oder Kommunikationssystems, Kraftstoffverbrauch.
[1250] Vgl. Mayer- Schönberger, V. , Cukier, K.(2017).
[1251] Aus rechtlichen Gründen ist dies den legitimen Erben häufig nicht möglich. Vgl. Lubbade, J. (2016).

ständige Kommunizierung des ‚status quo'. Unaufrichtige Gesprächsangebote, bei denen das Abwiegeln, das ‚Ruhigstellen' sowie das Vertreten von Partikularinteressen im Fokus steht, entsprechen nicht den Grundsätzen der demokratischen Partizipation sowie einer bürgerzentrierten Kommunikation. Des Weiteren fehlt eine ehrliche und aufrichtige ‚Kommunikation auf Augenhöhe' mittels eines proaktiven Dialoges, den beide Seiten mitgestalten können. Problematisch hierbei ist, dass unsere Online- Existenz eine künstliche Dimension besitzt, da alle Tweets, Kommentare und dergleichen zielgruppenabhängig sind. Insgesamt ist eine **Sicherheitskultur** erforderlich, um die autoritäre respektive monopolfokussierte Anwendung der Digital-Ökonomie zu verhindern, zumindest zu erschweren.[1252] Diese Kultur betrifft allerdings nicht nur kapitalistische Unternehmen, sondern auch Exekutive und Administrative des Nationalstaates. Durch die Verwaltungsdigitalisierung wird zwangsläufig ein ‚Big Data' schutzbedürftiger individueller Daten generiert, die deren Auswertung und Analyse fast automatisch impliziert. Die monopolistische Macht der ‚Datensammler' wird opak und fördert Indolenz, da die Verantwortung nicht mehr nachvollziehbar und ersichtlich ist. Die Plattformbetreiber agieren faktisch wie Medienunternehmen, jedoch ohne deren regulatorischen sowie juristischen Rahmenbedingungen. In Deutschland wurde nach dem Ende des Zweiten Weltkrieges bewusst der öffentlich-rechtliche Rundfunk institutionalisiert, um die demokratische Kontrolle über den damals wichtigsten Kommunikationskanal zu behalten. Die Plattformen und sozialen Netzwerke als derzeit größten Kommunikationskanal werden jedoch nicht durch demokratisch legitimierte Gremien überwacht. Zu berücksichtigen ist hierbei, dass die Plattformökonomie keine Transformation bestehender Geschäftsmodelle in das Zeitalter der Digital- Ökonomie repräsentiert, sondern eine neue ‚disruptive sowie eigenständige Ökonomie' mit sich volatil verändernden Modellen, Prozessen und Regeln darstellt.[1253] Sie kann daher nur in geringem Umfang mit den tradierten Konzepten von Volks- und Betriebswirtschaftslehre deskriptiv analysiert oder erklärt werden. Die Digital- Ökonomie repräsentiert somit aufgrund von Struktur und Charakter keine

---

[1252] Gem. N. Wiener ist nicht die Maschine per se eine Gesellschaftsgefahr, sondern nur deren durch den Menschen bestimmten Einsatzzweck. Vgl. Wiener, N. (1966).
[1253] Fälschlicherweise wird die Digital- Ökonomie häufig nur auf die technologische Evolution verkürzt- sie beinhaltet jedoch auch eine gesellschaftspolitische Dimension mit disruptiver Sprengkraft.

Ligatur, sondern eine Zäsur. A. Recktenwald bezeichnet die Digitalisierung daher auch als dreifache Krise des apertistischen Liberalismus: Eine soziokulturelle, eine sozioökonomische sowie eine der politischen Institutionen.[1254]

In einem ,Aufruf zur Sicherung von Freiheit und Demokratie' warnen daher namhafte Wissenschaftler vor einer ,Datendiktatur' des ,smarten Staates'.[1255] Dieser ,Staat 2.0' automatisiert sich und die Gesellschaft, da selbstlernende Algorithmen sowie deren informationstechnologischen Systeme unter Einbeziehung von ,Big Data', Künstlicher Intelligenz, Robotik sowie ,Virtual Reality' autonome Entscheidungen treffen und somit über das bürgerliche Wohlverhalten entscheiden können.[1256] Diese Systeme[1257] können sowohl den Zwang zur Konformität durch Bevormundung als auch sozialer Kontrolle durch Überwachung implizieren und damit das eigene Verhalten determinieren beziehungsweise auch durch Anreize im Rahmen des sogenannten Nudging steuern und präjudizieren.[1258] Hierdurch mutiert allerdings das ,Anstoßen' zum Gängeln respektive Manipulieren, vor allem als sogenanntes ,Big Nudging' in Kombination mit Big Data.

Aus den vorstehenden Ausführungen ergeben sich zwangsläufig Implikationen sowie Postulate beziehungsweise Forderungen, die zur Erreichung des verfassungsmäßig als auch durch die grundlegenden Menschenrechte implizierten Rechtes auf informationelle Selbstbestimmung sie eine digitale Selbstbestimmung notwendig sind.[1259] Um somit die Kontrolle über die digitale Sicherheit

---

[1254] Vgl. Reckwitz, A. (2019).

[1255] Vgl. Helbig, H., Frey, S. et al (2016), S. 20.

[1256] Auf der Grundlage des ,Deep Learning' generieren die Algorithmen automatisiert sowie unkontrolliert eigene Beurteilungskriterien; vgl. das ,Citizen-Score-System' in China, durch das Daten aus den sozialen Netzwerken mit Daten über das Kauf- und Zahlungsverhalten aggregiert werden; das Ergebnis ist der öffentlich einsehbare ,Citizen Score', der z.B. für Visa-Anträge, Kreditvergaben, Stellenbesetzungen etc. entscheidend ist.

[1257] Dies gilt zwangsläufig erst recht für Roboter, selbstfahrende Autos etc.; problematisch ist hierbei auch die Produkthaftung, da der Algorithmus schon nach kurzer Zeit ein anderes Produkt ist als dasjenige, das den ,Produktionsort' des Programmierers verlassen hat.

[1258] Quasi der Hobbe'sche Leviathan des 17. Jahrhunderts als digitaler Leviathan des 21. Jahrhunderts.

[1259] Vgl. hierzu auch v. Schirach, F. (2021), Art. 2; Neben dieser immateriellen Selbstbestimmung muss allerdings zusätzlich auch das Recht auf die materielle Selbstbestimmung im Hinblick auf die Hardware gewährleistet werden. Durch das Einstellen der Ersatzteilebevorratung oder die Unmöglichkeit einer Reparatur besitzen die Hersteller eine fast absolute Kontrolle über ihre Produkte .

analog zur Kontrolle über die innere sowie äußere Sicherheit wieder zu erlangen und die digitale Wirtschaft analog zur physischen Wirtschaft steuern und regulieren zu können, muss der Staat alle rechtlichen, politischen und technologischen Potenziale einsetzen. Hierzu gehören auch die notwendigen ‚digitalen Werkzeuge' und Instrumente, um die Tätigkeiten der digitalen Monopolisten zu überwachen und zu regulieren sowie vor allem auch im Sinne der Abgabenordnung ‚besteuerbar' zu machen. Neben der Bewahrung der freiheitlichen Bürgerrechte stärkt dies auch den Wettbewerb, da soziale Marktwirtschaft als auch Demokratie auf dem Wettbewerb von Ideen und Innovationen basieren. Wesentlich sind hierbei unter anderem die nachfolgenden Kriterien:

- Datensouveränität
- Wirtschaftliche und soziale Macht der Plattformbetreiber
- Quellcodes der ‚selbstlernenden Algorithmen'
- Algorithmic Accountability
- Reduzierung von Fake News und Verschwörungstheorien
- Recht auf den uneingeschränkten Internetzugang
- Recht zur diskriminierungsfreien Teilnahmeverweigerung an der Digital- Ökonomie
- Rechtsnormen für eine digital- ökonomische Moral und Ethik

Die hieraus resultierenden Konsequenzen sollen nachfolgend beispielhaft und ohne Anspruch auf Vollständigkeit kurz skizziert werden.[1260]

[1260] Vgl. hierzu auch die Forderungen einer Gruppe von Wissenschaftlern, Ethikern, Philosophen sowie Politikern im vorgelegten Entwurf einer ‚Charta der digitalen Grundrechte der Europäischen Union' im Herbst 2016 resp. Frühjahr 2018 – www.digitalcharta.eu.

5.2.1 Inhaltliche Weiterentwicklung des Datenschutzbegriffes

Wie ersichtlich wurde, muss die Weiterentwicklung des Datenschutzes über den Grundsatz der sogenannten 'personenbezogenen Daten' hinaus erfolgen, da diesbezüglich die derzeitigen datenschutzrechtlichen Grundsätze respektive Grundbegriffe hinsichtlich Aktualität, Sensibilität sowie Genauigkeit unpräzise sind. Dies gilt vor allem auch für 'anonyme' Neurodaten als Rohdaten des impliziten Systems, da diese ebenso individuell sind wie genetische Daten oder der Fingerabdruck.[1261] Des Weiteren muss zwischen eindeutig personenbezogenen sowie maschinengenerierten Daten differenziert werden, wobei im letzteren Fall allerdings auch Kartell- und Wettbewerbsrecht tangiert werden. Personenbezogene Daten gewähren allerdings dem Betroffenen in spezifischen Situationen das Recht auf Löschung. Diesbezüglich sind in der seit dem 25. Mai 2018 gültigen Datenschutz- Grundverordnung (DSGVO) der EU einige Regelungen getroffen worden, die auch für dynamische IP-Adressen sowie der Speicherung personenbezogener Daten auf fremden Servern (sogenannte Cloud) gelten.[1262] Diese identischen Regelungen für die gesamte Europäische Union anstelle der länderspezifischen Vorschriften gelten für die Bereiche Datenerhebung sowie Datenverarbeitung. Ihnen gemäß müssen alle datenerhebenden und –verarbeitenden Unternehmen und Organisationen Rechenschaft über die Erhebung, den internen Datenfluss sowie Verarbeitung und Speicherung als auch Weitergabe ablegen sowie jederzeit berechtigten Dritten Auskunft und Rechenschaft über die gespeicherten Daten geben. Bei Verstößen gegen die Datenschutzregeln werden Bußgelder in Höhe von zwanzig Millionen Euro anstelle der bisher üblichen in Höhe von dreihunderttausend Euro fällig. Die Auswirkungen auf alle Unternehmen und sonstigen Institutionen, die Daten in welcher Form, Art und Weise auch verarbeiten, können bezüglich des administrativen Aufwandes derzeit noch nicht abgesehen werden. Des Weiteren beabsichtigt die EU durch einheitliche Regelungen für

---

[1261] Vgl. hierzu Hallinan,D. et al (2015), S. 17. Unbestritten ist jedoch auch, dass ein funktionierender Datenschutz sowohl höhere Kosten als auch eine größere Unbequemlichkeit impliziert; des Weiteren erschweren die unterschiedlichen Betriebssysteme auf PC', Tablet sowie Smartphone derzeit noch Entwicklung und Implementierung entsprechender Verschlüsselungstechnologien.
[1262] Die automatisch von den Besuchern von Webseiten erhoben werden.

- die bevorzugte Platzierung eigener Produkte zu untersagen
- die Verbesserung eigener Dienste durch Drittdaten zu verbieten
- die Löschung illegaler Inhalte verbindlich vorzuschreiben
- die personalisierte Werbung zu untersagen oder strenger zu regulieren
- das Recht auf Verzicht seitens der Kunden zu stärken.

Zu berücksichtigen ist des Weiteren noch die nicht anlassbezogene Vorratsdatenspeicherung, die gemäß eines Urteiles des Europäischen Gerichtshofes vom Dezember 2016 gegen die Grundrechte verstößt. Die von Welzer angesprochene ‚Digitalcharta' unterstellt daher in diesen Fällen sowohl Gefährdungen der Menschenrechte als auch das Entstehen rechtsfreier Räume vor dem Hintergrund der Machtkonzentrationen.[1263] Notwendig ist daher quasi die Re- Formulierung demokratischer Grundrechte vor dem Hintergrund des digitalen Zeitalters. Quasi auf der ‚technologischer Ebene' benannte daher die ‚Open Knowledge Foundation Deutschland' schon im Jahr 2016 die nachfolgenden vier Maßnahmen:

- Benennung derjenigen Unternehmen, die Zugriff auf Daten haben dürfen
- Vorgabe sowohl der Zugriffsdauer als auch eines Löschungszeitpunktes
- Transparenz aller datensammelnden Unternehmen sowie der erhobenen Daten
- Transparenz über Datenquelle sowie Datenweitergabe.[1264]

[1263] Vgl. Welzer, H. (2017), S. 6.
[1264] So übermitteln gemäß einer Untersuchung von ‚Privacy International' rd. 60% der Handy- Apps ihre Daten automatisch an Facebook.

5.2.2 Staatliche Regulierung und Kontrolle der Plattformbetreiber

Wie ersichtlich wurde, stellen zum einen die Geschäftsmodelle der marktbeherrschenden digitalen Informationskonzerne ein ordnungspolitisches Kern-
problem dar, da diese die Verhaltensmanipulation quasi zum Geschäftszweck
erklärt haben. Dieses algorithmische Agendasetting bestätigt durch permanente Rückkopplungsschleifen das ‚eigene' Denken der Nutzer und löst hierdurch die Dopaminproduktion im Belohnungszentrum aus. Die nutzereigene
Kritikfähigkeit wird dadurch konterkariert. Die Plattformen der sozialen Netzwerke müssen per se Diskussion und Kritikfähigkeit ausschließen, da sie primär
dem Erzielen von Werbeerträgen sowie daraus resultierender Gewinne dienen.
Sie sind daher so konstruiert und strukturiert, dass sie den Nutzer ‚süchtig' machen, da hierdurch durch Anwesenheit die Zugehörigkeit manifestiert wird. Bei
diesen ‚Suchtmaschinen' variieren durch die eingesetzten Algorithmen regelmäßig die angezeigten Informationsinhalte, um den Nutzer bei der Plattform zu
halten. Zynisch betrachtet agieren die Plattformen mit dem ‚Belohnungssystem
eines Glückspielautomaten', da durch die Kommentare der anderen Nutzer ein
Dopaminausstoß erzeugt wird. Dies ist die Grundlage für das Werbegeschäft
und somit für den wirtschaftlichen Erfolg.[1265] Sie ‚belohnen' somit Affekte wie
Aufregung, Emotionen und Hass und konterkarieren durch diese Korruption der
Nutzer kognitive Diskussionen. Durch diese Fokussierung auf den evolutionären
Drang der menschlichen Reizwahrnehmung kollabiert das Vertrauen in reale In-
formationen. Das Ausblenden der realen Wirklichkeit impliziert allerdings die
Ghettoisierung der Öffentlichkeit, so dass die sozialen Netzwerke gemäß Zey-
nep Tufekci das mächtigste Radikalisierungswerkzeug des einundzwanzigsten
Jahrhundert sind. Durch die unkritische und unkommentierte Online-Weiter-
gabe extremistischer Meinungen sowie Taten werden sie zu deren Verstärkern.
Habermas merkte diesbezüglich kritisch an, dass eine manipulativ eingesetzte
Medienmacht dem ‚Prinzip der Publizität seine Unschuld raubt'.[1266] Des Weiteren intendieren die Plattformen auf Grund der Marktmacht zu einem monopolistischen Überwachungskapitalismus. Diese ubiquitäre Überwachung wird ge-

---

[1265] Bei Facebook ca. 99% des Gewinnes; daher werden auch sog. ‚Comeback- Mails' mit
einem aggressiven Format an sporadische Nutzer versendet, um diese zum permanenten
Verbleib im Netzwerk zu maniulieren.
[1266] Vgl. Habermas, J. (1981).

mäß H. Welzer häufig mit dem Modebegriff der ‚Umgebungsintelligenz' getarnt.[1267] Sie ist jedoch ein Schritt in die letztendlich selbstverschuldete geistige
Unmündigkeit des Nutzers. Die Nutzeröffentlichkeit stellt somit ein zu regulie-
rendes und zu überwachendes kapitalistisches ‚Nebenprodukt' dar. Um diese
Macht einzuschränken sowie transparent zu machen, ist eine ‚algorithmic regulation' analog zur Regulierung des Finanz- und Kapitalmarktes erforderlich. Des
Weiteren müssen die Plattformen kontrollierbare, stringente ‚Uploadfilter' installieren sowie regelmäßige Rechenschaftsberichte über die unverzügliche
Entfernung unzulässiger Inhalte vorlegen. Dies beinhaltet neben deren Löschung auch die umgehende Anzeige von Offizialdelikten bei den Strafverfolgungsbehörden. Da bei drei Milliarden täglichen Einträgen eine manuelle Überwachung nicht möglich ist, sollen dies gemäß Marc Zuckerberg spezifische Algorithmen übernehmen. Problematisch ist bei diesem scheinbaren Zugeständnis
allerdings, dass Algorithmen semantisch nicht zwischen gerechtfertigter Meinungsäußerung, Ironie, Beleidigung, Werturteil oder Tatsachenbehauptung differenzieren können. Sie operieren vielmehr im Rahmen statistischer Häufigkeiten sowie Wahrscheinlichkeitskriterien, mittels derer linguistische Muster in
den Datenmengen erkannt werden sollen. Des Weiteren werden sie durch
Rechtschreibfehler oder Codierungen im Hinblick auf diese Muster ‚verwirrt'.
Die Konsequenz einer funktionierenden Kontrolle wäre eine hermetische, diskriminierende Abschottung sowie eine ‚Zwei- Klassen-Gesellschaft'. Hierdurch
würden demokratische sowie pluralistische Meinungsbildungsprozesse konterkariert werden. Durch derartige Maßnahmen soll die Einhaltung der rechtlichen
sowie ethischen Normen, Gesetze sowie Regelwerke gewährleistet werden. Bei
nachgewiesenen Verstößen muss der Staat zwangsläufig das Recht besitzen,
dem betreffenden Unternehmen die Geschäftsausübung im Sinne einer ‚digitalen Zwangsräumung' zu untersagen oder beim sogenannten ‚ring fencing' den
Zugang zu den Nutzern zu unterbinden.

Des Weiteren tendieren die Plattformen aufgrund der Netzwerkeffekte zur
Monopolisierung, da der Wert einer Teilhabe am Netzwerk von der Nutzerzahl
abhängig ist. Durch die hierdurch intendierte Datenkonzentration beherrschen
sie die Kommunikation sowohl zwischen den Nutzern als auch zwischen Organisationen und Institutionen. Des Weiteren manipulieren sie aus ihrem wirtschaftlichen Interesse heraus deren individuelles sowie wirtschaftliches Ver-

---

[1267] Vgl. Welzer, H. (2019), S. 6.

halten. Ursache hierfür ist, dass die Geschäftsinteressen die Zielsetzungen und Aufgabenstellungen der eingesetzten Algorithmen dominieren und somit die Nutzerinteressen majorisieren.[1268] Die Geschäftsinteressen definieren deren Zielsetzungen und Aufgabenstellungen. Der Besitz von Marktmacht ist per se nicht negativ zu sehen, jedoch ihr Missbrauch. Die Zielsetzung muss daher darin bestehen, den Nutzer vor Ausbeutung zu schützen sowie den Wettbewerb zu steigern. Dies impliziert fast zwangsläufig eine **staatliche Regulierung**, da der einzelne Nutzer gegenüber den Plattformbetreibern über keinerlei Macht- respektive Einflusspotenziale verfügt und somit ‚wehrlos‘ ist. Diese Regulierung erstreckt sich von ordnungspolitischen Instrumenten über das Wettbewerbs- und Zivilrecht sowie dem Steuerrecht bis zur Überführung der Plattformen in öffentlich-rechtlich- gemeinnützige Betreibergesellschaften, um die Unabhängigkeit zu gewährleisten. Da die digitale Kommunikation ein wesentliches Element der öffentlichen Daseinsvorsorge repräsentiert, ist es allerdings auch denkbar, den Plattformbetreibern den Status eines ‚öffentlichen Versorgungsunternehmen‘ zuzusprechen, so dass sie der Regulierung und Kontrolle durch Legislative und Exekutive unterliegen.

Im Rahmen der **Fusionskontrolle** muss beim Zusammenschluss von Plattformbetreibern deshalb das Postulat der ausschließlich monetären Betrachtungsebene aufgegeben werden, da viele Dienstleistungen aus finanzieller Sicht kostenlos angeboten werden. Zwangsläufig ‚funktioniert‘ bei kostenlosen Angeboten die klassische Monopol- Theorie nicht mehr, der gemäß Marktmacht zum Preisanstieg führt. Das Argument ‚kostenlos‘ fokussiert nicht auf die Macht im Wettbewerbspreis, sondern auf die Daten der Gesellschaft sowie deren Beherrschung im Sinne einer ‚Monopolisierung der Köpfe‘. Grundlage für die entsprechenden Prüfungen müssen daher die Nutzerzahlen sowie die verfügbaren Informations- und Datenmengen sein. Des Weiteren müssen strategische Käufe von Unternehmen zur Abwehr potenzieller Wettbewerber untersagt werden.

Hinsichtlich der kartellrechtlichen Missbrauchsaufsicht im Rahmen des **Wettbewerbsrechtes** ist häufig die nationale Ausrichtung problematisch. Da die digitalen Monopolisten jedoch grundsätzlich international aufgestellt sind und operieren, muss die Ausschaltung des Wettbewerbes unabhängig von der geographischen Dislozierung verhindert werden. Diesbezüglich können beispielsweise zum einen schon vor dem Erreichen einer Monopolstellung seitens der

---

[1268] Vgl. Aral, S. et al(2009), S. 21544 ff.

Plattformbetreiber die für den Nutzer zwangsweise Installation spezifischer Apps untersagt werden. Des Weiteren können die Wettbewerbsvorteile durch ein sogenanntes ‚Daten- Sharing‘ im Rahmen des öffentlichen Zuganges zu den anonymisierten Datenmengen neutralisiert werden. Letztendlich ist auch die Zerschlagung der Strukturen dieser Monopolisten analog zur damaligen Vorgehensweise gegenüber Standard Oil sowie AT&T in Betracht zu ziehen.[1269] Prüfkriterien sind hierbei beispielsweise die Netzwerkeffekte, der Datenzugang, die Datenportabilität und dergleichen. Maßnahmen können in Transparenzvorgaben analog zu börsennotierten Unternehmen, der Sicherung von Standards wie im Versicherungsbereich oder Kriterien bei der Produktzulassung sein. Die ‚Vergesellschaftung‘ der Plattformen durch die Überführung in eine öffentlich-rechtliche Eigentümerschaft wird allerdings dystopische Debatten auslösen, so dass dieser Schritt erst bei einer erfolg- und wirkungslosen Anwendung der ordnungspolitischen Maßnahmen in Erwägung zu ziehen ist. Grundsätzlich muss eine zu starke Konzentration der digitalen Unternehmen jedoch verhindert werden, da durch die hierdurch hervorgerufene Ungleichheit die demokratischen Strukturen gefährdet werden. Die zehnte Novelle des GWB in Deutschland berücksichtigt daher auch eine spezifische Missbrauchskontrolle bei Unternehmen mit einer ‚überragenden marktübergreifenden Bedeutung für den Wettbewerb‘. Hierbei muss allerdings auch der ökonomisch-quantifizierende Machtbegriff durch einen qualitativen erweitert werden. Die bisherige Kontrolle der Inhalte beruht derzeit auf den ‚Hausregeln‘ der Plattformbetreiber. Für Rechtstaatlichkeit und Demokratie ist es jedoch wesentlich, dass der Gesetzgeber diese Regeln definiert. Dies muss allerdings stärker als im bisherigen Netzwerkdurchsetzungsgesetz (NetzDG) als auch dem ‚Gesetz zur Bekämpfung von Rechtsextremismus und Hasskriminalität‘ aus den Jahr 2020 erfolgen, da hier entsprechende Verpflichtungen nur bei strafbaren Inhalten enthalten sind. Entscheidend ist vielmehr, dass auch Betroffene bei Hassaussagen, Beleidigungen et cetera, die unterhalb der Strafrechtsgrenze liegen, Sanktionsmöglichkeiten besitzen. Notwendig sind daher ‚gesetzliche Leitplanken‘ bei der Ausgestaltung der Nutzungsregeln sowie Löschungsbestimmungen. Sinnvoll ist daher die Generierung institutioneller Mechanismen, um eine diskriminierungsfreie Regel-

---

[1269] Seit Sommer 2019 ermittelt die amerikanische Kartellbehörde FTC wg. Machtmissbrauchs mit der Zielsetzung einer Zerschlagung durch die Abtrennung von Whatsapp und Instagram gegen Facebook.

anwendung zu gewährleisten.[1270] Eine diesbezüglich interessante Vorgehensweise hat Anfang des Jahres 2019 das Bundeskartellamt durch eine Kombination von Wettbewerbsrecht sowie Datenschutzrecht ergriffen. Aufgrund der marktbeherrschenden Position von Facebook hat es die Verknüpfung und Verwertung von Nutzerdaten zwischen der Kernplattform sowie den konzerneigenen Netzwerken WhatsApp sowie Instagram auf einem einheitlichen Nutzerkonto untersagt, da die Daten einen erheblichen wettbewerbsrelevanten Faktor repräsentieren und somit ein Ausbeutungsmissbrauch besteht.[1271] Begründet wurde dies unter anderem auch damit, dass sowohl die Netzwerkeffekte als auch der sogenannte ‚Lock-In-Effect‘ wegen der fehlenden Alternativen ein Ausscheiden des Nutzers aus dem sozialen Netzwerk fast unmöglich machen.[1272] Die inhaltliche Kontrolle beinhaltet zu guter Letzt auch das Urheberrecht, wie es im ‚Digital Services Act‘ der EU sowie dem entsprechenden nationalen Gesetzen geregelt werden sollen. Unstrittig existiert ein zu lösender ‚Spagat‘ zwischen der Meinungsfreiheit einerseits sowie den individuellen Interessen der betroffenen Kreativen andererseits.

Privatrechtlich müssen die Geschäftsmodelle der Digitalunternehmen bei bewussten Gesetzesverstößen − beispielsweise wie bei Uber oder Airbnb - auf lokaler Ebene durch Behörden und Gerichte sanktioniert werden. Hierzu gehören auch Bußgelder bei der Verbreitung von Nachrichten, Tweets sowie Botschaften mit strafbaren Inhalt. Da die Internetanbieter derzeit noch im Gegensatz zu anderen Medien von jeglicher Haftung ausgenommen sind, muss die Haftung wie bei den analogen Medien vollumfänglich auch für die Plattformbetreiber gesetzlich eingeführt werden. Dies gilt auch für die entsprechenden ‚Marktplätze‘ der Plattformbetreiber. Diese sind derzeit noch ein ‚rechtsfreier Raum‘, da die Betreiber keine Verantwortung für die Prozessabläufe (vom Angebotsbetrug bis zum Datendiebstahl) übernehmen. Die Haftungsfrage der Betreiber muss daher rechtlich definiert und geregelt werden.

Steuerrechtlich müssen Gewinnverschiebungen in sogenannte ‚Steueroasen‘ durch beispielsweise eine nationale Besteuerung der Umsatzerlöse er-

---

[1270] Vgl. Kühling, J. (2021), S. 24.

[1271] Zwar dient ein geringer Teil zur Verbesserung der Produkte und Dienstleistungen, der größere Teil wird jedoch mittels KI- Algorithmen genutzt, um das menschliche Verhalten zu prognostizieren und zu manipulieren. Vgl. Zuboff, S. (2018).

[1272] Das Verfahren ist momentan an den EUGH zur Entscheidung weitergegeben worden.

schwert werden.[1273] Dies impliziert die Verabschiedung des ‚physischen Betriebsstättenprinzips'. Analog muss die Umsatzsteuer auf den Online-Marktplätzen von den Plattformbetreibern eingezogen und an die Finanzverwaltung abgeführt werden. Schließlich müssen die jeweiligen Plattformen für Click- respektive Crowdworker deren Sozialangaben sowie Lohnsteuern einbehalten und an die zuständigen Finanzämter abführen. Auf derartige regulatorische Ansätze in den Bereichen Privatrecht sowie Steuerzahlung haben die Plattformbetreiber bislang mit inkrementalen Zugeständnissen reagiert. Hierbei wissen sie natürlich, dass die Einführung derartiger Maßnahmen aufgrund der ‚internationalen Umsetzungsgeschwindigkeit' nur sehr zögerlich erfolgen kann.

Analog zu den Telekommunikationsnetzen müssen die sozialen Netzwerke auch für **Drittanbieter** geöffnet werden. Da diese derzeit im Hinblick auf die ihnen nicht zur Verfügung stehenden Datenmengen keine Konkurrenzsituation generieren können, sollten die Datenmengen der Plattformbetreiber in anonymisierter Form allen zur Verfügung gestellt werden. Dies stände auch im Einklang mit der europäischen Datenstrategie, der gemäß ein Daten-Binnenmarkt mit einem zentralen Datenpool entstehen soll. Deren Genese und Verankerung im Wettbewerbsrecht erfordert allerdings die Entwicklung gemeinsamer Modelle, Standards, präziser Vorgaben sowie Cloud-Marktplätze für alle Daten-Dienstleister. Die hierbei zweifellos bestehenden technischen sowie wirtschaftlichen Rahmenbedingungen sowie Nutzungs- und Abrechnungsmodalitäten sind analog zu den Telekommunikationsnetzen definierbar und operationalisierbar.

Dieser grob skizzierte ordnungspolitische sowie wettbewerbsrechtliche Rahmen besteht derzeit noch aus vielen kontextfreien Einzelaktivitäten auf der Grundlage von Wettbewerbs-, Steuer-, Sozial- und Datenschutzrecht auf lokaler, regionaler, nationaler sowie supranationaler Ebene und erscheint wie ein Flickenteppich. Deren Aggregation in einen supranationalen, einheitlichen Kontext ist jedoch zwingend erforderlich, um die soziale Marktwirtschaft zu sichern sowie die entstehenden Profite auch der Gesamtgesellschaft zugutekommen zu lassen. Denkbar wäre beispielsweise, dass analog zum deutschen Stabili-

---

[1273] Gem. einer Untersuchung von Zueman und Wier werden im Rahmen der Steuerarbitrage ca. 40% der Gewinne in ‚Steueroasen' verschoben. Vgl. Torslov, Th. et al (2019).

tätsgesetz[1274] ein rechtlicher Rahmen geschaffen wird, der das paritätische Gleichgewicht zwischen den ökologischen Erfordernissen des **zirkulären Wirtschaftssystems**, den sozialen Anforderungen und Rechtsansprüchen der **Nutzer**, den Erfordernissen des **gesellschaftspolitischen Systems** als auch der **Ökonomie** generiert. Da die ‚Big Five' derzeit auf ihren Kernmärkten aufgrund ihrer Marktmacht kaum angreifbar sind, muss eine auf einem stabilen, konsistenten Regelwerk basierende Regulierung den Wettbewerb wieder gewährleisten. Elemente hierbei sind unter anderem

- Verbot der Selbstbevorteilung
- Datensouveränität der Nutzer
- Pönalisierung von Machtmissbrauch (eine missbrauchsunabhängige Zerschlagung ist weder rechtlich noch wirtschaftlich möglich)
- Entflechtung der datensammelnden Unternehmensteile oder die unabhängig Verwaltung der jeweiligen Nutzerdaten

Grundsätzlich stehen die Plattformbetreiber jedoch auch unter dem Diktat ihres Geschäftsmodelles, so dass Veränderungen an und für sich auch nur durch Einflüsse außerhalb der kapitalistischen Marktwirtschaft initiiert werden können. Ein diesbezüglicher Ansatz ist in der derzeit festzustellenden politischen Spaltung der Nationen und durch die damit verbundene **Re-Nationalisierung** zu erkennen. Durch die politisch bedingten Abschottungsprozesse zwischen den USA, China, Indien, Russland, Brasilien et cetera wird das eigentlich globale Internet quasi dezentralisiert. Trotz der damit verbundenen Reduzierung der Konkurrenz entsteht hierdurch für transnationale Start-Up-Unternehmen die Möglichkeit zur Entwicklung dezentraler Geschäftsmodelle.

[1274] Das Gesetz zur Förderung der Stabilität und des Wachstums der Wirtschaft vom 08.06.1967.

5.2.3 Verankerung der Datenhoheit bei den Nutzern

Die personenbezogenen Daten müssen uneingeschränkt den jeweiligen ‚Urhebern' gehören (**Datenhoheit**). Dies gilt auch bei der Aggregation der Daten aus unterschiedlichen Quellen, mittels derer Bewegungs- und Persönlichkeitsprofile analog zum ‚Profiling' im kriminaltechnischen Sinn erstellt werden können. Im Sinne einer Verfahrensgerechtigkeit müssen alle Regeln für alle gelten und somit auch für die Anerkennung der eigenen Individualität. Dies bedingt einerseits, dass alle Daten dem jeweiligen Emittenten vollständig zur Verfügung stehen müssen und von ihm jederzeit vollständig einsehbar sind. Des Weiteren muss er selbst die ‚Unschärfe' respektive Genauigkeit der über ihn gesammelten Daten bestimmen und diese nachträglich ergänzen oder löschen sowie den Kontext, in dem die Daten veröffentlicht werden, selbst bestimmen können. Dies impliziert zwangsläufig auch, dass die Geschäfts- und Datenschutzbedingungen der Plattformbetreiber allgemein verständlich und präzise formuliert sowie ohne ein juristisches Studium verstanden werden.

Eine diesbezüglich zu verstehende **Datensouveränität** gilt allerdings sowohl für Plattformbetreiber als auch für politische Gebietskörperschaften. Generelle Zielsetzung muss hierbei sein, dass die Nutzer wieder souveräne Verwalter und Verwerter ihrer Daten werden und somit die Kontrolle über ihre wesentlichen individuellen Datenressourcen erhalten respektive behalten. Diesbezüglich werden derzeit verschiedene Lösungsansätze diskutiert:

1. Änderung des Geschäftsmodelles der Plattformbetreiber[1275]
2. Löschungsverpflichtung aller Daten analog zum Telekommunikationsgesetz
3. Vergesellschaftung der Daten durch treuhänderische Übertragung an den Staat.
4. Gründung einer Verwertungsgenossenschaft respektive Nutzergesellschaft.
5. Juristische Durchsetzung der individuellen Interessen auf dem Klageweg.
6. Die Gleichsetzung des Dateneigentums mit der menschlichen Arbeitsleistung sowie der Gründung von Gewerkschaften oder Genossenschaften zur Durchsetzung der entsprechenden Ansprüche gegenüber den Plattformunternehmen.

[1275] Gemäß Hegel sind zynisch gesehen deren Antriebskräfte Profitstreben und Interessenmaximierung.

Beim ersten Ansatz erfolgt ein Paradigmenwechsel im Hinblick auf das Geschäftsmodell der Plattformbetreiber. Derzeit besteht das Geschäftsmodell bekanntlich darin, viele individuelle Nutzerdaten zu erheben, zu aggregieren und durch die Analyse von Big Data Informationen und Wissen über die Nutzer zu generieren sowie an interessierte Kunden zu vermarkten. Da durch ein Aggregations- oder Weitergabeverbot die entsprechenden Erträge zwangsläufig entfallen würden, wäre es denkbar, diesen Ausfall durch eine monatliche Abonnentengebühr wie bei Spotify zu kompensieren. Durch eine stringente und unbedingte Einhaltung der Datenschutzrechte und -verpflichtungen analog zur europäischen Datenschutzverordnung DSGO wäre das bisherige Geschäftsmodell aus wirtschaftlichen Gründen sowieso nicht mehr möglich, so dass der Datenmissbrauch als Folge des bisherigen Geschäftsmodelles sowie der dazugehörigen Spielregeln wesentlich reduziert werden würde.

Beim zweiten Ansatz müssen alle gespeicherten Daten beispielsweise analog zu den Bestimmungen des Telekommunikationsgesetzes über anlasslos gespeicherte Daten innerhalb von acht Monaten nach ihrer Erfassung vollständig und konsistent gelöscht werden. Problematisch hierbei ist allerdings die juristische Grundlage der ‚anlasslos gespeicherten Daten‘, da die vom Nutzer freiwillig bereitgestellten Daten die Gegenleistung für eine Serviceleistung darstellen. Ein Lösungsansatz wäre hierbei die Institutionalisierung einer europäischen Datenaufsichtsbehörde mit umfassenden Auskunfts-, Prüfungs- und Sanktionsrechten, um einen kuratierten Rahmen zu realisieren.

Der von Viktor Mayer-Schönberger propagierte dritte Ansatz unterstellt, dass die individuellen Nutzerdaten per se keinen Wert besitzen. Erst durch die Aggregation der ungezählten Nutzerdaten im Rahmen von Big Data und deren Analyse erhalten die Einzeldaten ihren tatsächlichen ‚Wert‘ und somit Marktpreis.[1276] Werden die Big Data-Bestände an den Staat beziehungsweise gemeinnützige, öffentlich- rechtliche Körperschaften zwangsweise übertragen, entstehen durch diese ‚Vergesellschaftung‘ im Rahmen eines ‚**Daten- Distributismus‘** soziale und kollektive Nutzerrechte. Staatliche Institutionen müssen einerseits die Zugriffs-, Verwaltungs- und Vermarktungsrechte für dieses Gemeinschaftsgut strukturieren und organisieren, da der Staat der verfügungsberechtigte Treu-

---

[1276] Peter Bull hält das Entstehen derartiger ‚Datenmärkte‘ zur Selbstvermarktung für realistisch. Vgl. Bull, P (2018), S. 425 ff.

händer ist.[1277] Für den genehmigten Zugriff auf diese Datenbestände müssen die jeweils Interessierten eine Gebühr entrichten. Bei kommerziellen Unternehmungen respektive Organisationen ist diese Nutzungsgebühr in ihrer Höhe abhängig von dem damit verbundenen wirtschaftlichen Zweck und haben somit ihren Preis wie bei jeder Ressource. Gemeinnützige oder soziale Organisationen wie beispielsweise Universitäten, Hochschulen, soziale Einrichtungen, Kommunalverwaltungen oder öffentliche Verkehrsbetriebe erhalten die Zugriffs- und Auswertungsrechte kostenlos beziehungsweise gegen eine Bearbeitungsgebühr. Für die Ermittlung des ‚Marktpreises' einer Information oder eines ‚Datums' sind aus wirtschaftswissenschaftlicher Sicht verschiedene ‚Rechenmethoden' denkbar:

1. Average Revenue per User (ARPU): Die Ermittlung des Umsatzes pro Nutzer definiert den Marktwert des einzelnen Nutzers.[1278]
2. Preise der Datenhändler.[1279]
3. Kosten des Datendiebstahles respektive Diebstahls der Nutzeridentität[1280] bei einem Hackerangriff.[1281]
4. Die Kosten des freiwilligen Aufwandes zur Sicherung der eigenen Daten.[1282]
5. Preisabfrage bei den Nutzern.[1283]
6. Online-Rechner zur Ermittlung der von den Nutzern gewünschten ‚Marktpreise'. [1284]

[1277] Dies setzt allerdings das Vertrauen der Nutzer (Bürger) in den Staat als Interessenvertreter voraus.

[1278] Der Umsatz von Twitter betrug im III. Quartal 2018 667 Mio. €- bei 326 Mio. aktiven Nutzern ergibt dies einen Wert von 2,05 € pro Nutzer.

[1279] Gem. OECD- Untersuchung aus 2013 wurde für eine Adresse 0,44€ gezahlt; ein Geburtsdatum kostete 1,75€; die Sozialversicherungsnummer kostete 7€; für die Führerscheinnummer wurden 2,60€ bezahlt.

[1280] Die hierdurch implizierten Zahlungsausfälle im Onlinehandel haben erheblich zugenommen und übersteigen mittlerweile den Schaden durch Ladendiebstähle; trotz der ‚Zwei-Faktor-Authentifizierung' ist der Handel mit gestohlenen Identitäten im Darknet sehr ausgeprägt.

[1281] Im Jahr 2017 wurden für die Wiedergutmachung des Diebstahles von 94 Mio Kreditkartennummern insgesamt 118 Mio Dollar gezahlt, d.h. 1,11€ pro Kunde.

[1282] Gem. einer Studie der University of Colorado zahlten die Nutzer für die Sicherung der Kontaktliste 3,56 Dollar, 1,05 Dollar für die Anonymisierung des Standortes sowie 3,15 Dollar für die Mail- und SMS- Verschlüsselung.

[1283] Das Düsseldorfer Institute for Competition Economics ermittelte durch Nutzerbefragungen folgende ‚Preise': Kontaktdaten – 15 €; Facebookdaten – 19 €.

[1284] Altersangabe- 0,0004€; Einkaufsliste – 0,001€.

Unstrittig ist, dass durch derartige Bewertungsverfahren subjektiv quantifizierte und nicht qualitative sowie individualisierte ‚gerechte Marktpreise' rechnerisch ermittelt werden können.

Die hierdurch erzielten Erträge als monetärer Wert der individuellen Daten können dann auf der Basis eines **solidarischen, individuellen Grundeinkommens** durch die beauftragten Institutionen an alle Nutzer transferiert werden. Ein derartiges Verfahren erfordert allerdings eine ausgewogene Balance zwischen öffentlichen und privaten Zweck- und Zielsetzungen. Francesca Bria plädiert daher im Sinn einer ‚big democrazy' für einen digitalen Wohlfahrtsstaat, der die Erträge aus dem Datenschutz als Mehrwert für Bildung, Gesundheit et cetera verwendet. Daten sind somit quasi ‚öffentliche Güter', die neben der ökonomischen Effizienzebene noch eine soziale Dimension besitzen.

Der Ansatz einer Verwertungsgenossenschaft aller Nutzer zur Durchsetzung ihrer Interessen gegenüber den Plattformbetreibern wird von Geoff Mulgan vertreten. Analog hierzu propagiert Paul Tang die Gründung einer Nutzergesellschaft, die die Rechte der Nutzer vertritt. Derartige Interessen- oder Nutzergemeinschaften gibt es derzeit beispielsweise im Bereich der Literatur (VG Wort) oder in der Musik (GEMA). Diese beinhalten allerdings eine homogene und überschaubare sowie eindeutig definierbare Anzahl der vertretenen Mitglieder. Dies ist allerdings bei der inhomogenen, zersplitterten und an und für sich nicht definierbaren sowie abgrenzbaren Menge der Nutzer sozialer Medien nicht der Fall, so dass hierdurch kaum die Möglichkeit besteht, wirtschaftliche Interessen gegenüber den Plattformbetreibern durchzusetzen.

Der von Andreas Weigend vertretene fünfte Ansatz einer zivilrechtlichen Durchsetzung individueller Interessen scheitert an und für sich an der geringen Verhandlungs- und Marktmacht des individuellen Nutzers, so dass dieser auf prozessualem Wege sicherlich keine Erfolgschance gegenüber den finanziell und juristisch überlegenen Plattformbetreibern, den sogenannten ‚Big Five', haben wird.

Die Analogie zwischen der menschlichen Arbeitsleistung sowie dem individuellen Wert persönlicher Daten wird von Glen Weyl und Eric Posner vertreten. Demzufolge muss eine zu gründende Digitalgewerkschaft die finanziellen Interessen der Nutzer gegenüber den Plattformbetreibern in Analogie zum Arbeitsmarkt vertreten. Aufgrund der Internationalität der Plattformbetreiber einerseits sowie der Interessenheterogenität und geographischen Dislozierung der

Nutzer andererseits muss die Realisierungsmöglichkeit dieser Variante als fast unmöglich bezeichnet werden.

Aus moralisch- ethischer Sicht können diese Vorschläge damit begründet werden, dass die Plattformbetreiber immer wieder betonen, dass sie die Welt zu einem besseren Ort machen und das Leben aller Menschen verbessern wollen und dadurch ein Labor für demokratische Prozesse seien. Die momentane Mutation dieser propagierten Zielsetzungen zu einem getreuen Abbild von Orwells ‚1984' könnte durch derartige Lösungsansätze wieder rückgängig gemacht werden. Aus pragmatischen Gründen ist allerdings anzunehmen, dass nur eine öffentlich-rechtliche Vergesellschaftung aller Daten eine Realisierungschance besitzt.

5.2.4 Bewusste Zustimmung der Nutzer zur Datensammlung

Die Datennutzung durch Dritte sowie die Datenweitergabe an Dritte bedarf der vorherigen schriftlichen und expliziten Zustimmung des ‚Datenemittenten'.[1285] .Hierzu zählen zwangsläufig auch die ‚Datensammelfunktionen' fast aller Apps, so dass hier eine Umkehr der Zustimmung zwingend erforderlich ist. Nicht der automatisierte Zugriff auf GPS- Daten, Speicherplätze, Kamerafunktionen, Fotos et cetera muss widerrufen werden, sondern die Zustimmung des Nutzers hierzu muss vorher spezifisch bewusst und schriftlich eingeholt werden. Dies muss zwangsläufig auch analog für das sogenannte Tracking gelten, auch wenn dies aufgrund der sehr komplexen Struktur der aktiven Akteure - Gerätehersteller, Betriebssystemlieferanten, Apps-Entwickler sowie Tracking-Unternehmen - äußerst schwierig sein wird. Einen richtungsweisenden Ansatz hierfür bietet der Entwurf der sogenannten ‚**E-Privacy Verordnung**' der EU, die eigentlich zusammen mit der DSGVO verabschiedet werden sollte.[1286] Ähnlich wie beim analogen Briefgeheimnis gilt hierbei das Datengeheimnis für die sogenannten Messengerdienste als auch für Skype, WhatsApp sowie für das Tracking. Im Rahmen der ‚Mensch zu Mensch-' als auch der ‚Maschine zu Maschine' -Kommunikation sollen die Nutzer bewusst durch ‚aktives Tun' um deren bewusste Zustimmung aufgefordert werden. Dies trägt dem Umstand Rechnung, dass die Überwachung und Kontrolle der datensammelnden Unternehmen zwingend notwendig ist.

Hierdurch soll der Nutzer wieder zum Datenbroker in eigener Angelegenheit werden. Diese jederzeit widerrufbare Zustimmung zur Datensammlung beinhaltet auch das vollständige Löschen bei einem Widerruf. Derzeit erfolgt die Zustimmung zur Sammlung privater, individueller Daten im Rahmen der von den Unternehmen vorgelegten Datenschutzerklärungen. Häufig ist in diesen Erklärungen auch aufgeführt, dass das Unternehmen ‚Tracker' einsetzt, die das (Such-)Verhalten der Nutzer im Internet aufzeichnen. Diesbezüglich ergab eine Studie der Verbraucherberatung Brandenburg sowohl Unverständlichkeit der unternehmensspezifischen Datenschutzerklärungen als auch Unlesbarkeit. So

---

[1285] Eine Studie von PriceWaterhouseCooper (PWC) ergab 2016, dass ca. 74% aller mittleren und großen Unternehmen in Deutschland die Daten ihrer Kunden an Dritte verkaufen.
[1286] Verordnung über die Achtung des Privatlebens und den Schutz personenbezogener Daten in der elektronischen Kommunikation.

bestanden diese vorgegebenen Erklärungen bei einigen Unternehmen aus bis zu dreihundert Sätzen mit ungefähr sechstausend Wörtern. Selbst ein geübter Leser würde für deren Studium circa dreißig Minuten benötigen – die Erfahrung zeigt allerdings, dass diese jedoch innerhalb von wenigen Sekunden durch einen Klick bestätigt werden (muss). Zwar wollen die Nutzer gemäß einer Umfrage zu sechsundachtzig Prozent ihren gesetzlichen Auskunftsanspruch hinsichtlich der Verwendung ihrer individuellen Daten ausüben. Die Untersuchung ergab allerdings, dass nur rund zehn Prozent auf Grund ihrer Anfrage eine rudimentäre und häufig unvollständige sowie unverständliche Antwort seitens des Plattformbetreibers bekamen – letztere war häufig noch mit einer Bearbeitungsgebühr verbunden. Zwangsläufig müssen die Unternehmen gezwungen werden, einerseits kurze, lesbare sowie verständliche Datenschutzerklärungen zu veröffentlichen sowie andererseits die bewusste und eindeutige Zustimmung zur Datenerhebung vorher schriftlich bei den Nutzern einzuholen. Einige dieser grundlegenden Regelungen sind zwar in der bereits angeführten Datenschutz- Grundverordnung der EU aufgeführt, jedoch weder mit dieser Stringenz noch mit rechtlichen Konsequenzen bei einem Verstoß versehen.

5.2.5 Transparenz der Speicherorte

Neben der Transparenz über die jeweiligen Speicherorte muss auch die Verfolgung der individuellen Spuren durch Tracker und dergleichen im Netz offengelegt werden. Eine – zumindest theoretische – Extremvariante zur Lösung dieser Problemsituation wäre beispielsweise, dass alle von Dritten erfassten und gespeicherten Daten dem Staat respektive der Exekutive gemeldet und an diese weitergeleitet werden. Diese veröffentlichen dann diese Daten für alle nachvollziehbar und einsehbar. Hierdurch wird der Schutz der individuellen Daten zwar einerseits eingeschränkt, da diese ‚öffentlich' werden.[1287] Andererseits würde dies das Geschäftsmodell der Plattformbetreiber wesentlich beeinträchtigen, so dass sie zwar ihrem moralisch-ethischen Anspruch gerecht werden würden, ihre wirtschaftliche Existenz jedoch verlieren könnten. Ein weniger radikaler Vorschlag stammt daher von Paul- Bernhard Kallen. Demgemäß sollen die richterlichen Vorgaben für die Vorratsdatenspeicherung auf die sozialen Medien und Netzwerke transformiert werden. Personenbezogene Daten müssten dann nach neunzig Tagen Speicherzeit vollständig und konsistent vom Plattformbetreiber gelöscht werden. Von Hetan Shah (Royal Statistical Society) wurde kürzlich in ‚Nature' ein ähnlicher Lösungsvorschlag vorgelegt. Demgemäß dürfen die Daten bei den Plattformbetreibern für eine begrenzte Zeit gespeichert werden, bevor diese unter staatlicher Aufsicht der Wissenschaft zur Verfügung gestellt werden. Einschränkend muss allerdings konstatiert werden, dass diese Freigabe der Massendaten für wissenschaftliche Auswertungen derzeit sowohl an der Bereitschaft der Plattformbetreiber als auch an datenschutzrechtlichen Kriterien scheitert.[1288]

In Analogie zu den bisherigen Ausführung müssen des Weiteren auch die Informationen über den Speicherort personenbezogener Daten bei einer Drittanalyse konsistent, vollständig und transparent veröffentlicht werden.

[1287] Analog zu den Steuerdaten in Schweden.
[1288] Bspw. beim Facebook- Projekt ‚Social Science One'.

5.2.6 Offenlegung der Quellcodes der Algorithmen sowie der Datensätze

Grundsätzlich sind analoge oder digitale Codes immaterielle Quelltexte, die Systeme strukturieren, instruieren sowie steuern.[1289] Hierdurch ermöglichen sie die Kommunikation mit sowie die Wissensspeicherung in digitalen Systemen, die dadurch ‚intelligent' respektive ‚smart' werden. Die ‚Quellcodes' der zur Analyse, Prognose und Manipulation eingesetzten Algorithmen müssen daher auf Grund dieses transzendentalen Charakters öffentlich, transparent und nachvollziehbar sein im Sinne einer Open-Source-Vernetzung anstelle einer Algorithmus-Verwaltung, um zu wissen, wie und wofür diese Werkzeuge eingesetzt werden.[1290] Ergänzend hierzu muss ein ethisches Regelwerk mittels spezifischer, konsistenter sowie eindeutiger Richtlinien zur **Algorithmenethik** erstellt, implementiert und ständig evaluiert werden, wie sie beispielsweise die ‚Algorithmen-Rules' der Bertelsmann-Stiftung beinhalten.[1291] Unter Vernachlässigung der ökonomischen Effizienz als einzigem Maßstab für die Nutzung von Algorithmen beinhaltet eine derartige Ethik mehrere Module.[1292] So ist schon bei der Entwicklung der Algorithmen ein öffentlich- rechtliches Gremium als Kontrollinstanz zu implementieren.[1293] Neben der Zieldefinition, der Code-Programmierung sowie deren Einsatz muss auch die Wirkungskontrolle institutionalisiert werden. Erforderlich hierzu sind eindeutige Definitionen, Nachvollziehbarkeit, Beherrschbarkeit sowie eine konsistente personelle Verantwortlichkeit. Des Weiteren ist die Transparenz der Algorithmen durch die Veröffentlichung der Quellcodes auf der Grundlage des ‚Open Source' zu gewährleisten. Ergänzt werden muss dies durch die permanente Evaluierung der algorithmenbasierten Prozesse und Abläufe. Schließlich sollten alle Nutzer und Anwender eine Grundbildung hinsichtlich der Funktionsweise algorithmischer Prozesse sowie der involvierten mathematischen Prinzipien erhalten. Dies beinhaltet neben der notwendigen algorithmischen Kompetenz auch ein ethisches Verantwortungsbe-

---

[1289] Zahlensysteme sowie Alphabete waren in gewisser Beziehung die ersten menschlichen Codes; als transzendentale Datensätze benötigen sie allerdings zur Formulierung ein materielles Medium.

[1290] Vgl. v. Schirach, F. (2021), Artikel 3.

[1291] Vgl. Hoffmann, Chr. (2019), S. 5.

[1292] Das zugrundeliegende ‚engineering mindset' fokussiert ausschließlich auf die ökonomische Effizenz.

[1293] Analog zur Ethikkommission in der Medizin.

wusstsein, um die kollateralen Nebenwirkungen interpretieren und verstehen zu können.[1294] Notwendig hierfür ist zwangsläufig eine dementsprechende Aus- und Weiterbildung, damit jeder Nutzer respektive Anwender den Einsatz dieser Systeme definieren, beherrschen sowie ethisch fragwürdige und inkonsistente Entscheidungen erkennen kann. Dies impliziert gewissermaßen eine neue Kulturtechnik wie es im analogen Zeitalter Lesen, Schreiben und Rechnen war, um die digitale, algorithmenbasierte Grammatik erlernen und verstehen zu können. Fraglich ist allerdings, ob dieser kulturtechnische Ansatz pragmatisch umzusetzen ist. Derzeit sind schon circa acht Prozent der Bevölkerung ‚analoge' Analphabeten. Die benötigte algorithmische Kompetenz erfordert beispielsweise höherwertige mathematische Grundkenntnisse, so dass ein qualitatives Wissen notwendig ist. Wahrscheinlich führt dieser Weg daher zu einer deutlichen Zunahme der Anzahl ‚digitaler Analphabeten' sowie ‚digital immigrants' im Gegensatz zu den sogenannten ‚digital natives'.

Problematisch ist des Weiteren auch, dass letztendlich die neunstellige oder höhere Anzahl der Programmzeilen eines Codes praktisch nicht überprüfbar ist, so dass das Postulat der Transparenz derzeit nicht realisierbar ist. Tim O'Reilly fordert daher eine ‚**algorithmic regulation**' analog zur Regulierung des Kapitalmarktes.[1295] Gleichzeitig soll hierdurch die Einhaltung der rechtlichen sowie ethischen Normen, Gesetze und Regelwerke gewährleistet werden. Dies erhöht zwangsläufig deren Objektivität, da die eingesetzten ‚Filter' sowie deren Kontext transparent werden. Parallel hierzu müssen regelmäßige sowie veröffentlichte Datenschutzaudits durchgeführt werden, die bei Verstößen automatisch Sanktionen bis zur Geschäftsuntersagung nach sich ziehen. Des Weiteren müssen die Sicherheitsstandards gegenüber unberechtigter Zugriffe Dritter veröffentlicht werden. Dies beinhaltet zwangsläufig auch die Verpflichtung, bei einem Datendiebstahl analog zu Rückrufen in der Konsumgüterindustrie sofort und unverzüglich die Öffentlichkeit zu informieren. Schließlich müssen alle Komponenten unabhängigen, neutralen Prüfer zur Verfügung gestellt werden. Vorstellbar ist in diesem Zusammenhang auch, dass die ‚Schwarmintelligenz' des Netzes zum Aufspüren von ‚Bugs' genutzt wird. Diese ‚Intelligenz' basiert bekanntlich auf flexiblen, schnellen Kommunikationsstrategien im Sinne einer kommunikativen Intelligenz ohne eine wesentliche Automatisierung und somit

---

[1294] Vgl. Dräger, J., Müller-Eiselt, R. (2019).
[1295] Vgl. O'Reilly, T. (2017).

auf Mehrheitsentscheidungen ohne ein bewusstes Quorum.[1296] Bei nachgewiesenen Verstößen gegen diese Anforderungen, Regularien sowie Gesetze muss letztlich der Staat auch das Recht besitzen, den betreffenden Unternehmen die Geschäftsausübung im Sinne einer ‚digitalen Zwangsräumung' zu untersagen.[1297] Dieses sogenannte ‚Ring-fencing' besteht darin, den Zugang zu den Kunden zu verwehren, indem alle IP- Adressen in einer definierten geographischen Region abgeschottet werden. Es werden hierdurch quasi ‚digitale Grenzzäune' installiert. Dies erfordert seitens des Staates zwangsläufig neben der Erfassung aller Online-Datentransaktionen auch die Regulierung und Überwachung der Plattformbetreiber und sonstigen datenverarbeitenden Unternehmen im Hinblick auf die kommerzielle Datennutzung.

[1296] Vgl. Yamamoto, T., Hasegawa, E. (2017).
[1297] Vgl. Hill, St. (2017).

5.2.7 Installation des Datenverarbeitungsschutzes (algorithmic accountability)

Der mehrfach angesprochene Datenverarbeitungsschutz erfordert die öffentliche Rechenschaftspflicht sowie Offenlegung der verarbeiteten Daten und Informationen von den diese einsetzenden Unternehmen respektive Organisationen oder Institutionen. Rechtlich geregelt werden muss somit, welche Daten für welche Zwecke gesammelt und analysiert werden sowie für was die jeweiligen Ergebnisse genutzt werden.

5.2.8 Die Verschlüsselung des individuellen Datenaustausches

Öffentliche ‚End-to-End'-Verschlüsselungen für den individuellen Datenaustausch, beispielsweise mittels sogenannter ‚asymmetrischer Schlüssel' müssen verfügbar sein. Diese Grundidee des ‚PGP- Prinzips'[1298] erfordert einen ‚geheimen Schlüssel', den nur der Empfänger kennt, sowie einen ‚öffentlichen Schlüssel', den der Sender zur Verschlüsselung für den Empfänger nutzt.[1299] Eine diesbezügliche Lösung existiert derzeit durch die App ‚Signal'. Zukünftig könnte die Quantenkryptografie absolut sichere Verschlüsselungen ermöglichen.[1300]

[1298] Pretty Good Privacy (1991 von Phillip R. Zimmermann entwickelt).

[1299] Einerseits ist eine vollständige und sichere Verschlüsselung technologisch sehr komplex und kann häufig auf den heterogenen Nutzeroberflächen nicht so gestaltet werden, dass sie jeder Anwender versteht und bedienen kann. Andererseits wird jedes Verschlüsselungssystem von Menschen administriert. Schließlich halten – häufig staatliche – Institutionen den Nutzer von der konsistenten Verschlüsselung ab, um über einen besseren Datenzugriff verfügen zu können. Allerdings könnten Quantencomputer zukünftig jede Verschlüsselung obsolet machen, da diese a.G. ihrer Rechengeschwindigkeit komplexe Codes analysieren sowie große Datenbanksysteme in wenigen Sekunden durchsuchen können – derzeit existiert nur ein Quantenrechner von IBM mit einer Leistung von 5 Quantenbits (quantenmechanische Informationseinheit).

[1300] Beim Auslesen einer Information durch die Messung des Zustandes bei ‚verschränkten Quanten' werden diese verändert, so dass der Versuch des ‚Hackers' sofort auffallen würde- die Zustände als gespeicherte Information lassen sich a.G. des ‚Welle–Teilchen-Dualismus' nicht unbemerkt lesen.

5.2.9 Die vollständige Datenmitnahme sowie Interoperabilität bei einem Plattformwechsel

Jeder Nutzer muss in der Lage sein, seine gesamten Daten einschließlich der Bilder, Dokumente und sonstigen privaten Informationen als Unikate auf eine andere (neue) Plattform mitnehmen zu können.[1301] Diese müssen zwangsläufig anschließend auf der ‚alten' Plattform auch im Kontext zu Drittdaten vollständig und konsistent gelöscht werden. Dies impliziert zwangsläufig auch das Postulat der Interoperabilität, der uneingeschränkten Kommunikation unabhängig von der Plattform.

5.2.10 Die langfristige Gewährleistung der Lieferung von Updates

Updates auf dem jeweils neuesten Stand für Produkte, Programme und Applikationen müssen über Jahre beziehungsweise definierte und damit festgelegte Produktlebenszyklen garantiert werden. Hierdurch soll sowohl die geplante Obsoleszenz (implantierte Fehlerquellen oder Module, die ein Update nicht ermöglichen) als auch eine spätere Inkompatibilität der Erfassungs- und Speicherungssysteme erschwert werden.

[1301] Analog zur Mitnahme der Telefonnummer im Bereich der Telekommunikation.

5.2.11 Die Installation eines Sicherheits–TÜV für alle Produkte im ‚Internet of Things'

Alle vernetzbaren Produkte müssen vor der Markteinführung wie beispielsweise Medikamente oder Lebensmittel von einem ‚Sicherheits- TÜV' im Hinblick auf Datensicherheit und Datenschutz geprüft und kontrolliert werden. Des Weiteren muss bei der Feststellung von Sicherheitsmängeln eine umgehende sowie öffentliche Informationspflicht analog zu den Rückrufaktionen der Automobilindustrie gesetzlich vorgegeben werden.

5.2.12 Unverzügliche Veröffentlichung und Löschung sogenannter Fake News, Verschwörungstheorien als auch von ‚Hate speech' durch die Plattformbetreiber

Notwendig ist eine Regulierung, die das Versenden sowie das Weiterleiten sogenannter ‚alternativer Fakten' in Gestalt von Fake News, Verschwörungstheorien als auch von ‚Hate speech' verbietet, um die gesetzeslose Anarchie im Internet einzugrenzen.[1302] Eine derartige Desinformation erfolgt vor allem bei den Messengerdiensten aufgrund ihrer Quantität sowie Verbreitungsgeschwindigkeit.[1303] Sie bieten somit eine wesentliche Plattform für Verschwörungstheorien, da nicht nur Texte, sondern auch schneller konsumierbare Fotos, Grafiken, Videos und Memos verbreitet werden. Zwar sind Lügen per se nicht strafbar - sie müssen jedoch durch ein schnelleres Löschen oder Abschalten der Accounts reguliert werden.

Durch ‚Falschnachrichten' und Hate speech verlieren zwangsläufig früher normative Werte wie Gerechtigkeit, Fairness oder Wahrheit an Bedeutung. Das durch Kommentare, Likes und Shares generierte plebiszitäre Kommunikationsklima erfordert somit zum einen eine Regulierung mittels offizieller Glaubwürdigkeits- und Realitätsfilter.

[1302] Im übertragenen Sinn gilt dies auch für zielfinanzierte ‚Studien und Forschungsberichte' in Pharmazie und Medizin sowie Plagiate bei wissenschaftlichen Arbeiten. Vgl. Daston, L. (2017), S. 14.
[1303] Vgl. die Ausführungen in Abschnitt 4.3.2; im übertragenen Sinn gilt dies auch für zielfinanzierte Studien und Forschungsberichte' in Pharmazie und Medizin sowie Plagiate bei wissenschaftlichen Arbeiten. Vgl. Daston, L. (2017), S. 14.

Nachrichtenquellen sollten daher mit einem Wahrheits-Score versehen sowie Accounts mit nachweislich unwahren Meldungen abgestuft und somit in ihrer Reichweite verringert werden.[1304] Dies impliziert auch den Zwang gegenüber den Plattformunternehmen, dass deren Algorithmen inhaltlich ausgewogene und mit diversifizierenden Inhalten versehene Nachrichten in das jeweilige soziale Netzwerk einstellen müssen. Dies erfordert des Weiteren auch die Löschung der Fake News, so dass die Unternehmen die Verantwortung für die auf den Plattformen verbreiteten Inhalte übernehmen müssen. Berücksichtigt werden muss in diesem Zusammenhang allerdings daher auch die Verbreitung von Fake News durch die auf den Plattformen seitens der Betreiber betriebene Vermarktung von Werbeplätzen. Derartige Werbung muss seitens der Betreiber unterbunden werden. Problematisch ist hierbei jedoch, dass häufig prekär bezahlte Mitarbeiter von Drittunternehmen über die Grundrechte von Rede- und Meinungsfreiheit wachen müssen.[1305] Des Weiteren besitzen die eingesetzten Algorithmen zwangsläufig kein semantisches Kontextwissen, sondern operieren aufgrund statistischer Häufigkeiten und Wahrscheinlichkeitskriterien, mit denen linguistische Muster in den Datenmengen erkannt werden. Nicht übersehen werden darf hierbei auch, dass beispielsweise Rechtschreibfehler oder das bewusste Ersetzen von Buchstaben durch Zahlen oder Sonderzeichen die Algorithmen überfordern.

Liberale, demokratische Gesellschaften sind durch diesen Tsunami der Desinformation besonders gefährdet, da sie eine spezifische Schnittmenge an unumstrittenen Wahrheiten, Wissen und Informationen benötigen. Ist dies nicht mehr gegeben, so zerfallen diese Gesellschaften aufgrund der aus der Destruktion der Wahrheit entstehenden Verunsicherungen und Zweifeln sowie der daraus resultierenden Zukunftsängste. Eine Konsequenz hieraus wären beispielsweise Vertrauensverluste, Desillusionierung und Spaltungstendenzen. Das ansonsten unregulierte WWW wird dann zu einem **World Wild Web** und dadurch zu einer anarchistischen Dystopie aufgrund der Verstärkungsmechanismen der Plattformen.

Erforderlich sind daher transparente, öffentliche Normen, Regeln und Standards sowie Rechenschaftspflichten für das Löschen. Notwendig hierfür sind somit Gesetzgebung und Regulierung mit der Zielsetzung, die Digital- Ökonomie zu demokratisieren. Dies impliziert zwangsläufig keine Einschränkung der Meinungsfreiheit, da Hass, Rassismus, Lügen und Verschwörungstheorien im juristisch-

---

[1304] Ironisch soll aus ‚Fakebook' wieder Facebook werden....
[1305] Facebook will bis Ende 2018 diesbezüglich 20.000 Personen beschäftigen.

ethischen Sinn keine ‚Meinungen' und somit nicht durch das Grundrecht auf freie Äußerung von Meinungen geschützt sind. Diese Funktion könnte von der bereits angesprochenen europäischen Datenaufsichtsbehörde übernommen werden, so dass neben der Kontrolle der Daten und Informationen implizit auch die automatisierten Systementscheidungen überwacht werden können. Allerdings äußert Frank Paquale[1306] erhebliche Zweifel daran, dass eine diesbezügliche Veränderung der bestehenden ‚asymmetrischen Überzeugbarkeit' im Sinne einer Algorithmendemokratie beim Nutzer zu Verständnis und Umdenken oder vielmehr zur Ablehnung und Renitenz führen wird.

Allerdings darf der Fokus der notwendigen Regulierung nicht nur auf dem juristischen Aspekt liegen, sondern muss auch die ethisch-moralische Ebene umfassen.[1307] Erforderlich ist daher eine regulierungspolitische Nachrichten- und Medienkompetenz anstelle der Fokussierung auf instrumentelle Fähigkeiten. Dies beinhaltet ein umfassendes Medienmonitoring sowie eine konsistente Kommunikationsstrategie, um Fake News sowie Hate speech frühzeitig und reaktionsschnell im Sinne des sogenannten ‚Debunking' identifizieren und dekonstruieren zu können sowie die Absender zu ermitteln. Dies impliziert allerdings auch, dass die Auswahlkriterien der eingesetzten Suchalgorithmen im Rahmen der Verbreitung der Nachrichten korrigiert werden müssen, da deren wiederholte Weiterleitung den Empfängerkreis zwangsläufig manipulieren. Notwendig ist des Weiteren, dass die Plattformbetreiber die ID-Adressen der Verfasser von Hass-, Schmäh- und Falschnachrichten an die Staatsanwaltschaft weiterleiten.[1308] Die EU beabsichtigt daher die Schaffung eines einheitlichen juristischen Rahmens gegen Fake News sowie Hate speech. Allerdings soll die semantische Problematik der ‚Illegalität' auch zukünftig national definiert werden. Des Weiteren sollen die Plattformen derartige Inhalte auch weiterhin erst dann entfernen, wenn sie von dessen Inhalt durch Dritte erfahren haben. Die Verfahren zur Entfernung müssen somit vereinheitlicht werden, ebenso wie Überprüfungsverfahren einer Löschung respektive Nichtlöschung. Letztendlich muss auch angestrebt werden, den Betreibern die Hoheit über die Plattform zu entziehen.

[1306] Vgl. Pasquale, F. (2015).

[1307] Vgl. Pörksen, B. (2018a).

[1308] Das sog. ‚Netzwerkdurchsetzungsgesetz' verlagert allerdings diese exekutive Funktion auf die Plattformbetreiber, da diese nur ‚gebeten' werden oder im Rahmen eines Amtshilfeverfahrens in den USA hierzu gezwungen werden können - letzteres ist jedoch aufgrund der amerikanischen Gesetze unrealistisch.

5.2.13 Gewährleistung einer intensiven Nutzeraufklärung sowie de lebenslänglichen Aus- und Weiterbildung

Eine positive Autoimmunreaktion der Nutzer hinsichtlich der Preisgabe ihrer privaten Daten muss durch intensive Aufklärung, Kommunikation sowie Aus- respektive Weiterbildung geschaffen werden. Diese aktive, programmatische sowie prophylaktische Bildung respektive Schulung der Öffentlichkeit betrifft auch den Umgang mit Fake News, um Unwahrheiten respektive Lügen in den digitalen Medien erkennen zu können. Erforderlich ist hierfür ist somit das Erreichen einer ‚digitalen Kompetenz' durch eine Aus- und Weiterbildung im Sinne einer Universalbildung, um wissensmäßig den Wandel, die Brüche und Widersprüche der Digital-Ökonomie kompensieren beziehungsweise beherrschen zu können.[1309] Der damit verbundene Wandel von Routinetätigkeiten zu analytischen, sozial interaktiven Beschäftigungen impliziert fast zwangsläufig einen Rechtsanspruch auf ein lebenslanges Lernen auf der Grundlage gesetzlich vorgegebener Langzeitkonten sowie eine permanente Weiterbildung, um Anpassungsprozesse an die disruptiven Entwicklungen zu ermöglichen.[1310] Die Digital- Ökonomie erfordert bei den Beschäftigten neben Empathie vor allem Kreativität, Innovations- sowie Urteilsfähigkeit auf der Grundlage des eigenen Wissens und eigener Erfahrungen als auch die Reaktionsfähigkeit bei unerwarteten Situationen. Dies impliziert eine antizipative, aktive Gestaltung der Weiterbildung vor dem Hintergrund der Veränderungen. Daher muss man sich selbst und seine bisherige Tätigkeit dahingehend hinterfragen, ob diese zukünftig noch sinnvoll und vor allem nicht ersetzbar ist. Die Weiterbildung als ‚lebenslanges Lernen' wird somit zu einem durch die Digital-Ökonomie definierten individuellen, proaktiven, flexiblen und antizipativen, jedoch nie abgeschlossenen Prozess.[1311] Schließlich muss der Arbeitnehmer im Rahmen eines ‚Wissenssharing' eigenes Wissen weitergeben und Erfahrungen mit anderen zu teilen. Für

---

[1309] Analog zur von Ralf Dahrendorf im Jahr 1965 verlangten Bildungsrevolution; derzeit verfügen gem. einer Studie nur ca. 40% über das erforderliche Basiswissen.

[1310] Da im Hippocampus als Sitz des bewussten Gedächtnisses regelmäßig neue Neuronen gebildet werden, wird durch das lebenslange Lernen dessen Leistungsfähigkeit verbessert – vgl. die Ausführungen in Abschnitt 2.1.

[1311] Die sozial-wirtschaftlichen Erfolge der 1. Industriellen Revolution wurden letztlich erst durch die wesentliche Verbesserung der universellen (Schul-)Bildung ermöglicht resp. ausgelöst.

die Aus- und Weiterbildung besteht daher sowohl eine gesellschaftspolitische des Staates als auch eine ökonomische Verantwortung der Unternehmen, da letztere die zukünftig notwendigen Qualifikationen definieren und den Beschäftigten die Möglichkeiten zum Erwerb dieser Qualifikationen offerieren müssen. Hieraus resultiert jedoch zwangsläufig auch ein Paradigmenwechsel im Bildungsbereich vom ‚passiven Konsumieren' zur ‚aktiven Suche' der notwendigen und relevanten Weiterbildungsthemen und –bereiche, quasi eine Umkehrung der ‚push-, in eine ‚pull- Funktion'.[1312] Eine Variante zur Finanzierung wäre beispielsweise, dass Staat und Unternehmen für jeden Beschäftigten ein individuelles Zeit- und Geldkonto etablieren. Dies bedingt allerdings auch eine Reform der Arbeitszeitregelung mit Monats- oder Jahreskonten anstelle der üblichen Tageskonten. Vorstellbar ist auch, die Produktivitätsgewinne der Automatisierung sowie Roboterisierung in Form einer Zusatzsteuer in einem spezifischen Staatsfonds zu sammeln. Dieser kann die Finanzmittel am Kapitalmarkt investieren und die Erträge für die erforderliche Weiterbildung als auch für ein diskutiertes Grundeinkommen verwenden. Somit wird zwar die physische Existenz relativ abgesichert, nicht jedoch die psychische vor dem Hintergrund der Frage nach dem ‚Sinn des Lebens'.

[1312] Eine Untersuchung des Beratungsunternehmens ‚EY' ergab im vergangenen Jahr die Bereitschaft der Arbeitnehmer, für ihre Weiterbildung Freizeit, Urlaub als auch eigene finanzielle Mittel einzusetzen.

5.2.14 Implementierung einer Digitalen Fehlerkultur

Analog zur Fehlerkultur in Unternehmen muss auch bei der Digital-Ökonomie eine Fehlerkultur sowohl auf organisationaler als auch politischer sowie rechtlicher Ebene installiert und akzeptiert werden. Da die Auswirkungen dieser Technologie weder hinsichtlich ihrer Entwicklungsperspektiven noch ihrer Konsequenzen für die sozialen, gesellschaftspolitischen sowie wirtschaftlichen Strukturen prognostiziert oder gar ‚vorgeplant' werden können, benötigt man einerseits mutige Visionen anstelle kleinteiliger Quoten, Richtlinien sowie Verordnungen. Dies impliziert andererseits jedoch auch das politische Eingestehen von Irrtümern sowie den Mut, betretene ‚Sackgassen' durch neue Konzepte auf der Basis von ‚Versuch und Irrtum' zu kompensieren.

5.2.15 Das Recht zur diskriminierungsfreien Verweigerung der Teilhabe an der Digitalisierung respektive Digital-Ökonomie

Der hiermit verbundene Begriff des **‚Digital Divide'** wurde ursprünglich nur technologisch im Hinblick auf die Zugangsmöglichkeiten zur Internetstruktur benutzt. Inzwischen fokussiert er jedoch auf die soziale sowie semantische Ebene der kognitiven Möglichkeiten im Rahmen des Verständnisses für den Einsatz digitaler Systeme, Medien und Technologien. Sowohl die Komplexität der Nutzung als auch die Kompatibilität der Betriebssysteme sowie Applikationen bei unterschiedlichen technologischen Standards erfordert eine erhebliche kognitive Medienkompetenz, die jedoch häufig auch an Sprachbarrieren scheitert. Trotz verständlicher Sprache, einfacher Hilfsfunktionen und Übersetzungen sowie komfortabler Übermittlungsfunktionen besitzt die Digital- Ökonomie häufig keinen im kognitiven Verständnis ‚barrierefreien Zugang' . Letztlich muss daher auch die freiwillige Verweigerung einer Teilnahme an der Digitalisierung respektive Digital-Ökonomie im öffentlichen Bereich, wie beispielsweise die Abgabe elektronischer Steuererklärungen, Anträge oder Bescheide sowie die Bereitstellung von Informationen durch die öffentliche Verwaltung, diskriminierungsfrei und ohne nachteilige Auskünfte für die Betroffenen möglich sein. Die Kommunikation mit öffentlichen Einrichtungen muss grundsätzlich auch in Handschriftform sowie per analoger Post möglich sein.

5.2.16 Genese internationaler Rechtsnormen für Computerethik

Das menschliche Ethikbewusstsein ist grundsätzlich kontextbezogen sowie rational und liefert in Verbindung mit der Verantwortungsübernahme selten eindeutige Lösungen. Des Weiteren sind Ethik sowie die zugrundeliegenden Normen, Gefühle und Werte aus mathematischer Sicht ‚unscharfe' Begriffe, die (derzeit) mathematisch nicht abgebildet werden können.[1313] Ethik kann somit nicht in Algorithmen programmiert werden. Sie verhält sich auch konträr zur Logik binärer Systeme, da letztere keine Werkzeuge im klassischen Sinn wie beispielsweise Hammer und Meißel sind, sondern auch über soziale Macht verfügen, indem sie das menschliche ‚Bild von der Welt' und somit seine Entscheidungsfindung beeinflussen. Des Weiteren sind Haftungs- und Rechenschaftsfähigkeit sowie Fehlerverantwortung weder objektivierbar noch identifizierbar respektive personalisierbar. Hieraus resultiert im Rahmen der sogenannten ‚meaningful human control' die Forderung nach der strukturellen Involvierung des Menschen in die Programmierung und Kontrolle, um Fehler zumindest zu reduzieren.[1314]

Schließlich sollten respektive müssten alle Staaten ein neues, global gültiges Regelwerk konzipieren und implementieren, um die global tätigen Internet-Unternehmen im Sinne einer humanen und sozialen Marktwirtschaft kontrollieren zu können. Hierzu gehört neben der Definition einer sozialkompetenten ‚digitalen Moral sowie Ethik' (Computerethik) vor allem auch die verbindliche Festlegung ethischer Normen und Werte, um die publizistischen Machtinstanzen wie Google oder Facebook, die sich der Regulierung durch das Presserecht entziehen, regulieren zu können.[1315] Neben einem Ehrenkodex beinhaltet dies auch verbindliche Richtlinien sowie die Generierung von Ombudsgremien. Erforderlich sind somit pragmatische Definitionen und Regularien sowohl für eine ethische KI als auch die Digital- Ökonomie, deren Einhaltung durch öffentlich- rechtliche Institutionen überwacht wird. Hierbei muss der Fokus auf den menschlichen und gesellschaftlichen Werten in der digitalen Ökonomie und nicht auf

---

[1313] Vgl. Zweig, K. (2019).

[1314] Schon N. Wiener warnte 1949 vor selbständigen Kontrollsystemen ohne menschliche Einflussmöglichkeiten.

[1315] Vgl. Helbig,H. et al. (2016).

den wirtschaftlichen Werten der Plattformunternehmen liegen.[1316] Diese Zielsetzung ist vor dem Hintergrund der bisherigen nationalstaatlichen Aktivitäten
sicherlich sehr anspruchsvoll beziehungsweise schon fast utopisch. Die Geschichte lehrt jedoch, dass dies wie im Fall des Verbotes der Weitergabe von
Atomwaffen möglich ist – nach jahrzehntelangen Verhandlungen ist hierbei zumindest eine zufriedenstellende Regelung ermöglicht worden.

[1316] Vgl. Soreq, L. et al (2015), S. 11.

5.3 Resümee

Die vorstehenden ‚holzschnittartigen' Zielsetzungen respektive (An-)Forderungen erscheinen eventuell als visionär oder utopisch hinsichtlich ihrer Realisierungsmöglichkeiten. Die Erfahrung beweist jedoch, dass politische Gremien erst bei einem entsprechenden ‚öffentlichen Leidensdruck' reagieren beziehungsweise handlungsfähig werden. Dieses ‚digitale Utopia' kann somit möglich werden, auch wenn die Attraktivität der sozialen Medien und Netzwerke beispielsweise aufgrund des demokratisch legitimierten Datenschutzes sowie der Inhaltskontrolle verringert werden würde. Das Geschäftsmodell der Plattformbetreiber basiert bekanntlich auf der Vermarktung von Werbung im Rahmen eines destruktiven Wettbewerbes, der auf der mechanistischen Technikphilosophie ‚Technik ist an und für sich wertneutral sowie sozialgerecht' beruht.[1317] Grundlage ist eine ingenieurfokussierte Effizienz, Manipulation sowie ‚Optimierung' des menschlichen (Entscheidungs-)Verhaltens. Das inhärente Wertesystem fokussiert ausschließlich auf die ökonomische Profitmaximierung, nicht jedoch auf sozio- gesellschaftliche Kriterien und Normen. Um dieses Dilemma zu reduzieren, könnten die Werbekunden einen aktiven Beitrag leisten, wenn diese aufgrund der zu erwartenden Imageschäden ihre Werbung in anderen Medien respektive anderen Plattformen positionieren würden.[1318] Sollte das Image der Plattformen auch zukünftig aufgrund der Datenschutzmängel und -fehler beeinträchtigt werden, so werden die Werbekunden Art und Einsatz ihrer Werbung überprüfen müssen, um Imageschäden bei ihren Kunden zu verhindern. Bei zusätzlichen regulativen Maßnahmen der Staaten könnten die Plattformbetreiber in eine ‚Sandwich- Position' zwischen einer stringenten Regulierung sowie dem Verlust von Werbeeinnahmen geraten. Dies könnte zum Kollaps des Geschäftsmodelles führen. Marc Zuckerberg hat anscheinend dieses Risiko für Facebook erkannt und mittels vier Thesen spezifische internationale Kontrollmechanismen (politische Regulierung, weltweite Datenschutzübereinkunft gemäß der europäischen DSGVO, Standards für unerwünschte Inhalte sowie deren auto-

---

[1317] Ca. 48% aller Unternehmen platzieren ihre Werbung auf den Plattformen, so dass Facebook rd. 99% seines Umsatzes hierdurch erzielt.
[1318] Im ‚Facebook- Cambridge Analytica- Datenskandal' in 2018 haben daher Werbekunden wie Procter&Gamble, Coca Cola, Walmart und Commerzbank ihre Werbung bei Facebook reduziert resp. eingestellt.

matischen Löschung, Dateneigentum der Nutzer) für notwendig erachtet. Allerdings sind diese ‚Zugeständnisse' eines ‚Wolfes, der Kreide gefressen hat', nur scheinbar hilfreich. Zum einen sind weltweit gültige Übereinkünfte sehr schwierig und nur langfristig, wenn überhaupt, zu erreichen. Bis zu diesem Zeitpunkt existiert das Geschäftsmodell im Rahmen der Aufmerksamkeits- und Erregungsökonomie mit dem kostenlosen ‚Absaugen von Nutzerdaten' weiterhin. Des Weiteren sind viele soziale Netzwerke aufgrund der Verschlüsselungsverfahren sowie sogenannter ‚geschlossener Räume' kaum kontrollierbar. Deutlich wird die Qualität eines scheinbaren Zugeständnisses auch an der mittlerweile angebotenen sogenannten ‚Off- Facebook Activity'. Dieses früher als ‚Clear History' zur Löschung von Facebookdaten durch den Nutzer angebotene Verfahren existiert nur optional für einige Nutzer. Des Weiteren erfordert seine Anwendung zahlreiche Handlungsschritte, so dass die Bequemlichkeit der Nutzer entgegenstehen wird. Generell sind bei allen Plattformen die Nutzereinstellungen zum Schutz seiner privaten Daten überwiegend in den ‚untersten Ebenen und Schichten' des Menüs versteckt sowie auf viele Menüpunkte verteilt, so dass sie für den normalen Nutzer irrelevant versteckt sind. Derartige Vorschläge repräsentieren daher gemäß Thomas Metzinger analog zum ‚Green Washing' ein **‚Ethics Washing'** als organisierte Pseudo-Debatte, um quasi ‚auf Zeit zu spielen', weitere diskriminierende Produkte im Markt zu etablieren sowie regulierende Maßnahmen zu verhindern.

Die eigentliche Frage lautet daher, ob die wirtschaftlichen Interessen kapitalistischer Unternehmen Vorrang vor den rechtlichen sowie ethisch-moralischen Ansprüchen der Nutzer sozialer Medien und Netzwerke haben dürfen. Diesbezüglich geht es schlichtweg um die Priorisierung kapitalistischer Wirtschaftsunternehmen sowie totalitärer Staaten gegenüber den rechtlichen und moralischen Grundrechten des Menschen. Auch das häufig vorgetragene Argument der ‚unberechtigten Eingriffe' in die liberale Markt- und Wettbewerbsordnung entlarvt sich per se, da nachgewiesenermaßen ‚der Markt' keine Selbstheilungskräfte besitzt oder eigenständig entsprechende Regeln, Normen sowie Regulierungen generieren kann. Das kapitalistische System ist vielmehr eine ‚geordnete Anarchie'[1319], die auf Macht sowie deren Ausübung basiert und fokussiert. Die hierdurch implizierte Instabilität gesellschaftlicher sowie ethischmoralischer Wertesysteme generiert häufig Orientierungslosigkeit.

[1319] Vgl. die Ausführungen in Abschnitt 1.1.

Neben gesetzgeberischer Aktivitäten muss es daher auch Aufgabe der daten-
erfassenden, -sammelnden und -auswertenden Unternehmen im Rahmen eines ‚vorauseilenden Gehorsams' sein, die datenschutzrelevanten Probleme
technologisch sowie organisational zu lösen. Bekanntlich hat gemäß der Betriebswirtschaftslehre jede Nutzung eines Produktionsfaktors und somit auch
die Nutzung der Userdaten ihren ‚Preis'.

Abbildungsverzeichnis

Stichwortverzeichnis

Die Seite(n) mit näheren Erläuterungen und/oder Definitionen sind **fett** gedruckt.

Literaturverzeichnis

Acemoglu, D., Restrepo, P. (2017a), Robots and Jobs: Evidence from US Labor Markets, MIT March 2017

Acemoglu, D., Restrepo, P. (2017b), The Race Between Man and Machine: Implications of Technology of Growth, Factor Shares and Employment, MIT Press June 2017, Cambridge 2017

Achen, Chr., Bartels, L. (2016a), Democracy for realists: Holding up a mirror to the electorate, in: Juncture 2016, Vol. 22, Nr. 4, S. 269-275

Achen, Chr. H., Bartels, L. M. (2016b), Democracy for Realists: Why Elections Do Not Produce Responsive Government, Princeton University Press 2016

Adorno, Th. (1968), Einleitung in die Soziologie; hrsg. Von Gödde, Chr., Frankfurt /M., 2011

Adorno, Th. (2013), Studien zum autoritären Charakter, Berlin 2013

Akerlof, G.A., Shiller, R.J. (2009), Animal Spirits. How human psychology drives the economy and why it matters for global capitalism, Princeton University Press 2009

Albert, M., Hurrelmann, K., Quenzel, G., TNS Infratest Sozialforschung (2015), Shell-Jugendstudie, Jugend 2015, Hamburg 2015

Alves, H., Koch, A., Kukelbach, C. (2016), My friends are all alike – the relation between liking and perceived similarity in person perception, in: Journal of Experimental Social Psychology, Vol. 62, S. 103-117, 2016

Aneesh, A. (2006), Virtual Migration: the Programming of Globalization, Duke University Press 2006

Aral, S., Muchnik, L., Sundararajan, A. (2009), Distinguishing influence-based contagion from homophily- driven diffusion in dynamic networks, in PNAS, Vol. 106, Nr. 51, S. 21544-21549

Arendt, H. (1972), Wahrheit und Politik, München/ Berlin 1972

Ariely, D., Loewenstein, G., Prelec, D. (2006), Tom Sawyer and the Construction of Value, in: Journal of Economic Behavior, Vol. 60, S. 1-10, 2006

Arrow, K. (1963), Social Choice and Individual Values, 2. Auflage, Yale University Press 1963

Asch, S. (1951), Effects of group pressure upon the modification and distortion of judgement, in: Guetzkow, H. (Hrsg., 1951)

Asch, S. (1965), Social Psychology, Prentice Hall 1965

Ashbury, K., Plomin, R. (2014), G Is for Genes: The Impact of Genetics on Education and Achievement, Chichester, West Sussex, 2014

Asimov, I. (1952), Ich, der Roboter, München 1952

Askelund, A.J., Schweizer, S., Goodyear, I.M., van Harmelen, A.L. (2018), Positive memory specificity reduces adolescent vulnerability to depression, doi.org /10.1101/329409

Atasoy, O., Morewedge, C. K. (2017), Digital Goods are valued less than physical goods, in: Journal of Consumer Research, forthcoming

Auerbach, A.J., Chetty, R., Feldstein, M., Saez, E. (Hrsg., 2013), Handbook of public oeconomics, Vol. 5, Amsterdam 2013

Autor, D. Dorn, D., Katz, L.F., Petterson Chr., Van Reenen, J. (2017), The Fall of the Labor Share and the Rise of Superstar Firms, Working Paper, 01.05. 2017

Avanessian, A. (2019), Ethik des Wissens – Poetik der Existenz, Berlin 2019

Bader, K. (2019), Belogen, in: Süddeutsche Zeitung Nr. 187 vom 14./ 15. 08. 2019, S. 5 , München 2019

Bailenson, J. N. (2021), Nonverbal Overload: A Theoretical Argument for the Causes of Zoom Fatigue, in: Technology, Mind, and Behaviour, Vol. 2, Nr. 1, Feb. 23,2021, DOI: 10.1037/tmb 0000030

Barlösius, E., Ludwig- Mayerhofer, W. (Hrsg., 2001), Die Antwort der Gesellschaft, Berlin usw. 2001

Barrasch, A., Berger, J. (2014), Broadcasting and Narrowcasting: How Audience Size Affects What People Share, in: Journal of Marketing Research, June 2014, Vol. 51, Nr. 3, S. 286-299

Battaglia, P.W., Pascanu, R., Lai, M., Rezende, D., Kavukcouglu. K. (2016), Interaction networks for learning about objects, relations and physics, in: arXiv: 161200222

Bauer, J. (2011), Vom Ursprung Alltäglicher Und Globaler Gewalt, München 2011

Baumeister, R.E., Bratslavsky, E., Muraven, M., Tice, D.M. (1998), Ego Depletion: Is the Active Self a Limited Resource? In: Journal of Personality and Social Psychology, Vol. 74, Nr. 5, S. 1252-1265, 1998

Beckert, J. (2016), Imagined Futures. Fictional Expectations and Capitalist Dynamics, Harvard University Press, June 2016

Benkler, Y., Faris, R., Roberts, H. (2018), Network Propaganda: Manipulation, Disinformation, and Radicalization in American Politics, Oxford University Press 2018

Bernard, A. (2017), Komplizen des Erkennungsdienstes. Das Selbst in der digitalen Kultur, Frankfurt /M. 2017

Betancourt, M. (2016), Critique of Digital Capitalism, Princeton Books, New York 2016

Bever, T. G. & Poeppel, D. (2010), Analysis by synthesis: A (re-) emerging program of research for language and vision, in: Biolinguistics, Vol. 4, S. 174 -200

Bewley, T. C. (2002), Knightian Decision Theory, Part I, In: Decisions in Economy and Finance, Vol. 25, S. 79-110, Springer Milan 2002

Biesinger, M. (2016), Kümmert euch wieder um die Wirklichkeit, in: DIE ZEIT Nr. 47 vom 24.11.2016, S. 39, Hamburg 2016

Birbaumer, N., Zittlau, J. (2014), Dein Gehirn Weiss Mehr, Als Du Denkst. Neueste Erkenntnisse Aus Der Gehirnforschung, Berlin 2014

Bittner, J. (2021), Dein Mitbürger, der Unterdrücker, in: DIE ZEIT, Nr. 11 vom 11.03.2021, S. 11, Hamburg 2021

Black, F., Scholes, M. (1973), The Pricing of Options and Corporate Liabilities, in Journal of Political Economy, Vol. 81, Nr. 3, S. 637-654, Chicago 1973

Blake, P., McAuliffe, K., Corbit, J., Callaghan, T., Barry, O., Bowie, A. et al (2015), Die Ontogenese der Fairness in sieben Gesellschaften, in: Nature 2015, Vol. 528, S. 258-261

Blank, G. (2017), Online Research Methods and Social Theory, in: Fielding, N. G., Lee, R. M., Blank, G. (Hrsg., 2017), S. 628-641

Blinkhorn, V., Lyons, M. & Almond, L. (2019), Criminal Minds: Narcissm Predicts Offending Behavior in a Non- Forensic Sample (Journal Article), in: DEVIANT BEHAVIOR, Nr. 40 (3), S. 353- 360

Bloom, P. (2000), How Children Learn the Meanings of Words, MIT Press, Cambridge 2000

Bloomberg, W. (1955), The Age of Automation: Its Effects on Human Welfare, New York 1955

Böckler, A., Tusche, A., Singer, T. (2016), The structure of human prosociality: Differentiating altruistically motivated, norm motivated, strategically motivated and self-reported prosocial behavior, in: Social Psychological and Personality Science, Vol. 7, Nr. 6, S. 530 - 541

Bögel, S., Kendrick, K., Levinson, St. (2015), Never say no... How the brain interprets the pregnant pause in conversation, in: PLoS One, 10(12)

Boehm, O. (2015), Unsere Bürger? In: DIE ZEIT, Nr. 38 vom 17. September, S. 44, Hamburg 2015

Böhme, H. (1996), Zur Theologie der Telepräsenz, in: Scherpe, K. R. (Hrsg., 1996)

Borghans, L., Duckworth, A. Heckman, J., ter Weel, B. (2008), The Economics and Psychology of Personal Traits, in: The Journal of Human Resources Vol. 43, Nr. 4, Februar 2008

Borinski, F., Draht, M., Müller, Chr., Niemeyer, G. (Hrsg., 1992), Gesammelte Schriften, 3 Bände, Tübingen 1992

Bostrom, N. (2016), Superintelligenz. Szenarien einer kommenden Revolution, Berlin 2016

Bostrom, N. (2018), Die Zukunft der Menschheit. Aufsätze, Berlin 2018

Bostrom, N. (2020), Die verwundbare Welt. Eine Hypothese, Berlin 2020

Botto, S., Rochat, Ph. (2018), Sensitivity to the evaluation of other emerges by 24 month, in: Develoment Psychology, Vol. 54, Nr. 9, S. 1723-1734, 2018

Bourdieu, P. (2017), Sprache. Schriften zur Kultursoziologie, hrsg. Von Schultheis, F., Egger, St., Berlin 2017

Bourdieu, P., Balazs, G., Beaud, St., Broccolichi, S., Champagne, P., Christin, R., Lenoir, R. et al (Hrsg., 1997), Das Elend der Welt. Zeugnisse und Diagnosen alltäglichen Leidens an der Gesellschaft

Bowles, S., Gintis, H. (1976), Schooling in Capitalist America. Educational Reform and the Contradictions of Economic Life, New York 1976

Brand, St. (1989), The Media Lab. Inventing The Future At M.I.T., New York 1989

Braybrooke, D., Lindblom, C.E. (1963), A strategy of decision, New York 1963

Breithaupt, F. (2017), Die dunklen Seiten der Empathie, Berlin 2017

Brisch, K. H., Hellbrügge, Th. (Hrsg., 2015), Bildung und Trauma. Risiken und Schutzfaktoren für die Entwicklung von Kindern, 5. Aufl., Stuttgart 2015

Bruk, A., Scholl, S.G., Bless, H. (2018), Beautiful mess effect: Self-other differences in evaluation of showing vulnerability, in: Journal of Personality and Social Psychology, Vol. 115, Nr. 2, S. 192-205

Brynjolfsson, E. , McAfee, A. (2014), The Second Machine Age: Wie die nächste digitale Revolution unser aller Leben verändern wird, Kulmbach 2014

Buchter, H. (2018), Erzähl mir was! In: DIE ZEIT Nr. 45 vom 31.10.2018, S. 30, Hamburg 2018

Buck, L., Axel, R. (1991), A novel multigene family may encode odorant receptors: a molecular basis for odor recognition, in: Cell 1991, Nr. 1, S. 175-187

Bude, H. (2019), Solidarität. Die Zukunft einer großen Idee, München 2019

Buechel, E.C., Zhang, J., Morewedge, C.K. (2017), Impact Bias or Underestimation? Outcome Specifications Predict the Direction of Affective Forecasting Errors, in: Journal of Experimental Psychology General, Vol. 146, Nr. 5, S. 746-761, 2017

Bull, P. (2018), Wieviel sind ‚meine Daten' wert? In: Computer und Recht (CR), Heft Nr. 7, S. 425 - 432

Burns, G. (2005), Satisfaction: The Science Of Finding True Fulfillment, New York 2005

Butter, M. (2018), Nichts ist, wie es ist, Berlin 2018

Cacioppo, J., Patrick, W. (2011), Einsamkeit: Woher sie kommt, was sie bewirkt, wie man ihr entrinnt, Heidelberg 2011

Calmbach, M., Borgstedt, S., Borchard, I., Thomas, P. M., Flaig, B. B. (2016), Sinus-Studie 2016, Wie ticken Jugendliche ? Lebenswelt von Jugendlichen im Alter von 14 bis 17 Jahren in Deutschland, Heidelberg usw. 2016

Caliskan, A., Bryson, J.J., Navayanan, (2017), Semantics derived automatically from Language corpora contain human biases, in: Science, Vol. 356, S. 183-186

Cacioppo, J. T., Patrick, W. (2008), Loneliness. Human Nature and the Need for Social Connection, New York 2008

Canetti, E. (1980), Masse und Macht, Frankfurt/ M. 1980

Caysa, V. (2015), Schneller – schöner – erfolgreicher ?, in: Rotary – Magazin, Nr. 9, S. 42-44, Hamburg 2015

Chabris, C. F., Simons, D. (2010), The invisible gorilla, New York 2010

Chen, HH, Klemfuss, N, Montgomery, B, Higano, CS, Schweizer, MT et al. (2016), A pilot study of clinical targeted next generation sequenzing for prostate cancer, in: The Prostate, 76. Jg., Nr. 14, S. 1303-1311

Chermak, G.D., Bellis, J.B., Musiek, F.E. (2014), Neurobiology, cognitive science, and intervention, in: Chermak, G.D., Musiek, F. E. (Hrsg., 2014), Vol. II, S. 3- 38, San Diego 2014

Chermak, G.D., Musiek, F.E. (Hrsg., 2014), Handbook of central auditory processing disorder: Comprehensive intervention, 2 Bde., San Diego 2014

Cherry, M., Flanagan, O. (2017), The Moral Psychology of Anger, Rowmann& Littlefield Publishers, 2017

Chetty, R., Finkelstein, A. (2013), Social Insurance: Connecting Theory of Data, in: Auerbach et al (Hrsg., 2013), S. 111-194

Chopik, W.J., Kim, E.S., Smith, J. (2015), Changes in Optimism Are Associated With Changes in Health Over Time Among Older Adults, in: Social Psychological and Personality Science, Vol. 6,7, S. 814-822

Christensen, Cl. (1997), The Innovators Dilemma, When New Technologies Cause Great Times To Fail, Harvard Business Review Press, 1997

Coleman, J. (1982), The Asymmetric Society, Syracuse University Press 1982

Crawford, K., Paglen, T. (2019), How ImageNet Roulette, Project: Training Humans des Osservatorio Fondazione Prada, Mailand 2019

Crouch, C. (2008), Postdemokratie, Frankfurt/M. 2008

Csikszentmihalyi, M. (2014), FLOW und Kreativität. Wie Sie ihre Grenzen überwinden und das Unmögliche schaffen, Stuttgart 2014

Cwiertnia, L. (2018), Meine unheimliche Mitbewohnerin, In: DIE ZEIT Nr. 14 vom 28.03.2018, S. 23-24, Hamburg 2018

Dar- Nimrod, I., Heine, St. (2011), Genetic essentialism: on the deceptive determinism of DNA, in: Psychological Bulletin, Vol. 135, Nr. %, S. 800- 818

Daston, L. (2017), Bauchgefühl ist nicht Wahrheit, in: Süddeutsche Zeitung Nr. 55 vom 07.03.2017, S. 14, München 2017

David, P. A., Reder, M. W. (Hrsg., 1974), Essays in Honor of Moses Abramovitz, New York 1974

Dawkins, R. (1976), Das egoistische Gen, Reinbek 1976

De Keersmaecker, J., Dunning, D.A., Pennycook, G., (....), Roets, A. (2019), Investigating the robustness of the illusory truth effect across individual differences in cognition ability, need for cognitive closure, and cognitive style, in: Personality and Social Psychology Bulletin, 2019

Deerberg, G. (2019), Circular Economy Und Klimaschutz: Schlaglichter, in : KLIMA.DISKURS. DAS MAGAZIN, Ausgabe 2019, Hrsg.: KlimaDiskurs.NRW e.V., Düsseldorf 2019

Dehaene, St. (2014), Denken. Wie das Gehirn Bewusstsein schafft, München 2014

Del 'isle A. Villiers, De L'isle- Adam, A. (2001), Tomorrows Eve, University of Illinois Press 2001

Dennett, D.C. (2019), Wesen und Werkzeuge, in: Süddeutsche Zeitung Nr. 78 vom 02.04.2019, S. 9, München 2019

Dewey, J. (1951), Wie wir denken. Eine Untersuchung über die Beziehungen des reflektiven Denkens zum Prozess der Erziehung, Zürich 1951

Diefenbach, S., Ullrich, D. (2016), Digitale Depression: Wie neue Medien unser Glücksempfinden verändern, München 2016

Dietze, P., Knowles, E. D. (2016), Social Class and the Motivational Relevance of Other Human Beings, in: Psychological Science (online), October 2016

Dörner, D. (1989), Die Logik des Mißlingens. Strategisches Denken in komplexen Situationen, Reinbek 1989

Dombek, K. (2016), Die Selbstsucht der anderen. Ein Essay über Narzissmus, Berlin 2016

Donahue, J., Jia, Y., Vinyals, O., Hoffman, J., Zhang, N., Tzeng, E., & Darrell, T. (2013), Decaf: A deep convolutional activation feature for generic visual recognition, in: arYiv preprint arXiv: 1310.1531

Dornbusch, R. (1990), Macroeconomics, 5. Aufl., New York 1990

Dornis, V. (2019), Apparat Staat, in: Süddeutsche Zeitung Nr. 98 vom 27./28.04 2019, S. 26, München 2019

Dotzler, B. (2019), Im Netz der Automaten, in: Süddeutsche Zeitung Nr. 144, S. 11, vom 25.06.2019, München 2019

Dräger, J., Müller- Eiselt, R. (2019), Wir und die intelligenten Maschinen, München 2019

Dreher, J.-C., Dunne, S., Pazderska, A., Frodl, Th. (2016), Testosterone causes both prosocial and antisocial status- enhancing behaviors in human males, in: Proceedings of the National Academy of Sciences 2016, 113 (41)

Drexl, J., (2016), Was dem Leser gefällt, in: Süddeutsche Zeitung, Nr. 205, vom 05.09.2016, S. 14, München 2016

Drexl, J., Hilty, R., Desaunettes, L., Greiner, F., Kim, D., Richter, H., Surblyte, G., Wiedemann, K. (2016), Data Ownership and Access to Data – Position Statement of the Max Planck Institute for Innovation and Competition of 16 August 2016 on the Current European Debate, in: SSRN Electronical Journal, January 2016

Drexler, K. E. (1986), Engines of Creation. The Coming Era of Nanotechnology, anchor press/ doubleday 1986

Drösser, Chr. (2017), Ich ist ein anderer, in: DIE ZEIT Nr. 40 vom 28. 09. 2017, S. 39 f, Hamburg 2017

Dunbar, R. (1998), The social brain hypothesis, in: Evolutionary Anthropology 1998, Nr. 6, S. 178-190, 1998

Dyson, G. (2019), Eine Frage des Glaubens, in: Süddeutsche Zeitung Nr. 220 vom 23.09.2019, S. 9, München 2019

Easterlin, R. A. (1974), Does Economic Growth Improve the Human Lot? In: David, P.A., Reder, M. W. (Hrsg., 1974), S. 89-125

Eberlein, K. (2016), Identifizierung von Genen für autosomal rezessiv vererbte Intelligenzminderung, Dissertation an der Friedrich- Alexander- Universität Erlangen – Nürnberg, Gutachter: A. Reis, Erlangen 2016

Ecker, U.K.H., Hogan, J.L., Lewandowsky, S. (2017), Reminders and Repetition of Misinformation: Helping or Hindering Its Repetition of Misinformation? In: Journal of Applied Research in Memory and Cognition, 18.03.2017

Edelman, P. H., George, T. E. C. (2007), Six Degrees of Cass Sunstein: Collaboration Networks in Legal Scholarship, 2007

Eggers, D. (2014), Der Circle, München 2014

Eichler, EE et al (2016), Emergency of a Homo sapiens-specific gene family and chromosome, In: Nature, Nr. 11, August 2016, S. 205-209

Ekman, P., Friesen, W.V. (1975), Unmasking the face, Prentice Hall 1975

Ekman, P. (2016), Gefühle lesen. Wie Sie Emotionen erkennen und richtig interpretieren, 2. Aufl., Heidelberg, Berlin usw. 2016

Enck, P., Frieling, Th., Schemann, M. (2017), Darm an Hirn! Der geheime Dialog unserer beiden Nervensysteme und sein Einfluss auf unser Leben, Tübingen 2017

Esch, T., von Hirschhausen, E. (2018), Die bessere Hälfte, Reinbek 2018

Eubanks, V. (2018), Automating Inequality: How High- Tech Tools Profile, Police, And Punish The Poor, New York 2018

Fanta A. (2017), Putting Europe's Robots on the Map: Automated journalism in news agencies, Fellowship Paper des Reuters Institute for the Study of Journalism an der University of Oxford, Oxford 2017

Farjam, M., Nikolaychuk, O., Bravo, G. (2019), Investing into climate change mitigation despite the risk of faile, in: Climate Change, Vol. 154, S. 453- 460

Fehr, E., Schmidt, M. (1999), A theory of fairness, competition, and cooperation, in: Quarterly Journal of Economics, Vol. 114, Nr. 3, S. 817-868

Feyerabend, P. (1979), Erkenntnis für freie Menschen, Berlin 1979

Fielding, N. G., Lee, R. m. Blank, G. (Hrsg., 2017), Sage Handbook of Online Research Methods, 2. Aufl., London 2017

Fischbach, K.- F., Niggeschmidt, M. (2016), Erblichkeit der Intelligenz. Eine Klarstellung aus biologischer Sicht, Wiesbaden 2016

Fischer, A. (2019), Manipulation, Berlin 2019

Fischer, L., Wiswede, G. (2009), Grundlagen der Socialpsychologie, 3., völlig neu bearbeitete Auflage, München 2009

Flynn, J.R. (1987), Massive IQ pains in 14 nations: What IQ tests really measure, in: Psychological Bulletin, Bd. 101, Nr.2, S. 171-191, 1987

Foer, F. (2017), World Without Mind: The Existential Threat of Big Tech, München 2017

Foer, F., Neubauer, J. (2018), Welt ohne Geist: Wie das Silicon Valley freies Denken und Selbstbestimmung bedroht, München 2018

Foucault, M. (1966), Die Ordnung der Dinge. Eine Archäologie der Humanwissenschaften, Frankfurt/M. 1966

Fourastie, J. (1969), Die große Hoffnung des zwanzigsten Jahrhunderts, 2. Aufl., Köln 1969

Franck, G. (1998), Ökonomie der Aufmerksamkeit. Ein Entwurf, München 1998

Frank, M. (2009), Der Mensch bleibt sich ein Rätsel, In: DIE ZEIT, Nr. 36, S. 52-53, Hamburg 2009

Frankland, PW, Bontempi, B. (2005), The organization of recent and remote memory, in: Nature Review Neuroscience, 6. Jg., S. 119-130

Freling, T.H., Yang, Z., Saini, R., Itani, O.S., Abualsamh, R.R. (2020), When poignant stories outweight cold hard facts: A meta- analysis oft he anecdotal bias, in: Organizational Behavior and Human Decision Processes, Vol. 160, September 2020, S. 51-67, Elsevier B.V. 2020

Frey, C. B. (2018), Und Tschüss, Mitarbeiter! In: DIE ZEIT, Nr. 5 vom 25.01.2018, S. 21f, Hamburg

Frey, C. B. (2019), The techonology Trap. Capital, Labor and Power in the Age oft Automation, Princeton University Press 2019

Frey, C. B., Osborne, M. A. (2013), The Future Of Employment: How Susceptible Are Jobs To Computerisation, in: www.oxfordmartin.ox.ac.uk/downloads/academic

Friebe, H., Lobo, S. (2006), Wir nennen es Arbeit – Die digitale Boheme oder intelligentes Leben jenseits der Festanstellung, München 2006

Friese, M., Frankenbach, J., Job, V., Loschelder, D.D. (2017), Does Self-Control Training Improve Self-Control? A Meta- Analysis, in: Perspectives on Psychological Science, 2017

Fuchs, Th. (2020), Verteidigung des Menschen. Grundfragen einer verkörperten Anthropologie, Berlin 2020

Fuchs, Th., Iwer, L., Micali, St. (Hrsg., 2018), Das überforderte Subjekt. Zeitdiagnosen einer beschleunigten Gesellschaft, Berlin 2018

Fukuyama, F. (2002), Our Posthuman Future: Consequences of the Biotechnology Revolution, New York 2002

Gabriel, M. (2015), Ich ist nicht Gehirn: Philosophie des Geistes für das 21. Jahrhundert, Berlin 2015

Ganascia, J.-G. (2017), Le Mythe de la Singularite, Paris 2017

Gehlen, A. (1969), Moral und Hypermoral. Eine pluralistische Ethik, Frankfurt/M. 1969

Gelernter, D. (2016 a), Gezeiten des Geistes. Die Vermessung unseres Bewusstseins, Berlin 2016

Gelernter, D. (2016 b),Was ist Geist? In: Rotary- Magazin, August 2016, S. 48-51, Hamburg 2016

Geman, S., Bienenstock, E., & Doursat, R. (1992), Neural networks and the bias/variance dilemma, in: Neuronal Computation, Vol. 4, S. 1-58

Gibson, W. F. (1987), Neuromancer, München 1987

Gigerenzer, G. (2007), Bauchentscheidungen: Die Intelligenz des Unbewussten und die Macht der Intuition, Berlin 2007

Gilmore,C.K., McCarthy, S.E., Spelke, E.S. (2007), Symbolic arithmetic knowledge without instruction, in: Nature, Vol. 447, S. 589- 591

Glaeser, E., Seinkman, J. (2001), Measuring social Interactions, in: Social Dynamics 2001, S. 83-132

Glaeser, E., Sunstein, R.C. (2009), Extremism and Social Learning, in: Journal of Legal Analysis, Nr. 1, S. 263 ff, 2009

Glannon, W. (Hrsg, 2015), Free Will and the Brain – Neuroscientific, Philosophical and Legal Perspectives, Cambridge University Press 2015

Gleave, A., Dennis, M., Wild, C., Kant, N., Levine, S., Russell, St. (2020), Adversarial Policies: A Hacking Deep Reinforcement Learning, presented at ICLR 2020, Berkeley Artificial Intelligence Research, 27. März 2020

Glimcher, P.W., Camerer, C., Fehr, E. Poldrack, R.A. (Hrsg., 2008), Neurooeconomics: Decision Making and the Brain, 1. Aufl., Academic Press

Gneezy, U. (2011), When and Why Incentives (Don't) Work to Modify Behavior, in: Journal of Economic Perspectives, Vol. 25, Nr. 4, S. 191-210, 2011

Goldring, M. R., Heiphetz, L. (2020), Sensitivity to ingroup and outgroup norms in the Association between Commonality and morality, in: Journal of Experimental Social Psychology,

Vol. 91, November 2020

Golman, R., Hagmann, D., Loewenstein, G. (2016), Information Avoidance, in: Journal of Economic Literature, Forthcoming, 17.02.2016, https://ssru.com/abstract=2633226

Gopnik, A. (2019), Die Weisheit der Kinder, In: Süddeutsche Zeitung Nr. 72 vom 26.03.2019, S. 11, München 2019

Goston, T. (2020), Große Lüge, In: Süddeutsche Zeitung Nr. 14 vom 18./19. 01.2020, S. 5, M

Graeber, D. (2018), BULLSHITJOBS. VOM WAHREN SINN DER ARBEIT, Stuttgart 2018

Graff, B. (2018), Kisch 2.0 ?, in: Süddeutsche Zeitung Nr. 72 vom 27.03.2018, S. 10, München 2018

Greenberg, E. (2016), Borderline, Narcissistic, and Schizoid Adaptions. Pursuit of Love, Admiration, and Savety, New York 2016

Greenberger, M. (Hrsg., 1971), Computer, Communication, and the Public Interets, John Hopkins Press, Baltimore 1971

Greenfield, A. (2017), Radical Technologies, Verso- Book, New York 2017

Grimm, P. (2020), Die Macht der Erzählung, in: Süddeutsche Zeitung Nr. 16 vom 31.01.2020, S. 5, München 2020

Grubbs, J.B., Warmke, B., Tosi, J., James, A.S., Campbell, W.K. (2019), Moral grandstanding in public discourse: Status- seeking motives as a potential explanatory mechanismen in predicting conflict, in: PLOS ONE, 14, October 2019

Grunwald, A. (2019), Der unterlegene Mensch. Die Zukunft der Menschheit im Angesicht von Algorithmen, Künstlicher Intelligenz und Robotern, München 2019

Guetzkow, H. (Hrsg., 1951), Groups, Leadership and men: Research in Human Relations, Pittsburg, Carnegie Press

Habermas, J. (1962), Strukturwandel in der Öffentlichkeit. Untersuchungen zu einer Kategorie der bürgerlichen Gesellschaft, Frankfurt /M. 1962

Habermas, J. (1981), Theorie des kommunikativen Handelns, 2 Bde., Frankfurt/M. 1981

Habermas, J. (1985), Der philosophische Diskurs der Moderne, Frankfurt/M. 1985

Habermas, J. (1988), Nachmetaphysisches Denken: pkilosophische Aufsätze, Frankfurt/M. 1988

Habermas, J. (1992), Faktizität und Geltung: Beiträge zur Diskurstheorie des Rechts und des demokratischen Rechtsstaates, Frankfurt/M. 1992

Habermas, J. (2000), The Postnational Constellation. Political Essays, New York 2000

Habermas, J. (2005), Die Zukunft der menschlichen Natur: auf dem Weg zu einer libaleralen Eugenik? Berlin 2005

Habermas, J. (2019), Auch eine Geschichte der Philosophie, Bd. 1: Die okzidentale Konstellation von Glauben und Wissen; Bd. 2: Vernünftige Freiheit. Spuren des Diskurses über Glauben und Wissen, Berlin 2019

Hacke, A. (2017), Über den Anstand in schwierigen Zeiten und die Frage, wie wir miteinander umgehen, München 2017

Hafele, J., Heußner, F., Urban, J. (2014), Welcher Irrtum bitte? In: Süddeutsche Zeitung Nr. 269 vom 22./23. 11. 2014, S. 26, München 2014

Hafner, R., Riedmiller, M. (2011), Reinforcement learning in feedback control, in: Machine Learning, Nr. 84, S. 137-169

Hallinan, D., Schütz, Ph., Friedwald, M. (2015), Wer kann sie erraten? In: Süddeutsche Zeitung Nr. 25 vom 31.01./01.02. 2015, S. 17, München 2015

Handerer, J., Thom, J., Jacobi, F. (2018), Die vermeintliche Zunahme der Depression auf dem Prüfstand. Epistemologische Prämissen, epidemologische Daten, transdisziplinäre Implikation, in: Fuchs, Th., Iwer, L., Micali, St. (Hrsg., 2018), S. 159- 209

Hanel, P.H.P., Wolfradt, K., Maio, G.R., Manstead, A.S.R. (2018), The source attribution effect: Demonstrating pernicions disagreement between idiologcal groups on none- divise aphorisms, in: Journal of Experimental Psychology, Vol. 79, November 2018, S. 51-63

Hanson, R. (2016), The Age of Em-Work, Love and Live when Robots Rule the Earth, Oxford University Press 2016

Harari, Y. (2013), Eine kurze Geschichte der Menschheit, München 2013

Hatfield, E., Cacioppo, J. T., Rapson, R.L. (1994), Emotional Contagion, Studies in Emotion and Social Interaction, Cambridge Univerity Press 1994

v. Hayek, F.A. (1978), Entnationalisierung des Geldes. Schriften zur Währungspolitik und Währungsordnung, Tübingen 1978

Hebb, D. (2002), The organization of behavior. A neuropsychological theory, Erlbaum Books, Mahwah, N.J (Nachdruck der Originalausgabe von 1949)

Hegelich, S. (2016), Social Bots, Invasion der Meinungsroboter, in: Analyse & Argumente, Sankt Augustin 2016

Helbig, D., Seele, P. (2017), Sustainable development: Turn war rooms into peace rooms, in: Nature, 549 (7673), S. 458-468, London 2017

Helbig, H., Frey, S. et al (2016), Das Digital- Manifest, in: Spektrum der Wissenschaften, Nr. 1, Heidelberg 2016

Heller, H. (1992), Politische Demokratie und soziale Homogenität, in: Borinski, F. et al (Hrsg., 1992), Bd. II, S. 425 ff

Herrmann, S. (2016), Die Geschichte vom toten Hund, in: Süddeutsche Zeitung Nr. 64 vom 17.03.2016, S. 20, München 2016

Hess, S., Langreiter, N., Timm, .(Hrsg., 2011), Intersektionalität revisited. Empirische, theoretische und methodische Erkundungen, Bielefeld 2011

Hill, St. (2017), Die Startup- Illusion: Wie die Internetökonomie unseren Sozialstaat ruiniert, München 2017

Hillis, W.D. (2019), Maschinen aus Fleisch und Blut, In: Süddeutsche Zeitung Nr. 85 vom 10.04.2019, S. 11, München 2019

Hobsbawn, E. (2016), Wie man die Welt verändert, Hanser Verlag 2016

Hochreiter, S., Schmidhuber, J. (1997), Long short-term memory, in: Neural Computer, Vol. 9, S. 1735- 1780

Höff, O. (2006), Theorie der Gerechtigkeit, 2. Bearb. Auflage, Berlin 2006

Hösle, V., Müller, F. S. (Hrsg., 2015), Idealismus heute. Aktuelle Perspektiven und neue Impulse, Darmstadt 2015

Hoffmann, Chr. (2019), Menschlicher Faktor, In: Süddeutsche Zeitung Nr. 102 vom 03.05.2019, S. 5, München 2019

Hofstädter, P. R. (1957), Konflikt, in: Hofstädter, P. R. (Hrsg., 1957), Band 6

Hofstädter, P. R. (Hrsg., 1957), Psychologie. Fischer Lexikon, Frankfurt/M. und Hamburg 1957

Hofstetter, Y. (2016), Das Ende der Demokratie – Wie die künstliche Intelligenz die Politik übernimmt und uns entmündigt, 2. Aufl., München 2016

Hohl, L. (2014), Die Notizen oder Von der unvoreiligen Versöhnung, Frankfurt/M. 2014

Huang, B., Li, M., De Souza, R. L., Bryson, J., Billard, A. (2016), A modular approach to learning manipulation strategies from human demonstration, in: Autonomous Robots, Vol. 40, Bd. 5, S. 903-927, 2016

Huang, T., Mariani, S., Redline, S. (2020), Sleep Irregularity and Risk of Cardiovascular Events. The Multi- Ethnic Study of Atheroseclerosis, in: Journal oft he American College of Cardiology, Vol. 75, Nr. 9, March 2020, DOI: 10.1016/j.jacc 2019. 12.054

Huber, W. (2017), Ohne Streit kein Zusammenhalt, In: DIE ZEIT Nr. 33 vom 10.08.2017, S. 46, Hamburg 2017

Hüther, G. (2014), Zeit und Krise, In: Süddeutsche Zeitung Nr. 263 vom 15./16.11. 2014, S. 26, München 2014

Hüther, G. (2015), Freude am Lernen – ein Leben lang, in: Rotary Magazin Nr. 9, S. 45-47, Hamburg 2015

Huntington, S.P. (2002), Kampf der Kulturen: Die Neugestaltung der Weltpolitik im 21. Jahrhundert, München 2002

Huxley, A. (1992), Brave New World, Ditzingen 1992

Hurme, P., Jonleki, J. (2017), We Shape Our Tools, and Thereafter Our Tools Shape us, in: Human Technology, Vol. 13, Nr. 2, Nov. 2017, S. 145- 148

Jänig, Chr. (1984), Konzeption und Implementierung eines computergestützten Informationssystems als „Geplanter Wandel" der Verwaltungsorganisation, Krefeld 1984

Jänig, Chr. (2004), Wissensmanagement, Berlin, Heidelberg etc 2004

Jänig, Chr. (2007), Die lokale Umsetzung der europäischen Klimaziele, in: Jänig, Chr. (Hrsg., 2007), S. 103- 118

Jänig, Chr. (2010), Neuromarketing - Voodoo-Kult oder Wissenschaft? Unna 2010

Jänig, Chr. (2011), Dezentrale Energiesysteme als Konsequenz des Klimawandels. Grundlagen des Paradigmenwechsels, Unna 2011

Jänig, Chr. (Hrsg., 2007), Klimasymposium 2007. UN-möglich: Die lokale Umsetzung der europäischen Klimaziele, Unna 2007

Jakubowski, K., Finkel, St. Stewart, L., Müllensiefen, D. (2016), Dissecting an Earworm: Melodic Features and Song Popularity Predict Involuntary Musical Imagery, in: Psychology of

Aesthetics, Creativity and the Arts, vom 03.11.2016 (online)

James, W. (1890), The Principles of Psychology, 2 Bde., New York/ London 1890

Jamieson, K. H. (1997), Spiral Of Cynicism: Press and Public Good, Oxford 1997

Jaume- Palasi, L., Matzert, L., Spielkamp, M., Zweig, A.K. (2017), Lieber Rechte als Verbote, in: DIE ZEIT Nr. 10 vom 02.03.2017, S. 10 f, Hamburg 2017

Jenkins, R. (2018), The College Reacher's Handbook: A Resource Collection for New Faculty, Product Code: PB 18 AA, 2018

Jonas, E. Kording, K.P. (2015), Automatic discovery of cell types and connectoms, microcircuitry from neural, in: eLIFE, DOI:10.7554/elife.04250.001

Kahneman, D. (2012), Schnelles Denken, langsames Denken, München 2012

Kahneman, D., Tversky, A. (1979), Prospect theory: An Analysis of decision under risk, in: Econometrica, Vol. 47, Nr. 2, S. 263 -291

Kahneman, D., Slovic, P., Tversky, A. (1982), Judgement under Uncertainty: Heuristics and Biases, Cambridge University Press 1982

Kahneman, D., Tversky, A. (Hrsg. 2000), Choices, values and frames, Cambridge University Press 2000

Kaiser, A. (Hrsg., 2000), Lexikon Sachunterricht, Baltmannsweiler 2000

Kalecki, M. (1987), Krise und Prosperität im Kapitalismus – Ausgewählte Essays 1933-1971, Weimar 1987

Kandasamy, N., Hardy, B., Page, L., Schaffner, M., Graggaber, J., Poulson, A.S., Fletcher, P.C., Gurnell, M., Coates, J. (2014), Cortisol shifts financial risk preferences, PNAS 18.02. 2014

Kant, I. (1968), Kritik der Reinen Vernunft, in: Weischedel, W. (Hrsg.,1968), Bd. III und IV

Kaplan, F. (2014), Linguistic Capitalism and Algorithmic Mediation, in: Representations, Vol. 127, Nr. 1, S. 57- 63, 2014

Kaplan, J. (2016), Artifical Intelligence. What Everyone Needs to Know, Oxford University Press 2016

Karlsson Linner, R. (2019), Genome- wide assoziation analyses of risk tolerance and risk behaviors in over 1 million individuals identify hundreds of loci anf shared genetic influences, in: Nature Genetics 2019, 51. Jg., Nr. 2, S. 245--257, 2019

Kelling, G. C., Wilson, J. Q. (1982), Broken Windows. The police and neighborhood safety, in: The Atlantic Monthly, March 1982

Kelly, K. (1997), Das Ende der Kontrolle – Die biologische Wende in Wirtschaft, Teechnik und Gesellschaft, Mannheim 1997

Kelly, (1998), New Rules for the New Oeconomy, New York 1998

Keppler, A. (2016), Ein Ende der Gesprächskultur ? Über eine vermeintliche Folge der digitalen Medien, in: tv diskurs, 20. Jg., Nr. 1: Im globalen Dorf, S. 28- 31, Konstanz 2016

Kepplinger, H. M. (2012), Die Mechanismen der Skandalisierung: zu Guttenberg, Kachelmann, Sarrazin & Co: Warum einige öffentlich untergehen – und andere nicht, Reinbek 2012

Keynes, J.M. (1936), Allgemeine Theorie der Beschäftigung, des Zinses und des Geldes,

Berlin 1936

Keysers, C. (2009), Mirror neurons, in: Current Biology, Vol. 19, Nr. 21 R972

Kießling, B., Schacht, J. (2017), Fakes im Bundestagswahlkampf 2017// Eine Twitter- Follower- Analyse deutscher Parteien und deren Spitzenkandidaten, www.International Media Center 2017

Kirsch, W. (1970), Entscheidungsprozesse, Band I : Verhaltenswissenschaftliche Ansätze der Entscheidungstheorie, Wiesbaden 1970

Kirsch, W. (1971a), Entscheidungsprozesse, Band II : Informationsverarbeitungstheorie des Entscheidungsverhaltens, Wiesbaden 1971

Kirsch, W. (1971b), Entscheidungsprozesse, Band III: Entscheidungen in Organisationen, Wiesbaden 1971

Kirsch, W. (1975), Planung – Kapitel einer Einführung, München 1975

Kirsch, W. (1976), Entscheidungsverhalten und Handhabung von Problemen, München 1976

Kirsch, W., Bamberger, I., Gabele, E., Klein, H.K. (1973), Betriebswirtschaftliche Logistik, Wiesbaden 1973

Keysers, Chr. (2013), Unser Empathisches Gehirn. Warum wir verstehen, was andere fühlen, München 2013

Klages, H. (2001), Werte und Wertewandel, in: Schäfer, B. Zapf, W. (Hrsg., 2001), S. 726 – 738

Klages, H., Gensicke, Th. (2004), Wertewandel und Big-Five-Dimensionen, in: Schumann, S. (Hrsg., 2004), S. 279-300

Klafki, W. (2000), Epochaltypische Schlüsselprobleme, in: Kaiser, A. (Hrsg., 2000)

Knight, F. H. (1921), Risk, Uncertainty and Profit, New York 1921

Kobek, J. (2016), Ich hasse dieses Internet. Ein nützlicher Roman, Frankfurt /Main 2016

Köcher, R. (2017), Interessen schlagen Fakten, in: Frankfurter Allgemeine Zeitung Nr. 45 vom 22.02.2017, S. 27, Frankfurt/M. 2017

Kokoschke, A. (2012), Wahrheit und Erfindung: Grundzüge einer allgemeinen Erzähltheorie, Frankfurt/ M. 2012

Kollmann, T., Schmidt, H (2016), Deutschland 4.0 . Wie die Transformation gelingt, Wiesbaden 2016

Kong, R., Li, J., Orban, C., Sabuncu, M.R., Lin, H., Schaefer, A., Sun, N., Zuo, X.-N., Holmes, A.J., Eickhoff, S.B., Yeo, Th. (2019), Spatial Topography of Individual- Specific Cortial Networks Predicts Human Cognition, Persoanlity, and Emotion, in: Cerebral Cortex, Vol. 29, Nr. 6, S. 2535-2551

Korte, K.-R. (Hrsg. 2015), Emotionen und Politik. Begründungen, Konzeptionen und Praxisfelder einer politikwissenschaftlichen Emotionsforschung, Baden-Baden 2015

Korte, M. (2019), Hirngeflüster: Wie wir lernen, unser Gedächtnis effektiv zu trainieren, Haan 2019

Kosinski, M., Stillwell, D., Graepel, T. (2013), Private traits and attributes are predictable from digital records of human behavior, in: Proceedings of the National Academy of Sciences (PNAS), Vol. 110, Nr. 5, 2013

Kreitz, C., Furley, Ph., Memmert, . (2015), The Influence of Attention Set, Working Memory Capacity, and Expectations on Inattentional Blindness, in: Perception 2015

Kruger, J., Dunning, D. (1999), Unskilled and Unaware of IT: How Difficulties in Recognizing One's Own Incompetence Lead to Inflated Self- Assessments, in: Journal of Personality and Social Psychology, Vol. 77, Nr. 6, S. 1121 -1134, 1999

Krugman, P. (1980), Scale Economies, Product Differentiation and the Pattern of Trade, in: The American Economic Review, Vol. 70, Nr. 5 (December 1980), S. 950-959

Kühling, J. (2021), Die Tech- Konzerne sind zu mächtig, In: Süddeutsche Zeitung, Nr. 18 vom 23./24.01.2021, S. 24, München 2021

Kühnel, S., Markowitsch, HJ (2009), Falsche Erinnerungen: Die Sünden des Gedächtnisses, Wiesbaden 2009

Kurzweil, R. (2014), Menschheit 2.0 : Die Singularität naht, 2. Aufl., Berlin 2014

Lake, B.M., Ullman, T., Tenenbaum, J.B., Gershman, S.J. (2017), Building machines that learn and think like people, in: Behavioral And Brain Sciences, Vol. 40, Cambridge University Press (2017), S. 1-72

Lambiotte, R., Kosinski, M. (2015), Tracking the Digital Footprints of Personality, in: Proceedings of the Institut of Electrical and Electronics Engineers (IEEE), 2015

Lange, F., Eggert, F. (2015), Selective Cooperation in the Supermarket. Field Experimental Evidence for Indirectly Reciprocity, in: Human Nature vom 22.10.2015, New York 2015

Lange, H., Santarius, T. (2018), Smarte grüne Welt? Digitalisierung zwischen Überwachung, Konsum und Nachhaltigkeit, München 2018

Lanier, J. (2014), Wem gehört die Zukunft? „Du bist nicht der Kunde der Internetkonzerne. Du bist ihr Produkt", Hamburg 2014

Lanier, J. (2018), Zehn Gründe, warum du deine Social Media Accounts sofort löschen musst, Hamburg 2018

Lazer, D.M.J., Baum, M.A., Benkler, Y., Berinsky, A.J., Greenhill, K.M., Menczer, F., Metzger, M.J., et al. (2018), The science of fake news, in: Science, 359. Jg., Nr. 6380, S. 1094-1096, vom 09.03.2018

Lauer, Chr. (2016), Gesetzesbrecher im Netz, In: DIE ZEIT Nr. 2 vom 07.01.2016, S. 9, Hamburg 2016

Lebowitz, M.S., Ahn, W. (2018), Blue Genes? Understanding and mitigating negative consequences of personalized information about genetic risk for depression, in: Journal of genetic counseling, Vol. 27, Nr. 1, S. 204- 216

LeCun, Y., Haffner, P., Botton, L., Bengio, Y. (1998), Object Recognition with Gradient- Based Learning, in: Proceedings of The IEEE 1998, S. 1-46

Lerner, J., Ma- Kellaner, Chr. (2016), Trust Your Gut or Think Carefully? Examining Whether an Intuitive, Versus a Systematic, Mode of Thought Produces Greater Empathic Accuracy, in: Journal of Personality and Social Psychology (Online), Posted: 2016-07-21

Lifschitz, V. (Hrsg., 1991), Artificial Intelligence and Mathematical Theory of Computation: Papers in Honor of John Mc Carthy, Academic Press, Boston usw. 1991

Lindblom, C. E. (1959), The Science of Muddling Through, in Public Administration Review 1959, 19. Jg., S. 79 -88

Linden, M. (2015), Krieger an der Tastatur, in: Süddeutsche Zeitung Nr. 257 vom 07./08. 11. 2015, S. 5, München 2015

Linkenauger, S. A, Wong, Hy, Geuss, M., Stefanucci, JK, McCulloch, KC, Bülthoff, HH, Mohler, BJ, Proffitt, DR (2015), The Perceptual Homunculus: The Perception of the Relative Proportions of the Human Body, in: Journal of Experimental Psychology: General, Vol. 144, Nr. 1, S. 103-113

Linkenauger, S.A., Kirby, L.R., McCulloch, K.C., Longo, M.R. (2017), People watching: The perceptions of the relative body- proportions of the self and others, in: Cortex, Vol. 92, July 2017, S. 1- 7

Lischka, K. (2015), Das Netz verschwindet, München 2015

Livingstone, J. (2016), No More Work: Why Full Employment Is a Bad Idea, The University of North Carolina Press, Chape Hill 2016

Livingstone, G., Huntley, J., Sommerlad, A., Ams, D., Ballard, C., Banerjee, S. et al. (2020), Demention prevention, intervention, and care: 2020 report of the Lancet Commission, in: Lancet, Vol. 396, Nr. 10248, S. 413-446, 08.08.2020

Lodato, M.A., Woodworth, M.B., Lee, S., Evrony, G.D., Mehta, B.K., Karger, A., Lee, S., Chittenden, T.W., D'Gama, A.M., Cai, X., Luquette, L.J., Lee, E., Park, P.J., Walsh, Chr.A. (2015), Somatic mutation in single human neurons tracks developmental and transcriptional history, in: Science, Vol. 350, Nr. 6256, S. 94–98, vom 02.10.2015

Lorenz- Spreen, Ph., Monsted, B.M., Hövel, Ph., Lehmann, S. (2019), Accelerating dynamics of collection attention, in: nature communications, Nr. 10, Article number: 1759 (2019), Published: 15. April 2019

Lu, J., Lee, J., Gino, F., Galinsky, A. (2020), Air Pollution, State Anxiety, and Unethical Behavior: A Meta- Antic Review, in: Psychological Science, Vol. 31, Nr. 6, S. 748-755

Lubbade, J. (2016), Unsterblich, Berlin 2016

Luhmann, N. (1968), Vertrauen: Ein Mechanismus der Reduktion sozialer Komplexität, Stuttgart 1968

Luhmann, N. (1998), Die Gesellschaft der Gesellschaft , 2 Bde., 6. Auflage, Frankfurt 1998

Luhmann, N. (2003), Soziologie des Risikos, Berlin 2003

Lyotard, J.-F. (2009), Das postmoderne Wissen. Ein Bericht, 6. Aufl., Wien 2009

Mack, A., Rock, I. (1998), Inattentional Blindness, MIT Press, Cambridge 1998

Malkin, G. (2017), Der Narzissten- Test, Köln 2017

Marcuse, L. (1930), Achtung, heilige Gefühle, in: Weltbühne Nr. 26, S. 914-916, Berlin 1930

Markowetz, A. (2015), Digitaler Burnout. Warum unsere permanente Smartphone-Nutzung gefährlich ist, München 2015

Marks, J., Copland, E., Loh, E., Sunstein, C.R., Sharot, T. (2018), Epistemic spillovers: Learning other's political views reduces the ability to assess and use their expertice in nonpolitical domains, in: Cognition vom 19.10.2018, http://doi.org/10.1016/j.cognition.2018.10.003

Markussen, Th., Tyran, J.- R. (2017), Choosing a public- spirited leader: An experimental investigation of political selection, in: Journal of Economic Begacior & Organizations, Vol. 144, December 2017, S. 204-218

Martini, M. (2017), Algorithmen als Herausforderung für die Rechtsordnung, in: Juristen Zeitung, Vol. 72, Nr. 21, S. 1017-1025, Tübingen 2017

Mau, St. (2017), Das metrische Wir. Über die Quantifizierung des Sozialen, Berlin 2017

Mayer- Schönberger, V. (2015), Die Tugend des Vergessens in digitalen Zeiten, Delete, München 2015

Mayer- Schönberger, V., Cukier, K. (2017), Big Data: Die Revolution, die unser Leben verändern wird, 3. Aufl., München 2017

Mc Carthy, J. (1979), Ascribing Mental Qualities to Machines, In: Ringle, M (Hrsg., 1979), S. 161- 195

Mc Carthy, J. (1983), Some Expert Systems Need Common Sense, in: Pagels, H. (Hrsg., 1983)

Mc Carthy, J., Hayes, P. (1969), Some Philosophical Problems from the Standpoint of Artificial Intelligence, in: Meltzer, B., Michie, D. (Hrsg., 1969), S. 463- 502

McNay, E.C., Gold, P.E. (2002), Food for thought: Fluctuations in brain extracellular fluid glucose centration during behavioral testing and following systematic glucose administration, in: Journal of Gerontology, 56. Jg., B66- 71, doi:10.1093/Gerona/56.2.B66

Meltzer, B., Michie, D. (Hrsg., 1969), Machine Intelligence 4, Edinburgh University Press, Edinburgh 1969

Melzack, R., Well. PD (1965), Pain mechanismen: a new theory, in: Science, Vol. 150, Nr. 19, S. 971- 979, 1965

Mendes, N., Steinbeis, N., Bueno- Guerra, N., Call, J., Singer, T. (2018), Preschool children and chimpanzees incur costs to watch punishment of antisocial others, in: Nature Human Behaviour, 2. Jg., S. 45- 51, London/Heidelberg 2018

Merton, R. K. (1949), Social Theory and Social Structure. Toward the codification of theory and research, Clencoe: III

Meshi, D., Tamir, D., Heekeren, H. (2015), The Emerging Neuroscience of Social Media, in: Frontiers in Human Neuroscience, Vol. 19, S. 771-782

Metzinger, Th. (2009), Der Ego- Tunnel. Eine neue Philosophie des Selbst: Von der Hirnforschung zur Bewusstseinsethik, Berlin 2009

Metzinger, Th. (2017), I Robot, in: DIE ZEIT Nr. 13 vom 23.03.2017, S. 6 f, Hamburg 2017

Milgram, St. (1997), Das Milgram- Experiment. Zur Gehorsamsbereitschaft gegenüber Autorität, 14. Aufl., Reinbek 1997

Mill, J. St. (1974), Über die Freiheit, Stuttgart 1974

Mill, J. St. (2010), Grundsätze der politischen Oekonomie nebst einigen Anwendungen derselben auf die Gesellschaftswissenschaft, 2. Band, BiblioBazaar, 2010

Minsky, M.L., Harrison, H. (1997), Die Turing Option, München 1997

Mishra, P. (2017), Age of Anger: A History of the Present, London 2017

Mokyr, J. (2016), A Culture of Growth: The Origins of the Modern Oeconomy, Princeton University Press 2016

Montag, Chr. (2017), Homo Digitalis. Smartphones, soziale Netzwerke und das Gehirn, Heidelberg, Berlin usw. 2017

Morozov, E., (2016), Smarte Neue Welt, Berlin 2016

Mullinathan, S., Shafir, E. (2013), Scarcity: Why having too little means so much, Times Books, New York 2013

Mullainathan, S., Obermayer, Z. (2017), Does Machine Learning Automate Moral Hazard and Error? In: American Economic Review (Internet), Vol. 107, Bd. 5, S. 476-480

Mummendey, H. D. (1995), Das Selbstkonzept in der Selbstdarstellung, Dissertation FU Berlin 1995

Nassehi, A. (2019), Muster: Theorie der digitalen Gesellschaft, München 2019

Negropronte, N. (1997), Total Digital. Die Welt zwischen 0 und 1 oder die Zukunft der Kommunikation, München 1997

Neu, Cl. (2008), Peripherisierung – eine neue Form sozialer Ungleichheit? Materialien der Interdisziplinären Arbeitsgruppe „Zukunftsorientierte Nutzung ländlicher Räume – LandInnovation", hrsg. Von der Berlin- Brandenburgischen Akademie der Wissenschaften, Februar 2008

Newport, C. (2016), Konzentriert Arbeiten. Regeln Für Eine Welt Voller Ablenkungen, München 2016

Nissl, F. (1903), Die Neuronenlehre und ihre Anhänger. Ein Beitrag zur Lösung des Problems der Beziehungen zwischen Nervenzelle, Faser und Grau, Jena 1903

Nivison, M., Vandell, D.L., Booth- LaForce, C., Roisman, G.I (2021), Convergent and Discriminant Validity of Retroperspective Assessments oft he Quality of Childhood Parenting: Prospective Evidence From Infancy to Age 26 Years, in; Psychological Science, DOI: 10.1177/0956797620975775

Nolting, H.-P. (2015), Psychologie der Agression. Warum Ursachen Und Auswege So Vielfältig Sind, Reinbek 2015

Nussbaum, M. (2019), Königreich der Angst. Gedanken zur aktuellen politischen Krise, Darmstadt 2019

Nyhan, B., Reifler, J. (2015a), Displacing Misinformation about Events: An Experimental Test of Causal Corrections, in: doi.org/10.1017/XPS.2014,22, published online: 01 April 2015

Nyhan, B., Reifler, J. (2015b), Does Correcting Myths about the Flu Vaccine World? An Experimental Evaluation of the Effects of Corrective Information (pre-publication version), in: Vaccine, 33. Jg., Nr. 3, S. 459-464

O'Leary, D.D.M., Chou, S.-J., Sahara, S. (2007), Area Patterning oft he Mammalian Cortex, in: Neuron, Vol. 56, Nr. 2, Oktober 2007, S. 252-269

O'Neil, C. (2016), Weapons Of Math Destruction. How Big Data Increases Inequality And Threatens Democracy, New York 2016

O'Reilly, T. (2017), The Future And Why It's Up To Us, New York 2017

Oppenheimer, A. (2019), The Robots Are Coming! The Future of Jobs in the Age of Automation, New York 2019

Orwat, C., Schankin, A. (2018), Attitudes towards big data practices and the institutional framework of privacy and data protection. A population survey, KIT Scientific Publishing 2018 (KIT Scientific Report 7753), Karlsruhe 2018

Orwell, G. (1950), 1984. Ein Utopischer Roman, Rastatt/ Zürich 1950

Owen, A. (2017), Zwischenwelten. Ein Neurowissenschaftler erforscht die Grauzonen zwischen Leben und Tod, München 2017

Owens, B. (2013), Humility in Organizations: Implicationns for Performance, Teams, and Leadership, in: Organization Science, Vol. 24, S. 1517 -1538

Packer, G. (2014), Die Abwicklung. Eine innere Geschichte des neuen Amerika, Frankfurt / M. 2014

Pagels, H. (Hrsg., 1983), Computer Culture: The Scientific, Intellectual and Social Compact oft he Computer, in: Annals oft he New York Academy of Sciences, Vol. 426, New York 1983

Pariser, E. (2012), Filter Bubble: Wie wir im Internet entmündigt werden, München 2012

Pariser, E. (2017), Tabubrüche generieren Feindbilder, in: Süddeutsche Zeitung Nr. 100 vom 02.05.2017, S. 2, München 2017

Pasquale, F. (2015), The Black Box Society: The Secret Algorithmus That Control Money and Information, Harvard University Press 2015

Pazaurek, G. E. (1912), Guter und schlechter Geschmack im Kunstgewerbe, Stuttgart und Berlin 1912

Pennycook, G., Cannon, T.D., Rand, D.G. (2017), Prior Exposure Increases Perceived Accuracy of Fake News, Working Paper, Yale University 2017

Pentland, A. (2004), Social Dynamics: Signals and Behavior, in: Proceedings of the 3rd International Conference on Developmental Learning, Vol. 5, S. 263-267, 2004

Perry, N.B., Shanahan, L., Dollar, J.M., Calkins, S.D., Keane, S.B. (2018), Childhood Self- Regulation as a Mechanismen Through Which Overcontrolled Parenting Is Associated With Adjustment in Preadoloscence, in: Develoment Psychology, June 18, 2018

Piketty, Th. (2014), Das Kapital im 21. Jahrhundert, München 2014

Piketty, Th. (2016), Ökonomie der Ungleichheit. Eine Einführung, München 2016

Pirsig, R.M. (1976), Zen und die Kunst, ein Motorrad zu warten, Frankfurt/ M. 1976

Pörksen, B. (2016), Klick! Mich! An! In: DIE ZEIT Nr. 35 vom 18. August 2016, S. 26, Hamburg 2016

Pörksen, B. (2018a), Die große Gereiztheit. Wege aus der kollektiven Erregung, München 2018

Pörksen, B. (2018b), Grobe Gereiztheit, in: DIE ZEIT, Nr. 16 vom 12.04.2018, S. 5, Hamburg 2018

Pörksen, B. (2019), Erzähl doch mal, in: Süddeutsche Zeitung Nr. 166 vom 20./21. 07. 2019, S. 49, München 2019

Pörksen, B., Schulz von Thun, F. (2020), Die Kunst des Miteinander – Redens. Über den Dialog in Gesellschaft und Politik, München 2020

Polgar, A. (2003), das große Lesebuch, zusammengetragen von Harry Rowohlt, Zürich 2003

Poomerantsev, P. (2019), This Is Not Propaganda: Adventures in the War Against Reality, PublicAffairs 2019

Popper, K. (1945), Die offene Gesellschaft und ihre Feinde, 2 Bde., Tübingen

Precht, R.D. (2020), Künstliche Intelligenz und der Sinn des Lebens, München 2020

Proctor, R. N., Schiebinger, L. (Hrsg., 2008), Agnotology. The Making and Unmaking of Ignorance, Stanford University Press 2008

Prosser, S. (2019), Shared modes of presentation, In: Mind & Language, Vol. 34, Nr. 4, S. 465 - 482

Pugliese, J. (2010), Biometrics: Bodies, Technologies, Biopolitics, New und London 2010

Rahmstorf, St. (2007), Globale Klimaveränderungen. Wie wir der Welt einheizen, in: Jänig, Chr. (hrsg., 2007), S. 15- 20

Rahwan, I., Cebrian, M., Obradovich, N. et al. (2019), Machine behavior, in: Nature, Vol. 568, Iss. 7753, S. 477 – 486, 2019

Ratner, K.G., Kaczmarek, A.R., Hong, Y. (2018), Can Over-the-Counter Pain Medications Influence Our Thoughts and Emotions? In: Policy Insights from the Behavioral and Brain Sciences, Vol. 5, Nr. 1, S. 82-89, 2018

Rawls, J. (2006), Eine Theorie der Gerechtigkeit, hrsg. Von Höffe, O., 2. Bearb. Auflage, Berlin 2006

Reckwitz, A. (2019), Die Gesellschaft der Singularitäten, Berlin 2019

Reichel, T. (2020), Mind Wandering, Blog ‚studienscheiss'

Reid, St., Taylor, J., Tibshirani, R. (2015), Post- selection point and interval estimation of signal sizes in Gaussian samples, in: arXiv: 1405.3340v4(stat.ME) vom 18.03.2015

Reynolds, T., Howard, Ch., Sjastad, H., Zlen, L., Okimotot, T.G., Baumeister, R.F., Aquino, K., Kim, J. (2020), Man up and take it: Gender bias moral type casting, in: Organizational Behavior and Human Decision Processes, Vol. 161, Nov. 2020, S. 120-141

Rheingold Salon (2015), Repräsentative Studie „Heute so, morgen so", Köln 2015

Ricard, M. (2017), Allumfassende Nächstenliebe, 2. Aufl., Hamburg 2017

Ricardo, D. (1821), Principles of Politically Economy and Taxation, 3. Aufl., Nachdruck: Kitchener (Ontario) 2001

Richards, BA, Frankland, PW (2013), The conjunctive trace, in: Hippocampus, März 2013, S. 207-212; doi: 10.1002/hipo. 22089

Rifkin, J. (2016), Die Null- Grenzkosten- Gesellschaft: Das Internet der Dinge, kollaboratives Gemeingut und der Rückzug des Kapitalismus, Frankfurt/ Main 2016

Rifkin, J. (2019), Der globale Green New Deal, Frankfurt/M. 2019

Ringle, M. (Hrsg., 1979), Philosophical Perspectives in Artificial Intelligence, Sussex 1979

Riesewieck, M., Block, H. (2020), Die Digitalisierung der Seele. Unsterblich warden im

Zeitalter Künstlicher Intelligenz, München 2020

Roco, M.C., Bainbridge, W.S. (Hrsg. 2003), Converging Technologies for Improving Human Performance, Dordrecht 2003

Rock, I. (1985), The Logic of Perception, The MIT Press, Boston 1985

Rodgers, D.T. (2012), Age Of Fracture, Harvard University Press 2012

Römer, F. (2017), Die narzisstische Volksgemeinschaft. Theodor Habichts Kampf 1914 bis 1944, Frankf./ M. 2017

Romer, P. (2015), What Went Wrong in Macro – Overview, in: paulromer.net

Romer, P. (2018), Jeder Mensch kann etwas beitragen, in: DIE ZEIT Nr. 44 vom 25.10.2018, S. 36, Hamburg 2018

Roll, E. (2016), Die Wilden und die Milden, in: Süddeutsche Zeitung, Nr. 121 vom 28./29. Mai 2016, S. 45, München 2016

Rosa, H. (2016), Resonanz. Eine Soziologie der Weltbeziehung, Berlin 2016

Rosanvallon, P. (2013), Die Gesellschaft der Gleichen, Hamburg 2013

Rost, D.H. (2013), Handbuch Intelligenz, Weinheim 2013

Rohtschild, Z.K., Courard- Hauri, J., Keefer, L.A. (2020), Specific Phobias: Maintaining Control in the Face of Chaotic Threats, in: Journal of Social and Clinical Psychology, Vol. 39, Nr. 4, S. 383-418

Rudert, S. C., Hales, A. H., Greifeneder, R., Williams, K. D. (2017), When Silence is Not Golden: Why Acknowledgement Matters Even When Being Excluded, in: Personality and Social Psychology Bulletin, 2017

Rüb, F.W. (2015), Wie emotionslos kann und soll politisches Entscheiden sein, in: Korte, K.-R. (Hrsg., 2015)

Rushkoff, D. (2016), Throwing Rocks At The Google Bus: How Growth Became the Enemy of Prosperity, New York 2016

Russakovsky, O., Deng, J., Su, H., Krause, J., Satheesh, S., Ma, S. .... Fei-Fei, L. (2015), ImageNet lrge scale visual recognition challenge (Tech. Rep.)

Sadin, E. (2017), Das geht zu weit !, in: DIE ZEIT Nr. 24 vom 08.06.2017, S. 8, Hamburg 2017

Sapolsky, R. M. (2017), Behave: The Biology of Humans at Our Best and Worst, London 2017

Sapolsky, R. (2017), Gewalt und Mitgefühl. Die Biologie des menschlichen Verhaltens, München 2017

Schäfer, B., Zapf, W. (Hrsg., 2001), Handwörterbuch zur Gesellschaft Deutschlands, 2. Auflage, Opladen 2001

Schank, R. C., Abelson, R. P. (1977), Scripts, plants, goals and understanding: an inquiry into human knowledge structure, Hillsdale, N.J, 1977

Scheier, Chr., Held, D. (2009), Was Marken erfolgreich macht, 2. Auflage, Freiburg usw. 2009

Scherpe, K. R. (Hrsg. 1996), Literatur und Kulturwissenschaften. Positionen, Theorien, Modelle, Reinbek bei Hamburg 1996

Schmidtbauer, W. (2017), Helikoptermoral. Empörung, Entrüstung und Zorn im öffentlichen

Raum, Hamburg 2017

Schmidhuber, J. (2011), Artifical General Intelligence, Berlin, Heidelberg usw. 2011

Schmidhuber, J. (2014), Deep learning in neural networks: an overview, in: arXiv, 14047828

Schneier, B. (2015), Data and Goliath. The Hidden Battles to Collect Your Data and Control Your World, W.W. Norton & Company 2015

Schroeder, J., Epley, N. (2015), The sound of intellect: Speech reveals a thoughtful mind, increasing a job candidate's appeal, in: Psychological Science 2015, 26. Jg., S. 877-891

Schumann, S. (Hrsg., 2004), Persönlichkeit. Eine vergessene Größe der empirischen Sozial-forschung, Wiesbaden 2004

Schwandt, M. (2010), Kritische Theorie: Eine Einführung, 4. Aufl., Stuttgart 2010

Schwarz, N. (2012), Feeling-as-Information Theory, Los Angeles 2012

Schwägerl, Chr. (2015), Offline ist vorbei, In: DIE ZEIT Nr. 14 vom 01.04.2015, S. 9, Hamburg 2015

Schweitzer, H. (2017), Daten als neue Währung, in: Frankfurter Allgemeine Zeitung, Nr. 47 vom 24.02.2017, S. 18, Frankfurt/M 2017

Schwerhoff, G. (2021), Verfluchte Götter. Die Gchichte der Blasphemie, Frankfurt/M. 2021

Seeßlen, G. (2016), Die Hyperinformationsgesellschaft geht ihren Weg (wenn es sein muss, über Leichen), in: Jungle World 2016, Berlin 2016

Sekar, A., Bialas, A.R., de Rivera, H., Davis, A., Hammond, T.R., Kamitaki, N., Tooley, K., Presu-mey, J., Baum, M., Van Doren, V., Genovese, G., Rose, S.A., Handsaker, R.E., Daly, M.J., Carroll, M.C., Stevens, B., McCarroll, St. A. (2016), Schizophrenia risk from complex varia-tion of complement component 4, in: Nature 2016, Nr. 530, S. 117-183

Selke, St. (2017), Digitale Alchemisten, in: Süddeutsche Zeitung Nr. 149 vom 01./02.07 2017, S. 5, München 2017

Sennett, R. (1998), Der flexible Mensch. Die Kultur des neuen Kapitalismus, Berlin 1998

Shaller, C. (2015), Alles nur Einbildung? In: DIE ZEIT, Nr. 51 vom 17.12.15, S. 45, Hamburg 2015

Shi, F., Teplitskiy, A., Duede A., Evans, J.A. (2019), The wisdom of polarized crowds, in: Na-ture Human Behavior, Vol. 3, April 2019, S. 329- 336

Shift Project (2018), „For a digital society": the new report by the Shift about the environ-metal impact of digital technology, 04.10.2018, Paris 2018

Shiller, R. (2014), Irrationaler Überschwang, 3. erw. Auflage, Kulmbach 2014

Simmel, G. (1908), Soziologie. Untersuchungen über die Formen der Vergesellschaftung, Leipzig- München 1908

Simon, H. A. (1971), Designing Organizations for an Information- Rich World, in: Greenber-ger, M. (Hrsg., 1971)

Simons, D. J., Levin, D.T. (1998), Failure to detect changes to people during a real- world interaction, in: Psychonomic Bulletin & Review 1998, 5. Jg., S. 644-649

Simons, D. J., Chabris, C. F. (1999), Gorillas in Our Midst: Sustained Inattentional Blindness for Dynamic Events, in: Perception, Vol. 28, S. 1059 -1074

Sloman, St., Fernbach, Ph. (2017), The Knowledge Illusion. Why We Never Think Alone, New York 2017

Smith, V. (2007), Rationality in Economics: Constructivist and Ecological Forms, Cambridge 2007

Sommers, R., Bohns, V.K. (2019), The Voluntariness of Voluntary Consent: Consent Searches and the Psychological of Compliance, in: Yale Law Journal Nr. 128 (7)

Soreq, L., Rose, J., Sorq, E., Hardy, J., Trabzuni, D., Cookson, MR, Smith, C., Ryten, M., Patani, R., Spiekermann, S. (2015), Werte, die uns schützen: Die IT braucht neue Regeln, in: DIE ZEIT Nr. 44 vom 29.10.2015, S. 11, Hamburg 2015

Srnicek, N., Williams, A. (2016), Inventing Future. Postcapitalism and a World Without Work, Revised and Updated Edition, London/ New York 2016

Spitzer, M. (2017), Daten – das Öl des 21. Jahrhunderts? Hamburg 2017

Spitzner, M. (2012), Digitale Demenz. Wie wir uns und unsere Kinder um den Verstand bringen, München 2012

Standing, G. (2015), Prekariat: Die neue explosive Klasse, Münster 2015

Stanley, M.L., De Brigard, F. (2019), Moral Memories and the Belief in the Good Self, in: Current Directions in Psychological Science, Vol. 28, Nr. 4, S. 387- 391

Starbird, K. (2016), Examining the Alternative Media Ecosystem through the Production of Alternative Narratives of Mass Shouting Events on Twitter, in: Association for the Advancement of Artifical Intelligence, 2016

Stern, E., Neubauer, A. (2013), Intelligenz. Große Unterschiede und ihre Folgen, München 2013

Spiekermann- Hoff, S., Korunovska, J., Langheinrich, M. (2018), Inside the Organization: Why Privacy and Security Engineering Is a Challenge for Engineers, in; Proceedings oft he IEEE 2018, Nr. 99, S. 1- 16

Strehlitz, M. (2015), Spion am Handgelenk, in: Süddeutsche Zeitung Nr. 71 vom 26.03.2015, S. 36, München 2015

Sundes, U. (2015), The Economic and Demographic Transition, Mortality, and Comparative Development (joint with Cervellati, M.), American Economic Journal: Macroeconomics, 7 (3), S. 189-225, 2015

Sunstein, C. R. (1991), Preferences and politics, in: Philosphy and Public Affairs, Vol. 20, Nr. 1, S. 3 – 34, 1991

Sunstein, C. R. (2009 a), Infotopia. Wie viele Köpfe Wissen produzieren, Frankfurt/M. 2009

Sunstein, C. R. (2009 b), Going to Extremes: How Like Minds Unite and Divide, Oxford University Press 2009

Sunstein, C. R. (2019); Conformity, New York University Press 2019

Sutton, R., Barto, A. (1998), Reinforcement Learning, MIT- Press 1998

Synofzik, M., Vosgerau, G., Lindner, A. (2015), The experience of free will and the experience of agency: on error- prone, reconstructive process, in: Glannon, W. (Hrsg., 2015), S. 66-80

Tannen, D. (2011), That's Not What I Meant! How Conversational Styles Makes or Breaks Relationships, Harper Paperback, New York 2011

Teasdale, T.W., Owen, D.R. (2005), A long-term rise and recent decline in intelligence test performance: The Flynn Effect in reverse, in: Personality and Individual Differences, Vol. 39, S. 837 -843

Tetreault, P., Mansouv, A., Vachon- Presseau, E., Schnitzer, T. J., Apkarian, A.V., Baliki, M.N. (2016), Brain Connectivity Predicts Placebo Response across Chronic Pain Clinical Trials, in: Plos Biology vom 27.10.2016

Thaler, R. H. (1991), Quasi Rational Economics, New York 1991

Thaler, R. H., Sunstein, C. R. (2003), Libertarian Paternalism, in: The American Economic Review, Vol. 67, Nr. 4, S. 420, 2003

Thaler, R.H., Sunstein, C. R. (2009), Nudge: Wie man kluge Entscheidungen anstößt, Berlin 2009

Thomason, R. H. (1991), Logicismn, AI, and Common Sense: John Mc Carthy's Program in Philosophical Perspective, in: Lifschitz, V. (Hrsg., 1991), S. 449-465

Tomasello, M. (2020), Mensch werden. Eine Theorie der Ontogenese, Berlin 2020

Thome- Souza, S., Klehm, J., Sarkis, R., Kapur, K., Nagarajan, E., Picard, R., Jackson, M., Doshi, C., Papadelis, Chr., Dworetzky, B., Reinsberger, C., Loddenkemper, T. (2014), Electrodermal Acitivity during Complex Partial Seizures Is Dependant of Age and MRI Lesions, in: mit media lab, Jan.01, 2014

Todorov, A., Olivola, C.Y., Dotsch, R., Mende- Siedlecki, P. (2015), Social attributions from faces: Determinants, consequences, accuracy, and functional significance, in: Annual Review of Psychology, Vol. 66, S. 519-545, 2015

Tomasello, M. (2009), Die Ursprünge der menschlichen Kommunikation, Frankfurt /M. 2009

Torslov, Th., Wier, L.S., Zucman, G. (2018), The Missing Profits of Nations, in: National Bureau of Oeconomic Research (NBER) Working Paper Nr. 24701, iss. in June 2018, rev. in August 2018, Cambridge 2018

Tufekci, Z. (2017), Twitter and Tear Gas: The Power and Fragility of Networked Protest, Yale University Press 16.05. 2017

Tulving, E. (1985), How many memory systems are there? In: American Psychologist, Nr. 40, S. 385- 398

Tulving, E. (2002), Episodic memory: from mind tob rain, in: Annual Rev. Psychology, Nr. 40, S. 1-25

Turing, A. M. (1950), Computing Machine and Intelligence, in: MIND, Vol. LIX, Nr. 236, S. 433 – 460, 1950

Twenge, J. (2017), iGen: Why Today's Super- Connected Kids Are Growing Up Less Rebellious, More Tolerant, Less Happy – and Completely Unprepared for Adulthood – and What That Means for the Rest of Us, San Diego 2017

Ulam, St. (1958), Tribute to John von Neumann, in: Bulletin of the American Mathematical Society, Vol. 64, Nr. 3, Teil 2, Mai 1958

Ule, J. (2017), Major shifts in glial regional identy are a transcriptional hallmark of human brain aging, in: Cell Reports Nr. 18, S. 557-570, 2017

Vashnavi, S.N., Vlassenko, A.G., Rundle, M.M., Snyder, A.Z., Mintun, M.A., Raichle, M.E. (2010), Reginal aerobic glycolysis in the human brain, in: PNAS, 107. Jg., Nr. 41, S. 17757-17762, publ. 13. Sept. 2010, doi:10.1073/pnas.1010459107

Van Prooijen, J.- W. (2018), The Psychology of Conspiracy Theories, New York und London 2018

Vasek, MJ, Garbas, C., Dorsey, D., Durrant, DM., Bollman, B., Sonny, A., Yu, J., Perez- Torres, C., Fronia, A., Wilton, DK., Funk, K., De Masters, BK., Jiang, X., Bowen, JR., Mennerick, S., Robinson, JK., Garbow, JR., Tyler, KI., Suthar, MS., Schmidt, RE., Stevens, B., Klein, RS (2016), A complement- microglial axis drives synapse loss during virus –induced memory impairment, in: Nature, Nr. 534 (7608), S. 538-543, Juni 2016

Vinge, V. St. (1993), The Coming Technological Singularity, San Diego State University 1993

Vives, M.-L., Cikara, M., FeldmanHall, O. (2021), Following Your Group or Your Morals? The In-Group Promotes Immoral Behavior While the Out- Group Buffers Against it, in: Social Psychological and Personality Science, Vol. 12, Nr. 2, März 2021

Vogl, J. (2021), Kapital und Ressentiment. Eine kurze Theorie der Gegenwart, München 2021

Von Schirach, F. (2021), Jeder Mensch, München 2021

Vorderer, P., Klimmt, Chr. (2015), Der mediatisierte Lebenswandel, in: Publizistik, Vol. 60, Nr. 3, S. 259-276, Köln 2015

Walzer, M. (2006), Sphären der Gerechtigkeit. Ein Plädoyer für Pluralität und Gleichheit, Campus Bibliothek 2006

Ward, A.F., Duke, K., Gneezy, A., Bos, M.W. (2017), Brain Drain: The Mere Presence of Our's Own Smartphone Reduces Available Cognitive Capacity, in: Journal of the Assoziation for Consumer Research 2017, Vol. 2, Nr. 2, 03.04.2017, S. 140-154, http:// dx.doi.org/ 10.1086/691462

Warner, M. (1997), Phantasmagoria. Spirit Visions, Metaphors, and Media into the Twenty-first Century, Oxford University Press 1997

Wason, P.C., Evans, J.St.B.T. (1974), Dual processes in reasoning? In: Cognition, Vol. 3, Nr. 2, . 141- 154

Watson, P. (1960), On the failure to eliminate hypothesis in a conceptual task, in: Quarterly Journal of Experimental Psychology, 32. Jg., S. 129- 140, 1960

Weber, Chr. (2015 a), Konsequenzen der Digitalisierung, In: Süddeutsche Zeitung, Nr. 95 vom 25./26. 04. 2015, S. 36 -37, München 2015

Weber, Chr. (2015 b), Böse Gehirne, in: Süddeutsche Zeitung, Nr. 269 vom 21./22.11. 2015, S. 37, München 2015

Wehling, E. (2016), Politisches Framing. Wie eine Nation sich ihr Denken einredet – und daraus Politik macht, Köln 2016

Weigend, A. (2017), Data for the People, Hamburg 2017

Weischedel, W. (Hrsg., 1968), Kant, Werke in 12 Bänden, Theorie-Werkausgabe, Frankfurt 1968

Weiss, A., Burgmer, P., Mussweiler, T. (2018), Two- faced morality: Distrust promoter divergent moral standards fort he self versus others, in: Personality and Social Psychology Bulletin, doi: 10.1177/0146167218775693

Welzer, H. (2016), Die smarte Diktatur. Der Angriff auf unsere Freiheit, Frankfurt/ M. 2016

Welzer, H. (2017), Schluss mit der Euphorie! In: DIE ZEIT Nr. 18 vom 28.04.2017, S. 6, Hamburg 2017

Welzer, H. (2018), Die Rückkehr der Menschenfeindlichkeit, in: DIE ZEIT Nr. 23 vom 30.05.2018, S. 6, Hamburg 2018

Welzer, H. (2019), Künstliche Dummheit, In: DIE ZEIT Nr. 34 vom 15.08.2019, S. 6, Hamburg 2019

Wearesocial.de (2015), Global Digital Report – Digital, Social und Mobile, 2015

Wheatley, G. H. (1984), Problem solving in school mathematics, Purdue University, School of Mathematics and Science Center, 1984

Whitson, J., Galinsky, A. (2008), Lacking Control Increases Illusory Pattern Perception, in: Science, Bd. 322, S. 115-117

Wiedemann, J., Rendgen, S. (Hrsg., 2016), Information Graphics, Köln 2016

Wiener, N. (1948), CYBERNETICS or CONTROL and COMMUNICATION IN THE ANIMAL AND THE MACHINE, Paris, New York usw. 1948

Wiener, N. (1966), Mensch und Menschmaschine. Kybernetik und Gesellschaft, 3., unv. Auflage, Frankfurt/Main 1966

Wiener, O. (2013), Die Verbesserung von Mitteleuropa, Roman, Salzburg 2013

Wilde, O. (2014), Das Bildnis des Dorian Gray, Übersetzung von E. Schönfeld, Frankfurt /M. 2014

Witte, E. (1968), Phasen- Theorem und Organisation komplexer Entscheidungsverläufe – ein Forschungsbericht, in: ZfbF, 1968, 20. Jg., S. 625 ff

Witte, E. (1973), Organisation für Innovationsentscheidungen, Göttingen 1973

Wittgenstein, L. (2003), Tractatus logico-philosophicus, logisch- philosophische Abhandlung, Frankfurt/ Main 2003

Wolf, O.T., Merz, C. J., Drexler, S. M., Hamacher – Dang, T. C. (2015), The effects of cortisol on human fear memory reconsolidation, Epub 2015, Aug 8, pubmed

Wolfe, M. B., Williams, T. J. (2017), Poor Metacognitive Awareness of Belief Change, in: The Quarterly Journal of Experimental Psychology 2017, DOI: 10.1080/14470218.2017.1363792

Wu, T. (2016), The Attention Merchants. The Epic Scramble to Get Inside Our Heads, New York 2016

Wyer R. S. (Hrsg., 1995), Advances in social cognition, Vol. 8, Knowledge and Memory. The Real Story, Hillsdale, N.J., 1995

Yadon, N., Ostfeld, M.C. (2020), Shades of Privilege: The Relationship Between Skin Color and Political Attitudes Among White Americans, in: Political Behavior, Vol. 42, Nr. 3, S. 1-20

Yamamoto, T., Hasegawa, E. (2017), Response threshold variance as a basic of collective rationality, in: Royal Society Open Science, Nr. 4, 2017

Youyou, W., Kosinski, M., Stillwell, D. (2015), Computer- based personality judgments are more accurat than those made by humans, in: Proceedings of the National Academy of Sciences of the United States of America (PNAS), Vol. 112, Nr. 4, 2015

Zehlike, M., Wagner, G.G. (2019), Unfair, in: Süddeutsche Zeitung Nr. 104 vom 06.05. 2019, S. 9, München 2019

Zeiler, M.D., & Fergus, R. (2014), Visualizing and Understanding Convultional Networks, in: European Conference on Computer Vision (ECCV)

Zeki, S. (2001), Artistic Creativity and the Brain, in: Science, Vol. 293 / 5527, S. 51-52

Zielcke, A. (2016), Zeit der Lügen, in: Süddeutsche Zeitung Nr. 177 vom 02.08.2016, S. 9, München 2016

Zola, E. (2016), Gesammelte Werke: J'accuse, e-artnow, 2016

Zuboff, S. (2018), Das Zeitalter Des Überwachungskapitalismus, Frankfurt/ New York 2018

Zweig, K. (2018), Algorithmen, in: Süddeutsche Zeitung Nr. 189 vom 18./19. 2018, S. 18, München 2018